TEPHILAT YAHOWAH

YAHOWAH'S Prayer
Matthew 6:9-13

אָבִינוּ שֶׁבַּשָּׁמַיִם יִתְקַדֵּשׁ שְׁמֶךָ: תָּבֹא מַלְכוּתֶךָ
AVINU SHAY'BA SHAMAYIM, YIT'QADASH SHEM'KA. TABO MALKU'TEKA
Our Father-who art in-Heaven, hollowed be Your Name. Let-come Your-Kingdom

יֵעָשֶׂה רְצוֹנְךָ כַּאֲשֶׁר כְּבַשָּׁמַיִם גַּם בָּאָרֶץ: תֵּן־לָנוּ
YAY'ASEH RETZON'KA KA'ASHER KE'BA'SHAMAYIM GAM BA'ARETZ TAYN'LANU
Let-be-done Your will according as-is-in-Heaven so-also on-earth. Give-to-us

אֶת־לֶחֶם צָרְכֵּנוּ הַיּוֹם: וּמְחַל־לָנוּ אֶת ־חֹבוֹתֵינוּ
ET' LEKHEM TZAR'KAY'NU HA'YOM. U'MIKHAL-LANU ET' KHO'VO'TAY'NU
את bread we-need today. And-forgive-for-us את our-debts

כְּמוֹ שֶׁגָּם אֲנַחְנוּ־מָחַלְנוּ לְחַיָּבֵינוּ: וְאַל־תְּבִיאֵנ
KEMO SHE'GAM -ANAKH'NU-MAKHAL'NU -LE'KHAYA'VAYNU. W'AL- TIVEE'AYNU
as also we forgive our debtors. And don't lead us

לִידֵי נִסָּיוֹן אֶלָּא הָצִילֵנוּ מִן־הָרָע: כִּי שֶׁלְּךָ הִי
LEE'DAY NISAIYON ELA HA'TZEE'LAYNU MIN' HA'RA. KEE SHEL'KA HEE
to-hands-of temptation but deliver us from the Evil One. Because Yours it-is

הַמַּלְכוּת וְהַגְּבוּרָה וְהַתִּפְאָרָה לְעוֹלְמֵי עוֹלָמִים
HA'MALKUT W'HA'GIVORAH W'HA'TIPHERAH LE'OLMAY OLAMIM
the-Kingdom and-the-Power and-the-Glory for-ever-and-ever

אָמֵן:
AMEN

The Testament of YASHUA
english/hebrew

The Testament of YASHUA

Table of Contents

THE GOSPEL ACCORDING TO MATTHEW (MATTITYAHU)
הַבְּשׂוֹרָה עַל־פִּי מַתִּתְיָהוּ
Page 2

THE GOSPEL ACCORDING TO MARK (MARQOS)
הַבְּשׂוֹרָה עַל־פִּי מַרְקוֹס
Page 98

THE GOSPEL ACCORDING TO LUKE (LUQAS)
הַבְּשׂוֹרָה עַל־פִּי לוּקָס
Page 160

THE GOSPEL ACCORDING TO JOHN (YOKHANON)
הַבְּשׂוֹרָה עַל־פִּי יוֹחָנָן
Page 266

THE REVELATION TO APOSTLE JOHN (HITGALUT)
הַהִתְגַּלּוּת אֶל יוֹחָנָן הַשָּׁלִיחַ
Page 360

TABLE OF CONTENTS

THE SPIRIT OF PROPHESY
Page   VI

12 HEBREW PRECEPTS IN SCRIPTURE
Page   VII

YAHOWAH or YAHUWAH? WHAT DOES THE BIBLE SAY?
Page   XII

YASHUA - THE OLD TESTAMENT VOLUME OF THE BOOK
Page   96

YASHUA - THE NEW TESTAMENT VOLUME OF THE BOOK
Page   158

YAHOWAH'S NAME REVEALED
Page   262

THE 7 VOWELS OF HEBREW - DOES HEBREW HAVE VOWELS?
Page   264

350 MESSIANIC PROPHECIES IN THE OLD TESTAMENT
Page   342

HEBREW/ENGLISH NAME INDEX
Page   405

The Spirit of Prophesy

"And I fell at his feet to worship him. And he said unto me, See thou do it not: I am thy fellowservant, and of thy brethren that have the testimony of YAHOSHUA: worship ELOHIM: for the testimony of YAHOSHUA is the RUAKH (Spirit) of prophecy"
Revelation 19:10

The purpose for the **Testament of YASHUA** is to restore the Hebrew perspective to the four Gospels and the book of Revelation. These are the 5 books that The Messiah taught and as such, they are a spiritual reflection of the 5 books of Moshe (Moses) in The Old Testament.

To fully understand the context and to receive a more intimate relationship with our Messiah it is important to hear His words as He spoke in His original language. In the book of Revelation chapter 19 verse nine says that "the testimony of **YAHOSHUA** is the **RUAKH** (Spirit) of prophecy". This means that when we as believers meditate on the actual words that **YAHOSHUA** spoke in Hebrew, it will begin to reveal the spirit of prophecy within us. Our relationship with **YAH** becomes anointed and our prayers become more powerful. We begin to receive divine revelations when reading the Word and His Spiritual Light illuminates everything that we do.

This is the narrow path that some within the body of **YAHOSHUA** underestimate. It is when **YAHOSHUA'S** words are spoken in Hebrew that we unleash the power of the **RUAKH HA'QODESH** (Holy Spirit) within our lives to its highest potential. If this were not true then great steps would not have been taken by the enemy to hide and destroy the Hebrew Gospels. There would be no reason to force Hellenistic and Greek influences upon Hebrew scripture and the Hebrew people. The Hebrew language helps us to discern the nuances and idioms that cannot be understood in any other language. If we are Hebrew people then we must begin to read, write, and speak our Hebrew language.

Proper Hebrew grammar and language context brings more clarity in understanding the true Name of **YAH** and of His Son **YAHOSHUA**. It helps to eliminate misunderstandings concerning the pronunciation and meaning of His Name. False doctrines and traditions that **YAHOSHUA** never intended can then be purged from His body. The Hebraic connection between the Old and New Covenants become very clear to see. As it is written: Who hath ears to hear, let him hear.

את
12 Hebrew Precepts in Scripture

"For the same things uttered in Hebrew, and translated into another tongue, have not the same force in them: and not only these things, but the Torah itself, and the Prophets, and the rest of the books, have no small difference, when they are spoken in their own (Hebrew) language"
Prologue to Sirach

"And when we were all fallen to the earth, I heard a voice speaking unto me, and saying in the Hebrew tongue, Sha'ul, Sha'ul, why persecutest thou Me? it is hard for thee to kick against the pricks." - Acts 26:14

"And when he had given him licence, Pawlos stood on the stairs, and beckoned with the hand unto the people. And when there was made a great silence, he spake unto them in the Hebrew tongue" - Acts 21:40

"And when they heard that he (Paul/Pawlos) spake in the Hebrew tongue to them, they kept the more silence:" - Acts 22:2

"Yea, she exhorted every one of them in her own language (Hebrew), filled with courageous spirits" - 2 Maccabees 7:21

"But she bowing herself toward him, laughing the cruel tyrant to scorn, spake in her country language (Hebrew) on this manner; O my son, have pity upon me that bare thee nine months in my womb... and brought thee up unto this age, and endured the troubles of education." - 2 Maccabees 7:27

"And with that he (Yehudah/Judah) began in his own language (Hebrew), and sung psalms to **YAHOWAH** with a loud voice, and rushing unawares upon Gorgias' men, he put them to flight." - 2 Maccabees 12:37

"Now when the battle was done, returning again with joy, they knew that Niqanor lay dead in his harness. Then they made a great shout and a noise, praising **YAHOWAH ELOHIM** of Hosts in their own language (Hebrew)." - 2 Maccabees 15:28

"Now therefore our lord and king, behold this Hebrew man (Joseph/Yoseph) can only speak the Hebrew language, and how then can he be over us the second under government, a man who not even knoweth our language?" - Book of Jasher 49:10

"And he (Enoch/Khanok) was the first among men that are born on earth who learnt writing (Hebrew) and knowledge and wisdom and who wrote down the signs of heaven according to the order of their months in a book, that men might know the seasons of the years according to the order of their separate months. And he was the first to write a testimony and he testified to the sons of men" - Book of Jubilees 4:17-18

"And **YAHOWAH ELOHIM** said: 'Open his (Abram's) mouth and his ears, that he may hear and speak with his mouth, with the language which has been revealed'; for it had ceased from the mouths of all the children of men from the day of the overthrow (of Babel). And I opened his mouth, and his ears and his lips, and I began to speak with him in Hebrew in the tongue of the creation. And he took the books of his fathers, and these were written in Hebrew, and he transcribed them, and he began from henceforth to study them, and I made known to him that which he could not (understand), and he studied them during the six rainy months." - Book of Jubilees 12:25-27

"And the youths grew, and Jacob (Ya'aqob) learned to write (Hebrew); but Esau did not learn, for he was a man of the field and a hunter, and he learnt war, and all his deeds were fierce. And Abraham loved Jacob, but Isaac loved Esau." - Book of Jubilees 19:14-15

"For then will I turn to the people a pure language, that they may all call upon the name of **YAHOWAH**, to serve him with one consent." - Zephaniah 3:9

We are destroyed for a lack of knowledge!

"My people are destroyed for lack of knowledge: because thou hast rejected knowledge, I will also reject thee, that thou shalt be no priest to me: seeing thou hast forgotten the Torah of thy ELOHIM, I will also forget thy children."
Hoshea 4:6

NOTES

YAHOWAH OR YAHUWAH?

What do the Scriptures say?

YAHOWAH or YAHUWAH?

Knowing the true Name of the Most High ELOHIM is a very important commandment. The third commandment states that:

Exodus 20:7 Thou shalt not take the name of YAHOWAH thy ELOHIM in vain; for YAHOWAH will not hold him guiltless that taketh his name in vain.

also

Malachi 3:16 Then they that feared YAHOWAH spake often one to another: and YAHOWAH hearkened, and heard it, and a book of remembrance was written before him for them that feared YAHOWAH, and that thought upon his name.

It is important to understand Hebrew and Hebrew grammar in order to know His Name.

Proper biblical Hebrew grammar uses prefixes and suffixes to modify the meanings of words. Many personal names in the bible have the name of YAH embedded in them. For example: Yahoyada and Yadayah

Both of these names are extremely similar in that they contain the Hebrew root word "Yada" (יָדָע) which means "to know". They both also embed the Name of YAH (יָה) as either a prefix: Yahoyada (at the beginning of the name) or as a suffix:Yadayah (at the end of the name). Personal names that embeds the Name of YAH within it are known as: Theophoric names.

Proper biblical Hebrew grammar dictates that when YAH is embedded as a prefix then the personal name begins with the phrase: YAHO.

Examples of this would be: Yahoshaphat/Jehoshaphat (יְהוֹשָׁפָט), Yahoakhaz/

Jehoachaz (יְהוֹאָחָז), Yahokhanan/Jehochanan (יְהוֹחָנָן), Yahotzadaq/Jehotsadak (יְהוֹצָדָק), Yahoyaqim/Jehojakim (יְהוֹיָקִים) YAHOSHUA/Jehoshua/Joshua (יְהוֹשֻׁעַ) etc.

However when Theophoric names end with the suffix of YAH, they take on the phrase: YAHU. Notable examples of this grammar are: Eliyahu/Elijah (אֵלִיָּהוּ) , Yeshayahu/Isaiah (יְשַׁעְיָהוּ), Yirmeyahu/Jeremiah (יִרְמְיָהוּ), Khananyahu/Hananiah (חֲנַנְיָהוּ), Azaryahu/Azariah (עֲזַרְיָהוּ) etc.

To further prove this point as a third witness, personal names with "YAHO" as a prefix can also be contracted (shortened) to the prefix: YO

Examples of this include: Yoel/Joel (יוֹאֵל), Yoash/Joash (יוֹאָשׁ), Yokhanan/John (יוֹחָנָן), Yoab/Joab (יוֹאָב), Yonadab/Jonadab (יוֹנָדָב) etc.

A common misunderstanding of proper Hebrew grammar is made concerning the name: Judah

Although it appears the name Yehudah/Judah (יְהוּדָה) contains the prefix of YAH it does not. Therefore "Judah" is not a Theophoric name because it derives from Hebrew root word: YADAH (יָדָה) which means "praise" and not from the Hebrew root HAYAH (הָיָה) which means to "exist". The name Judah also is derived from an entirely different verb stem (hophal stem) than YAHOWAH (paal stem). Misunderstandings and ignorance of Hebrew verbs and their seven verb stems can lead to gross mispronunciation of YAH'S Set-Apart Name.

The 7 Hebrew Language Stems				
Verb Stem	Action Type	Hebrew Root	Hebrew Conjugation	English Pronunciation
1. Pa'al	Active	הָיָה	יָהָוָה	YAHOWAH Past, Present Future
2. Niph'al	Passive			
3. Piel	Intensive			
4. Pu'al	Intensive Passive			
5. Hiph'il	Causitive			
6. Hoph'al	Causitive-Passive	יָדָה	יְ-הוּדָה	Ye-hudah Future
7. Hit'pa'el	Reflexive-Reciprocal			

מַתִּתְיָהוּ

THE GENEALOGY OF YAHOSHUA

א סֵפֶר תּוֹלְדֹת **יָהוֹשֻׁעַ הַמָּשִׁיחַ** בֶּן־דָּוִד בֶּן־אַבְרָהָם׃ 2 אַבְרָהָם הוֹלִיד אֶת־
יִצְחָק וְיִצְחָק הוֹלִיד אֶת־יַעֲקֹב וְיַעֲקֹב הוֹלִיד אֶת־**יָהוּדָה** וְאֶת־אֶחָיו׃ 3
וִיהוּדָה הוֹלִיד אֶת־פֶּרֶץ וְאֶת־זֶרַח מִתָּמָר וּפֶרֶץ הוֹלִיד אֶת־חֶצְרוֹן וְחֶצְרוֹן הוֹלִיד
אֶת־רָם׃ 4 וְרָם הוֹלִיד אֶת־עַמִּינָדָב וְעַמִּינָדָב הוֹלִיד אֶת־נַחְשׁוֹן וְנַחְשׁוֹן הוֹלִיד אֶת־
שַׂלְמוֹן׃ 5 וְשַׂלְמוֹן הוֹלִיד אֶת־בֹּעַז מֵרָחָב וּבֹעַז הוֹלִיד אֶת־עוֹבֵד מֵרוּת וְעוֹבֵד הוֹלִיד
אֶת־יִשָׁי׃ 6 וְיִשַׁי הוֹלִיד אֶת־דָּוִד הַמֶּלֶךְ וְדָוִד הַמֶּלֶךְ הוֹלִיד אֶת־שְׁלֹמֹה מֵאֵשֶׁת אוּרִיָּה׃
7 וּשְׁלֹמֹה הוֹלִיד אֶת־רְחַבְעָם וּרְחַבְעָם הוֹלִיד אֶת־אֲבִיָּה וַאֲבִיָּה הוֹלִיד אֶת־אָסָא׃
8 וְאָסָא הוֹלִיד אֶת־יְהוֹשָׁפָט וִיהוֹשָׁפָט הוֹלִיד אֶת־יוֹרָם וְיוֹרָם הוֹלִיד אֶת עֻזִּיָּהוּ׃
9 וְעֻזִּיָּהוּ הוֹלִיד אֶת־יוֹתָם וְיוֹתָם הוֹלִיד אֶת־אָחָז וְאָחָז הוֹלִיד אֶת־יְחִזְקִיָּהוּ׃ 10
וִיחִזְקִיָּהוּ הוֹלִיד אֶת־מְנַשֶּׁה וּמְנַשֶּׁה הוֹלִיד אֶת־אָמוֹן וְאָמוֹן הוֹלִיד אֶת־יֹאשִׁיָּהוּ׃ 11
וְיֹאשִׁיָּהוּ הוֹלִיד אֶת־יְכָנְיָהוּ וְאֶת־אֶחָיו לְעֵת גָּלוּת בָּבֶל׃ 12 וְאַחֲרֵי גְּלוֹתָם בָּבֶלָה
הוֹלִיד יְכָנְיָהוּ אֵת שְׁאַלְתִּיאֵל וּשְׁאַלְתִּיאֵל הוֹלִיד אֶת־זְרֻבָּבֶל׃ 13 וּזְרֻבָּבֶל הוֹלִיד אֶת־
אֲבִיהוּד וַאֲבִיהוּד הוֹלִיד אֶת־אֶלְיָקִים וְאֶלְיָקִים הוֹלִיד אֶת עַזּוּר׃ 14 וְעַזּוּר הוֹלִיד
אֶת־צָדוֹק וְצָדוֹק הוֹלִיד אֶת־יָכִין וְיָכִין הוֹלִיד אֶת־אֱלִיהוּד׃ 15 וֶאֱלִיהוּד הוֹלִיד אֶת־
אֶלְעָזָר וְאֶלְעָזָר הוֹלִיד אֶת־מַתָּן וּמַתָּן הוֹלִיד אֶת־יַעֲקֹב׃ 16 וְיַעֲקֹב הוֹלִיד אֶת־יוֹסֵף
בַּעַל **מִרְיָם** אֲשֶׁר מִמֶּנָּה נוֹלַד **יָהוֹשֻׁעַ** הַנִּקְרָא **מָשִׁיחַ**׃ 17 וְהִנֵּה כָּל־הַדֹּרוֹת מִן־
אַבְרָהָם עַד־דָּוִד אַרְבָּעָה עָשָׂר דֹּרוֹת וּמִן־דָּוִד עַד־גָּלוּת בָּבֶל אַרְבָּעָה עָשָׂר דֹּרוֹת
וּמִגָּלוּת בָּבֶל עַד־**הַמָּשִׁיחַ** אַרְבָּעָה עָשָׂר דֹּרוֹת׃

THE BIRTH OF YAHOSHUA HA' MESHIAKH

18 וְזֶה דְּבַר הֻלֶּדֶת **יָהוֹשֻׁעַ הַמָּשִׁיחַ** מִרְיָם אִמּוֹ הָיְתָה מְאֹרָשָׂה לְיוֹסֵף וּבְטֶרֶם יָבֹא
אֵלֶיהָ נִמְצֵאת הָרָה **מֵרוּחַ הַקֹּדֶשׁ**׃ 19 וְיוֹסֵף בַּעְלָהּ אִישׁ צַדִּיק וְלֹא אָבָה לְתִתָּהּ
לְחֶרְפָּה וַיֹּאמֶר אֲשַׁלְּחֶנָּה בַּסָּתֶר׃ 20 הוּא חֹשֵׁב כָּזֹאת וְהִנֵּה מַלְאַךְ **יָהוָה** נִרְאָה אֵלָיו
בַּחֲלוֹם וַיֹּאמַר יוֹסֵף בֶּן־דָּוִד אַל־תִּירָא מִקַּחַת אֵת מִרְיָם אִשְׁתֶּךָ כִּי הַנּוֹצָר בְּקִרְבָּהּ
מֵרוּחַ הַקֹּדֶשׁ הוּא׃ 21 וְהִיא יֹלֶדֶת בֵּן וְקָרָאתָ אֶת־שְׁמוֹ **יָהוֹשֻׁעַ** כִּי הוּא יוֹשִׁיעַ אֶת־
עַמּוֹ מֵחַטֹּאתֵיהֶם׃ 22 וְכָל־זֹאת הָיְתָה לְמַלֹּאת אֶת־דְּבַר **יָהוָה** אֲשֶׁר־דִּבֶּר בְּיַד הַנָּבִיא
לֵאמֹר׃ 23 הִנֵּה הָעַלְמָה הָרָה וְיֹלֶדֶת בֵּן וְקָרְאוּ שְׁמוֹ עִמָּנוּאֵל אֲשֶׁר פֵּרוּשׁוֹ הָאֵל עִמָּנוּ׃
24 וַיִּיקַץ יוֹסֵף מִשְּׁנָתוֹ וַיַּעַשׂ כַּאֲשֶׁר צִוָּהוּ מַלְאַךְ **יָהוָה** וַיֶּאֱסֹף אֶת־אִשְׁתּוֹ אֶל בֵּיתוֹ׃

MATTHEW

THE GENEALOGY OF YAHOSHUA

1 THE book of the generation of **YAHOSHUA HA' MESHIAKH**, the son of Dawid, the son of Abraham.

2 Abraham begat Yitzkhaq; and Yitzkhaq begat Ya'aqob; and Ya'aqob begat **Yehudah (Judah/Judas/Jude/Judea)** and his brethren;

3 And Yehudah begat Peretz and Zerakh of Tamar; and Peretz begat Khetzron; and Khetzron begat Aram;

4 And Aram begat Aminadab; and Aminadab begat Nakhshon; and Nakhshon begat Salmah;

5 And Salmah begat Bo'az of Rakhab; and Bo'az begat Obed of Ruth; and Obed begat Yishai;

6 And Yishai begat Dawid the king; and Dawid the king begat Shelomoh of her that had been the wife of UriYAH;

7 And Shelomoh begat Rekhabam; and Rekhabam begat AbiYAH; and AbiYAH begat Asa;

8 And Asa begat Yahoshaphat; and Yahoshaphat begat Yahoram; and Yahoram begat UzziYAH;

9 And UzziYAH begat Yotham; and Yotham begat Akhaz; and Akhaz begat KhizqiYAHU;

10 And KhizqiYAHU begat Manassheh; and Manassheh begat Amon; and Amon begat YoshiYAHU;

11 And YoshiYAHU begat YekonYAH and his brethren, about the time they were carried away to Babel:

12 And after they were brought to Babel, YekonYAH begat Shalti'EL; and Shalti'EL begat Zerubabel;

13 And Zerubabel begat Abihud; and Abihud begat El'yaqim; and El'yaqim begat Azor;

14 And Azor begat Tzadoq; and Tzadoq begat Yoqim; and Yoqim begat Elihud;

15 And Elihud begat Eleazar; and Eleazar begat Matthan; and Matthan begat Ya'aqob;

16 And Ya'aqob begat Yoseph the husband of **Miryam (Mary/Miriam)**, of whom was born **YAHOSHUA**, who is called **MESHIAKH**.

17 So all the generations from Abraham to Dawid are fourteen generations; and from Dawid until the carrying away into Babel are fourteen generations; and from the carrying away into Babel unto **MESHIAKH** are fourteen generations.

THE BIRTH OF YAHOSHUA HA' MESHIAKH

18 Now the birth of **YAHOSHUA HA' MESHIAKH** was on this wise: When as his mother Miryam was espoused to Yoseph, before they came together, she was found with child of the **RUAKH HA' QODESH**.

19 Then Yoseph her husband, being a just man, and not willing to make her a publick example, was minded to put her away privily.

20 But while he thought on these things, behold, the Angel of **YAHOWAH** appeared unto him in a dream, saying, Yoseph, thou son of Dawid, fear not to take unto thee Miryam thy wife: for that which is conceived in her is of the **RUAKH HA' QODESH**.

21 And she shall bring forth a son, and thou shalt call his name **YAHOSHUA**: for he shall save his people from their sins.

22 Now all this was done, that it might be fulfilled which was spoken of **YAHOWAH** by the prophet, saying,

23 "Behold, a virgin shall conceive, and bear a son, and shall call his name Immanuel", which being interpreted is, ELOHIM is with us.

24 Then Yoseph being raised from sleep did as the Angel of **YAHOWAH** had bidden him, and took unto him his wife:

25 וְלֹא יְדָעָהּ עַד כִּי־יָלְדָה בֵּן (אֶת־בְּכוֹרָהּ) וַיִּקְרָא אֶת־שְׁמוֹ **יָהוֹשֻׁעַ**:

THE VISIT OF THE WISE MEN

ב וַיְהִי בִּימֵי הוֹרְדוֹס הַמֶּלֶךְ כַּאֲשֶׁר נוֹלַד **יָהוֹשֻׁעַ** בְּבֵית־לֶחֶם יְהוּדָה וַיָּבֹאוּ מְגוּשִׁים
מֵאֶרֶץ מִזְרָח יְרוּשָׁלָיִם: 2 וַיֹּאמְרוּ אַיֵּה מֶלֶךְ הַיְּהוּדִים אֲשֶׁר יֻלַּד כִּי רָאִינוּ אֶת־
כּוֹכָבוֹ בַּמִּזְרָח וַנָּבֹא לְהִשְׁתַּחֲוֺת לוֹ: 3 וַיְהִי כִּשְׁמֹעַ הוֹרְדוֹס הַמֶּלֶךְ אֶת־דִּבְרֵיהֶם וַיֶּחֱרַד
הוּא וְכָל־יְרוּשָׁלַיִם עִמּוֹ: 4 וַיַּקְהֵל אֶת־כָּל־רָאשֵׁי הַכֹּהֲנִים וְסוֹפְרֵי הָעָם וַיִּשְׁאַל אֹתָם
לֵאמֹר אֵיפֹה יִוָּלֵד **הַמָּשִׁיחַ**: 5 וַיֹּאמְרוּ לוֹ בְּבֵית־לֶחֶם יְהוּדָה כִּי־כֵן כָּתוּב בְּיַד הַנָּבִיא: 6
וְאַתָּה בֵּית־לֶחֶם אֶרֶץ יְהוּדָה אֵינְךָ צָעִיר בְּאַלְּפֵי יְהוּדָה כִּי מִמְּךָ יֵצֵא מוֹשֵׁל אֲשֶׁר יִרְעֶה
אֶת־עַמִּי יִשְׂרָאֵל: 7 אָז קָרָא **הוֹרְדוֹס** לַמְּגוּשִׁים בַּסֵּתֶר וַיַּחְקֹר לָדַעַת הָעֵת אֲשֶׁר נִרְאָה
הַכּוֹכָב: 8 וַיִּשְׁלָחֵם בֵּית־לֶחֶם וַיֹּאמַר לְכוּ חִקְרוּ הֵיטֵב עַל־דְּבַר הַנַּעַר וְהָיָה כִּי־תִמְצְאוּן
אֹתוֹ וְהִגַּדְתֶּם לִי וְאָבֹאָה לְהִשְׁתַּחֲוֺת־לוֹ גַּם־אָנִי: 9 וַיְהִי כְּשָׁמְעָם אֶת־דִּבְרֵי הַמֶּלֶךְ וַיֵּלֵכוּ
וְהִנֵּה הַכּוֹכָב אֲשֶׁר־רָאוּ בַּמִּזְרָח הָלַךְ לִפְנֵיהֶם עַד אֲשֶׁר־בָּא וַיַּעֲמֹד מִמַּעַל לַאֲשֶׁר־הָיָה
שָׁם הַיָּלֶד: 10 וַיִּרְאוּ אֶת־הַכּוֹכָב וַיִּשְׂמְחוּ שִׂמְחָה גְדוֹלָה עַד־מְאֹד: 11 וַיָּבֹאוּ הַבַּיְתָה
וַיִּמְצְאוּ אֶת־הַיֶּלֶד עִם־מִרְיָם אִמּוֹ וַיִּפְּלוּ עַל־פְּנֵיהֶם וַיִּשְׁתַּחֲווּ־לוֹ וַיִּפְתְּחוּ אֶת־אוֹצְרוֹתָם
וַיַּקְרִיבוּ לוֹ מִנְחָה זָהָב וּלְבוֹנָה וָמֹר: 12 וַיְצֻוּוּ בַחֲלוֹם לְבִלְתִּי שׁוּב אֶל־הוֹרְדוֹס וַיֵּלְכוּ
בְּדֶרֶךְ אַחֵר אֶל־אַרְצָם:

THE FLIGHT TO EGYPT

13 הֵם הָלְכוּ מִשָּׁם וְהִנֵּה מַלְאַךְ **יָהוָֹה** נִרְאָה אֶל־יוֹסֵף בַּחֲלוֹם לֵאמֹר קוּם קַח אֶת־הַיֶּלֶד
וְאֶת־אִמּוֹ וּבְרַח־לְךָ מִצְרַיְמָה וֶהְיֵה־שָׁם עַד־אִם אָמַרְתִּי אֵלֶיךָ כִּי הוֹרְדוֹס מְבַקֵּשׁ אֶת־
נֶפֶשׁ הַנַּעַר לְקַחְתָּהּ: 14 וַיָּקָם וַיִּקַּח אֶת־הַיֶּלֶד וְאֶת־אִמּוֹ לָיְלָה וַיִּבְרַח מִצְרָיְמָה: 15 וַיְהִי־
שָׁם עַד מוֹת הוֹרְדוֹס לְמַלֹּאת אֶת־דְּבַר **יָהוָֹה** בְּיַד הַנָּבִיא לֵאמֹר מִמִּצְרַיִם קָרָאתִי לִבְנִי:

HEROD KILLS THE CHILDREN

16 וַיַּרְא הוֹרְדוֹס כִּי הֵתֵלּוּ בוֹ הַמְּגוּשִׁים וַיִּקְצֹף מְאֹד וַיִּשְׁלַח וַיַּהֲרֹג אֶת־כָּל־הַיְלָדִים אֲשֶׁר
בְּבֵית־לֶחֶם וּבְכָל־גְּבוּלֶיהָ לְמִבֶּן־שְׁנָתַיִם וּלְמָטָּה לְפִי הָעֵת אֲשֶׁר חָקַר מִפִּי הַמְּגוּשִׁים: 17
אָז הוּקַם הַנֶּאֱמָר בְּפִי יִרְמְיָהוּ הַנָּבִיא לֵאמֹר:

THE RETURN TO NAZARETH

18 קוֹל בְּרָמָה נִשְׁמָע נְהִי וּבְכִי תַמְרוּרִים רָחֵל מְבַכָּה עַל־בָּנֶיהָ מֵאֲנָה לְהִנָּחֵם
עַל־בָּנֶיהָ כִּי אֵינֶנּוּ:

MATTHEW

25 And knew her not till she had brought forth her firstborn son: and he called his name **YAHOSHUA**.

THE VISIT OF THE WISE MEN

2 NOW when **YAHOSHUA** was born in Bethlekhem of Yehudah in the days of Hordos the king, behold, there came wise men from the east to Yerushalem,

2 Saying, Where is he that is born King of the Yehudim? for we have seen his star in the east, and are come to worship him.

3 When Hordos the king had heard these things, he was troubled, and all Yerushalem with him.

4 And when he had gathered all the chief priests and scribes of the people together, he demanded of them where **MESHIAKH** should be born.

5 And they said unto him, In Bethlekhem of Yehudah: for thus it is written by the prophet,

6 "But thou, Bethlekhem Ephratah, though thou be little among the thousands of Yehudah, yet out of thee shall he come forth unto me that is to be ruler in Yisra'EL."

7 Then **Hordos (Herod)**, when he had privily called the wise men, enquired of them diligently what time the star appeared.

8 And he sent them to Bethlekhem, and said, Go and search diligently for the young child; and when ye have found him, bring me word again, that I may come and worship him also.

9 When they had heard the king, they departed; and, lo, the star, which they saw in the east, went before them, till it came and stood over where the young child was.

10 When they saw the star, they rejoiced with exceeding great joy.

11 And when they were come into the house, they saw the young child with Miryam his mother, and fell down, and worshipped him: and when they had opened their treasures, they presented unto him gifts; gold, and frankincense, and myrrh.

12 And being warned of ELOHIM in a dream that they should not return to Hordos, they departed into their own country another way.

THE FLIGHT TO EGYPT

13 And when they were departed, behold, the Angel of **YAHOWAH** appeareth to Yoseph in a dream, saying, Arise, and take the young child and his mother, and flee into Mitzraim, and be thou there until I bring thee word: for Hordos will seek the young child to destroy him.

14 When he arose, he took the young child and his mother by night, and departed into Mitzraim:

15 And was there until the death of Hordos: that it might be fulfilled which was spoken of **YAHOWAH** by the prophet, saying, "and called my son out of Mitzraim."

HEROD KILLS THE CHILDREN

16 Then Hordos, when he saw that he was mocked of the wise men, was exceeding wroth, and sent forth, and slew all the children that were in Bethlekhem, and in all the coasts thereof, from two years old and under, according to the time which he had diligently enquired of the wise men.

17 Then was fulfilled that which was spoken by YirmeYAHU the prophet, saying,

THE RETURN TO NAZARETH

18 "A voice was heard in Ramah, lamentation, and bitter weeping; Rahel weeping for her children refused to be comforted for her children, because they were not."

19 וַיְהִי אַחֲרֵי מוֹת הוֹרְדוֹס וְהִנֵּה מַלְאַךְ **יָהֹוָה** נִרְאָה בַּחֲלוֹם אֶל־יוֹסֵף בְּאֶרֶץ מִצְרָיִם: 20
וַיֹּאמֶר אֵלָיו קוּם קַח אֶת־הַיֶּלֶד וְאֶת־אִמּוֹ וְלֵךְ שׁוּב אֶל־אֶרֶץ יִשְׂרָאֵל כִּי מֵתוּ הַמְבַקְשִׁים
אֶת־נֶפֶשׁ הַיָּלֶד: 21 וַיָּקָם וַיִּקַּח אֶת־הַיֶּלֶד וְאֶת־אִמּוֹ וַיָּבֹא אַרְצָה יִשְׂרָאֵל:
22 וּכְשָׁמְעוֹ כִּי אַרְכְלוֹס מָלַךְ בִּיהוּדָה תַּחַת הוֹרְדוֹס אָבִיו וַיִּרָא לָלֶכֶת שָׁמָּה וַיְצֻוֶּה
בַּחֲלוֹם וַיֵּלֶךְ לוֹ אֶל־אַרְצוֹת **הַגָּלִיל**: 23 וַיָּבֹא וַיֵּשֶׁב בְּעִיר הַנִּקְרֵאת **נְצָרֶת** לְמַלֹּאת הַדָּבָר
הַנֶּאֱמָר עַל־פִּי הַנְּבִיאִים כִּי נָצְרִי יִקָּרֵא לוֹ:

JOHN THE BAPTIST PREPARES THE WAY

ג בַּיָּמִים הָהֵם קָם **יוֹחָנָן** הַמַּטְבִּיל וַיְהִי קֹרֵא בְּמִדְבַּר יְהוּדָה לֵאמֹר: 2 שׁוּבוּ כִּי
מַלְכוּת הַשָּׁמַיִם קָרְבָה לָבוֹא: 3 כִּי זֶה הוּא אֲשֶׁר נִבָּא עָלָיו **יְשַׁעְיָהוּ** הַנָּבִיא לֵאמֹר
קוֹל קוֹרֵא בַּמִּדְבָּר פַּנּוּ דֶּרֶךְ **יָהֹוָה** יַשְּׁרוּ מְסִלּוֹתָיו: 4 וְיוֹחָנָן לְבוּשׁוֹ שְׂעַר גְּמַלִּים וְאֵזוֹר
עוֹר בְּמָתְנָיו וּמַאֲכָלוֹ חֲגָבִים וּדְבַשׁ הַיָּעַר: 5 וַתֵּצֵא אֵלָיו יְרוּשָׁלַיִם וְכָל־יְהוּדָה וְכָל־כִּכַּר
הַיַּרְדֵּן: 6 וַיִּטָּבְלוּ עַל־יָדוֹ בַּיַּרְדֵּן וַיִּתְוַדּוּ אֶת־חַטֹּאתָם: 7 וַיְהִי כִּרְאוֹתוֹ רַבִּים מִן־**הַפְּרוּשִׁים**
וְהַצַּדּוּקִים נִגָּשִׁים לְהִטָּבֵל וַיֹּאמֶר לָהֶם יַלְדֵי צִפְעוֹנִים מִי הִשְׂכִּיל אֶתְכֶם לְהִמָּלֵט מִן־
הַקֶּצֶף הֶעָתִיד לָבֹא: 8 לָכֵן עֲשׂוּ פְּרִי רָאוּי לַתְּשׁוּבָה: 9 וְאַל־תַּחְשְׁבוּ בִּלְבַבְכֶם לֵאמֹר
אַבְרָהָם הוּא אָבִינוּ כִּי אֲנִי אֹמֵר לָכֶם כִּי מִן־הָאֲבָנִים הָאֵלֶּה יָכוֹל הָאֱלֹהִים לְהָקִים בָּנִים
לְאַבְרָהָם: 10 וּכְבָר הוּשַׂם הַגַּרְזֶן עַל־שֹׁרֶשׁ הָעֵצִים וְהִנֵּה כָּל־עֵץ אֲשֶׁר אֵינֶנּוּ עֹשֶׂה פְּרִי
טוֹב יִכָּרֵת וְיֻשְׁלַךְ בָּאֵשׁ: 11 הֵן אָנֹכִי טוֹבֵל אֶתְכֶם בַּמַּיִם לַתְּשׁוּבָה וְהַבָּא אַחֲרַי חָזָק
מִמֶּנִּי אֲשֶׁר קָטֹנְתִּי מִשְּׂאֵת נְעָלָיו וְהוּא יִטְבֹּל אֶתְכֶם **בְּרוּחַ הַקֹּדֶשׁ** וּבָאֵשׁ: 12 וּבְיָדוֹ
הַמִּזְרֶה וְזֵרָה אֶת־גָּרְנוֹ וְאָסַף אֶת־דְּגָנוֹ אֶל־אוֹצָרוֹ וְאֶת־הַמֹּץ יִשְׂרְפֶנּוּ בָּאֵשׁ אֲשֶׁר לֹא
תִכְבֶּה:

THE BAPTISM OF YAHOSHUA

13 וַיָּבֹא **יָהוֹשֻׁעַ** מִן־הַגָּלִיל הַיַּרְדֵּנָה אֶל־יוֹחָנָן לְהִטָּבֵל עַל־יָדוֹ: 14 וְיוֹחָנָן חָשַׂךְ אוֹתוֹ
לֵאמֹר אָנֹכִי צָרִיךְ לְהִטָּבֵל עַל־יָדֶךָ וְאַתָּה בָּא אֵלָי:
15 וַיַּעַן **יָהוֹשֻׁעַ** וַיֹּאמֶר אֵלָיו הַנִּיחָה לִּי כִּי כֵן נָאוָה לִשְׁנֵינוּ לְמַלֵּא כָּל־הַצְּדָקָה וַיַּנַּח
לוֹ: 16 וַיְהִי כַּאֲשֶׁר נִטְבַּל **יָהוֹשֻׁעַ** וַיְמַהֵר וַיַּעַל מִן־הַמָּיִם וְהִנֵּה הַשָּׁמַיִם נִפְתְּחוּ־לוֹ וַיַּרְא
אֶת־**רוּחַ** אֱלֹהִים יוֹרֶדֶת כְּיוֹנָה וְנָחָה עָלָיו: 17 וְהִנֵּה קוֹל מִן־הַשָּׁמַיִם אוֹמֵר זֶה בְּנִי יְדִידִי
אֲשֶׁר־רָצִיתִי בּוֹ:

MATTHEW

19 But when Hordos was dead, behold, an Angel of **YAHOWAH** appeareth in a dream to Yoseph in Mitzraim,
20 Saying, Arise, and take the young child and his mother, and go into the land of Yisra'EL: for they are dead which sought the young child's life.
21 And he arose, and took the young child and his mother, and came into the land of Yisra'EL.
22 But when he heard that Archelaus did reign in Yehudah in the room of his father Hordos, he was afraid to go thither: notwithstanding, being warned of ELOHIM in a dream, he turned aside into the parts of **Galilah (Galilee)**:
23 And he came and dwelt in a city called **Netzareth (Nazareth)**: that it might be fulfilled which was spoken by the prophets, He shall be called a Nazarene.

JOHN THE BAPTIST PREPARES THE WAY

3 IN those days came **Yokhanan (John/Joanna)** the Immerser, preaching in the wilderness of Yehudah,
2 And saying, Repent ye: for the kingdom of heaven is at hand.
3 For this is he that was spoken of by the prophet **YeshaYAHU (Isaiah)**, saying, "The voice of him that crieth in the wilderness, Prepare ye the way of **YAHOWAH**, make straight in the desert a highway for our ELOHIM."
4 And the same Yokhanan had his raiment of camel's hair, and a leathern girdle about his loins; and his meat was locusts and wild honey.
5 Then went out to him Yerushalem, and all Yehudah, and all the region round about Yarden,
6 And were immersed of him in Yarden, confessing their sins.
7 But when he saw many of the **Perushim (Pharisees)** and **Tzaduqim (Sadducee)** come to his immersion, he said unto them, O generation of vipers, who hath warned you to flee from the wrath to come?
8 Bring forth therefore fruits meet for repentance:
9 And think not to say within yourselves, We have Abraham to our father: for I say unto you, that ELOHIM is able of these stones to raise up children unto Abraham.
10 And now also the axe is laid unto the root of the trees: therefore every tree which bringeth not forth good fruit is hewn down, and cast into the fire.
11 I indeed immerse you with water unto repentance: but he that cometh after me is mightier than I, whose shoes I am not worthy to bear: he shall immerse you with the **RUAKH HA' QODESH**, and with fire:
12 Whose fan is in his hand, and he will throughly purge his floor, and gather his wheat into the garner; but he will burn up the chaff with unquenchable fire.

THE BAPTISM OF YAHOSHUA

13 Then cometh **YAHOSHUA** from Galilah to Yarden unto Yokhanan, to be immersed of him.
14 But Yokhanan forbad him, saying, I have need to be immersed of thee, and comest thou to me?
15 And **YAHOSHUA** answering said unto him, Suffer it to be so now: for thus it becometh us to fulfil all righteousness. Then he suffered him.
16 And **YAHOSHUA**, when he was immersed, went up straightway out of the water: and, lo, the heavens were opened unto him, and he saw the **RUAKH** of ELOHIM descending like a dove, and lighting upon him:
17 And lo a voice from heaven, saying, This is my beloved Son, in whom I am well pleased.

מַתִּתְיָהוּ

THE TEMPTATION OF YAHOSHUA

ד אָז נָשָׂא **הָרוּחַ** אֶת־**יָהוֹשֻׁעַ** הַמִּדְבָּרָה לְמַעַן יְנַסֵּהוּ הַשָּׂטָן׃ 2 וַיְהִי אַחֲרֵי צוּמוֹ
אַרְבָּעִים יוֹם וְאַרְבָּעִים לָיְלָה וַיִּרְעָב׃ 3 וַיִּגַּשׁ אֵלָיו הַמְנַסֶּה וַיֹּאמַר אִם בֶּן־הָאֱלֹהִים
אַתָּה דַּבֵּר לָאֲבָנִים הָאֵלֶּה וְתִהְיֶינָה לְלָחֶם׃ 4 וַיַּעַן וַיֹּאמַר הֵן כָּתוּב לֹא עַל־הַלֶּחֶם לְבַדּוֹ
יִחְיֶה הָאָדָם כִּי עַל־כָּל־מוֹצָא פִּי־**יָהוָֹה**׃ 5 וַיִּשָּׂאֵהוּ הַשָּׂטָן אֶל־עִיר הַקֹּדֶשׁ וַיַּעֲמִידֵהוּ
עַל־פִּנַּת־גַּג בֵּית הַמִּקְדָּשׁ׃ 6 וַיֹּאמֶר אֵלָיו אִם בֶּן־הָאֱלֹהִים אַתָּה נְפֹל לְמָטָּה כִּי כָתוּב כִּי
מַלְאָכָיו יְצַוֶּה־לָּךְ וְעַל־כַּפַּיִם יִשָּׂאוּנְךָ פֶּן־תִּגֹּף בָּאֶבֶן רַגְלֶךָ׃ 7 וַיֹּאמֶר אֵלָיו **יָהוֹשֻׁעַ** וְעוֹד
כָּתוּב לֹא תְנַסֶּה אֵת **יָהוָֹה** אֱלֹהֶיךָ׃ 8 וַיּוֹסֶף הַשָּׂטָן וַיִּשָּׂאֵהוּ אֶל־הַר גָּבֹהַּ מְאֹד וַיַּרְאֵהוּ
אֶת־כָּל מַמְלְכוֹת תֵּבֵל וּכְבוֹדָן׃ 9 וַיֹּאמֶר אֵלָיו כָּל־זֹאת לְךָ אֶתְּנֶנָּה אִם־תִּקֹּד וְתִשְׁתַּחֲוֶה
לִי׃ 10 וַיֹּאמֶר אֵלָיו **יָהוֹשֻׁעַ** סוּר מִמֶּנִּי הַשָּׂטָן כִּי כָתוּב **לַיהוָֹה** אֱלֹהֶיךָ תִּשְׁתַּחֲוֶה וְאוֹתוֹ
לְבַדּוֹ תַּעֲבֹד׃ 11 וַיִּרֶף מִמֶּנּוּ הַשָּׂטָן וְהִנֵּה נִגְּשׁוּ אֵלָיו מַלְאָכִים וַיְשָׁרְתוּהוּ׃

YAHOSHUA BEGINS HIS MINISTRY

12 וַיְהִי כִּשְׁמֹעַ **יָהוֹשֻׁעַ** כִּי הִסְגִּירוּ אֶת־יוֹחָנָן וַיֵּלֶךְ אֶל אֶרֶץ הַגָּלִיל׃ 13 וַיֵּצֵא מִנְּצֶרֶת
וַיָּבֹא וַיֵּשֶׁב **בִּכְפַר־נַחוּם** אֲשֶׁר עַל־שְׂפַת הַיָּם בִּגְבוּל זְבֻלוּן וְנַפְתָּלִי׃ 14 לְמַלֹּאת
הַנֶּאֱמָר עַל־פִּי יְשַׁעְיָהוּ הַנָּבִיא לֵאמֹר׃ 15 אַרְצָה זְבֻלוּן וְאַרְצָה נַפְתָּלִי דֶּרֶךְ הַיָּם
עֵבֶר הַיַּרְדֵּן גְּלִיל הַגּוֹיִם׃ 16 הָעָם הָהֹלְכִים בַּחֹשֶׁךְ רָאוּ אוֹר גָּדוֹל יֹשְׁבֵי בְּאֶרֶץ
צַלְמָוֶת אוֹר נָגַהּ עֲלֵיהֶם׃ 17 מִן־הָעֵת הַהִיא הֵחֵל **יָהוֹשֻׁעַ** לִקְרֹא קָרוֹא וְאָמוֹר שׁוּבוּ
כִּי מַלְכוּת הַשָּׁמַיִם קָרְבָה לָבוֹא׃

YAHOSHUA CALLS THE FIRST DISCIPLES

18 וַיְהִי בְּהִתְהַלְּכוֹ **יָהוֹשֻׁעַ** עַל־יַד יָם־הַגָּלִיל וַיַּרְא וְהִנֵּה שְׁנֵי אֲנָשִׁים אַחִים שִׁמְעוֹן
הַנִּקְרָא **כֵּיפָא וְאַנְדְּרַי** אָחִיו מַשְׁלִיכִים מְצוֹדָה בַּיָּם כִּי דַיָּגִים הֵם׃ 19 וַיֹּאמֶר אֲלֵיהֶם לְכוּ
אַחֲרָי וַאֲשִׂימְכֶם לְדַיְּגֵי אֲנָשִׁים׃ 20 וַיַּעַזְבוּ מְהֵרָה אֵת הַמִּכְמֹרוֹת וַיֵּלְכוּ אַחֲרָיו׃ 21 וַיְהִי
כְּעָבְרוֹ מִשָּׁם וַיַּרְא שְׁנֵי אֲנָשִׁים אַחִים אֲחֵרִים אֶת־יַעֲקֹב בֶּן־זַבְדַּי וְאֶת־יוֹחָנָן אָחִיו בָּאֳנִיָּה
עִם־זַבְדַּי אֲבִיהֶם וְהֵמָּה מְתַקְּנִים אֶת־מִכְמְרוֹתָם וַיִּקְרָא אֲלֵיהֶם׃ 22 וַיַּעַזְבוּ מְהֵרָה אֶת־
הָאֳנִיָּה וְאֶת־אֲבִיהֶם וַיֵּלְכוּ אַחֲרָיו׃

YAHOSHUA MINISTERS TO GREAT CROWDS

23 וַיָּסָב **יָהוֹשֻׁעַ** בְּכָל־הַגָּלִיל וַיְלַמֵּד בִּכְנֵסִיּוֹתֵיהֶם וַיְבַשֵּׂר בְּשׂוֹרַת הַמַּלְכוּת וַיְרַפֵּא
כָּל־מַחֲלָה וְכָל־מַדְוֶה בָּעָם׃

MATTHEW

THE TEMPTATION OF YAHOSHUA

4 THEN was **YAHOSHUA** led up of the **RUAKH** into the wilderness to be tempted of the devil.

2 And when he had fasted forty days and forty nights, he was afterward an hungred.

3 And when the tempter came to him, he said, If thou be the Son of ELOHIM, command that these stones be made bread.

4 But he answered and said, It is written, "man doth not live by bread only, but by every word that proceedeth out of the mouth of **YAHOWAH**"

5 Then the devil taketh him up into the holy city, and setteth him on a pinnacle of the temple,

6 And saith unto him, If thou be the Son of ELOHIM, cast thyself down: for it is written, "For he shall give his angels charge over thee: They shall bear thee up in their hands, lest thou dash thy foot against a stone."

7 **YAHOSHUA** said unto him, It is written again, "Ye shall not tempt **YAHOWAH** your ELOHIM."

8 Again, the devil taketh him up into an exceeding high mountain, and sheweth him all the kingdoms of the world, and the glory of them;

9 And saith unto him, All these things will I give thee, if thou wilt fall down and worship me.

10 Then saith **YAHOSHUA** unto him, Get thee hence, Satan: for it is written, "Thou shalt fear **YAHOWAH** thy ELOHIM; him shalt thou serve."

11 Then the devil leaveth him, and, behold, angels came and ministered unto him.

YAHOSHUA BEGINS HIS MINISTRY

12 Now when **YAHOSHUA** had heard that Yokhanan was cast into prison, he departed into Galilah;

13 And leaving Netzareth, he came and dwelt in **Kepar-Nakhum (Capernaum)**, which is upon the sea coast, in the borders of Zebulon and Nephthalim:

14 That it might be fulfilled which was spoken by YeshaYAHU the prophet, saying,

15 "the land of Zebulon and the land of Naphtali, and afterward did more grievously afflict her by the way of the sea, beyond Yarden, in Galilah of the Gentiles.

16 The people that walked in darkness have seen a great light: they that dwell in the land of the shadow of death, upon them hath the light shined."

17 From that time **YAHOSHUA** began to preach, and to say, Repent: for the kingdom of heaven is at hand.

YAHOSHUA CALLS THE FIRST DISCIPLES

18 And **YAHOSHUA**, walking by the sea of Galilah, saw two brethren, Shimon called **Kepha (Peter)**, and **Andre (Andrew)** his brother, casting a net into the sea: for they were fishers.

19 And he saith unto them, Follow me, and I will make you fishers of men.

20 And they straightway left their nets, and followed him.

21 And going on from thence, he saw other two brethren, Ya'aqob the son of Zabdi, and Yokhanan his brother, in a ship with Zabdi their father, mending their nets; and he called them.

22 And they immediately left the ship and their father, and followed him.

YAHOSHUA MINISTERS TO GREAT CROWDS

23 And **YAHOSHUA** went about all Galilah, teaching in their Congregations, and preaching the gospel of the kingdom, and healing all manner of sickness and all manner of disease among the people.

24 וְשִׁמְעוֹ יָצָא בְּכָל־אֶרֶץ סוּרְיָא וַיָּבִיאוּ אֵלָיו אֵת כָּל־הַחוֹלִים הַמְעֻנִּים בְּכָל־חֳלָיִם
וּמַכְאוֹבִים וַאֲחוּזֵי שֵׁדִים וּמֻכֵּי יָרֵחַ וּנְכֵי אֵבָרִים וַיִּרְפָּאֵם: 25 וַיֵּלְכוּ אַחֲרָיו הֲמֹנִים הֲמֹנִים
מִן־הַגָּלִיל וּמִן־עֶשֶׂר הֶעָרִים וּמִירוּשָׁלַיִם וִיהוּדָה וּמֵעֵבֶר לַיַּרְדֵּן:

<u>THE SERMON ON THE MOUNT</u>

ה

וַיְהִי כִּרְאוֹתוֹ אֶת־הֲמוֹן הָעָם וַיַּעַל הָהָרָה וַיֵּשֶׁב שָׁם וַיִּגְּשׁוּ אֵלָיו תַּלְמִידָיו:

<u>THE BEATITUDES</u>

2 וַיִּפְתַּח אֶת־פִּיו וַיּוֹרֵם וַיֹּאמַר: 3 אַשְׁרֵי עֲנִיֵּי **הָרוּחַ** כִּי לָהֶם מַלְכוּת הַשָּׁמָיִם: 4
אַשְׁרֵי הָאֲבֵלִים כִּי־הֵם יְנֻחָמוּ: 5 אַשְׁרֵי הָעֲנָוִים כִּי־הֵמָּה יִירְשׁוּ אָרֶץ: 6 אַשְׁרֵי הָרְעֵבִים
וְהַצְּמֵאִים לַצְּדָקָה כִּי־הֵם יִשְׂבָּעוּ: 7 אַשְׁרֵי הָרַחֲמָנִים כִּי־הֵם יְרֻחָמוּ: 8 אַשְׁרֵי בָּרֵי לֵבָב
כִּי־הֵם יֶחֱזוּ אֶת־הָאֱלֹהִים: 9 אַשְׁרֵי רֹדְפֵי שָׁלוֹם כִּי־בְנֵי אֱלֹהִים יִקָּרֵא לָהֶם: 10 אַשְׁרֵי
הַנִּרְדָּפִים בִּגְלַל הַצְּדָקָה כִּי לָהֶם מַלְכוּת הַשָּׁמָיִם: 11 אַשְׁרֵיכֶם כִּי־יְחָרֲפוּ וְרָדְפוּ אֶתְכֶם
וְדִבְּרוּ עֲלֵיכֶם בְּשֶׁקֶר כָּל־רָע בַּעֲבוּרִי: 12 שִׂמְחוּ וְגִילוּ כִּי שְׂכַרְכֶם רַב בַּשָּׁמָיִם כִּי־כֵן
רָדְפוּ אֶת־הַנְּבִיאִים אֲשֶׁר הָיוּ לִפְנֵיכֶם:

<u>SALT AND LIGHT</u>

13 אַתֶּם מֶלַח הָאָרֶץ וְאִם־הַמֶּלַח הָיָה תָפֵל בַּמֶּה יָמְלָח הֵן לֹא־יִצְלַח עוֹד לַכֹּל כִּי אִם־
לְהַשְׁלִיךְ חוּצָה וְהָיָה מִרְמָס לִבְנֵי אָדָם: 14 אַתֶּם אוֹרוֹ שֶׁל־עוֹלָם עִיר יֹשֶׁבֶת עַל־הָהָר
לֹא תִסָּתֵר: 15 גַּם אֵין מַדְלִיקִים נֵר לָשׂוּם אוֹתוֹ תַּחַת הָאֵיפָה כִּי אִם־עַל־הַמְּנוֹרָה
לְהָאִיר לְכָל־אֲשֶׁר בַּבָּיִת: 16 כֵּן יָאֵר אוֹרְכֶם לִפְנֵי בְּנֵי הָאָדָם לְמַעַן יִרְאוּ מַעֲשֵׂיכֶם
הַטּוֹבִים וְשִׁבְּחוּ אֶת־אֲבִיכֶם שֶׁבַּשָּׁמָיִם:

<u>MESHIAKH CAME TO FULFILL THE LAW</u>

17 אַל־תְּדַמּוּ כִּי בָאתִי לְהָפֵר אֶת־**הַתּוֹרָה** אוֹ אֶת־דִּבְרֵי הַנְּבִיאִים לֹא בָאתִי לְהָפֵר
כִּי אִם־לְמַלֹּאת: 18 כִּי אָמֵן אֹמֵר אֲנִי לָכֶם עַד כִּי־יַעַבְרוּ הַשָּׁמַיִם וְהָאָרֶץ לֹא תַעֲבֹר
יוֹד אַחַת אוֹ־קוֹץ אֶחָד מִן־הַתּוֹרָה עַד אֲשֶׁר יְקֻיַּם הַכֹּל: 19 לָכֵן הָאִישׁ אֲשֶׁר יָפֵר
אַחַת מִן־הַמִּצְוֹת הַקְּטַנּוֹת הָאֵלֶּה וִילַמֵּד אֶת־בְּנֵי הָאָדָם לַעֲשׂוֹת כָּמוֹהוּ קָטוֹן יִקָּרֵא
לוֹ בְּמַלְכוּת הַשָּׁמָיִם וַאֲשֶׁר יַעֲשֶׂה וִילַמֵּד אוֹתָן לָזֶה גָּדוֹל יִקָּרֵא בְּמַלְכוּת הַשָּׁמָיִם:
20 כִּי אֲנִי אֹמֵר לָכֶם אִם לֹא־תִהְיֶה צִדְקַתְכֶם מְרֻבָּה מִצִּדְקַת הַסּוֹפְרִים וְהַפְּרוּשִׁים
לֹא תָבֹאוּ בְּמַלְכוּת הַשָּׁמָיִם:

MATTHEW

24 And his fame went throughout all Aram: and they brought unto him all sick people that were taken with divers diseases and torments, and those which were possessed with devils, and those which were lunatick, and those that had the palsy; and he healed them.

25 And there followed him great multitudes of people from Galilah, and from Decapolis, and from Yerushalem, and from Yehudah, and from beyond Yarden.

THE SERMON ON THE MOUNT

5 AND seeing the multitudes, he went up into a mountain: and when he was set, his disciples came unto him:

THE BEATITUDES

2 And he opened his mouth, and taught them, saying,

3 Blessed are the poor in **RUAKH**: for their's is the kingdom of heaven.

4 Blessed are they that mourn: for they shall be comforted.

5 Blessed are the meek: for they shall inherit the earth.

6 Blessed are they which do hunger and thirst after righteousness: for they shall be filled.

7 Blessed are the merciful: for they shall obtain mercy.

8 Blessed are the pure in heart: for they shall see ELOHIM.

9 Blessed are the peacemakers: for they shall be called the children of ELOHIM.

10 Blessed are they which are persecuted for righteousness' sake: for their's is the kingdom of heaven.

11 Blessed are ye, when men shall revile you, and persecute you, and shall say all manner of evil against you falsely, for my sake.

12 Rejoice, and be exceeding glad: for great is your reward in heaven: for so persecuted they the prophets which were before you.

SALT AND LIGHT

13 Ye are the salt of the earth: but if the salt have lost his savour, wherewith shall it be salted? it is thenceforth good for nothing, but to be cast out, and to be trodden under foot of men.

14 Ye are the light of the world. A city that is set on an hill cannot be hid.

15 Neither do men light a candle, and put it under a bushel, but on a Menorah; and it giveth light unto all that are in the house.

16 Let your light so shine before men, that they may see your good works, and glorify your Father which is in heaven.

MESHIAKH CAME TO FULFILL THE LAW

17 Think not that I am come to destroy the **Torah (Law)**, or the prophets: I am not come to destroy, but to fulfil.

18 For verily I say unto you, Till heaven and earth pass, one jot or one tittle shall in no wise pass from the Torah, till all be fulfilled.

19 Whosoever therefore shall break one of these least commandments, and shall teach men so, he shall be called the least in the kingdom of heaven: but whosoever shall do and teach them, the same shall be called great in the kingdom of heaven.

20 For I say unto you, That except your righteousness shall exceed the righteousness of the scribes and Perushim, ye shall in no case enter into the kingdom of heaven.

מַתִּתְיָהוּ

ANGER

21 הֲלֹא שְׁמַעְתֶּם כִּי נֶאֱמַר לָרִאשֹׁנִים לֹא תִרְצָח וַאֲשֶׁר יִרְצַח חַיָּב הוּא לְבֵית דִּין:
22 וַאֲנִי אֹמֵר לָכֶם כָּל־אֲשֶׁר יִקְצֹף עַל־אָחִיו חִנָּם חַיָּב הוּא לְבֵית דִּין וַאֲשֶׁר יֹאמַר
אֶל־אָחִיו רֵקָא חַיָּב הוּא לְסַנְהֶדְרִין וַאֲשֶׁר נָבָל יִקְרָא לוֹ הוּא מְחֻיַּב אֵשׁ גֵּיהִנֹּם: 23
לָכֵן אִם־תַּקְרִיב קָרְבָּנְךָ אֶל־הַמִּזְבֵּחַ וְזָכַרְתָּ כִּי־יֵשׁ לְאָחִיךָ דְּבַר רִיב עִמָּךְ: 24 הַנַּח שָׁם
אֶת־קָרְבָּנְךָ לִפְנֵי הַמִּזְבֵּחַ וְלֵךְ כַּפֵּר אֶת־פְּנֵי אָחִיךָ וְאַחֲרֵי כֵן בּוֹא הַקְרֵב אֶת־קָרְבָּנֶךָ: 25
מַהֵר הִתְרַצֵּה לְאִישׁ רִיבְךָ בְּעוֹדְךָ בַדֶּרֶךְ אִתּוֹ פֶּן־יַסְגִּירְךָ אִישׁ רִיבְךָ אֶל־הַשֹּׁפֵט וְהַשֹּׁפֵט
יַסְגִּירְךָ לַשּׁוֹטֵר וְהָשְׁלַכְתָּ אֶל־בֵּית הַכֶּלֶא:

LUST

26 אָמֵן אֹמֵר אֲנִי לָךְ לֹא תֵצֵא מִשָּׁם עַד אִם־שִׁלַּמְתָּ אֶת־הַפְּרוּטָה הָאַחֲרוֹנָה: 27
שְׁמַעְתֶּם כִּי נֶאֱמַר לָרִאשֹׁנִים לֹא תִנְאָף: 28 וַאֲנִי אֹמֵר לָכֶם כָּל־הַמִּסְתַּכֵּל בְּאִשָּׁה
לַחְמֹד אוֹתָהּ נָאֹף נְאָפָהּ בְּלִבּוֹ: 29 וְאִם תַּכְשִׁילְךָ עֵין יְמִינְךָ נַקֵּר אוֹתָהּ וְהַשְׁלֵךְ מִמְּךָ
כִּי טוֹב לְךָ אֲשֶׁר יֹאבַד אֶחָד מֵאֵבָרֶיךָ מֵרֶדֶת כָּל־גּוּפְךָ אֶל־גֵּיהִנֹּם: 30 וְאִם־יָדְךָ הַיְמָנִית
תַּכְשִׁילְךָ קַצֵּץ אוֹתָהּ וְהַשְׁלֵךְ מִמְּךָ כִּי טוֹב לְךָ אֲשֶׁר יֹאבַד אֶחָד מֵאֵבָרֶיךָ מֵרֶדֶת כָּל־גּוּפְךָ
אֶל־גֵּיהִנֹּם:

DIVORCE

31 וְנֶאֱמַר אִישׁ כִּי יְשַׁלַּח אֶת־אִשְׁתּוֹ וְנָתַן לָהּ סֵפֶר כְּרִיתוּת: 32 וַאֲנִי אֹמֵר לָכֶם
הַמְשַׁלֵּחַ אֶת־אִשְׁתּוֹ בִּלְתִּי עַל־דְּבַר זְנוּת מְבִיאָהּ לִידֵי נִאֻפִים וְהַלֹּקֵחַ אֶת־הַגְּרוּשָׁה לוֹ
לְאִשָּׁה נֹאֵף הוּא:

OATHS

33 עוֹד שְׁמַעְתֶּם כִּי נֶאֱמַר לָרִאשֹׁנִים לֹא תִשָּׁבַע לַשָּׁקֶר וְשַׁלֵּם **לַיהוָה** שְׁבֻעוֹתֶיךָ: 34
וַאֲנִי אֹמֵר לָכֶם לֹא תִשָּׁבְעוּ כָּל־שְׁבוּעָה לֹא בַשָּׁמַיִם כִּי־כִסֵּא אֱלֹהִים הֵמָּה: 35 וְלֹא
בָאָרֶץ כִּי־הֲדוֹם רַגְלָיו הִיא וְלֹא בִירוּשָׁלַיִם כִּי־הִיא קִרְיַת מֶלֶךְ רָב: 36 אַף בְּחַיֵּי רֹאשְׁךָ
אַל־תִּשָּׁבֵעַ כִּי־לֹא תוּכַל לַהֲפֹךְ שַׂעֲרָה אַחַת לִלְבָנָה אוֹ לִשְׁחֹרָה: 37 אַךְ־יְהִי דְבַרְכֶם הֵן
הֵן לֹא לֹא וְהַיּוֹתֵר עַל אֵלֶּה מִן־הָרָע הוּא:

RETALIATION

38 שְׁמַעְתֶּם כִּי נֶאֱמַר עַיִן תַּחַת עַיִן שֵׁן תַּחַת שֵׁן: 39 וַאֲנִי אֹמֵר לָכֶם אַל־תִּתְקוֹמֲמוּ
לָרָשָׁע וְהַמַּכֶּה אוֹתְךָ עַל־הַלְּחִי הַיְמָנִית הַטֵּה־לוֹ גַּם אֶת־הָאַחֶרֶת:

MATTHEW

ANGER

21 Ye have heard that it was said by them of old time, Thou shalt not murder; and whosoever shall murder shall be in danger of the judgment:

22 But I say unto you, That whosoever is angry with his brother without a cause shall be in danger of the judgment: and whosoever shall say to his brother, Raca, shall be in danger of the council: but whosoever shall say, Thou fool, shall be in danger of hell fire.

23 Therefore if thou bring thy gift to the altar, and there rememberest that thy brother hath ought against thee;

24 Leave there thy gift before the altar, and go thy way; first be reconciled to thy brother, and then come and offer thy gift.

25 Agree with thine adversary quickly, whiles thou art in the way with him; lest at any time the adversary deliver thee to the judge, and the judge deliver thee to the officer, and thou be cast into prison.

LUST

26 Verily I say unto thee, Thou shalt by no means come out thence, till thou hast paid the uttermost farthing.

27 Ye have heard that it was said by them of old time, Thou shalt not commit adultery:

28 But I say unto you, That whosoever looketh on a woman to lust after her hath committed adultery with her already in his heart.

29 And if thy right eye offend thee, pluck it out, and cast it from thee: for it is profitable for thee that one of thy members should perish, and not that thy whole body should be cast into hell.

30 And if thy right hand offend thee, cut it off, and cast it from thee: for it is profitable for thee that one of thy members should perish, and not that thy whole body should be cast into hell.

DIVORCE

31 It hath been said, Whosoever shall put away his wife, let him give her a writing of divorcement:

32 But I say unto you, That whosoever shall put away his wife, saving for the cause of fornication, causeth her to commit adultery: and whosoever shall marry her that is divorced committeth adultery.

OATHS

33 Again, ye have heard that it hath been said by them of old time, Thou shalt not forswear thyself, but shalt perform unto **YAHOWAH** thine oaths:

34 But I say unto you, Swear not at all; neither by heaven; for it is **ELOHIM'S** throne:

35 Nor by the earth; for it is his footstool: neither by Yerushalem; for it is the city of the great King.

36 Neither shalt thou swear by thy head, because thou canst not make one hair white or black.

37 But let your communication be, Yea, yea; Nay, nay: for whatsoever is more than these cometh of evil.

RETALIATION

38 Ye have heard that it hath been said, An eye for an eye, and a tooth for a tooth:

39 But I say unto you, That ye resist not evil: but whosoever shall smite thee on thy right cheek, turn to him the other also.

40 וַאֲשֶׁר יַחְפֹּץ לָרִיב עִמְּךָ וְלָקַחַת אֶת־כֻּתָּנְתְּךָ תֶּן־לוֹ גַּם אֶת־הַמְּעִיל׃ 41 וְהָאֹנֵס אוֹתְךָ
לָלֶכֶת עִמּוֹ דֶּרֶךְ מִיל לֵךְ אִתּוֹ שְׁנָיִם׃ 42 הַשֹּׁאֵל מֵאִתְּךָ תֶּן־לוֹ וְהַבָּא לִלְווֹת מִמְּךָ אַל־תָּשֵׁב פָּנָיו׃

LOVE YOUR ENEMIES

43 שְׁמַעְתֶּם כִּי נֶאֱמַר וְאָהַבְתָּ לְרֵעֲךָ וְשָׂנֵאתָ אֶת־אֹיְבֶךָ׃ 44 וַאֲנִי אֹמֵר לָכֶם אֶהֱבוּ אֶת־
אֹיְבֵיכֶם (בָּרְכוּ אֶת־מְקַלְלֵיכֶם הֵיטִיבוּ לְשֹׂנְאֵיכֶם) וְהִתְפַּלְלוּ בְּעַד (מַכְאִיבֵיכֶם וְ) רֹדְפֵיכֶם׃
45 לְמַעַן תִּהְיוּ בָנִים לַאֲבִיכֶם שֶׁבַּשָּׁמַיִם אֲשֶׁר הוּא מַזְרִיחַ שִׁמְשׁוֹ לָרָעִים וְלַטּוֹבִים
וּמַמְטִיר עַל־הַצַּדִּיקִים וְגַם עַל־הָרְשָׁעִים׃ 46 כִּי אִם־תֶּאֱהָבוּ אֶת־אֹהֲבֵיכֶם מַה־שְּׂכַרְכֶם
הֲלֹא גַּם־הַמֹּכְסִים יַעֲשׂוּ־זֹאת׃ 47 וְאִם־תִּשְׁאֲלוּ לִשְׁלוֹם אֲחֵיכֶם בִּלְבַד מַה־שִּׁבְחֲכֶם הֲלֹא
גַּם־הַמֹּכְסִים יַעֲשׂוּ־זֹאת׃ 48 לָכֵן הֱיוּ שְׁלֵמִים כַּאֲשֶׁר אֲבִיכֶם שֶׁבַּשָּׁמַיִם שָׁלֵם הוּא׃

GIVING TO THE NEEDY

ו הִשָּׁמְרוּ לָכֶם מֵעֲשׂוֹת צִדְקַתְכֶם לִפְנֵי בְּנֵי אָדָם לְהֵרָאוֹת לָהֶם כִּי אִם־כֵּן
אֵין־לָכֶם שָׂכָר מֵאֵת אֲבִיכֶם שֶׁבַּשָּׁמָיִם׃ 2 לָכֵן בַּעֲשׂוֹתְךָ צְדָקָה אַל־תָּרִיעַ
לְפָנֶיךָ בַּשּׁוֹפָר כַּאֲשֶׁר יַעֲשׂוּ הַחֲנֵפִים בְּבָתֵּי כְנֵסִיּוֹת וּבָרְחֹבוֹת לְמַעַן יְהֻלְּלוּ אוֹתָם
הָאֲנָשִׁים אָמֵן אֹמֵר אֲנִי לָכֶם הֵמָּה נָשְׂאוּ אֶת שְׂכָרָם׃ 3 וְאַתָּה בַּעֲשׂוֹתְךָ צְדָקָה אַל־
תֵּדַע שְׂמֹאלְךָ אֵת אֲשֶׁר עֹשָׂה יְמִינֶךָ׃ 4 לְמַעַן תִּהְיֶה צִדְקָתְךָ בַּסָּתֶר וְאָבִיךָ הָרֹאֶה
בַּמִּסְתָּרִים הוּא (בַּגָּלוּי) יִגְמְלֶךָ׃

YAHOWAH'S PRAYER

5 וְכִי תִתְפַּלֵּל אַל־תְּהִי כַּחֲנֵפִים הָאֹהֲבִים לְהִתְפַּלֵּל בְּעָמְדָם בְּבָתֵּי כְנֵסִיּוֹת
וּבְפִנּוֹת הַשְּׁוָקִים לְמַעַן יֵרָאוּ לִבְנֵי אָדָם אָמֵן אֹמֵר אֲנִי לָכֶם הֵמָּה נָשְׂאוּ אֶת
שְׂכָרָם׃ 6 וְאַתָּה כִּי תִתְפַּלֵּל בֹּא בְחֶדְרְךָ וּסְגֹר דְּלָתְךָ בַּעַדְךָ וְהִתְפַּלֵּל אֶל־אָבִיךָ
אֲשֶׁר בַּסָּתֶר וְאָבִיךָ הָרֹאֶה בַּמִּסְתָּרִים הוּא (בַּגָּלוּי) יִגְמְלֶךָ׃ 7 וּבְהִתְפַּלֶּלְכֶם אַל־
תְּפַטְפְּטוּ כַּגּוֹיִם הָאֹמְרִים בִּלְבָבָם בְּרֹב דְּבָרֵינוּ נִשָּׁמֵעַ׃ 8 וְאַתֶּם אַל־תִּדַּמּוּ לָהֶם
כִּי יוֹדֵעַ אֲבִיכֶם כָּל־צָרְכְּכֶם בְּטֶרֶם תִּשְׁאֲלוּ מִמֶּנּוּ׃ 9 לָכֵן כֹּה תִתְפַּלְּלוּ אָבִינוּ
שֶׁבַּשָּׁמַיִם יִתְקַדֵּשׁ שְׁמֶךָ׃ 10 תָּבֹא מַלְכוּתֶךָ יֵעָשֶׂה רְצוֹנְךָ כַּאֲשֶׁר כְּבַשָּׁמַיִם גַּם
בָּאָרֶץ׃ 11 תֶּן־לָנוּ אֶת־לֶחֶם צָרְכֵּנוּ הַיּוֹם׃ 12 וּמְחַל־לָנוּ אֶת ־חוֹבוֹתֵינוּ כְּמוֹ
שֶׁגַּם אֲנַחְנוּ־מָחַלְנוּ לְחַיָּבֵינוּ׃ 13 וְאַל־תְּבִיאֵנוּ לִידֵי נִסָּיוֹן אֶלָּא הַצִּילֵנוּ מִן־הָרָע
((כִּי שֶׁלְּךָ הִי הַמַּמְלָכוּת וְהַגְּבוּרָה וְהַתִּפְאָרָה לְעוֹלְמֵי עוֹלָמִים אָמֵן))׃

MATTHEW

40 And if any man will sue thee at the Torah, and take away thy coat, let him have thy cloke also.

41 And whosoever shall compel thee to go a mile, go with him twain.

42 Give to him that asketh thee, and from him that would borrow of thee turn not thou away.

LOVE YOUR ENEMIES

43 Ye have heard that it hath been said, Thou shalt love thy neighbour, and hate thine enemy.

44 But I say unto you, Love your enemies, bless them that curse you, do good to them that hate you, and pray for them which despitefully use you, and persecute you;

45 That ye may be the children of your Father which is in heaven: for he maketh his sun to rise on the evil and on the good, and sendeth rain on the just and on the unjust.

46 For if ye love them which love you, what reward have ye? do not even the publicans the same?

47 And if ye salute your brethren only, what do ye more than others? do not even the publicans so?

48 Be ye therefore perfect, even as your Father which is in heaven is perfect.

GIVING TO THE NEEDY

6 Take heed that ye do not your alms before men, to be seen of them: otherwise ye have no reward of your Father which is in heaven.

2 Therefore when thou doest thine alms, do not sound a trumpet before thee, as the hypocrites do in the Congregations and in the streets, that they may have glory of men. Verily I say unto you, They have their reward.

3 But when thou doest alms, let not thy left hand know what thy right hand doeth:

4 That thine alms may be in secret: and thy Father which seeth in secret himself shall reward thee openly.

YAHOWAH'S PRAYER

5 And when thou prayest, thou shalt not be as the hypocrites are: for they love to pray standing in the Congregations and in the corners of the streets, that they may be seen of men. Verily I say unto you, They have their reward.

6 But thou, when thou prayest, enter into thy closet, and when thou hast shut thy door, pray to thy Father which is in secret; and thy Father which seeth in secret shall reward thee openly.

7 But when ye pray, use not vain repetitions, as the heathen do: for they think that they shall be heard for their much speaking.

8 Be not ye therefore like unto them: for your Father knoweth what things ye have need of, before ye ask him.

9 After this manner therefore pray ye: Our Father which art in heaven, Hallowed be thy name.

10 Thy kingdom come. Thy will be done. As in Heaven, so also on earth.

11 Give us this day our daily bread.

12 And forgive us our debts, as we forgive our debtors.

13 And lead us not into temptation, but deliver us from the Evil One: For thine is the kingdom, and the power, and the glory, for ever. Amen.

14 כִּי אִם־תִּמְחֲלוּ לִבְנֵי־אָדָם עַל־חַטֹּאתָם יִמְחַל גַּם־לָכֶם אֲבִיכֶם שֶׁבַּשָּׁמָיִם: 15 וְאִם
לֹא תִמְחֲלוּ לִבְנֵי אָדָם גַּם־אֲבִיכֶם לֹא־יִמְחַל לְחַטֹּאתֵיכֶם:

FASTING

16 וְכִי תָצוּמוּ אַל־תִּהְיוּ זֹעֲפִים כַּחֲנֵפִים הַמְשַׁנִּים אֶת־פְּנֵיהֶם לְהֵרָאוֹת צָמִים לִבְנֵי
אָדָם אָמֵן אֹמֵר אֲנִי לָכֶם הֵמָּה נָשְׂאוּ אֶת־שְׂכָרָם: 17 וְאַתָּה כִּי תָצוּם סוּךְ אֶת־רֹאשְׁךָ
וּרְחַץ אֶת־פָּנֶיךָ: 18 אֲשֶׁר לֹא־תֵרָאֶה צָם לִבְנֵי אָדָם כִּי אִם־לְאָבִיךָ בַּסָּתֶר וְאָבִיךָ הָרֹאֶה
בַּמִּסְתָּרִים הוּא (בַּגָּלוּי) יִגְמְלֶךָּ:

LAY UP TREASURES IN HEAVEN

19 אַל תַּאַצְרוּ לָכֶם אוֹצָרוֹת בָּאָרֶץ אֲשֶׁר יֹאכְלוּם שָׁם סָס וְרָקָב וְגַנָּבִים יַחְתְּרוּ וְגָנָבוּ:
20 אֲבָל תַּאַצְרוּ לָכֶם אוֹצָרוֹת בַּשָּׁמָיִם אֲשֶׁר סָס וְרָקָב לֹא־יֹאכְלוּם שָׁם וְגַנָּבִים לֹא
יַחְתְּרוּ וְלֹא יִגְנֹבוּ: 21 כִּי בִּמְקוֹם אֲשֶׁר־אוֹצַרְכֶם בּוֹ שָׁם יִהְיֶה גַּם־לְבַבְכֶם: 22 נֵר הַגּוּף
הָעָיִן וְאִם־עֵינְךָ תְמִימָה כָּל־גּוּפְךָ יֵאוֹר: 23 וְאִם־עֵינְךָ רָעָה כָּל־גּוּפְךָ יֶחְשָׁךְ וְאִם יֶחְשַׁךְ
הָאוֹר אֲשֶׁר בְּקִרְבְּךָ מָה־רַב הַחשֶׁךְ: 24 לֹא יוּכַל אִישׁ לַעֲבֹד שְׁנֵי אֲדֹנִים כִּי יִשְׂנָא
אֶת־הָאֶחָד וְיֶאֱהַב אֶת הָאַחֵר אוֹ יִדְבַּק בְּאֶחָד וְיִבְזֶה אֶת־הָאַחֵר לֹא תוּכְלוּ עֲבוֹד אֶת־
הָאֱלֹהִים וְאֶת־הַמָּמוֹן:

DO NOT BE ANXIOUS

25 עַל־כֵּן אֹמֵר אֲנִי לָכֶם אַל תִּדְאֲגוּ לְנַפְשְׁכֶם לֵאמֹר מַה־נֹּאכֵל וּמַה־נִּשְׁתֶּה וּלְגוּפְכֶם
לֵאמֹר מַה־נִּלְבָּשׁ הֲלֹא הַנֶּפֶשׁ הִיא יְקָרָה מִן־הַמָּזוֹן וְהַגּוּף יָקָר מִן־הַמַּלְבּוּשׁ: 26 הַבִּיטוּ
אֶל־עוֹף הַשָּׁמַיִם וּרְאוּ הֵן לֹא יִזְרְעוּ וְלֹא יִקְצְרוּ וְלֹא יַאַסְפוּ לַאֲסָמִים וַאֲבִיכֶם שֶׁבַּשָּׁמַיִם
מְכַלְכֵּל אֹתָם הֲלֹא אַתֶּם נַעֲלֵיתֶם עֲלֵיהֶם מְאֹד: 27 וּמִי בָכֶם בְּדַאֲגָתוֹ יוּכַל לְהוֹסִיף עַל־
קוֹמָתוֹ אַמָּה אֶחָת: 28 וְלִלְבוּשׁ לָמָּה תִדְאָגוּ הִתְבּוֹנְנוּ־נָא אֶל־שׁוֹשַׁנֵּי הַשָּׂדֶה הַצֹּמְחוֹת:
29 לֹא יַעַמְלוּ וְלֹא יִטְווּ וַאֲנִי אֹמֵר לָכֶם כִּי גַם־שְׁלֹמֹה בְּכָל־הֲדָרוֹ לֹא־הָיָה לָבוּשׁ כְּאַחַת
מֵהֵנָּה: 30 וְאִם־כָּכָה מַלְבִּישׁ הָאֱלֹהִים אֶת־חֲצִיר הַשָּׂדֶה אֲשֶׁר הַיּוֹם צֹמֵחַ וּמָחָר יֻשְׁלַךְ
לְתוֹךְ הַתַּנּוּר אַף כִּי־אֶתְכֶם קְטַנֵּי אֱמוּנָה: 31 לָכֵן אַל־תִּדְאֲגוּ לֵאמֹר מַה־נֹּאכַל וּמַה־
נִּשְׁתֶּה וּמַה־נִּלְבָּשׁ: 32 כִּי אֶת־כָּל־אֵלֶּה מְבַקְשִׁים הַגּוֹיִם הֲלֹא יֹדֵעַ אֲבִיכֶם אֲשֶׁר בַּשָּׁמַיִם
כִּי צְרִיכִים אַתֶּם לְכָל־אֵלֶּה: 33 אַךְ דִּרְשׁוּ בָרִאשׁוֹנָה אֶת־מַלְכוּת אֱלֹהִים וְאֶת־צִדְקָתוֹ
וְנוֹסַף לָכֶם כָּל־אֵלֶּה:
34 לָכֵן אַל־תִּדְאֲגוּ לְיוֹם מָחָר כִּי יוֹם מָחָר הוּא יִדְאַג לוֹ וְדַיָּהּ לַצָּרָה בְּשַׁעְתָּהּ:

MATTHEW

14 For if ye forgive men their trespasses, your heavenly Father will also forgive you:
15 But if ye forgive not men their trespasses, neither will your Father forgive your trespasses.

FASTING

16 Moreover when ye fast, be not, as the hypocrites, of a sad countenance: for they disfigure their faces, that they may appear unto men to fast. Verily I say unto you, They have their reward.
17 But thou, when thou fastest, anoint thine head, and wash thy face;
18 That thou appear not unto men to fast, but unto thy Father which is in secret: and thy Father, which seeth in secret, shall reward thee openly.

LAY UP TREASURES IN HEAVEN

19 Lay not up for yourselves treasures upon earth, where moth and rust doth corrupt, and where thieves break through and steal:
20 But lay up for yourselves treasures in heaven, where neither moth nor rust doth corrupt, and where thieves do not break through nor steal:
21 For where your treasure is, there will your heart be also.
22 The light of the body is the eye: if therefore thine eye be single, thy whole body shall be full of light.
23 But if thine eye be evil, thy whole body shall be full of darkness. If therefore the light that is in thee be darkness, how great is that darkness!
24 No man can serve two masters: for either he will hate the one, and love the other; or else he will hold to the one, and despise the other. Ye cannot serve ELOHIM and mammon.

DO NOT BE ANXIOUS

25 Therefore I say unto you, Take no thought for your life, what ye shall eat, or what ye shall drink; nor yet for your body, what ye shall put on. Is not the life more than meat, and the body than raiment?
26 Behold the fowls of the air: for they sow not, neither do they reap, nor gather into barns; yet your heavenly Father feedeth them. Are ye not much better than they?
27 Which of you by taking thought can add one cubit unto his stature?
28 And why take ye thought for raiment? Consider the lilies of the field, how they grow; they toil not, neither do they spin:
29 And yet I say unto you, That even Shelomoh in all his glory was not arrayed like one of these.
30 Wherefore, if ELOHIM so clothe the grass of the field, which to day is, and to morrow is cast into the oven, shall he not much more clothe you, O ye of little faith?
31 Therefore take no thought, saying, What shall we eat? or, What shall we drink? or, Wherewithal shall we be clothed?
32 (For after all these things do the Gentiles seek:) for your heavenly Father knoweth that ye have need of all these things.
33 But seek ye first the kingdom of ELOHIM, and his righteousness; and all these things shall be added unto you.
34 Take therefore no thought for the morrow: for the morrow shall take thought for the things of itself. Sufficient unto the day is the evil thereof.

מַתִּתְיָהוּ

JUDGING OTHERS

ז אַל־תִּשְׁפְּטוּ לְמַעַן אֲשֶׁר לֹא תִשָּׁפֵטוּ׃ 2 כִּי בַמִּשְׁפָּט אֲשֶׁר אַתֶּם שֹׁפְטִים
תִּשָּׁפֵטוּ וּבַמִּדָּה אֲשֶׁר אַתֶּם מֹדְדִים יִמַּד לָכֶם׃ 3 וְלָמָּה זֶּה תִרְאֶה אֶת־הַקֵּיסָם
בְּעֵין אָחִיךָ וְאֶל־הַקּוֹרָה אֲשֶׁר בְּעֵינְךָ לֹא תַבִּיט׃ 4 וְאֵיךְ תֹּאמַר אֶל־אָחִיךָ הַנִּיחָה
לִּי וְאָסִיר אֶת־הַקֵּיסָם מֵעֵינֶךָ וְהִנֵּה הַקּוֹרָה בְּעֵינֶךָ׃ 5 הֶחָנֵף הָסֵר בָּרִאשׁוֹנָה אֶת־
הַקּוֹרָה מֵעֵינְךָ וְאַחֲרֵי כֵן רָאֹה תִרְאֶה לְהָסִיר אֶת־הַקֵּיסָם מֵעֵין אָחִיךָ׃ 6 אַל־תִּתְּנוּ
אֶת־הַקֹּדֶשׁ לַכְּלָבִים וְאַל־תַּשְׁלִיכוּ פְנִינֵיכֶם לִפְנֵי הַחֲזִירִים פֶּן־יִרְמְסוּם בְּרַגְלֵיהֶם
וּפָנוּ וְטָרְפוּ אֶתְכֶם׃

ASK, AND IT WILL BE GIVEN

7 שַׁאֲלוּ וְיִנָּתֵן לָכֶם דִּרְשׁוּ וְתִמְצָאוּ דִּפְקוּ וְיִפָּתַח לָכֶם׃ 8 כִּי כָל־הַשֹּׁאֵל יְקַבֵּל
וְהַדֹּרֵשׁ יִמְצָא וְהַדֹּפֵק יִפָּתַח לוֹ׃ 9 הֲיֵשׁ בָּכֶם אִישׁ אֲשֶׁר יִשְׁאַל מִמֶּנּוּ בְנוֹ לָחֶם
וְנָתַן־לוֹ אָבֶן׃ 10 וְכִי יִשְׁאַל מִמֶּנּוּ דָג הֲיִתֶּן־לוֹ נָחָשׁ׃ 11 הֵן אַתֶּם הָרָעִים יֹדְעִים
לָתֵת מַתָּנוֹת טֹבוֹת לִבְנֵיכֶם אַף כִּי־אֲבִיכֶם שֶׁבַּשָּׁמַיִם יִתֵּן אַךְ־טוֹב לַשֹּׁאֲלִים
מֵאִתּוֹ׃

THE GOLDEN RULE

12 לָכֵן כֹּל אֲשֶׁר תִּרְצוּ שֶׁיַּעֲשׂוּ לָכֶם בְּנֵי הָאָדָם עֲשׂוּ לָהֶם גַּם־אַתֶּם כִּי־זֹאת הַתּוֹרָה
וְהַנְּבִיאִים׃ 13 בֹּאוּ בַּפֶּתַח הַצָּר כִּי רָחָב הַפֶּתַח וּמְרֻוַּחַת דֶּרֶךְ הָאֲבַדּוֹן וְרַבִּים אֲשֶׁר יָבֹאוּ
בוֹ׃ 14 וְצַר הַפֶּתַח וּמוּצָק דֶּרֶךְ הַחַיִּים וּמְעַטִּים הֵם אֲשֶׁר יִמְצָאוּהָ׃

A TREE AND ITS FRUIT

15 הִשָּׁמְרוּ לָכֶם מִנְּבִיאֵי הַשָּׁקֶר הַבָּאִים אֲלֵיכֶם בִּלְבוּשׁ כְּבָשִׂים וּבְקִרְבָּם זְאֵבִים
טֹרְפִים הֵמָּה׃ 16 הַכֵּר תַּכִּירוּ אוֹתָם בְּפִרְיָם הֲיֶאָסְפוּ עֲנָבִים מִן־הַקֹּצִים אוֹ תְאֵנִים
מִן־הַבַּרְקָנִים׃ 17 כֵּן כָּל־עֵץ טוֹב עֹשֶׂה פְּרִי טוֹב וְהַנִּשְׁחָת עֹשֶׂה פְּרִי רָע׃ 18 עֵץ טוֹב
לֹא־יוּכַל עֲשׂוֹת פְּרִי רָע וְעֵץ נִשְׁחָת לֹא יַעֲשֶׂה פְּרִי טוֹב׃ 19 וְכָל־עֵץ אֲשֶׁר־לֹא יַעֲשֶׂה
פְּרִי טוֹב יִכָּרֵת וְיֻשְׁלַךְ בָּאֵשׁ׃ 20 לָכֵן בְּפִרְיָם תַּכִּירוּ אוֹתָם׃

I NEVER KNEW YOU

21 לֹא כָל־הָאֹמֵר לִי אֲדֹנִי אֲדֹנִי יָבוֹא בְּמַלְכוּת הַשָּׁמַיִם כִּי אִם־הָעֹשֶׂה רְצוֹן אָבִי
שֶׁבַּשָּׁמָיִם 22 וְהָיָה בַּיּוֹם הַהוּא יֹאמְרוּ רַבִּים אֵלַי אֲדֹנִי אֲדֹנִי הֲלֹא בְשִׁמְךָ נִבֵּאנוּ וּבְשִׁמְךָ
גֵּרַשְׁנוּ שֵׁדִים וּבְשִׁמְךָ עָשִׂינוּ נִפְלָאוֹת רַבּוֹת׃ 23 אָז אֶעֱנֶה־בָּם לֵאמֹר מֵעוֹלָם לֹא יָדַעְתִּי
אֶתְכֶם סוּרוּ מִמֶּנִּי פֹּעֲלֵי אָוֶן׃

MATTHEW

JUDGING OTHERS

7 JUDGE not, that ye be not judged.

2 For with what judgment ye judge, ye shall be judged: and with what measure ye mete, it shall be measured to you again.

3 And why beholdest thou the mote that is in thy brother's eye, but considerest not the beam that is in thine own eye?

4 Or how wilt thou say to thy brother, Let me pull out the mote out of thine eye; and, behold, a beam is in thine own eye?

5 Thou hypocrite, first cast out the beam out of thine own eye; and then shalt thou see clearly to cast out the mote out of thy brother's eye.

6 Give not that which is holy unto the dogs, neither cast ye your pearls before swine, lest they trample them under their feet, and turn again and rend you.

ASK, AND IT WILL BE GIVEN

7 Ask, and it shall be given you; seek, and ye shall find; knock, and it shall be opened unto you:

8 For every one that asketh receiveth; and he that seeketh findeth; and to him that knocketh it shall be opened.

9 Or what man is there of you, whom if his son ask bread, will he give him a stone?

10 Or if he ask a fish, will he give him a serpent?

11 If ye then, being evil, know how to give good gifts unto your children, how much more shall your Father which is in heaven give good things to them that ask him?

THE GOLDEN RULE

12 Therefore all things whatsoever ye would that men should do to you, do ye even so to them: for this is the Torah and the prophets.

13 Enter ye in at the strait gate: for wide is the gate, and broad is the way, that leadeth to destruction, and many there be which go in thereat:

14 Because strait is the gate, and narrow is the way, which leadeth unto life, and few there be that find it.

A TREE AND ITS FRUIT

15 Beware of false prophets, which come to you in sheep's clothing, but inwardly they are ravening wolves.

16 Ye shall know them by their fruits. Do men gather grapes of thorns, or figs of thistles?

17 Even so every good tree bringeth forth good fruit; but a corrupt tree bringeth forth evil fruit.

18 A good tree cannot bring forth evil fruit, neither can a corrupt tree bring forth good fruit.

19 Every tree that bringeth not forth good fruit is hewn down, and cast into the fire.

20 Wherefore by their fruits ye shall know them.

I NEVER KNEW YOU

21 Not every one that saith unto me, Adoni, Adoni, shall enter into the kingdom of heaven; but he that doeth the will of my Father which is in heaven.

22 Many will say to me in that day, Adoni, Adoni, have we not prophesied in thy name? and in thy name have cast out devils? and in thy name done many wonderful works?

23 And then will I profess unto them, I never knew you: depart from me, ye that work iniquity.

BUILD YOUR HOUSE ON THE ROCK

24 לָכֵן כָּל־הַשֹּׁמֵעַ אֶת־דְּבָרַי אֵלֶּה וְעָשָׂה אֹתָם אֲדַמֵּהוּ לְאִישׁ חָכָם אֲשֶׁר־בָּנָה אֶת־
בֵּיתוֹ עַל־הַצּוּר׃ 25 וַיֵּרֶד הַגֶּשֶׁם וַיִּשְׁטְפוּ הַנְּחָלִים וַיִּנַּשְׁבוּ הָרוּחוֹת וַיִּגְּעוּ בַּבַּיִת הַהוּא
וְלֹא נָפָל כִּי יֻסַּד עַל־הַצּוּר׃ 26 וְכָל־הַשֹּׁמֵעַ אֶת־דְּבָרַי אֵלֶּה וְלֹא יַעֲשֶׂה אֹתָם יִדְמֶה
לְאִישׁ בַּעַר אֲשֶׁר־בָּנָה אֶת־בֵּיתוֹ עַל־הַחוֹל׃ 27 וַיֵּרֶד הַגֶּשֶׁם וַיִּשְׁטְפוּ הַנְּחָלִים וַיִּנַּשְׁבוּ
הָרוּחוֹת וַיִּפְגְּעוּ בַּבַּיִת הַהוּא וַיִּפֹּל וַתְּהִי מַפַּלְתּוֹ גְּדוֹלָה׃

THE AUTHORITY OF YAHOSHUA

28 וַיְהִי כְּכַלּוֹת **יָהוֹשֻׁעַ** לְדַבֵּר אֶת־הַדְּבָרִים הָאֵלֶּה וַיִּשְׁתּוֹמְמוּ הֲמוֹן הָעָם עַל־תּוֹרָתוֹ׃ 29
כִּי הָיָה מְלַמֵּד אוֹתָם כְּאִישׁ שִׁלְטוֹן וְלֹא כַּסּוֹפְרִים׃

YAHOSHUA CLEANSES A LEPER

ח וַיֵּרֶד מִן־הָהָר וַיֵּלֶךְ אַחֲרָיו הֲמוֹן עַם רָב׃ 2 וְהִנֵּה אִישׁ מְצֹרָע בָּא וַיִּשְׁתַּחוּ־לוֹ
וַיֹּאמַר אֲדֹנִי אִם־תִּרְצֶה תּוּכַל לְטַהֲרֵנִי׃ 3 וַיִּשְׁלַח **יָהוֹשֻׁעַ** אֶת־יָדוֹ וַיִּגַּע־בּוֹ וַיֹּאמֶר
חָפֵץ אָנֹכִי טְהָר וּבְרֶגַע נִרְפְּאָה צָרַעְתּוֹ׃ 4 וַיֹּאמֶר אֵלָיו **יָהוֹשֻׁעַ** רְאֵה אַל־תְּסַפֵּר לְאִישׁ
וְלֵךְ הֵרָאֵה אֶל־הַכֹּהֵן וְהִקְרַבְתָּ אֶת־הַקָּרְבָּן אֲשֶׁר צִוָּה מֹשֶׁה לְעֵדוּת לָהֶם׃

THE FAITH OF A CENTURION

5 וַיְהִי כְּבֹאוֹ **יָהוֹשֻׁעַ** אֶל־כְּפַר־נַחוּם וַיִּגַּשׁ אֵלָיו שַׂר־מֵאָה אֶחָד וַיִּתְחַנֶּן־לוֹ לֵאמֹר׃ 6
אֲדֹנִי הִנֵּה נַעֲרִי נָפַל לְמִשְׁכָּב בְּבֵיתִי וְהוּא נְכֵה אֵבָרִים וּמְעֻנֶּה עַד־מְאֹד׃ 7 וַיֹּאמֶר **יָהוֹשֻׁעַ**
אֵלָיו אָבֹא וּרְפָאתִיו׃ 8 וַיַּעַן שַׂר־הַמֵּאָה וַיֹּאמַר אֲדֹנִי נְקַלֹּתִי מֵאֲשֶׁר תָּבֹא בְּצֵל קוֹרָתִי
רַק דַּבֶּר־נָא דָּבָר וְנִרְפָּא נַעֲרִי׃ 9 כִּי אָנֹכִי אִישׁ אֲשֶׁר תַּחַת מֶמְשָׁלָה וְגַם־יֵשׁ תַּחַת יָדִי
אַנְשֵׁי צָבָא וְאָמַרְתִּי לָזֶה לֵךְ וְהָלַךְ וְלָזֶה בּוֹא וּבָא וּלְעַבְדִּי עֲשֵׂה־זֹאת וְעָשָׂה׃ 10 וַיִּשְׁמַע
יָהוֹשֻׁעַ וַיִּתְמַהּ וַיֹּאמֶר אֶל־הַהֹלְכִים אַחֲרָיו אָמֵן אֹמֵר אֲנִי לָכֶם גַּם־בְּיִשְׂרָאֵל לֹא־מָצָאתִי
אֱמוּנָה רַבָּה כָּזֹאת׃ 11 וַאֲנִי אֹמֵר לָכֶם רַבִּים יָבֹאוּ מִמִּזְרָח וּמִמַּעֲרָב וְיָסֵבּוּ עִם־אַבְרָהָם
וְיִצְחָק וְיַעֲקֹב בְּמַלְכוּת הַשָּׁמָיִם׃ 12 אֲבָל בְּנֵי הַמַּלְכוּת הֵמָּה יְגֹרְשׁוּ אֶל־הַחֹשֶׁךְ הַחִיצוֹן
שָׁם תִּהְיֶה הַיְלָלָה וַחֲרוֹק הַשִּׁנָּיִם׃ 13 וַיֹּאמֶר **יָהוֹשֻׁעַ** אֶל־שַׂר־הַמֵּאָה לֵךְ וְכֶאֱמוּנָתְךָ כֵּן
יְהְיֶה־לָּךְ וַיֵּרָפֵא נַעֲרוֹ בַּשָּׁעָה הַהִיא׃

YAHOSHUA HEALS MANY

14 וַיָּבֹא **יָהוֹשֻׁעַ** בֵּיתָה כֵיפָע וַיַּרְא אֶת־חֲמוֹתוֹ נֹפֶלֶת לְמִשְׁכָּב וְחוֹלַת קַדָּחַת׃ 15 וַיִּגַּע
בְּיָדָהּ וַתִּרֶף מִמֶּנָּה הַקַּדַּחַת וְתָּקָם וַתְּשָׁרְתֵם׃ 16 וַיְהִי לְעֵת עֶרֶב וַיָּבִיאוּ אֵלָיו רַבִּים אֲחוּזֵי

MATTHEW

BUILD YOUR HOUSE ON THE ROCK

24 Therefore whosoever heareth these sayings of mine, and doeth them, I will liken him unto a wise man, which built his house upon a rock:

25 And the rain descended, and the floods came, and the winds blew, and beat upon that house; and it fell not: for it was founded upon a rock.

26 And every one that heareth these sayings of mine, and doeth them not, shall be likened unto a foolish man, which built his house upon the sand:

27 And the rain descended, and the floods came, and the winds blew, and beat upon that house; and it fell: and great was the fall of it.

THE AUTHORITY OF YAHOSHUA

28 And it came to pass, when **YAHOSHUA** had ended these sayings, the people were astonished at his doctrine:

29 For he taught them as one having authority, and not as the scribes.

YAHOSHUA CLEANSES A LEPER

8 WHEN he was come down from the mountain, great multitudes followed him.

2 And, behold, there came a leper and worshipped him, saying, Adoni, if thou wilt, thou canst make me clean.

3 And **YAHOSHUA** put forth his hand, and touched him, saying, I will; be thou clean. And immediately his leprosy was cleansed.

4 And **YAHOSHUA** saith unto him, See thou tell no man; but go thy way, shew thyself to the priest, and offer the gift that Mosheh commanded, for a testimony unto them.

THE FAITH OF A CENTURION

5 And when **YAHOSHUA** was entered into Kepar-Nakhum, there came unto him a centurion, beseeching him,

6 And saying, Adoni, my servant lieth at home sick of the palsy, grievously tormented.

7 And **YAHOSHUA** saith unto him, I will come and heal him.

8 The centurion answered and said, Adoni, I am not worthy that thou shouldest come under my roof: but speak the word only, and my servant shall be healed.

9 For I am a man under authority, having soldiers under me: and I say to this man, Go, and he goeth; and to another, Come, and he cometh; and to my servant, Do this, and he doeth it.

10 When **YAHOSHUA** heard it, he marvelled, and said to them that followed, Verily I say unto you, I have not found so great faith, no, not in Yisra'EL.

11 And I say unto you, That many shall come from the east and west, and shall sit down with Abraham, and Yitzkhaq, and Ya'aqob, in the kingdom of heaven.

12 But the children of the kingdom shall be cast out into outer darkness: there shall be weeping and gnashing of teeth.

13 And **YAHOSHUA** said unto the centurion, Go thy way; and as thou hast believed, so be it done unto thee. And his servant was healed in the selfsame hour.

YAHOSHUA HEALS MANY

14 And when **YAHOSHUA** was come into Kepha's house, he saw his wife's mother laid, and sick of a fever.

15 And he touched her hand, and the fever left her: and she arose, and ministered unto them.

16 When the even was come, they brought unto him many that were possessed with

שֵׁדִים וַיְגָרֶשׁ אֶת־הָרוּחוֹת בִּדְבַר פִּיו וַיְרַפֵּא אֵת כָּל־הַחוֹלִים: 17 לְמַלֹּאת אֵת אֲשֶׁר דִּבֶּר
יְשַׁעְיָהוּ הַנָּבִיא לֵאמֹר חֳלָיֵנוּ הוּא נָשָׂא וּמַכְאֹבֵינוּ סְבָלָם:

THE COST OF FOLLOWING YAHOSHUA

18 וַיְהִי כִּרְאוֹת **יָהוֹשֻׁעַ** הֲמוֹן עַם רַב סְבִיבֹתָיו וַיְצַו לַעֲבֹר מִשָּׁם אֶל־עֵבֶר הַיָּם:
19 וַיִּגַּשׁ אֵלָיו אַחַד הַסּוֹפְרִים וַיֹּאמֶר אֵלָיו רַבִּי אֵלְכָה אַחֲרֶיךָ אֶל כָּל־אֲשֶׁר תֵּלֵךְ:
20 וַיֹּאמֶר אֵלָיו **יָהוֹשֻׁעַ** לַשּׁוּעָלִים יֵשׁ־חוֹרִים וּלְעוֹף הַשָּׁמַיִם קִנִּים וּבֶן־הָאָדָם
אֵין לוֹ מָקוֹם לְהַנִּיחַ אֶת־רֹאשׁוֹ: 21 וְאִישׁ אַחֵר מִן־הַתַּלְמִידִים אָמַר אֵלָיו אֲדֹנִי
הַנִּיחָה־לִּי וְאֵלֵךְ בָּרִאשׁוֹנָה לִקְבֹּר אֶת־אָבִי: 22 וַיֹּאמֶר אֵלָיו **יָהוֹשֻׁעַ** לֵךְ אַחֲרָי
וְהַנַּח לַמֵּתִים לִקְבֹּר אֶת־מֵתֵיהֶם:

YAHOSHUA CALMS A STORM

23 וַיֵּרֶד אֶל־הָאֳנִיָּה וַיֵּרְדוּ אִתּוֹ תַּלְמִידָיו: 24 וְהִנֵּה סַעַר גָּדוֹל הָיָה בַיָּם עַד־אֲשֶׁר כִּסּוּ
הַגַּלִּים אֶת־הָאֳנִיָּה וְהוּא יָשֵׁן: 25 וַיִּגְּשׁוּ אֵלָיו תַּלְמִידָיו וַיָּעִירוּ אוֹתוֹ לֵאמֹר הוֹשִׁיעֵנוּ
אֲדֹנֵינוּ אָבָדְנוּ: 26 וַיֹּאמֶר אֲלֵיהֶם קְטַנֵּי אֱמוּנָה מַה חֲרֵדִים אַתֶּם וַיָּקָם וַיִּגְעַר בָּרוּחוֹת
וּבַיָּם וַתְּהִי דְּמָמָה רַבָּה: 27 וַיִּתְמְהוּ הָאֲנָשִׁים וַיֹּאמְרוּ מִי אֵפוֹא הוּא אֲשֶׁר גַּם־הָרוּחוֹת
וְהַיָּם אֵלָיו יִשְׁמָעוּן:

YAHOSHUA HEALS TWO MEN WITH DEMONS

28 וַיְהִי כְּבֹאוֹ אֶל־עֵבֶר הַיָּם אֶל־אֶרֶץ הַגַּדְרִיִּם וַיִּפְגְּשֻׁהוּ שְׁנֵי אֲנָשִׁים אֲחוּזֵי שֵׁדִים
יֹצְאִים מִבָּתֵּי הַקְּבָרוֹת וְהֵמָּה רַגְזָנִים מְאֹד עַד אֲשֶׁר לֹא־יָכֹל אִישׁ לַעֲבֹר בַּדֶּרֶךְ הַהוּא:
29 וְהִנֵּה הֵם צֹעֲקִים לֵאמֹר מָה לָּנוּ וָלָךְ **יָהוֹשֻׁעַ** בֶּן הָאֱלֹהִים הֲבָאתָ הֲלֹם לְעַנּוֹתֵנוּ בְּלֹא
עֵת: 30 וְשָׁם עֵדֶר חֲזִירִים רַבִּים רֹעִים הַרְחֵק מֵהֶם: 31 וַיִּתְחַנְנוּ אֵלָיו הַשֵּׁדִים לֵאמֹר
אִם תְּגָרְשֵׁנוּ תְּנָה לָּנוּ לָבוֹא בְּעֵדֶר הַחֲזִירִים: 32 וַיֹּאמֶר אֲלֵיהֶם לֵכוּ וַיֵּצְאוּ וַיָּבֹאוּ בְּעֵדֶר
הַחֲזִירִים וְהִנֵּה הִשְׁתָּעֵר כָּל־עֵדֶר הַחֲזִירִים מִן־הַמּוֹרָד אֶל־הַיָּם וַיָּמוּתוּ בַּמָּיִם: 33 וַיָּנוּסוּ
הָרֹעִים וַיָּבֹאוּ הָעִירָה וַיַּגִּידוּ אֶת־הַכֹּל וְאֵת אֲשֶׁר נַעֲשָׂה לַאֲחוּזֵי הַשֵּׁדִים: 34 וְהִנֵּה כָּל־
הָעִיר יָצְאָה לִקְרַאת **יָהוֹשֻׁעַ** וְכִרְאוֹתָם אֹתוֹ וַיְבַקְשׁוּ מִמֶּנּוּ לַעֲבֹר מִגְּבוּלָם:

YAHOSHUA HEALS A PARALYTIC

ט וַיֵּרֶד בָּאֳנִיָּה וַיַּעֲבֹר וַיָּבֹא אֶל־עִירוֹ: 2 וְהִנֵּה הֵם מְבִיאִים אֵלָיו אִישׁ נְכֵה אֵבָרִים וְהוּא
מֻשְׁכָּב עַל־הַמִּטָּה וַיְהִי כִּרְאוֹת **יָהוֹשֻׁעַ** אֶת־אֱמוּנָתָם וַיֹּאמֶר אֶל־נְכֵה הָאֵבָרִים חֲזַק
בְּנִי נִסְלְחוּ־לְךָ חַטֹּאתֶיךָ: 3 וְהִנֵּה אֲנָשִׁים מִן־הַסּוֹפְרִים אָמְרוּ בִּלְבָבָם מְגַדֵּף הוּא:

MATTHEW

devils: and he cast out the spirits with his word, and healed all that were sick:

17 That it might be fulfilled which was spoken by YeshaYAHU the prophet, saying, "Surely he hath borne our griefs, and carried our sorrows"

THE COST OF FOLLOWING YAHOSHUA

18 Now when **YAHOSHUA** saw great multitudes about him, he gave commandment to depart unto the other side.

19 And a certain scribe came, and said unto him, Master, I will follow thee whithersoever thou goest.

20 And **YAHOSHUA** saith unto him, The foxes have holes, and the birds of the air have nests; but the Son of man hath not where to lay his head.

21 And another of his disciples said unto him, Adoni, suffer me first to go and bury my father.

22 But **YAHOSHUA** said unto him, Follow me; and let the dead bury their dead.

YAHOSHUA CALMS A STORM

23 And when he was entered into a ship, his disciples followed him.

24 And, behold, there arose a great tempest in the sea, insomuch that the ship was covered with the waves: but he was asleep.

25 And his disciples came to him, and awoke him, saying, Adone, save us: we perish.

26 And he saith unto them, Why are ye fearful, O ye of little faith? Then he arose, and rebuked the winds and the sea; and there was a great calm.

27 But the men marvelled, saying, What manner of man is this, that even the winds and the sea obey him!

YAHOSHUA HEALS TWO MEN WITH DEMONS

28 And when he was come to the other side into the country of the Gergesenes, there met him two possessed with devils, coming out of the tombs, exceeding fierce, so that no man might pass by that way.

29 And, behold, they cried out, saying, What have we to do with thee, **YAHOSHUA**, thou Son of ELOHIM? art thou come hither to torment us before the time?

30 And there was a good way off from them an herd of many swine feeding.

31 So the devils besought him, saying, If thou cast us out, suffer us to go away into the herd of swine.

32 And he said unto them, Go. And when they were come out, they went into the herd of swine: and, behold, the whole herd of swine ran violently down a steep place into the sea, and perished in the waters.

33 And they that kept them fled, and went their ways into the city, and told every thing, and what was befallen to the possessed of the devils.

34 And, behold, the whole city came out to meet **YAHOSHUA**: and when they saw him, they besought him that he would depart out of their coasts.

YAHOSHUA HEALS A PARALYTIC

9 AND he entered into a ship, and passed over, and came into his own city.

2 And, behold, they brought to him a man sick of the palsy, lying on a bed: and **YAHOSHUA** seeing their faith said unto the sick of the palsy; Son, be of good cheer; thy sins be forgiven thee.

3 And, behold, certain of the scribes said within themselves, This man blasphemeth.

4 **וִיהוֹשֻׁעַ** רָאָה אֶת־מַחְשְׁבֹתָם וַיֹּאמַר לָמָּה תַחְשְׁבוּ רָעָה בִּלְבַבְכֶם׃ 5 כִּי מָה הַנָּקֵל
הֶאָמֹר נִסְלְחוּ־לְךָ חַטֹּאתֶיךָ אִם־אָמֹר קוּם הִתְהַלֵּךְ׃ 6 אַךְ לְמַעַן תֵּדְעוּן כִּי בֶן־הָאָדָם יֶשׁ־
לוֹ הַשָּׁלְטָן בָּאָרֶץ לִסְלֹחַ לַחֲטָאִים וַיֹּאמֶר אֶל־נְכֵה הָאֵבָרִים קוּם שָׂא אֶת־מִטָּתְךָ וְלֶךְ־לְךָ
אֶל־בֵּיתֶךָ׃ 7 וַיָּקָם וַיֵּלֶךְ לְבֵיתוֹ׃ 8 וַהֲמוֹן הָעָם רָאוּ וַיִּשְׁתּוֹמֲמוּ וַיְשַׁבְּחוּ אֶת־הָאֱלֹהִים
אֲשֶׁר נָתַן שָׁלְטָן כָּזֶה לִבְנֵי אָדָם׃

YAHOSHUA CALLS MATTHEW

9 וַיְהִי בַּעֲבֹר **יָהוֹשֻׁעַ** מִשָּׁם וַיַּרְא אִישׁ יֹשֵׁב בְּבֵית־הַמֶּכֶס וּשְׁמוֹ **מַתִּתְיָהוּ** וַיֹּאמֶר אֵלָיו
לְכָה אַחֲרַי וַיָּקָם וַיֵּלֶךְ אַחֲרָיו׃ 10 וַיְהִי בַּהֲסִבּוֹ בְּבֵיתוֹ וְהִנֵּה מוֹכְסִים וְחַטָּאִים רַבִּים
בָּאוּ וַיָּסֵבּוּ עִם־**יָהוֹשֻׁעַ** וְתַלְמִידָיו׃ 11 וַיִּרְאוּ הַפְּרוּשִׁים וַיֹּאמְרוּ אֶל־תַּלְמִידָיו מַדּוּעַ יֹאכַל
רַבְּכֶם עִם־הַמּוֹכְסִים וְהַחַטָּאִים׃ 12 וַיִּשְׁמַע **יָהוֹשֻׁעַ** וַיֹּאמֶר אֲלֵיהֶם הַחֲזָקִים אֵינָם צְרִיכִים
לְרֹפֵא כִּי אִם־הַחוֹלִים׃ 13 וְאַתֶּם צְאוּ וְלִמְדוּ מָה הוּא שֶׁנֶּאֱמַר חֶסֶד חָפַצְתִּי וְלֹא זָבַח
כִּי לֹא־בָאתִי לִקְרֹא אֶת־הַצַּדִּיקִים כִּי אִם־אֶת־הַחַטָּאִים (לִתְשׁוּבָה)׃

A QUESTION ABOUT FASTING

14 וַיִּגְּשׁוּ אֵלָיו תַּלְמִידֵי יוֹחָנָן וַיֹּאמְרוּ מַדּוּעַ אֲנַחְנוּ וְהַפְּרוּשִׁים צָמִים הַרְבֵּה וְתַלְמִידֶיךָ
אֵינָם צָמִים׃ 15 וַיֹּאמֶר אֲלֵיהֶם **יָהוֹשֻׁעַ** אֵיךְ יוּכְלוּ בְּנֵי הַחֻפָּה לְהִתְאַבֵּל בְּעוֹד הֶחָתָן
עִמָּהֶם הִנֵּה יָמִים בָּאִים וְלֻקַּח מֵאִתָּם הֶחָתָן וְאָז יָצוּמוּ׃ 16 אֵין אָדָם מֵשִׂים טְלַאי חָדָשׁ
עַל־שִׂמְלָה בָלָה כִּי יִנָּתֵק הַטְּלַאי מִן־הַשִּׂמְלָה וְיִתְרַחֵב הַקֶּרַע׃ 17 וְאֵין נוֹתְנִים יַיִן חָדָשׁ
בְּנֹאדוֹת בָּלִים פֶּן־יִבָּקְעוּ הַנֹּאדוֹת וְהַיַּיִן יִשָּׁפֵךְ וְהַנֹּאדוֹת יֹאבֵדוּ אֲבָל נוֹתְנִים אֶת־הַיַּיִן
הֶחָדָשׁ בְּנֹאדוֹת חֲדָשִׁים וּשְׁנֵיהֶם יַחְדָּו יִשָּׁמֵרוּ׃

A GIRL RESTORED TO LIFE AND A WOMAN HEALED

18 וַיְהִי הוּא מְדַבֵּר אֲלֵיהֶם אֶת־הַדְּבָרִים הָאֵלֶּה וְהִנֵּה אַחַד הַשָּׂרִים בָּא וַיִּשְׁתַּחוּ־לוֹ
וַיֹּאמַר עַתָּה זֶה מֵתָה בִתִּי בֹּא־נָא וְשִׂים אֶת־יָדְךָ עָלֶיהָ וְתִחְיֶה׃ 19 וַיָּקָם **יָהוֹשֻׁעַ** וַיֵּלֶךְ
אַחֲרָיו הוּא וְתַלְמִידָיו׃ 20 וְהִנֵּה אִשָּׁה זָבַת דָּם שְׁתֵּים עֶשְׂרֵה שָׁנָה נִגְּשָׁה מֵאַחֲרָיו וַתִּגַּע
בִּכְנַף בִּגְדוֹ׃ 21 כִּי אָמְרָה בְּלִבָּהּ רַק אִם־אֶגַּע בְּבִגְדוֹ אִוָּשֵׁעַ׃ 22 וַיִּפֶן **יָהוֹשֻׁעַ** וַיַּרְא אוֹתָהּ
וַיֹּאמַר חִזְקִי בִתִּי אֱמוּנָתֵךְ הוֹשִׁיעָה לָּךְ וַתִּוָּשַׁע הָאִשָּׁה מִן־הַשָּׁעָה הַהִיא׃
23 וַיָּבֹא **יָהוֹשֻׁעַ** אֶל־בֵּית הַשָּׂר וַיַּרְא אֶת הַמְחַלְלִים בַּחֲלִילִים וְאֶת־הָעָם הַהוֹמֶה וַיֹּאמַר׃
24 וַיֹּאמַר סוּרוּ מִפֹּה כִּי לֹא מֵתָה הַיַּלְדָּה אַךְ יְשֵׁנָה הִיא וַיִּשְׂחֲקוּ לוֹ׃ 25 וַיְהִי כַּאֲשֶׁר
הוֹצִיאוּ אֶת־הָעָם מִשָּׁם וַיָּבֹא הַבַּיְתָה וַיֹּאחֶז בְּיָדָהּ וַתָּקָם הַנַּעֲרָה׃

MATTHEW

4 And **YAHOSHUA** knowing their thoughts said, Wherefore think ye evil in your hearts

5 For whether is easier, to say, Thy sins be forgiven thee; or to say, Arise, and walk?

6 But that ye may know that the Son of man hath power on earth to forgive sins, (then saith he to the sick of the palsy,) Arise, take up thy bed, and go unto thine house.

7 And he arose, and departed to his house.

8 But when the multitudes saw it, they marvelled, and glorified ELOHIM, which had given such power unto men.

YAHOSHUA CALLS MATTHEW

9 And as **YAHOSHUA** passed forth from thence, he saw a man, named **MattitYAHU (Matthew/Mattathias)**, sitting at the receipt of custom: and he saith unto him, Follow me. And he arose, and followed him.

10 And it came to pass, as **YAHOSHUA** sat at meat in the house, behold, many publicans and sinners came and sat down with him and his disciples.

11 And when the Perushim saw it, they said unto his disciples, Why eateth your Master with publicans and sinners?

12 But when **YAHOSHUA** heard that, he said unto them, They that be whole need not a physician, but they that are sick.

13 But go ye and learn what that meaneth, "For I desired mercy, and not sacrifice:" for I am not come to call the righteous, but sinners to repentance.

A QUESTION ABOUT FASTING

14 Then came to him the disciples of Yokhanan, saying, Why do we and the Perushim fast oft, but thy disciples fast not?

15 And **YAHOSHUA** said unto them, Can the children of the bridechamber mourn, as long as the bridegroom is with them? but the days will come, when the bridegroom shall be taken from them, and then shall they fast.

16 No man putteth a piece of new cloth unto an old garment, for that which is put in to fill it up taketh from the garment, and the rent is made worse.

17 Neither do men put new wine into old bottles: else the bottles break, and the wine runneth out, and the bottles perish: but they put new wine into new bottles, and both are preserved.

A GIRL RESTORED TO LIFE AND A WOMAN HEALED

18 While he spake these things unto them, behold, there came a certain ruler, and worshipped him, saying, My daughter is even now dead: but come and lay thy hand upon her, and she shall live.

19 And **YAHOSHUA** arose, and followed him, and so did his disciples.

20 And, behold, a woman, which was diseased with an issue of blood twelve years, came behind him, and touched the hem of his garment:

21 For she said within herself, If I may but touch his garment, I shall be whole.

22 But **YAHOSHUA** turned him about, and when he saw her, he said, Daughter, be of good comfort; thy faith hath made thee whole. And the woman was made whole from that hour.

23 And when **YAHOSHUA** came into the ruler's house, and saw the minstrels and the people making a noise,

24 He said unto them, Give place: for the maid is not dead, but sleepeth. And they laughed him to scorn.

25 But when the people were put forth, he went in, and took her by the hand, and the maid arose.

26 וַתֵּצֵא הַשְּׁמוּעָה הַזֹּאת בְּכָל־הָאָרֶץ הַהִיא:

YAHOSHUA HEALS TWO BLIND MEN

27 וַיַּעֲבֹר **יָהוֹשֻׁעַ** מִשָּׁם וַיֵּלְכוּ אַחֲרָיו שְׁנֵי אֲנָשִׁים עִוְרִים וְהֵמָּה צֹעֲקִים וְאֹמְרִים חָנֵּנוּ
בֶּן־דָּוִד: 28 וּכְבוֹאוֹ הַבַּיְתָה נִגְּשׁוּ אֵלָיו הַעִוְרִים וַיֹּאמֶר אֲלֵיהֶם **יָהוֹשֻׁעַ** הֲמַאֲמִינִים אַתֶּם
כִּי יֵשׁ־לְאֵל יָדִי לַעֲשׂוֹת זֹאת וַיֹּאמְרוּ אֵלָיו הֵן אֲדֹנֵינוּ: 29 וַיִּגַּע בְּעֵינֵיהֶם וַיֹּאמַר יְהִי לָכֶם
כֶּאֱמוּנַתְכֶם: 30 וַתִּפָּקַחְנָה עֵינֵיהֶם וַיִּגְעַר־בָּם **יָהוֹשֻׁעַ** וַיֹּאמַר רְאוּ פֶּן־יִוָּדַע לְאִישׁ: 31
וְהֵמָּה בְּצֵאתָם הִשְׁמִיעוּ אֶת־שָׁמְעוֹ בְּכָל־הָאָרֶץ הַהִיא:

YAHOSHUA HEALS A MAN UNABLE TO SPEAK

32 הֵמָּה יָצָאוּ וְהִנֵּה הֵבִיאוּ אֵלָיו אִישׁ אִלֵּם אֲחוּז שֵׁד: 33 וַיְגָרֶשׁ אֶת־הַשֵּׁד וְהָאִלֵּם
הֵחֵל לְדַבֵּר וַיִּתְמַהּ הֲמוֹן הָאֲנָשִׁים וַיֹּאמְרוּ מֵעוֹלָם לֹא־נִרְאֲתָה כָּזֹאת בְּיִשְׂרָאֵל: 34
וְהַפְּרוּשִׁים אָמְרוּ עַל־יְדֵי שַׂר הַשֵּׁדִים מְגָרֵשׁ הוּא אֵת הַשֵּׁדִים:

THE HARVEST IS PLENTIFUL, THE LABORERS FEW

35 וַיָּסָב **יָהוֹשֻׁעַ** בְּכָל־הֶעָרִים וְהַכְּפָרִים וַיְלַמֵּד בְּכְנֵסִיּוֹתֵיהֶם וַיְבַשֵּׂר בְּשׂוֹרַת הַמַּלְכוּת
וַיְרַפֵּא כָּל־מַחֲלָה וְכָל־מַדְוֶה בָּעָם: 36 וּבִרְאוֹתוֹ אֶת־הַהֲמֹנִים נִכְמְרוּ רַחֲמָיו עֲלֵיהֶם כִּי
הֵם מִתְעַלְּפִים וְנִדָּחִים כַּצֹּאן אֲשֶׁר אֵין־לָהֶם רֹעֶה: 37 אָז יְדַבֵּר לְתַלְמִידָיו וַיֹּאמַר רַב
הַקָּצִיר וְהַפֹּעֲלִים מְעַטִּים: 38 לָכֵן הִתְחַנְּנוּ אֶל־בַּעַל הַקָּצִיר לִשְׁלֹחַ פֹּעֲלִים לִקְצִירוֹ:

THE TWELVE APOSTLES

י וַיִּקְרָא אֵלָיו אֶת־שְׁנֵים עָשָׂר תַּלְמִידָיו וַיִּתֵּן לָהֶם שָׁלְטָן עַל־רוּחוֹת הַטֻּמְאָה לְגָרֵשָׁם וְלִרְפּוֹא
כָּל־חֳלִי וְכָל־מַדְוֶה: 2 וְאֵלֶּה שְׁמוֹת שְׁנֵים עָשָׂר הַשְּׁלִיחִים הָרִאשׁוֹן שִׁמְעוֹן הַנִּקְרָא כֵּיפָא
וְאַנְדְּרַי אָחִיו יַעֲקֹב בֶּן־זַבְדַּי וְיוֹחָנָן אָחִיו: 3 **פִּילִפּוֹס וּבַר־תַּלְמַי תּוֹמָא** וּמַתִתְיָהוּ הַמּוֹכֵס יַעֲקֹב
בֶּן־חַלְפַי וְ (לַבַּי הַמְכֻנֶּה) תַּדָּי: 4 שִׁמְעוֹן הַקַּנָּי וִיהוּדָה **אִישׁ־קְרִיּוֹת** הוּא הַמֹּסֵר אֹתוֹ:

SENDS OUT THE TWELVE APOSTLES

5 אֶת־שְׁנֵים הֶעָשָׂר הָאֵלֶּה שָׁלַח **יָהוֹשֻׁעַ** וַיְצַו אֹתָם לֵאמֹר אֶל־דֶּרֶךְ הַגּוֹיִם אַל־תֵּלֵכוּ
וְאֶל־עִיר הַשֹּׁמְרוֹנִים אַל־תָּבֹאוּ: 6 לְכוּ אֶל־הַצֹּאן הָאֹבְדוֹת אֲשֶׁר לְבֵית־יִשְׂרָאֵל:
7 וּבְלֶכְתְּכֶם קִרְאוּ לֵאמֹר מַלְכוּת הַשָּׁמַיִם קָרְבָה לָבוֹא: 8 רִפְאוּ אֵת הַחוֹלִים טַהֲרוּ
אֵת הַמְּצֹרָעִים הָקִימוּ אֵת הַמֵּתִים וְאֵת הַשֵּׁדִים גָּרֵשׁוּ חִנָּם לְקַחְתֶּם חִנָּם תִּתֵּנוּ: 9 לֹא־
תִקְחוּ זָהָב וְלֹא כֶסֶף וְלֹא נְחֹשֶׁת בַּחֲגוֹרֵיכֶם: 10 וְלֹא תַרְמִיל לַדֶּרֶךְ וְלֹא שְׁתֵּי כֻתָּנוֹת
וְלֹא נַעֲלַיִם וְלֹא מַטֶּה כִּי־רָאוּי לַפֹּעֵל דֵּי מִחְיָתוֹ:

MATTHEW

26 And the fame hereof went abroad into all that land.

YAHOSHUA HEALS TWO BLIND MEN
27 And when **YAHOSHUA** departed thence, two blind men followed him, crying, and saying, Thou Son of Dawid, have mercy on us.

28 And when he was come into the house, the blind men came to him: and **YAHOSHUA** saith unto them, Believe ye that I am able to do this? They said unto him, Yea, Adone.

29 Then touched he their eyes, saying, According to your faith be it unto you.

30 And their eyes were opened; and **YAHOSHUA** straitly charged them, saying, See that no man know it.

31 But they, when they were departed, spread abroad his fame in all that country.

YAHOSHUA HEALS A MAN UNABLE TO SPEAK
32 As they went out, behold, they brought to him a dumb man possessed with a devil.

33 And when the devil was cast out, the dumb spake: and the multitudes marvelled, saying, It was never so seen in Yisra'EL.

34 But the Perushim said, He casteth out devils through the prince of the devils.

THE HARVEST IS PLENTIFUL, THE LABORERS FEW
35 And **YAHOSHUA** went about all the cities and villages, teaching in their Congregations, and preaching the gospel of the kingdom, and healing every sickness and every disease among the people.

36 But when he saw the multitudes, he was moved with compassion on them, because they fainted, and were scattered abroad, as sheep having no shepherd.

37 Then saith he unto his disciples, The harvest truly is plenteous, but the labourers are few;

38 Pray ye therefore the Adone of the harvest, that he will send forth labourers into his harvest.

THE TWELVE APOSTLES
10 AND when he had called unto him his twelve disciples, he gave them power against unclean spirits, to cast them out, and to heal all manner of sickness and all manner of disease.

2 Now the names of the twelve apostles are these; The first, Shimon, who is called Kepha, and Andre his brother; Ya'aqob the son of Zabdi, and Yokhanan his brother;

3 **Philipos (Philip)**, and **Bar-Talmai (Bartholomew)**; **Tho'ma (Thomas)**, and MattitYAHU the publican; Ya'aqob the son of Kheleph, and Labai, whose surname was Thaddai;

4 Shimon the Kena'anim, and Yehudah **Ishqeriot (Iscariot)**, who also betrayed him.

SENDS OUT THE TWELVE APOSTLES
5 These twelve **YAHOSHUA** sent forth, and commanded them, saying, Go not into the way of the Gentiles, and into any city of the Samaritans enter ye not:

6 But go rather to the lost sheep of the house of Yisra'EL.

7 And as ye go, preach, saying, The kingdom of heaven is at hand.

8 Heal the sick, cleanse the lepers, raise the dead, cast out devils: freely ye have received, freely give.

9 Provide neither gold, nor silver, nor brass in your purses,

10 Nor scrip for your journey, neither two coats, neither shoes, nor yet staves: for the workman is worthy of his meat.

11 וְכָל־עִיר וּכְפָר אֲשֶׁר תָּבֹאוּ שָׁמָּה דִּרְשׁוּ מִי הוּא הָגוּן לָזֶה בְּתוֹכָהּ וְשָׁם שְׁבוּ
עַד צֵאתְכֶם׃ 12 וּבְבוֹאֲכֶם אֶל־הַבַּיִת שַׁאֲלוּ־לוֹ לְשָׁלוֹם׃ 13 וְהָיָה אִם־הָגוּן הַבַּיִת
יָבוֹא עָלָיו שְׁלוֹמְכֶם וְאִם־אֵינֶנּוּ הָגוּן שְׁלוֹמְכֶם אֲלֵיכֶם יָשׁוּב׃ 14 וְכֹל אֲשֶׁר לֹא־
יְקַבֵּל אֶתְכֶם וְלֹא יִשְׁמַע לְדִבְרֵיכֶם וִיצָאתֶם מִן־הַבַּיִת הַהוּא וּמִן־הָעִיר הַהִיא
וּנְעַרְתֶּם אֶת־עֲפַר רַגְלֵיכֶם׃ 15 אָמֵן אֹמֵר אֲנִי לָכֶם כִּי יֵקַל לְאֶרֶץ־**סְדוֹם וַעֲמֹרָה**
בְּיוֹם הַדִּין מִן־הָעִיר הַהִיא׃

PERSECUTION WILL COME

16 הִנֵּה אָנֹכִי שֹׁלֵחַ אֶתְכֶם כִּשְׁלֹחַ כְּבָשִׂים בֵּין זְאֵבִים לָכֵן הֱיוּ עֲרוּמִים כַּנְּחָשִׁים
וּתְמִימִים כַּיּוֹנִים׃ 17 וְהִשָּׁמְרוּ לָכֶם מִבְּנֵי הָאָדָם כִּי יִמְסְרוּ אֶתְכֶם לְסַנְהֶדְרִיּוֹת וְיַכּוּ
אֶתְכֶם בַּשּׁוֹטִים בִּכְנֵסִיּוֹתֵיהֶם׃ 18 וְלִפְנֵי מֹשְׁלִים וּמְלָכִים תּוּבְאוּ לְמַעֲנִי לְעֵדוּת לָהֶם
וְלַגּוֹיִם׃ 19 וְכִי יִמְסְרוּ אֶתְכֶם אַל־תִּדְאֲגוּ אֵיךְ תְּדַבְּרוּ וּמֶה תְּדַבֵּרוּ כִּי יִנָּתֵן לָכֶם בַּשָּׁעָה
הַהִיא אֵת אֲשֶׁר תְּדַבֵּרוּן׃ 20 כִּי לֹא אַתֶּם הֵם הַמְדַבְּרִים כִּי **רוּחַ** אֲבִיכֶם הוּא הַמְדַבֵּר
בְּפִיכֶם׃ 21 וְאָח יִמְסֹר אֶת־אָחִיו לַמָּוֶת וְאָב יִמְסֹר אֶת־בְּנוֹ וְקָמוּ בָנִים בַּאֲבוֹתָם וְהֵמִיתוּ
אוֹתָם׃ 22 וִהְיִיתֶם שְׂנוּאִים לְכָל־אָדָם לְמַעַן שְׁמִי וְהַמְחַכֶּה עַד־עֵת קֵץ הוּא יִוָּשֵׁעַ׃ 23
וְאִם־יִרְדְּפוּ אֶתְכֶם בְּעִיר אַחַת נוּסוּ לְעִיר אַחֶרֶת כִּי אָמֵן אֹמֵר אֲנִי לָכֶם לֹא תְכַלּוּ לַעֲבֹר
עָרֵי יִשְׂרָאֵל עַד כִּי־יָבוֹא בֶן־הָאָדָם׃ 24 אֵין תַּלְמִיד נַעֲלֶה עַל־רַבּוֹ וְעֶבֶד עַל־אֲדֹנָיו׃ 25
דַּיּוֹ לַתַּלְמִיד לִהְיוֹת כְּרַבּוֹ וְלָעֶבֶד לִהְיוֹת כַּאדֹנָיו אִם־לְבַעַל הַבַּיִת קָרְאוּ בַעַל־זְבוּל אַף
כִּי־לְאַנְשֵׁי בֵיתוֹ׃

HAVE NO FEAR

26 עַל־כֵּן לֹא תִירְאוּ מִפְּנֵיהֶם כִּי אֵין דָּבָר מְכֻסֶּה אֲשֶׁר לֹא יִגָּלֶה וְאֵין נֶעְלָם אֲשֶׁר
לֹא יִוָּדֵעַ׃ 27 אֵת אֲשֶׁר אֲנִי אֹמֵר לָכֶם בַּחֹשֶׁךְ דַּבְּרוּ בָאוֹר וַאֲשֶׁר יִלָּחֵשׁ לְאָזְנֵיכֶם
הַשְׁמִיעוּ מֵעַל הַגַּגּוֹת׃ 28 וְאַל־תִּירְאוּ מִן־הַהֹרְגִים אֶת־הַגּוּף וְאֶת־הַנֶּפֶשׁ לֹא־
יוּכְלוּ לַהֲרֹג אַךְ תִּירְאוּ אֵת אֲשֶׁר־יוּכַל לְאַבֵּד גַּם אֶת־הַנֶּפֶשׁ גַּם אֶת־הַגּוּף בְּגֵיהִנֹּם׃
29 הֲלֹא תִמָּכַרְנָה שְׁתֵּי צִפֳּרִים בְּאִסָּר וְאַחַת מֵהֵנָּה לֹא תִפּוֹל אַרְצָה מִבַּלְעֲדֵי
אֲבִיכֶם׃ 30 וְאַתֶּם גַּם־שַׂעֲרוֹת רָאשְׁכֶם נִמְנוֹת כֻּלָּן׃ 31 לָכֵן אַל־תִּירָאוּ הִנֵּה
יְקַרְתֶּם מִצִּפֳּרִים רַבּוֹת׃ 32 הֵן כָּל־אֲשֶׁר יוֹדֶה בִּי לִפְנֵי הָאָדָם אוֹדֶה־בּוֹ גַּם־אָנִי
לִפְנֵי אָבִי שֶׁבַּשָּׁמָיִם׃ 33 וַאֲשֶׁר יְכַחֶשׁ בִּי לִפְנֵי הָאָדָם אֲכַחֶשׁ־בּוֹ גַּם־אָנִי לִפְנֵי אָבִי
שֶׁבַּשָּׁמָיִם׃

MATTHEW

11 And into whatsoever city or town ye shall enter, enquire who in it is worthy; and there abide till ye go thence.
12 And when ye come into an house, salute it.
13 And if the house be worthy, let your shalom come upon it: but if it be not worthy, let your shalom return to you.
14 And whosoever shall not receive you, nor hear your words, when ye depart out of that house or city, shake off the dust of your feet.
15 Verily I say unto you, It shall be more tolerable for the land of **Sedom (Sodom)** and **Amorah (Gomorrah)** in the day of judgment, than for that city.

PERSECUTION WILL COME

16 Behold, I send you forth as sheep in the midst of wolves: be ye therefore wise as serpents, and harmless as doves.
17 But beware of men: for they will deliver you up to the councils, and they will scourge you in their Congregations;
18 And ye shall be brought before governors and kings for my sake, for a testimony against them and the Gentiles.
19 But when they deliver you up, take no thought how or what ye shall speak: for it shall be given you in that same hour what ye shall speak.
20 For it is not ye that speak, but the **RUAKH** of your Father which speaketh in you.
21 And the brother shall deliver up the brother to death, and the father the child: and the children shall rise up against their parents, and cause them to be put to death.
22 And ye shall be hated of all men for my name's sake: but he that endureth to the end shall be saved.
23 But when they persecute you in this city, flee ye into another: for verily I say unto you, Ye shall not have gone over the cities of Yisra'EL, till the Son of man be come.
24 The disciple is not above his master, nor the servant above his Adon.
25 It is enough for the disciple that he be as his master, and the servant as his Adon. If they have called the master of the house Beelzebub, how much more shall they call them of his household?

HAVE NO FEAR

26 Fear them not therefore: for there is nothing covered, that shall not be revealed; and hid, that shall not be known.
27 What I tell you in darkness, that speak ye in light: and what ye hear in the ear, that preach ye upon the housetops.
28 And fear not them which kill the body, but are not able to kill the soul: but rather fear him which is able to destroy both soul and body in hell.
29 Are not two sparrows sold for a farthing? and one of them shall not fall on the ground without your Father.
30 But the very hairs of your head are all numbered.
31 Fear ye not therefore, ye are of more value than many sparrows.
32 Whosoever therefore shall confess me before men, him will I confess also before my Father which is in heaven.
33 But whosoever shall deny me before men, him will I also deny before my Father which is in heaven.

NOT SHALOM, BUT A SWORD

34 אַל־תַּחְשְׁבוּ כִּי בָאתִי לְהָטִיל שָׁלוֹם בָּאָרֶץ לֹא בָאתִי לְהָטִיל שָׁלוֹם כִּי אִם־
חָרֶב׃ 35 כִּי בָאתִי לְהַפְרִיד בֵּין אִישׁ וְאָבִיו וּבֵין בַּת וְאִמָּהּ וּבֵין כַּלָּה וַחֲמוֹתָהּ׃
36 וְאֹיְבֵי אִישׁ אַנְשֵׁי בֵיתוֹ׃ 37 הָאֹהֵב אֶת־אָבִיו וְאֶת־אִמּוֹ יוֹתֵר מִמֶּנִּי אֵינוֹ כְדַי
לִי וְהָאֹהֵב אֶת־בְּנוֹ וּבִתּוֹ יוֹתֵר מִמֶּנִּי אֵינוֹ כְדַי לִי׃ 38 וַאֲשֶׁר לֹא־יִקַּח אֶת־צְלוּבוֹ
וְהָלַךְ אַחֲרָי אֵינוֹ כְדַי לִי׃ 39 הַמֹּצֵא אֶת־נַפְשׁוֹ יְאַבְּדֶנָּה וְהַמְאַבֵּד אֶת־נַפְשׁוֹ
לְמַעֲנִי הוּא יִמְצָאֶנָּה׃ 40 הַמְקַבֵּל אֶתְכֶם אוֹתִי הוּא מְקַבֵּל וְהַמְקַבֵּל אוֹתִי הוּא
מְקַבֵּל אֵת אֲשֶׁר שְׁלָחָנִי׃ 41 הַמְקַבֵּל נָבִיא לְשֵׁם נָבִיא שְׂכַר נָבִיא יִקָּח וְהַמְקַבֵּל
צַדִּיק לְשֵׁם צַדִּיק שְׂכַר צַדִּיק יִקָּח׃ 42 וְהַמַּשְׁקֶה אֶת־אַחַד הַקְּטַנִּים הָאֵלֶּה רַק
כּוֹס מַיִם קָרִים לְשֵׁם תַּלְמִיד אָמֵן אֹמֵר אֲנִי לָכֶם כִּי לֹא־יֹאבַד שְׂכָרוֹ׃

MESSENGERS FROM JOHN THE BAPTIST

יא וַיְהִי כְּכַלּוֹת **יָהוֹשֻׁעַ** לְצַוּוֹת אֶת־שְׁנֵים עָשָׂר תַּלְמִידָיו וַיֵּלֶךְ מִשָּׁם לְלַמֵּד
וְלִקְרֹא בְּעָרֵיהֶם׃ 2 וְיוֹחָנָן שָׁמַע בְּבֵית הַסֹּהַר אֶת־מַעֲשֵׂי **הַמָּשִׁיחַ** וַיִּשְׁלַח
שְׁנַיִם מִתַּלְמִידָיו׃ 3 וַיֹּאמֶר אֵלָיו הַאַתָּה הוּא הַבָּא אִם־נְחַכֶּה לְאַחֵר׃ 4 וַיַּעַן **יָהוֹשֻׁעַ**
וַיֹּאמֶר לָהֶם לְכוּ הַגִּידוּ לְיוֹחָנָן אֶת־אֲשֶׁר שְׁמַעְתֶּם וְאֶת־אֲשֶׁר רְאִיתֶם׃ 5 עִוְרִים
רֹאִים וּפִסְחִים מְהַלְּכִים מְצֹרָעִים מְטֹהָרִים וְחֵרְשִׁים שׁוֹמְעִים וּמֵתִים קָמִים
וַעֲנִיִּים מִתְבַּשְּׂרִים׃ 6 וְאַשְׁרֵי הָאִישׁ אֲשֶׁר לֹא־יִכָּשֵׁל בִּי׃ 7 הֵמָּה הָלְכוּ **וִיהוֹ**
שֻׁעַ הֵחֵל לְדַבֵּר אֶל־הֲמוֹן הָעָם עַל־אֹדוֹת יוֹחָנָן וַיֹּאמַר מַה־זֶּה יְצָאתֶם הַמִּדְבָּרָה
לִרְאוֹת הֲקָנֶה אֲשֶׁר יִנּוֹעַ בָּרוּחַ׃ 8 אוֹ מַה־זֶּה יְצָאתֶם לִרְאוֹת הַאִישׁ לָבוּשׁ בִּגְדֵי
עֲדָנִים הִנֵּה הַלְּבֻשִׁים עֲדָנִים בְּבָתֵּי הַמְּלָכִים הֵמָּה׃ 9 וְעַתָּה מַה־זֶּה יְצָאתֶם לִרְאוֹת
אִם לִרְאוֹת אִישׁ נָבִיא אָכֵן אֹמֵר אֲנִי לָכֶם אַף־גָּדוֹל הוּא מִנָּבִיא׃ 10 כִּי זֶה הוּא
אֲשֶׁר כָּתוּב עָלָיו הִנְנִי שֹׁלֵחַ מַלְאָכִי לְפָנֶיךָ וּפִנָּה דַרְכְּךָ לְפָנֶיךָ׃ 11 אָמֵן אֹמֵר אֲנִי
לָכֶם לֹא קָם בִּילוּדֵי אִשָּׁה גָּדוֹל מִיּוֹחָנָן הַמַּטְבִּיל וְהַקָּטֹן בְּמַלְכוּת הַשָּׁמַיִם יִגְדַּל
מִמֶּנּוּ׃ 12 וּמִימֵי יוֹחָנָן הַמַּטְבִּיל וְעַד־הֵנָּה מַלְכוּת הַשָּׁמַיִם נִתְפְּשָׂה בְּיָד חֲזָקָה
וְהַמִּתְחַזְּקִים יַחְטְפוּהָ׃ 13 כִּי כָל־הַנְּבִיאִים וְהַתּוֹרָה עַד־יוֹחָנָן נִבָּאוּ׃ 14 וְאִם־תִּרְצוּ
לְקַבֵּל הִנֵּה הוּא אֵלִיָּה הֶעָתִיד לָבוֹא׃ 15 מִי אֲשֶׁר אָזְנַיִם לוֹ לִשְׁמֹעַ יִשְׁמָע׃ 16 וְאֶל־מִי
אֲדַמֶּה אֶת־הַדּוֹר הַזֶּה דּוֹמֶה הוּא לַיְלָדִים הַיֹּשְׁבִים בַּשְּׁוָקִים וְקֹרְאִים לְחַבְרֵיהֶם לֵאמֹר׃

MATTHEW

NOT SHALOM, BUT A SWORD

34 Think not that I am come to send shalom on earth: I came not to send shalom, but a sword.

35 For I am come to divide "For the son dishonoureth the father, the daughter riseth up against her mother, the daughter in law against her mother in law;

36 A man's enemies are the men of his own house."

37 He that loveth father or mother more than me is not worthy of me: and he that loveth son or daughter more than me is not worthy of me.

38 And he that taketh not his cross, and followeth after me, is not worthy of me.

39 He that findeth his life shall lose it: and he that loseth his life for my sake shall find it.

40 He that receiveth you receiveth me, and he that receiveth me receiveth him that sent me.

41 He that receiveth a prophet in the name of a prophet shall receive a prophet's reward; and he that receiveth a righteous man in the name of a righteous man shall receive a righteous man's reward.

42 And whosoever shall give to drink unto one of these little ones a cup of cold water only in the name of a disciple, verily I say unto you, he shall in no wise lose his reward.

MESSENGERS FROM JOHN THE BAPTIST

11 AND it came to pass, when YAHOSHUA had made an end of commanding his twelve disciples, he departed thence to teach and to preach in their cities.

2 Now when Yokhanan had heard in the prison the works of **MESHIAKH**, he sent two of his disciples,

3 And said unto him, Art thou he that should come, or do we look for another?

4 **YAHOSHUA** answered and said unto them, Go and shew Yokhanan again those things which ye do hear and see:

5 The blind receive their sight, and the lame walk, the lepers are cleansed, and the deaf hear, the dead are raised up, and the poor have the gospel preached to them.

6 And blessed is he, whosoever shall not be offended in me.

7 And as they departed, **YAHOSHUA** began to say unto the multitudes concerning Yokhanan, What went ye out into the wilderness to see? A reed shaken with the wind?

8 But what went ye out for to see? A man clothed in soft raiment? behold, they that wear soft clothing are in kings' houses.

9 But what went ye out for to see? A prophet? yea, I say unto you, and more than a prophet.

10 For this is he, of whom it is written, "Behold, I will send my messenger, and he shall prepare the way before me."

11 Verily I say unto you, Among them that are born of women there hath not risen a greater than Yokhanan the Immerser: notwithstanding he that is least in the kingdom of heaven is greater than he.

12 And from the days of Yokhanan the Immerser until now the kingdom of heaven suffereth violence, and the violent take it by force.

13 For all the prophets and the Torah prophesied until Yokhanan.

14 And if ye will receive it, this is EliYAHU, which was for to come.

15 He that hath ears to hear, let him hear.

16 But whereunto shall I liken this generation? It is like unto children sitting in the markets, and calling unto their fellows,

17 חִלַּלְנוּ לָכֶם בַּחֲלִילִים וְלֹא רִקַּדְתֶּם קוֹנַנּוּ לָכֶם קִינָה וְלֹא סְפַדְתֶּם: 18 כִּי־בָא־יוֹחָנָן
וְהוּא לֹא אֹכֵל וְלֹא שֹׁתֶה וַיֹּאמְרוּ שֵׁד בּוֹ: 19 וַיָּבֹא בֶן־הָאָדָם אֹכֵל וְשֹׁתֶה וְהֵם אֹמְרִים
הִנֵּה אִישׁ זוֹלֵל וְסֹבֵא וְאֹהֵב מוֹכְסִים וְחַטָּאִים וְנִצְדְּקָה הַחָכְמָה בְּבָנֶיהָ:

WOE TO UNREPENTANT CITIES

20 אָז הֵחֵל לְהוֹכִיחַ הֶעָרִים אֲשֶׁר־רֹב גְּבוּרוֹתָיו נַעֲשׂוּ בְתוֹכָן וְלֹא שָׁבוּ: 21 אוֹי לָךְ
כּוֹרָזִין אוֹי לָךְ **בֵּית־צַיְדָה** כִּי הַגְּבוּרוֹת אֲשֶׁר נַעֲשׂוּ בְקִרְבְּכֶן לוּ **בְּצוֹר** וּבְצִידוֹן נַעֲשׂוּ הֲלֹא־
כְבָר שָׁבוּ בְּשַׂק וָאֵפֶר: 22 אֲבָל אֲנִי אֹמֵר לָכֶם כִּי בְּיוֹם הַדִּין יֵקַל לְצוֹר וְצִידוֹן מִכֶּם:
23 וְאַתְּ כְּפַר־נַחוּם הַמְרוֹמָמָה עַד־הַשָּׁמַיִם עַד־שְׁאוֹל תּוּרָדִי כִּי הַגְּבוּרוֹת אֲשֶׁר נַעֲשׂוּ
בְתוֹכֵךְ לוּ בִסְדוֹם נַעֲשׂוּ כִּי עַתָּה עָמְדָה עַל־תִּלָּהּ עַד־הַיּוֹם הַזֶּה: 24 אֲבָל אֲנִי אֹמֵר לָכֶם
כִּי בְּיוֹם הַדִּין יֵקַל לְאַדְמַת סְדוֹם מִמֵּךְ:

COME TO ME, AND I WILL GIVE YOU REST

25 בָּעֵת הַהִיא עָנָה **יָהוֹשֻׁעַ** וְאָמַר אוֹדְךָ אָבִי אֲדוֹן הַשָּׁמַיִם וְהָאָרֶץ כִּי הִסְתַּרְתָּ אֶת־
אֵלֶּה מִן־הַחֲכָמִים וְהַנְּבוֹנִים וְגִלִּיתָם לָעוֹלֲלִים: 26 הֵן אָבִי כִּי כֵן הָיָה רָצוֹן לְפָנֶיךָ: 27
הַכֹּל נִמְסַר־לִי מֵאֵת אָבִי וְאֵין מַכִּיר אֶת־הַבֵּן בִּלְתִּי הָאָב וְאֵין מַכִּיר אֶת־הָאָב בִּלְתִּי הַבֵּן
וַאֲשֶׁר יַחְפֹּץ הַבֵּן לְגַלּוֹת לוֹ: 28 פְּנוּ אֵלַי כָּל־הָעֲמֵלִים וְהַטְּעוּנִים וַאֲנִי אָנִיחַ לָכֶם: 29
קַבְּלוּ עֲלֵיכֶם אֶת־עֻלִּי וְלִמְדוּ מִמֶּנִּי כִּי־עָנָו וּשְׁפַל רוּחַ אָנֹכִי וּמִצְאוּ מַרְגּוֹעַ לְנַפְשֹׁתֵיכֶם:
30 כִּי עֻלִּי נָעִים וְקַל מַשָּׂאִי:

YAHOSHUA IS ADONAI OF THE SABBATH

יב בָּעֵת הַהִיא עָבַר **יָהוֹשֻׁעַ** בֵּין הַקָּמָה בְּיוֹם הַשַּׁבָּת וְתַלְמִידָיו רָעֵבוּ וַיָּחֵלּוּ
לִקְטֹף מְלִילֹת וַיֹּאכֵלוּ: 2 וַיִּרְאוּ הַפְּרוּשִׁים וַיֹּאמְרוּ לוֹ הִנֵּה תַלְמִידֶיךָ
עֹשִׂים אֵת אֲשֶׁר לֹא יֵעָשֶׂה **בַּשַּׁבָּת:** 3 וַיֹּאמֶר אֲלֵיהֶם הֲלֹא קְרָאתֶם אֵת אֲשֶׁר
עָשָׂה דָוִד כַּאֲשֶׁר רָעֵב הוּא וַאֲנָשָׁיו: 4 אֲשֶׁר בָּא אֶל־בֵּית הָאֱלֹהִים וַיֹּאכַל אֶת־
לֶחֶם הַפָּנִים אֲשֶׁר אֵינֶנּוּ מֻתָּר לוֹ וְלַאֲנָשָׁיו לֶאֱכֹל רַק לַכֹּהֲנִים לְבַדָּם: 5 וַהֲלֹא
קְרָאתֶם בַּתּוֹרָה כִּי **בַּשַּׁבָּתוֹת** יְחַלְּלוּ הַכֹּהֲנִים אֶת־**הַשַּׁבָּת** בַּמִּקְדָּשׁ וְאֵין לָהֶם
עָוֹן: 6 וַאֲנִי אֹמֵר לָכֶם כִּי יֶשׁ־פֹּה גָּדוֹל מִן־הַמִּקְדָּשׁ: 7 וְלוּ יְדַעְתֶּם מַה־הוּא
שֶׁנֶּאֱמַר חֶסֶד חָפַצְתִּי וְלֹא זָבַח לֹא הִרְשַׁעְתֶּם אֵת הַנְּקִיִּם: 8 כִּי בֶן־הָאָדָם הוּא
גַם־אֲדוֹן **הַשַּׁבָּת:**

MATTHEW

17 And saying, We have piped unto you, and ye have not danced; we have mourned unto you, and ye have not lamented.
18 For Yokhanan came neither eating nor drinking, and they say, He hath a devil.
19 The Son of man came eating and drinking, and they say, Behold a man gluttonous, and a winebibber, a friend of publicans and sinners. But wisdom is justified of her children.

WOE TO UNREPENTANT CITIES

20 Then began he to upbraid the cities wherein most of his mighty works were done, because they repented not:
21 Woe unto thee, **Korazin (Chorazin)**! woe unto thee, **Beth-Tzaidah (Beth-Saida)**! for if the mighty works, which were done in you, had been done in **Tzor (Tyre)** and Tzidon, they would have repented long ago in sackcloth and ashes.
22 But I say unto you, It shall be more tolerable for Tzor and Tzidon at the day of judgment, than for you.
23 And thou, Kepar-Nakhum, which art exalted unto heaven, shalt be brought down to hell: for if the mighty works, which have been done in thee, had been done in Sedom, it would have remained until this day.
24 But I say unto you, That it shall be more tolerable for the land of Sedom in the day of judgment, than for thee.

COME TO ME, AND I WILL GIVE YOU REST

25 At that time **YAHOSHUA** answered and said, I thank thee, O Father, Adone of heaven and earth, because thou hast hid these things from the wise and prudent, and hast revealed them unto babes.
26 Even so, Father: for so it seemed good in thy sight.
27 All things are delivered unto me of my Father: and no man knoweth the Son, but the Father; neither knoweth any man the Father, save the Son, and he to whomsoever the Son will reveal him.
28 Come unto me, all ye that labour and are heavy laden, and I will give you rest.
29 Take my yoke upon you, and learn of me; for I am meek and lowly in heart: and ye shall find rest unto your souls.
30 For my yoke is easy, and my burden is light

YAHOSHUA IS ADONAI OF THE SABBATH

12 AT that time **YAHOSHUA** went on the Shabbat day through the corn; and his disciples were an hungred, and began to pluck the ears of corn, and to eat.
2 But when the Perushim saw it, they said unto him, Behold, thy disciples do that which is not lawful to do upon the **Shabbat** day.
3 But he said unto them, Have ye not read what Dawid did, when he was an hungred, and they that were with him;
4 How he entered into the house of ELOHIM, and did eat the shewbread, which was not lawful for him to eat, neither for them which were with him, but only for the priests?
5 Or have ye not read in the Torah, how that on the **Shabbat** days the priests in the temple profane the **Shabbat**, and are blameless?
6 But I say unto you, That in this place is one greater than the temple.
7 But if ye had known what this meaneth, I will have mercy, and not sacrifice, ye would not have condemned the guiltless.
8 For the Son of man is Adone even of the **Shabbat** day.

A MAN WITH A WITHERED HAND

9 וַיַּעֲבֹר מִשָּׁם אֶל־בֵּית הַכְּנֶסֶת שֶׁלָּהֶם׃ 10 וְהִנֵּה־שָׁם אִישׁ וְיָדוֹ יְבֵשָׁה וַיִּשְׁאָלוּהוּ
הֲמֻתָּר לִרְפֹּא **בַּשַּׁבָּת** לְמַעַן יִמְצְאוּ עָלָיו עֲלִילֹת דְּבָרִים׃ 11 וַיֹּאמֶר אֲלֵיהֶם הֲיֵשׁ
בָּכֶם אָדָם אֲשֶׁר־לוֹ כֶּבֶשׂ אֶחָד וְנָפַל בְּבוֹר **בַּשַּׁבָּת** וְלֹא־יַחֲזִיק בּוֹ וְיַעֲלֶנּוּ׃ 12 וּמַה־
יָּקָר אָדָם מִן־הַכֶּבֶשׂ לָכֵן מֻתָּר לַעֲשׂוֹת טוֹבָה **בַּשַּׁבָּת**׃ 13 וַיֹּאמֶר אֶל־הָאִישׁ פְּשֹׁט
אֶת־יָדֶךָ וַיִּפְשֹׁט אֹתָהּ וַתֵּרָפֵא וַתָּשָׁב כְּיָדוֹ הָאַחֶרֶת׃ 14 וַיֵּצְאוּ הַפְּרוּשִׁים וַיִּתְיָעֲצוּ
עָלָיו לְאַבְּדוֹ׃

ELOHIM'S CHOSEN SERVANT

15 וַיֵּדַע **יְהוֹשֻׁעַ** וַיָּסַר מִשָּׁם וַיֵּלֶךְ אַחֲרָיו הֲמוֹן עַם רָב וַיִּרְפָּאֵם כֻּלָּם׃ 16
וַיִּגְעַר בָּם וַיְצַו עֲלֵיהֶם שֶׁלֹּא יְגַלֻּהוּ׃ 17 לְמַלֹּאת אֵת אֲשֶׁר דִּבֶּר יְשַׁעְיָהוּ הַנָּבִיא
לֵאמֹר׃ 18 הֵן עַבְדִּי בָּחַרְתִּי בוֹ יְדִידִי רָצְתָה נַפְשִׁי נָתַתִּי **רוּחִי** עָלָיו וּמִשְׁפָּט
לַגּוֹיִם יוֹצִיא׃ 19 לֹא יִצְעַק וְלֹא יִשָּׂא וְלֹא יַשְׁמִיעַ בַּחוּץ קוֹלוֹ׃ 20 קָנֶה רָצוּץ
לֹא יִשְׁבּוֹר וּפִשְׁתָּה כֵהָה לֹא יְכַבֶּנָּה עַד־יוֹצִיא לָנֶצַח מִשְׁפָּט׃ 21 וְלִשְׁמוֹ גּוֹיִם
יְיַחֵלוּ׃

BLASPHEMY AGAINST THE RUAKH HA' QODESH

22 אָז הוּבָא אֵלָיו אִישׁ עִוֵּר וְאִלֵּם אֲשֶׁר אֲחָזוֹ שֵׁד וַיִּרְפָּאֵהוּ וַיְדַבֵּר הָאִלֵּם וְגַם
רָאָה׃ 23 וַיִּתְמְהוּ כָּל־הֲמוֹן הָעָם וַיֹּאמְרוּ הֲכִי זֶה בֶן־דָּוִד׃ 24 וַיִּשְׁמְעוּ הַפְּרוּשִׁים
וַיֹּאמְרוּ אֵין זֶה מְגָרֵשׁ אֶת־הַשֵּׁדִים כִּי אִם־עַל־יְדֵי בַעַל זְבוּל שַׂר הַשֵּׁדִים׃ 25
וִיהוֹשֻׁעַ יָדַע אֶת־מַחְשְׁבוֹתָם וַיֹּאמֶר אֲלֵיהֶם כָּל־מַמְלָכָה הַנֶּחֱלָקָה עַל־עַצְמָהּ
תֵּחָרֵב וְכָל־עִיר וָבַיִת הַנֶּחֱלָקִים עַל־עַצְמָם לֹא יִכּוֹנוּ׃ 26 וְהַשָּׂטָן אִם־יְגָרֵשׁ אֶת־
הַשָּׂטָן נֶחֱלָק עַל־עַצְמוֹ וְאֵיכָכָה תִּכּוֹן מַמְלַכְתּוֹ׃ 27 וְאִם־אֲנִי מְגָרֵשׁ אֶת־הַשֵּׁדִים
בְּבַעַל־זְבוּל בְּנֵיכֶם בְּמִי יְגָרֲשׁוּ אֹתָם עַל־כֵּן הֵמָּה יִהְיוּ שֹׁפְטֵיכֶם׃ 28 וְאִם **בְּרוּחַ**
אֱלֹהִים אֲנִי מְגָרֵשׁ אֶת־הַשֵּׁדִים הִנֵּה הִגִּיעָה אֲלֵיכֶם מַלְכוּת הָאֱלֹהִים׃ 29 אוֹ אֵיךְ
יוּכַל אִישׁ לָבוֹא לְבֵית הַגִּבּוֹר וְלִגְזֹל אֶת־כֵּלָיו אִם־לֹא יֶאֱסֹר בָּרִאשׁוֹנָה אֶת־הַגִּבּוֹר
וְאַחַר יְשַׁסֶּה אֶת־בֵּיתוֹ׃ 30 כָּל אֲשֶׁר אֵינֶנּוּ אִתִּי הוּא לְנֶגְדִּי וַאֲשֶׁר אֵינֶנּוּ מְכַנֵּס
אִתִּי הוּא מְפַזֵּר׃ 31 עַל־כֵּן אֲנִי אֹמֵר לָכֶם כָּל־חֵטְא וְגִדּוּף יִסָּלַח לָאָדָם אַף־גִּדּוּף
הָרוּחַ הַקֹּדֶשׁ לֹא יִסָּלַח לָאָדָם׃ 32 וְכֹל אֲשֶׁר יְדַבֵּר דְּבַר חֶרְפָּה בְּבֶן־הָאָדָם יִסָּלַח
לוֹ וְהַמְחָרֵף אֶת־**רוּחַ הַקֹּדֶשׁ** לֹא יִסָּלַח לוֹ לֹא־בָעוֹלָם הַזֶּה וְלֹא־לָעוֹלָם הַבָּא׃

MATTHEW

A MAN WITH A WITHERED HAND

9 And when he was departed thence, he went into their Congregation:

10 And, behold, there was a man which had his hand withered. And they asked him, saying, Is it lawful to heal on the **Shabbat** days? that they might accuse him.

11 And he said unto them, What man shall there be among you, that shall have one sheep, and if it fall into a pit on the **Shabbat** day, will he not lay hold on it, and lift it out?

12 How much then is a man better than a sheep? Wherefore it is lawful to do well on the **Shabbat** days.

13 Then saith he to the man, Stretch forth thine hand. And he stretched it forth; and it was restored whole, like as the other.

14 Then the Perushim went out, and held a council against him, how they might destroy him.

ELOHIM'S CHOSEN SERVANT

15 But when **YAHOSHUA** knew it, he withdrew himself from thence: and great multitudes followed him, and he healed them all;

16 And charged them that they should not make him known:

17 That it might be fulfilled which was spoken by YeshaYAHU the prophet, saying,

18 "Behold my servant, whom I uphold; mine elect, in whom my soul delighteth; I have put my **RUAKH** upon him: he shall bring forth judgment to the Gentiles.

19 He shall not cry, nor lift up, nor cause his voice to be heard in the street.

20 A bruised reed shall he not break, and the smoking flax shall he not quench: he shall bring forth judgment unto truth.

21 He shall not fail nor be discouraged, till he have set judgment in the earth: and the isles shall wait for his Torah."

BLASPHEMY AGAINST THE RUAKH HA' QODESH

22 Then was brought unto him one possessed with a devil, blind, and dumb: and he healed him, insomuch that the blind and dumb both spake and saw.

23 And all the people were amazed, and said, Is not this the son of Dawid?

24 But when the Perushim heard it, they said, This fellow doth not cast out devils, but by Beelzebub the prince of the devils.

25 And **YAHOSHUA** knew their thoughts, and said unto them, Every kingdom divided against itself is brought to desolation; and every city or house divided against itself shall not stand:

26 And if Satan cast out Satan, he is divided against himself; how shall then his kingdom stand?

27 And if I by Beelzebub cast out devils, by whom do your children cast them out? therefore they shall be your judges.

28 But if I cast out devils by the **RUAKH** of ELOHIM, then the kingdom of ELOHIM is come unto you.

29 Or else how can one enter into a strong man's house, and spoil his goods, except he first bind the strong man? and then he will spoil his house.

30 He that is not with me is against me; and he that gathereth not with me scattereth abroad.

31 Wherefore I say unto you, All manner of sin and blasphemy shall be forgiven unto men: but the blasphemy against the **RUAKH HA' QODESH** shall not be forgiven unto men.

32 And whosoever speaketh a word against the Son of man, it shall be forgiven him: but whosoever speaketh against the **RUAKH HA' QODESH**, it shall not be forgiven him, neither in this world, neither in the world to come.

A TREE IS KNOWN BY ITS FRUIT

33 אִמְרוּ לָעֵץ טוֹב וּלְפִרְיוֹ טוֹב אוֹ אִמְרוּ לָעֵץ נִשְׁחָת וּלְפִרְיוֹ נִשְׁחָת כִּי בְּפִרְיוֹ נִכַּר
הָעֵץ: 34 יַלְדֵי צִפְעוֹנִים אֵיכָה תוּכְלוּ לְדַבֵּר טוֹב וְאַתֶּם רָעִים כִּי־מִשְׁפַּעַת הַלֵּב יְדַבֵּר
הַפֶּה: 35 אִישׁ טוֹב מֵאוֹצַר לִבּוֹ הַטּוֹב מוֹצִיא אֶת־הַטּוֹב וְאִישׁ רָע מֵאוֹצַר הָרַע מוֹצִיא
רָע: 36 וַאֲנִי אֹמֵר לָכֶם כָּל־מִלָּה בְטֵלָה אֲשֶׁר יְדַבְּרוּ בְּנֵי הָאָדָם יִתְּנוּ עָלֶיהָ חֶשְׁבּוֹן בְּיוֹם
הַדִּין: 37 כִּי מִדְּבָרֶיךָ תִּצָּדֵק וּמִדְּבָרֶיךָ תְּחֻיָּב:

THE SIGN OF JONAH

38 וַיַּעֲנוּ אֲנָשִׁים מִן־הַסּוֹפְרִים וְהַפְּרוּשִׁים וַיֹּאמְרוּ רַבִּי חָפַצְנוּ לִרְאוֹת אוֹת עַל־יָדֶךָ: 39
וַיַּעַן וַיֹּאמֶר אֲלֵיהֶם דּוֹר רָע וּמְנָאֵף מְבַקֶּשׁ־לוֹ אוֹת וְאוֹת לֹא יִנָּתֶן־לוֹ בִּלְתִּי אִם־אוֹת
יוֹנָה הַנָּבִיא: 40 כִּי כַּאֲשֶׁר הָיָה יוֹנָה בִּמְעֵי הַדָּג שְׁלֹשָׁה יָמִים וּשְׁלֹשָׁה לֵילוֹת כֵּן יִהְיֶה
בֶן־הָאָדָם בְּלֵב הָאֲדָמָה שְׁלֹשָׁה יָמִים וּשְׁלֹשָׁה לֵילוֹת: 41 אַנְשֵׁי **נִינְוֵה** יַעַמְדוּ לְמִשְׁפָּט
עִם־הַדּוֹר הַזֶּה וְיַרְשִׁיעוּהוּ כִּי הֵם שָׁבוּ בְּקְרִיאַת יוֹנָה וְהִנֵּה־פֹה גָּדוֹל מִיּוֹנָה: 42 מַלְכַּת
תֵּימָן תַּעֲמֹד לְמִשְׁפָּט עִם־הַדּוֹר הַזֶּה וְתַרְשִׁיעֶנּוּ כִּי בָאָה מִקְצוֹת הָאָרֶץ לִשְׁמֹעַ אֶת־
חָכְמַת שְׁלֹמֹה וְהִנֵּה־פֹה גָּדוֹל מִשְּׁלֹמֹה:

RETURN OF AN UNCLEAN SPIRIT

43 וְהָרוּחַ הַטְּמֵאָה אַחֲרֵי צֵאתָהּ מִן־הָאָדָם תְּשׁוֹטֵט בִּמְקֹמוֹת צִיָּה לְבַקֶּשׁ־לָהּ מָנוֹחַ וְלֹא
תִמְצָא: 44 אָז תֹּאמַר אָשׁוּבָה אֶל־בֵּיתִי אֲשֶׁר יָצָאתִי מִשָּׁם וּבָאָה וּמָצְאָה אֹתוֹ מְפֻנֶּה
וּמְטֻאטָא וּמְהֻדָּר: 45 וְאַחַר תֵּלֵךְ וְלָקְחָה עִמָּהּ שֶׁבַע רוּחוֹת אֲחֵרוֹת רָעוֹת מִמֶּנָּה וּבָאוּ
וְשָׁכְנוּ שָׁם וְהָיְתָה אַחֲרִית הָאָדָם הַהוּא רָעָה מֵרֵאשִׁיתוֹ כֵּן יִהְיֶה גַּם־לַדּוֹר הָרָע הַזֶּה:

YAHOSHUA'S MOTHER AND BROTHERS

46 עוֹדֶנּוּ מְדַבֵּר אֶל־הֲמוֹן הָעָם וְהִנֵּה אִמּוֹ וְאֶחָיו עָמְדוּ בַּחוּץ וְהֵם מְבַקְשִׁים לְדַבֵּר
אִתּוֹ: 47 וַיַּגֶּד אֵלָיו לֵאמֹר הִנֵּה אִמְּךָ וְאַחֶיךָ עֹמְדִים בַּחוּץ וּמְבַקְשִׁים לְדַבֵּר אִתָּךְ:
48 וַיַּעַן וַיֹּאמֶר אֶל־הָאִישׁ הַמַּגִּיד לוֹ מִי הִיא אִמִּי וּמִי הֵם אֶחָי: 49 וַיֵּט יָדוֹ עַל־
תַּלְמִידָיו וַיֹּאמַר הִנֵּה אִמִּי וְאֶחָי: 50 כִּי כָּל הָעֹשֶׂה רְצוֹן אָבִי שֶׁבַּשָּׁמַיִם הוּא אָח
וְאָחוֹת וְאֵם לִי:

THE PARABLE OF THE SOWER

יג וַיְהִי בַּיּוֹם הַהוּא וַיֵּצֵא **יָהוֹשֻׁעַ** מִן־הַבָּיִת וַיֵּשֶׁב עַל־הַיָּם: 2 וַיִּקָּהֲלוּ אֵלָיו הֲמוֹן
עַם רָב וַיֵּרֶד אֶל־הָאֳנִיָּה וַיֵּשֶׁב בָּהּ וְכָל־הָעָם עֹמְדִים עַל־שְׂפַת הַיָּם: 3 וַיְּרֶב
לְדַבֵּר אֲלֵיהֶם בִּמְשָׁלִים לֵאמֹר הִנֵּה הַזּוֹרֵעַ יָצָא לִזְרֹעַ:

MATTHEW

A TREE IS KNOWN BY ITS FRUIT

33 Either make the tree good, and his fruit good; or else make the tree corrupt, and his fruit corrupt: for the tree is known by his fruit.

34 O generation of vipers, how can ye, being evil, speak good things? for out of the abundance of the heart the mouth speaketh.

35 A good man out of the good treasure of the heart bringeth forth good things: and an evil man out of the evil treasure bringeth forth evil things.

36 But I say unto you, That every idle word that men shall speak, they shall give account thereof in the day of judgment.

37 For by thy words thou shalt be justified, and by thy words thou shalt be condemned.

THE SIGN OF JONAH

38 Then certain of the scribes and of the Perushim answered, saying, Master, we would see a sign from thee.

39 But he answered and said unto them, An evil and adulterous generation seeketh after a sign; and there shall no sign be given to it, but the sign of the prophet Yonah:

40 For as Yonah was three days and three nights in the whale's belly; so shall the Son of man be three days and three nights in the heart of the earth.

41 The men of **Ninweh (Ninevah)** shall rise in judgment with this generation, and shall condemn it: because they repented at the preaching of Yonah; and, behold, a greater than Yonah is here.

42 The queen of the south shall rise up in the judgment with this generation, and shall condemn it: for she came from the uttermost parts of the earth to hear the wisdom of Shelomoh; and, behold, a greater than Shelomoh is here.

RETURN OF AN UNCLEAN SPIRIT

43 When the unclean ruakh is gone out of a man, he walketh through dry places, seeking rest, and findeth none.

44 Then he saith, I will return into my house from whence I came out; and when he is come, he findeth it empty, swept, and garnished.

45 Then goeth he, and taketh with himself seven other spirits more wicked than himself, and they enter in and dwell there: and the last state of that man is worse than the first. Even so shall it be also unto this wicked generation.

YAHOSHUA'S MOTHER AND BROTHERS

46 While he yet talked to the people, behold, his mother and his brethren stood without, desiring to speak with him.

47 Then one said unto him, Behold, thy mother and thy brethren stand without, desiring to speak with thee.

48 But he answered and said unto him that told him, Who is my mother? and who are my brethren?

49 And he stretched forth his hand toward his disciples, and said, Behold my mother and my brethren!

50 For whosoever shall do the will of my Father which is in heaven, the same is my brother, and sister, and mother.

THE PARABLE OF THE SOWER

13 THE same day went **YAHOSHUA** out of the house, and sat by the sea side.

2 And great multitudes were gathered together unto him, so that he went into a ship, and sat; and the whole multitude stood on the shore.

3 And he spake many things unto them in parables, saying, Behold, a sower went forth to sow;

4 וַיִּזְרַע וַיִּפֹּל מִן־הַזֶּרַע עַל־יַד הַדָּרֶךְ וַיָּבֹאוּ הָעוֹף וַיֹּאכְלֻהוּ: 5 וְיֵשׁ אֲשֶׁר נָפַל עַל־
מְקֹם הַסְּלָעִים אֲשֶׁר אֵין שָׁם אֲדָמָה הַרְבֵּה וַיְמַהֵר לִצְמֹחַ כִּי אֵין לוֹ עֹמֶק אֲדָמָה:
6 וַיְהִי כִּזְרֹחַ הַשֶּׁמֶשׁ וַיִּצָּרֵב וַיִּיבָשׁ כִּי אֵין־לוֹ שֹׁרֶשׁ: 7 וְיֵשׁ אֲשֶׁר נָפַל בֵּין הַקֹּצִים
וַיַּעֲלוּ הַקֹּצִים וַיְמַעֲכֻהוּ: 8 וְיֵשׁ אֲשֶׁר נָפַל עַל־הָאֲדָמָה הַטּוֹבָה וַיִּתֵּן פֶּרִי זֶה מֵאָה
שְׁעָרִים וְזֶה שִׁשִּׁים וְזֶה שְׁלֹשִׁים: 9 מִי אֲשֶׁר לוֹ אָזְנַיִם לִשְׁמֹעַ יִשְׁמָע:

THE PURPOSE OF THE PARABLES

10 וַיִּגְּשׁוּ אֵלָיו הַתַּלְמִידִים וַיֹּאמְרוּ לָמָּה זֶּה בִּמְשָׁלִים תְּדַבֵּר אֲלֵיהֶם: 11 וַיַּעַן
וַיֹּאמֶר כִּי לָכֶם נִתַּן לָדַעַת אֶת־סוֹדוֹת מַלְכוּת הַשָּׁמַיִם וְלָהֶם לֹא נִתָּן: 12 כִּי
מִי שֶׁיֶּשׁ־לוֹ נָתֹן יִנָּתֵן לוֹ וְיַעֲדִיף וּמִי שֶׁאֵין לוֹ גַּם מָה־שֶּׁיֵּשׁ־לוֹ יִנָּטֵל מִמֶּנּוּ: 13
עַל־כֵּן בִּמְשָׁלִים אֲדַבֵּר אֲלֵיהֶם כִּי בִרְאֹתָם לֹא יִרְאוּ וּבְשָׁמְעָם לֹא יִשְׁמְעוּ אַף־
לֹא יָבִינוּ: 14 וּתְקֻיַּם בָּהֶם נְבוּאַת יְשַׁעְיָהוּ הָאֹמֶרֶת שִׁמְעוּ שָׁמוֹעַ וְאַל־תָּבִינוּ
וּרְאוּ רָאוֹ וְאַל־תֵּדָעוּ: 15 כִּי הַשְׁמֵן לֵב־הָעָם הַזֶּה וְאָזְנָיו הַכְבֵּד וְעֵינָיו הָשַׁע
פֶּן־יִרְאֶה בְעֵינָיו וּבְאָזְנָיו יִשְׁמַע וּלְבָבוֹ יָבִין וָשָׁב וְרָפָא לוֹ: 16 וְאַתֶּם אַשְׁרֵי
עֵינֵיכֶם כִּי תִרְאֶינָה וְאָזְנֵיכֶם כִּי תִשְׁמַעְנָה: 17 כִּי־אָמֵן אֹמֵר אֲנִי לָכֶם נְבִיאִים
וְצַדִּיקִים רַבִּים נִכְסְפוּ לִרְאֹת אֵת אֲשֶׁר אַתֶּם רֹאִים וְלֹא רָאוּ וְלִשְׁמֹעַ אֵת אֲשֶׁר
אַתֶּם שֹׁמְעִים וְלֹא שָׁמֵעוּ:

THE PARABLE OF THE SOWER EXPLAINED

18 לָכֵן אַתֶּם שִׁמְעוּ־נָא אֵת מְשַׁל הַזּוֹרֵעַ: 19 כָּל־אִישׁ שֹׁמֵעַ אֶת־דְּבַר הַמַּלְכוּת
וְלֹא יְבִינֵהוּ וּבָא הָרָע וְחָטַף אֶת־הַזָּרוּעַ בִּלְבָבוֹ הוּא הַנִּזְרָע עַל־יַד הַדָּרֶךְ: 20
וְהַנִּזְרָע עַל־מְקוֹם הַסְּלָעִים הוּא הַשֹּׁמֵעַ אֶת־הַדָּבָר וּמִיָּד יִקָּחֶנּוּ בְשִׂמְחָה: 21 וְלוֹ
אֵין שֹׁרֶשׁ תַּחְתָּיו וְיָקוּם רַק לְשָׁעָה וּבִהְיוֹת צָרָה וּרְדִיפָה בִּגְלַל הַדָּבָר יִכָּשֵׁל כְּרָגַע:
22 וְהַנִּזְרָע אֶל־הַקֹּצִים הוּא הַשֹּׁמֵעַ אֶת־הַדָּבָר וְדַאֲגַת הָעוֹלָם הַזֶּה וְנִכְלֵי הָעֹשֶׁר
יְמַעֲכוּ אֶת־הַדָּבָר וּפְרִי לֹא־יִהְיֶה לוֹ: 23 וְהַנִּזְרָע עַל־הָאֲדָמָה הַטּוֹבָה הוּא הַשֹּׁמֵעַ
אֶת־הַדָּבָר וּמֵבִין אֹתוֹ אַף־יַעֲשֶׂה פֶּרִי וְנָתַן זֶה מֵאָה שְׁעָרִים וְזֶה שִׁשִּׁים וְזֶה שְׁלֹשִׁים:

THE PARABLE OF THE WEEDS

24 וַיָּשֶׂם לִפְנֵיהֶם מָשָׁל אַחֵר וַיֹּאמַר מַלְכוּת הַשָּׁמַיִם דּוֹמָה לְאָדָם אֲשֶׁר זָרַע זֶרַע טוֹב
בְּשָׂדֵהוּ: 25 וַיְהִי בִּהְיוֹת הָאֲנָשִׁים יְשֵׁנִים וַיָּבֹא אֹיְבוֹ וַיִּזְרַע זוּנִין בֵּין הַחִטִּים וַיֵּלֶךְ לוֹ: 26
וְכַאֲשֶׁר פָּרַח הַדֶּשֶׁא וַיַּעַשׂ פֶּרִי וַיֵּרָאוּ גַּם־הַזּוּנִין:

MATTHEW

4 And when he sowed, some seeds fell by the way side, and the fowls came and devoured them up:
5 Some fell upon stony places, where they had not much earth: and forthwith they sprung up, because they had no deepness of earth:
6 And when the sun was up, they were scorched; and because they had no root, they withered away.
7 And some fell among thorns; and the thorns sprung up, and choked them:
8 But other fell into good ground, and brought forth fruit, some an hundredfold, some sixtyfold, some thirtyfold.
9 Who hath ears to hear, let him hear.

THE PURPOSE OF THE PARABLES

10 And the disciples came, and said unto him, Why speakest thou unto them in parables?
11 He answered and said unto them, Because it is given unto you to know the mysteries of the kingdom of heaven, but to them it is not given.
12 For whosoever hath, to him shall be given, and he shall have more abundance: but whosoever hath not, from him shall be taken away even that he hath.
13 Therefore speak I to them in parables: because they seeing see not; and hearing they hear not, neither do they understand.
14 And in them is fulfilled the prophecy of YeshaYAHU, which saith, "Hear ye indeed, but understand not; and see ye indeed, but perceive not:
15 Make the heart of this people fat, and make their ears heavy, and shut their eyes; lest they see with their eyes, and hear with their ears, and understand with their heart, and convert, and be healed."
16 But blessed are your eyes, for they see: and your ears, for they hear.
17 For verily I say unto you, That many prophets and righteous men have desired to see those things which ye see, and have not seen them; and to hear those things which ye hear, and have not heard them.

THE PARABLE OF THE SOWER EXPLAINED

18 Hear ye therefore the parable of the sower.
19 When any one heareth the word of the kingdom, and understandeth it not, then cometh the wicked one, and catcheth away that which was sown in his heart. This is he which received seed by the way side.
20 But he that received the seed into stony places, the same is he that heareth the word, and anon with joy receiveth it;
21 Yet hath he not root in himself, but dureth for a while: for when tribulation or persecution ariseth because of the word, by and by he is offended.
22 He also that received seed among the thorns is he that heareth the word; and the care of this world, and the deceitfulness of riches, choke the word, and he becometh unfruitful.
23 But he that received seed into the good ground is he that heareth the word, and understandeth it; which also beareth fruit, and bringeth forth, some an hundredfold, some sixty, some thirty.

THE PARABLE OF THE WEEDS

24 Another parable put he forth unto them, saying, The kingdom of heaven is likened unto a man which sowed good seed in his field:
25 But while men slept, his enemy came and sowed tares among the wheat, and went his way.
26 But when the blade was sprung up, and brought forth fruit, then appeared the tares also.

27 וַיִּגְּשׁוּ עַבְדֵי בַעַל־הַבַּיִת וַיֹּאמְרוּ אֵלָיו אֲדֹנֵינוּ הֲלֹא־זֶרַע טוֹב זָרַעְתָּ בְשָׂדֶךָ וּמֵאַיִן
לוֹ הַזּוּנִין: 28 וַיֹּאמֶר לָהֶם אִישׁ אֹיֵב עָשָׂה זֹאת וַיֹּאמְרוּ אֵלָיו הָעֲבָדִים הֲתַחְפֹּץ כִּי־
נֵלֵךְ וּנְלַקֵּט אֹתָם: 29 וַיֹּאמֶר לֹא פֶּן־תְּלַקְּטוּ אֶת־הַזּוּנִין וְשֵׁרַשְׁתֶּם גַּם אֶת־הַחִטִּים: 30
הַנִּיחוּ אֹתָם וְיִגְדְּלוּ שְׁנֵיהֶם יַחַד עַד־הַקָּצִיר וְהָיָה בְּעֵת הַקָּצִיר וְאָמַרְתִּי לַקּוֹצְרִים לַקְּטוּ
בָרִאשׁוֹנָה אֶת־הַזּוּנִין וְאִגְדוּ אֹתָם אֲגֻדּוֹת לְשָׂרְפָם וְאֵת הַחִטִּים אִסְפוּ לְאוֹצָרִי:

THE MUSTARD SEED AND THE LEAVEN

31 וַיָּשֶׂם לִפְנֵיהֶם מָשָׁל אַחֵר וַיֹּאמַר מַלְכוּת הַשָּׁמַיִם דּוֹמָה לְגַרְגַּר שֶׁל־חַרְדָּל אֲשֶׁר
לְקָחוֹ אִישׁ וַיִּזְרַע בְּשָׂדֵהוּ: 32 וְהוּא קָטֹן מִכָּל־הַזֵּרוֹעִים וְכַאֲשֶׁר צָמַח גָּדוֹל הוּא מִן־
הַיְּרָקוֹת וְהָיָה לְעֵץ עַד־אֲשֶׁר יָבֹאוּ עוֹף הַשָּׁמַיִם וְקִנְּנוּ בַּעֲנָפָיו: 33 וַיִּשָּׂא עוֹד מְשָׁלוֹ
וַיֹּאמֶר אֲלֵיהֶם מַלְכוּת הַשָּׁמַיִם דּוֹמָה לִשְׂאֹר אֲשֶׁר לְקָחַתּוּ אִשָּׁה וַתִּטְמֹן בִּשְׁלֹשׁ סְאִים
קֶמַח עַד כִּי־יֶחְמַץ כֻּלּוֹ:

PROPHECY AND PARABLES

34 כָּל־אֵלֶּה דִּבֶּר **יָהוֹשֻׁעַ** בִּמְשָׁלִים אֶל־הֲמוֹן הָעָם וּבִבְלִי מָשָׁל לֹא דִבֶּר אֲלֵיהֶם
דָּבָר: 35 לְמַלֹּאת אֵת אֲשֶׁר דִּבֶּר הַנָּבִיא לֵאמֹר אֶפְתְּחָה בְמָשָׁל פִּי אַבִּיעָה חִידוֹת
מִנִּי־קֶדֶם:

THE PARABLE OF THE WEEDS EXPLAINED

36 אָז שִׁלַּח **יָהוֹשֻׁעַ** אֶת־הֲמוֹן הָעָם וַיָּבֹא הַבָּיְתָה וַיִּגְּשׁוּ אֵלָיו תַּלְמִידָיו וַיֹּאמְרוּ
בָּאֶר־נָא לָנוּ אֶת־מְשַׁל זוּנֵי הַשָּׂדֶה: 37 וַיַּעַן וַיֹּאמֶר אֲלֵיהֶם הַזּוֹרֵעַ אֶת־הַזֶּרַע
הַטּוֹב הוּא בֶּן־הָאָדָם: 38 וְהַשָּׂדֶה הוּא הָעוֹלָם וְהַזֶּרַע הַטּוֹב בְּנֵי הַמַּלְכוּת הֵם
וְהַזּוּנִין בְּנֵי הָרַע הֵמָּה: 39 וְהָאֹיֵב אֲשֶׁר זְרָעָם הוּא הַשָּׂטָן וְהַקָּצִיר הוּא קֵץ
הָעוֹלָם וְהַקֹּצְרִים הֵם הַמַּלְאָכִים: 40 וְהִנֵּה כַּאֲשֶׁר יְלֻקְּטוּ הַזּוּנִין וְנִשְׂרְפוּ בָאֵשׁ
כֵּן יִהְיֶה לְקֵץ הָעוֹלָם הַזֶּה: 41 בֶּן־הָאָדָם יִשְׁלַח אֶת־מַלְאָכָיו וְלִקְּטוּ מִמַּלְכוּתוֹ
אֵת כָּל־הַמַּכְשֵׁלוֹת וְאֵת כָּל־פֹּעֲלֵי הָאָוֶן: 42 וְהִשְׁלִיכוּ אֹתָם אֶל־תַּנּוּר הָאֵשׁ שָׁם
תִּהְיֶה הַיְלָלָה וַחֲרֹק הַשִּׁנָּיִם: 43 אָז יַזְהִירוּ הַצַּדִּיקִים כַּשֶּׁמֶשׁ בְּמַלְכוּת אֲבִיהֶם מִי
אֲשֶׁר לוֹ אָזְנַיִם לִשְׁמֹעַ יִשְׁמָע:

THE PARABLE OF THE HIDDEN TREASURE

44 עוֹד דּוֹמָה מַלְכוּת הַשָּׁמַיִם לְאוֹצָר טָמוּן בַּשָּׂדֶה אֲשֶׁר מְצָאוֹ אִישׁ וַיִּטְמְנֵהוּ
וּבְשִׂמְחָתוֹ יֵלֵךְ וּמָכַר אֶת־כָּל־אֲשֶׁר־לוֹ וְקָנָה אֶת־הַשָּׂדֶה הַהוּא:

MATTHEW

27 So the servants of the householder came and said unto him, Adon, didst not thou sow good seed in thy field? from whence then hath it tares?
28 He said unto them, An enemy hath done this. The servants said unto him, Wilt thou then that we go and gather them up?
29 But he said, Nay; lest while ye gather up the tares, ye root up also the wheat with them.
30 Let both grow together until the harvest: and in the time of harvest I will say to the reapers, Gather ye together first the tares, and bind them in bundles to burn them: but gather the wheat into my barn.

THE MUSTARD SEED AND THE LEAVEN

31 Another parable put he forth unto them, saying, The kingdom of heaven is like to a grain of mustard seed, which a man took, and sowed in his field:
32 Which indeed is the least of all seeds: but when it is grown, it is the greatest among herbs, and becometh a tree, so that the birds of the air come and lodge in the branches thereof.
33 Another parable spake he unto them; The kingdom of heaven is like unto leaven, which a woman took, and hid in three measures of meal, till the whole was leavened.

PROPHECY AND PARABLES

34 All these things spake **YAHOSHUA** unto the multitude in parables; and without a parable spake he not unto them:
35 That it might be fulfilled which was spoken by the prophet, saying, "I will open my mouth in a parable: I will utter dark sayings of old.

THE PARABLE OF THE WEEDS EXPLAINED

36 Then **YAHOSHUA** sent the multitude away, and went into the house: and his disciples came unto him, saying, Declare unto us the parable of the tares of the field.
37 He answered and said unto them, He that soweth the good seed is the Son of man;
38 The field is the world; the good seed are the children of the kingdom; but the tares are the children of the wicked one;
39 The enemy that sowed them is the devil; the harvest is the end of the world; and the reapers are the angels.
40 As therefore the tares are gathered and burned in the fire; so shall it be in the end of this world.
41 The Son of man shall send forth his angels, and they shall gather out of his kingdom all things that offend, and them which do iniquity;
42 And shall cast them into a furnace of fire: there shall be wailing and gnashing of teeth.
43 Then shall the righteous shine forth as the sun in the kingdom of their Father. Who hath ears to hear, let him hear.

THE PARABLE OF THE HIDDEN TREASURE

44 Again, the kingdom of heaven is like unto treasure hid in a field; the which when a man hath found, he hideth, and for joy thereof goeth and selleth all that he hath, and buyeth that field.

THE PARABLE OF THE PEARL OF GREAT VALUE

45 עוֹד דּוֹמָה מַלְכוּת הַשָּׁמַיִם לְאִישׁ סֹחֵר הַמְבַקֵּשׁ מַרְגָּלִיּוֹת טֹבוֹת: 46 וְכַאֲשֶׁר מָצָא
מַרְגָּלִית אַחַת יְקָרָה מְאֹד הָלַךְ וַיִּמְכֹּר אֶת־כָּל־אֲשֶׁר־לוֹ וַיִּקֶן אֹתָהּ:

THE PARABLE OF THE NET

47 עוֹד דּוֹמָה מַלְכוּת הַשָּׁמַיִם לְמִכְמֶרֶת אֲשֶׁר הָשְׁלְכָה לַיָּם וּמִינִים שׁוֹנִים יֵאָסְפוּ
לְתוֹכָהּ: 48 וְכַאֲשֶׁר נִמְלְאָה הֶעֱלוּ אֹתָהּ אֶל־שְׂפַת הַיָּם וַיֵּשְׁבוּ וַיִּלְקְטוּ אֶת־הַמִּינִים
הַטּוֹבִים לְתוֹךְ הַכֵּלִים וְאֵת הָרָעִים הִשְׁלִיכוּ: 49 כֵּן יִהְיֶה לְקֵץ הָעוֹלָם הַמַּלְאָכִים יֵצְאוּ
וְהִבְדִּילוּ אֶת־הָרְשָׁעִים מִתּוֹךְ הַצַּדִּיקִים: 50 וְהִשְׁלִיכוּם אֶל־תַּנּוּר הָאֵשׁ שָׁם תִּהְיֶה
הַיְלָלָה וַחֲרֹק הַשִּׁנָּיִם:

NEW AND OLD TREASURES

51 וַיֹּאמֶר אֲלֵיהֶם **יָהוֹשֻׁעַ** הֲתָבִינוּ אֶת־כָּל־אֵלֶּה וַיֹּאמְרוּ אֵלָיו הֵן אֲדֹנֵינוּ: 52 וַיֹּאמֶר
אֲלֵיהֶם עַל־כֵּן כָּל־סוֹפֵר מְלֻמָּד לְמַלְכוּת הַשָּׁמַיִם דּוֹמֶה לְאִישׁ בַּעַל־בַּיִת הַמּוֹצִיא
מֵאוֹצָרוֹ חֲדָשׁוֹת וְגַם יְשָׁנוֹת:

YAHOSHUA REJECTED AT NAZARETH

53 וַיְהִי כְּכַלּוֹת **יָהוֹשֻׁעַ** לְדַבֵּר אֶת־הַמְּשָׁלִים הָאֵלֶּה וַיַּעֲבֹר מִשָּׁם: 54 וַיָּבֹא אֶל־אַרְצוֹ
וַיְלַמֵּד אֹתָם בְּבֵית הַכְּנֶסֶת שֶׁלָּהֶם וַיִּשְׁתּוֹמֲמוּ וַיֹּאמְרוּ מֵאַיִן לָזֶה הַחָכְמָה הַזֹּאת וְהַגְּבוּרוֹת:
55 הֲלֹא זֶה הוּא בֶּן־הֶחָרָשׁ הֲלֹא שֵׁם אִמּוֹ מִרְיָם וְאֶחָיו יַעֲקֹב וְיוֹסֵי וְשִׁמְעוֹן וִיהוּדָה: 56
וְאַחְיוֹתָיו הֲלֹא כֻלָּן אִתָּנוּ הֵן וּמֵאַיִן אֵיפוֹא לוֹ כָּל־אֵלֶּה: 57 וַיְהִי לָהֶם לְמִכְשׁוֹל וַיֹּאמֶר
יָהוֹשֻׁעַ אֲלֵיהֶם אֵין הַנָּבִיא נִקְלֶה אִם־לֹא בְּאַרְצוֹ וּבְבֵיתוֹ: 58 וְלֹא־עָשָׂה שָׁם גְּבוּרוֹת
רַבּוֹת מִפְּנֵי חֹסֶר אֱמוּנָתָם:

THE DEATH OF JOHN THE BAPTIST

יד בָּעֵת הַהִיא שָׁמַע הוֹרְדוֹס שַׂר־רֹבַע הַמְּדִינָה אֵת שֵׁמַע **יָהוֹשֻׁעַ**: 2 וַיֹּאמֶר אֶל־
נְעָרָיו זֶה הוּא יוֹחָנָן הַמַּטְבִּיל אֲשֶׁר נֵעוֹר מִן־הַמֵּתִים עַל־כֵּן הַכֹּחוֹת פֹּעֲלִים בּוֹ:
3 כִּי הוֹרְדוֹס תָּפַשׂ אֶת־יוֹחָנָן וַיַּאַסְרֵהוּ וַיְשִׂימֵהוּ בְּבֵית הַסֹּהַר בִּגְלַל **הוֹרוֹדְיָה** אֵשֶׁת
פִּילִפּוֹס אָחִיו: 4 כִּי אָמַר יוֹחָנָן אֵלָיו אֲסוּרָה הִיא לָךְ: 5 וַיְבַקֵּשׁ לְהָרְגוֹ וַיִּירָא אֶת־הֶהָמוֹן
כִּי לְנָבִיא חֲשָׁבֻהוּ: 6 וַיְהִי בְּיוֹם הֻלֶּדֶת הוֹרְדוֹס וַתְּרַקֵּד בַּת־הוֹרוֹדְיָה בְּתוֹכָם וַתִּיטַב בְּעֵינֵי
הוֹרְדוֹס: 7 וַיִּשָּׁבַע לָהּ וַיֹּאמַר מַה־תִּשְׁאַל נַפְשֵׁךְ וְאֶתֵּן לָךְ: 8 וְאִמָּהּ שָׂמָה אֶת־הַדְּבָרִים
בְּפִיהָ וַתִּשְׁאַל לֵאמֹר תְּנָה־לִּי פֹּה בַּקְּעָרָה אֶת־רֹאשׁ יוֹחָנָן הַמַּטְבִּיל:

MATTHEW

THE PARABLE OF THE PEARL OF GREAT VALUE

45 Again, the kingdom of heaven is like unto a merchant man, seeking goodly pearls:

46 Who, when he had found one pearl of great price, went and sold all that he had, and bought it.

THE PARABLE OF THE NET

47 Again, the kingdom of heaven is like unto a net, that was cast into the sea, and gathered of every kind:

48 Which, when it was full, they drew to shore, and sat down, and gathered the good into vessels, but cast the bad away.

49 So shall it be at the end of the world: the angels shall come forth, and sever the wicked from among the just,

50 And shall cast them into the furnace of fire: there shall be wailing and gnashing of teeth.

NEW AND OLD TREASURES

51 **YAHOSHUA** saith unto them, Have ye understood all these things? They say unto him, Yea, Adone.

52 Then said he unto them, Therefore every scribe which is instructed unto the kingdom of heaven is like unto a man that is an householder, which bringeth forth out of his treasure things new and old.

YAHOSHUA REJECTED AT NAZARETH

53 And it came to pass, that when **YAHOSHUA** had finished these parables, he departed thence.

54 And when he was come into his own country, he taught them in their Congregation, insomuch that they were astonished, and said, Whence hath this man this wisdom, and these mighty works?

55 Is not this the carpenter's son? is not his mother called Miryam? and his brethren, Ya'aqob, and Yoseph, and Shimon, and Yehudah?

56 And his sisters, are they not all with us? Whence then hath this man all these things?

57 And they were offended in him. But **YAHOSHUA** said unto them, A prophet is not without honour, save in his own country, and in his own house.

58 And he did not many mighty works there because of their unbelief.

THE DEATH OF JOHN THE BAPTIST

14 AT that time Hordos the tetrarch heard of the fame of **YAHOSHUA**,

2 And said unto his servants, This is Yokhanan the Immerser; he is risen from the dead; and therefore mighty works do shew forth themselves in him.

3 For Hordos had laid hold on Yokhanan, and bound him, and put him in prison for **Horodyah's (Herodias)** sake, his brother Philipos's wife.

4 For Yokhanan said unto him, It is not lawful for thee to have her.

5 And when he would have put him to death, he feared the multitude, because they counted him as a prophet.

6 But when Hordos's birthday was kept, the daughter of Horodyah danced before them, and pleased Hordos.

7 Whereupon he promised with an oath to give her whatsoever she would ask.

8 And she, being before instructed of her mother, said, Give me here Yokhanan Immerser's head in a charger.

9 וַיֵּצֶר לַמֶּלֶךְ אַךְ בַּעֲבוּר הַשְּׁבוּעָה וְהַמְּסֻבִּים עִמּוֹ צִוָּה לָתֵת לָהּ: 10 וַיִּשְׁלַח
וַיִּשָּׂא אֶת־רֹאשׁ יוֹחָנָן מֵעָלָיו בְּבֵית הַסֹּהַר: 11 וַיָּבִיאוּ אֶת־רֹאשׁוֹ בַּקְּעָרָה וַיִּתְּנוּ
בִידֵי הַנַּעֲרָה וַתְּבִיאֵהוּ אֶל־אִמָּהּ: 12 וַיִּגְּשׁוּ תַּלְמִידָיו וַיִּשְׂאוּ אֶת־גְּוִיָּתוֹ וַיִּקְבְּרוּהָ
וַיֵּלְכוּ וַיַּגִּידוּ **לְיָהוֹשֻׁעַ**:

FEEDS THE FIVE THOUSAND

13 וַיְהִי **יָהוֹשֻׁעַ** כְּשָׁמְעוֹ אֶת־זֹאת וַיָּסַר מִשָּׁם בָּאֳנִיָּה אֶל־מְקוֹם חָרְבָּה וְאֵין־אִישׁ אִתּוֹ
וַיִּשְׁמְעוּ הֲמוֹן הָעָם וַיֵּלְכוּ אַחֲרָיו בְּרַגְלֵיהֶם מִן־הֶעָרִים: 14 וַיֵּצֵא **יָהוֹשֻׁעַ** וַיַּרְא הֲמוֹן עַם־
רָב וַיֶּהֱמוּ מֵעָיו לָהֶם וַיְרַפֵּא אֶת־הַחַלָּשִׁים אֲשֶׁר בָּהֶם: 15 וַיְהִי לְעֵת עֶרֶב וַיִּגְּשׁוּ אֵלָיו
תַּלְמִידָיו וַיֹּאמְרוּ הַמָּקוֹם חָרֵב וְגַם־נָטָה הַיּוֹם שַׁלְּחָה אֶת־הֲמוֹן הָעָם וְיֵלְכוּ אֶל־הַכְּפָרִים
לִקְנוֹת לָהֶם אֹכֶל: 16 וַיֹּאמֶר **יָהוֹשֻׁעַ** אֲלֵיהֶם אֵינָם צְרִיכִים לָלֶכֶת תְּנוּ־אַתֶּם לָהֶם לֶאֱכֹל:
17 וַיֹּאמְרוּ אֵלָיו אֵין־לָנוּ פֹּה כִּי אִם־חֲמֵשֶׁת כִּכְּרוֹת־לֶחֶם וּשְׁנֵי דָגִים: 18 וַיֹּאמַר הֲבִיאוּם
אֵלַי הֵנָּה: 19 וַיְצַו אֶת־הָעָם לָשֶׁבֶת עַל־הַדֶּשֶׁא וַיִּקַּח אֶת־חֲמֵשֶׁת כִּכְּרוֹת־הַלֶּחֶם וְאֶת־
שְׁנֵי הַדָּגִים וַיִּשָּׂא עֵינָיו הַשָּׁמַיְמָה וַיְבָרֶךְ וַיִּפְרֹס וַיִּתֵּן אֶת־הַלֶּחֶם לַתַּלְמִידִים וְהַתַּלְמִידִים
נָתְנוּ לָעָם: 20 וַיֹּאכְלוּ כֻלָּם וַיִּשְׂבָּעוּ וַיִּשְׂאוּ מִן־הַפְּתוֹתִים הַנּוֹתָרִים שְׁנֵים עָשָׂר סַלִּים
מְלֵאִים: 21 וְהָאֹכְלִים כַּחֲמֵשֶׁת אֲלָפִים אִישׁ מִלְּבַד הַנָּשִׁים וְהַטָּף:

YAHOSHUA WALKS ON THE WATER

22 וַיָּאֶץ **יָהוֹשֻׁעַ** בְּתַלְמִידָיו לָרֶדֶת בָּאֳנִיָּה לַעֲבֹר לְפָנָיו אֶל־עֵבֶר הַיָּם עַד אֲשֶׁר־
יְשַׁלַּח אֶת־הָעָם: 23 וַיְשַׁלַּח אֶת־הָעָם וַיַּעַל הָהָרָה בָּדָד לְהִתְפַּלֵּל וַיְהִי־עֶרֶב וְהוּא
לְבַדּוֹ שָׁמָּה: 24 וְהָאֳנִיָּה בָּאָה עַד חֲצִי הַיָּם וְהַגַּלִּים יִטְרְפֻהָ כִּי הָרוּחַ לְנֶגְדָּהּ:
25 וַיְהִי בְּאַשְׁמֹרֶת הָרְבִיעִית וַיָּבֹא אֲלֵיהֶם **יָהוֹשֻׁעַ** וְהוּא מְהַלֵּךְ עַל־פְּנֵי הַיָּם: 26
וְהַתַּלְמִידִים רָאוּ אוֹתוֹ מְהַלֵּךְ עַל־פְּנֵי הַיָּם וַיִּבָּהֲלוּ וַיֹּאמְרוּ מַרְאֵה־רוּחַ הוּא וַיִּצְעֲקוּ
מִפָּחַד: 27 וַיְמַהֵר **יָהוֹשֻׁעַ** וַיְדַבֵּר אֲלֵיהֶם לֵאמֹר חִזְקוּ כִּי־אֲנִי הוּא אַל־תִּירָאוּ:
28 וַיַּעַן כֵּיפָע וַיֹּאמֶר אֵלָיו אִם־אַתָּה הוּא אֲדֹנִי צַוֵּה־נָא וְאָבֹא אֵלֶיךָ עַל־הַמָּיִם:
29 וַיֹּאמֶר בּוֹא וַיֵּרֶד כֵּיפָע מִן־הָאֳנִיָּה וַיְהַלֵּךְ עַל־פְּנֵי הַמַּיִם לָבוֹא אֶל־**יָהוֹשֻׁעַ**:
30 וַיְהִי כִּרְאֹתוֹ אֶת־**הָרוּחַ** כִּי חֲזָקָה הִיא וַיִּירָא וַיָּחֶל לִטְבֹּעַ וַיִּצְעַק וַיֹּאמַר אֲדֹנִי
הוֹשִׁיעֵנִי: 31 וַיְמַהֵר **יָהוֹשֻׁעַ** וַיִּשְׁלַח אֶת־יָדוֹ וַיַּחֲזֶק־בּוֹ וַיֹּאמֶר אֵלָיו קְטֹן אֱמוּנָה
מַה־לְּךָ כִּי חָלַק לִבֶּךָ: 32 הֵם עָלוּ אֶל־הָאֳנִיָּה **וְהָרוּחַ** שָׁכָכָה: 33 וְאַנְשֵׁי הָאֳנִיָּה
נִגְּשׁוּ וַיִּשְׁתַּחֲווּ־לוֹ וַיֹּאמְרוּ אֲבָל בֶּן־אֱלֹהִים אָתָּה:

MATTHEW

9 And the king was sorry: nevertheless for the oath's sake, and them which sat with him at meat, he commanded it to be given her.

10 And he sent, and beheaded Yokhanan in the prison.

11 And his head was brought in a charger, and given to the damsel: and she brought it to her mother.

12 And his disciples came, and took up the body, and buried it, and went and told **YAHOSHUA**.

FEEDS THE FIVE THOUSAND

13 When **YAHOSHUA** heard of it, he departed thence by ship into a desert place apart: and when the people had heard thereof, they followed him on foot out of the cities.

14 And **YAHOSHUA** went forth, and saw a great multitude, and was moved with compassion toward them, and he healed their sick.

15 And when it was evening, his disciples came to him, saying, This is a desert place, and the time is now past; send the multitude away, that they may go into the villages, and buy themselves victuals.

16 But **YAHOSHUA** said unto them, They need not depart; give ye them to eat.

17 And they say unto him, We have here but five loaves, and two fishes.

18 He said, Bring them hither to me.

19 And he commanded the multitude to sit down on the grass, and took the five loaves, and the two fishes, and looking up to heaven, he blessed, and brake, and gave the loaves to his disciples, and the disciples to the multitude.

20 And they did all eat, and were filled: and they took up of the fragments that remained twelve baskets full.

21 And they that had eaten were about five thousand men, beside women and children.

YAHOSHUA WALKS ON THE WATER

22 And straightway **YAHOSHUA** constrained his disciples to get into a ship, and to go before him unto the other side, while he sent the multitudes away.

23 And when he had sent the multitudes away, he went up into a mountain apart to pray: and when the evening was come, he was there alone.

24 But the ship was now in the midst of the sea, tossed with waves: for the wind was contrary.

25 And in the fourth watch of the night **YAHOSHUA** went unto them, walking on the sea.

26 And when the disciples saw him walking on the sea, they were troubled, saying, It is a ruakh; and they cried out for fear.

27 But straightway **YAHOSHUA** spake unto them, saying, Be of good cheer; it is I; be not afraid.

28 And Kepha answered him and said, If it be thou, bid me come unto thee on the water.

29 And he said, Come. And when Kepha was come down out of the ship, he walked on the water, to go to **YAHOSHUA**.

30 But when he saw the wind boisterous, he was afraid; and beginning to sink, he cried, saying, Adoni, save me.

31 And immediately **YAHOSHUA** stretched forth his hand, and caught him, and said unto him, O thou of little faith, wherefore didst thou doubt?

32 And when they were come into the ship, the wind ceased.

33 Then they that were in the ship came and worshipped him, saying, Of a truth thou art the Son of ELOHIM.

YAHOSHUA HEALS THE SICK IN GENNESARET

34 וַיַּעַבְרוּ אֶת־הַיָּם וַיָּבֹאוּ אַרְצָה גִּנֵּיסַר: 35 וַיַּכִּירוּ אֹתוֹ אַנְשֵׁי הַמָּקוֹם הַהוּא וַיִּשְׁלְחוּ
אֶל־כָּל־סְבִיבוֹתֵיהֶם וַיָּבִיאוּ אֵלָיו אֵת כָּל־הַחוֹלִים: 36 וַיְבַקְשׁוּ מִמֶּנּוּ רַק לִנְגֹּעַ בִּכְנַף בִּגְדוֹ
וְכָל־הַנֹּגְעִים נוֹשָׁעוּ:

TRADITIONS AND COMMANDMENTS

טו אָז בָּאוּ אֶל־יָהוֹשֻׁעַ הַסּוֹפְרִים וְהַפְּרוּשִׁים אֲשֶׁר מִירוּשָׁלָיִם: 2 וַיֹּאמְרוּ מַדּוּעַ
תַּלְמִידֶיךָ עֹבְרִים אֵת קַבָּלַת הַזְּקֵנִים כִּי אֵינָם נֹטְלִים יְדֵיהֶם לַסְּעוּדָה: 3 וַיַּעַן
וַיֹּאמֶר אֲלֵיהֶם מַדּוּעַ גַּם־אַתֶּם עֹבְרִים אֶת־מִצְוַת אֱלֹהִים לְמַעַן קַבָּלַתְכֶם: 4 כִּי הָאֱלֹהִים
צִוָּה לֵאמֹר כַּבֵּד אֶת־אָבִיךָ וְאֶת־אִמֶּךָ וּמְקַלֵּל אָבִיו וְאִמּוֹ מוֹת יוּמָת: 5 וְאַתֶּם אֹמְרִים
הָאֹמֵר לְאָבִיו וּלְאִמּוֹ קָרְבָּן מַה־שֶּׁאַתָּה נֶהֱנֶה לִּי אֵינוֹ חַיָּב בִּכְבוּד אָבִיו וְאִמּוֹ: 6 וַתָּפֵרוּ
אֶת־דְּבַר הָאֱלֹהִים לְמַעַן קַבָּלַתְכֶם: 7 חֲנֵפִים הֵיטֵב נִבָּא עֲלֵיכֶם יְשַׁעְיָהוּ לֵאמֹר: 8 נִגַּשׁ
הָעָם הַזֶּה בְּפִיו וּבִשְׂפָתָיו כִּבְּדוּנִי וְלִבָּם רָחַק מִמֶּנִּי: 9 וַתְּהִי יִרְאָתָם אֹתִי מִצְוַת אֲנָשִׁים
מְלֻמָּדָה:

WHAT DEFILES A PERSON

10 וַיִּקְרָא אֶל־הָעָם וַיֹּאמֶר לָהֶם שִׁמְעוּ וְהָבִינוּ: 11 לֹא הַנִּכְנָס אֶל־הַפֶּה יְטַמֵּא אֶת־
הָאָדָם כִּי אִם־הַיּוֹצֵא מִן־הַפֶּה הוּא מְטַמֵּא אֶת־הָאָדָם: 12 וַיִּגְּשׁוּ אֵלָיו תַּלְמִידָיו וַיֹּאמְרוּ
הֲיָדַעְתָּ כִּי הַפְּרוּשִׁים שָׁמְעוּ אֶת־הַדָּבָר הַזֶּה וַיִּכָּשְׁלוּ־בוֹ: 13 וַיַּעַן וַיֹּאמַר כָּל־מַטָּע אֲשֶׁר
לֹא נָטַע אָבִי שֶׁבַּשָּׁמַיִם עָקוֹר יֵעָקֵר: 14 הַנִּיחוּ אוֹתָם מַדְרִיכִים עִוְרִים הֵמָּה לַעִוְרִים
וְכִי־יַדְרִיךְ עִוֵּר אֶת־הָעִוֵּר וְנָפְלוּ שְׁנֵיהֶם אֶל־הַשָּׁחַת: 15 וַיַּעַן כֵּיפָע וַיֹּאמֶר אֵלָיו בָּאֵר לָנוּ
אֶת־הַמָּשָׁל הַזֶּה: 16 וַיֹּאמֶר יָהוֹשֻׁעַ עֲדֶנָה גַּם־אַתֶּם לֹא תַשְׂכִּילוּ: 17 הַעוֹד לֹא תֵדְעוּ כִּי
כָל־הַבָּא אֶל־הַפֶּה יוֹרֵד אֶל־הַכֶּרֶשׂ וְיִשָּׁפֵךְ מִשָּׁם לְמוֹצָאוֹת: 18 אֲבָל הַיּוֹצֵא מִן־הַפֶּה
יוֹצֵא מִן־הַלֵּב וְהוּא מְטַמֵּא אֶת־הָאָדָם: 19 כִּי מִן־הַלֵּב יוֹצְאוֹת מַחְשְׁבוֹת רָע רְצִיחוֹת
נִאוּפִים זְנוּנִים גְּנֵבוֹת עֵדוּת שֶׁקֶר וְגִדּוּפִים: 20 אֵלֶּה הֵם הַמְטַמְּאִים אֶת־הָאָדָם אֲבָל
אֲכִילָה בְּלֹא נְטִילַת יָדַיִם לֹא תְטַמֵּא אֶת־הָאָדָם:

THE FAITH OF A CANAANITE WOMAN

21 וַיֵּצֵא יָהוֹשֻׁעַ מִשָּׁם וַיָּסַר אֶל־גְּלִילוֹת צוֹר וְצִידוֹן: 22 וְהִנֵּה אִשָּׁה כְנַעֲנִית יֹצֵאת מִן־
הַגְּבוּלוֹת הָהֵם וַתִּצְעַק אֵלָיו לֵאמֹר חָנֵּנִי אֲדֹנִי בֶן־דָּוִד כִּי בִתִּי מְעֻנָּה מְאֹד עַל־יְדֵי שֵׁד:

MATTHEW

YAHOSHUA HEALS THE SICK IN GENNESARET

34 And when they were gone over, they came into the land of **Ginesar (Gennesaret)**.

35 And when the men of that place had knowledge of him, they sent out into all that country round about, and brought unto him all that were diseased;

36 And besought him that they might only touch the hem of his garment: and as many as touched were made perfectly whole.

TRADITIONS AND COMMANDMENTS

15 THEN came to **YAHOSHUA** scribes and Perushim, which were of Yerushalem, saying,

2 Why do thy disciples transgress the tradition of the elders? for they wash not their hands when they eat bread.

3 But he answered and said unto them, Why do ye also transgress the commandment of ELOHIM by your tradition?

4 For ELOHIM commanded, saying, "Honour thy father and thy mother" and, "he that curseth his father, or his mother, shall surely be put to death."

5 But ye say, Whosoever shall say to his father or his mother, It is a gift, by whatsoever thou mightest be profited by me;

6 And honour not his father or his mother, he shall be free. Thus have ye made the commandment of ELOHIM of none effect by your tradition.

7 Ye hypocrites, well did YeshaYAHU prophesy of you, saying,

8 "This people draw near me with their mouth, and with their lips do honour me, but have removed their heart far from me,

9 And their fear toward me is taught by the precept of men."

WHAT DEFILES A PERSON

10 And he called the multitude, and said unto them, Hear, and understand:

11 Not that which goeth into the mouth defileth a man; but that which cometh out of the mouth, this defileth a man.

12 Then came his disciples, and said unto him, Knowest thou that the Perushim were offended, after they heard this saying?

13 But he answered and said, Every plant, which my heavenly Father hath not planted, shall be rooted up.

14 Let them alone: they be blind leaders of the blind. And if the blind lead the blind, both shall fall into the ditch.

15 Then answered Kepha and said unto him, Declare unto us this parable.

16 And **YAHOSHUA** said, Are ye also yet without understanding?

17 Do not ye yet understand, that whatsoever entereth in at the mouth goeth into the belly, and is cast out into the draught?

18 But those things which proceed out of the mouth come forth from the heart; and they defile the man.

19 For out of the heart proceed evil thoughts, murders, adulteries, fornications, thefts, false witness, blasphemies:

20 These are the things which defile a man: but to eat with unwashen hands defileth not a man.

THE FAITH OF A CANAANITE WOMAN

21 Then **YAHOSHUA** went thence, and departed into the coasts of Tzor and Tzidon.

22 And, behold, a woman of Kena'an came out of the same coasts, and cried unto him, saying, Have mercy on me, O Adoni, thou Son of Dawid; my daughter is grievously vexed with a devil.

23 וְלֹא־עָנָה אֹתָהּ דָּבָר וַיִּגְּשׁוּ תַלְמִידָיו וַיְבַקְשׁוּ מִמֶּנּוּ לֵאמֹר שַׁלְּחֶהָ כִּי־צֹעֶקֶת הִיא
אַחֲרֵינוּ: 24 וַיַּעַן וַיֹּאמַר לֹא שֻׁלַּחְתִּי בִּלְתִּי אֶל־הַצֹּאן הָאֹבְדוֹת אֲשֶׁר לְבֵית יִשְׂרָאֵל: 25
וְהִיא בָאָה וַתִּשְׁתַּחוּ לוֹ וַתֹּאמַר אֲדֹנִי עָזְרֵנִי: 26 וַיַּעַן וַיֹּאמַר לֹא־טוֹב לָקַחַת אֶת־לֶחֶם
הַבָּנִים וּלְהַשְׁלִיכוֹ לִפְנֵי צְעִירֵי הַכְּלָבִים: 27 וַתֹּאמַר כֵּן אֲדֹנִי אֶפֶס כִּי־גַם־צְעִירֵי הַכְּלָבִים
יֹאכְלוּ מִן־הַפֵּרוּרִים הַנֹּפְלִים מֵעַל־שֻׁלְחַן אֲדֹנֵיהֶם: 28 וַיַּעַן **יָהוֹשֻׁעַ** וַיֹּאמֶר אֵלֶיהָ אִשָּׁה
רַבָּה אֱמוּנָתֵךְ יְהִי־לָךְ כִּרְצוֹנֵךְ וַתֵּרָפֵא בִתָּהּ מִן־הַשָּׁעָה הַהִיא:

YAHOSHUA HEALS MANY

29 וַיַּעֲבֹר **יָהוֹשֻׁעַ** מִשָּׁם וַיָּבֹא אֶל־יָם הַגָּלִיל וַיַּעַל הָהָרָה וַיֵּשֶׁב שָׁם: 30 וַיָּבֹאוּ אֵלָיו הֲמוֹן
עַם רָב וְעִמָּהֶם פִּסְחִים עִוְרִים אִלְּמִים קִטְּעִים וְרַבִּים כָּהֵמָּה וַיַּפִּילוּם לְרַגְלֵי **יָהוֹשֻׁעַ**
וַיִּרְפָּאֵם: 31 וַיִּתְמְהוּ הָעָם בִּרְאוֹתָם אֶת־הָאִלְּמִים מְדַבְּרִים וְהַקִּטְּעִים בְּרִיאִים וְהַפִּסְחִים
מְהַלְּכִים וְהַעִוְרִים רֹאִים וַיְשַׁבְּחוּ אֶת־אֱלֹהֵי יִשְׂרָאֵל:

YAHOSHUA FEEDS THE FOUR THOUSAND

32 וַיִּקְרָא **יָהוֹשֻׁעַ** אֶל־תַּלְמִידָיו וַיֹּאמַר נִכְמְרוּ רַחֲמַי עַל־הָעָם כִּי־זֶה עָמְדָם עִמָּדִי
שְׁלֹשֶׁת יָמִים וְאֵין לָהֶם מַה־לֶּאֱכֹל וְאֵינֶנִּי חָפֵץ לְשַׁלְּחָם רְעֵבִים פֶּן־יִתְעַלְּפוּ בַּדָּרֶךְ: 33
וַיֹּאמְרוּ אֵלָיו הַתַּלְמִידִים מֵאַיִן לָנוּ בַּמִּדְבָּר דֵּי־לֶחֶם לְהַשְׂבִּיעַ אֶת־הָמוֹן רַב כָּזֶה: 34
וַיֹּאמֶר **יָהוֹשֻׁעַ** אֲלֵיהֶם כַּמָּה כִכְּרוֹת לֶחֶם לָכֶם וַיֹּאמְרוּ שֶׁבַע וּמְעַט דָּגִים קְטַנִּים: 35
וַיְצַו אֶת־הֲמוֹן הָעָם וַיֵּשְׁבוּ לָאָרֶץ: 36 וַיִּקַּח אֶת־שֶׁבַע כִּכְּרוֹת הַלֶּחֶם וְאֵת הַדָּגִים וַיְבָרֶךְ
וַיִּפְרֹס וַיִּתֵּן אֶל־הַתַּלְמִידִים וְהַתַּלְמִידִים נָתְנוּ לָעָם: 37 וַיֹּאכְלוּ כֻלָּם וַיִּשְׂבָּעוּ וַיִּשְׂאוּ מִן־
הַפְּתוֹתִים הַנּוֹתָרִים שִׁבְעָה דוּדִים מְלֵאִים: 38 וְהָאֹכְלִים אַרְבַּעַת אֲלָפִים אִישׁ מִלְּבַד
הַנָּשִׁים וְהַטָּף: 39 וַיְשַׁלַּח אֶת־הָעָם וַיֵּרֶד בָּאֳנִיָּה וַיָּבֹא אֶל־גְּבוּל **מַגְדָּן:**

THE PHARISEES AND SADDUCEES DEMAND SIGNS

טז וַיִּגְּשׁוּ הַפְּרוּשִׁים וְהַצַּדּוּקִים לְנַסּוֹתוֹ וַיִּשְׁאֲלוּ מֵאִתּוֹ לְהַרְאוֹתָם אוֹת מִן־הַשָּׁמָיִם:
2 וַיַּעַן וַיֹּאמֶר לָהֶם בָּעֶרֶב תֹּאמְרוּ יוֹם־צַח יִהְיֶה כִּי אָדְמוּ הַשָּׁמָיִם: 3 וּבַבֹּקֶר
תֹּאמְרוּ הַיּוֹם סַעַר כִּי־אָדְמוּ וְהִתְקַדְּרוּ הַשָּׁמָיִם חֲנֵפִים אַתֶּם מַכִּירִים אֶת־פְּנֵי הַשָּׁמַיִם
וְאֹתוֹת הָעִתִּים לֹא תַכִּירוּ: 4 דּוֹר רַע וּמְנָאֵף מְבַקֶּשׁ־לוֹ אוֹת וְאוֹת לֹא יִנָּתֶן־לוֹ בִּלְתִּי
אִם־אוֹת יוֹנָה הַנָּבִיא וַיַּעַזְבֵם וַיֵּלֶךְ לוֹ:

THE LEAVEN OF THE PHARISEES AND SADDUCEES

5 וַיָּבֹאוּ הַתַּלְמִידִים אֶל־עֵבֶר הַיָּם וְהֵם שָׁכְחוּ לָקַחַת אִתָּם לָחֶם:

MATTHEW

23 But he answered her not a word. And his disciples came and besought him, saying, Send her away; for she crieth after us.
24 But he answered and said, I am not sent but unto the lost sheep of the house of Yisra'EL.
25 Then came she and worshipped him, saying, Adoni, help me.
26 But he answered and said, It is not meet to take the children's bread, and to cast it to dogs.
27 And she said, Truth, Adoni: yet the dogs eat of the crumbs which fall from their masters' table.
28 Then **YAHOSHUA** answered and said unto her, O woman, great is thy faith: be it unto thee even as thou wilt. And her daughter was made whole from that very hour.

YAHOSHUA HEALS MANY

29 And **YAHOSHUA** departed from thence, and came nigh unto the sea of Galilah; and went up into a mountain, and sat down there.
30 And great multitudes came unto him, having with them those that were lame, blind, dumb, maimed, and many others, and cast them down at **YAHOSHUA'S** feet; and he healed them:
31 Insomuch that the multitude wondered, when they saw the dumb to speak, the maimed to be whole, the lame to walk, and the blind to see: and they glorified the ELOHIM of Yisra'EL.

YAHOSHUA FEEDS THE FOUR THOUSAND

32 Then **YAHOSHUA** called his disciples unto him, and said, I have compassion on the multitude, because they continue with me now three days, and have nothing to eat: and I will not send them away fasting, lest they faint in the way.
33 And his disciples say unto him, Whence should we have so much bread in the wilderness, as to fill so great a multitude?
34 And **YAHOSHUA** saith unto them, How many loaves have ye? And they said, Seven, and a few little fishes.
35 And he commanded the multitude to sit down on the ground.
36 And he took the seven loaves and the fishes, and gave thanks, and brake them, and gave to his disciples, and the disciples to the multitude.
37 And they did all eat, and were filled: and they took up of the broken meat that was left seven baskets full.
38 And they that did eat were four thousand men, beside women and children.
39 And he sent away the multitude, and took ship, and came into the coasts of **Magdal (Magdala)**.

THE PHARISEES AND SADDUCEES DEMAND SIGNS

16 THE Perushim also with the Tzaduqim came, and tempting desired him that he would shew them a sign from heaven.
2 He answered and said unto them, When it is evening, ye say, It will be fair weather: for the sky is red.
3 And in the morning, It will be foul weather to day: for the sky is red and lowring. O ye hypocrites, ye can discern the face of the sky; but can ye not discern the signs of the times?
4 A wicked and adulterous generation seeketh after a sign; and there shall no sign be given unto it, but the sign of the prophet Yonah. And he left them, and departed.

THE LEAVEN OF THE PHARISEES AND SADDUCEES

5 And when his disciples were come to the other side, they had forgotten to take bread.

6 וַיֹּאמֶר **יָהוֹשֻׁעַ** אֲלֵיהֶם רְאוּ וְהִשָּׁמְרוּ לָכֶם מִשְּׂאֹר הַפְּרוּשִׁים וְהַצַּדּוּקִים׃ 7 וַיַּחְשְׁבוּ
כֹה וָכֹה בְּקִרְבָּם וַיֹּאמְרוּ עַל־דְּבַר שֶׁלֹּא־לָקַחְנוּ אִתָּנוּ לָחֶם׃ 8 וַיֵּדַע **יָהוֹשֻׁעַ** וַיֹּאמֶר אֲלֵיהֶם
קְטַנֵּי אֱמוּנָה מַה־תַּחְשְׁבוּ בִּלְבַבְכֶם אֲשֶׁר לֹא־לְקַחְתֶּם אִתְּכֶם לָחֶם׃ 9 הַעוֹד לֹא תַשְׂכִּילוּ
וְלֹא תִזְכְּרוּ אֶת־חֲמֵשֶׁת כִּכְּרוֹת־הַלֶּחֶם לַחֲמֵשֶׁת אֲלָפִים אִישׁ וְכַמָּה סַלִּים נְשָׂאתֶם׃ 10
וְאֶת־שֶׁבַע כִּכְּרוֹת הַלֶּחֶם לְאַרְבַּעַת אֲלָפִים אִישׁ וְכַמָּה דוּדִים נְשָׂאתֶם׃ 11 אֵיךְ לֹא
תָבִינוּ כִּי לֹא עַל־הַלֶּחֶם אָמַרְתִּי אֲלֵיהֶם הִשָּׁמְרוּ לָכֶם מִשְּׂאֹר הַפְּרוּשִׁים וְהַצַּדּוּקִים׃ 12
אָז הֵבִינוּ כִּי לֹא אָמַר לָהֶם לְהִשָּׁמֵר מִשְּׂאֹר הַלֶּחֶם כִּי אִם־מִלִּמּוּד הַפְּרוּשִׁים וְהַצַּדּוּקִים׃

PETER CONFESSES YAHOSHUA AS THE MESHIAKH

13 וַיְהִי כְּבוֹא **יָהוֹשֻׁעַ** אֶל־גְּלִילוֹת **קֵיסַרְיָה** שֶׁל־פִּילִפּוֹס וַיִּשְׁאַל אֶת־תַּלְמִידָיו לֵאמֹר מָה־
אֹמְרִים לִי בְּנֵי אָדָם מִי הוּא בֶּן־הָאָדָם׃ 14 וַיֹּאמְרוּ יֵשׁ אֹמְרִים יוֹחָנָן הַמַּטְבִּיל הוּא וְיֵשׁ
אֹמְרִים אֵלִיָּהוּ וַאֲחֵרִים אֹמְרִים יִרְמְיָהוּ אוֹ אֶחָד מִן־הַנְּבִיאִים׃ 15 וַיֹּאמֶר אֲלֵיהֶם וְאַתֶּם
מַה־תֹּאמְרוּ לִי מִי אָנִי׃ 16 וַיַּעַן שִׁמְעוֹן כֵּיפָא וַיֹּאמַר אַתָּה הוּא **הַמָּשִׁיחַ** בֶּן־אֱלֹהִים חַיִּים׃
17 וַיַּעַן **יָהוֹשֻׁעַ** וַיֹּאמֶר אֵלָיו אַשְׁרֶיךָ שִׁמְעוֹן בַּר־יוֹנָה כִּי־בָשָׂר וָדָם לֹא גִלָּה־לְךָ אֶת־זֹאת כִּי
אִם־אָבִי שֶׁבַּשָּׁמָיִם׃ 18 וְגַם־אֲנִי אֹמֵר לְךָ כִּי אַתָּה כֵיפָא וְעַל־הַצּוּר הַזֶּה אֶבְנֶה אֶת־קְהִלָּתִי
וְשַׁעֲרֵי שְׁאוֹל לֹא יִגְבְּרוּ עָלֶיהָ׃ 19 וְאֶתֵּן לְךָ אֶת־מַפְתְּחוֹת מַלְכוּת הַשָּׁמָיִם וְכָל־אֲשֶׁר
תֶּאֱסֹר עַל־הָאָרֶץ אָסוּר יִהְיֶה בַּשָּׁמַיִם וְכָל־אֲשֶׁר תַּתִּיר עַל־הָאָרֶץ מֻתָּר יִהְיֶה בַּשָּׁמָיִם׃ 20
אָז צִוָּה עַל־תַּלְמִידָיו אֲשֶׁר לֹא יְסַפְּרוּ לְאִישׁ כִּי הוּא **יָהוֹשֻׁעַ הַמָּשִׁיחַ**׃

YAHOSHUA FORETELLS HIS DEATH AND RESURRECTION

21 מִן־הָעֵת הַהִיא הֵחֵל **יָהוֹשֻׁעַ** לְהַגִּיד לְתַלְמִידָיו כִּי צָרִיךְ הוּא לָלֶכֶת יְרוּשָׁלַיִם וִיעֻנֶּה
הַרְבֵּה מִידֵי הַזְּקֵנִים וְרָאשֵׁי הַכֹּהֲנִים וְהַסּוֹפְרִים וְיֵהָרֵג וּבַיּוֹם הַשְּׁלִישִׁי קוֹם יָקוּם׃ 22
וַיִּקָּחֵהוּ כֵיפָא וַיָּחֶל לִגְעָר־בּוֹ לֵאמֹר חַס לְךָ אֲדֹנִי אַל־יְהִי־לְךָ כָּזֹאת׃ 23 וַיִּפֶן וַיֹּאמֶר
לְכֵיפָא סוּר מֵעָלַי הַשָּׂטָן מִכְשׁוֹל אַתָּה לִי כִּי לִבְּךָ לְדִבְרֵי בְנֵי־אָדָם וְלֹא לְדִבְרֵי אֱלֹהִים׃

TAKE UP YOUR CROSS AND FOLLOW YAHOSHUA

24 וַיֹּאמֶר **יָהוֹשֻׁעַ** אֶל־תַּלְמִידָיו אִישׁ כִּי־יַחְפֹּץ לָלֶכֶת אַחֲרַי יְכַחֵשׁ בְּעַצְמוֹ וְנָשָׂא אֶת־
צְלוּבוֹ וְהָלַךְ אַחֲרָי׃ 25 כִּי הֶחָפֵץ לְהַצִּיל אֶת־נַפְשׁוֹ תֹּאבַד נַפְשׁוֹ מִמֶּנּוּ וְהַמְאַבֵּד נַפְשׁוֹ
לְמַעֲנִי הוּא יִמְצָאֶנָּה׃ 26 כִּי מַה־יּוֹעִיל הָאָדָם שֶׁיִּקְנֶה אֶת־כָּל־הָעוֹלָם וְהִשְׁחִית אֶת־
נַפְשׁוֹ אוֹ מַה־יִּתֵּן הָאָדָם פִּדְיוֹן נַפְשׁוֹ׃ 27 כִּי בֶן־הָאָדָם עָתִיד לָבוֹא בִּכְבוֹד אָבִיו עִם־
מַלְאָכָיו וְאָז יְשַׁלֵּם לְכָל־אִישׁ כְּמַעֲשֵׂהוּ׃

MATTHEW

6 Then **YAHOSHUA** said unto them, Take heed and beware of the leaven of the Perushim and of the Tzaduqim.

7 And they reasoned among themselves, saying, It is because we have taken no bread.

8 Which when **YAHOSHUA** perceived, he said unto them, O ye of little faith, why reason ye among yourselves, because ye have brought no bread?

9 Do ye not yet understand, neither remember the five loaves of the five thousand, and how many baskets ye took up?

10 Neither the seven loaves of the four thousand, and how many baskets ye took up?

11 How is it that ye do not understand that I spake it not to you concerning bread, that ye should beware of the leaven of the Perushim and of the Tzaduqim?

12 Then understood they how that he bade them not beware of the leaven of bread, but of the doctrine of the Perushim and of the Tzaduqim.

PETER CONFESSES YAHOSHUA AS THE MESHIAKH

13 When **YAHOSHUA** came into the coasts of **Qesariyah (Caesara)** Philipos, he asked his disciples, saying, Whom do men say that I the Son of man am?

14 And they said, Some say that thou art Yokhanan the Immerser: some, EliYAHU; and others, YirmeYAHU, or one of the prophets.

15 He saith unto them, But whom say ye that I am?

16 And Shimon Kepha answered and said, Thou art the **MESHIAKH**, the Son of the living ELOHIM.

17 And **YAHOSHUA** answered and said unto him, Blessed art thou, Shimon Bar-Yonah: for flesh and blood hath not revealed it unto thee, but my Father which is in heaven.

18 And I say also unto thee, That thou art Kepha, and upon this rock I will build my Assembly; and the gates of hell shall not prevail against it.

19 And I will give unto thee the keys of the kingdom of heaven: and whatsoever thou shalt bind on earth shall be bound in heaven: and whatsoever thou shalt loose on earth shall be loosed in heaven.

20 Then charged he his disciples that they should tell no man that he was **YAHOSHUA** the **MESHIAKH**.

YAHOSHUA FORETELLS HIS DEATH AND RESURRECTION

21 From that time forth began **YAHOSHUA** to shew unto his disciples, how that he must go unto Yerushalem, and suffer many things of the elders and chief priests and scribes, and be killed, and be raised again the third day.

22 Then Kepha took him, and began to rebuke him, saying, Be it far from thee, Adoni: this shall not be unto thee.

23 But he turned, and said unto Kepha, Get thee behind me, Satan: thou art an offence unto me: for thou savourest not the things that be of ELOHIM, but those that be of men.

TAKE UP YOUR CROSS AND FOLLOW YAHOSHUA

24 Then said **YAHOSHUA** unto his disciples, If any man will come after me, let him deny himself, and take up his cross, and follow me.

25 For whosoever will save his life shall lose it: and whosoever will lose his life for my sake shall find it.

26 For what is a man profited, if he shall gain the whole world, and lose his own soul? or what shall a man give in exchange for his soul?

27 For the Son of man shall come in the glory of his Father with his angels; and then he shall reward every man according to his works.

28 אָמֵן אֹמֵר אֲנִי לָכֶם כִּי יֵשׁ בָּעֹמְדִים פֹּה אֲשֶׁר לֹא־יִטְעֲמוּ טַעַם מִיתָה עַד כִּי־יִרְאוּ
אֶת־בֶּן־הָאָדָם בָּא בְּמַלְכוּתוֹ׃

THE TRANSFIGURATION

יז וּמִקֵּץ שֵׁשֶׁת יָמִים לָקַח לוֹ **יָהוֹשֻׁעַ** אֶת־כֵּיפָא וְאֶת־יַעֲקֹב וְאֶת־יוֹחָנָן אָחִיו וַיַּעֲלֵם
בְּדָד עַל־הַר גָּבֹהַּ׃ 2 וַיִּשְׁתַּנֶּה לְעֵינֵיהֶם וַיַּזְהִירוּ פָּנָיו כַּשֶּׁמֶשׁ וּבְגָדָיו כָּאוֹר הִלְבִּינוּ׃
3 וְהִנֵּה נִרְאוּ אֲלֵיהֶם מֹשֶׁה וְאֵלִיָּהוּ וְהֵם מְדַבְּרִים אִתּוֹ׃ 4 וַיַּעַן כֵּיפָא וַיֹּאמֶר אֶל־**יָהוֹשֻׁעַ**
אֲדֹנִי טוֹב לָנוּ לִהְיוֹת פֹּה אִם־טוֹב בְּעֵינֶיךָ נַעֲשֶׂה פֹּה שָׁלֹשׁ סֻכּוֹת לְךָ אַחַת וּלְמֹשֶׁה אַחַת
וּלְאֵלִיָּהוּ אֶחָת׃ 5 עוֹדֶנּוּ מְדַבֵּר וְהִנֵּה עֲנַן־אוֹר הֵצַל עֲלֵיהֶם וְהִנֵּה קוֹל מִתּוֹךְ הֶעָנָן אֹמֵר
זֶה־בְּנִי יְדִידִי אֲשֶׁר רָצִיתִי בוֹ אֵלָיו תִּשְׁמָעוּן׃ 6 וַיְהִי כִּשְׁמֹעַ הַתַּלְמִידִים וַיִּפְּלוּ עַל־פְּנֵיהֶם
וַיִּירְאוּ מְאֹד׃ 7 וַיִּגַּשׁ **יָהוֹשֻׁעַ** וַיִּגַּע־בָּם וַיֹּאמַר קוּמוּ אַל־תִּירָאוּ׃ 8 וַיִּשְׂאוּ עֵינֵיהֶם וְלֹא
רָאוּ אִישׁ בִּלְתִּי **יָהוֹשֻׁעַ** לְבַדּוֹ׃ 9 וּבְרִדְתָּם מִן־הָהָר צִוָּה עֲלֵיהֶם **יָהוֹשֻׁעַ** לֵאמֹר לֹא תַגִּידוּ
לְאִישׁ אֶת־דְּבַר הַמַּרְאֶה עַד אִם־קָם בֶּן־הָאָדָם מֵעִם הַמֵּתִים׃ 10 וַיִּשְׁאָלֻהוּ תַלְמִידָיו
לֵאמֹר מַה־זֶּה אֹמְרִים הַסּוֹפְרִים אֵלִיָּהוּ בּוֹא יָבוֹא בָּרִאשׁוֹנָה׃ 11 וַיַּעַן **יָהוֹשֻׁעַ** וַיֹּאמֶר
אֲלֵיהֶם אָכֵן אֵלִיָּהוּ יָבֹא (בָּרִאשׁוֹנָה) וְהֵשִׁיב אֶת־הַכֹּל׃ 12 אֲבָל אֹמֵר אֲנִי לָכֶם אֵלִיָּהוּ
כְּבָר בָּא וְלֹא הִכִּירֻהוּ וַיַּעֲשׂוּ־בוֹ כִּרְצוֹנָם וְכֵן גַּם־בֶּן־הָאָדָם יְעֻנֶּה עַל־יָדָם׃ 13 אָז הֵבִינוּ
הַתַּלְמִידִים כִּי עַל־יוֹחָנָן הַמַּטְבִּיל דִּבֶּר אֲלֵיהֶם׃

YAHOSHUA HEALS A BOY WITH A DEMON

14 וַיְהִי כְּבוֹאָם אֶל־הֲמוֹן הָעָם וַיִּגַּשׁ אֵלָיו אִישׁ וַיִּכְרַע עַל־בִּרְכָּיו לְנֶגְדּוֹ׃ 15 וַיֹּאמַר
אֲדֹנִי רַחֶם־נָא עַל־בְּנִי כִּי־מֻכֵּה יָרֵחַ הוּא וְחָלְיוֹ רָע כִּי־פְעָמִים רַבּוֹת הוּא נֹפֵל בָּאֵשׁ
וּפְעָמִים רַבּוֹת אֶל־תּוֹךְ הַמָּיִם׃ 16 וָאָבִיא אֹתוֹ אֶל־תַּלְמִידֶיךָ וְלֹא יָכְלוּ לְרַפֹּא לוֹ׃
17 וַיַּעַן **יָהוֹשֻׁעַ** וַיֹּאמֶר הוֹי דּוֹר חֲסַר אֱמוּנָה וּפְתַלְתֹּל עַד־מָתַי אֶהְיֶה עִמָּכֶם עַד־
מָתַי אֶשָּׂא אֶתְכֶם הָבִיאוּ אוֹתוֹ אֵלַי הֵנָּה׃ 18 וַיִּגְעַר־בּוֹ **יָהוֹשֻׁעַ** וַיֵּצֵא הַשֵּׁד מִמֶּנּוּ
וַיֵּרָפֵא הַנַּעַר מִן־הַשָּׁעָה הַהִיא׃ 19 וַיִּגְּשׁוּ הַתַּלְמִידִים אֶל־**יָהוֹשֻׁעַ** וְהוּא לְבַדּוֹ וַיֹּאמְרוּ
מַדּוּעַ אֲנַחְנוּ לֹא יָכֹלְנוּ לְגָרְשׁוֹ׃ 20 וַיֹּאמֶר **יָהוֹשֻׁעַ** אֲלֵיהֶם מִפְּנֵי חֹסֶר אֱמוּנַתְכֶם כִּי
אָמֵן אֹמֵר אֲנִי לָכֶם אִם־יֵשׁ בָּכֶם אֱמוּנָה כְּגַרְגַּר הַחַרְדָּל וַאֲמַרְתֶּם אֶל־הָהָר הַזֶּה
הֵעָתֵק מִזֶּה שָׁמָּה וְנֶעְתַּק מִמְּקוֹמוֹ וְאֵין דָּבָר אֲשֶׁר יִבָּצֵר מִכֶּם׃ 21 וְהַמִּין הַזֶּה לֹא
יֵצֵא כִּי אִם־בִּתְפִלָּה וּבְצוֹם׃

MATTHEW

28 Verily I say unto you, There be some standing here, which shall not taste of death, till they see the Son of man coming in his kingdom.

THE TRANSFIGURATION

17 AND after six days **YAHOSHUA** taketh Kepha, Ya'aqob, and Yokhanan his brother, and bringeth them up into an high mountain apart,

2 And was transfigured before them: and his face did shine as the sun, and his raiment was white as the light.

3 And, behold, there appeared unto them Mosheh and EliYAHU talking with him.

4 Then answered Kepha, and said unto **YAHOSHUA**, Adoni, it is good for us to be here: if thou wilt, let us make here three tabernacles; one for thee, and one for Mosheh, and one for EliYAHU.

5 While he yet spake, behold, a bright cloud overshadowed them: and behold a voice out of the cloud, which said, This is my beloved Son, in whom I am well pleased; hear ye him.

6 And when the disciples heard it, they fell on their face, and were sore afraid.

7 And **YAHOSHUA** came and touched them, and said, Arise, and be not afraid.

8 And when they had lifted up their eyes, they saw no man, save **YAHOSHUA** only.

9 And as they came down from the mountain, **YAHOSHUA** charged them, saying, Tell the vision to no man, until the Son of man be risen again from the dead.

10 And his disciples asked him, saying, Why then say the scribes that EliYAHU must first come?

11 And **YAHOSHUA** answered and said unto them, EliYAHU truly shall first come, and restore all things.

12 But I say unto you, That EliYAHU is come already, and they knew him not, but have done unto him whatsoever they listed. Likewise shall also the Son of man suffer of them.

13 Then the disciples understood that he spake unto them of Yokhanan the Immerser.

YAHOSHUA HEALS A BOY WITH A DEMON

14 And when they were come to the multitude, there came to him a certain man, kneeling down to him, and saying,

15 Adoni, have mercy on my son: for he is lunatick, and sore vexed: for ofttimes he falleth into the fire, and oft into the water.

16 And I brought him to thy disciples, and they could not cure him.

17 Then **YAHOSHUA** answered and said, O faithless and perverse generation, how long shall I be with you? how long shall I suffer you? bring him hither to me.

18 And **YAHOSHUA** rebuked the devil; and he departed out of him: and the child was cured from that very hour.

19 Then came the disciples to **YAHOSHUA** apart, and said, Why could not we cast him out?

20 And **YAHOSHUA** said unto them, Because of your unbelief: for verily I say unto you, If ye have faith as a grain of mustard seed, ye shall say unto this mountain, Remove hence to yonder place; and it shall remove; and nothing shall be impossible unto you.

21 Howbeit this kind goeth not out but by prayer and fasting.

YAHOSHUA AGAIN FORETELLS DEATH, RESURRECTION

22 וַיְהִי בְּעָבְרָם בְּאֶרֶץ הַגָּלִיל וַיֹּאמֶר אֲלֵיהֶם **יָהוֹשֻׁעַ** עָתִיד בֶּן־הָאָדָם לְהִמָּסֵר בִּידֵי
אֲנָשִׁים: 23 וַיַּהַרְגֻהוּ וּבַיּוֹם הַשְּׁלִישִׁי קוֹם יָקוּם וַיִּתְעַצְּבוּ מְאֹד:

THE TEMPLE TAX

24 וַיְהִי כְּבוֹאָם אֶל־כְּפַר־נַחוּם וַיִּגְּשׁוּ אֶל־כֵּיפָא גַּבָּאֵי מַחֲצִית הַשֶּׁקֶל וַיֹּאמְרוּ הֲלֹא יִתֵּן
רַבְּכֶם אֶת־מַחֲצִית הַשָּׁקֶל: 25 וַיֹּאמֶר יִתֵּן וּבְבוֹאוֹ הַבַּיְתָה קִדֵּם אֹתוֹ **יָהוֹשֻׁעַ** לִשְׁאֹל
וַיֹּאמַר מַה־דַּעְתְּךָ שִׁמְעוֹן מַלְכֵי הָאָרֶץ מִמִּי יִקְחוּ מֶכֶס וּמַס מֵאֵת בְּנֵיהֶם אוֹ מֵאֵת
הַזָּרִים: 26 וַיֹּאמֶר כֵּיפָא אֵלָיו מֵאֵת הַזָּרִים וַיֹּאמֶר לוֹ **יָהוֹשֻׁעַ** אִם־כֵּן אֵפוֹא הַבָּנִים
פְּטוּרִים הֵמָּה: 27 וְאוּלָם לְמַעַן אֲשֶׁר־לֹא־נִהְיֶה לָהֶם לְמִכְשׁוֹל לֵךְ אֶל־הַיָּם וְהִשְׁלַכְתָּ
חַכָּה אֶל־תּוֹכוֹ וְאֶת־הַדָּג הָרִאשׁוֹן אֲשֶׁר יַעֲלֶה שָׂאֵהוּ וְכַאֲשֶׁר תִּפְתַּח אֶת־פִּיו תִּמְצָא בוֹ
מַטְבֵּעַ אוֹתוֹ קַח וְשָׁקַלְתָּ עַל יָדִי וְעַל יָדֶךָ:

WHO IS THE GREATEST?

יח בַּשָּׁעָה הַהִיא נִגְּשׁוּ הַתַּלְמִידִים אֶל־**יָהוֹשֻׁעַ** וַיֹּאמְרוּ מִי אֵפוֹא הַגָּדוֹל בְּמַלְכוּת
הַשָּׁמָיִם: 2 וַיִּקְרָא **יָהוֹשֻׁעַ** אֵלָיו יֶלֶד קָטָן וַיַּעֲמִידֵהוּ בְּתוֹכָם: 3 וַיֹּאמַר אָמֵן אֹמֵר
אֲנִי לָכֶם אִם־לֹא תָשׁוּבוּ לִהְיוֹת כַּיְלָדִים לֹא תָבֹאוּ אֶל־מַלְכוּת הַשָּׁמָיִם: 4 לָכֵן כָּל־
הַמַּשְׁפִּיל אֶת־עַצְמוֹ כַּיֶּלֶד הַזֶּה הוּא הַגָּדוֹל בְּמַלְכוּת הַשָּׁמָיִם: 5 וְהַמְקַבֵּל יֶלֶד אֶחָד כָּזֶה
בִּשְׁמִי אוֹתִי הוּא מְקַבֵּל: 6 הַמַּכְשִׁיל אֶת־אֶחָד מִן־הַקְּטַנִּים הָאֵלֶּה הַמַּאֲמִינִים בִּי נוֹחַ
לוֹ שֶׁיִּתָּלֶה פֶּלַח־רֶכֶב עַל־צַוָּארוֹ וְטֻבַּע בִּמְצוּלוֹת יָם:

TEMPTATIONS TO SIN

7 אוֹי לָעוֹלָם מִן־הַמִּכְשֹׁלִים כִּי הַמִּכְשֹׁלִים בּוֹא יָבֹאוּ אֲבָל אוֹי לָאִישׁ הַהוּא אֲשֶׁר עַל־
יָדוֹ יָבוֹא הַמִּכְשׁוֹל: 8 וְאִם־תַּכְשִׁילְךָ יָדְךָ אוֹ רַגְלְךָ קַצֵּץ אוֹתָהּ וְהַשְׁלֵךְ מִמֶּךָּ טוֹב לְךָ לָבוֹא
לַחַיִּים פִּסֵּחַ אוֹ קִטֵּעַ מִהְיוֹת לְךָ שְׁתֵּי יָדַיִם אוֹ־שְׁתֵּי רַגְלַיִם וְתֻשְׁלַךְ אֶל־אֵשׁ עוֹלָם: 9
וְאִם־עֵינְךָ תַּכְשִׁילְךָ נַקֵּר אוֹתָהּ וְהַשְׁלֵךְ מִמֶּךָּ טוֹב לְךָ לָבוֹא לַחַיִּים בְּעַיִן אַחַת מִהְיוֹת לְךָ
שְׁתֵּי עֵינַיִם וְתֻשְׁלַךְ אֶל־אֵשׁ גֵּיהִנֹּם:

THE PARABLE OF THE LOST SHEEP

10 רְאוּ פֶּן־תִּבְזוּ אַחַד הַקְּטַנִּים הָאֵלֶּה כִּי אֹמֵר אֲנִי לָכֶם מַלְאֲכֵיהֶם רֹאִים תָּמִיד אֶת־פְּנֵי אָבִי
שֶׁבַּשָּׁמָיִם: 11 (כִּי בֶן־הָאָדָם בָּא לְהוֹשִׁיעַ אֶת־הָאֹבֵד:) 12 מַה־דַּעְתְּכֶם כִּי־יִהְיוּ לְאִישׁ מֵאָה
כְבָשִׂים וְאָבַד אֶחָד מֵהֶם הֲלֹא יַעֲזֹב אֶת־הַתִּשְׁעִים וְתִשְׁעָה עַל־הֶהָרִים וְהָלַךְ לְבַקֵּשׁ אֶת־הָאֹבֵד:

MATTHEW

YAHOSHUA AGAIN FORETELLS DEATH, RESURRECTION

22 And while they abode in Galilah, **YAHOSHUA** said unto them, The Son of man shall be betrayed into the hands of men:

23 And they shall kill him, and the third day he shall be raised again. And they were exceeding sorry.

THE TEMPLE TAX

24 And when they were come to Kepar-Nakhum, they that received tribute money came to Kepha, and said, Doth not your master pay tribute?

25 He saith, Yes. And when he was come into the house, **YAHOSHUA** prevented him, saying, What thinkest thou, Shimon? of whom do the kings of the earth take custom or tribute? of their own children, or of strangers?

26 Kepha saith unto him, Of strangers. **YAHOSHUA** saith unto him, Then are the children free.

27 Notwithstanding, lest we should offend them, go thou to the sea, and cast an hook, and take up the fish that first cometh up; and when thou hast opened his mouth, thou shalt find a piece of money: that take, and give unto them for me and thee.

WHO IS THE GREATEST?

18 AT the same time came the disciples unto **YAHOSHUA**, saying, Who is the greatest in the kingdom of heaven?

2 And **YAHOSHUA** called a little child unto him, and set him in the midst of them,

3 And said, Verily I say unto you, Except ye be converted, and become as little children, ye shall not enter into the kingdom of heaven.

4 Whosoever therefore shall humble himself as this little child, the same is greatest in the kingdom of heaven.

5 And whoso shall receive one such little child in my name receiveth me.

6 But whoso shall offend one of these little ones which believe in me, it were better for him that a millstone were hanged about his neck, and that he were drowned in the depth of the sea.

TEMPTATIONS TO SIN

7 Woe unto the world because of offences! for it must needs be that offences come; but woe to that man by whom the offence cometh!

8 Wherefore if thy hand or thy foot offend thee, cut them off, and cast them from thee: it is better for thee to enter into life halt or maimed, rather than having two hands or two feet to be cast into everlasting fire.

9 And if thine eye offend thee, pluck it out, and cast it from thee: it is better for thee to enter into life with one eye, rather than having two eyes to be cast into hell fire.

THE PARABLE OF THE LOST SHEEP

10 Take heed that ye despise not one of these little ones; for I say unto you, That in heaven their angels do always behold the face of my Father which is in heaven.

11 For the Son of man is come to save that which was lost.

12 How think ye? if a man have an hundred sheep, and one of them be gone astray, doth he not leave the ninety and nine, and goeth into the mountains, and seeketh that which is gone astray?

13 וְהָיָה כַּאֲשֶׁר יִמְצָאֵהוּ אָמֵן אֹמֵר אֲנִי לָכֶם כִּי־יִשְׂמַח עָלָיו יוֹתֵר מֵעַל הַתִּשְׁעִים
וְתִשְׁעָה אֲשֶׁר לֹא אָבָדוּ׃ 14 כֵּן אֵינֶנּוּ רָצוֹן מִלִּפְנֵי אֲבִיכֶם שֶׁבַּשָּׁמַיִם שֶׁיֹּאבַד אֶחָד מִן־
הַקְּטַנִּים הָאֵלֶּה׃

IF YOUR BROTHER SINS AGAINST YOU

15 וְכִי יֶחֱטָא־לְךָ אָחִיךָ לֵךְ וְהוֹכַחְתָּ אוֹתוֹ בֵּינְךָ לְבֵינוֹ וְאִם־יִשְׁמַע אֵלֶיךָ קָנִיתָ לְּךָ אָחִיךָ׃
16 וְאִם־לֹא יִשְׁמַע וְלָקַחְתָּ עִמְּךָ עוֹד אֶחָד אוֹ שְׁנַיִם כִּי עַל־פִּי שְׁנַיִם אוֹ שְׁלֹשָׁה עֵדִים
יָקוּם כָּל־דָּבָר׃ 17 וְאִם־לֹא יִשְׁמַע אֲלֵיהֶם וְהִגַּדְתָּ אֶל־הַקָּהָל וְאִם־לֹא יִשְׁמַע גַּם־אֶל־
הַקָּהָל וְהָיָה לְךָ כְּגוֹי וּכְמוֹכֵס׃ 18 אָמֵן אֹמֵר אֲנִי לָכֶם כֹּל אֲשֶׁר־תַּאַסְרוּ עַל־הָאָרֶץ אָסוּר
יִהְיֶה בַּשָּׁמַיִם וְכֹל אֲשֶׁר־תַּתִּירוּ עַל־הָאָרֶץ מֻתָּר יִהְיֶה בַּשָּׁמָיִם׃ 19 וְעוֹד אֹמֵר אֲנִי לָכֶם
שְׁנַיִם מִכֶּם כִּי־יִהְיוּ לֵב אֶחָד בָּאָרֶץ עַל־כָּל־דָּבָר אֲשֶׁר יִשְׁאָלוּ בּוֹא יָבוֹא לָהֶם מֵאֵת אָבִי
שֶׁבַּשָּׁמָיִם׃ 20 כִּי בְכָל־מָקוֹם אֲשֶׁר יֵאָסְפוּ שְׁנַיִם אוֹ שְׁלֹשָׁה בִּשְׁמִי שָׁם אֲנִי בְּתוֹכָם׃

THE PARABLE OF THE UNFORGIVING SERVANT

21 וַיִּגַּשׁ אֵלָיו כֵּיפָע וַיֹּאמֶר לוֹ אֲדֹנִי כַּמָּה פְּעָמִים יֶחֱטָא־לִי אָחִי וּמָחַלְתִּי לוֹ הַעַד
שֶׁבַע פְּעָמִים׃ 22 וַיֹּאמֶר אֵלָיו יָהוֹשֻׁעַ לֹא־אֹמַר לְךָ עַד־שֶׁבַע פְּעָמִים כִּי עַד־שִׁבְעִים
וָשֶׁבַע׃ 23 עַל־כֵּן דּוֹמָה מַלְכוּת הַשָּׁמַיִם לְמֶלֶךְ בָּשָׂר וָדָם שֶׁהָיָה יוֹרֵד לְחֶשְׁבּוֹן עִם־
עֲבָדָיו׃ 24 וְכַאֲשֶׁר הֵחֵל לְחַשֵּׁב הוּבָא לְפָנָיו אִישׁ אֲשֶׁר הָיָה חַיָּב לוֹ עֲשֶׂרֶת אֲלָפִים
כִּכְּרֵי כָסֶף׃ 25 וְלֹא הָיָה־לוֹ לְשַׁלֵּם וַיְצַו אֲדֹנָיו לִמְכֹּר אוֹתוֹ וְאֶת־אִשְׁתּוֹ וְאֶת־בָּנָיו
וְאֶת־כָּל־אֲשֶׁר־לוֹ וִישַׁלֵּם׃ 26 וַיִּפֹּל הָעֶבֶד עַל־פָּנָיו וְיִשְׁתַּחוּ לוֹ לֵאמֹר אֲדֹנִי הַאֲרֶךְ־
לִי אַפֶּךָ וַאֲשַׁלֵּם לְךָ הַכֹּל׃ 27 וַיֶּהֱמוּ מְעֵי אֲדֹנֵי הָעֶבֶד הַהוּא וַיִּפְטְרֵהוּ וַיִּמְחֹל לוֹ
אֶת חוֹבוֹ׃ 28 וַיֵּצֵא הָעֶבֶד הַהוּא מִלְּפָנָיו וַיִּמְצָא אֶחָד מֵחֲבֵרָיו וְהוּא חַיָּב־לוֹ מֵאָה
דִינָרִים וַיַּחֲזֶק־בּוֹ וַיְחַנְקֵהוּ לֵאמֹר שַׁלֵּם אֵת אֲשֶׁר אַתָּה חַיָּב לִי׃ 29 וַיִּפֹּל חֲבֵרוֹ
לִפְנֵי רַגְלָיו וַיְבַקֵּשׁ מִמֶּנּוּ לֵאמֹר הַאֲרֶךְ־לִי אַפֶּךָ וַאֲשַׁלְּמָה לְךָ הַכֹּל׃ 30 וְהוּא מֵאֵן
וַיֵּלֶךְ וַיַּנִּיחֵהוּ בַּמִּשְׁמָר עַד שֶׁיְּשַׁלֶּם־לוֹ אֶת־חוֹבוֹ׃ 31 וְהָעֲבָדִים חֲבֵרָיו רָאוּ אֶת־
אֲשֶׁר נַעֲשָׂה וַיֵּעָצְבוּ מְאֹד וַיָּבֹאוּ וַיַּגִּידוּ לַאֲדֹנֵיהֶם אֶת־כָּל־אֲשֶׁר נַעֲשָׂה׃ 32 וַיִּקְרָא
אֵלָיו אֲדֹנָיו וַיֹּאמֶר לוֹ אַתָּה עֶבֶד בְּלִיַּעַל אֶת־כָּל־הַחוֹב הַהוּא מָחַלְתִּי לְךָ יַעַן אֲשֶׁר־
בִּקַּשְׁתָּ מִמֶּנִּי׃ 33 הֲלֹא הָיָה גַם־עָלֶיךָ לְרַחֵם עַל חֲבֵרֶךָ כַּאֲשֶׁר רִחַמְתִּי־אֲנִי עָלֶיךָ׃
34 וַיִּקְצֹף אֲדֹנָיו וַיִּתְּנֵהוּ בְּיַד הַנֹּגְשִׂים עַד כִּי־יְשַׁלֵּם אֶת־כָּל־חוֹבוֹ׃ 35 כָּכָה יַעֲשֶׂה
לָכֶם גַּם־אָבִי שֶׁבַּשָּׁמַיִם אִם־לֹא תִמְחֲלוּ אִישׁ לְאָחִיו בְּכָל־לְבַבְכֶם (עַל־חַטֹּאתָם)׃

MATTHEW

13 And if so be that he find it, verily I say unto you, he rejoiceth more of that sheep, than of the ninety and nine which went not astray.

14 Even so it is not the will of your Father which is in heaven, that one of these little ones should perish.

IF YOUR BROTHER SINS AGAINST YOU

15 Moreover if thy brother shall trespass against thee, go and tell him his fault between thee and him alone: if he shall hear thee, thou hast gained thy brother.

16 But if he will not hear thee, then take with thee one or two more, that "at the mouth of two witnesses, or at the mouth of three witnesses, shall the matter be established."

17 And if he shall neglect to hear them, tell it unto the Assembly: but if he neglect to hear the Assembly, let him be unto thee as an heathen man and a publican.

18 Verily I say unto you, Whatsoever ye shall bind on earth shall be bound in heaven: and whatsoever ye shall loose on earth shall be loosed in heaven.

19 Again I say unto you, That if two of you shall agree on earth as touching any thing that they shall ask, it shall be done for them of my Father which is in heaven.

20 For where two or three are gathered together in my name, there am I in the midst of them.

THE PARABLE OF THE UNFORGIVING SERVANT

21 Then came Kepha to him, and said, Adoni, how oft shall my brother sin against me, and I forgive him? till seven times?

22 **YAHOSHUA** saith unto him, I say not unto thee, Until seven times: but, Until seventy times seven.

23 Therefore is the kingdom of heaven likened unto a certain king, which would take account of his servants.

24 And when he had begun to reckon, one was brought unto him, which owed him ten thousand talents.

25 But forasmuch as he had not to pay, his Adon commanded him to be sold, and his wife, and children, and all that he had, and payment to be made.

26 The servant therefore fell down, and worshipped him, saying, Adoni, have patience with me, and I will pay thee all.

27 Then the Adon of that servant was moved with compassion, and loosed him, and forgave him the debt.

28 But the same servant went out, and found one of his fellowservants, which owed him an hundred pence: and he laid hands on him, and took him by the throat, saying, Pay me that thou owest.

29 And his fellowservant fell down at his feet, and besought him, saying, Have patience with me, and I will pay thee all.

30 And he would not: but went and cast him into prison, till he should pay the debt.

31 So when his fellowservants saw what was done, they were very sorry, and came and told unto their Adon all that was done.

32 Then his Adon, after that he had called him, said unto him, O thou wicked servant, I forgave thee all that debt, because thou desiredst me:

33 Shouldest not thou also have had compassion on thy fellowservant, even as I had pity on thee?

34 And his Adon was wroth, and delivered him to the tormentors, till he should pay all that was due unto him.

35 So likewise shall my heavenly Father do also unto you, if ye from your hearts forgive not every one his brother their trespasses.

TEACHING ABOUT DIVORCE

יט וַיְהִי כְּכַלּוֹת **יְהוֹשֻׁעַ** לְדַבֵּר אֶת הַדְּבָרִים הָאֵלֶּה וַיִּסַּע מִן־הַגָּלִיל וַיָּבֹא אֶל־גְּבוּל
יְהוּדָה בְּעֵבֶר הַיַּרְדֵּן: 2 וַיֵּלְכוּ אַחֲרָיו הֲמוֹן עַם־רָב וַיִּרְפָּאֵם שָׁם: 3 וַיִּגְּשׁוּ אֵלָיו
הַפְּרוּשִׁים לְנַסּוֹתוֹ וַיֹּאמְרוּ הֲיוּכַל אִישׁ לְשַׁלַּח אֶת־אִשְׁתּוֹ עַל־כָּל־דָּבָר: 4 וַיַּעַן וַיֹּאמֶר
אֲלֵיהֶם הֲלֹא קְרָאתֶם כִּי מֵרֹאשׁ הַיֹּצֵר זָכָר וּנְקֵבָה בָּרָא אֹתָם: 5 וְאֹמֵר עַל־כֵּן יַעֲזָב־אִישׁ
אֶת־אָבִיו וְאֶת־אִמּוֹ וְדָבַק בְּאִשְׁתּוֹ וְהָיוּ שְׁנֵיהֶם לְבָשָׂר אֶחָד: 6 אִם־כֵּן אֵינָם עוֹד שְׁנַיִם
כִּי אִם־בָּשָׂר אֶחָד לָכֵן אֵת אֲשֶׁר חִבֵּר הָאֱלֹהִים אַל־יַפְרֵד הָאָדָם: 7 וַיֹּאמְרוּ אֵלָיו וְלָמָּה
זֶה צִוָּה מֹשֶׁה לָתֶת־לָהּ סֵפֶר כְּרִיתֻת וּלְשַׁלְּחָהּ: 8 וַיֹּאמֶר אֲלֵיהֶם מִפְּנֵי קְשִׁי לְבַבְכֶם הִנִּיחַ
לָכֶם מֹשֶׁה לְשַׁלַּח אֶת־נְשֵׁיכֶם וּמֵרֹאשׁ לֹא הָיָה הַדָּבָר כֵּן: 9 וַאֲנִי אֹמֵר לָכֶם הַמְשַׁלֵּחַ
אֶת־אִשְׁתּוֹ שֶׁלֹּא עַל־דְּבַר זְנוּת וְנָשָׂא אַחֶרֶת נֹאֵף הוּא (וְהַנֹּשֵׂא אֶת־הַגְּרוּשָׁה נֹאֵף הוּא):
10 וַיֹּאמְרוּ אֵלָיו הַתַּלְמִידִים אִם־זֶה מִשְׁפַּט הָאִישׁ אֶת־אִשְׁתּוֹ לֹא טוֹב לָקַחַת אִשָּׁה:
11 וַיֹּאמֶר אֲלֵיהֶם לֹא יוּכַל כָּל־אָדָם קַבֵּל אֶת־הַדָּבָר הַזֶּה כִּי־אִם אֵלֶּה אֲשֶׁר־נִתַּן לָהֶם:
12 יֵשׁ סָרִיסִים אֲשֶׁר נוֹלְדוּ כֵן מִבֶּטֶן אִמָּם וְיֵשׁ סָרִיסִים הַמְסֹרָסִים עַל־יְדֵי אָדָם וְיֵשׁ
סָרִיסִים אֲשֶׁר סֵרְסוּ עַצְמָם לְמַעַן מַלְכוּת הַשָּׁמַיִם מִי שֶׁיּוּכַל לְקַבֵּל יְקַבֵּל:

LET THE CHILDREN COME TO ME

13 אָז יָבִיאוּ אֵלָיו יְלָדִים לְמַעַן יָשִׂים עֲלֵיהֶם אֶת־יָדָיו וְיִתְפַּלֵּל וַיִּגְעֲרוּ־בָם הַתַּלְמִידִים:
14 **וִיהוֹשֻׁעַ** אָמַר הַנִּיחוּ לַיְלָדִים וְאַל־תִּמְנָעוּם מִבּוֹא אֵלָי כִּי לְאֵלֶּה מַלְכוּת הַשָּׁמָיִם:
15 וַיָּשֶׂם אֶת־יָדָיו עֲלֵיהֶם וַיַּעֲבֹר מִשָּׁם:

THE RICH YOUNG MAN

16 וְהִנֵּה־אִישׁ נִגַּשׁ אֵלָיו וַיֹּאמַר רַבִּי (הַטּוֹב) מַה הַטּוֹב אֲשֶׁר אֶעֱשֶׂה וְאֶקְנֶה חַיֵּי עוֹלָם:
17 וַיֹּאמֶר אֵלָיו מָה־זֶּה תִּשְׁאָלֵנִי עַל־הַטּוֹב אֵין־טוֹב כִּי אִם־אֶחָד וְהוּא הָאֱלֹהִים וְאִם־
חֶפְצְךָ לָבוֹא לַחַיִּים שְׁמֹר אֶת־הַמִּצְוֹת: 18 וַיֹּאמֶר אֵלָיו מָה הֵנָּה וַיֹּאמֶר **יְהוֹשֻׁעַ** אֵלֶּה
הֵן לֹא תִרְצָח לֹא תִנְאָף לֹא תִגְנֹב לֹא תַעֲנֶה עֵד שָׁקֶר: 19 כַּבֵּד אֶת־אָבִיךָ וְאֶת־אִמֶּךָ
וְאָהַבְתָּ לְרֵעֲךָ כָּמוֹךָ: 20 וַיֹּאמֶר אֵלָיו הַבָּחוּר אֶת־כָּל־אֵלֶּה שָׁמַרְתִּי מִנְּעוּרָי וּמֶה חָסַרְתִּי
עוֹד: 21 וַיֹּאמֶר **יְהוֹשֻׁעַ** אֵלָיו אִם־חֶפְצְךָ לִהְיוֹת שָׁלֵם לֵךְ מְכֹר אֶת־רְכֻשְׁךָ וְנָתַתָּ לָעֲנִיִּים
וְהָיָה לְךָ אוֹצָר בַּשָּׁמָיִם וְשׁוּב הֲלֹם וְהָלַכְתָּ אַחֲרָי: 22 וַיְהִי כִּשְׁמֹעַ הַבָּחוּר אֶת־הַדָּבָר
הַזֶּה וַיִּתְעַצֵּב וַיֵּלַךְ כִּי נְכָסִים רַבִּים הָיוּ לוֹ: 23 וַיֹּאמֶר **יְהוֹשֻׁעַ** אֶל־תַּלְמִידָיו אָמֵן אֹמֵר אֲנִי
לָכֶם קָשֶׁה לֶעָשִׁיר לָבוֹא אֶל־מַלְכוּת הַשָּׁמָיִם:

MATTHEW

TEACHING ABOUT DIVORCE

19 AND it came to pass, that when **YAHOSHUA** had finished these sayings, he departed from Galilah, and came into the coasts of Yehudah beyond Yarden;

2 And great multitudes followed him; and he healed them there.

3 The Perushim also came unto him, tempting him, and saying unto him, Is it lawful for a man to put away his wife for every cause?

4 And he answered and said unto them, Have ye not read, that he which made them at the beginning made them male and female,

5 And said, "Therefore shall a man leave his father and his mother, and shall cleave unto his wife: and they shall be one flesh?"

6 Wherefore they are no more twain, but one flesh. What therefore ELOHIM hath joined together, let not man put asunder.

7 They say unto him, Why did Mosheh then command to give a writing of divorcement, and to put her away?

8 He saith unto them, Mosheh because of the hardness of your hearts suffered you to put away your wives: but from the beginning it was not so.

9 And I say unto you, Whosoever shall put away his wife, except it be for fornication, and shall marry another, committeth adultery: and whoso marrieth her which is put away doth commit adultery.

10 His disciples say unto him, If the case of the man be so with his wife, it is not good to marry.

11 But he said unto them, All men cannot receive this saying, save they to whom it is given.

12 For there are some eunuchs, which were so born from their mother's womb: and there are some eunuchs, which were made eunuchs of men: and there be eunuchs, which have made themselves eunuchs for the kingdom of heaven's sake. He that is able to receive it, let him receive it.

LET THE CHILDREN COME TO ME

13 Then were there brought unto him little children, that he should put his hands on them, and pray: and the disciples rebuked them.

14 But **YAHOSHUA** said, Suffer little children, and forbid them not, to come unto me: for of such is the kingdom of heaven.

15 And he laid his hands on them, and departed thence.

THE RICH YOUNG MAN

16 And, behold, one came and said unto him, Good Master, what good thing shall I do, that I may have eternal life?

17 And he said unto him, Why callest thou me good? there is none good but one, that is, ELOHIM: but if thou wilt enter into life, keep the commandments.

18 He saith unto him, Which? **YAHOSHUA** said, Thou shalt do no murder, Thou shalt not commit adultery, Thou shalt not steal, Thou shalt not bear false witness,

19 Honour thy father and thy mother: and, Thou shalt love thy neighbour as thyself.

20 The young man saith unto him, All these things have I kept from my youth up: what lack I yet?

21 **YAHOSHUA** said unto him, If thou wilt be perfect, go and sell that thou hast, and give to the poor, and thou shalt have treasure in heaven: and come and follow me.

22 But when the young man heard that saying, he went away sorrowful: for he had great possessions.

23 Then said **YAHOSHUA** unto his disciples, Verily I say unto you, That a rich man shall hardly enter into the kingdom of heaven.

24 וְעוֹד אֲנִי אֹמֵר לָכֶם נָקֵל לַגָּמָל לַעֲבֹר בְּנֶקֶב הַמַּחַט מִבֹּא עָשִׁיר אֶל־מַלְכוּת הָאֱלֹהִים:
25 וְהַתַּלְמִידִים כְּשָׁמְעָם זֹאת הִשְׁתּוֹמֲמוּ מְאֹד וַיֹּאמְרוּ מִי אֵפוֹא יוּכַל לְהִוָּשֵׁעַ: 26
וַיַּבֶּט־בָּם **יָהוֹשֻׁעַ** וַיֹּאמֶר לָהֶם מִבְּנֵי אָדָם יִפָּלֵא הַדָּבָר וּמֵהָאֱלֹהִים לֹא יִפָּלֵא כָל־דָּבָר:
27 וַיַּעַן כֵּיפָע וַיֹּאמֶר אֵלָיו הֵן אֲנַחְנוּ עָזַבְנוּ אֶת־הַכֹּל וַנֵּלֶךְ אַחֲרֶיךָ וּמַה־יִּהְיֶה חֶלְקֵנוּ:
28 וַיֹּאמֶר **יָהוֹשֻׁעַ** אֲלֵיהֶם אָמֵן אֹמֵר אֲנִי לָכֶם אַתֶּם הַהֹלְכִים אַחֲרָי בְּהִתְחַדֵּשׁ הַבְּרִיאָה
כַּאֲשֶׁר יֵשֵׁב בֶּן־הָאָדָם עַל־כִּסֵּא כְבוֹדוֹ גַּם־אַתֶּם תֵּשְׁבוּ עַל־שְׁנֵים עָשָׂר כִּסְאוֹת לִשְׁפֹּט
אֶת־שְׁנֵים עָשָׂר שִׁבְטֵי יִשְׂרָאֵל: 29 וְכָל־אִישׁ אֲשֶׁר עָזַב בָּתִּים וְאַחִים וַאֲחָיוֹת וְאָב וָאֵם
וְאֵשֶׁת וּבָנִים וְשָׂדוֹת לְמַעַן שְׁמִי הוּא יִקַּח מֵאָה שְׁעָרִים וְחַיֵּי עוֹלָם יִירָשׁ: 30 וְאוּלָם
רַבִּים מִן־הָרִאשֹׁנִים יִהְיוּ אַחֲרֹנִים וּמִן־הָאַחֲרֹנִים רִאשֹׁנִים:

LABORERS IN THE VINEYARD

כ
כִּי דוֹמָה מַלְכוּת הַשָּׁמַיִם לְאִישׁ בַּעַל־בָּיִת אֲשֶׁר הִשְׁכִּים בַּבֹּקֶר וַיֵּצֵא לִשְׂכֹּר פֹּעֲלִים
לְכַרְמוֹ: 2 וַיִּפְסֹק עִם הַפֹּעֲלִים דִּינָר לַיּוֹם וַיִּשְׁלָחֵם אֶל־כַּרְמוֹ: 3 וַיֵּצֵא בַּשָּׁעָה
הַשְּׁלִישִׁית וַיַּרְא אֲחֵרִים עֹמְדִים בְּטֵלִים בַּשּׁוּק: 4 וַיֹּאמֶר לָהֶם לְכוּ גַם־אַתֶּם אֶל־כַּרְמִי
וַאֲנִי אֶתֵּן לָכֶם כַּמִּשְׁפָּט וַיֵּלֵכוּ: 5 וַיֵּצֵא גַם בַּשָּׁעָה הַשִּׁשִּׁית גַּם בַּתְּשִׁיעִית וַיַּעַשׂ כַּדָּבָר הַזֶּה:
6 וַיֵּצֵא בִּשְׁעַת עַשְׁתֵּי עֶשְׂרֵה וַיִּמְצָא אֲחֵרִים עֹמְדִים וַיֹּאמֶר אֲלֵיהֶם לָמָּה אַתֶּם עֹמְדִים פֹּה
בְּטֵלִים כָּל־הַיּוֹם: 7 וַיֹּאמְרוּ לוֹ כִּי לֹא־שָׂכַר אוֹתָנוּ אִישׁ וַיֹּאמֶר אֲלֵיהֶם לְכוּ גַם־אַתֶּם אֶל־
הַכֶּרֶם וּשְׂכַרְכֶם יֻתַּן לָכֶם: 8 וַיְהִי בָּעֶרֶב וַיֹּאמֶר בַּעַל הַכֶּרֶם אֶל־פְּקִידוֹ קְרָא אֶת־הַפֹּעֲלִים
וְתֵן לָהֶם אֶת־שְׂכָרָם הָחֵל בָּאַחֲרֹנִים וְכַלֵּה בָּרִאשֹׁנִים: 9 וַיָּבֹאוּ הַנִּשְׂכָּרִים בִּשְׁעַת אַחַת
עֶשְׂרֵה וַיִּקְחוּ אִישׁ אִישׁ דִּינָר אֶחָד: 10 וּבְבֹא הָרִאשֹׁנִים דִּמּוּ בְנַפְשָׁם כִּי יִקְחוּ יוֹתֵר וַיִּקְחוּ
גַּם־הֵם אִישׁ אִישׁ דִּינָר אֶחָד: 11 וַיְהִי בְּקַחְתָּם וַיִּלֹּונוּ עַל־בַּעַל הַבַּיִת לֵאמֹר: 12 אֵלֶּה
הָאַחֲרֹנִים לֹא עָשׂוּ כִּי אִם־שָׁעָה אֶחָת וְאַתָּה הִשְׁוִיתָ אֹתָם לָנוּ אֲשֶׁר סָבַלְנוּ אֶת־טֹרַח
הַיּוֹם וְחֻמּוֹ: 13 וַיַּעַן וַיֹּאמֶר אֶל־אֶחָד מֵהֶם רֵעִי לֹא הוֹנֵיתִי אֹתָךְ הֲלֹא דִינָר פָּסַקְתָּ עִמִּי:
14 קַח אֶת־שֶׁלְּךָ וָלֵךְ וַאֲנִי רְצוֹנִי שֶׁאֶתֵּן לָזֶה הָאַחֲרוֹן כָּמוֹךָ: 15 הֲלֹא אוּכַל לַעֲשׂוֹת בְּשֶׁלִּי
כִּרְצוֹנִי הַאִם־תֵּרַע עֵינְךָ עַל־אֲשֶׁר טוֹב אָנִי: 16 כֵּן יִהְיוּ הָאַחֲרֹנִים רִאשֹׁנִים וְהָרִאשֹׁנִים
יִהְיוּ אַחֲרֹנִים (כִּי־רַבִּים הֵם הַקְּרוּאִים וּמְעַטִּים הַנִּבְחָרִים):

YAHOSHUA FORETELLS HIS DEATH A THIRD TIME

17 וַיְהִי כַּעֲלוֹת **יָהוֹשֻׁעַ** יְרוּשָׁלַיִם וַיִּקַּח אֵלָיו אֶת־שְׁנֵים הֶעָשָׂר לְבַדָּם וַיֹּאמֶר לָהֶם בַּדָּרֶךְ:

MATTHEW

24 And again I say unto you, It is easier for a rope to go through the eye of a needle, than for a rich man to enter into the kingdom of ELOHIM.

25 When his disciples heard it, they were exceedingly amazed, saying, Who then can be saved?

26 But **YAHOSHUA** beheld them, and said unto them, With men this is impossible; but with ELOHIM all things are possible.

27 Then answered Kepha and said unto him, Behold, we have forsaken all, and followed thee; what shall we have therefore?

28 And **YAHOSHUA** said unto them, Verily I say unto you, That ye which have followed me, in the regeneration when the Son of man shall sit in the throne of his glory, ye also shall sit upon twelve thrones, judging the twelve tribes of Yisra'EL.

29 And every one that hath forsaken houses, or brethren, or sisters, or father, or mother, or wife, or children, or lands, for my name's sake, shall receive an hundredfold, and shall inherit everlasting life.

30 But many that are first shall be last; and the last shall be first.

LABORERS IN THE VINEYARD

20 FOR the kingdom of heaven is like unto a man that is an householder, which went out early in the morning to hire labourers into his vineyard.

2 And when he had agreed with the labourers for a penny a day, he sent them into his vineyard.

3 And he went out about the third hour, and saw others standing idle in the marketplace,

4 And said unto them; Go ye also into the vineyard, and whatsoever is right I will give you. And they went their way.

5 Again he went out about the sixth and ninth hour, and did likewise.

6 And about the eleventh hour he went out, and found others standing idle, and saith unto them, Why stand ye here all the day idle?

7 They say unto him, Because no man hath hired us. He saith unto them, Go ye also into the vineyard; and whatsoever is right, that shall ye receive.

8 So when even was come, the Adon of the vineyard saith unto his steward, Call the labourers, and give them their hire, beginning from the last unto the first.

9 And when they came that were hired about the eleventh hour, they received every man a penny.

10 But when the first came, they supposed that they should have received more; and they likewise received every man a penny.

11 And when they had received it, they murmured against the goodman of the house,

12 Saying, These last have wrought but one hour, and thou hast made them equal unto us, which have borne the burden and heat of the day.

13 But he answered one of them, and said, Friend, I do thee no wrong: didst not thou agree with me for a penny?

14 Take that thine is, and go thy way: I will give unto this last, even as unto thee.

15 Is it not lawful for me to do what I will with mine own? Is thine eye evil, because I am good?

16 So the last shall be first, and the first last: for many be called, but few chosen.

YAHOSHUA FORETELLS HIS DEATH A THIRD TIME

17 And **YAHOSHUA** going up to Yerushalem took the twelve disciples apart in the way, and said unto them,

18 הִנְנוּ עֹלִים יְרוּשָׁלָיְמָה וּבֶן־הָאָדָם יִמָּסֵר לְרָאשֵׁי הַכֹּהֲנִים וְלַסּוֹפְרִים וְהִרְשִׁיעֻהוּ
לָמוּת: 19 וּמָסְרוּ אוֹתוֹ לַגּוֹיִם לְהָתֵל בּוֹ וּלְהַכּוֹת אוֹתוֹ בַּשּׁוֹטִים וְלִצְלֹב אוֹתוֹ וּבַיּוֹם
הַשְּׁלִישִׁי יָקוּם:

<u>A MOTHER'S REQUEST</u>

20 אָז נִגְּשָׁה אֵלָיו אֵם בְּנֵי זַבְדַּי עִם־בָּנֶיהָ וַתִּשְׁתַּחוּ לוֹ לְבַקֵּשׁ מִמֶּנּוּ דָּבָר: 21 וַיֹּאמֶר
אֵלֶיהָ מַה־בַּקָּשָׁתֵךְ וַתֹּאמֶר אֵלָיו אֱמָר־נָא וְיֵשְׁבוּ שְׁנֵי־בָנַי הָאֵלֶּה אֶחָד לִימִינְךָ וְאֶחָד
לִשְׂמֹאלְךָ בְּמַלְכוּתֶךָ: 22 וַיַּעַן **יָהוֹשֻׁעַ** וַיֹּאמֶר לֹא יְדַעְתֶּם אֵת אֲשֶׁר שְׁאֶלְתֶּם הֲיָכֹל תּוּכְלוּ
לִשְׁתּוֹת אֶת־הַכּוֹס אֲשֶׁר אֲנִי עָתִיד לִשְׁתּוֹתוֹ וּלְהִטָּבֵל טְבִילָה אֲשֶׁר אֲנִי נִטְבָּל וַיֹּאמְרוּ
אֵלָיו נוּכָל: 23 וַיֹּאמֶר אֲלֵיהֶם הֵן אֶת־כּוֹסִי תִשְׁתּוּ (וּטְבִילָה אֲשֶׁר אֲנִי נִטְבָּל תִּטָּבֵלוּ)
וְשֶׁבֶת לִימִינִי וְלִשְׂמֹאלִי אֵין בְּיָדִי לְתִתָּהּ בִּלְתִּי לַאֲשֶׁר הוּכַן לָהֶם מֵאֵת אָבִי: 24 וַיְהִי
כַּאֲשֶׁר שָׁמְעוּ־זֹאת הָעֲשָׂרָה וַיִּכְעֲסוּ אֶל־שְׁנֵי הָאַחִים: 25 וַיָּהוֹשֻׁעַ קָרָא לָהֶם וַיֹּאמַר
אַתֶּם יְדַעְתֶּם כִּי־שָׂרֵי הַגּוֹיִם רֹדִים בָּהֶם וְהַגְּדוֹלִים שֹׁלְטִים עֲלֵיהֶם: 26 וְאַתֶּם אַל־יְהִי
כֵן בֵּינֵיכֶם כִּי הֶחָפֵץ לִהְיוֹת גָּדוֹל בְּקִרְבְּכֶם יְהִי לָכֶם לִמְשָׁרֵת: 27 וְהֶחָפֵץ לִהְיוֹת לְרֹאשׁ
בְּקִרְבְּכֶם יְהִי לָכֶם עָבֶד: 28 כַּאֲשֶׁר בֶּן־הָאָדָם לֹא בָא לְמַעַן אֲשֶׁר־יְשָׁרְתוּהוּ כִּי אִם־
לְשָׁרֵת וְלָתֵת אֶת־נַפְשׁוֹ כֹּפֶר תַּחַת רַבִּים:

<u>HEALS TWO BLIND MEN</u>

29 וַיְהִי כְּצֵאתָם מִירִיחוֹ וַיֵּלֶךְ אַחֲרָיו הֲמוֹן עַם־רָב: 30 וְהִנֵּה שְׁנֵי־עִוְרִים יֹשְׁבִים עַל־
יַד הַדֶּרֶךְ וַיִּשְׁמְעוּ כִּי **יָהוֹשֻׁעַ** עֹבֵר וַיִּצְעֲקוּ לֵאמֹר חָנֵּנוּ־נָא אֲדֹנֵינוּ בֶּן־דָּוִד: 31 וַיִּגְעַר־בָּם
הָעָם לְהַחֲשֹׁתָם וְהֵם צָעֲקוּ עוֹד וַיֹּאמְרוּ אֲדֹנֵינוּ חָנֵּנוּ־נָא בֶּן־דָּוִד: 32 וַיַּעֲמֹד **יָהוֹשֻׁעַ**
וַיִּקְרָא לָהֶם וַיֹּאמַר מַה־תִּרְצוּ שֶׁאֶעֱשֶׂה לָכֶם: 33 וַיֹּאמְרוּ אֵלָיו אֲדֹנֵינוּ אֲשֶׁר תִּפָּקַחְנָה
עֵינֵינוּ: 34 וְרַחֲמֵי **יָהוֹשֻׁעַ** נִכְמָרוּ וַיִּגַּע בְּעֵינֵיהֶם וּפִתְאֹם נִפְקְחוּ עֵינֵיהֶם וַיֵּלְכוּ אַחֲרָיו:

<u>THE TRIUMPHAL ENTRY</u>

כא וַיְהִי כַּאֲשֶׁר קָרְבוּ לִירוּשָׁלַיִם וַיָּבֹאוּ בֵּית־פַּגֵי אֶל־הַר הַזֵּיתִים וַיִּשְׁלַח **יָהוֹשֻׁעַ**
שְׁנַיִם מִן־הַתַּלְמִידִים: 2 וַיֹּאמֶר אֲלֵיהֶם לְכוּ אֶל־הַכְּפָר אֲשֶׁר מִמּוּלְכֶם שָׁם
תִּמְצְאוּ אָתוֹן אֲסוּרָה וְעַיִר עִמָּהּ הַתִּירוּ אֹתָם וַהֲבִיאוּ אֵלָי: 3 וְכִי־יֹאמַר אִישׁ אֲלֵיכֶם
דָּבָר וַאֲמַרְתֶּם הָאָדוֹן צָרִיךְ לָהֶם וּמִיָּד יְשַׁלְּחֵם: 4 וְכָל־זֹאת הָיְתָה לְמַלֹּאת מַה־שֶׁנֶּאֱמַר
בְּיַד הַנָּבִיא לֵאמֹר: 5 אִמְרוּ לְבַת־צִיּוֹן הִנֵּה מַלְכֵּךְ יָבוֹא לָךְ עָנִי וְרֹכֵב עַל־חֲמוֹר וְעַל־

MATTHEW

18 Behold, we go up to Yerushalem; and the Son of man shall be betrayed unto the chief priests and unto the scribes, and they shall condemn him to death,

19 And shall deliver him to the Gentiles to mock, and to scourge, and to crucify him: and the third day he shall rise again.

A MOTHER'S REQUEST

20 Then came to him the mother of Zabdi's children with her sons, worshipping him, and desiring a certain thing of him.

21 And he said unto her, What wilt thou? She saith unto him, Grant that these my two sons may sit, the one on thy right hand, and the other on the left, in thy kingdom.

22 But **YAHOSHUA** answered and said, Ye know not what ye ask. Are ye able to drink of the cup that I shall drink of, and to be immersed with the immersion that I am immersed with? They say unto him, We are able.

23 And he saith unto them, Ye shall drink indeed of my cup, and be immersed with the immersion that I am immersed with: but to sit on my right hand, and on my left, is not mine to give, but it shall be given to them for whom it is prepared of my Father.

24 And when the ten heard it, they were moved with indignation against the two brethren.

25 But **YAHOSHUA** called them unto him, and said, Ye know that the princes of the Gentiles exercise dominion over them, and they that are great exercise authority upon them.

26 But it shall not be so among you: but whosoever will be great among you, let him be your minister;

27 And whosoever will be chief among you, let him be your servant:

28 Even as the Son of man came not to be ministered unto, but to minister, and to give his life a ransom for many.

HEALS TWO BLIND MEN

29 And as they departed from Yerikho, a great multitude followed him.

30 And, behold, two blind men sitting by the way side, when they heard that **YAHOSHUA** passed by, cried out, saying, Have mercy on us, O Adoni, thou Son of Dawid.

31 And the multitude rebuked them, because they should hold their shalom: but they cried the more, saying, Have mercy on us, O Adone, thou Son of Dawid.

32 And **YAHOSHUA** stood still, and called them, and said, What will ye that I shall do unto you?

33 They say unto him, Adone, that our eyes may be opened.

34 So **YAHOSHUA** had compassion on them, and touched their eyes: and immediately their eyes received sight, and they followed him.

THE TRIUMPHAL ENTRY

21 AND when they drew nigh unto Yerushalem, and were come to Beth-Pagay (Bethphage), unto the mount of Olives, then sent **YAHOSHUA** two disciples,

2 Saying unto them, Go into the village over against you, and straightway ye shall find an ass tied, and a colt with her: loose them, and bring them unto me.

3 And if any man say ought unto you, ye shall say, The Adone hath need of them; and straightway he will send them.

4 All this was done, that it might be fulfilled which was spoken by the prophet, saying,

5 "Rejoice greatly, O daughter of Tzion; shout, O daughter of Yerushalem: behold, thy King cometh unto thee: he is just, and having salvation; lowly, and riding upon an ass, and upon a colt the foal of an ass."

עִיר בֶּן־אֲתֹנוֹת׃ 6 וַיֵּלְכוּ הַתַּלְמִידִים וַיַּעֲשׂוּ כַּאֲשֶׁר צִוָּה אֹתָם **יָהוֹשֻׁעַ**׃ 7 וַיָּבִיאוּ אֶת־
הָאָתוֹן וְאֶת־הָעַיִר וַיָּשִׂימוּ עֲלֵיהֶם אֶת־בִּגְדֵיהֶם וַיּוֹשִׁיבֻהוּ עֲלֵיהֶם׃ 8 וְרֹב הֶהָמוֹן פָּרְשׂוּ
אֶת־בִּגְדֵיהֶם עַל־הַדָּרֶךְ וַאֲחֵרִים כָּרְתוּ סְעִיפֵי עֵצִים וַיִּשְׁטְחוּם עַל־הַדָּרֶךְ׃ 9 וַהֲמוֹן הָעָם
הַהֹלְכִים לְפָנָיו וְאַחֲרָיו קָרְאוּ לֵאמֹר הוֹשַׁע־נָא לְבֶן־דָּוִד בָּרוּךְ הַבָּא בְּשֵׁם **יָהֻוָה** הוֹשַׁע־נָא
בַּמְּרוֹמִים׃ 10 וַיְהִי בְּבֹאוֹ יְרוּשָׁלַיִם וַתֵּהֹם כָּל־הָעִיר וַיֹּאמְרוּ מִי זֶה׃ 11 וַיֹּאמְרוּ הֲמוֹן
הָעָם זֶה הוּא הַנָּבִיא **יָהוֹשֻׁעַ** מִנְּצֶרֶת אֲשֶׁר בַּגָּלִיל׃

YAHOSHUA CLEANSES THE TEMPLE

12 וַיָּבֹא **יָהוֹשֻׁעַ** אֶל־מִקְדַּשׁ הָאֱלֹהִים וַיְגָרֶשׁ מִשָּׁם אֵת כָּל־הַמּוֹכְרִים וְהַקּוֹנִים בַּמִּקְדָּשׁ
וַיַּהֲפֹךְ אֶת־שֻׁלְחֲנוֹת הַשֻּׁלְחָנִים וְאֶת־מֹשְׁבוֹת מֹכְרֵי הַיּוֹנִים׃ 13 וַיֹּאמֶר אֲלֵיהֶם הֵן כָּתוּב
כִּי בֵיתִי בֵּית תְּפִלָּה יִקָּרֵא וְאַתֶּם שַׂמְתֶּם אֹתוֹ לִמְעָרַת פָּרִיצִים׃ 14 וַיִּגְּשׁוּ אֵלָיו עִוְרִים
וּפִסְחִים בַּמִּקְדָּשׁ וַיִּרְפָּאֵם׃ 15 וַיְהִי כִּרְאוֹת רָאשֵׁי הַכֹּהֲנִים וְהַסּוֹפְרִים אֵת הַנִּפְלָאוֹת
אֲשֶׁר עָשָׂה וְאֵת הַיְלָדִים הַצֹּעֲקִים בַּמִּקְדָּשׁ וְאֹמְרִים הוֹשַׁע־נָא לְבֶן־דָּוִד וַיִּחַר לָהֶם׃ 16
וַיֹּאמְרוּ אֵלָיו הֲשֹׁמֵעַ אַתָּה אֶת־אֲשֶׁר אֹמְרִים אֵלֶּה וַיֹּאמֶר **יָהוֹשֻׁעַ** אֲלֵיהֶם שֹׁמֵעַ אָנֹכִי
הֲכִי לֹא קְרָאתֶם מִפִּי עוֹלְלִים וְיוֹנְקִים יִסַּדְתָּ עֹז׃ 17 וַיַּעַזְבֵם וַיֵּצֵא אֶל־מִחוּץ לָעִיר
אֶל־בֵּית־הִינִי וַיָּלֶן שָׁם׃

YAHOSHUA CURSES THE FIG TREE

18 וּבַבֹּקֶר שָׁב אֶל־הָעִיר וְהוּא רָעֵב׃ 19 וַיַּרְא תְּאֵנָה אַחַת עַל־הַדֶּרֶךְ וַיִּקְרַב אֵלֶיהָ וְלֹא־
מָצָא בָהּ מְאוּמָה בִּלְתִּי הֶעָלִים וַיֹּאמֶר אֵלֶיהָ מֵעַתָּה לֹא־יִהְיֶה מִמֵּךְ פְּרִי עַד־עוֹלָם וַתִּיבַשׁ
הַתְּאֵנָה פִּתְאֹם׃ 20 וַיִּרְאוּ הַתַּלְמִידִים וַיִּתְמְהוּ וַיֹּאמְרוּ אֵיךְ יָבְשָׁה הַתְּאֵנָה פִּתְאֹם׃ 21
וַיַּעַן **יָהוֹשֻׁעַ** וַיֹּאמֶר אֲלֵיהֶם אָמֵן אֹמֵר אֲנִי לָכֶם אִם־תִּהְיֶה בָכֶם אֱמוּנָה וְלֹא חָלַק לִבְּכֶם
כְּמַעֲשֵׂה הַתְּאֵנָה הַזֹּאת תַּעֲשׂוּ וְאַף תֹּאמְרוּ אֶל־הָהָר הַזֶּה הִנָּשֵׂא וְנֶעְתַּקְתָּ אֶל־תּוֹךְ הַיָּם
וְהָיָה כֵן׃ 22 וְכֹל אֲשֶׁר תִּשְׁאֲלוּ בַּתְּפִלָּה וְאַתֶּם מַאֲמִינִים יָבֹא לָכֶם׃

THE AUTHORITY OF YAHOSHUA CHALLENGED

23 וַיָּבֹא אֶל־הַמִּקְדָּשׁ וַיְלַמֵּד שָׁם וְרָאשֵׁי הַכֹּהֲנִים וְזִקְנֵי הָעָם נִגְּשׁוּ אֵלָיו וַיֹּאמְרוּ
בְּאֵי־זוֹ רְשׁוּת אַתָּה עֹשֶׂה אֵלֶּה וּמִי נָתַן לְךָ הָרְשׁוּת הַזֹּאת׃ 24 וַיַּעַן **יָהוֹשֻׁעַ** וַיֹּאמֶר
אֲלֵיהֶם גַּם־אֲנִי אֶשְׁאֲלָה אֶתְכֶם דָּבָר אֶחָד אֲשֶׁר אִם־תַּגִּידוּ אֹתוֹ לִי גַּם־אֲנִי אַגִּיד
לָכֶם בְּאֵי־זוֹ רְשׁוּת אֲנִי עֹשֶׂה אֵלֶּה׃ 25 טְבִילַת יוֹחָנָן מֵאַיִן הָיְתָה הֲמִשָּׁמַיִם אִם־
מִבְּנֵי אָדָם וַיַּחְשְׁבוּ בִלְבָבָם לֵאמֹר׃

MATTHEW

6 And the disciples went, and did as **YAHOSHUA** commanded them,

7 And brought the ass, and the colt, and put on them their clothes, and they set him thereon.

8 And a very great multitude spread their garments in the way; others cut down branches from the trees, and strawed them in the way.

9 And the multitudes that went before, and that followed, cried, saying, Hoshana to the Son of Dawid: "Blessed be he that cometh in the name of **YAHOWAH**" Hoshana in the highest.

10 And when he was come into Yerushalem, all the city was moved, saying, Who is this?

11 And the multitude said, This is **YAHOSHUA** the prophet of Netzareth of Galilah.

YAHOSHUA CLEANSES THE TEMPLE

12 And **YAHOSHUA** went into the temple of **ELOHIM**, and cast out all them that sold and bought in the temple, and overthrew the tables of the moneychangers, and the seats of them that sold doves,

13 And said unto them, It is written, "Mine house shall be called an house of prayer" but ye have made it "a den of robbers."

14 And the blind and the lame came to him in the temple; and he healed them.

15 And when the chief priests and scribes saw the wonderful things that he did, and the children crying in the temple, and saying, Hoshana to the Son of Dawid; they were sore displeased,

16 And said unto him, Hearest thou what these say? And **YAHOSHUA** saith unto them, Yea; have ye never read, "Out of the mouth of babes and sucklings hast thou ordained strength?"

17 And he left them, and went out of the city into **Beth-Hini (Bethany)**; and he lodged there.

YAHOSHUA CURSES THE FIG TREE

18 Now in the morning as he returned into the city, he hungered.

19 And when he saw a fig tree in the way, he came to it, and found nothing thereon, but leaves only, and said unto it, Let no fruit grow on thee henceforward for ever. And presently the fig tree withered away.

20 And when the disciples saw it, they marvelled, saying, How soon is the fig tree withered away!

21 **YAHOSHUA** answered and said unto them, Verily I say unto you, If ye have faith, and doubt not, ye shall not only do this which is done to the fig tree, but also if ye shall say unto this mountain, Be thou removed, and be thou cast into the sea; it shall be done.

22 And all things, whatsoever ye shall ask in prayer, believing, ye shall receive.

THE AUTHORITY OF YAHOSHUA CHALLENGED

23 And when he was come into the temple, the chief priests and the elders of the people came unto him as he was teaching, and said, By what authority doest thou these things? and who gave thee this authority?

24 And **YAHOSHUA** answered and said unto them, I also will ask you one thing, which if ye tell me, I in like wise will tell you by what authority I do these things.

25 The immersion of Yokhanan, whence was it? from heaven, or of men? And they reasoned with themselves, saying, If we shall say, From heaven; he will say unto us, Why did ye not then believe him?

26 אִם־נֹאמַר מִשָּׁמַיִם וְאָמַר אֵלֵינוּ מַדּוּעַ אֵפוֹא לֹא הֶאֱמַנְתֶּם בּוֹ וְאִם־נֹאמַר מִבְּנֵי אָדָם
יְרֵאִים אֲנַחְנוּ אֶת־הֲמוֹן הָעָם כִּי־כֻלָּם חֹשְׁבִים אֶת־יוֹחָנָן לְנָבִיא׃ 27 וַיַּעֲנוּ אֶת־**יָהוֹשֻׁעַ**
וַיֹּאמְרוּ לֹא יָדָעְנוּ וַיֹּאמֶר אֲלֵיהֶם גַּם־אֲנִי לֹא אֹמַר לָכֶם מָה רְשׁוּתִי כִּי אֶעֱשֶׂה אֵלֶּה׃

THE PARABLE OF THE TWO SONS

28 אֲבָל מַה־דַּעְתְּכֶם אִישׁ הָיָה וְלוֹ שְׁנֵי בָנִים וַיִּגַּשׁ אֶל־הָרִאשׁוֹן וַיֹּאמֶר בְּנִי לֵךְ הַיּוֹם
וַעֲבֹד בְּכַרְמִי׃ 29 וַיַּעַן וַיֹּאמֶר לֹא חָפַצְתִּי וְאַחֲרֵי־כֵן נִחַם וַיֵּלַךְ׃ 30 וַיִּגַּשׁ אֶל־הַשֵּׁנִי
וַיְדַבֵּר כָּזֹאת גַּם־אֵלָיו וַיַּעַן וַיֹּאמֶר הִנְנִי אֲדֹנִי וְלֹא הָלָךְ׃ 31 מִי מִשְּׁנֵיהֶם עָשָׂה אֶת־רְצוֹן
אָבִיו וַיֹּאמְרוּ אֵלָיו הָרִאשׁוֹן וַיֹּאמֶר לָהֶם **יָהוֹשֻׁעַ** אָמֵן אֹמֵר אֲנִי לָכֶם הַמּוֹכְסִים וְהַזּוֹנוֹת
יְקַדְּמוּ אֶתְכֶם לָבוֹא אֶל־מַלְכוּת הָאֱלֹהִים׃ 32 כִּי יוֹחָנָן בָּא אֲלֵיכֶם בְּדֶרֶךְ צְדָקָה וְלֹא
הֶאֱמַנְתֶּם לוֹ וְהַמּוֹכְסִים וְהַזּוֹנוֹת הֵם הֶאֱמִינוּ לוֹ וְאַתֶּם רְאִיתֶם וְלֹא נִחַמְתֶּם אַחֲרֵי־כֵן
לְהַאֲמִין לוֹ׃

THE PARABLE OF THE TENANTS

33 שִׁמְעוּ מָשָׁל אַחֵר אִישׁ בַּעַל־בַּיִת הָיָה אֲשֶׁר נָטַע כֶּרֶם וַיַּעַשׂ גָּדֵר סָבִיב לוֹ וַיַּחְצֹב
יֶקֶב וַיִּבֶן מִגְדָּל בְּתוֹכוֹ וַיִּתְּנֵהוּ אֶל־כֹּרְמִים וַיֵּלֶךְ בְּדֶרֶךְ מֶרְחוֹק׃ 34 וַיְהִי בְּהַגִּיעַ
עֵת הַבָּצִיר וַיִּשְׁלַח עֲבָדָיו אֶל־הַכֹּרְמִים לָקַחַת אֶת־פִּרְיוֹ׃ 35 וַיַּחֲזִיקוּ הַכֹּרְמִים
בַּעֲבָדָיו אֶת־זֶה הִכּוּ וְאֶת־זֶה הָרְגוּ וְאֶת־זֶה סָקָלוּ׃ 36 וַיּוֹסֶף שְׁלֹחַ עֲבָדִים אֲחֵרִים
רַבִּים מִן־הָרִאשֹׁנִים וְגַם־לָהֶם עָשׂוּ כֵן׃ 37 וּבָאַחֲרוֹנָה שָׁלַח אֲלֵיהֶם אֶת־בְּנוֹ כִּי
אָמַר מִפְּנֵי בְנִי יָגוּרוּ׃ 38 וַיְהִי כִּרְאוֹת הַכֹּרְמִים אֶת־הַבֵּן וַיֹּאמְרוּ אִישׁ אֶל־אָחִיו זֶה
הוּא הַיּוֹרֵשׁ לְכוּ וְנַהַרְגֵהוּ וְנֹאחֲזָה בְּנַחֲלָתוֹ׃ 39 וַיַּחֲזִיקוּ בוֹ וַיִּדְחָפוּהוּ אֶל־מִחוּץ
לַכֶּרֶם וַיַּהַרְגוּ אֹתוֹ׃ 40 וְעַתָּה כִּי־יָבוֹא בַּעַל הַכֶּרֶם מַה־יַּעֲשֶׂה לַכֹּרְמִים הָהֵם׃ 41
וַיֹּאמְרוּ אֵלָיו יָרַע לָרָעִים וִיאַבְּדֵם וְאֶת־הַכֶּרֶם יִתֵּן לְכֹרְמִים אֲחֵרִים אֲשֶׁר יָשִׁיבוּ לוֹ
אֶת־פִּרְיוֹ בְּעִתּוֹ׃ 42 וַיֹּאמֶר אֲלֵיהֶם **יָהוֹשֻׁעַ** הֲכִי לֹא־קְרָאתֶם בַּכְּתוּבִים אֶבֶן מָאֲסוּ
הַבּוֹנִים הָיְתָה לְרֹאשׁ פִּנָּה מֵאֵת **יָהֹוָה** הָיְתָה זֹּאת הִיא נִפְלָאת בְּעֵינֵינוּ׃ 43 עַל־כֵּן
אֲנִי אֹמֵר לָכֶם כִּי־תֻקַּח מִכֶּם מַלְכוּת הָאֱלֹהִים וְתִסֹּב לְגוֹי אֲשֶׁר יַעֲשֶׂה אֶת־פִּרְיָהּ׃
44 (וְהַנֹּפֵל אַל־הָאֶבֶן הַהִיא יִשָּׁבֵר וַאֲשֶׁר תִּפֹּל עָלָיו תְּשְׁחָקֵהוּ׃) 45 וַיְהִי כִּשְׁמֹעַ
רָאשֵׁי הַכֹּהֲנִים וְהַפְּרוּשִׁים אֶת־מְשָׁלָיו וַיָּבִינוּ כִּי עֲלֵיהֶם דִּבֵּר׃ 46 וַיְבַקְשׁוּ לְתָפְשׂוֹ
וַיִּירְאוּ מִפְּנֵי רָב־הָעָם כִּי לְנָבִיא חֲשָׁבֻהוּ׃

MATTHEW

26 But if we shall say, Of men; we fear the people; for all hold Yokhanan as a prophet.

27 And they answered **YAHOSHUA**, and said, We cannot tell. And he said unto them, Neither tell I you by what authority I do these things.

THE PARABLE OF THE TWO SONS

28 But what think ye? A certain man had two sons; and he came to the first, and said, Son, go work to day in my vineyard.

29 He answered and said, I will not: but afterward he repented, and went.

30 And he came to the second, and said likewise. And he answered and said, I go, sir: and went not.

31 Whether of them twain did the will of his father? They say unto him, The first. **YAHOSHUA** saith unto them, Verily I say unto you, That the publicans and the harlots go into the kingdom of ELOHIM before you.

32 For Yokhanan came unto you in the way of righteousness, and ye believed him not: but the publicans and the harlots believed him: and ye, when ye had seen it, repented not afterward, that ye might believe him.

THE PARABLE OF THE TENANTS

33 Hear another parable: There was a certain householder, which planted a vineyard, and hedged it round about, and digged a winepress in it, and built a tower, and let it out to husbandmen, and went into a far country:

34 And when the time of the fruit drew near, he sent his servants to the husbandmen, that they might receive the fruits of it.

35 And the husbandmen took his servants, and beat one, and killed another, and stoned another.

36 Again, he sent other servants more than the first: and they did unto them likewise.

37 But last of all he sent unto them his son, saying, They will reverence my son.

38 But when the husbandmen saw the son, they said among themselves, This is the heir; come, let us kill him, and let us seize on his inheritance.

39 And they caught him, and cast him out of the vineyard, and slew him.

40 When the Adon therefore of the vineyard cometh, what will he do unto those husbandmen?

41 They say unto him, He will miserably destroy those wicked men, and will let out his vineyard unto other husbandmen, which shall render him the fruits in their seasons.

42 **YAHOSHUA** saith unto them, Did ye never read in the scriptures, "The stone which the builders refused is become the head stone of the corner. This is **YAHOWAH'S** doing; it is marvellous in our eyes?"

43 Therefore say I unto you, The kingdom of ELOHIM shall be taken from you, and given to a nation bringing forth the fruits thereof.

44 And whosoever shall fall on this stone shall be broken: but on whomsoever it shall fall, it will grind him to powder.

45 And when the chief priests and Perushim had heard his parables, they perceived that he spake of them.

46 But when they sought to lay hands on him, they feared the multitude, because they took him for a prophet.

THE PARABLE OF THE WEDDING FEAST

כב וַיֹּסֶף יָהוֹשֻׁעַ דַּבֵּר אֲלֵיהֶם בִּמְשָׁלִים וַיַּעַן וַיֹּאמַר: 2 דּוֹמָה מַלְכוּת הַשָּׁמַיִם
לְמֶלֶךְ בָּשָׂר וָדָם אֲשֶׁר־עָשָׂה חֲתֻנָּה לִבְנוֹ: 3 וַיִּשְׁלַח אֶת־עֲבָדָיו לִקְרֹא
הַקְּרוּאִים אֶל־הַחֲתֻנָּה וְלֹא אָבוּ לָבוֹא: 4 וַיֹּסֶף שְׁלֹחַ עֲבָדִים אֲחֵרִים לֵאמֹר אִמְרוּ
אֶל־הַקְּרוּאִים הִנֵּה עָרַכְתִּי אֶת־סְעוּדָתִי שְׁוָרַי וּמְרִיאַי טְבוּחִים וְהַכֹּל מוּכָן בֹּאוּ אֶל־
הַחֲתֻנָּה: 5 וְהֵם לֹא־שָׁתוּ לִבָּם לָזֹאת וַיֵּלְכוּ לָהֶם זֶה אֶל־שָׂדֵהוּ וְזֶה אֶל־מִסְחָרוֹ: 6
וְהַנִּשְׁאָרִים תָּפְשׂוּ אֶת־עֲבָדָיו וַיִּתְעַלְּלוּ בָם וַיַּהַרְגוּם: 7 וַיִּקְצֹף הַמֶּלֶךְ וַיִּשְׁלַח צִבְאוֹתָיו
וַיְאַבֵּד אֶת־הַמְרַצְּחִים הָהֵם וְאֶת־עִירָם שָׂרַף בָּאֵשׁ: 8 אָז אָמַר אֶל־עֲבָדָיו הֵן הַחֲתֻנָּה
מוּכָנָה וְהַקְּרוּאִים לֹא הָיוּ רְאוּיִם לָהּ: 9 לָכֵן לְכוּ־נָא לְרָאשֵׁי הַדְּרָכִים וְכָל־אִישׁ אֲשֶׁר
תִּמְצְאוּ קִרְאוּ אֶל־הַחֲתֻנָּה: 10 וַיֵּצְאוּ הָעֲבָדִים הָהֵם אֶל־הַדְּרָכִים וַיַּאַסְפוּ אֶת־כֹּל אֲשֶׁר
מָצְאוּ גַּם־רָעִים גַּם־טוֹבִים וַיִּמָּלֵא בֵית־הַחֲתֻנָּה מְסֻבִּים: 11 וַיְהִי כְּבוֹא הַמֶּלֶךְ לִרְאוֹת
אֶת־הַמְסֻבִּים וַיַּרְא בָהֶם אִישׁ אֲשֶׁר אֵינֶנּוּ לָבוּשׁ בִּגְדֵי חֲתֻנָּה: 12 וַיֹּאמֶר אֵלָיו רֵעִי אֵיךְ
בָּאתָ הֵנָּה וְאֵין עָלֶיךָ בִּגְדֵי חֲתֻנָּה וַיֵּאָלַם: 13 וַיֹּאמֶר הַמֶּלֶךְ לַמְשָׁרְתִים אִסְרוּ יָדָיו וְרַגְלָיו
וּנְשָׂאתֶם וְהִשְׁלַכְתֶּם אוֹתוֹ אֶל־הַחשֶׁךְ הַחִיצוֹן שָׁם תִּהְיֶה הַיְלָלָה וַחֲרֹק הַשִּׁנָּיִם: 14 כִּי
רַבִּים הֵם הַקְּרוּאִים וּמְעַטִּים הַנִּבְחָרִים:

PAYING TAXES TO CAESAR

15 וַיֵּלְכוּ הַפְּרוּשִׁים וַיִּתְיָעֲצוּ אֵיךְ יַכְשִׁילֻהוּ בִּדְבַר פִּיו: 16 וַיִּשְׁלְחוּ אֵלָיו אֶת־תַּלְמִידֵיהֶם
וְעִמָּהֶם אַנְשֵׁי הוֹרְדוֹס לֵאמֹר רַבִּי יָדַעְנוּ כִּי־אִישׁ אֱמֶת אַתָּה וְאֶת־דֶּרֶךְ אֱלֹהִים תּוֹרֶה
בֶאֱמֶת וְלֹא תָגוּר מִפְּנֵי אִישׁ כִּי אֵינְךָ מַכִּיר פְּנֵי אָדָם: 17 לָכֵן הַגִּידָה־נָּא לָנוּ מַה־דַּעְתֶּךָ
הֲמֻתָּר לָתֵת־מַס לְקֵיסַר אִם־לֹא: 18 וִיהוֹשֻׁעַ יָדַע אֶת־רָעָתָם וַיֹּאמַר הַחֲנֵפִים מַה־
תְּנַסּוּנִי:

19 הַרְאוּנִי אֶת־מַטְבֵּעַ הַמַּס וַיָּבִיאוּ לוֹ דִּינָר: 20 וַיֹּאמֶר אֲלֵיהֶם הַצּוּרָה הַזֹּאת וְהַמִּכְתָּב
אֲשֶׁר עָלָיו שֶׁל־מִי הֵם: 21 וַיֹּאמְרוּ אֵלָיו שֶׁל־קֵיסַר וַיֹּאמֶר אֲלֵיהֶם לָכֵן תְּנוּ לְקֵיסַר אֵת
אֲשֶׁר לְקֵיסַר וְלֵאלֹהִים אֵת אֲשֶׁר לֵאלֹהִים: 22 וַיִּשְׁמְעוּ וַיִּתְמָהוּ וַיַּנִּיחֻהוּ וַיֵּלֵכוּ:

SADDUCEES ASK ABOUT THE RESURRECTION

23 בַּיּוֹם הַהוּא נִגְּשׁוּ אֵלָיו צַדּוּקִים וְהֵם הָאֹמְרִים אֵין תְּחִיַּת הַמֵּתִים וַיִּשְׁאֲלוּ אֹתוֹ
לֵאמֹר: 24 רַבִּי הֵן מֹשֶׁה אָמַר אִישׁ כִּי־יָמוּת וּבָנִים אֵין־לוֹ וְיִבֵּם אָחִיו אֶת־אִשְׁתּוֹ
וְהֵקִים זֶרַע לְאָחִיו:

MATTHEW

THE PARABLE OF THE WEDDING FEAST

22 AND **YAHOSHUA** answered and spake unto them again by parables, and said,

2 The kingdom of heaven is like unto a certain king, which made a marriage for his son,

3 And sent forth his servants to call them that were bidden to the wedding: and they would not come.

4 Again, he sent forth other servants, saying, Tell them which are bidden, Behold, I have prepared my dinner: my oxen and my fatlings are killed, and all things are ready: come unto the marriage.

5 But they made light of it, and went their ways, one to his farm, another to his merchandise:

6 And the remnant took his servants, and entreated them spitefully, and slew them.

7 But when the king heard thereof, he was wroth: and he sent forth his armies, and destroyed those murderers, and burned up their city.

8 Then saith he to his servants, The wedding is ready, but they which were bidden were not worthy.

9 Go ye therefore into the highways, and as many as ye shall find, bid to the marriage.

10 So those servants went out into the highways, and gathered together all as many as they found, both bad and good: and the wedding was furnished with guests.

11 And when the king came in to see the guests, he saw there a man which had not on a wedding garment:

12 And he saith unto him, Friend, how camest thou in hither not having a wedding garment? And he was speechless.

13 Then said the king to the servants, Bind him hand and foot, and take him away, and cast him into outer darkness; there shall be weeping and gnashing of teeth.

14 For many are called, but few are chosen.

PAYING TAXES TO CAESAR

15 Then went the Perushim, and took counsel how they might entangle him in his talk.

16 And they sent out unto him their disciples with the Herodians, saying, Master, we know that thou art true, and teachest the way of ELOHIM in truth, neither carest thou for any man: for thou regardest not the person of men.

17 Tell us therefore, What thinkest thou? Is it lawful to give tribute unto **Qeasar (Caesar)**, or not?

18 But **YAHOSHUA** perceived their wickedness, and said, Why tempt ye me, ye hypocrites?

19 Shew me the tribute money. And they brought unto him a penny.

20 And he saith unto them, Whose is this image and superscription?

21 They say unto him, Qeasar's. Then saith he unto them, Render therefore unto Qeasar the things which are Qeasar's; and unto ELOHIM the things that are ELOHIM'S.

22 When they had heard these words, they marvelled, and left him, and went their way.

SADDUCEES ASK ABOUT THE RESURRECTION

23 The same day came to him the Tzaduqim, which say that there is no resurrection, and asked him,

24 Saying, Master, Mosheh said, If a man "die, and have no child" his brother shall "take her to him to wife, and perform the duty of an husband's brother unto her."

25 וְאִתָּנוּ הָיוּ שִׁבְעָה אַחִים וְהָרִאשׁוֹן נָשָׂא אִשָּׁה וַיָּמָת וְזֶרַע אֵין לוֹ וַיַּעֲזֹב אֶת־אִשְׁתּוֹ
לְאָחִיו׃ 26 וּכְמוֹ־כֵן גַּם הַשֵּׁנִי וְכֵן גַּם הַשְּׁלִישִׁי עַד הַשִּׁבְעָה׃ 27 וְאַחֲרֵי כֻלָּם מֵתָה
גַּם־הָאִשָּׁה׃ 28 וְעַתָּה בִּתְחִיַּת הַמֵּתִים לְמִי מִן־הַשִּׁבְעָה תִּהְיֶה לְאִשָּׁה כִּי לְכֻלָּם הָיָתָה׃
29 וַיַּעַן **יָהוֹשֻׁעַ** וַיֹּאמֶר לָהֶם טֹעִים אַתֶּם בַּאֲשֶׁר אֵינְכֶם יוֹדְעִים אֶת־הַכְּתוּבִים וְלֹא אֶת־
גְּבוּרַת הָאֱלֹהִים׃ 30 כִּי בִּתְחִיַּת הַמֵּתִים לֹא־יִשְׂאוּ נָשִׁים וְלֹא תִנָּשֶׂאנָה כִּי יִהְיוּ כְּמַלְאֲכֵי
אֱלֹהִים בַּשָּׁמָיִם׃ 31 וְעַל־דְּבַר תְּחִיַּת הַמֵּתִים הֲלֹא קְרָאתֶם אֶת־הַנֶּאֱמָר לָכֶם מִפִּי
הָאֱלֹהִים לֵאמֹר׃ 32 אָנֹכִי אֱלֹהֵי אַבְרָהָם וֵאלֹהֵי יִצְחָק וֵאלֹהֵי יַעֲקֹב וְהוּא אֵינֶנּוּ אֱלֹהֵי
הַמֵּתִים כִּי אִם־אֱלֹהֵי הַחַיִּים׃ 33 וַיִּשְׁמַע הֲמוֹן הָעָם וַיִּשְׁתּוֹמְמוּ עַל־תּוֹרָתוֹ׃

THE GREAT COMMANDMENT

34 וְהַפְּרוּשִׁים כְּשָׁמְעָם כִּי סָכַר פִּי הַצַּדּוּקִים וַיִּוָּעֲדוּ יַחְדָּו׃ 35 וַיִּשְׁאָלֵהוּ חָכָם אֶחָד
מֵהֶם לְנַסּוֹתוֹ לֵאמֹר׃ 36 רַבִּי אֵי־זוֹ הִיא מִצְוָה גְּדוֹלָה בַּתּוֹרָה׃ 37 וַיֹּאמֶר **יָהוֹשֻׁעַ** אֵלָיו
וְאָהַבְתָּ אֵת **יְהוָה** אֱלֹהֶיךָ בְּכָל־לְבָבְךָ וּבְכָל־נַפְשְׁךָ וּבְכָל־מַדָּעֶךָ׃ 38 זֹאת הִיא הַמִּצְוָה
הַגְּדוֹלָה וְהָרִאשׁוֹנָה׃ 39 וְהַשֵּׁנִית דּוֹמָה לָהּ וְאָהַבְתָּ לְרֵעֲךָ כָּמוֹךָ׃ 40 בִּשְׁתֵּי הַמִּצְוֹת
הָאֵלֶּה תְּלוּיָה כָּל־הַתּוֹרָה וְהַנְּבִיאִים׃

WHOSE SON IS THE MESHIAKH?

41 וַיְהִי בְּהִקָּהֵל הַפְּרוּשִׁים וַיִּשְׁאָלֵם **יָהוֹשֻׁעַ** ׃ 42 לֵאמֹר מַה־תֹּאמְרוּ **לַמָּשִׁיחַ** בֶּן־מִי
הוּא וַיֹּאמְרוּ אֵלָיו בֶּן־דָּוִד׃ 43 וַיֹּאמֶר אֲלֵיהֶם וְאֵיךְ קָרָא־לוֹ דָוִד **בָּרוּחַ** אָדוֹן בְּאָמְרוֹ׃ 44
נְאֻם **יְהוָה** לַאדֹנִי שֵׁב לִימִינִי עַד־אָשִׁית אֹיְבֶיךָ הֲדֹם לְרַגְלֶיךָ׃ 45 וְעַתָּה אִם־דָּוִד קֹרֵא
לוֹ אָדוֹן אֵיךְ הוּא בְנוֹ׃ 46 וְלֹא־יָכֹל אִישׁ לַעֲנוֹת אֹתוֹ דָּבָר וְלֹא־עָרַב עוֹד אִישׁ אֶת־לִבּוֹ
מִן־הַיּוֹם הַהוּא לִשְׁאֹל אוֹתוֹ׃

SEVEN WOES TO THE SCRIBES AND PHARISEES

כג אָז יְדַבֵּר **יָהוֹשֻׁעַ** אֶל־הֲמוֹן הָעָם וְאֶל־תַּלְמִידָיו ׃ 2 לֵאמֹר הַסּוֹפְרִים וְהַפְּרוּשִׁים
יֹשְׁבִים עַל־כִּסֵּא מֹשֶׁה׃ 3 לָכֵן כֹּל אֲשֶׁר־יֹאמְרוּ לָכֶם שִׁמְרוּ וַעֲשׂוּ רַק הִשָּׁמְרוּ
מֵעֲשׂוֹת כְּמַעֲשֵׂיהֶם כִּי אֹמְרִים הֵם וְאֵינָם עֹשִׂים׃ 4 כִּי אֹסְרִים מַשְׂאֹת כְּבֵדִים וְעֹמְסִים
עַל־שִׁכְמֵי הָאֲנָשִׁים וְהֵם אֵינָם רוֹצִים לַהֲנִיעָם אַף בְּאֶצְבָּעָם׃ 5 וְעֹשִׂים אֶת־כָּל־מַעֲשֵׂיהֶם
לְהֵרָאוֹת בָּהֶם לִבְנֵי אָדָם כִּי מַרְחִיבִים אֶת־תְּפִלֵּיהֶם וּמַאֲרִיכִים אֶת־צִיצִיּוֹתֵיהֶם׃ 6
וְאֹהֲבִים לְהָסֵב רִאשֹׁנִים בַּסְּעוּדוֹת וְלָשֶׁבֶת רִאשֹׁנִים בְּבָתֵּי כְנֵסִיּוֹת׃

MATTHEW

25 Now there were with us seven brethren: and the first, when he had married a wife, deceased, and, having no issue, left his wife unto his brother:
26 Likewise the second also, and the third, unto the seventh.
27 And last of all the woman died also.
28 Therefore in the resurrection whose wife shall she be of the seven? for they all had her.
29 **YAHOSHUA** answered and said unto them, Ye do err, not knowing the scriptures, nor the power of ELOHIM.
30 For in the resurrection they neither marry, nor are given in marriage, but are as the angels of ELOHIM in heaven.
31 But as touching the resurrection of the dead, have ye not read that which was spoken unto you by ELOHIM, saying,
32 "I am the ELOHIM of thy father, the ELOHIM of Abraham, the ELOHIM of Yitzkhaq, and the ELOHIM of Ya'aqob?" ELOHIM is not the ELOHIM of the dead, but of the living.
33 And when the multitude heard this, they were astonished at his doctrine.

THE GREAT COMMANDMENT

34 But when the Perushim had heard that he had put the Tzaduqim to silence, they were gathered together.
35 Then one of them, which was a lawyer, asked him a question, tempting him, and saying,
36 Master, which is the great commandment in the Torah?
37 **YAHOSHUA** said unto him, "Thou shalt love **YAHOWAH** thy ELOHIM with all thine heart, and with all thy soul, and with all thy might."
38 This is the first and great commandment.
39 And the second is like unto it, "Thou shalt love thy neighbour as thyself."
40 On these two commandments hang all the Torah and the prophets.

WHOSE SON IS THE MESHIAKH?

41 While the Perushim were gathered together, **YAHOSHUA** asked them,
42 Saying, What think ye of **MESHIAKH**? whose son is he? They say unto him, The Son of Dawid.
43 He saith unto them, How then doth Dawid in **RUAKH** call him Adone, saying,
44 "**YAHOWAH** said unto Adoni, Sit thou at my right hand, until I make thine enemies thy footstool?"
45 If Dawid then call him Adone, how is he his son?
46 And no man was able to answer him a word, neither durst any man from that day forth ask him any more questions.

SEVEN WOES TO THE SCRIBES AND PHARISEES

23 THEN spake **YAHOSHUA** to the multitude, and to his disciples,
2 Saying, The scribes and the Perushim sit in Mosheh's seat:
3 All therefore whatsoever they bid you observe, that observe and do; but do not ye after their works: for they say, and do not.
4 For they bind heavy burdens and grievous to be borne, and lay them on men's shoulders; but they themselves will not move them with one of their fingers.
5 But all their works they do for to be seen of men: they make broad their fringes, and enlarge the borders of their garments,
6 And love the uppermost rooms at feasts, and the chief seats in the Congregations,

7 וְשֶׁיִּשְׁאֲלוּ בִשְׁלוֹמָם בַּשְּׁוָקִים וְשֶׁיִּקָּרְאוּ לָהֶם בְּנֵי הָאָדָם רַבִּי רַבִּי׃ 8 וְאַתֶּם אַל־
יִקָּרֵא לָכֶם רַבִּי כִּי אֶחָד הוּא מוֹרֵיכֶם **הַמָּשִׁיחַ** וְאַתֶּם אַחִים כֻּלְּכֶם׃ 9 וְאַל־תִּקְרְאוּ
אָב לְאִישׁ מִכֶּם בָּאָרֶץ כִּי אֶחָד הוּא אֲבִיכֶם אֲשֶׁר בַּשָּׁמָיִם׃ 10 גַּם אַל־יִקָּרֵא לָכֶם
מוֹרֶה כִּי מוֹרֶה אֶחָד לָכֶם **הַמָּשִׁיחַ**׃ 11 וְהַגָּדוֹל בָּכֶם יְהִי לָכֶם לִמְשָׁרֵת׃ 12 כָּל־
הַמְרוֹמֵם אֶת־עַצְמוֹ יֻשְׁפָּל וְהַמַּשְׁפִּיל אֶת־עַצְמוֹ יְרוֹמָם׃ 13 אֲבָל אוֹי לָכֶם הַסּוֹפְרִים
וְהַפְּרוּשִׁים הַחֲנֵפִים כִּי סֹגְרִים אַתֶּם מִפְּנֵי הָאָדָם אֵת מַלְכוּת הַשָּׁמַיִם הֵן אַתֶּם
לֹא־תָבֹאוּ בָהּ וְאֵת הַבָּאִים לֹא תַנִּיחוּ לָבוֹא׃ 14 (וְאוֹי לָכֶם הַסּוֹפְרִים וְהַפְּרוּשִׁים
הַחֲנֵפִים כִּי־בֹלְעִים אַתֶּם אֶת־בָּתֵּי הָאַלְמָנוֹת וּמַאֲרִיכִים בִּתְפִלָּה לְמַרְאֵה עֵינָיִם
תַּחַת זֹאת מִשְׁפָּט גָּדוֹל יֶתֶר מְאֹד תִּשָּׁפֵטוּ׃) 15 אוֹי לָכֶם הַסּוֹפְרִים וְהַפְּרוּשִׁים
הַחֲנֵפִים כִּי־סוֹבְבִים אַתֶּם בַּיָּם וּבַיַּבָּשָׁה לְמַעַן גַּיֵּר אִישׁ אֶחָד וְכִי יִתְגַּיֵּר תַּעֲשׂוּ אוֹתוֹ
לְבֶן־גֵּיהִנֹּם כִּפְלַיִם כָּכֶם׃ 16 אוֹי לָכֶם מַנְהִיגִים עִוְרִים הָאֹמְרִים הַנִּשְׁבָּע בַּהֵיכָל אֵין־
זֹאת מְאוּמָה וְהַנִּשְׁבָּע בִּזְהַב הַהֵיכָל חַיָּב׃ 17 כְּסִילִים וְעִוְרִים כִּי מַה־הוּא הַגָּדוֹל
אִם־הַזָּהָב אוֹ הַהֵיכָל הַמְקַדֵּשׁ אֶת־הַזָּהָב׃ 18 וַאֲמַרְתֶּם הַנִּשְׁבָּע בַּמִּזְבֵּחַ אֵין מְאוּמָה
וְהַנִּשְׁבָּע בַּקָּרְבָּן אֲשֶׁר־עָלָיו חַיָּב׃ 19 כְּסִילִים וְעִוְרִים כִּי מַה־הוּא הַגָּדוֹל אִם־הַקָּרְבָּן
אוֹ הַמִּזְבֵּחַ הַמְקַדֵּשׁ אֶת־הַקָּרְבָּן׃ 20 לָכֵן הַנִּשְׁבָּע בַּמִּזְבֵּחַ נִשְׁבַּע בּוֹ וּבְכֹל אֲשֶׁר
עָלָיו׃ 21 וְהַנִּשְׁבָּע בַּהֵיכָל נִשְׁבַּע בּוֹ וּבַשֹּׁכֵן בּוֹ׃ 22 וְהַנִּשְׁבָּע בַּשָּׁמַיִם נִשְׁבַּע בְּכִסֵּא
אֱלֹהִים וּבַיֹּשֵׁב עָלָיו׃ 23 אוֹי לָכֶם הַסּוֹפְרִים וְהַפְּרוּשִׁים הַחֲנֵפִים כִּי מְעַשְּׂרִים אַתֶּם
אֶת־הַמִּנְתָּא וְאֶת־הַשֶּׁבֶת וְאֶת־הַכַּמֹּן וַתַּנִּיחוּ אֵת הַחֲמוּרוֹת בַּתּוֹרָה אֶת־הַמִּשְׁפָּט
וְאֶת־הַחֶסֶד וְאֶת־הָאֱמוּנָה וְהָיָה לָכֶם לַעֲשׂוֹת אֵת אֵלֶּה וְלֹא לְהַנִּיחַ גַּם־אֶת־אֵלֶּה׃
24 מַנְהִיגִים עִוְרִים הַמְסַנְּנִים אֵת הַיַּתּוּשׁ וּבֹלְעִים אֵת הַגָּמָל׃ 25 אוֹי לָכֶם הַסּוֹפְרִים
וְהַפְּרוּשִׁים הַחֲנֵפִים כִּי מְטַהֲרִים אַתֶּם אֶת־הַכּוֹס וְאֶת־הַקְּעָרָה מִחוּץ וְתוֹכָן מָלֵא גָּזֵל
וְגַרְגְּרָנוּת׃ 26 **פָּרוּשׁ** עִוֵּר טַהֵר בָּרִאשׁוֹנָה אֶת־תּוֹךְ הַכּוֹס לְמַעַן תִּטְהַר גַּם־מִחוּץ׃ 27
אוֹי לָכֶם הַסּוֹפְרִים וְהַפְּרוּשִׁים הַחֲנֵפִים כִּי־דֹמִים אַתֶּם לַקְּבָרִים הַמְסֻיָּדִים הַנִּרְאִים
נָאִים מִחוּץ וְתוֹכָם מָלֵא עַצְמוֹת מֵתִים וְכָל־טֻמְאָה׃ 28 כָּכָה צַדִּיקִים אַתֶּם לְמַרְאֵה
עֵינֵי בְנֵי אָדָם וְתוֹכְכֶם מָלֵא חֲנֻפָּה וָאָוֶן׃ 29 אוֹי לָכֶם הַסּוֹפְרִים וְהַפְּרוּשִׁים הַחֲנֵפִים
כִּי בוֹנִים אַתֶּם קִבְרֵי הַנְּבִיאִים וַתְּיַפּוּ אֶת־צִיּוּנֵי קִבְרוֹת הַצַּדִּיקִים׃ 30 וַאֲמַרְתֶּם
אִם־הָיִינוּ בִּימֵי אֲבוֹתֵינוּ לֹא־הָיְתָה יָדֵנוּ עִמָּהֶם לִשְׁפֹּךְ דַּם הַנְּבִיאִים׃ 31 וְהִנֵּה אַתֶּם
מְעִידִים בְּעַצְמְכֶם שֶׁבָּנִים אַתֶּם לְרֹצְחֵי הַנְּבִיאִים׃

MATTHEW

7 And greetings in the markets, and to be called of men, Rabbi, Rabbi.

8 But be not ye called Rabbi: for one is your Master, even **MESHIAKH**; and all ye are brethren.

9 And call no man your father upon the earth: for one is your Father, which is in heaven.

10 Neither be ye called masters: for one is your Master, even **MESHIAKH**.

11 But he that is greatest among you shall be your servant.

12 And whosoever shall exalt himself shall be abased; and he that shall humble himself shall be exalted.

13 But woe unto you, scribes and Perushim, hypocrites! for ye shut up the kingdom of heaven against men: for ye neither go in yourselves, neither suffer ye them that are entering to go in.

14 Woe unto you, scribes and Perushim, hypocrites! for ye devour widows' houses, and for a pretence make long prayer: therefore ye shall receive the greater damnation.

15 Woe unto you, scribes and Perushim, hypocrites! for ye compass sea and land to make one proselyte, and when he is made, ye make him twofold more the child of hell than yourselves.

16 Woe unto you, ye blind guides, which say, Whosoever shall swear by the temple, it is nothing; but whosoever shall swear by the gold of the temple, he is a debtor!

17 Ye fools and blind: for whether is greater, the gold, or the temple that sanctifieth the gold?

18 And, Whosoever shall swear by the altar, it is nothing; but whosoever sweareth by the gift that is upon it, he is guilty.

19 Ye fools and blind: for whether is greater, the gift, or the altar that sanctifieth the gift?

20 Whoso therefore shall swear by the altar, sweareth by it, and by all things thereon.

21 And whoso shall swear by the temple, sweareth by it, and by him that dwelleth therein.

22 And he that shall swear by heaven, sweareth by the throne of ELOHIM, and by him that sitteth thereon.

23 Woe unto you, scribes and Perushim, hypocrites! for ye pay tithe of mint and anise and cummin, and have omitted the weightier matters of the Torah, judgment, mercy, and faith: these ought ye to have done, and not to leave the other undone.

24 Ye blind guides, which strain at a gnat, and swallow a camel.

25 Woe unto you, scribes and Perushim, hypocrites! for ye make clean the outside of the cup and of the platter, but within they are full of extortion and excess.

26 Thou blind **Perush (Pharisee)**, cleanse first that which is within the cup and platter, that the outside of them may be clean also.

27 Woe unto you, scribes and Perushim, hypocrites! for ye are like unto whited sepulchres, which indeed appear beautiful outward, but are within full of dead men's bones, and of all uncleanness.

28 Even so ye also outwardly appear righteous unto men, but within ye are full of hypocrisy and iniquity.

29 Woe unto you, scribes and Perushim, hypocrites! because ye build the tombs of the prophets, and garnish the sepulchres of the righteous,

30 And say, If we had been in the days of our fathers, we would not have been partakers with them in the blood of the prophets.

31 Wherefore ye be witnesses unto yourselves, that ye are the children of them which killed the prophets.

32 וּבְכֵן מַלְאוּ אַתֶּם סְאַת אֲבוֹתֵיכֶם: 33 נְחָשִׁים יַלְדֵי צִפְעוֹנִים אֵיךְ תִּמָּלְטוּ מִדִּין
גֵּיהִנֹּם: 34 לָכֵן הִנְנִי שֹׁלֵחַ לָכֶם נְבִיאִים וַחֲכָמִים וְסוֹפְרִים וּמֵהֶם תַּהַרְגוּ וְתִצְלְבוּ וּמֵהֶם
תַּכּוּ בַּשּׁוֹטִים בְּכְנֵסִיּוֹתֵיכֶם וְתִרְדְּפוּם מֵעִיר לָעִיר: 35 לְמַעַן יָבֹא עֲלֵיכֶם כָּל־דָּם נָקִי
הַנִּשְׁפָּךְ בָּאָרֶץ מִדַּם־הֶבֶל הַצַּדִּיק עַד־דַּם זְכַרְיָה בֶן־בֶּרֶכְיָה אֲשֶׁר רְצַחְתֶּם אוֹתוֹ בֵּין
הַהֵיכָל וְלַמִּזְבֵּחַ: 36 אָמֵן אֹמֵר אֲנִי לָכֶם בֹּא יָבֹא כָּל־אֵלֶּה עַל־הַדּוֹר הַזֶּה:

LAMENT OVER JERUSALEM

37 יְרוּשָׁלַיִם יְרוּשָׁלַיִם הַהֹרֶגֶת אֶת־הַנְּבִיאִים וְהַסֹּקֶלֶת אֶת הַשְּׁלוּחִים אֵלֶיהָ כַּמָּה
פְּעָמִים חָפַצְתִּי לְקַבֵּץ אֶת־בָּנַיִךְ כְּתַרְנְגֹלֶת הַמְקַבֶּצֶת אֶת־אֶפְרֹחֶיהָ תַּחַת כְּנָפֶיהָ וְלֹא
אֲבִיתֶם: 38 הִנֵּה בֵיתְכֶם יֵעָזֵב לָכֶם שָׁמֵם: 39 כִּי אֲנִי אֹמֵר לָכֶם מֵעַתָּה לֹא תִרְאוּנִי עַד
אֲשֶׁר תֹּאמְרוּ בָּרוּךְ הַבָּא בְּשֵׁם־**יָהוָֹה**:

YAHOSHUA FORETELLS DESTRUCTION OF THE TEMPLE

כד וַיֵּצֵא־**יָהוֹשֻׁעַ** מִן־הַמִּקְדָּשׁ לָלֶכֶת לְדַרְכּוֹ וַיִּגְּשׁוּ תַּלְמִידָיו לְהַרְאוֹתוֹ אֶת־בִּנְיְנֵי
הַמִּקְדָּשׁ: 2 וַיַּעַן **יָהוֹשֻׁעַ** וַיֹּאמֶר אֲלֵיהֶם הַרְאִיתֶם אֶת־כָּל־אֵלֶּה אָמֵן אֹמֵר אֲנִי
לָכֶם לֹא־תִשָּׁאֵר פֹּה אֶבֶן עַל־אֶבֶן אֲשֶׁר לֹא תִתְפָּרָק:

SIGNS OF THE END OF THE AGE

3 וַיֵּשֶׁב עַל־הַר הַזֵּיתִים וַיִּגְּשׁוּ אֵלָיו הַתַּלְמִידִים לְבַדָּם וַיֹּאמְרוּ אֱמָר־נָא לָנוּ מָתַי תִּהְיֶה
זֹאת וּמָה אוֹת בּוֹאֲךָ וְאוֹת קֵץ הָעוֹלָם: 4 וַיַּעַן **יָהוֹשֻׁעַ** וַיֹּאמֶר לָהֶם רְאוּ פֶּן־יַתְעֶה אֶתְכֶם
אִישׁ: 5 כִּי רַבִּים יָבֹאוּ בִּשְׁמִי לֵאמֹר אֲנִי הוּא **הַמָּשִׁיחַ** וְהִתְעוּ רַבִּים: 6 וְאַתֶּם עֲתִידִים
לִשְׁמֹעַ מִלְחָמוֹת וּשְׁמֻעוֹת מִלְחָמָה רְאוּ פֶּן־תִּבָּהֵלוּ כִּי־הָיוֹ תִהְיֶה כָּל־זֹאת אַךְ עֲדֶן אֵין
הַקֵּץ: 7 כִּי יָקוּם גּוֹי עַל־גּוֹי וּמַמְלָכָה עַל־מַמְלָכָה וְהָיָה רָעָב וְדֶבֶר וָרַעַשׁ הֵנָּה וָהֵנָּה:
8 וְכָל־אֵלֶּה רַק רֵאשִׁית הַחֲבָלִים: 9 אָז יַסְגִּירוּ אֶתְכֶם לַצָּרָה וְהֵמִיתוּ אֶתְכֶם וִהְיִיתֶם
שְׂנוּאִים לְכָל־הַגּוֹיִם לְמַעַן שְׁמִי: 10 וְאָז יִכָּשְׁלוּ רַבִּים וּמָסְרוּ אִישׁ אֶת־רֵעֵהוּ וְשָׂנְאוּ
אִישׁ אֶת־אָחִיו: 11 וּנְבִיאֵי שֶׁקֶר רַבִּים יָקוּמוּ וְהִתְעוּ רַבִּים: 12 וּמִפְּנֵי אֲשֶׁר יִרְבֶּה
הַפֶּשַׁע תָּפוּג אַהֲבַת הָרַבִּים: 13 וְהַמְחַכֶּה עַד־עֵת קֵץ הוּא יִוָּשֵׁעַ: 14 וַתִּקָּרֵא בְּשׂוֹרַת
הַמַּלְכוּת הַזֹּאת בְּכָל־הָאָרֶץ לְעֵדוּת לְכָל־הַגּוֹיִם וְאַחַר יָבוֹא הַקֵּץ:

THE ABOMINATION OF DESOLATION

15 לָכֵן כַּאֲשֶׁר תִּרְאוּ אֶת־שִׁקּוּץ מְשֹׁמֵם אֲשֶׁר אָמַר דָּנִיֵּאל הַנָּבִיא עוֹמֵד בְּמָקוֹם קָדוֹשׁ
הַקֹּרֵא יָבִין: 16 אָז נוֹס יָנוּסוּ אַנְשֵׁי יְהוּדָה אֶל־הֶהָרִים:

MATTHEW

32 Fill ye up then the measure of your fathers.
33 Ye serpents, ye generation of vipers, how can ye escape the damnation of hell?
34 Wherefore, behold, I send unto you prophets, and wise men, and scribes: and some of them ye shall kill and crucify; and some of them shall ye scourge in your Congregations, and persecute them from city to city:
35 That upon you may come all the righteous blood shed upon the earth, from the blood of righteous Hebel unto the blood of ZekarYAH son of BerekYAH, whom ye slew between the temple and the altar.
36 Verily I say unto you, All these things shall come upon this generation.

LAMENT OVER JERUSALEM

37 O Yerushalem, Yerushalem, thou that killest the prophets, and stonest them which are sent unto thee, how often would I have gathered thy children together, even as a hen gathereth her chickens under her wings, and ye would not!
38 Behold, your house is left unto you desolate.
39 For I say unto you, Ye shall not see me henceforth, till ye shall say, Blessed is he that cometh in the name of **YAHOWAH**.

YAHOSHUA FORETELLS DESTRUCTION OF THE TEMPLE

24 AND **YAHOSHUA** went out, and departed from the temple: and his disciples came to him for to shew him the buildings of the temple.
2 And **YAHOSHUA** said unto them, See ye not all these things? verily I say unto you, There shall not be left here one stone upon another, that shall not be thrown down.

SIGNS OF THE END OF THE AGE

3 And as he sat upon the mount of Olives, the disciples came unto him privately, saying, Tell us, when shall these things be? and what shall be the sign of thy coming, and of the end of the world?
4 And **YAHOSHUA** answered and said unto them, Take heed that no man deceive you.
5 For many shall come in my name, saying, I am **MESHIAKH**; and shall deceive many.
6 And ye shall hear of wars and rumours of wars: see that ye be not troubled: for all these things must come to pass, but the end is not yet.
7 For nation shall rise against nation, and kingdom against kingdom: and there shall be famines, and pestilences, and earthquakes, in divers places.
8 All these are the beginning of sorrows.
9 Then shall they deliver you up to be afflicted, and shall kill you: and ye shall be hated of all nations for my name's sake.

10 And then shall many be offended, and shall betray one another, and shall hate one another.
11 And many false prophets shall rise, and shall deceive many.
12 And because iniquity shall abound, the love of many shall wax cold.
13 But he that shall endure unto the end, the same shall be saved.
14 And this gospel of the kingdom shall be preached in all the world for a witness unto all nations; and then shall the end come.

THE ABOMINATION OF DESOLATION

15 When ye therefore shall see the abomination of desolation, spoken of by Dani'EL the prophet, stand in the holy place, (whoso readeth, let him understand:)
16 Then let them which be in Yehudah flee into the mountains:

17 וַאֲשֶׁר עַל־הַגָּג אַל־יֵרֵד לָשֵׂאת דָּבָר מִבֵּיתוֹ: 18 וַאֲשֶׁר בַּשָּׂדֶה אַל־יָשֹׁב הַבַּיְתָה
לָשֵׂאת אֶת־מַלְבּוּשׁוֹ: 19 וְאוֹי לֶהָרוֹת וְלַמֵּינִיקוֹת בַּיָּמִים הָהֵם: 20 אַךְ הִתְפַּלְלוּ שֶׁלֹּא
תִּהְיֶה מְנוּסַתְכֶם בַּחֹרֶף וְלֹא **בַּשַּׁבָּת**: 21 כִּי אָז תִּהְיֶה צָרָה גְדוֹלָה אֲשֶׁר כָּמוֹהָ לֹא־
נִהְיְתָה מֵרֵאשִׁית הָוֹלָם וְעַד־עַתָּה וְכָמוֹהָ לֹא תוֹסִף: 22 וְלוּלֵא נִקְצְרוּ הַיָּמִים הָהֵם לֹא
יִנָּצֵל כָּל־בָּשָׂר אַךְ לְמַעַן הַבְּחִירִים יִקָּצְרוּ הַיָּמִים הָהֵם: 23 וְכִי־יֹאמַר אֲלֵיכֶם אִישׁ בָּעֵת
הַהִיא הִנֵּה־פֹה **הַמָּשִׁיחַ** אוֹ הִנּוֹ־שָׁם אַל־תַּאֲמִינוּ: 24 כִּי יָקוּמוּ **מְשִׁיחֵי שֶׁקֶר** וּנְבִיאֵי
שֶׁקֶר וְיִתְּנוּ אֹתוֹת גְּדֹלוֹת וּמוֹפְתִים לְמַעַן הַתְעוֹת אַף אֶת־הַבְּחִירִים אִם־יוּכָלוּ: 25 הִנֵּה
מֵרֹאשׁ הִגַּדְתִּי לָכֶם: 26 לָכֵן כִּי־יֹאמְרוּ אֲלֵיכֶם הִנּוֹ בַמִּדְבָּר אַל־תֵּצֵאוּ הִנּוֹ בַחֲדָרִים
אַל־תַּאֲמִינוּ: 27 כִּי כַבָּרָק הַיּוֹצֵא מִמִּזְרָח וּמֵאִיר עַד־הַמַּעֲרָב כֵּן יִהְיֶה גַּם־בּוֹאוֹ שֶׁל־
בֶּן־הָאָדָם: 28 כִּי בַּאֲשֶׁר הֶחָלָל שָׁם יִקָּבְצוּ הַנְּשָׁרִים:

THE COMING OF THE SON OF MAN

29 וּמִיָּד אַחֲרֵי צָרַת הַיָּמִים הָהֵם תֶּחְשַׁךְ הַשֶּׁמֶשׁ וְהַיָּרֵחַ לֹא יַגִּיהַּ אוֹרוֹ וְהַכּוֹכָבִים
יִפְּלוּ מִן־הַשָּׁמַיִם וַחֲיָלֵי הַשָּׁמַיִם יִתְמוֹטָטוּ: 30 אָז יֵרָאֶה אוֹת בֶּן־הָאָדָם בַּשָּׁמָיִם וְסָפְדוּ
כָּל־מִשְׁפְּחוֹת הָאָרֶץ וְרָאוּ אֶת־בֶּן־הָאָדָם בָּא עִם־עַנְנֵי הַשָּׁמַיִם בִּגְבוּרָה וְכָבוֹד רָב:
31 וְשָׁלַח אֶת־מַלְאָכָיו בְּקוֹל שׁוֹפָר גָּדוֹל וְקִבְּצוּ אֶת־בְּחִירָיו מֵאַרְבַּע הָרוּחוֹת לְמִקְצֵה
הַשָּׁמַיִם וְעַד קְצֵה הַשָּׁמָיִם:

THE LESSON OF THE FIG TREE

32 וּמִן־הַתְּאֵנָה לִמְדוּ אֶת־הַמָּשָׁל הַזֶּה כַּאֲשֶׁר יִרְטַב עֲנָפָהּ וּפָרְחוּ עָלֶיהָ יְדַעְתֶּם כִּי
קָרוֹב הַקָּיִץ: 33 כֵּן גַּם־אַתֶּם בִּרְאוֹתְכֶם אֶת־כָּל־אֵלֶּה דְּעוּ כִּי־קָרוֹב הוּא בַּפָּתַח: 34
אָמֵן אֹמֵר אֲנִי לָכֶם כִּי לֹא יַעֲבֹר הַדּוֹר הַזֶּה עַד אֲשֶׁר־יִהְיוּ כָל־אֵלֶּה: 35 הַשָּׁמַיִם וְהָאָרֶץ
יַעֲבֹרוּ וּדְבָרַי לֹא יַעֲבֹרוּן:

NO ONE KNOWS THAT DAY AND HOUR

36 וְהַיּוֹם הַהוּא וְהַשָּׁעָה הַהִיא אֵין אִישׁ יוֹדֵעַ גַּם־לֹא מַלְאֲכֵי הַשָּׁמַיִם גַּם־לֹא הַבֵּן
בִּלְתִּי אָבִי לְבַדּוֹ: 37 וְכִימֵי נֹחַ כֵּן יִהְיֶה גַּם־בּוֹאוֹ שֶׁל־בֶּן־הָאָדָם: 38 כִּי כַּאֲשֶׁר לִפְנֵי יְמֵי
הַמַּבּוּל הָיוּ אֹכְלִים וְשֹׁתִים נֹשְׂאִים נָשִׁים וְנֹתְנִים נָשִׁים לַאֲנָשִׁים עַד־הַיּוֹם אֲשֶׁר־בָּא נֹחַ
אֶל־הַתֵּבָה: 39 וְלֹא יָדְעוּ עַד־בּוֹא הַמַּבּוּל וַיִּמַח אֶת־כֻּלָּם כֵּן יִהְיֶה גַּם־בּוֹאוֹ שֶׁל־בֶּן־
הָאָדָם: 40 אָז יִהְיוּ שְׁנַיִם בַּשָּׂדֶה וְיֵאָסֵף אֶחָד וְהָאֶחָד יֵעָזֵב: 41 שְׁתַּיִם טוֹחֲנוֹת בָּרֵחָיִם
וְתֵאָסֵף אַחַת וְאַחַת תֵּעָזֵב: 42 לָכֵן שִׁקְדוּ כִּי אֵינְכֶם יוֹדְעִים בְּאֵי־זוֹ שָׁעָה יָבֹא אֲדֹנֵיכֶם:

MATTHEW

17 Let him which is on the housetop not come down to take any thing out of his house:
18 Neither let him which is in the field return back to take his clothes.
19 And woe unto them that are with child, and to them that give suck in those days!
20 But pray ye that your flight be not in the winter, neither on the **Shabbat** day:
21 For then shall be great tribulation, such as was not since the beginning of the world to this time, no, nor ever shall be.
22 And except those days should be shortened, there should no flesh be saved: but for the elect's sake those days shall be shortened.
23 Then if any man shall say unto you, Lo, here is **MESHIAKH**, or there; believe it not.
24 For there shall arise **ANTI-MESHIAKH'S**, and false prophets, and shall shew great signs and wonders; insomuch that, if it were possible, they shall deceive the very elect.
25 Behold, I have told you before.
26 Wherefore if they shall say unto you, Behold, he is in the desert; go not forth: behold, he is in the secret chambers; believe it not.
27 For as the lightning cometh out of the east, and shineth even unto the west; so shall also the coming of the Son of man be.
28 For wheresoever the carcase is, there will the eagles be gathered together.

THE COMING OF THE SON OF MAN

29 Immediately after the tribulation of those days shall the sun be darkened, and the moon shall not give her light, and the stars shall fall from heaven, and the powers of the heavens shall be shaken:
30 And then shall appear the sign of the Son of man in heaven: and then shall all the tribes of the earth mourn, and they shall see the Son of man coming in the clouds of heaven with power and great glory.
31 And he shall send his angels with a great sound of a trumpet, and they shall gather together his elect from the four winds, from one end of heaven to the other.

THE LESSON OF THE FIG TREE

32 Now learn a parable of the fig tree; When his branch is yet tender, and putteth forth leaves, ye know that summer is nigh:
33 So likewise ye, when ye shall see all these things, know that it is near, even at the doors.
34 Verily I say unto you, This generation shall not pass, till all these things be fulfilled.
35 Heaven and earth shall pass away, but my words shall not pass away.

NO ONE KNOWS THAT DAY AND HOUR

36 But of that day and hour knoweth no man, no, not the angels of heaven, but my Father only.
37 But as the days of Noakh were, so shall also the coming of the Son of man be.
38 For as in the days that were before the flood they were eating and drinking, marrying and giving in marriage, until the day that Noakh entered into the ark,
39 And knew not until the flood came, and took them all away; so shall also the coming of the Son of man be.
40 Then shall two be in the field; the one shall be taken, and the other left.
41 Two women shall be grinding at the mill; the one shall be taken, and the other left.
42 Watch therefore: for ye know not what hour your Adone doth come.

43 וְאֶת־זֹאת דְּעוּ אֲשֶׁר לוּ־יָדַע בַּעַל הַבַּיִת בְּאֵי־זוֹ אַשְׁמוּרָה יָבֹא הַגַּנָּב כִּי־עַתָּה שָׁקַד
וְלֹא הִנִּיחַ לַחְתֹּר אֶת־בֵּיתוֹ׃ 44 לָכֵן הֱיוּ נְכוֹנִים גַּם־אַתֶּם כִּי בְּשָׁעָה אֲשֶׁר לֹא תְדַמּוּ
יָבוֹא בֶּן־הָאָדָם׃ 45 מִי הוּא אֵפוֹא הָעֶבֶד הַנֶּאֱמָן וְהַנָּבוֹן אֲשֶׁר הִפְקִידוֹ אֲדֹנָיו עַל־עֲבָדָיו
לָתֵת לָהֶם אֶת־אָכְלָם בְּעִתּוֹ׃ 46 אַשְׁרֵי הָעֶבֶד אֲשֶׁר יָבוֹא אֲדֹנָיו וְיִמְצָאֵהוּ עֹשֶׂה כֵּן׃
47 אָמֵן אֹמֵר אֲנִי לָכֶם כִּי יַפְקִידֵהוּ עַל־כָּל־אֲשֶׁר־לוֹ׃ 48 וְאִם־יֹאמַר הָעֶבֶד הָרַע בְּלִבּוֹ
מְאַחֵר אֲדֹנִי לָבוֹא׃ 49 וְהִכָּה אֶת־חֲבֵרָיו וְאָכַל וְשָׁתָה עִם־הַסּוֹבְאִים׃ 50 בּוֹא יָבוֹא
אֲדֹנֵי הָעֶבֶד הַהוּא בְּיוֹם לֹא יְצַפֶּה וּבְשָׁעָה לֹא יֵדָע׃ 51 וִישַׁסֵּף אֹתוֹ וְיָשִׂים אֶת־חֶלְקוֹ
עִם־הַחֲנֵפִים שָׁם תִּהְיֶה הַיְלָלָה וַחֲרֹק הַשִּׁנָּיִם׃

THE PARABLE OF THE TEN VIRGINS

כה אָז תִּדְמֶה מַלְכוּת הַשָּׁמַיִם לְעֶשֶׂר עֲלָמוֹת אֲשֶׁר לָקְחוּ אֶת־נֵרוֹתֵיהֶן וַתֵּצֶאנָה
לִקְרַאת הֶחָתָן׃ 2 חָמֵשׁ מֵהֶן חֲכָמוֹת וְחָמֵשׁ כְּסִילוֹת׃ 3 וַתִּקַּחְנָה הַכְּסִילוֹת
אֶת־הַנֵּרוֹת וְלֹא־לָקְחוּ עִמָּהֶן שָׁמֶן׃ 4 וְהַחֲכָמוֹת לָקְחוּ שֶׁמֶן בִּכְלֵיהֶן וְאֵת נֵרוֹתֵיהֶן׃ 5
וְכַאֲשֶׁר אֵחַר הֶחָתָן לָבוֹא וַתָּנֹמְנָה כֻּלָּן וַתֵּרָדַמְנָה׃ 6 וַיְהִי בַּחֲצוֹת הַלַּיְלָה וַיִּשָּׁמַע קוֹל
תְּרוּעָה הִנֵּה הֶחָתָן צְאֶינָה לִקְרָאתוֹ׃ 7 אָז הִתְעוֹרְרוּ כָּל־הָעֲלָמוֹת הָהֵן וַתֵּיטַבְנָה אֶת־
נֵרוֹתֵיהֶן׃ 8 וַתֹּאמַרְנָה הַכְּסִילוֹת אֶל־הַחֲכָמוֹת תֵּנָּה לָּנוּ מִשַּׁמְנְכֶן כִּי יִכְבּוּ נֵרוֹתֵינוּ׃ 9
וַתַּעֲנֶינָה הַחֲכָמוֹת לֵאמֹר לֹא כֵן פֶּן־לֹא יַסְפִּיק לָנוּ וְלָכֶן כִּי אִם־לֵכְנָה אֶל־הַמּוֹכְרִים
וּקְנֶינָה לָכֶן׃ 10 וַיְהִי הֵנָּה הֹלְכוֹת לִקְנוֹת וְהֶחָתָן בָּא וַתָּבֹאנָה הַנְּכֹנוֹת עִמּוֹ אֶל־הַחֲתֻנָּה
וַתִּסָּגֵר הַדָּלֶת׃ 11 וְאַחַר בָּאוּ גַּם־יֶתֶר הָעֲלָמוֹת וַתֹּאמַרְנָה אֲדֹנֵינוּ אֲדֹנֵינוּ פְּתַח־לָנוּ׃
12 וַיַּעַן וַיֹּאמַר אָמֵן אֹמֵר אֲנִי לָכֶן לֹא יָדַעְתִּי אֶתְכֶן׃ 13 לָכֵן שִׁקְדוּ כִּי אֵינְכֶם יוֹדְעִים
אֶת־הַיּוֹם וְאֶת־הַשָּׁעָה (אֲשֶׁר יָבֹא בָהּ בֶּן־הָאָדָם)׃

THE PARABLE OF THE TALENTS

14 כִּי הַדָּבָר דֹּמֶה לְאִישׁ נֹסֵעַ לְמֵרָחוֹק אֲשֶׁר קָרָא אֶל־עֲבָדָיו וַיַּפְקֵד בְּיָדָם אֶת־
רְכוּשׁוֹ׃ 15 וַיִּתֵּן לָזֶה חָמֵשׁ כִּכָּרִים וְלָזֶה שְׁתַּיִם וְלָזֶה אֶחָת לְכָל־אִישׁ לְפִי יְכָלְתּוֹ
וַיְמַהֵר וַיִּסַּע מִשָּׁם׃ 16 וַיֵּלֶךְ הָאִישׁ הַלֹּקֵחַ חָמֵשׁ כִּכָּרִים וַיִּסְחַר בָּהֶן וַיַּעַשׂ חָמֵשׁ
כִּכָּרִים אֲחֵרוֹת׃ 17 וְכֵן הַלֹּקֵחַ שְׁתַּיִם גַּם־הוּא הִרְוִיחַ שְׁתַּיִם אֲחֵרוֹת׃ 18 וְלֹקֵחַ הָאַחַת
הָלַךְ וַיַּחְפֹּר בָּאֲדָמָה וַיִּטְמֹן אֶת־כֶּסֶף אֲדֹנָיו׃ 19 וְאַחֲרֵי יָמִים רַבִּים בָּא אֲדוֹנֵי הָעֲבָדִים
הָהֵם וַיַּעַשׂ חֶשְׁבּוֹן עִמָּהֶם׃

MATTHEW

43 But know this, that if the goodman of the house had known in what watch the thief would come, he would have watched, and would not have suffered his house to be broken up.

44 Therefore be ye also ready: for in such an hour as ye think not the Son of man cometh.

45 Who then is a faithful and wise servant, whom his Adon hath made ruler over his household, to give them meat in due season?

46 Blessed is that servant, whom his Adon when he cometh shall find so doing.

47 Verily I say unto you, That he shall make him ruler over all his goods.

48 But and if that evil servant shall say in his heart, My Adon delayeth his coming;

49 And shall begin to smite his fellowservants, and to eat and drink with the drunken;

50 The Adon of that servant shall come in a day when he looketh not for him, and in an hour that he is not aware of,

51 And shall cut him asunder, and appoint him his portion with the hypocrites: there shall be weeping and gnashing of teeth.

THE PARABLE OF THE TEN VIRGINS

25 THEN shall the kingdom of heaven be likened unto ten virgins, which took their lamps, and went forth to meet the bridegroom.

2 And five of them were wise, and five were foolish.

3 They that were foolish took their lamps, and took no oil with them:

4 But the wise took oil in their vessels with their lamps.

5 While the bridegroom tarried, they all slumbered and slept.

6 And at midnight there was a cry made, Behold, the bridegroom cometh; go ye out to meet him.

7 Then all those virgins arose, and trimmed their lamps.

8 And the foolish said unto the wise, Give us of your oil; for our lamps are gone out.

9 But the wise answered, saying, Not so; lest there be not enough for us and you: but go ye rather to them that sell, and buy for yourselves.

10 And while they went to buy, the bridegroom came; and they that were ready went in with him to the marriage: and the door was shut.

11 Afterward came also the other virgins, saying, Adone, Adone, open to us.

12 But he answered and said, Verily I say unto you, I know you not.

13 Watch therefore, for ye know neither the day nor the hour wherein the Son of man cometh.

THE PARABLE OF THE TALENTS

14 For the kingdom of heaven is as a man travelling into a far country, who called his own servants, and delivered unto them his goods.

15 And unto one he gave five talents, to another two, and to another one; to every man according to his several ability; and straightway took his journey.

16 Then he that had received the five talents went and traded with the same, and made them other five talents.

17 And likewise he that had received two, he also gained other two.

18 But he that had received one went and digged in the earth, and hid his Adon's money.

19 After a long time the Adon of those servants cometh, and reckoneth with them.

20 וַיִּגַּשׁ הַלֹּקֵחַ חֲמֵשׁ הַכִּכָּרִים וַיָּבֵא חָמֵשׁ כִּכָּרִים אֲחֵרוֹת וַיֹּאמַר אֲדֹנִי חָמֵשׁ כִּכָּרִים
הִפְקַדְתָּ בְּיָדִי הִנֵּה חָמֵשׁ כִּכָּרִים אֲחֵרוֹת הִרְוַחְתִּי בָהֵן׃ 21 וַיֹּאמֶר אֵלָיו אֲדֹנָיו הֱטִיבֹתָ
לַעֲשׂוֹת עֶבֶד טוֹב וְנֶאֱמָן כִּי בִמְעַט נֶאֱמָן הָיִיתָ וְעַל־הַרְבֵּה אַפְקִידְךָ בּוֹא לְשִׂמְחַת אֲדֹנֶיךָ׃
22 וַיִּגַּשׁ גַּם־לֹקֵחַ הַכִּכָּרַיִם וַיֹּאמַר אֲדֹנִי כִּכָּרַיִם הִפְקַדְתָּ בְּיָדִי הִנֵּה כִּכָּרַיִם הִרְוַחְתִּי
בָהֵן׃ 23 וַיֹּאמֶר אֵלָיו אֲדֹנָיו הֱטִיבֹתָ לַעֲשׂוֹת עֶבֶד טוֹב וְנֶאֱמָן בַּמִּזְעָר נֶאֱמַן הָיִיתָ וְעַל־
הַרְבֵּה אַפְקִידְךָ בּוֹא לְשִׂמְחַת אֲדֹנֶיךָ׃ 24 וַיִּגַּשׁ גַּם־הַלֹּקֵחַ אֶת־הַכִּכָּר הָאַחַת וַיֹּאמַר
אֲדֹנִי יְדַעְתִּיךָ כִּי־אִישׁ קָשֶׁה אַתָּה קֹצֵר בַּאֲשֶׁר לֹא זָרַעְתָּ וְכֹנֵס מֵאֲשֶׁר לֹא פִזַּרְתָּ׃ 25
וָאִירָא וָאֵלֵךְ וָאֶטְמֹן אֶת־כִּכָּרְךָ בָּאֲדָמָה וְעַתָּה הֵא־לְךָ אֲשֶׁר־לָךְ׃ 26 וַיַּעַן אֲדֹנָיו וַיֹּאמֶר
אֵלָיו הָעֶבֶד הָרַע וְהֶעָצֵל אַתָּה יָדַעְתָּ כִּי־קֹצֵר אָנֹכִי בַּאֲשֶׁר לֹא זָרַעְתִּי וְכֹנֵס מֵאֲשֶׁר לֹא
פִזַּרְתִּי׃ 27 לָכֵן הָיָה עָלֶיךָ לָתֵת אֶת־כַּסְפִּי לַשֻּׁלְחָנִים וַאֲנִי בְּבוֹאִי הָיִיתִי לֹקֵחַ אֵת אֲשֶׁר־
לִי וְתַרְבִּיתוֹ׃ 28 עַל־כֵּן שְׂאוּ מִמֶּנּוּ אֵת הַכִּכָּר וּתְנוּ אֶל־הָאִישׁ אֲשֶׁר־לוֹ עֶשֶׂר הַכִּכָּר׃
29 כִּי מִי אֲשֶׁר יֶשׁ־לוֹ יִנָּתֶן לוֹ וְיַעְדִּיף וּמִי אֲשֶׁר אֵין־לוֹ יֻקַּח מִמֶּנּוּ גַּם אֵת אֲשֶׁר־לוֹ׃ 30
וְאֶת־עֶבֶד הַבְּלִיַּעַל הַשְׁלִיכוּ אֶל־הַחֹשֶׁךְ הַחִיצוֹן שָׁם תִּהְיֶה הַיְלָלָה וַחֲרֹק הַשִּׁנָּיִם׃

THE FINAL JUDGMENT

31 וְהָיָה כִּי יָבוֹא בֶּן־הָאָדָם בִּכְבוֹדוֹ וְכָל־הַמַּלְאָכִים הַקְּדֹשִׁים עִמּוֹ וְיָשַׁב עַל־
כִּסֵּא כְבוֹדוֹ׃ 32 וְנֶאֶסְפוּ לְפָנָיו כָּל־הַגּוֹיִם וְהִפְרִיד בֵּינֵיהֶם כַּאֲשֶׁר יַפְרִיד הָרֹעֶה
בֵּין הַכְּבָשִׂים וּבֵין הָעַתּוּדִים׃ 33 וְהִצִּיב אֶת־הַכְּבָשִׂים לִימִינוֹ וְאֵת הָעַתּוּדִים
לִשְׂמֹאלוֹ׃ 34 אָז יֹאמַר הַמֶּלֶךְ אֶל־הַנִּצָּבִים לִימִינוֹ בֹּאוּ בְּרוּכֵי אָבִי וּרְשׁוּ אֶת־
הַמַּלְכוּת הַמּוּכָנָה לָכֶם לְמִן־הִוָּסֵד הָעוֹלָם׃ 35 כִּי רָעֵב הָיִיתִי וַתַּאֲכִילֻנִי צָמֵא
הָיִיתִי וַתַּשְׁקוּנִי אֹרֵחַ הָיִיתִי וַתַּאַסְפוּנִי׃ 36 עָרוֹם וַתְּכַסּוּנִי חוֹלֶה וַתְּבַקְּרוּנִי
בַּמִּשְׁמָר הָיִיתִי וַתָּבֹאוּ אֵלָי׃ 37 וְעָנוּ הַצַּדִּיקִים וְאָמְרוּ אֲדֹנֵינוּ מָתַי רְאִינוּךָ
רָעֵב וַנְּכַלְכְּלֶךָ אוֹ צָמֵא וַנַּשְׁקֶה אוֹתָךְ׃ 38 וּמָתַי רְאִינוּךָ אֹרֵחַ וַנַּאַסְפֶךָ אוֹ עָרֹם
וַנְּכַסֶּךָ׃ 39 וּמָתַי רְאִינוּךָ חוֹלֶה אוֹ בַּמִּשְׁמָר וַנָּבֹא אֵלֶיךָ׃ 40 וְהַמֶּלֶךְ יַעֲנֶה וַיֹּאמַר
אֲלֵיהֶם אָמֵן אֹמֵר אֲנִי לָכֶם מַה־שֶּׁעֲשִׂיתֶם לְאֶחָד מֵאַחַי הַצְּעִירִים הָאֵלֶּה לִי
עֲשִׂיתֶם׃ 41 וְאָז יֹאמַר גַּם אֶל־הַנִּצָּבִים לִשְׂמֹאלוֹ לְכוּ מֵעָלַי אֲרוּרִים אֶל־אֵשׁ
עוֹלָם הַמּוּכָנָה לַשָּׂטָן וּלְמַלְאָכָיו׃ 42 כִּי רָעֵב הָיִיתִי וְלֹא הֶאֱכַלְתֶּם אוֹתִי צָמֵא
הָיִיתִי וְלֹא הִשְׁקִיתֶם אוֹתִי׃ 43 אֹרֵחַ הָיִיתִי וְלֹא אֲסַפְתֶּם אוֹתִי עָרוֹם וְלֹא
כִסִּיתֶם אוֹתִי חוֹלֶה וּבַמִּשְׁמָר וְלֹא בִקַּרְתֶּם אוֹתִי׃

MATTHEW

20 And so he that had received five talents came and brought other five talents, saying, Adoni, thou deliveredst unto me five talents: behold, I have gained beside them five talents more.

21 His Adon said unto him, Well done, thou good and faithful servant: thou hast been faithful over a few things, I will make thee ruler over many things: enter thou into the joy of thy Adon.

22 He also that had received two talents came and said, Adoni, thou deliveredst unto me two talents: behold, I have gained two other talents beside them.

23 His Adon said unto him, Well done, good and faithful servant; thou hast been faithful over a few things, I will make thee ruler over many things: enter thou into the joy of thy Adon.

24 Then he which had received the one talent came and said, Adoni, I knew thee that thou art an hard man, reaping where thou hast not sown, and gathering where thou hast not strawed:

25 And I was afraid, and went and hid thy talent in the earth: lo, there thou hast that is thine.

26 His Adon answered and said unto him, Thou wicked and slothful servant, thou knewest that I reap where I sowed not, and gather where I have not strawed:

27 Thou oughtest therefore to have put my money to the exchangers, and then at my coming I should have received mine own with usury.

28 Take therefore the talent from him, and give it unto him which hath ten talents.

29 For unto every one that hath shall be given, and he shall have abundance: but from him that hath not shall be taken away even that which he hath.

30 And cast ye the unprofitable servant into outer darkness: there shall be weeping and gnashing of teeth.

THE FINAL JUDGMENT

31 When the Son of man shall come in his glory, and all the holy angels with him, then shall he sit upon the throne of his glory:

32 And before him shall be gathered all nations: and he shall separate them one from another, as a shepherd divideth his sheep from the goats:

33 And he shall set the sheep on his right hand, but the goats on the left.

34 Then shall the King say unto them on his right hand, Come, ye blessed of my Father, inherit the kingdom prepared for you from the foundation of the world:

35 For I was an hungred, and ye gave me meat: I was thirsty, and ye gave me drink: I was a stranger, and ye took me in:

36 Naked, and ye clothed me: I was sick, and ye visited me: I was in prison, and ye came unto me.

37 Then shall the righteous answer him, saying, Adone, when saw we thee an hungred, and fed thee? or thirsty, and gave thee drink?

38 When saw we thee a stranger, and took thee in? or naked, and clothed thee?

39 Or when saw we thee sick, or in prison, and came unto thee?

40 And the King shall answer and say unto them, Verily I say unto you, Inasmuch as ye have done it unto one of the least of these my brethren, ye have done it unto me.

41 Then shall he say also unto them on the left hand, Depart from me, ye cursed, into everlasting fire, prepared for the devil and his angels:

42 For I was an hungred, and ye gave me no meat: I was thirsty, and ye gave me no drink:

43 I was a stranger, and ye took me not in: naked, and ye clothed me not: sick, and in prison, and ye visited me not.

44 וְעָנוּ גַם־הֵם וְאָמְרוּ אֲדֹנֵינוּ מָתַי רְאִינוּךָ רָעֵב אוֹ צָמֵא אוֹ אֹרֵחַ אוֹ עָרוֹם אוֹ חוֹלֶה
אוֹ בַמִּשְׁמָר וְלֹא שֵׁרַתְנוּךָ: 45 אָז יַעֲנֶה אֹתָם לֵאמֹר אָמֵן אֹמֵר אֲנִי לָכֶם מַה־שֶּׁלֹּא
עֲשִׂיתֶם לְאֶחָד מִן־הַצְּעִירִים הָאֵלֶּה גַּם־לִי לֹא עֲשִׂיתֶם: 46 וְהָלְכוּ אֵלֶּה לְמַעֲצֵבַת עוֹלָם
וְהַצַּדִּיקִים לְחַיֵּי עוֹלָם:

THE PLOT TO KILL YAHOSHUA

כו וַיְהִי כְּכַלּוֹת **יָהוֹשֻׁעַ** לְדַבֵּר אֵת כָּל־הַדְּבָרִים הָאֵלֶּה וַיֹּאמֶר אֶל־תַּלְמִידָיו: 2 אַתֶּם
יְדַעְתֶּם כִּי עוֹד יוֹמַיִם **וְהַפֶּסַח** בָּא וּבֶן־הָאָדָם יִמָּסֵר לְהִצָּלֵב: 3 וַיִּקָּהֲלוּ רָאשֵׁי
הַכֹּהֲנִים וְהַסּוֹפְרִים וְזִקְנֵי הָעָם אֶל־חֲצַר הַכֹּהֵן הַגָּדוֹל וּשְׁמוֹ **קַיָּפָא:** 4 וַיִּוָּעֲצוּ יַחְדָּו לִתְפֹּשׂ
אֶת־**יָהוֹשֻׁעַ** בְּעָרְמָה וְלַהֲמִיתוֹ: 5 וַיֹּאמְרוּ אַךְ־לֹא בֶחָג פֶּן־תִּהְיֶה מְהוּמָה בָּעָם:

YAHOSHUA ANOINTED AT BETHANY

6 וַיְהִי בִּהְיוֹת **יָהוֹשֻׁעַ** בֵּית הִינִי בְּבֵית שִׁמְעוֹן הַמְּצֹרָע: 7 וַתִּקְרַב אֵלָיו אִשָּׁה וּבְיָדָהּ
פַּךְ מִרְקַחַת יְקָרָה מְאֹד וַתִּצֹק עַל־רֹאשׁוֹ בַּהֲסִבּוֹ לֶאֱכֹל: 8 וַיִּרְאוּ הַתַּלְמִידִים וַיִּכְעֲסוּ
וַיֹּאמְרוּ עַל־מָה הָאִבּוּד הַזֶּה: 9 כִּי הַמִּרְקַחַת הַזֹּאת הָיְתָה רְאוּיָה לְהִמָּכֵר בִּמְחִיר רָב
וְלָתֵת לָעֲנִיִּים: 10 וַיֵּדַע **יָהוֹשֻׁעַ** וַיֹּאמֶר אֲלֵיהֶם לָמָּה תַלְאוּ אֶת־הָאִשָּׁה הֲלֹא מַעֲשֶׂה טוֹב
עָשְׂתָה עִמָּדִי: 11 כִּי הָעֲנִיִּים בְּכָל־עֵת אִתְּכֶם וְאָנֹכִי אֵינֶנִּי בְּקִרְבְּכֶם בְּכָל־עֵת: 12 כִּי
אֲשֶׁר שָׁפְכָה אֶת־הַמִּרְקַחַת הַזֹּאת עַל־גּוּפִי לַחֲנֹט אוֹתִי עָשְׂתָה זֹּאת: 13 אָמֵן אֹמֵר אֲנִי
לָכֶם בְּכָל־מָקוֹם אֲשֶׁר תִּקָּרֵא הַבְּשׂוֹרָה הַזֹּאת בְּכָל־הָעוֹלָם גַּם אֶת־אֲשֶׁר עָשְׂתָה הִיא
יְסֻפַּר לְזִכָּרוֹן לָהּ:

JUDAS TO BETRAY YAHOSHUA

14 וַיֵּלֶךְ אֶחָד מִשְּׁנֵים הֶעָשָׂר וּשְׁמוֹ יְהוּדָה אִישׁ־קְרִיּוֹת אֶל־רָאשֵׁי הַכֹּהֲנִים: 15 וַיֹּאמֶר
מָה־תִּתְּנוּ לִי וְאֶמְסְרֶנּוּ בְיֶדְכֶם וַיִּשְׁקְלוּ־לוֹ שְׁלֹשִׁים כָּסֶף: 16 וּמִן־הָעֵת הַהִיא בִּקֵּשׁ תֹּאֲנָה
לִמְסֹר אוֹתוֹ:

THE PASSOVER WITH THE DISCIPLES

17 וַיְהִי בָּרִאשׁוֹן **לְחַג הַמַּצּוֹת** וַיִּגְּשׁוּ הַתַּלְמִידִים אֶל־**יָהוֹשֻׁעַ** לֵאמֹר אֵיפֹה נָכִין לְךָ לֶאֱכֹל אֶת־
הַפָּסַח: 18 וַיֹּאמֶר לְכוּ הָעִירָה אֶל־פְּלֹנִי אַלְמֹנִי וַאֲמַרְתֶּם אֵלָיו כֹּה אָמַר רַבֵּנוּ עִתִּי קְרוֹבָה
וּבְבֵיתְךָ אֶעֱשֶׂה אֶת־**הַפֶּסַח** עִם־תַּלְמִידָי: 19 וַיַּעֲשׂוּ הַתַּלְמִידִים כַּאֲשֶׁר צִוָּם **יָהוֹשֻׁעַ** וַיָּכִינוּ
אֶת־הַפָּסַח: 20 וַיְהִי בָעֶרֶב וַיָּסֵב עִם־שְׁנֵים הֶעָשָׂר: 21 וּבְאָכְלָם וַיֹּאמַר אָמֵן אֹמֵר אֲנִי לָכֶם
אֶחָד מִכֶּם יִמְסְרֵנִי: 22 וַיִּתְעַצְּבוּ מְאֹד וַיָּחֵלּוּ אִישׁ אִישׁ לֵאמֹר לוֹ הֶאָנֹכִי הוּא אֲדֹנִי:

MATTHEW

44 Then shall they also answer him, saying, Adone, when saw we thee an hungred, or athirst, or a stranger, or naked, or sick, or in prison, and did not minister unto thee?

45 Then shall he answer them, saying, Verily I say unto you, Inasmuch as ye did it not to one of the least of these, ye did it not to me.

46 And these shall go away into everlasting punishment: but the righteous into life eternal.

THE PLOT TO KILL YAHOSHUA

26 AND it came to pass, when **YAHOSHUA** had finished all these sayings, he said unto his disciples,

2 Ye know that after two days is the feast of the **Pesakh**, and the Son of man is betrayed to be crucified.

3 Then assembled together the chief priests, and the scribes, and the elders of the people, unto the palace of the high priest, who was called **Qayapha (Caiaphas)**,

4 And consulted that they might take **YAHOSHUA** by subtilty, and kill him.

5 But they said, Not on the feast day, lest there be an uproar among the people.

YAHOSHUA ANOINTED AT BETHANY

6 Now when **YAHOSHUA** was in Beth-Hini, in the house of Shimon the leper,

7 There came unto him a woman having an alabaster box of very precious ointment, and poured it on his head, as he sat at meat.

8 But when his disciples saw it, they had indignation, saying, To what purpose is this waste?

9 For this ointment might have been sold for much, and given to the poor.

10 When **YAHOSHUA** understood it, he said unto them, Why trouble ye the woman? for she hath wrought a good work upon me.

11 For ye have the poor always with you; but me ye have not always.

12 For in that she hath poured this ointment on my body, she did it for my burial.

13 Verily I say unto you, Wheresoever this gospel shall be preached in the whole world, there shall also this, that this woman hath done, be told for a memorial of her.

JUDAS TO BETRAY YAHOSHUA

14 Then one of the twelve, called Yehudah Ishqeriot, went unto the chief priests,

15 And said unto them, What will ye give me, and I will deliver him unto you? And they covenanted with him for thirty pieces of silver.

16 And from that time he sought opportunity to betray him.

THE PASSOVER WITH THE DISCIPLES

17 Now the first day of **The Feast of Matzot** the disciples came to **YAHOSHUA**, saying unto him, Where wilt thou that we prepare for thee to eat the **Pesakh**?

18 And he said, Go into the city to such a man, and say unto him, The Master saith, My time is at hand; I will keep the **Pesakh** at thy house with my disciples.

19 And the disciples did as **YAHOSHUA** had appointed them; and they made ready the **Pesakh**.

20 Now when the even was come, he sat down with the twelve.

21 And as they did eat, he said, Verily I say unto you, that one of you shall betray me.

22 And they were exceeding sorrowful, and began every one of them to say unto him, Adoni, is it I?

23 וַיַּעַן וַיֹּאמֶר הָאִישׁ אֲשֶׁר טָבַל עִמִּי אֶת־יָדוֹ בַּקְּעָרָה הוּא יִמְסְרֵנִי׃ 24 הֵן בֶּן־הָאָדָם
הַלוֹךְ יֵלֵךְ כַּכָּתוּב עָלָיו וְאוֹי לָאִישׁ אֲשֶׁר עַל־יָדוֹ יִמָּסֵר בֶּן־הָאָדָם טוֹב לָאִישׁ הַהוּא שֶׁלֹּא
נוֹלָד׃ 25 וַיַּעַן יְהוּדָה הַמֹּסֵר אוֹתוֹ וַיֹּאמַר רַבִּי הַאֲנִי הוּא וַיֹּאמֶר אֵלָיו אַתָּה אָמָרְתָּ׃

INSTITUTION OF ADONAI'S SUPPER

26 וַיְהִי בְּאָכְלָם וַיִּקַּח **יָהוֹשֻׁעַ** אֶת־הַלֶּחֶם וַיְבָרֶךְ וַיִּפְרֹס וַיִּתֵּן לַתַּלְמִידִים וַיֹּאמַר קְחוּ
וְאִכְלוּ זֶה הוּא גּוּפִי׃ 27 וַיִּקַּח אֶת־הַכּוֹס וַיְבָרֶךְ וַיִּתֵּן לָהֶם וַיֹּאמַר שְׁתוּ מִמֶּנָּה כֻּלְּכֶם׃
28 כִּי זֶה הוּא דָּמִי דַּם־הַבְּרִית הַחֲדָשָׁה הַנִּשְׁפָּךְ בְּעַד רַבִּים לִסְלִיחַת חֲטָאִים׃ 29 וַאֲנִי
אֹמֵר לָכֶם לֹא אֶשְׁתֶּה מֵעַתָּה מִפְּרִי הַגֶּפֶן הַזֶּה עַד הַיּוֹם הַהוּא אֲשֶׁר אֶשְׁתֶּה אֹתוֹ עִמָּכֶם
וְהוּא חָדָשׁ בְּמַלְכוּת אָבִי׃

YAHOSHUA FORETELLS PETER'S DENIAL

30 וַיְהִי אַחֲרֵי קָרְאָם אֶת־הַהַלֵּל וַיֵּצְאוּ אֶל־הַר הַזֵּיתִים׃ 31 אָז אָמַר אֲלֵיהֶם **יָהוֹשֻׁעַ**
אַתֶּם כֻּלְּכֶם תִּכָּשְׁלוּ בִי הַלָּיְלָה כִּי כָתוּב אַכֶּה אֶת־הָרֹעֶה וּתְפוּצֶיןָ הַצֹּאן׃ 32 וְאַחֲרֵי
קוּמִי אֵלֵךְ לִפְנֵיכֶם הַגָּלִילָה׃ 33 וַיַּעַן כֵּיפָע וַיֹּאמֶר לוֹ גַּם כִּי־יִכָּשְׁלוּ בְךָ כֻּלָּם אֲנִי לֹא
אֶכָּשֵׁל לְעוֹלָם׃ 34 וַיֹּאמֶר אֵלָיו **יָהוֹשֻׁעַ** אָמֵן אֹמֵר אֲנִי לְךָ כִּי בַלַּיְלָה הַזֶּה בְּטֶרֶם יִקְרָא
הַתַּרְנְגוֹל תְּכַחֵשׁ בִּי שָׁלֹשׁ פְּעָמִים׃ 35 וַיֹּאמֶר אֵלָיו כֵּיפָע גַּם אִם עָלַי לָמוּת אִתְּךָ לֹא
אֲכַחֵשׁ בָּךְ וְכֵן אָמְרוּ גַּם כָּל־הַתַּלְמִידִים׃

YAHOSHUA PRAYS IN GETHSEMANE

36 אַחֲרֵי־כֵן בָּא אִתָּם **יָהוֹשֻׁעַ** אֶל־חָצֵר הַנִּקְרָא **גַּת־שְׁמָנֵי** וַיֹּאמֶר אֶל־הַתַּלְמִידִים שְׁבוּ
לָכֶם פֹּה עַד־אֲשֶׁר אֵלֵךְ שָׁמָּה וְהִתְפַּלָּלְתִּי׃ 37 וַיִּקַּח אִתּוֹ אֶת־כֵּיפָע וְאֶת־שְׁנֵי בְּנֵי זַבְדָּי
וַיָּחֶל לְהֵעָצֵב וְלָמוּג׃ 38 וַיֹּאמֶר לָהֶם נַפְשִׁי מָרָה־לִּי עַד־מָוֶת עִמְדוּ פֹה וְשִׁקְדוּ עִמִּי׃
39 וַיֵּלֶךְ מְעַט מֵאִתָּם וַיִּפֹּל עַל־פָּנָיו וַיִּתְפַּלֵּל לֵאמֹר אָבִי אִם־יוּכַל לִהְיוֹת תַּעֲבָר־נָא
מֵעָלַי הַכּוֹס הַזֹּאת אַךְ לֹא כִרְצוֹנִי כִּי אִם־כִּרְצוֹנֶךָ׃ 40 וַיָּבֹא אֶל־הַתַּלְמִידִים וַיִּמְצָאֵם
יְשֵׁנִים וַיֹּאמֶר אֶל־כֵּיפָע הִנֵּה לֹא־הָיָה בִיכָלְתְּכֶם לִשְׁקֹד עִמִּי שָׁעָה אֶחָת׃ 41 שִׁקְדוּ
וְהִתְפַּלְלוּ פֶּן־תָּבֹאוּ לִידֵי נִסָּיוֹן הֵן **הָרוּחַ** חֲפֵצָה וְהַבָּשָׂר רָפֶה׃ 42 וַיּוֹסֶף לָלֶכֶת־לוֹ שֵׁנִית
וַיִּתְפַּלֵּל לֵאמֹר אָבִי אִם־לֹא תוּכַל הַכּוֹס הַזֹּאת לַעֲבֹר מֵעָלַי בִּלְתִּי אִם אֶשְׁתֶּה אֹתָהּ יְהִי
כִרְצוֹנֶךָ׃ 43 וַיָּבֹא וַיִּמְצָאֵם גַּם בַּפַּעַם הַזֹּאת יְשֵׁנִים כִּי עֵינֵיהֶם כְּבֵדוֹת׃ 44 וַיַּנִּיחֵם וַיּוֹסֶף
לָלֶכֶת וַיִּתְפַּלֵּל שְׁלִישִׁית בְּאָמְרוֹ עוֹד־הַפַּעַם כַּדָּבָר הַזֶּה׃ 45 וַיָּבֹא אֶל־הַתַּלְמִידִים וַיֹּאמֶר
אֲלֵיהֶם נוּמוּ עוֹד וְנוּחוּ הִנֵּה הַשָּׁעָה קְרוֹבָה וּבֶן־הָאָדָם נִמְסָר בִּידֵי חַטָּאִים׃

MATTHEW

23 And he answered and said, He that dippeth his hand with me in the dish, the same shall betray me.

24 The Son of man goeth as it is written of him: but woe unto that man by whom the Son of man is betrayed! it had been good for that man if he had not been born.

25 Then Yehudah, which betrayed him, answered and said, Master, is it I? He said unto him, Thou hast said.

INSTITUTION OF ADONAI'S SUPPER

26 And as they were eating, **YAHOSHUA** took bread, and blessed it, and brake it, and gave it to the disciples, and said, Take, eat; this is my body.

27 And he took the cup, and gave thanks, and gave it to them, saying, Drink ye all of it;

28 For this is my blood of the new covenant, which is shed for many for the remission of sins.

29 But I say unto you, I will not drink henceforth of this fruit of the vine, until that day when I drink it new with you in my Father's kingdom.

YAHOSHUA FORETELLS PETER'S DENIAL

30 And when they had sung an hymn, they went out into the mount of Olives.

31 Then saith **YAHOSHUA** unto them, All ye shall be offended because of me this night: for it is written, I will "smite the shepherd, and the sheep shall be scattered."

32 But after I am risen again, I will go before you into Galilah.

33 Kepha answered and said unto him, Though all men shall be offended because of thee, yet will I never be offended.

34 **YAHOSHUA** said unto him, Verily I say unto thee, That this night, before the cock crow, thou shalt deny me thrice.

35 Kepha said unto him, Though I should die with thee, yet will I not deny thee. Likewise also said all the disciples.

YAHOSHUA PRAYS IN GETHSEMANE

36 Then cometh **YAHOSHUA** with them unto a place called **Gath-Shemanay (Gethsemane)**, and saith unto the disciples, Sit ye here, while I go and pray yonder.

37 And he took with him Kepha and the two sons of Zabdi, and began to be sorrowful and very heavy.

38 Then saith he unto them, My soul is exceeding sorrowful, even unto death: tarry ye here, and watch with me.

39 And he went a little further, and fell on his face, and prayed, saying, O my Father, if it be possible, let this cup pass from me: nevertheless not as I will, but as thou wilt.

40 And he cometh unto the disciples, and findeth them asleep, and saith unto Kepha, What, could ye not watch with me one hour?

41 Watch and pray, that ye enter not into temptation: the **RUAKH** indeed is willing, but the flesh is weak.

42 He went away again the second time, and prayed, saying, O my Father, if this cup may not pass away from me, except I drink it, thy will be done.

43 And he came and found them asleep again: for their eyes were heavy.

44 And he left them, and went away again, and prayed the third time, saying the same words.

45 Then cometh he to his disciples, and saith unto them, Sleep on now, and take your rest: behold, the hour is at hand, and the Son of man is betrayed into the hands of sinners.

46 קוּמוּ וְנֵלֵכָה הִנֵּה הַמֹּסֵר אוֹתִי הֹלֵךְ וְקָרֵב׃

BETRAYAL AND ARREST OF YAHOSHUA

47 עוֹדֶנּוּ מְדַבֵּר וְהִנֵּה יְהוּדָה אֶחָד מִשְּׁנֵים הֶעָשָׂר בָּא וְעִמּוֹ הָמוֹן רָב בַּחֲרָבוֹת וּבְמַקְלוֹת
מֵאֵת רָאשֵׁי הַכֹּהֲנִים וְזִקְנֵי הָעָם׃ 48 וְהַמֹּסֵר אֹתוֹ נָתַן לָהֶם אוֹת לֵאמֹר הָאִישׁ אֲשֶׁר
אֶשָּׁקֶהוּ זֶה הוּא תִּפְשׂוּהוּ׃ 49 וּמִיָּד נִגַּשׁ אֶל־**יָהוֹשֻׁעַ** וַיֹּאמֶר שָׁלוֹם לְךָ רַבִּי וַיִּשַּׁק־לוֹ׃ 50
וַיֹּאמֶר אֵלָיו **יָהוֹשֻׁעַ** רֵעִי עַל־מֶה בָּאתָ וַיִּגְּשׁוּ וַיִּשְׁלְחוּ אֶת־יְדֵיהֶם **בְּיָהוֹשֻׁעַ** וַיִּתְפְּשׂוּ אֹתוֹ׃
51 וְהִנֵּה אֶחָד מִן־הָאֲנָשִׁים אֲשֶׁר עִם־**יָהוֹשֻׁעַ** שָׁלַח יָדוֹ וַיִּשְׁלֹף חַרְבּוֹ וַיַּךְ אֶת־עֶבֶד הַכֹּהֵן
הַגָּדוֹל וַיְקַצֵּץ אֶת־אָזְנוֹ׃ 52 וַיֹּאמֶר אֵלָיו **יָהוֹשֻׁעַ** הָשֵׁב אֶת־חַרְבְּךָ אֶל־תַּעְרָהּ כִּי כָל־אֹחֲזֵי
חֶרֶב בַּחֶרֶב יֹאבֵדוּ׃ 53 הֲתֹאמַר בִּלְבָבְךָ כִּי לֹא יָכֹלְתִּי לִשְׁאֹל עַתָּה מֵאֵת אָבִי וִיצַוֶּה־לִּי
יוֹתֵר מִשְּׁנֵים עָשָׂר לִגְיוֹנוֹת שֶׁל־מַלְאָכִים׃ 54 וְאֵיכָכָה אֵפוֹא יִמָּלְאוּ הַכְּתוּבִים כִּי־כֵן הָיֹה
תִהְיֶה׃ 55 בַּשָּׁעָה הַהִיא אָמַר **יָהוֹשֻׁעַ** אֶל־הֲמוֹן הָעָם כְּצֵאת עַל־פָּרִיץ יְצָאתֶם בַּחֲרָבוֹת
וּבְמַקְלוֹת לְתָפְשֵׂנִי וַאֲנִי הָיִיתִי יֹשֵׁב וּמְלַמֵּד בַּמִּקְדָּשׁ יוֹם יוֹם וְלֹא הֶחֱזַקְתֶּם בִּי׃ 56 וְכָל־
זֹאת הָיְתָה לְמַלֹּאת כִּתְבֵי הַנְּבִיאִים אָז עֲזָבוּהוּ הַתַּלְמִידִים כֻּלָּם וַיָּנוּסוּ׃

YAHOSHUA BEFORE CAIAPHAS AND THE COUNCIL

57 וְהָאֲנָשִׁים אֲשֶׁר תָּפְשׂוּ אֶת־**יָהוֹשֻׁעַ** הוֹלִיכֻהוּ אֶל־קַיָּפָא הַכֹּהֵן הַגָּדוֹל אֲשֶׁר נִקְהֲלוּ
בְּבֵיתוֹ הַסּוֹפְרִים וְהַזְּקֵנִים׃ 58 וּכֵיפָע הֹלֵךְ אַחֲרָיו מֵרָחוֹק עַד לַחֲצַר הַכֹּהֵן הַגָּדוֹל וַיָּבֹא
פְּנִימָה וַיֵּשֶׁב אֵצֶל הַמְשָׁרְתִים לִרְאוֹת מַה־יִּהְיֶה אַחֲרִית הַדָּבָר׃ 59 וְרָאשֵׁי הַכֹּהֲנִים
וְהַסּוֹפְרִים וְכָל־הַסַּנְהֶדְרִין בִּקְשׁוּ עֵדוּת שֶׁקֶר **בְּיָהוֹשֻׁעַ** לַהֲמִיתוֹ וְלֹא מָצָאוּ׃ 60 וְאַף כִּי
בָאוּ שָׁמָּה עֵדֵי שֶׁקֶר רַבִּים לֹא מָצָאוּ׃ 61 וּבָאַחֲרוֹנָה נִגְּשׁוּ שְׁנֵי עֵדֵי שֶׁקֶר וַיֹּאמְרוּ זֶה
אָמַר יֵשׁ לְאֵל יָדִי לַהֲרֹס אֶת־הֵיכַל הָאֱלֹהִים וְלִבְנוֹתוֹ בִּשְׁלֹשֶׁת יָמִים׃ 62 וַיָּקָם הַכֹּהֵן
הַגָּדוֹל וַיֹּאמֶר אֵלָיו הֲלֹא תַעֲנֶה דָּבָר מַה־זֶּה יָעִידוּ־בְךָ הָאֲנָשִׁים הָאֵלֶּה׃

63 **וִיהוֹשֻׁעַ** הֶחֱרִישׁ וַיַּעַן הַכֹּהֵן הַגָּדוֹל וַיֹּאמֶר לוֹ מַשְׁבִּיעֲךָ אֲנִי בֵּאלֹהִים חַיִּים
שֶׁתֹּאמַר לָנוּ אִם־אַתָּה **הַמָּשִׁיחַ** בֶּן־הָאֱלֹהִים׃ 64 וַיֹּאמֶר אֵלָיו **יָהוֹשֻׁעַ** אַתָּה אָמָרְתָּ
וַאֲנִי אֹמֵר לָכֶם מֵעַתָּה תִּרְאוּ אֶת־בֶּן־הָאָדָם יֹשֵׁב לִימִין הַגְּבוּרָה וּבָא עִם־עַנְנֵי
הַשָּׁמָיִם׃ 65 וַיִּקְרַע הַכֹּהֵן הַגָּדוֹל אֶת־בְּגָדָיו וַיֹּאמַר מְגַדֵּף הוּא וּמַה־לָּנוּ עוֹד לְבַקֵּשׁ
עֵדִים הֲלֹא עַתָּה שְׁמַעְתֶּם אֶת־גִּדּוּפוֹ׃ 66 מַה־דַּעְתְּכֶם וַיַּעֲנוּ וַיֹּאמְרוּ אִישׁ־מָוֶת הוּא׃
67 וַיָּרֹקוּ בְּפָנָיו וַיַּכֻּהוּ בְאֶגְרוֹף וַאֲחֵרִים הִכֻּהוּ עַל־הַלֶּחִי׃ 68 וַיֹּאמְרוּ הִנָּבֵא לָנוּ
הַמָּשִׁיחַ מִי הוּא הַמַּכֶּה אוֹתָךְ׃

MATTHEW

46 Rise, let us be going: behold, he is at hand that doth betray me.

BETRAYAL AND ARREST OF YAHOSHUA

47 And while he yet spake, lo, Yehudah, one of the twelve, came, and with him a great multitude
with swords and staves, from the chief priests and elders of the people.

48 Now he that betrayed him gave them a sign, saying, Whomsoever I shall kiss, that same is he: hold him fast.

49 And forthwith he came to **YAHOSHUA**, and said, Hail, master; and kissed him.

50 And **YAHOSHUA** said unto him, Friend, wherefore art thou come? Then came they, and laid hands on **YAHOSHUA**, and took him.

51 And, behold, one of them which were with **YAHOSHUA** stretched out his hand, and drew his sword, and struck a servant of the high priest's, and smote off his ear.

52 Then said **YAHOSHUA** unto him, Put up again thy sword into his place: for all they that take the sword shall perish with the sword.

53 Thinkest thou that I cannot now pray to my Father, and he shall presently give me more than twelve legions of angels?

54 But how then shall the scriptures be fulfilled, that thus it must be?

55 In that same hour said **YAHOSHUA** to the multitudes, Are ye come out as against a thief with swords and staves for to take me? I sat daily with you teaching in the temple, and ye laid no hold on me.

56 But all this was done, that the scriptures of the prophets might be fulfilled. Then all the disciples forsook him, and fled.

YAHOSHUA BEFORE CAIAPHAS AND THE COUNCIL

57 And they that had laid hold on **YAHOSHUA** led him away to Qayapha the high priest, where the scribes and the elders were assembled.

58 But Kepha followed him afar off unto the high priest's palace, and went in, and sat with the servants, to see the end.

59 Now the chief priests, and elders, and all the council, sought false witness against **YAHOSHUA**, to put him to death;

60 But found none: yea, though many false witnesses came, yet found they none. At the last came two false witnesses,

61 And said, This fellow said, I am able to destroy the temple of ELOHIM, and to build it in three days.

62 And the high priest arose, and said unto him, Answerest thou nothing? what is it which these witness against thee?

63 But **YAHOSHUA** held his shalom. And the high priest answered and said unto him, I adjure thee by the living ELOHIM, that thou tell us whether thou be the **MESHIAKH**, the Son of ELOHIM.

64 **YAHOSHUA** saith unto him, Thou hast said: nevertheless I say unto you, Hereafter shall ye see the Son of man sitting on the right hand of power, and coming in the clouds of heaven.

65 Then the high priest rent his clothes, saying, He hath spoken blasphemy; what further need have we of witnesses? behold, now ye have heard his blasphemy.

66 What think ye? They answered and said, He is guilty of death.

67 Then did they spit in his face, and buffeted him; and others smote him with the palms of their hands,

68 Saying, Prophesy unto us, thou **MESHIAKH**, Who is he that smote thee?

PETER DENIES YAHOSHUA

69 וְכֵיפָא יָשַׁב מִחוּץ לַבַּיִת בֶּחָצֵר וַתִּגַּשׁ אֵלָיו שִׁפְחָה אַחַת לֵאמֹר גַּם־אַתָּה הָיִיתָ
עִם־**יָהוֹשֻׁעַ** הַגְּלִילִי: 70 וַיְכַחֵשׁ בִּפְנֵי כֻלָּם לֵאמֹר לֹא יָדַעְתִּי מָה־אַתְּ אֹמָרֶת: 71 וַיַּעֲבֹר
אֶל־פֶּתַח הַשַּׁעַר וַתֵּרֶא אוֹתוֹ אַחֶרֶת וַתֹּאמֶר לָאֲנָשִׁים אֲשֶׁר־שָׁם גַּם־זֶה הָיָה עִם־**יָהוֹשֻׁעַ**
הַנָּצְרִי: 72 וַיּוֹסֶף לְכַחֵשׁ וַיִּשָּׁבַע לֵאמֹר לֹא יָדַעְתִּי אֶת־הָאִישׁ: 73 וּמְעַט אַחֲרֵי־כֵן וַיִּגְּשׁוּ
הָעֹמְדִים שָׁם וַיֹּאמְרוּ אֶל־כֵּיפָא אֲבָל גַּם־אַתָּה מֵהֶם כִּי גַם־לְשׁוֹנְךָ מְגַלָּה אוֹתְךָ: 74
וַיָּחֶל לְהַחֲרִים אֶת־נַפְשׁוֹ וּלְהִשָּׁבֵעַ לֵאמֹר לֹא יָדַעְתִּי אֶת־הָאִישׁ וּמִיָּד קָרָא הַתַּרְנְגוֹל: 75
וַיִּזְכֹּר כֵּיפָא אֶת־דְּבַר **יָהוֹשֻׁעַ** אֲשֶׁר דִּבֶּר אֵלָיו לֵאמֹר בְּטֶרֶם יִקְרָא הַתַּרְנְגוֹל תְּכַחֵשׁ בִּי
שָׁלֹשׁ פְּעָמִים וַיֵּצֵא הַחוּצָה וַיְמָרֵר בַּבֶּכִי:

YAHOSHUA DELIVERED TO PILATE

כז וַיְהִי לִפְנוֹת הַבֹּקֶר וַיִּוָּעֲצוּ כָּל־רָאשֵׁי הַכֹּהֲנִים וְזִקְנֵי הָעָם עַל־**יָהוֹשֻׁעַ** לַהֲמִיתוֹ: 2
וַיַּאַסְרוּ אֹתוֹ וַיּוֹלִיכֻהוּ מִשָּׁם וַיִּמְסְרֻהוּ אֶל־פּוֹנְטִיּוֹס **פִּילָטוֹס** הַהֶגְמוֹן:

JUDAS HANGS HIMSELF

3 וַיַּרְא יְהוּדָה הַמֹּסֵר אוֹתוֹ כִּי הִרְשִׁיעֻהוּ וַיִּנָּחֵם וַיָּשֶׁב אֶת־שְׁלֹשִׁים הַכֶּסֶף אֶל־רָאשֵׁי
הַכֹּהֲנִים וְהַזְּקֵנִים לֵאמֹר: 4 חָטָאתִי כִּי־דָם נָקִי הִסְגַּרְתִּי וַיֹּאמְרוּ מַה־לָּנוּ וְלָזֹאת אַתָּה
תִּרְאֶה: 5 וַיַּשְׁלֵךְ אֶת־הַכֶּסֶף אֶל־הַהֵיכָל וַיִּפֶן וַיֵּלֶךְ וַיֵּחָנַק: 6 וַיִּקְחוּ רָאשֵׁי הַכֹּהֲנִים אֶת־
הַכֶּסֶף וַיֹּאמְרוּ לֹא־נָכוֹן לָנוּ לְתִתּוֹ אֶל־אֲרוֹן הַקָּרְבָּן כִּי־מְחִיר דָּמִים הוּא: 7 וַיִּוָּעֲצוּ וַיִּקְנוּ־
בוֹ אֶת־שְׂדֵה הַיּוֹצֵר לִקְבוּרַת הַגֵּרִים: 8 עַל־כֵּן יִקָּרֵא לַשָּׂדֶה הַהוּא שְׂדֵה הַדָּם עַד הַיּוֹם
הַזֶּה: 9 אָז נִתְמַלֵּא מַה־שֶּׁנֶּאֱמַר בְּיַד **יִרְמְיָה** הַנָּבִיא וַיִּקְחוּ שְׁלֹשִׁים הַכֶּסֶף אֶדֶר הַיְקָר
אֲשֶׁר יָקַר מֵעַל־בְּנֵי יִשְׂרָאֵל: 10 וַיִּתְּנוּ אֹתָם אֶל־שְׂדֵה הַיּוֹצֵר כַּאֲשֶׁר צִוָּה **יָהֹוָה** אוֹתִי:

YAHOSHUA BEFORE PILATE

11 **וִיהוֹשֻׁעַ** הָעֹמֵד לִפְנֵי הַהֶגְמוֹן וַיִּשְׁאָלֵהוּ הַהֶגְמוֹן לֵאמֹר הַאַתָּה הוּא מֶלֶךְ הַיְּהוּדִים
וַיֹּאמֶר **יָהוֹשֻׁעַ** אַתָּה אָמַרְתָּ: 12 וְרָאשֵׁי הַכֹּהֲנִים וְהַזְּקֵנִים דִּבְּרוּ עָלָיו שִׂטְנָתָם וְהוּא לֹא־
עָנָה דָבָר: 13 וַיֹּאמֶר אֵלָיו פִּילָטוֹס הַאֵינְךָ שֹׁמֵעַ כַּמָּה הֵם מְעִידִים בָּךְ: 14 וְלֹא עָנָהוּ
אַף־דָּבָר אֶחָד וַיִּתְמַהּ הַהֶגְמוֹן עַד־מְאֹד:

THE CROWD CHOOSES BARABBAS

15 וְהַהֶגְמוֹן הָיָה מַתִּיר לָעָם בְּכָל־חַג אָסִיר אֶחָד אֵת אֲשֶׁר יֶחְפָּצוּ: 16 וּבָעֵת הַהִיא
הָיָה לָהֶם אָסִיר מְפֻרְסָם וּשְׁמוֹ **בַּר־אַבָּא**:

MATTHEW

PETER DENIES YAHOSHUA

69 Now Kepha sat without in the palace: and a damsel came unto him, saying, Thou also wast with **YAHOSHUA** of Galilah.

70 But he denied before them all, saying, I know not what thou sayest.

71 And when he was gone out into the porch, another maid saw him, and said unto them that were there, This fellow was also with **YAHOSHUA** of Netzareth.

72 And again he denied with an oath, I do not know the man.

73 And after a while came unto him they that stood by, and said to Kepha, Surely thou also art one of them; for thy speech bewrayeth thee.

74 Then began he to curse and to swear, saying, I know not the man. And immediately the cock crew.

75 And Kepha remembered the word of **YAHOSHUA**, which said unto him, Before the cock crow, thou shalt deny me thrice. And he went out, and wept bitterly.

YAHOSHUA DELIVERED TO PILATE

27 WHEN the morning was come, all the chief priests and elders of the people took counsel against YAHOSHUA to put him to death:

2 And when they had bound him, they led him away, and delivered him to Pontius **Pilatos (Pilate)** the governor.

JUDAS HANGS HIMSELF

3 Then Yehudah, which had betrayed him, when he saw that he was condemned, repented himself, and brought again the thirty pieces of silver to the chief priests and elders,

4 Saying, I have sinned in that I have betrayed the innocent blood. And they said, What is that to us? see thou to that.

5 And he cast down the pieces of silver in the temple, and departed, and went and hanged himself.

6 And the chief priests took the silver pieces, and said, It is not lawful for to put them into the treasury, because it is the price of blood.

7 And they took counsel, and bought with them the potter's field, to bury strangers in.

8 Wherefore that field was called, The field of blood, unto this day.

9 Then was fulfilled that which was spoken by the prophet **YirmeYAHU (Jeremiah)**, saying, "So they weighed for my price thirty pieces of silver; a goodly price that I was prised at of them" whom they of the children of Yisra'EL did value;

10 "And cast them to the potter in the house of **YAHOWAH**."

YAHOSHUA BEFORE PILATE

11 And **YAHOSHUA** stood before the governor: and the governor asked him, saying, Art thou the King of the Yehudim? And **YAHOSHUA** said unto him, Thou sayest.

12 And when he was accused of the chief priests and elders, he answered nothing.

13 Then said Pilatos unto him, Hearest thou not how many things they witness against thee?

14 And he answered him to never a word; insomuch that the governor marvelled greatly.

THE CROWD CHOOSES BARABBAS

15 Now at that feast the governor was wont to release unto the people a prisoner, whom they would.

16 And they had then a notable prisoner, called **Bar-Abba (Barabbas)**.

17 וַיְהִי כַּאֲשֶׁר נִקְהָלוּ וַיֹּאמֶר אֲלֵיהֶם פִּילָטוֹס אֶת־מִי תִרְצוּ שֶׁאַתִּיר לָכֶם אֶת בַּר־
אַבָּא אוֹ אֶת־**יָהוֹשֻׁעַ** הַנִּקְרָא בְּשֵׁם־**מָשִׁיחַ**: 18 כִּי יָדַע אֲשֶׁר מִקִּנְאָתָם בּוֹ הִסְגִּרֻהוּ:
19 וַיְהִי בְּשִׁבְתּוֹ עַל־כִּסֵּא הַדִּין וַתִּשְׁלַח אֵלָיו אִשְׁתּוֹ לֵאמֹר אַל־תְּהִי יָדְךָ בַּצַּדִּיק הַזֶּה
כִּי בַעֲבוּרוֹ הַרְבֵּה עֻנֵּיתִי הַיּוֹם בַּחֲלוֹם: 20 וְרָאשֵׁי הַכֹּהֲנִים וְהַזְּקֵנִים הִסִּיתוּ אֶת־הֲמוֹן
הָעָם לִשְׁאֹל לָהֶם אֶת בַּר־אַבָּא וּלְאַבֵּד אֶת־**יָהוֹשֻׁעַ**: 21 וַיַּעַן הַהֶגְמוֹן וַיֹּאמֶר אֲלֵיהֶם
אֶת־מִי מִשְּׁנֵיהֶם תִּרְצוּ שֶׁאַתִּיר לָכֶם וַיֹּאמְרוּ אֶת בַּר־אַבָּא: 22 וַיֹּאמֶר אֲלֵיהֶם פִּילָטוֹס
וּמָה־אֶעֱשֶׂה **לְיָהוֹשֻׁעַ** הַנִּקְרָא בְּשֵׁם־**מָשִׁיחַ** וַיַּעֲנוּ כֻלָּם יִצָּלֵב: 23 וַיֹּאמֶר הַהֶגְמוֹן וּמֶה־
עָשָׂה רָעָה וַיִּצְעֲקוּ עוֹד וַיֹּאמְרוּ יִצָּלֵב:

PILATE DELIVERS YAHOSHUA TO BE CRUCIFIED

24 וַיְהִי כִּרְאוֹת פִּילָטוֹס כִּי לֹא־יוֹעִיל מְאוּמָה וְכִי רָבְתָה עוֹד הַמְּהוּמָה וַיִּקַּח מַיִם
וַיִּרְחַץ אֶת־יָדָיו לְעֵינֵי הָעָם וַיֹּאמַר נָקִי אָנֹכִי מִדַּם הַצַּדִּיק הַזֶּה אַתֶּם רְאוּ: 25 וַיַּעֲנוּ כָל־
הָעָם וַיֹּאמְרוּ דָּמוֹ עָלֵינוּ וְעַל־בָּנֵינוּ: 26 אָז הִתִּיר לָהֶם אֶת בַּר־אַבָּא וְאֶת **יָהוֹשֻׁעַ** הִכָּה
בַשּׁוֹטִים וַיִּמְסֹר אוֹתוֹ לְהִצָּלֵב:

YAHOSHUA IS MOCKED

27 וַיִּקְחוּ אַנְשֵׁי הַצָּבָא אֲשֶׁר לַהֶגְמוֹן אֶת־**יָהוֹשֻׁעַ** וַיְבִיאֻהוּ אֶל־בֵּית־הַמִּשְׁפָּט וַיַּאַסְפוּ
עָלָיו אֶת כָּל־הַגְּדוּד: 28 וַיַּפְשִׁיטוּ אוֹתוֹ אֶת־בְּגָדָיו וַיַּעַטְפֻהוּ מְעִיל שָׁנִי: 29 וַיְשָׂרְגוּ קֹצִים
וַיַּעֲשׂוּ עֲטֶרֶת וַיָּשִׂימוּ עַל־רֹאשׁוֹ וְקָנֶה בִּימִינוֹ וַיִּכְרְעוּ לְפָנָיו וַיִּתְלוֹצְצוּ בוֹ לֵאמֹר שָׁלוֹם לְךָ
מֶלֶךְ הַיְּהוּדִים: 30 וַיָּרֹקּוּ בוֹ וַיִּקְחוּ אֶת־הַקָּנֶה וַיַּכֻּהוּ עַל־רֹאשׁוֹ: 31 וְאַחֲרֵי הִתְלוֹצְצָם בּוֹ
הִפְשִׁיטוּ אוֹתוֹ אֶת־הַמְּעִיל וַיַּלְבִּישֻׁהוּ אֶת־בְּגָדָיו וַיּוֹבִילֻהוּ לִצְלֹב:

THE CRUCIFIXION

32 וַיְהִי בְּצֵאתָם וַיִּמְצְאוּ אִישׁ **קוּרִינִי** וּשְׁמוֹ שִׁמְעוֹן וַיֶּאֶנְסוּ אֹתוֹ לָשֵׂאת לוֹ אֶת־
צְלוּבוֹ: 33 וַיָּבֹאוּ אֶל־הַמָּקוֹם הַנִּקְרָא גָּלְגָּלְתָּא הוּא מְקוֹם **גֻּלְגֹּלֶת**: 34 וַיִּתְּנוּ־לוֹ
לִשְׁתּוֹת חֹמֶץ מָסוּךְ בִּמְרוֹרוֹת וַיִּטְעַם וְלֹא אָבָה לִשְׁתּוֹת: 35 וַיְהִי כַּאֲשֶׁר צְלָבוּ
אוֹתוֹ וַיְחַלְּקוּ אֶת־בְּגָדָיו לָהֶם וַיַּפִּלוּ גוֹרָל (לְמַלֹּאת אֶת אֲשֶׁר־נֶאֱמַר בְּפִי הַנָּבִיא
יְחַלְּקוּ בְגָדַי לָהֶם וְעַל־לְבוּשִׁי יַפִּילוּ גוֹרָל): 36 וַיֵּשְׁבוּ שָׁמָּה וַיִּשְׁמְרוּ אוֹתוֹ: 37
וַיָּשִׂימוּ אֶת־דְּבַר אַשְׁמָתוֹ מִמַּעַל לְרֹאשׁוֹ וַיִּכְתְּבוּ זֶה הוּא **יָהוֹשֻׁעַ** מֶלֶךְ הַיְּהוּדִים:
38 וַיִּצָּלְבוּ אִתּוֹ שְׁנֵי פָרִיצִים אֶחָד מִימִינוֹ וְאֶחָד מִשְּׂמֹאלוֹ: 39 וְהָעֹבְרִים גִּדְּפוּ
אוֹתוֹ וַיָּנִיעוּ אֶת־רֹאשָׁם:

MATTHEW

17 Therefore when they were gathered together, Pilatos said unto them, Whom will ye that I release unto you? Bar-Abba, or **YAHOSHUA** which is called **MESHIAKH**?
18 For he knew that for envy they had delivered him.
19 When he was set down on the judgment seat, his wife sent unto him, saying, Have thou nothing to do with that just man: for I have suffered many things this day in a dream because of him.
20 But the chief priests and elders persuaded the multitude that they should ask Bar-Abba, and destroy **YAHOSHUA**.
21 The governor answered and said unto them, Whether of the twain will ye that I release unto you? They said, Bar-Abba.
22 Pilatos saith unto them, What shall I do then with **YAHOSHUA** which is called **MESHIAKH**? They all say unto him, Let him be crucified.
23 And the governor said, Why, what evil hath he done? But they cried out the more, saying, Let him be crucified.

PILATE DELIVERS YAHOSHUA TO BE CRUCIFIED

24 When Pilatos saw that he could prevail nothing, but that rather a tumult was made, he took water, and washed his hands before the multitude, saying, I am innocent of the blood of this just person: see ye to it.
25 Then answered all the people, and said, His blood be on us, and on our children.
26 Then released he Bar-Abba unto them: and when he had scourged **YAHOSHUA**, he delivered him to be crucified.

YAHOSHUA IS MOCKED

27 Then the soldiers of the governor took **YAHOSHUA** into the common hall, and gathered unto him the whole band of soldiers.
28 And they stripped him, and put on him a scarlet robe.
29 And when they had platted a crown of thorns, they put it upon his head, and a reed in his right hand: and they bowed the knee before him, and mocked him, saying, Hail, King of the Yehudim!
30 And they spit upon him, and took the reed, and smote him on the head.
31 And after that they had mocked him, they took the robe off from him, and put his own raiment on him, and led him away to crucify him.

THE CRUCIFIXION

32 And as they came out, they found a man of **Qurini (Cyrene)**, Shimon by name: him they compelled to bear his cross.
33 And when they were come unto a place called **Gulgoleth (Golgatha/Calvary)**, that is to say, a place of a skull,
34 They gave him vinegar to drink mingled with gall: and when he had tasted thereof, he would not drink.
35 And they crucified him, and parted his garments, casting lots: that it might be fulfilled which was spoken by the prophet, "They part my garments among them, and cast lots upon my vesture."
36 And sitting down they watched him there;
37 And set up over his head his accusation written, THIS IS **YAHOSHUA** THE KING OF THE YEHUDIM.
38 Then were there two thieves crucified with him, one on the right hand, and another on the left.
39 And they that passed by reviled him, wagging their heads,

40 וַיֹּאמְרוּ אַתָּה הַהֹרֵס אֶת־־הַהֵיכָל וּבֹנֵהוּ בִּשְׁלֹשֶׁת יָמִים הוֹשַׁע לְנַפְשֶׁךָ וְאִם בֶּן־הָאֱלֹהִים
אַתָּה רְדָה מִן־הַצְּלוּב׃ 41 וְכֵן הִלְעִיגוּ גַּם־רָאשֵׁי הַכֹּהֲנִים עִם־הַסּוֹפְרִים וְהַזְּקֵנִים לֵאמֹר׃
42 אֶת־אֲחֵרִים הוֹשִׁיעַ וּלְעַצְמוֹ לֹא יוּכַל לְהוֹשִׁיעַ (אִם־) מֶלֶךְ יִשְׂרָאֵל הוּא יֵרֶד־נָא עַתָּה
מִן־הַצְּלוּב וְנַאֲמִין בּוֹ׃ 43 בָּטַח בֵּאלֹהִים עַתָּה יְפַלְּטֵהוּ אִם־חָפֵץ בּוֹ כִּי אָמַר בֶּן־הָאֱלֹהִים
אֲנִי׃ 44 וְכָזֹאת חֵרְפֻהוּ גַּם־הַפָּרִיצִים הַנִּצְלָבִים אִתּוֹ׃

THE DEATH OF YAHOSHUA

45 וַיְהִי חֹשֶׁךְ עַל־כָּל־הָאָרֶץ מִן הַשָּׁעָה הַשִּׁשִּׁית עַד הַשָּׁעָה הַתְּשִׁיעִית׃ 46 וּכְעֵת הַשָּׁעָה
הַתְּשִׁיעִית וַיִּזְעַק **יָהוֹשֻׁעַ** בְּקוֹל גָּדוֹל אֵלִי אֵלִי לְמָה שְׁבַקְתָּנִי וְהוּא אֵלִי אֵלִי לָמָה עֲזַבְתָּנִי׃
47 וַיִּשְׁמְעוּ אֲנָשִׁים מִן־הָעֹמְדִים שָׁם וַיֹּאמְרוּ הוּא קוֹרֵא אֶל־אֵלִיָּהוּ׃ 48 וַיְמַהֵר אֶחָד
מֵהֶם וַיָּרָץ וַיִּקַּח סְפוֹג וַיְמַלֵּא אֹתוֹ חֹמֶץ וַיָּשֶׂם עַל־קָנֶה וַיַּשְׁקֵהוּ׃ 49 וְיֶתֶר הָאֲנָשִׁים אָמְרוּ
הַנִּיחוּ לוֹ וְנִרְאֶה אִם־יָבוֹא אֵלִיָּהוּ לְהוֹשִׁיעוֹ ((וְאִישׁ אַחֵר לָקַח חֲנִית וַיִּדְקֹר אֶת־צַלְעוֹ
וַיֵּצְאוּ מַיִם וָדָם)): 50 **וִיהוֹשֻׁעַ** הוֹסִיף לִקְרֹא בְּקוֹל גָּדוֹל וַתֵּצֵא **רוּחוֹ**׃ 51 וְהִנֵּה נִקְרְעָה
פָּרֹכֶת הַהֵיכָל מִלְמַעְלָה לְמַטָּה לִשְׁנַיִם קְרָעִים וַתִּרְעַשׁ הָאָרֶץ וְהַסְּלָעִים הִתְבַּקָּעוּ׃ 52
וְהַקְּבָרִים נִפְתָּחוּ וְרַבִּים מִן־הַקְּדוֹשִׁים יְשֵׁנֵי אַדְמַת עָפָר נֵעוֹרוּ׃ 53 וַיֵּצְאוּ מִן־הַקְּבָרִים
אַחֲרֵי תְחִיָּתוֹ וַיָּבֹאוּ אֶל־הָעִיר הַקְּדוֹשָׁה וַיֵּרָאוּ לָרַבִּים׃ 54 וְשַׂר־הַמֵּאָה וְהָאֲנָשִׁים אֲשֶׁר
אִתּוֹ הַשֹּׁמְרִים אֶת־**יָהוֹשֻׁעַ** כִּרְאוֹתָם אֶת־הָרַעַשׁ וְאֶת־אֲשֶׁר נִהְיְתָה נִבְהֲלוּ מְאֹד וַיֹּאמְרוּ
אָכֵן זֶה הָיָה בֶן־אֱלֹהִים׃ 55 וְשָׁם נָשִׁים רַבּוֹת אֲשֶׁר הָלְכוּ אַחֲרֵי **יָהוֹשֻׁעַ** מִן־הַגָּלִיל לְשָׁרְתוֹ
וְהֵנָּה רֹאוֹת מֵרָחוֹק׃ 56 וּבְתוֹכָן מִרְיָם **הַמַּגְדָּלִית** וּמִרְיָם אֵם־יַעֲקֹב וְיוֹסֵי וְאֵם בְּנֵי זַבְדָּי׃

YAHOSHUA IS BURIED

57 וַיְהִי בָעֶרֶב וַיָּבֹא אִישׁ עָשִׁיר מִן־הָרָמָתַיִם וּשְׁמוֹ יוֹסֵף וְגַם־הוּא מִתַּלְמִידֵי **יָהוֹשֻׁעַ**׃ 58
וַיִּגַּשׁ אֶל־פִּילָטוֹס לִשְׁאֹל אֶת־גְּוִיַּת **יָהוֹשֻׁעַ** וַיְצַו פִּילָטוֹס וַתִּנָּתֶן לוֹ׃ 59 וַיִּקַּח יוֹסֵף אֶת־הַגְּוִיָּה
וַיִּכְרֹךְ אוֹתָהּ בְּסָדִין טָהוֹר׃ 60 וַיְשִׂימֶהָ בַּקֶּבֶר הֶחָדָשׁ אֲשֶׁר חָצַב־לוֹ בַּסָּלַע וַיָּגֶל אֶבֶן גְּדוֹלָה
עַל־פֶּתַח הַקֶּבֶר וַיֵּלֶךְ לוֹ׃ 61 וּמִרְיָם הַמַּגְדָּלִית וּמִרְיָם הָאַחֶרֶת הָיוּ יֹשְׁבוֹת שָׁם מִמּוּל הַקָּבֶר׃

THE GUARD AT THE TOMB

62 וַיְהִי מִמָּחֳרַת עֶרֶב הַשַּׁבָּת וַיִּקָּהֲלוּ רָאשֵׁי הַכֹּהֲנִים וְהַפְּרוּשִׁים אֶל־פִּילָטוֹס׃ 63 וַיֹּאמְרוּ
אֲדֹנֵינוּ זָכַרְנוּ כִּי אָמַר הַמֵּסִית הַהוּא בְּעוֹדֶנּוּ חָי מִקְצֵה שְׁלֹשֶׁת יָמִים קוּם אָקוּם׃ 64 לָכֵן
צַוֵּה־נָא וְיִסָּכֵר פִּי הַקֶּבֶר עַד־הַיּוֹם הַשְּׁלִישִׁי פֶּן־יָבֹאוּ תַלְמִידָיו בַּלַּיְלָה וּגְנָבֻהוּ וְאָמְרוּ אֶל־
הָעָם הִנֵּה־קָם מִן־הַמֵּתִים וְהָיְתָה הַתַּרְמִית הָאַחֲרוֹנָה רָעָה מִן־הָרִאשׁוֹנָה׃

MATTHEW

40 And saying, Thou that destroyest the temple, and buildest it in three days, save thyself. If thou be the Son of ELOHIM, come down from the cross.
41 Likewise also the chief priests mocking him, with the scribes and elders, said,
42 He saved others; himself he cannot save. If he be the King of Yisra'EL, let him now come down from the cross, and we will believe him.
43 He trusted in ELOHIM; let him deliver him now, if he will have him: for he said, I am the Son of ELOHIM.
44 The thieves also, which were crucified with him, cast the same in his teeth.

THE DEATH OF YAHOSHUA

45 Now from the sixth hour there was darkness over all the land unto the ninth hour.
46 And about the ninth hour **YAHOSHUA** cried with a loud voice, saying, "ELI, ELI, LAMA SHEBAQ'TANI?" that is to say, "My ELOHIM, my ELOHIM, why hast thou forsaken me?"
47 Some of them that stood there, when they heard that, said, This man calleth for EliYAHU.
48 And straightway one of them ran, and took a spunge, and filled it with vinegar, and put it on a reed, and gave him to drink.
49 The rest said, Let be, let us see whether EliYAHU will come to save him.
50 **YAHOSHUA**, when he had cried again with a loud voice, yielded up the **RUAKH**.
51 And, behold, the veil of the temple was rent in twain from the top to the bottom; and the earth did quake, and the rocks rent;
52 And the graves were opened; and many bodies of the saints which slept arose,
53 And came out of the graves after his resurrection, and went into the holy city, and appeared unto many.
54 Now when the centurion, and they that were with him, watching **YAHOSHUA**, saw the earthquake, and those things that were done, they feared greatly, saying, Truly this was the Son of ELOHIM.
55 And many women were there beholding afar off, which followed **YAHOSHUA** from Galilah, ministering unto him:
56 Among which was Miryam **Magdaliyth (Migdalah/Magdalene)**, and Miryam the mother of Ya'aqob and Yoseph, and the mother of Zabdi's children.

YAHOSHUA IS BURIED

57 When the even was come, there came a rich man of Arimathea, named Yoseph, who also himself was **YAHOSHUA'S** disciple:
58 He went to Pilatos, and begged the body of **YAHOSHUA**. Then Pilatos commanded the body to be delivered.
59 And when Yoseph had taken the body, he wrapped it in a clean linen cloth,
60 And laid it in his own new tomb, which he had hewn out in the rock: and he rolled a great stone to the door of the sepulchre, and departed.
61 And there was Miryam Magdaliyth, and the other Miryam, sitting over against the sepulchre.

THE GUARD AT THE TOMB

62 Now the next day, that followed the day of the preparation, the chief priests and Perushim came together unto Pilatos,
63 Saying, Adon, we remember that that deceiver said, while he was yet alive, After three days I will rise again.
64 Command therefore that the sepulchre be made sure until the third day, lest his disciples come by night, and steal him away, and say unto the people, He is risen from the dead: so the last error shall be worse than the first.

65 וַיֹּאמֶר אֲלֵיהֶם פִּילָטוֹס הִנֵּה לָכֶם אַנְשֵׁי מִשְׁמָר לְכוּ סִכְרוּהוּ כַּאֲשֶׁר יְדַעְתֶּם: 66
וַיֵּלְכוּ וַיִּסְכְּרוּ אֶת־פִּי הַקֶּבֶר וַיַּחְתְּמוּ אֶת־הָאֶבֶן וַיַּעֲמִידוּ עָלָיו אֶת־הַמִּשְׁמָר:

THE RESURRECTION

כח וְאַחֲרֵי מוֹצָאֵי הַשַּׁבָּת כְּשֶׁהֵאִיר לְאֶחָד בַּשַּׁבָּת בָּאָה מִרְיָם הַמַּגְדָּלִית וּמִרְיָם
הָאַחֶרֶת לִרְאוֹת אֶת־הַקָּבֶר: 2 וְהִנֵּה רַעַשׁ גָּדוֹל הָיָה כִּי־מַלְאַךְ **יְהֹוָה** יָרַד
מִן־הַשָּׁמַיִם וַיִּגַּשׁ וַיָּגֶל אֶת־הָאֶבֶן מִן־הַפֶּתַח וַיֵּשֶׁב עָלֶיהָ: 3 וּמַרְאֵהוּ כְּמַרְאֵה הַבָּרָק
וּלְבוּשׁוֹ לָבָן כַּשָּׁלֶג: 4 וַיִּבָּהֲלוּ הַשֹּׁמְרִים מִפַּחְדּוֹ וַיִּהְיוּ כַּמֵּתִים: 5 וַיַּעַן הַמַּלְאָךְ וַיֹּאמֶר
אֶל־הַנָּשִׁים אַתֵּן אַל־תִּירֶאןָ הֵן יָדַעְתִּי כִּי אֶת־**יָהוֹשֻׁעַ** הַנִּצְלָב אַתֵּן מְבַקְשׁוֹת: 6 הוּא אֵינֶנּוּ
פֹּה כִּי־קָם כַּאֲשֶׁר אָמַר בֹּאנָה וּרְאֶינָה אֶת־הַמָּקוֹם אֲשֶׁר שָׁכַב־שָׁם הָאָדוֹן: 7 לֵכְנָה מַהֵר
וְהַגַּדְתֶּן לְתַלְמִידָיו כִּי קָם מִן־הַמֵּתִים וְהִנֵּה הוּא הוֹלֵךְ לִפְנֵיכֶם הַגָּלִילָה וְשָׁם תִּרְאֻהוּ הִנֵּה
אָמַרְתִּי לָכֶן: 8 וַתְּמַהֵרְנָה וַתֵּצֶאנָה מִן־הַקֶּבֶר בְּיִרְאָה וּבְשִׂמְחָה גְדוֹלָה וַתָּרֹצְנָה לְסַפֵּר
אֶל־תַּלְמִידָיו: 9 הֵנָּה הֹלְכוֹת לְסַפֵּר אֶל־תַּלְמִידָיו וְהִנֵּה **יָהוֹשֻׁעַ** נִקְרָה אֲלֵיהֶן וַיֹּאמֶר שָׁלוֹם
לָכֵן וַתִּגַּשְׁנָה וַתֹּאחַזְנָה בְרַגְלָיו וַתִּשְׁתַּחֲוֶיןָ לוֹ: 10 וַיֹּאמֶר אֲלֵיהֶן **יָהוֹשֻׁעַ** אַל־תִּירֶאןָ לֵכְנָה
וְהַגֵּדְנָה לְאַחַי וְיֵלְכוּ הַגָּלִילָה וְשָׁם יִרְאוּנִי:

THE REPORT OF THE GUARD

11 וַיְהִי בְּלֶכְתָּן וְהִנֵּה אֲנָשִׁים מִן־הַמִּשְׁמָר בָּאוּ הָעִירָה וַיַּגִּידוּ לְרָאשֵׁי הַכֹּהֲנִים אֵת
כָּל־הַנַּעֲשָׂה: 12 וַיִּקָּהֲלוּ עִם־הַזְּקֵנִים וַיִּתְיָעֲצוּ וַיִּתְּנוּ־כֶסֶף לָרֹב אֶל־אַנְשֵׁי הַצָּבָא לֵאמֹר:
13 אִמְרוּ־נָא כִּי־בָאוּ תַלְמִידָיו לַיְלָה וַיִּגְנְבוּ אוֹתוֹ וַאֲנַחְנוּ יְשֵׁנִים: 14 וְאִם־יִשָּׁמַע הַדָּבָר
בֵּית הַהֶגְמוֹן אֲנַחְנוּ נְפַיְּסֵהוּ וְאַתֶּם אַל־תִּירָאוּ: 15 וַיִּקְחוּ אֶת־הַכֶּסֶף וַיַּעֲשׂוּ כַּאֲשֶׁר שָׂמוּ
בְּפִיהֶם וַתֵּצֵא הַשְּׁמוּעָה הַזֹּאת בֵּין הַיְּהוּדִים עַד הַיּוֹם הַזֶּה:

THE GREAT COMMISSION

16 וְעַשְׁתֵּי עָשָׂר הַתַּלְמִידִים הָלְכוּ הַגָּלִילָה אֶל־הָהָר אֲשֶׁר אָמַר לָהֶם **יָהוֹשֻׁעַ**: 17 וַיִּרְאוּ
אֹתוֹ וַיִּשְׁתַּחֲווּ־לוֹ וְיֵשׁ מֵהֶם אֲשֶׁר חָלַק לִבָּם: 18 וַיִּגַּשׁ **יָהוֹשֻׁעַ** וַיְדַבֵּר אֲלֵיהֶם לֵאמֹר נִתַּן־
לִי כָּל־שָׁלְטָן בַּשָּׁמַיִם וּבָאָרֶץ: 19 וְאַתֶּם לְכוּ אֶל־כָּל־הַגּוֹיִם וַעֲשׂוּ תַלְמִידִים וּטְבַלְתֶּם
אֹתָם לְשֵׁם־הָאָב וְהַבֵּן **וְרוּחַ הַקֹּדֶשׁ**: 20 וְלִמַּדְתֶּם אֹתָם לִשְׁמֹר אֶת־כָּל־אֲשֶׁר צִוִּיתִי
אֶתְכֶם וְהִנֵּה אָנֹכִי אִתְּכֶם כָּל־הַיָּמִים עַד־קֵץ הָעוֹלָם אָמֵן:

MATTHEW

65 Pilatos said unto them, Ye have a watch: go your way, make it as sure as ye can.
66 So they went, and made the sepulchre sure, sealing the stone, and setting a watch.

THE RESURRECTION

28 AT Shabbat evening, as it began to dawn toward the first day of the week, came Miryam Magdaliyth and the other Miryam to see the sepulchre.
2 And, behold, there was a great earthquake: for the Angel of **YAHOWAH** descended from heaven, and came and rolled back the stone from the door, and sat upon it.
3 His countenance was like lightning, and his raiment white as snow:
4 And for fear of him the keepers did shake, and became as dead men.
5 And the angel answered and said unto the women, Fear not ye: for I know that ye seek **YAHOSHUA**, which was crucified.
6 He is not here: for he is risen, as he said. Come, see the place where our Adone lay.
7 And go quickly, and tell his disciples that he is risen from the dead; and, behold, he goeth before you into Galilah; there shall ye see him: lo, I have told you.
8 And they departed quickly from the sepulchre with fear and great joy; and did run to bring his disciples word.
9 And as they went to tell his disciples, behold, **YAHOSHUA** met them, saying, All hail. And they came and held him by the feet, and worshipped him.
10 Then said **YAHOSHUA** unto them, Be not afraid: go tell my brethren that they go into Galilah, and there shall they see me.

THE REPORT OF THE GUARD

11 Now when they were going, behold, some of the watch came into the city, and shewed unto the chief priests all the things that were done.
12 And when they were assembled with the elders, and had taken counsel, they gave large money unto the soldiers,
13 Saying, Say ye, His disciples came by night, and stole him away while we slept.
14 And if this come to the governor's ears, we will persuade him, and secure you.
15 So they took the money, and did as they were taught: and this saying is commonly reported among the Yehudim until this day.

THE GREAT COMMISSION

16 Then the eleven disciples went away into Galilah, into a mountain where **YAHOSHUA** had appointed them.
17 And when they saw him, they worshipped him: but some doubted.
18 And **YAHOSHUA** came and spake unto them, saying, All power is given unto me in heaven and in earth.
19 Go ye therefore, and teach all nations, immersing them in the name of the Father, and of the Son, and of the **RUAKH HA' QODESH**:
20 Teaching them to observe all things whatsoever I have commanded you: and, lo, I am with you alway, even unto the end of the world. Amen.

HEBREW NAME PROPHECIES
(WRITTEN IN THE OLD TESTAMENT)
THE VOLUME OF THE BOOK

"Then said I, Lo, I come: in the volume of the book it is written of me" - Psalms 40:7

"אָז אָמַרְתִּי הִנֵּה־בָאתִי בִּמְגִלַּת־סֵפֶר כָּתוּב עָלָי!"

"The bible is no more than a history book written by man. It's debatable to whether it's even accurate!" This is the mindset of millions, maybe even billions of people. The truth is, the bible is overfilled with hidden messages and prophecies. There is more than meets the eye when it come to the Bible. It is a book that is alive because it's relevant to the past, present, and the future. It is even an extreme weapon of mass destruction.

Hebrews 4:12 For the word of ELOHIM is quick, and powerful, and sharper than any two edged sword, piercing even to the dividing asunder of soul and ruakh (spirit), and of the joints and marrow, and is a discerner of the thoughts and intents of the heart.

Colossians 1:26 Even the mystery which hath been hid from ages and from generations, but now is made manifest to his saints

2 Timothy 3:16 All scripture is given by inspiration of ELOHIM, and is profitable for doctrine, for reproof, for correction, for instruction in righteousness:

There is an entire level of the Scriptures that millions and billions can't perceive because

VOLUME OF THE BOOK - OLD TESTAMENT

they fail to realize one thing. The entire Book is written about **YAHOWAH** and His Holy Son **YAHOSHUA**.

Psalms 40:7 Then said I, Lo, I come: in the volume of the book it is written of me.

He is perfect. There is nothing in Him that is impure, or not right. Therefore His words are life. In fact, even **YAHOSHUA'S** Name means salvation. He possesses all wisdom, knowledge, and understanding. There is no counsel whatsoever that **YAHOWAH** doesn't know about!

Ecclesiasticus 1:1 All wisdom cometh from YAHOWAH, and is with him for ever.

By knowing Him, we learn more and more about ourselves. Remember that we were created in His image. When you legitimately realize that the Book is Written about **YAHOWAH** and **YAHOSHUA**, your entire perspective of the Word will change completely.

BOOKS OF THE OLD TESTAMENT

GENESIS/BERESHITH: IN THE BEGINNING
EXODUS/SHEMOT: NAME
LEVITICUS/WAYIKRA: WAS CALLED
NUMBERS/BAMIDBAR: IN THE WILDERNESS
DEUTERONOMY/DEBARIM: WORD
JOSHUA/YAHOSHUA: YAHOSHUA
JUDGES/SHOFTIM: JUDGE
RUTH/RUTH: FRIEND
SAMUEL/SHEMUEL: HEAR ELOHIM
KINGS/MELEKIM: KING
CHRONICLES/DIBRAY HA'YAMIM: TODAY'S MATTERS
EZRA/EZRA: HELP
NEHEMIAH/NEKHEMYAH: COMFORT OF YAH
ESTHER/ESTHER: STAR
JOB/IYOB: AFFLICTED
PSALMS/TEHILIM: PRAISE
PROVERBS/MISHLAY: PROVERBS
ECCLESSIASTES/QOHELETH: PREACHER
SONG OF SOLOMON/SHIR SHELOMOH:
SONGS OF SHALOM
ISAIAH/YESHAYAH: YAH WILL SAVE
JEREMIAH/YERAMYAH: YAH WILL EXALT
LAMENTATIONS/AEKAH: CRY OUT
EZEKIEL/YEKHEZQIEL: GOD WILL STRENGTHEN
DANIEL/DANIEL: ELOHIM IS JUDGE
HOSEA/HOSHEA: DELIVERER
JOEL/YOEL: YAHOWAH ELOHIM
AMOS/AMOS: BURDEN
OBADIAH/OBADYAH: SERVE YAH
JONAH/YONAH: DOVE
MICAH/MIKAH: WHO IS LIKE
NAHUM/NAKHUM: COMFORTER
HABAKKUK/KHABAQUQ: EMBRACE
ZEPHANIAH/ZEPHANYAH: SECRETS OF YAH
HAGGAI/KHAGGAI: FEASTS
ZECHARIAH/ZAKARYAH: YAH WILL REMEMBER
MALACHI/MALAKI: MY ANGEL

THE HIDDEN PROPHECY REVEALED

In the beginning a Name was called in the wilderness. **YAHOSHUA** is the Word. He is our judge and friend. ELOHIM will hear Him. He is King over today's matters. **YAHOWAH** is our Comforter and help. He is our Star. In His affliction He gave praises and preached proverbs. He sang songs of shalom. **YAHOWAH** will save Him. **YAHOWAH** will exalt Him. He will cry out, but **YAHOWAH** will strengthen Him. ELOHIM is Judge. **YAHOWAH** ELOHIM is Deliverer. The Servant of **YAHOWAH** carries our burdens. The Dove who is like The Comforter will embrace the Feasts and secrets of **YAHOWAH**. I **YAHOWAH** will remember My **Angel**.

מַרְקוֹס

JOHN THE BAPTIST PREPARES THE WAY

א תְּחִלַּת בְּשׂוֹרַת **יָהוֹשֻׁעַ הַמָּשִׁיחַ** בֶּן־הָאֱלֹהִים: 2 כַּכָּתוּב בַּנְּבִיאִים הִנְנִי
שֹׁלֵחַ מַלְאָכִי לְפָנֶיךָ וּפִנָּה דַּרְכֶּךָ: 3 קוֹל קוֹרֵא בַּמִּדְבָּר פַּנּוּ דֶּרֶךְ **יָהוָֹה** יַשְּׁרוּ
מְסִלּוֹתָיו: 4 יוֹחָנָן הָיָה טֹבֵל בַּמִּדְבָּר וְקוֹרֵא טְבִילַת הַתְּשׁוּבָה לִסְלִיחַת חֲטָאִים:
5 וַתֵּצֵא אֵלָיו כָּל־אֶרֶץ יְהוּדָה וּבְנֵי יְרוּשָׁלָיִם וַיִּטָּבְלוּ כֻלָּם עַל־יָדוֹ בִּנְהַר הַיַּרְדֵּן
מִתְוַדִּים אֶת־חַטֹּאתָם: 6 וְיוֹחָנָן לָבוּשׁ שְׂעַר גְּמַלִּים וְאֵזוֹר עוֹר בְּמָתְנָיו וּמַאֲכָלוֹ
חֲגָבִים וּדְבַשׁ הַיָּעַר: 7 וַיִּקְרָא לֵאמֹר בּוֹא יָבֹא אַחֲרַי הֶחָזָק מִמֶּנִּי אֲשֶׁר קָטֹנְתִּי
מִלִּכְרֹעַ לְהַתִּיר אֶת־שְׂרוֹךְ נְעָלָיו: 8 אָנֹכִי טָבַלְתִּי אֶתְכֶם בַּמָּיִם וְהוּא יִטְבֹּל אֶתְכֶם
בְּרוּחַ הַקֹּדֶשׁ:

THE BAPTISM OF YAHOSHUA

9 וַיְהִי בַּיָּמִים הָהֵם וַיָּבֹא **יָהוֹשֻׁעַ** מִנְּצֶרֶת אֲשֶׁר בַּגָּלִיל וַיִּטָּבֵל עַל־יְדֵי יוֹחָנָן בַּיַּרְדֵּן:
10 וַיְהִי אַךְ־עָלֹה עָלָה מִן־הַמָּיִם וַיַּרְא הַשָּׁמַיִם וְהִנֵּה נִפְתָּחוּ **וְהָרוּחַ** כְּיוֹנָה יֹרֶדֶת
עָלָיו: 11 וַיְהִי קוֹל מִן־הַשָּׁמָיִם אַתָּה בְּנִי יְדִידִי אֲשֶׁר רָצִיתִי־בוֹ:

THE TEMPTATION OF YAHOSHUA

12 וּמַהֵר הוֹצִיאוֹ **הָרוּחַ** הַמִּדְבָּרָה: 13 וַיְהִי שָׁם בַּמִּדְבָּר אַרְבָּעִים יוֹם וְהַשָּׂטָן נִסָּהוּ
וַיְהִי עִם־הַחַיּוֹת וְהַמַּלְאָכִים שֵׁרְתוּהוּ:

YAHOSHUA BEGINS HIS MINISTRY

14 וְאַחֲרֵי אֲשֶׁר הָסְגַּר יוֹחָנָן בָּא **יָהוֹשֻׁעַ** הַגָּלִילָה וַיִּקְרָא אֶת־בְּשׂוֹרַת מַלְכוּת הָאֱלֹהִים
: 15 וַיֹּאמַר מָלְאָה הָעֵת וְקָרְבָה מַלְכוּת הָאֱלֹהִים שׁוּבוּ וְהַאֲמִינוּ בַּבְּשׂוֹרָה:

YAHOSHUA CALLS THE FIRST DISCIPLES

16 וַיְהִי בְּהִתְהַלְּכוֹ עַל־יַד יָם־הַגָּלִיל וַיַּרְא וְהִנֵּה שִׁמְעוֹן וְאַנְדְּרַי אָחִי שִׁמְעוֹן
פֹּרְשִׂים מְצוֹדָה בַּיָּם כִּי דַיָּגִים הָיוּ: 17 וַיֹּאמֶר אֲלֵיהֶם **יָהוֹשֻׁעַ** לְכוּ אַחֲרַי וְאֶתֶּנְכֶם
דַּיָּגֵי אֲנָשִׁים: 18 וַיַּעַזְבוּ מַהֵר אֶת־מִכְמְרֹתֵיהֶם וַיֵּלְכוּ אַחֲרָיו: 19 וַיְהִי כְּעָבְרוֹ
מְעַט מִשָּׁם וַיַּרְא אֶת־יַעֲקֹב בֶּן־זַבְדַּי וְאֶת־יוֹחָנָן אָחִיו וְגַם־הֵמָּה בָּאֳנִיָּה וּמְתַקְּנִים
אֶת־הַמִּכְמֹרוֹת: 20 וַיְמַהֵר וַיִּקְרָא אֲלֵיהֶם וַיַּעַזְבוּ אֶת־זַבְדַּי אֲבִיהֶם בָּאֳנִיָּה עִם־
הַשְּׂכִירִים וַיֵּלְכוּ אַחֲרָיו:

YAHOSHUA HEALS A MAN WITH AN UNCLEAN SPIRIT

21 וַיָּבֹאוּ אֶל־כְּפַר נַחוּם וַיְמַהֵר לָבוֹא **בַּשַּׁבָּת** לְבֵית הַכְּנֶסֶת וַיְלַמֵּד: 22 וַיִּשְׁתּוֹמֲמוּ
עַל־תּוֹרָתוֹ כִּי־הָיָה מְלַמְּדָם כְּאִישׁ שִׁלְטוֹן וְלֹא כַּסֹּפְרִים:

MARK

JOHN THE BAPTIST PREPARES THE WAY

1 The beginning of the gospel of **YAHOSHUA HA' MESHIAKH**, the Son of ELOHIM;
2 As it is written in the prophets, "Behold, I will send my messenger, and he shall prepare the way before me."
3 "The voice of him that crieth in the wilderness, Prepare ye the way of **YAHOWAH**, make straight in the desert a highway for our ELOHIM."
4 Yokhanan did immerse in the wilderness, and preach the immersion of repentance for the remission of sins.
5 And there went out unto him all the land of Yehudah, and they of Yerushalem, and were all immersed of him in the river of Yarden, confessing their sins.
6 And Yokhanan was clothed with camel's hair, and with a girdle of a skin about his loins; and he did eat locusts and wild honey;
7 And preached, saying, There cometh one mightier than I after me, the latchet of whose shoes I am not worthy to stoop down and unloose.
8 I indeed have immersed you with water: but he shall immerse you with the **RUAKH HA' QODESH**.

THE BAPTISM OF YAHOSHUA

9 And it came to pass in those days, that **YAHOSHUA** came from Netzareth of Galilah, and was immersed of Yokhanan in Yarden.
10 And straightway coming up out of the water, he saw the heavens opened, and the **RUAKH** like a dove descending upon him:
11 And there came a voice from heaven, saying, Thou art my beloved Son, in whom I am well pleased.

THE TEMPTATION OF YAHOSHUA

12 And immediately the **RUAKH** driveth him into the wilderness.
13 And he was there in the wilderness forty days, tempted of Satan; and was with the wild beasts; and the angels ministered unto him.

YAHOSHUA BEGINS HIS MINISTRY

14 Now after that Yokhanan was put in prison, **YAHOSHUA** came into Galilah, preaching the gospel of the kingdom of ELOHIM,
15 And saying, The time is fulfilled, and the kingdom of ELOHIM is at hand: repent ye, and believe the gospel.

YAHOSHUA CALLS THE FIRST DISCIPLES

16 Now as he walked by the sea of Galilah, he saw Shimon and Andre his brother casting a net into the sea: for they were fishers.
17 And **YAHOSHUA** said unto them, Come ye after me, and I will make you to become fishers of men.
18 And straightway they forsook their nets, and followed him.
19 And when he had gone a little further thence, he saw Ya'aqob the son of Zabdi, and Yokhanan his brother, who also were in the ship mending their nets.
20 And straightway he called them: and they left their father Zabdi in the ship with the hired servants, and went after him.

YAHOSHUA HEALS A MAN WITH AN UNCLEAN SPIRIT

21 And they went into Kepar-Nakhum; and straightway on the **Shabbat** day he entered into the Congregation, and taught.
22 And they were astonished at his doctrine: for he taught them as one that had

23 וְאִישׁ הָיָה שָׁם בְּבֵית הַכְּנֵסֶת שֶׁלָּהֶם אֲשֶׁר־רוּחַ טֻמְאָה בּוֹ וַיִּזְעַק לֵאמֹר:
24 אֲהָהּ מָה־לָּנוּ וָלָךְ **יָהוֹשֻׁעַ** הַנָּצְרִי לְהַאֲבִידֵנוּ בָאתָ יְדַעְתִּיךָ מִי אַתָּה קְדוֹשׁ
הָאֱלֹהִים: 25 וַיִּגְעַר־בּוֹ **יָהוֹשֻׁעַ** לֵאמֹר הֵאָלֵם וְצֵא מִמֶּנּוּ: 26 וַיְסַחֲבֵהוּ רוּחַ
הַטֻּמְאָה וַיִּזְעַק בְּקוֹל גָּדוֹל וַיֵּצֵא מִמֶּנּוּ: 27 וַיִּבָּהֲלוּ כֻלָּם וַיִּשְׁאֲלוּ אִישׁ אֶת־
רֵעֵהוּ לֵאמֹר מַה־זֹּאת מַה־הִיא הַתּוֹרָה הַחֲדָשָׁה אֲשֶׁר אַף־לְרוּחוֹת הַטֻּמְאָה
מְצַוֶּה הוּא בִּגְבוּרָה וְהֵנָּה שֹׁמְעוֹת לוֹ: 28 וַיֵּצֵא שִׁמְעוֹ מַהֵר בְּכָל־סְבִיבוֹת אֶרֶץ
הַגָּלִיל:

YAHOSHUA HEALS MANY

29 וַיְהִי אַחֲרֵי צֵאתָם מִבֵּית הַכְּנֵסֶת וַיָּבֹאוּ בֵּיתָה שִׁמְעוֹן וְאַנְדְּרַי עִם יַעֲקֹב וְיוֹחָנָן:
30 וַחוֹתֶנֶת שִׁמְעוֹן שָׁכְבָה אֲחוּזַת הַקַּדַּחַת וַיְמַהֲרוּ וַיְדַבְּרוּ אֵלָיו עָלֶיהָ: 31 וַיִּגַּשׁ
וַיֹּאחֶז בְּיָדָהּ וַיְקִימֶהָ וַתִּרֶף מִמֶּנָּה הַקַּדַּחַת פִּתְאֹם וַתְּשָׁרֶת אוֹתָם: 32 וַיְהִי בָעֶרֶב
כְּבוֹא הַשָּׁמֶשׁ וַיָּבִיאוּ אֵלָיו אֵת כָּל־הַחוֹלִים וְאֵת אֲחוּזֵי הַשֵּׁדִים: 33 וְכָל־הָעִיר
נֶאֶסְפוּ יַחְדָּו פֶּתַח הַבָּיִת: 34 וַיְרַפֵּא רַבִּים אֲשֶׁר הָיוּ חוֹלִים חֳלָיִים שׁוֹנִים וַיְגָרֶשׁ
שֵׁדִים הַרְבֵּה וְלֹא־נָתַן אֶת־הַשֵּׁדִים לְדַבֵּר כִּי יְדָעֻהוּ:

YAHOSHUA PREACHES IN GALILEE

35 וַיַּשְׁכֵּם בַּבֹּקֶר בְּעוֹד נֶשֶׁף וַיֵּצֵא וַיֵּלֶךְ אֶל־מְקוֹם חָרְבָּה וַיִּתְפַּלֵּל שָׁם: 36
וַיִּרְדְּפוּ אַחֲרָיו שִׁמְעוֹן וְהָאֲנָשִׁים אֲשֶׁר אִתּוֹ: 37 וַיִּמְצָאֻהוּ וַיֹּאמְרוּ אֵלָיו הִנֵּה כֻלָּם
מְבַקְשִׁים אוֹתָךְ: 38 וַיֹּאמֶר אֲלֵיהֶם לְכוּ וְנֵלְכָה אֶל־עָרֵי הַפְּרָזוֹת הַקְּרֹבוֹת וְאֶקְרָא
גַּם־שָׁם כִּי בַעֲבוּר־זֹאת יָצָאתִי: 39 וַיְהִי קֹרֵא בִּכְנֵסִיּוֹתֵיהֶם בְּכָל־הַגָּלִיל וַיְגָרֶשׁ
אֶת־הַשֵּׁדִים:

YAHOSHUA CLEANSES A LEPER

40 וַיָּבוֹא אֵלָיו אִישׁ מְצֹרָע וַיִּתְחַנֵּן אֵלָיו וַיִּכְרַע עַל־בִּרְכָּיו וַיֹּאמֶר לוֹ אִם־
תִּרְצֶה תּוּכַל לְטַהֲרֵנִי: 41 וַיְרַחֵם עָלָיו **יָהוֹשֻׁעַ** וַיִּשְׁלַח יָדוֹ וַיִּגַּע־בּוֹ וַיֹּאמַר רֹצֶה
אָנֹכִי טְהָר: 42 עוֹדֶנּוּ מְדַבֵּר וְהַצָּרַעַת סָרָה מִמֶּנּוּ וַיִּטְהָר: 43 וַיִּגְעַר־בּוֹ וַיְמַהֵר
לְהוֹצִיאוֹ הַחוּצָה: 44 וַיֹּאמֶר אֵלָיו רְאֵה אַל־תַּגִּיד לְאִישׁ דָּבָר וְלֵךְ הֵרָאֵה אֶל־
הַכֹּהֵן וְהַקְרֵב לְטָהֳרָתְךָ אֵת אֲשֶׁר־צִוָּה מֹשֶׁה לְעֵדוּת לָהֶם: 45 וְהוּא יָצָא וַיָּחֶל
לִקְרֹא הַרְבֵּה וּלְהַשְׁמִיעַ הַדָּבָר עַד אֲשֶׁר לֹא־יָכֹל **יָהוֹשֻׁעַ** לָבוֹא עוֹד אֶל־עִיר לְעֵינֵי
הָעָם וַיֵּשֶׁב מִחוּץ לָעִיר בִּמְקֹמוֹת חָרְבָּה וַיָּבֹאוּ אֵלָיו מִכָּל־עֲבָרָיו מִסָּבִיב:

MARK

authority, and not as the scribes.

23 And there was in their Congregation a man with an unclean ruakh; and he cried out,

24 Saying, Let us alone; what have we to do with thee, thou **YAHOSHUA** of Netzareth? art thou come to destroy us? I know thee who thou art, the Holy One of ELOHIM.

25 And **YAHOSHUA** rebuked him, saying, Hold thy shalom, and come out of him.

26 And when the unclean ruakh had torn him, and cried with a loud voice, he came out of him.

27 And they were all amazed, insomuch that they questioned among themselves, saying, What thing is this? what new doctrine is this? for with authority commandeth he even the unclean spirits, and they do obey him.

28 And immediately his fame spread abroad throughout all the region round about Galilah.

YAHOSHUA HEALS MANY

29 And forthwith, when they were come out of the Congregation, they entered into the house of Shimon and Andre, with Ya'aqob and Yokhanan.

30 But Shimon's wife's mother lay sick of a fever, and anon they tell him of her.

31 And he came and took her by the hand, and lifted her up; and immediately the fever left her, and she ministered unto them.

32 And at even, when the sun did set, they brought unto him all that were diseased, and them that were possessed with devils.

33 And all the city was gathered together at the door.

34 And he healed many that were sick of divers diseases, and cast out many devils; and suffered not the devils to speak, because they knew him.

YAHOSHUA PREACHES IN GALILEE

35 And in the morning, rising up a great while before day, he went out, and departed into a solitary place, and there prayed.

36 And Shimon and they that were with him followed after him.

37 And when they had found him, they said unto him, All men seek for thee.

38 And he said unto them, Let us go into the next towns, that I may preach there also: for therefore came I forth.

39 And he preached in their Congregations throughout all Galilah, and cast out devils.

YAHOSHUA CLEANSES A LEPER

40 And there came a leper to him, beseeching him, and kneeling down to him, and saying unto him, If thou wilt, thou canst make me clean.

41 And **YAHOSHUA**, moved with compassion, put forth his hand, and touched him, and saith unto him, I will; be thou clean.

42 And as soon as he had spoken, immediately the leprosy departed from him, and he was cleansed.

43 And he straitly charged him, and forthwith sent him away;

44 And saith unto him, See thou say nothing to any man: but go thy way, shew thyself to the priest, and offer for thy cleansing those things which Mosheh commanded, for a testimony unto them.

45 But he went out, and began to publish it much, and to blaze abroad the matter, insomuch that **YAHOSHUA** could no more openly enter into the city, but was without in desert places: and they came to him from every quarter.

YAHOSHUA HEALS A PARALYTIC

ב וַיְהִי מִיָּמִים וַיָּבֹא שֵׁנִית אֶל־כְּפַר נַחוּם וַיִּשְׁמְעוּ כִּי־הוּא בַבָּיִת: 2 וַיֵּאָסְפוּ רַבִּים
מְהֵרָה עַד־אֶפֶס מָקוֹם לַעֲמֹד אַף־לִפְנֵי הַפָּתַח וַיְדַבֵּר אֲלֵיהֶם אֶת־הַדָּבָר: 3
וַיָּבֹאוּ אֵלָיו אֲנָשִׁים נֹשְׂאִים אִישׁ נְכֵה אֵבָרִים וַיִּשָּׂאֻהוּ בְּאַרְבָּעָה: 4 וְלֹא יָכְלוּ לָגֶשֶׁת
אֵלָיו מִפְּנֵי הָעָם וַיָּסִירוּ אֶת־הַגָּג בַּמָּקוֹם אֲשֶׁר הָיָה שָׁם וַיַּחְתְּרוּ חֲתִירָה וַיּוֹרִידוּ
אֶת־הַמִּשְׁכָּב אֲשֶׁר שָׁכַב עָלֶיהָ נְכֵה הָאֵבָרִים: 5 וַיְהִי כִּרְאוֹת **יָהוֹשֻׁעַ** אֶת־אֱמוּנָתָם
וַיֹּאמֶר אֶל־נְכֵה הָאֵבָרִים בְּנִי נִסְלְחוּ־לְךָ חַטֹּאתֶיךָ: 6 וְשָׁם אֲנָשִׁים מִן־הַסּוֹפְרִים
יֹשְׁבִים וַיֹּאמְרוּ בְּלִבָּם: 7 מַה־לָּזֶה כִּי יְדַבֵּר גִּדּוּפִים כָּאֵלֶּה מִי יָכֹל לִסְלֹחַ לַחֲטָאִים
כִּי אִם הָאֱלֹהִים לְבַדּוֹ: 8 וַיֵּדַע **יָהוֹשֻׁעַ בְּרוּחוֹ** כִּי־כֵן חֹשְׁבִים בִּלְבָבָם וַיֹּאמֶר אֲלֵיהֶם
מַדּוּעַ תַּחְשְׁבוּ כָּאֵלֶּה בִּלְבַבְכֶם: 9 מָה הַנָּקֵל הֶאָמֹר אֶל־נְכֵה הָאֵבָרִים נִסְלְחוּ־לְךָ
חַטֹּאתֶיךָ אִם־אָמוֹר קוּם שָׂא אֶת מִשְׁכָּבְךָ וְהִתְהַלֵּךְ: 10 וּלְמַעַן תֵּדְעוּן כִּי בֶן־הָאָדָם
יֶשׁ־לוֹ הַשָּׁלְטָן לִסְלֹחַ לַחֲטָאִים בָּאָרֶץ וַיֹּאמֶר אֶל־נְכֵה הָאֵבָרִים: 11 לְךָ אֲנִי אֹמֵר
קוּם שָׂא אֶת־מִשְׁכָּבְךָ וְלֵךְ אֶל־בֵּיתֶךָ: 12 וַיָּקָם פִּתְאֹם וַיִּשָּׂא אֶת־מִשְׁכָּבוֹ וַיֵּצֵא
לְעֵינֵי כֻלָּם עַד כִּי־תָמְהוּ כֻלָּם וַיְשַׁבְּחוּ אֶת־הָאֱלֹהִים לֵאמֹר מֵעוֹלָם לֹא־רָאִינוּ כָזֹאת:

YAHOSHUA CALLS LEVI

13 וַיָּשָׁב וַיֵּצֵא אֶל־יַד הַיָּם וַיָּבֹאוּ אֵלָיו כָּל־הָעָם וַיְלַמְּדֵם: 14 וַיְהִי בְעָבְרוֹ וַיַּרְא אֶת־לֵוִי
בֶּן־חַלְפַי יֹשֵׁב בְּבֵית הַמֶּכֶס וַיֹּאמֶר אֵלָיו לְכָה אַחֲרָי וַיָּקָם וַיֵּלֶךְ אַחֲרָיו: 15 וַיְהִי כַּאֲשֶׁר
הֵסֵב **יָהוֹשֻׁעַ** בְּבֵיתוֹ וַיְסֵבּוּ מוֹכְסִים וְחַטָּאִים רַבִּים עִם־**יָהוֹשֻׁעַ** וְעִם־תַּלְמִידָיו כִּי רַבִּים
הָיוּ הַהֹלְכִים אַחֲרָיו: 16 וְהַסּוֹפְרִים וְהַפְּרוּשִׁים רָאוּ אֹתוֹ אֹכֵל עִם־הַמּוֹכְסִים וְהַחַטָּאִים
וַיֹּאמְרוּ אֶל־תַּלְמִידָיו מַה־לְּרַבְּכֶם כִּי אֹכֵל וְשֹׁתֶה הוּא עִם־הַמּוֹכְסִים וְהַחַטָּאִים: 17
וַיִּשְׁמַע **יָהוֹשֻׁעַ** וַיֹּאמֶר הַחֲזָקִים אֵינָם צְרִיכִים לְרֹפֵא כִּי אִם־הַחֹלִים לֹא בָאתִי לִקְרֹא
הַצַּדִּיקִים כִּי אִם־הַחַטָּאִים (לִתְשׁוּבָה):

A QUESTION ABOUT FASTING

18 וְתַלְמִידֵי יוֹחָנָן וְתַלְמִידֵי הַפְּרוּשִׁים הָיוּ מַרְבִּים לָצוּם וַיָּבֹאוּ וַיֹּאמְרוּ אֵלָיו
מַדּוּעַ תַּלְמִידֵי יוֹחָנָן וְתַלְמִידֵי הַפְּרוּשִׁים צָמִים וְתַלְמִידֶיךָ אֵינָם צָמִים: 19 וַיֹּאמֶר
אֲלֵיהֶם **יָהוֹשֻׁעַ** אֵיךְ יוּכְלוּ בְּנֵי הַחֻפָּה לָצוּם בְּעוֹד הֶחָתָן עִמָּהֶם כָּל־יְמֵי הֱיוֹת
הֶחָתָן עִמָּהֶם לֹא יוּכְלוּ לָצוּם: 20 הִנֵּה יָמִים בָּאִים וְלֻקַּח מֵאִתָּם הֶחָתָן וְאָז יָצוּמוּ
בַּיָּמִים הָהֵם:

MARK

YAHOSHUA HEALS A PARALYTIC

2 And again he entered into Kepar-Nakhum after some days; and it was noised that he was in the house.

2 And straightway many were gathered together, insomuch that there was no room to receive them, no, not so much as about the door: and he preached the word unto them.

3 And they come unto him, bringing one sick of the palsy, which was borne of four.

4 And when they could not come nigh unto him for the press, they uncovered the roof where he was: and when they had broken it up, they let down the bed wherein the sick of the palsy lay.

5 When **YAHOSHUA** saw their faith, he said unto the sick of the palsy, Son, thy sins be forgiven thee.

6 But there were certain of the scribes sitting there, and reasoning in their hearts,

7 Why doth this man thus speak blasphemies? who can forgive sins but ELOHIM only?

8 And immediately when **YAHOSHUA** perceived in his **RUAKH** that they so reasoned within themselves, he said unto them, Why reason ye these things in your hearts?

9 Whether is it easier to say to the sick of the palsy, Thy sins be forgiven thee; or to say, Arise, and take up thy bed, and walk?

10 But that ye may know that the Son of man hath power on earth to forgive sins, (he saith to the sick of the palsy,)

11 I say unto thee, Arise, and take up thy bed, and go thy way into thine house.

12 And immediately he arose, took up the bed, and went forth before them all; insomuch that they were all amazed, and glorified ELOHIM, saying, We never saw it on this fashion.

YAHOSHUA CALLS LEVI

13 And he went forth again by the sea side; and all the multitude resorted unto him, and he taught them.

14 And as he passed by, he saw Lewi the son of Kheleph sitting at the receipt of custom, and said unto him, Follow me. And he arose and followed him.

15 And it came to pass, that, as **YAHOSHUA** sat at meat in his house, many publicans and sinners sat also together with **YAHOSHUA** and his disciples: for there were many, and they followed him.

16 And when the scribes and Perushim saw him eat with publicans and sinners, they said unto his disciples, How is it that he eateth and drinketh with publicans and sinners?

17 When **YAHOSHUA** heard it, he saith unto them, They that are whole have no need of the physician, but they that are sick: I came not to call the righteous, but sinners to repentance.

A QUESTION ABOUT FASTING

18 And the disciples of Yokhanan and of the Perushim used to fast: and they come and say unto him, Why do the disciples of Yokhanan and of the Perushim fast, but thy disciples fast not?

19 And **YAHOSHUA** said unto them, Can the children of the bridechamber fast, while the bridegroom is with them? as long as they have the bridegroom with them, they cannot fast.

20 But the days will come, when the bridegroom shall be taken away from them, and then shall they fast in those days.

21 אֵין־אָדָם תֹּפֵר טְלַאי בַּד חָדָשׁ עַל־שִׂמְלָה בָלָה כִּי אִם־כֵּן יִנָּתֵק מִלּוּיוֹ הֶחָדָשׁ
מִן־הַבָּלָה וְיִתְרַחֵב הַקָּרַע: 22 וְאֵין אָדָם נֹתֵן יַיִן חָדָשׁ בְּנֹאדוֹת בָּלִים כִּי אִם־כֵּן
יְבַקַּע הַיַּיִן הֶחָדָשׁ אֶת־הַנֹּאדוֹת וְהַיַּיִן יִשָּׁפֵךְ וְהַנֹּאדוֹת יֹאבֵדוּ אֲבָל יַיִן חָדָשׁ יִנָּתֵן
בְּנֹאדוֹת חֲדָשִׁים:

YAHOSHUA IS ADONAI OF THE SABBATH

23 וַיְהִי כְּעָבְרוֹ **בַּשַּׁבָּת** בֵּין הַשָּׂדוֹת וַיָּחֵלּוּ תַלְמִידָיו לִקְטֹף מְלִילֹת בְּלֶכְתָּם: 24
וַיֹּאמְרוּ אֵלָיו הַפְּרוּשִׁים רְאֵה מָה־הֵמָּה עֹשִׂים **בַּשַּׁבָּת** אֵת אֲשֶׁר־לֹא יֵעָשֶׂה: 25
וַיֹּאמֶר אֲלֵיהֶם הֲכִי לֹא קְרָאתֶם אֶת־אֲשֶׁר עָשָׂה דָוִד בִּהְיֹתוֹ חָסֵר וְרָעֵב הוּא וַאֲנָשָׁיו:
26 אֲשֶׁר בָּא אֶל־בֵּית אֱלֹהִים בִּימֵי אֶבְיָתָר הַכֹּהֵן הַגָּדוֹל וַיֹּאכַל אֶת־לֶחֶם הַפָּנִים
אֲשֶׁר לֹא נִתַּן לְאָכְלָה כִּי אִם־לַכֹּהֲנִים וַיִּתֵּן גַּם־לָאֲנָשִׁים אֲשֶׁר אִתּוֹ: 27 וַיֹּאמֶר
אֲלֵיהֶם **הַשַּׁבָּת** נִתְּנָה בַּעֲבוּר הָאָדָם וְלֹא הָאָדָם בַּעֲבוּר **הַשַּׁבָּת:** 28 לָכֵן אָדוֹן בֶּן־
הָאָדָם גַּם **לַשַּׁבָּת:**

A MAN WITH A WITHERED HAND

ג וַיָּשָׁב וַיָּבוֹא אֶל־בֵּית הַכְּנֶסֶת וְשָׁם־אִישׁ אֲשֶׁר יָדוֹ יְבֵשָׁה: 2 וַיֶּאֶרְבוּ לוֹ אִם־יִרְפָּאֵהוּ
בַּשַּׁבָּת לְמַעַן יִמְצְאוּ עָלָיו עֲלִילוֹת דְּבָרִים: 3 וַיֹּאמֶר אֶל־הָאִישׁ אֲשֶׁר יָבְשָׁה יָדוֹ קוּם
עֲמֹד בַּתָּוֶךְ: 4 וַיֹּאמֶר אֲלֵיהֶם הֲמֻתָּר **בַּשַּׁבָּת** לְהֵיטִיב אוֹ לְהָרֵעַ לְהַצִּיל נֶפֶשׁ אוֹ לְהָמִית
וַיַּחֲרִישׁוּ: 5 וַיִּפֶן וַיַּבֵּט אֲלֵיהֶם בְּזַעַף וַיִּתְעַצֵּב עַל־קְשִׁי לְבָבָם וַיֹּאמֶר אֶל־הָאִישׁ פְּשֹׁט
אֶת־יָדֶךָ וַיִּפְשֹׁט יָדוֹ וַתֵּרָפֵא וַתָּשָׁב כָּאַחֶרֶת: 6 וַיֵּצְאוּ הַפְּרוּשִׁים וַיְמַהֲרוּ לְהִתְיָעֵץ עָלָיו
עִם־אַנְשֵׁי הוֹרְדוֹס לְאַבְּדוֹ:

A GREAT CROWD FOLLOWS YAHOSHUA

7 **וִיהוֹשֻׁעַ** סָר מִשָּׁם עִם־תַּלְמִידָיו אֶל־יַד הַיָּם וַיֵּלְכוּ אַחֲרָיו עַם־רָב מִן־הַגָּלִיל: 8
וּמִיהוּדָה וּמִירוּשָׁלַיִם וּמֵאֱדוֹם וּמֵעֵבֶר הַיַּרְדֵּן וּמִסְּבִיבוֹת צוֹר וְצִידוֹן הָמוֹן רָב בָּאוּ
אֵלָיו כִּי שָׁמְעוּ אֵת כָּל־אֲשֶׁר עָשָׂה: 9 וַיֹּאמֶר אֶל־תַּלְמִידָיו לְהָכִין לוֹ אֳנִיָּה קְטַנָּה
מִפְּנֵי הָעָם לְמַעַן אֲשֶׁר לֹא יִדְחָקוּהוּ: 10 כִּי רָפָא לְרַבִּים עַד כִּי־נָפְלוּ עָלָיו כָּל־
הַמְנֻגָּעִים לִנְגֹּעַ בּוֹ: 11 וְהָרוּחוֹת הַטְּמֵאוֹת כִּרְאוֹתָן אֹתוֹ נָפְלוּ לְפָנָיו וַתִּצְעַקְנָה
לֵאמֹר אַתָּה הוּא בֶּן־אֱלֹהִים: 12 וַיָּעַד בָּם מְאֹד לְמַעַן אֲשֶׁר לֹא־תְגַלֶּינָה אוֹתוֹ:

THE TWELVE APOSTLES

13 וַיַּעַל אֶל־הָהָר וַיִּקְרָא אֶל־אֲשֶׁר הוּא חָפֵץ וַיָּבֹאוּ אֵלָיו:

MARK

21 No man also seweth a piece of new cloth on an old garment: else the new piece that filled it up taketh away from the old, and the rent is made worse.

22 And no man putteth new wine into old bottles: else the new wine doth burst the bottles, and the wine is spilled, and the bottles will be marred: but new wine must be put into new bottles.

YAHOSHUA IS ADONAI OF THE SABBATH

23 And it came to pass, that he went through the corn fields on the **Shabbat** day; and his disciples began, as they went, to pluck the ears of corn.

24 And the Perushim said unto him, Behold, why do they on the **Shabbat** day that which is not lawful?

25 And he said unto them, Have ye never read what Dawid did, when he had need, and was an hungred, he, and they that were with him?

26 How he went into the house of ELOHIM in the days of Abiathar the high priest, and did eat the shewbread, which is not lawful to eat but for the priests, and gave also to them which were with him?

27 And he said unto them, The **Shabbat** was made for man, and not man for the **Shabbat**:

28 Therefore the Son of man is Adone also of the **Shabbat**.

A MAN WITH A WITHERED HAND

3 And he entered again into the Congregation; and there was a man there which had a withered hand.

2 And they watched him, whether he would heal him on the **Shabbat** day; that they might accuse him.

3 And he saith unto the man which had the withered hand, Stand forth.

4 And he saith unto them, Is it lawful to do good on the **Shabbat** days, or to do evil? to save life, or to kill? But they held their shalom.

5 And when he had looked round about on them with anger, being grieved for the hardness of their hearts, he saith unto the man, Stretch forth thine hand. And he stretched it out: and his hand was restored whole as the other.

6 And the Perushim went forth, and straightway took counsel with the Herodians against him, how they might destroy him.

A GREAT CROWD FOLLOWS YAHOSHUA

7 But **YAHOSHUA** withdrew himself with his disciples to the sea: and a great multitude from Galilah followed him, and from Yehudah,

8 And from Yerushalem, and from Edom, and from beyond Yarden; and they about Tzor and Tzidon, a great multitude, when they had heard what great things he did, came unto him.

9 And he spake to his disciples, that a small ship should wait on him because of the multitude, lest they should throng him.

10 For he had healed many; insomuch that they pressed upon him for to touch him, as many as had plagues.

11 And unclean spirits, when they saw him, fell down before him, and cried, saying, Thou art the Son of ELOHIM.

12 And he straitly charged them that they should not make him known.

THE TWELVE APOSTLES

13 And he goeth up into a mountain, and calleth unto him whom he would: and they came unto him.

14 וַיְמַן שְׁנֵים עָשָׂר אִישׁ לִהְיוֹת אִתּוֹ וּלְשַׁלְּחָם לִקְרֹא׃ 15 וְהָיָה לָהֶם הַשָּׁלְטָן
לְרַפֹּא אֶת־הַתַּחֲלֻאִים וּלְגָרֵשׁ אֶת־הַשֵּׁדִים׃ 16 (וַיָּשֶׂם אֶת־שְׁנֵים הֶעָשָׂר) וַיְכַנֶּה אֶת־
שִׁמְעוֹן בְּשֵׁם כֵּיפָע׃ 17 וְאֶת־יַעֲקֹב בֶּן־זַבְדַּי וְאֵת יוֹחָנָן אֲחִי יַעֲקֹב וַיְכַנֶּה אֹתָם בְּשֵׁם
בְּנֵי־רְגוֹשׁ הוּא בְּנֵי־רָעַם׃ 18 וְאֵת אַנְדְּרַי וְאֵת פִּילִפּוֹס וְאֵת בַּר־תַּלְמַי וְאֵת מַתִּתְיָה
וּ וְאֶת־תּוֹמָא וְאֶת־יַעֲקֹב בֶּן־חַלְפַי וְאֶת־תַּדַּי וְאֶת שִׁמְעוֹן הַקַּנָּי׃ 19 וְאֵת־יְהוּדָה אִישׁ
קְרִיּוֹת אֲשֶׁר הִסְגִּיר אֹתוֹ׃ 20 וַיָּבֹאוּ הַבָּיְתָה וַיּוֹסֶף הֲמוֹן עָם לְהִתְאַסֵּף עַד כִּי־לֹא
יָכְלוּ אַף לֶאֱכָל־לָחֶם׃ 21 וַיִּשְׁמְעוּ קְרוֹבָיו וַיֵּצְאוּ לְהַחֲזִיק בּוֹ כִּי אָמְרוּ יָצָא מִדַּעְתּוֹ׃

BLASPHEMY AGAINST THE RUAKH HA' QODESH

22 וְהַסּוֹפְרִים אֲשֶׁר יָרְדוּ מִירוּשָׁלַיִם אָמְרוּ בַּעַל־זְבוּל בּוֹ וְעַל־יְדֵי שַׂר־הַשֵּׁדִים הוּא
מְגָרֵשׁ אֶת־הַשֵּׁדִים׃ 23 וַיִּקְרָא אוֹתָם אֵלָיו וַיְדַבֵּר לָהֶם בִּמְשָׁלִים לֵאמֹר אֵיךְ יוּכַל הַשָּׂטָן
לְגָרֵשׁ הַשָּׂטָן׃ 24 וְאִם־נֶחְלְקָה מַמְלָכָה עַל־עַצְמָהּ לֹא־תוּכַל לַעֲמֹד הַמַּמְלָכָה הַהִיא׃
25 וּבַיִת אִם־נֶחֱלַק עַל־עַצְמוֹ לֹא־יוּכַל לַעֲמֹד הַבַּיִת הַהוּא׃ 26 וְאִם־הַשָּׂטָן יִתְקוֹמֵם
אֶל־עַצְמוֹ וְנֶחֱלָק לֹא־יוּכַל לַעֲמֹד כִּי־בָא קִצּוֹ׃ 27 אֵין אִישׁ יָכֹל לָבוֹא לְבֵית הַגִּבּוֹר
וְלִגְזֹל אֶת־כֵּלָיו אִם־לֹא יֶאֱסֹר בָּרִאשׁוֹנָה אֶת־הַגִּבּוֹר וְאַחַר יִשְׁסֶה אֶת־בֵּיתוֹ׃ 28 אָמֵן
אֹמֵר אֲנִי לָכֶם כִּי כָל־הַחֲטָאִים יִסָּלְחוּ לִבְנֵי אָדָם וְכָל־הַגִּדּוּפִים אֲשֶׁר יְגַדֵּפוּ׃ 29 אַךְ
הַמְגַדֵּף אֶת־**רוּחַ הַקֹּדֶשׁ** אֵין־לוֹ סְלִיחָה לְעוֹלָם כִּי־עֲוֹנוֹ יִשָּׂא לָנֶצַח׃ 30 כִּי־הֵמָּה אָמְרוּ
רוּחַ טֻמְאָה בּוֹ׃

YAHOSHUA'S MOTHER AND BROTHERS

31 וַיָּבֹאוּ אִמּוֹ וְאֶחָיו וַיַּעַמְדוּ מִחוּץ וַיִּשְׁלְחוּ אֵלָיו לִקְרֹא לוֹ׃ 32 וַהֲמוֹן עָם יָשְׁבוּ
סָבִיב לוֹ וַיֹּאמְרוּ אֵלָיו הִנֵּה אִמְּךָ וְאַחֶיךָ בַּחוּץ וּמְבַקְשִׁים אוֹתָךְ׃ 33 וַיַּעַן וַיֹּאמֶר
אֲלֵיהֶם מִי הֵם אִמִּי וְאֶחָי׃ 34 וַיִּפֶן וַיַּבֵּט אֶל־הַיֹּשְׁבִים סְבִיבָיו וַיֹּאמַר הִנֵּה אִמִּי
וְאֶחָי׃ 35 כִּי כָּל־אֲשֶׁר יַעֲשֶׂה רְצוֹן הָאֱלֹהִים הוּא אָחִי וַאֲחוֹתִי וְאִמִּי׃

THE PARABLE OF THE SOWER

ד וַיָּשָׁב וַיָּחֶל לְלַמֵּד עַל שְׂפַת הַיָּם וַיִּקָּהֲלוּ אֵלָיו הֲמוֹן עַם־רָב וַיֵּרֶד וַיֵּשֶׁב בָּאֳנִיָּה
בַּיָּם וְכָל־הָעָם עוֹמֵד עַל־יַד הַיָּם בַּיַּבָּשָׁה׃ 2 וַיְלַמְּדֵם הַרְבֵּה בִּמְשָׁלִים וַיֹּאמֶר
אֲלֵיהֶם בְּלַמְּדוֹ אוֹתָם׃ 3 שִׁמְעוּ שָׁמוֹעַ הִנֵּה יָצָא הַזֹּרֵעַ לִזְרֹעַ׃ 4 וַיְהִי בְּזָרְעוֹ וַיִּפֹּל
מִן־הַזֶּרַע עַל־יַד הַדָּרֶךְ וַיָּבֹאוּ עוֹף הַשָּׁמַיִם וַיֹּאכְלֻהוּ׃

MARK

14 And he ordained twelve, that they should be with him, and that he might send them forth to preach,

15 And to have power to heal sicknesses, and to cast out devils:

16 And Shimon he surnamed Kepha;

17 And Ya'aqob the son of Zabdi, and Yokhanan the brother of Ya'aqob; and he surnamed them Ben-Regaz, which is, The sons of thunder:

18 And Andre, and Philipos, and Bar-Talmai, and MattitYAHU, and Tho'ma, and Ya'aqob the son of Kheleph, and Thaddai, and Shimon the Kena'anim,

19 And Yehudah Ishqeriot, which also betrayed him: and they went into an house.

20 And the multitude cometh together again, so that they could not so much as eat bread.

21 And when his friends heard of it, they went out to lay hold on him: for they said, He is beside himself.

BLASPHEMY AGAINST THE RUAKH HA' QODESH

22 And the scribes which came down from Yerushalem said, He hath Baal-Zebub, and by the prince of the devils casteth he out devils.

23 And he called them unto him, and said unto them in parables, How can Satan cast out Satan?

24 And if a kingdom be divided against itself, that kingdom cannot stand.

25 And if a house be divided against itself, that house cannot stand.

26 And if Satan rise up against himself, and be divided, he cannot stand, but hath an end.

27 No man can enter into a strong man's house, and spoil his goods, except he will first bind the strong man; and then he will spoil his house.

28 Verily I say unto you, All sins shall be forgiven unto the sons of men, and blasphemies wherewith soever they shall blaspheme:

29 But he that shall blaspheme against the **RUAKH HA' QODESH** hath never forgiveness, but is in danger of eternal damnation:

30 Because they said, He hath an unclean ruakh.

YAHOSHUA'S MOTHER AND BROTHERS

31 There came then his brethren and his mother, and, standing without, sent unto him, calling him.

32 And the multitude sat about him, and they said unto him, Behold, thy mother and thy brethren without seek for thee.

33 And he answered them, saying, Who is my mother, or my brethren?

34 And he looked round about on them which sat about him, and said, Behold my mother and my brethren!

35 For whosoever shall do the will of ELOHIM, the same is my brother, and my sister, and mother.

THE PARABLE OF THE SOWER

4 And he began again to teach by the sea side: and there was gathered unto him a great multitude, so that he entered into a ship, and sat in the sea; and the whole multitude was by the sea on the land.

2 And he taught them many things by parables, and said unto them in his doctrine,

3 Hearken; Behold, there went out a sower to sow:

4 And it came to pass, as he sowed, some fell by the way side, and the fowls of the air came and devoured it up.

5 וְיֵשׁ אֲשֶׁר נָפַל עַל־מְקוֹם הַסֶּלַע אֲשֶׁר אֵין־לוֹ שָׁם אֲדָמָה הַרְבֵּה וַיְמַהֵר לִצְמֹחַ כִּי לֹא־
הָיָה לוֹ עֹמֶק אֲדָמָה: 6 וַיְהִי כִּזְרֹחַ הַשֶּׁמֶשׁ וַיִּצָּרֵב וַיִּיבָשׁ כִּי אֵין־לוֹ שֹׁרֶשׁ: 7 וְיֵשׁ אֲשֶׁר
נָפַל בֵּין הַקֹּצִים וַיַּעֲלוּ הַקֹּצִים וַיְמַעֲכֻהוּ וְלֹא נָתַן פֶּרִי: 8 וְיֵשׁ אֲשֶׁר נָפַל עַל הָאֲדָמָה
הַטּוֹבָה וַיִּתֵּן פְּרִי עֹלֶה וְגָדֵל וַיַּעַשׂ זֶה שְׁלֹשִׁים שְׁעָרִים וְזֶה שִׁשִּׁים וְזֶה מֵאָה: 9 וַיֹּאמֶר
אֲלֵיהֶם מִי אֲשֶׁר אָזְנַיִם לוֹ לִשְׁמֹעַ יִשְׁמָע:

THE PURPOSE OF THE PARABLES

10 וַיְהִי בִּהְיוֹתוֹ לְבַדּוֹ וַיִּגְּשׁוּ הָאֲנָשִׁים אֲשֶׁר אִתּוֹ עִם־שְׁנֵים הֶעָשָׂר וַיִּשְׁאָלוּהוּ עַל־
הַמָּשָׁל: 11 וַיֹּאמֶר אֲלֵיהֶם לָכֶם נִתַּן לָדַעַת סוֹד מַלְכוּת הָאֱלֹהִים וַאֲשֶׁר מִבַּחוּץ
לָהֶם הַכֹּל בִּמְשָׁלִים: 12 לְמַעַן יִרְאוּ רָאוֹ וְלֹא יֵדְעוּ וְשָׁמְעוּ שָׁמוֹעַ וְלֹא יָבִינוּ פֶּן־
יָשׁוּבוּ וְנִסְלַח לְחַטֹּאתָם: 13 וַיֹּאמֶר לָהֶם לֹא יְדַעְתֶּם אֶת־הַמָּשָׁל הַזֶּה וְאֵיךְ תָּבִינוּ
אֶת־הַמְּשָׁלִים כֻּלָּם: 14 הַזֹּרֵעַ הוּא זֹרֵעַ אֶת־הַדָּבָר: 15 וְעַל־יַד הַדֶּרֶךְ אֵלֶּה הֵם אֲשֶׁר
יִזָּרַע־בָּם הַדָּבָר וּכְשָׁמְעָם אוֹתוֹ מִיָּד בָּא הַשָּׂטָן וַיִּשָּׂא אֶת־הַדָּבָר הַזָּרוּעַ בִּלְבָבָם: 16
וְכֵן הַנִּזְרָעִים עַל־מְקֹמוֹת הַסֶּלַע הֵם הַשֹּׁמְעִים אֶת־הַדָּבָר וּמַהֵר בְּשִׂמְחָה יִקָּחֻהוּ: 17
אַךְ אֵין־לָהֶם שֹׁרֶשׁ בְּקִרְבָּם וְרַק לְשָׁעָה יַעֲמֹדוּ וְאַחַר־כֵּן בְּבֹא צָרָה וּרְדִיפָה בִּגְלַל
הַדָּבָר מְהֵרָה יִכָּשֵׁלוּ: 18 וְאֵלֶּה הַנִּזְרָעִים בֵּין הַקֹּצִים הֵם הַשֹּׁמְעִים אֶת־הַדָּבָר: 19
וְדַאֲגוֹת הָעוֹלָם הַזֶּה וּמִרְמַת הָעֹשֶׁר וְתַאֲוֹת אֲחֵרוֹת בָּאוֹת וּמְמָעֲכוֹת אֶת־הַדָּבָר
וּפְרִי לֹא יִהְיֶה־לּוֹ: 20 וְאֵלֶּה הַזְּרוּעִים עַל־הָאֲדָמָה הַטּוֹבָה הֵם הַשֹּׁמְעִים אֶת־הַדָּבָר
וּמְקַבְּלִים אֹתוֹ וְעֹשִׂים פְּרִי זֶה שְׁלֹשִׁים שְׁעָרִים וְזֶה שִׁשִּׁים וְזֶה מֵאָה:

A LAMP UNDER A BASKET

21 וַיֹּאמֶר אֲלֵיהֶם הֲיָבִיאוּ הַנֵּר לָשׂוּם תַּחַת הָאֵיפָה וְתַחַת הַמִּטָּה וְלֹא לְהַעֲלוֹתוֹ עַל־
הַמְּנוֹרָה: 22 כִּי אֵין־דָּבָר סָתוּם אֲשֶׁר לֹא־יִגָּלֶה וְלֹא נִגְנַז דָּבָר כִּי אִם־לְמַעַן יֵצֵא לָאוֹר:
23 כָּל־אֲשֶׁר אָזְנַיִם לוֹ לִשְׁמֹעַ יִשְׁמָע: 24 וַיֹּאמֶר אֲלֵיהֶם רְאוּ מָה אַתֶּם שֹׁמְעִים בַּמִּדָּה
אֲשֶׁר אַתֶּם מוֹדְדִים בָּהּ יִמַּד לָכֶם וְעוֹד יוֹסַף לָכֶם (הַשֹּׁמְעִים): 25 כִּי מִי שֶׁיֶּשׁ־לוֹ נָתוֹן
יִנָּתֵן לוֹ וּמִי שֶׁאֵין־לוֹ יֻקַּח מִמֶּנּוּ גַּם אֶת־אֲשֶׁר לוֹ:

THE PARABLE OF THE SEED GROWING

26 וַיֹּאמַר מַלְכוּת הָאֱלֹהִים הִיא כְּאָדָם מַשְׁלִיךְ זֶרַע בָּאֲדָמָה: 27 וְשָׁכַב וְקָם לַיְלָה
וָיוֹם וְהַזֶּרַע יִצְמַח וְגָדֵל וְהוּא לֹא יָדָע: 28 כִּי הָאָרֶץ מֵאֵלֶיהָ מוֹצִיאָה פִּרְיָהּ אֶת־הַדֶּשֶׁא
רִאשׁוֹנָה וְאַחֲרָיו אֶת־הַשִּׁבֹּלֶת וְאַחֲרֵי־כֵן אֶת־הַחִטָּה הַמְּלֵאָה בַּשִּׁבֹּלֶת:

MARK

5 And some fell on stony ground, where it had not much earth; and immediately it sprang up, because it had no depth of earth:
6 But when the sun was up, it was scorched; and because it had no root, it withered away.
7 And some fell among thorns, and the thorns grew up, and choked it, and it yielded no fruit.
8 And other fell on good ground, and did yield fruit that sprang up and increased; and brought forth, some thirty, and some sixty, and some an hundred.
9 And he said unto them, He that hath ears to hear, let him hear.

THE PURPOSE OF THE PARABLES

10 And when he was alone, they that were about him with the twelve asked of him the parable.
11 And he said unto them, Unto you it is given to know the mystery of the kingdom of ELOHIM: but unto them that are without, all these things are done in parables:
12 "Hear ye indeed, but understand not; and see ye indeed, but perceive not; lest they see; and convert, and be healed."
13 And he said unto them, Know ye not this parable? and how then will ye know all parables?
14 The sower soweth the word.
15 And these are they by the way side, where the word is sown; but when they have heard, Satan cometh immediately, and taketh away the word that was sown in their hearts.
16 And these are they likewise which are sown on stony ground; who, when they have heard the word, immediately receive it with gladness;
17 And have no root in themselves, and so endure but for a time: afterward, when affliction or persecution ariseth for the word's sake, immediately they are offended.
18 And these are they which are sown among thorns; such as hear the word,
19 And the cares of this world, and the deceitfulness of riches, and the lusts of other things entering in, choke the word, and it becometh unfruitful.
20 And these are they which are sown on good ground; such as hear the word, and receive it, and bring forth fruit, some thirtyfold, some sixty, and some an hundred.

A LAMP UNDER A BASKET

21 And he said unto them, Is a candle brought to be put under a bushel, or under a bed? and not to be set on a Menorah?
22 For there is nothing hid, which shall not be manifested; neither was any thing kept secret, but that it should come abroad.
23 If any man have ears to hear, let him hear.
24 And he said unto them, Take heed what ye hear: with what measure ye mete, it shall be measured to you: and unto you that hear shall more be given.
25 For he that hath, to him shall be given: and he that hath not, from him shall be taken even that which he hath.

THE PARABLE OF THE SEED GROWING

26 And he said, So is the kingdom of ELOHIM, as if a man should cast seed into the ground;
27 And should sleep, and rise night and day, and the seed should spring and grow up, he knoweth not how.
28 For the earth bringeth forth fruit of herself; first the blade, then the ear, after that the full corn in the ear.

29 וְכַאֲשֶׁר גָּמַל הַפְּרִי יְמַהֵר לִשְׁלֹחַ מַגָּל כִּי בָשַׁל קָצִיר:

THE PARABLE OF THE MUSTARD SEED

30 וַיֹּאמַר אֶל־מַה נְדַמֶּה אֶת־מַלְכוּת הָאֱלֹהִים וּבְאֵי־זֶה מָשָׁל נַמְשִׁילֶנָּה: 31 כְּגַרְגַּר
שֶׁל־חַרְדָּל אֲשֶׁר יִזָּרַע בָּאֲדָמָה וְהוּא קָטֹן מִכָּל־הַזֵּרֹעִים אֲשֶׁר עַל־הָאָרֶץ: 32 וְאַחֲרֵי
הִזָּרְעוֹ יַעֲלֶה וְיִגְדַּל עַל־כָּל־הַיְּרָקוֹת וְעָשָׂה עֲנָפִים גְּדוֹלִים עַד־אֲשֶׁר יְקַנְּנוּ עוֹף הַשָּׁמַיִם
בְּצִלּוֹ: 33 וּבִמְשָׁלִים רַבִּים כָּאֵלֶּה דִּבֶּר אֲלֵיהֶם אֶת־הַדָּבָר כְּפִי־אֲשֶׁר יָכְלוּ לִשְׁמֹעַ: 34
וּבִבְלִי מָשָׁל לֹא דִבֶּר אֲלֵיהֶם וְהָיָה בִּהְיוֹת תַּלְמִידָיו עִמּוֹ וְאֵין אִישׁ אִתָּם יְבָאֵר לָהֶם
אֶת־הַכֹּל:

YAHOSHUA CALMS A STORM

35 וַיְהִי בַּיּוֹם הַהוּא לִפְנוֹת עֶרֶב וַיֹּאמֶר אֲלֵיהֶם נַעְבְּרָה אֶל־עֵבֶר הַיָּם: 36 וַיַּנִּיחוּ
אֶת־הֲמוֹן הָעָם וַיִּקְחוּ אֹתוֹ בָּאֳנִיָּה אֲשֶׁר הָיָה בָּהּ וָאֳנִיּוֹת אֲחֵרוֹת הָלְכוּ אַחֲרָיו: 37
וַתָּקָם רוּחַ־סְעָרָה גְדוֹלָה וַיִּשְׁטְפוּ הַגַּלִּים אֶל־תּוֹךְ הָאֳנִיָּה עַד אֲשֶׁר־כִּמְעַט מָלֵאָה:
38 וְהוּא יָשֵׁן עַל־הַכֶּסֶת בַּאֲחֹרֵי הָאֳנִיָּה וַיָּעִירוּ אוֹתוֹ וַיֹּאמְרוּ אֵלָיו רַבִּי הֲלֹא תִדְאַג
לָנוּ וַאֲנַחְנוּ אֹבְדִים: 39 וַיֵּעוֹר וַיִּגְעַר בָּרוּחַ וַיֹּאמֶר אֶל־הַיָּם הַס וָדֹם וַתָּשָׁךְ הָרוּחַ
וַתְּהִי דְמָמָה רַבָּה: 40 וַיֹּאמֶר אֲלֵיהֶם לָמָּה חֲרֵדִים אַתֶּם אֵיךְ חֲסַרְתֶּם אֱמוּנָה: 41
וַיִּירְאוּ יִרְאָה גְדוֹלָה וַיֹּאמְרוּ אִישׁ אֶל־רֵעֵהוּ מִי אֵפוֹא הוּא אֲשֶׁר גַּם הָרוּחַ וְגַם הַיָּם
שֹׁמְעִים לוֹ:

YAHOSHUA HEALS A MAN WITH A DEMON

ה וַיָּבֹאוּ אֶל־עֵבֶר הַיָּם אֶל־אֶרֶץ **הַגַּדְרִים:** 2 הוּא יָצָא מִן־הָאֳנִיָּה וְהִנֵּה־אִישׁ
אֲשֶׁר־רוּחַ טֻמְאָה בוֹ בָּא לִקְרָאתוֹ מִבֵּין הַקְּבָרִים: 3 וּמוֹשָׁבוֹ בַּקְּבָרִים וְגַם
בַּעֲבֹתִים לֹא־יָכֹל אִישׁ לְאָסְרוֹ: 4 כִּי־פְעָמִים הַרְבֵּה אֲסָרוּהוּ בִּכְבָלִים וּבַעֲבֹתִים
וַיְנַתֵּק אֶת־הָעֲבֹתִים וַיְשַׁבֵּר אֶת־הַכְּבָלִים וְאִישׁ לֹא עָצַר כֹּחַ לְכָבְשׁוֹ: 5 וְהוּא תָמִיד
לַיְלָה וְיוֹמָם בֶּהָרִים וּבַקְּבָרִים צֹעֵק וּפֹצֵעַ אֶת־עַצְמוֹ בָּאֲבָנִים: 6 וַיְהִי כִּרְאֹתוֹ אֶת־
יָהוֹשֻׁעַ מֵרָחוֹק וַיָּרָץ וַיִּשְׁתַּחוּ לוֹ: 7 וַיִּזְעַק קוֹל גָּדוֹל וַיֹּאמֶר מַה־לִּי וָלָךְ **יָהוֹשֻׁעַ**
בֶּן־אֵל עֶלְיוֹן הִנְנִי מַשְׁבִּיעֲךָ בֵּאלֹהִים אֲשֶׁר לֹא תְעַנֵּנִי: 8 כִּי הוּא אָמַר אֵלָיו צֵא
רוּחַ הַטֻּמְאָה מִן־הָאָדָם הַזֶּה: 9 וַיִּשְׁאַל אֹתוֹ מַה־שְּׁמֶךָ וַיַּעַן וַיֹּאמֶר לִגְיוֹן שְׁמִי כִּי־
רַבִּים אֲנָחְנוּ:

MARK

29 But when the fruit is brought forth, immediately he putteth in the sickle, because the harvest is come.

THE PARABLE OF THE MUSTARD SEED

30 And he said, Whereunto shall we liken the kingdom of ELOHIM? or with what comparison shall we compare it?

31 It is like a grain of mustard seed, which, when it is sown in the earth, is less than all the seeds that be in the earth:

32 But when it is sown, it groweth up, and becometh greater than all herbs, and shooteth out great branches; so that the fowls of the air may lodge under the shadow of it.

33 And with many such parables spake he the word unto them, as they were able to hear it.

34 But without a parable spake he not unto them: and when they were alone, he expounded all things to his disciples.

YAHOSHUA CALMS A STORM

35 And the same day, when the even was come, he saith unto them, Let us pass over unto the other side.

36 And when they had sent away the multitude, they took him even as he was in the ship. And there were also with him other little ships.

37 And there arose a great storm of wind, and the waves beat into the ship, so that it was now full.

38 And he was in the hinder part of the ship, asleep on a pillow: and they awake him, and say unto him, Master, carest thou not that we perish?

39 And he arose, and rebuked the wind, and said unto the sea, Shalom, be still. And the wind ceased, and there was a great calm.

40 And he said unto them, Why are ye so fearful? how is it that ye have no faith?

41 And they feared exceedingly, and said one to another, What manner of man is this, that even the wind and the sea obey him?

YAHOSHUA HEALS A MAN WITH A DEMON

5 And they came over unto the other side of the sea, into the country of the Gadriyim (Gadarenes).

2 And when he was come out of the ship, immediately there met him out of the tombs a man with an unclean ruakh,

3 Who had his dwelling among the tombs; and no man could bind him, no, not with chains:

4 Because that he had been often bound with fetters and chains, and the chains had been plucked asunder by him, and the fetters broken in pieces: neither could any man tame him.

5 And always, night and day, he was in the mountains, and in the tombs, crying, and cutting himself with stones.

6 But when he saw **YAHOSHUA** afar off, he ran and worshipped him,

7 And cried with a loud voice, and said, What have I to do with thee, **YAHOSHUA**, thou Son of the most high ELOHIM? I adjure thee by ELOHIM, that thou torment me not.

8 For he said unto him, Come out of the man, thou unclean ruakh.

9 And he asked him, What is thy name? And he answered, saying, My name is Legion: for we are many.

10 וַיִּתְחַנֵּן אֵלָיו מְאֹד לְבִלְתִּי שַׁלְּחָם אֶל־מִחוּץ לָאָרֶץ: 11 וְעֵדֶר חֲזִירִים רַבִּים
הָיָה שָׁם רֹעֶה בְּמוֹרַד הֶהָרִים: 12 וַיִּתְחַנְנוּ־לוֹ כָּל־הַשֵּׁדִים לֵאמֹר שַׁלְּחֵנוּ אֶל־
הַחֲזִירִים וְנָבֹאָה אֶל־תּוֹכָם: 13 וַיַּנַּח **יָהוֹשֻׁעַ** לָהֶם וַיֵּצְאוּ רוּחוֹת הַטֻּמְאָה וַיָּבֹאוּ
בַּחֲזִירִים וַיִּשְׁתָּעֵר הָעֵדֶר מִן־הַמּוֹרָד אֶל־הַיָּם וְהֵם כְּאַלְפַּיִם בְּמִסְפָּר וַיִּטָּבְעוּ בַּיָּם:
14 וַיָּנוּסוּ רֹעֵי הַחֲזִירִים וַיַּגִּידוּ אֶת־הַדָּבָר בָּעִיר וּבַשָּׂדוֹת וַיֵּצְאוּ לִרְאוֹת אֶת־אֲשֶׁר־
נִהְיָתָה: 15 וַיָּבֹאוּ אֶל־**יָהוֹשֻׁעַ** וַיִּרְאוּ אֶת־אֲחוּז הַשֵּׁדִים אֲשֶׁר הַלִּגְיוֹן בּוֹ וְהוּא יוֹשֵׁב
מְלֻבָּשׁ בְּגָדִים וְטוֹב־שֵׂכֶל וַיִּירָאוּ: 16 וַיַּגִּידוּ לָהֶם הָרֹאִים אֶת־אֲשֶׁר נַעֲשָׂה לַאֲחוּז
הַשֵּׁדִים וְאֶת־דְּבַר הַחֲזִירִים: 17 וַיִּתְחַנְנוּ לוֹ לָסוּר מִגְּבוּלֵיהֶם: 18 וַיְהִי בְּרִדְתּוֹ אֶל־
הָאֳנִיָּה וַיִּתְחַנֵּן אֵלָיו הָאִישׁ אֲשֶׁר הָיָה אֲחוּז שֵׁדִים לְתִתּוֹ לָשֶׁבֶת עִמּוֹ: 19 וְלֹא הִנִּיחַ
לוֹ וַיֹּאמֶר אֵלָיו שׁוּב לְבֵיתְךָ אֶל־מִשְׁפַּחְתֶּךָ וְהַגֵּד לָהֶם אֶת־הַגְּדֹלוֹת אֲשֶׁר־עָשָׂה לְךָ
יְהֹוָה וַיְחָנֶּךָּ: 20 וַיֵּלֶךְ וַיִּקְרָא בְּעֶשֶׂר הֶעָרִים אֶת־הַגְּדוֹלוֹת אֲשֶׁר־עָשָׂה לוֹ **יָהוֹשֻׁעַ**
וַיִּתְמְהוּ כֻּלָּם:

YAHOSHUA HEALS A WOMAN AND JAIRUS'S DAUGHTER

21 וַיָּשָׁב **יָהוֹשֻׁעַ** לַעֲבֹר בָּאֳנִיָּה אֶל־עֵבֶר הַיָּם וַיִּקָּהֵל אֵלָיו הָמוֹן רָב וְהוּא עַל־שְׂפַת
הַיָּם: 22 וְהִנֵּה־בָא אֶחָד מֵרָאשֵׁי הַכְּנֶסֶת וּשְׁמוֹ **יָאִיר** וַיַּרְא אֹתוֹ וַיִּפֹּל לְרַגְלָיו: 23
וַיִּתְחַנֵּן אֵלָיו מְאֹד לֵאמֹר בִּתִּי הַקְּטַנָּה חָלְתָה עַד־לָמוּת אָנָּא בוֹא־נָא וְשִׂים יָדֶיךָ
עָלֶיהָ לְמַעַן תִּוָּשַׁע וְתִחְיֶה: 24 וַיֵּלֶךְ **יָהוֹשֻׁעַ** אִתּוֹ וַיֵּלְכוּ אַחֲרָיו הָמוֹן רָב וַיִּדְחָקֻהוּ:
25 וְאִשָּׁה הָיְתָה בְּזוֹב דָּמֶיהָ שְׁתֵּים עֶשְׂרֵה שָׁנָה: 26 וְהִיא נַעֲנָה הַרְבֵּה תַּחַת
יְדֵי רֹפְאִים רַבִּים וְהוֹצִיאָה אֶת־כֹּל אֲשֶׁר־לָהּ וְלֹא לְהוֹעִיל כִּי אִם כָּבְדָה מַחֲלָתָהּ
מְאֹד: 27 וַיְהִי כְּשָׁמְעָהּ אֶת־שֵׁמַע **יָהוֹשֻׁעַ** וַתָּבוֹא בְּתוֹךְ הֲמוֹן הָעָם מֵאַחֲרָיו וַתִּגַּע
בְּבִגְדוֹ: 28 כִּי אָמְרָה אַךְ אֶגַּע בִּבְגָדָיו וְאִוָּשֵׁעָה: 29 וַיִּיבַשׁ מְקוֹר דָּמֶיהָ פִּתְאֹם
וַתָּבֶן בִּבְשָׂרָהּ כִּי נִרְפָּא נִגְעָהּ: 30 וּבְרֶגַע יָדַע **יָהוֹשֻׁעַ** בְּנַפְשׁוֹ כִּי גְבוּרָה יָצְאָה
מִמֶּנּוּ וַיִּפֶן בְּתוֹךְ הָעָם וַיֹּאמֶר מִי נָגַע בִּבְגָדָי: 31 וַיֹּאמְרוּ אֵלָיו תַּלְמִידָיו הִנְּךָ
רֹאֶה אֶת־הֶהָמוֹן דּוֹחֵק אֹתְךָ וְאָמַרְתָּ מִי־נָגַע בִּי: 32 וַיַּבֵּט סָבִיב לִרְאוֹת אֶת־אֲשֶׁר
עָשְׂתָה זֹּאת: 33 וְהָאִשָּׁה יָרְאָה וְחָרְדָה כִּי יָדְעָה אֶת־אֲשֶׁר נַעֲשָׂה לָהּ וַתָּבֹא וַתִּפֹּל
לְפָנָיו וַתַּגֶּד־לוֹ אֵת כָּל הָאֱמֶת: 34 וַיֹּאמֶר אֵלֶיהָ בִּתִּי אֱמוּנָתֵךְ הוֹשִׁיעָה לָּךְ לְכִי
לְשָׁלוֹם וְחָיִית מִנִּגְעֵךְ: 35 עוֹדֶנּוּ מְדַבֵּר וְהִנֵּה אֲנָשִׁים בָּאִים מִבֵּית־רֹאשׁ הַכְּנֶסֶת
וַיֹּאמְרוּ בִּתְּךָ מֵתָה לָמָּה תַטְרִיחַ־עוֹד אֶת הַמּוֹרֶה

MARK

10 And he besought him much that he would not send them away out of the country.
11 Now there was there nigh unto the mountains a great herd of swine feeding.
12 And all the devils besought him, saying, Send us into the swine, that we may enter into them.
13 And forthwith **YAHOSHUA** gave them leave. And the unclean spirits went out, and entered into the swine: and the herd ran violently down a steep place into the sea, (they were about two thousand;) and were choked in the sea.
14 And they that fed the swine fled, and told it in the city, and in the country. And they went out to see what it was that was done.
15 And they come to **YAHOSHUA**, and see him that was possessed with the devil, and had the legion, sitting, and clothed, and in his right mind: and they were afraid.
16 And they that saw it told them how it befell to him that was possessed with the devil, and also concerning the swine.
17 And they began to pray him to depart out of their coasts.
18 And when he was come into the ship, he that had been possessed with the devil prayed him that he might be with him.
19 Howbeit **YAHOSHUA** suffered him not, but saith unto him, Go home to thy friends, and tell them how great things **YAHOWAH** hath done for thee, and hath had compassion on thee.
20 And he departed, and began to publish in Decapolis how great things **YAHOSHUA** had done for him: and all men did marvel.

YAHOSHUA HEALS A WOMAN AND JAIRUS'S DAUGHTER

21 And when **YAHOSHUA** was passed over again by ship unto the other side, much people gathered unto him: and he was nigh unto the sea.
22 And, behold, there cometh one of the rulers of the Congregation, **Yair (Jairus)** by name; and when he saw him, he fell at his feet,
23 And besought him greatly, saying, My little daughter lieth at the point of death: I pray thee, come and lay thy hands on her, that she may be healed; and she shall live.
24 And **YAHOSHUA** went with him; and much people followed him, and thronged him.
25 And a certain woman, which had an issue of blood twelve years,
26 And had suffered many things of many physicians, and had spent all that she had, and was nothing bettered, but rather grew worse,
27 When she had heard of **YAHOSHUA**, came in the press behind, and touched his garment.
28 For she said, If I may touch but his clothes, I shall be whole.
29 And straightway the fountain of her blood was dried up; and she felt in her body that she was healed of that plague.
30 And **YAHOSHUA**, immediately knowing in himself that virtue had gone out of him, turned him about in the press, and said, Who touched my clothes?
31 And his disciples said unto him, Thou seest the multitude thronging thee, and sayest thou, Who touched me?
32 And he looked round about to see her that had done this thing.
33 But the woman fearing and trembling, knowing what was done in her, came and fell down before him, and told him all the truth.
34 And he said unto her, Daughter, thy faith hath made thee whole; go in shalom, and be whole of thy plague.
35 While he yet spake, there came from the ruler of the Congregation's house certain which said, Thy daughter is dead: why troublest thou the Master any further?

36 וְכִשְׁמֹעַ **יָהוֹשֻׁעַ** אֶת־הַדָּבָר אֲשֶׁר דִּבֵּרוּ וַיֹּאמֶר אֶל־רֹאשׁ הַכְּנֶסֶת אַל־תִּירָא רַק
הַאֲמִינָה: 37 וְלֹא נָתַן אִישׁ לָלֶכֶת אִתּוֹ זוּלָתִי פֶּטְרוֹס וְיַעֲקֹב וְיוֹחָנָן אֲחִי יַעֲקֹב:
38 וַיָּבֹא בֵּית־רֹאשׁ הַכְּנֶסֶת וַיַּרְא מְהוּמַת הַבֹּכִים וְהַמְיַלְלִים בְּקוֹל גָּדוֹל: 39 וַיָּבֹא
וַיֹּאמֶר אֲלֵיהֶם מַה־תֶּהֱמוּ וְתִבְכּוּ הַנַּעֲרָה לֹא מֵתָה אַךְ־יְשֵׁנָה הִיא: 40 וַיִּשְׂחֲקוּ לוֹ
וְהוּא הוֹצִיא אֶת־כֻּלָּם וַיִּקַּח אֶת־אֲבִי הַנַּעֲרָה וְאֶת־אִמָּהּ וְהָאֲנָשִׁים אֲשֶׁר אִתּוֹ וַיָּבֹא
אֶל־הַחֶדֶר אֲשֶׁר־שָׁם שֹׁכֶבֶת הַנַּעֲרָה: 41 וַיֹּאחֶז בְּיַד הַנַּעֲרָה וַיֹּאמֶר אֵלֶיהָ נַעֲרָה קוּמִי
פֵּרוּשׁוֹ יַלְדָּה אֲנִי אֹמֵר לָךְ קוּמִי נָא: 42 וּמִיָּד קָמָה הַיַּלְדָּה וַתִּתְהַלֵּךְ וְהִיא בַּת־שְׁתֵּים
עֶשְׂרֵה שָׁנָה וַיִּשֹּׁמּוּ שַׁמָּה גְדוֹלָה: 43 וַיַּזְהֵר אוֹתָם מְאֹד לֵאמֹר אַל־יִוָּדַע הַדָּבָר לְאִישׁ
וַיְצַו לָתֵת לָהּ לֶאֱכוֹל:

YAHOSHUA REJECTED AT NAZARETH

ו וַיֵּצֵא מִשָּׁם וַיָּבֹא אֶל־אַרְצוֹ וַיֵּלְכוּ אַחֲרָיו תַּלְמִידָיו: 2 וַיְהִי בְּיוֹם **הַשַּׁבָּת** וַיָּחֶל
לְלַמֵּד בְּבֵית הַכְּנֶסֶת וַיִּשְׁמְעוּ רַבִּים וַיִּשְׁתּוֹמֲמוּ וַיֹּאמְרוּ מֵאַיִן לָאִישׁ הַזֶּה כָּאֵלֶּה
וּמַה הַחָכְמָה הַנְּתוּנָה לוֹ עַד־אֲשֶׁר נַעֲשׂוּ גְּבוּרוֹת כָּאֵלֶּה עַל־יָדָיו: 3 הֲלֹא הוּא
הֶחָרָשׁ בֶּן־מִרְיָם וַאֲחִי יַעֲקֹב וְיוֹסֵי וִיהוּדָה וְשִׁמְעוֹן וַהֲלֹא אַחְיוֹתָיו אִתָּנוּ פֹּה וַיְהִי
לָהֶם לְמִכְשׁוֹל: 4 וַיֹּאמֶר אֲלֵיהֶם **יָהוֹשֻׁעַ** אֵין הַנָּבִיא נִקְלֶה כִּי אִם־בְּאַרְצוֹ וּבֵין
קְרוֹבָיו וּבְבֵיתוֹ: 5 וְלֹא יָכֹל לַעֲשׂוֹת שָׁם כָּל־גְּבוּרָה רַק חַלָּשִׁים מְעַטִּים שָׂם יָדָיו
עֲלֵיהֶם וַיִּרְפָּאֵם:

YAHOSHUA SENDS OUT THE TWELVE APOSTLES

6 וַיִּתְמַהּ עַל־חֶסְרוֹן אֱמוּנָתָם וַיַּעֲבֹר בַּכְּפָרִים מִסָּבִיב וַיְלַמֵּד: 7 וַיִּקְרָא אֶל־שְׁנֵים
הֶעָשָׂר וַיָּחֶל לִשְׁלֹחַ אוֹתָם שְׁנַיִם שְׁנַיִם וַיִּתֵּן לָהֶם שָׁלְטָן עַל־רוּחוֹת הַטֻּמְאָה: 8
וַיְצַו עֲלֵיהֶם אֲשֶׁר לֹא־יִקְחוּ מְאוּמָה לַדֶּרֶךְ זוּלָתִי מַקֵּל לְבַדּוֹ לֹא תַרְמִיל וְלֹא לֶחֶם
וְלֹא מָעוֹת בַּחֲגוֹרָה: 9 וְלִהְיוֹת נְעוּלֵי סַנְדָּל וּשְׁתֵּי כֻתָּנוֹת לֹא יִלְבָּשׁוּ: 10 וַיֹּאמֶר
אֲלֵיהֶם כִּי תָבֹאוּ בֵּית־אִישׁ בְּאַחַד הַמְּקוֹמוֹת שְׁבוּ־בוֹ עַד כִּי־תֵצְאוּ מִשָּׁם: 11
וְכָל־אֲשֶׁר לֹא־יַאַסְפוּ אֶתְכֶם וְלֹא יִשְׁמְעוּ אֲלֵיכֶם צְאוּ מִשָּׁם וְנַעֲרוּ אֶת־עֲפַר כַּפּוֹת
רַגְלֵיכֶם לְעֵדוּת לָהֶם (אָמֵן אֲנִי אֹמֵר לָכֶם לִסְדֹם וְלַעֲמֹרָה יֵקַל בְּיוֹם הַדִּין מִן־
הָעִיר הַהִיא): 12 וַיֵּצְאוּ וַיִּקְרְאוּ לָשׁוּב בִּתְשׁוּבָה: 13 וַיְגָרְשׁוּ שֵׁדִים רַבִּים וַיָּסוּכוּ
בַשֶּׁמֶן חַלָּשִׁים רַבִּים וַיִּרְפָּאוּם:

MARK

36 As soon as **YAHOSHUA** heard the word that was spoken, he saith unto the ruler of the Congregation, Be not afraid, only believe.

37 And he suffered no man to follow him, save Kepha, and Ya'aqob, and Yokhanan the brother of Ya'aqob.

38 And he cometh to the house of the ruler of the Congregation, and seeth the tumult, and them that wept and wailed greatly.

39 And when he was come in, he saith unto them, Why make ye this ado, and weep? the damsel is not dead, but sleepeth.

40 And they laughed him to scorn. But when he had put them all out, he taketh the father and the mother of the damsel, and them that were with him, and entereth in where the damsel was lying.

41 And he took the damsel by the hand, and said unto her, Na'arah qumi; which is, being interpreted, Damsel, I say unto thee, arise.

42 And straightway the damsel arose, and walked; for she was of the age of twelve years. And they were astonished with a great astonishment.

43 And he charged them straitly that no man should know it; and commanded that something should be given her to eat.

YAHOSHUA REJECTED AT NAZARETH

6 And he went out from thence, and came into his own country; and his disciples follow him.

2 And when the **Shabbat** day was come, he began to teach in the Congregation: and many hearing him were astonished, saying, From whence hath this man these things? and what wisdom is this which is given unto him, that even such mighty works are wrought by his hands?

3 Is not this the carpenter, the son of Miryam, the brother of Ya'aqob, and Yoseph, and of Yehudah, and Shimon? and are not his sisters here with us? And they were offended at him.

4 But **YAHOSHUA** said unto them, A prophet is not without honour, but in his own country, and among his own kin, and in his own house.

5 And he could there do no mighty work, save that he laid his hands upon a few sick folk, and healed them.

YAHOSHUA SENDS OUT THE TWELVE APOSTLES

6 And he marvelled because of their unbelief. And he went round about the villages, teaching.

7 And he called unto him the twelve, and began to send them forth by two and two; and gave them power over unclean spirits;

8 And commanded them that they should take nothing for their journey, save a staff only; no scrip, no bread, no money in their purse:

9 But be shod with sandals; and not put on two coats.

10 And he said unto them, In what place soever ye enter into an house, there abide till ye depart from that place.

11 And whosoever shall not receive you, nor hear you, when ye depart thence, shake off the dust under your feet for a testimony against them. Verily I say unto you, It shall be more tolerable for Sedom and Amorah in the day of judgment, than for that city.

12 And they went out, and preached that men should repent.

13 And they cast out many devils, and anointed with oil many that were sick, and healed them.

THE DEATH OF JOHN THE BAPTIST

14 וַיִּשְׁמַע הַמֶּלֶךְ הוֹרְדוֹס שִׁמְעוֹ כִּי נוֹדַע שְׁמוֹ וַיֹּאמַר יוֹחָנָן הַמַּטְבִּיל נֵעוֹר מִן־
הַמֵּתִים וְעַל־כֵּן פֹּעֲלִים בּוֹ הַכֹּחוֹת: 15 וְיֵשׁ אֹמְרִים כִּי אֵלִיָּהוּ הוּא וַאֲחֵרִים אָמְרוּ
כִּי־נָבִיא הוּא אוֹ כְּאַחַד הַנְּבִיאִים: 16 וַיִּשְׁמַע הוֹרְדוֹס וַיֹּאמֶר יוֹחָנָן אֲשֶׁר אָנֹכִי
נָשָׂאתִי אֶת־רֹאשׁוֹ מֵעָלָיו הוּא קָם מִן־הַמֵּתִים: 17 כִּי הוּא הוֹרְדוֹס שָׁלַח וַיִּתְפֹּשׂ
אֶת־יוֹחָנָן וַיַּאַסְרֵהוּ בְּבֵית הַסֹּהַר בִּגְלַל הוֹרוֹדְיָה אֵשֶׁת פִּילִפּוֹס אָחִיו אֲשֶׁר לְקָחָהּ לוֹ
לְאִשָּׁה: 18 כִּי יוֹחָנָן אָמַר אֶל־הוֹרְדוֹס אֵשֶׁת אָחִיךָ אֵינֶנָּה מֻתֶּרֶת לָךְ: 19 וַתִּשְׂטֹם
אוֹתוֹ הוֹרוֹדְיָה וַתְּבַקֵּשׁ הֲמִיתוֹ וְלֹא מָצָאָה: 20 כִּי הוֹרְדוֹס יָרֵא אֶת־יוֹחָנָן בַּאֲשֶׁר
יָדַע כִּי־אִישׁ צַדִּיק וְקָדוֹשׁ הוּא וַיִּשְׁמֹר עָלָיו וְהַרְבֵּה עָשָׂה וַיֶּעֱרַב לוֹ לִשְׁמֹעַ אֹתוֹ: 21
וַיְהִי הַיּוֹם הַמֻּכְשָׁר כַּאֲשֶׁר עָשָׂה הוֹרְדוֹס מִשְׁתֶּה בְּיוֹם הֻלֶּדֶת אֹתוֹ לִגְדוֹלָיו וּלְשָׂרֵי
הָאֲלָפִים וּלְרָאשֵׁי הַגָּלִיל: 22 וַתָּבֹא בַת־הוֹרוֹדְיָה וַתְּרַקֵּד וַתִּיטַב בְּעֵינֵי הוֹרְדוֹס
וּבְעֵינֵי הַמְסֻבִּים עִמּוֹ וַיֹּאמֶר הַמֶּלֶךְ אֶל־הַנַּעֲרָה שַׁאֲלִי מִמֶּנִּי אֶת־אֲשֶׁר תַּחְפְּצִי וְאֶתֵּן
לָךְ: 23 וַיִּשָּׁבַע לָהּ לֵאמֹר כָּל־אֲשֶׁר תִּשְׁאֲלִי מִמֶּנִּי אֶתֶּן־לָךְ עַד־חֲצִי הַמַּלְכוּת: 24
וַתֵּצֵא וַתֹּאמֶר לְאִמָּהּ מָה אֶשְׁאָל וַתֹּאמֶר אֶת־רֹאשׁ יוֹחָנָן הַמַּטְבִּיל: 25 וַתְּמַהֵר
מְאֹד לָבוֹא אֶל־הַמֶּלֶךְ וַתִּשְׁאַל לֵאמֹר רְצוֹנִי שֶׁתִּתֵּן לִי עַתָּה בַּקְּעָרָה אֶת־רֹאשׁ יוֹחָנָן
הַמַּטְבִּיל: 26 וַיִּתְעַצֵּב הַמֶּלֶךְ מְאֹד אַךְ בַּעֲבוּר הַשְּׁבוּעָה וּבַעֲבוּר הַמְסֻבִּים עִמּוֹ לֹא
רָצָה לַהֲשִׁיב פָּנֶיהָ: 27 וּמִיָּד שָׁלַח הַמֶּלֶךְ אַחַד הַטַּבָּחִים וַיְצַוֵּהוּ לְהָבִיא אֶת־רֹאשׁוֹ:
28 וַיֵּלֶךְ וַיִּכְרֹת אֶת־רֹאשׁוֹ בְּבֵית הַסֹּהַר וַיְבִיאֵהוּ בַּקְּעָרָה וַיִּתְּנֵהוּ לַנַּעֲרָה וְהַנַּעֲרָה
נְתָנָה אֶל־אִמָּהּ: 29 וַיִּשְׁמְעוּ תַּלְמִידָיו וַיָּבֹאוּ וַיִּשְׂאוּ אֶת־גְּוִיָּתוֹ וַיְשִׂימוּהָ בַּקָּבֶר:

YAHOSHUA FEEDS THE FIVE THOUSAND

30 וַיִּקָּהֲלוּ הַשְּׁלִיחִים אֶל־**יָהוֹשֻׁעַ** וַיַּגִּידוּ לוֹ אֶת־כָּל־אֲשֶׁר עָשׂוּ וְאֶת־כָּל־אֲשֶׁר
לִמֵּדוּ: 31 וַיֹּאמֶר אֲלֵיהֶם בֹּאוּ אַתֶּם לְבַדְּכֶם אֶל־מְקוֹם חָרְבָּה וְנוּחוּ מְעָט כִּי רַבִּים
הָיוּ הַבָּאִים וְהַיֹּצְאִים עַל־לְאֵין־עֵת לָהֶם לֶאֱכוֹל: 32 וַיֵּלְכוּ מִשָּׁם בָּאֳנִיָּה אֶל־
אַחַת הֶחֳרָבוֹת לְבָדָד: 33 וְהֶהָמוֹן רָאָה אוֹתָם יֹצְאִים וַיַּכִּירֻהוּ רַבִּים וַיָּרוּצוּ שָׁמָּה
בְּרַגְלֵיהֶם מִכָּל הֶעָרִים וַיַּעַבְרוּ אוֹתָם וַיֵּאָסְפוּ אֵלָיו: 34 וַיֵּצֵא **יָהוֹשֻׁעַ** וַיַּרְא הֲמוֹן עַם
רָב וַיֶּהֱמוּ מֵעָיו לָהֶם כִּי הָיוּ כַּצֹּאן אֲשֶׁר אֵין־לָהֶם רֹעֶה וַיָּחֶל לְלַמֵּד אוֹתָם דְּבָרִים
הַרְבֵּה: 35 וַיְהִי כַּאֲשֶׁר רָפָה הַיּוֹם לַעֲרוֹב וַיִּגְּשׁוּ אֵלָיו תַּלְמִידָיו וַיֹּאמְרוּ הִנֵּה הַמָּקוֹם
חָרֵב וְהַיּוֹם רַד מְאֹד:

MARK

THE DEATH OF JOHN THE BAPTIST

14 And king Hordos heard of him; (for his name was spread abroad:) and he said, That Yokhanan the Immerser was risen from the dead, and therefore mighty works do shew forth themselves in him.

15 Others said, That it is EliYAHU. And others said, That it is a prophet, or as one of the prophets.

16 But when Hordos heard thereof, he said, It is Yokhanan, whom I beheaded: he is risen from the dead.

17 For Hordos himself had sent forth and laid hold upon Yokhanan, and bound him in prison for Horodyah' sake, his brother Philipos's wife: for he had married her.

18 For Yokhanan had said unto Hordos, It is not lawful for thee to have thy brother's wife.

19 Therefore Horodyah had a quarrel against him, and would have killed him; but she could not:

20 For Hordos feared Yokhanan, knowing that he was a just man and an holy, and observed him; and when he heard him, he did many things, and heard him gladly.

21 And when a convenient day was come, that Hordos on his birthday made a supper to his lords, high captains, and chief estates of Galilah;

22 And when the daughter of the said Horodyah came in, and danced, and pleased Hordos and them that sat with him, the king said unto the damsel, Ask of me whatsoever thou wilt, and I will give it thee.

23 And he sware unto her, Whatsoever thou shalt ask of me, I will give it thee, unto the half of my kingdom.

24 And she went forth, and said unto her mother, What shall I ask? And she said, The head of Yokhanan the Immerser.

25 And she came in straightway with haste unto the king, and asked, saying, I will that thou give me by and by in a charger the head of Yokhanan the Immerser.

26 And the king was exceeding sorry; yet for his oath's sake, and for their sakes which sat with him, he would not reject her.

27 And immediately the king sent an executioner, and commanded his head to be brought: and he went and beheaded him in the prison,

28 And brought his head in a charger, and gave it to the damsel: and the damsel gave it to her mother.

29 And when his disciples heard of it, they came and took up his corpse, and laid it in a tomb.

YAHOSHUA FEEDS THE FIVE THOUSAND

30 And the apostles gathered themselves together unto **YAHOSHUA**, and told him all things, both what they had done, and what they had taught.

31 And he said unto them, Come ye yourselves apart into a desert place, and rest a while: for there were many coming and going, and they had no leisure so much as to eat.

32 And they departed into a desert place by ship privately.

33 And the people saw them departing, and many knew him, and ran afoot thither out of all cities, and outwent them, and came together unto him.

34 And **YAHOSHUA**, when he came out, saw much people, and was moved with compassion toward them, because they were as sheep not having a shepherd: and he began to teach them many things.

35 And when the day was now far spent, his disciples came unto him, and said, This is a desert place, and now the time is far passed:

36 שַׁלַּח אוֹתָם וְיֵלְכוּ אֶל־הַחֲצֵרִים וְהַכְּפָרִים מִסָּבִיב לִקְנוֹת לָהֶם לָחֶם כִּי אֵין־לָהֶם
מַה־שֶּׁיֹּאכֵלוּ: 37 וַיַּעַן וַיֹּאמֶר אֲלֵיהֶם תְּנוּ אַתֶּם לָהֶם לֶאֱכֹל וַיֹּאמְרוּ אֵלָיו הֲנֵלֵךְ לִקְנוֹת
לֶחֶם בְּמָאתַיִם דִּינָר לָתֵת לָהֶם לֶאֱכֹל: 38 וַיֹּאמֶר אֲלֵיהֶם כַּמָּה כִּכְּרוֹת־לֶחֶם יֵשׁ לָכֶם
לְכוּ וּרְאוּ וַיֵּדְעוּ וַיֹּאמְרוּ חָמֵשׁ וּשְׁנֵי דָגִים: 39 וַיְצַו אוֹתָם לָשֶׁבֶת כֻּלָּם חֲבֻרָה חֲבֻרָה לְבַד
עַל־יֶרֶק הַדֶּשֶׁא: 40 וַיֵּשְׁבוּ שׁוּרוֹת שׁוּרוֹת לְמֵאוֹת וְלַחֲמִשִּׁים: 41 וַיִּקַּח אֶת־חֲמֵשֶׁת
כִּכְּרוֹת הַלֶּחֶם וְאֶת־שְׁנֵי הַדָּגִים וַיִּשָּׂא עֵינָיו הַשָּׁמַיְמָה וַיְבָרֶךְ וַיִּפְרֹס אֶת־הַלֶּחֶם וַיִּתֵּן
לְתַלְמִידָיו לָשׂוּם לִפְנֵיהֶם וְאֶת־שְׁנֵי הַדָּגִים חִלֵּק לְכֻלָּם: 42 וַיֹּאכְלוּ כֻלָּם וַיִּשְׂבָּעוּ: 43
וַיִּשְׂאוּ מִן־הַפְּתוֹתִים מְלוֹא סַלִּים שְׁנֵים עָשָׂר וְגַם מִן־הַדָּגִים: 44 וְהָאֹכְלִים מִן־הַלֶּחֶם
הָיוּ כַּחֲמֵשֶׁת אַלְפֵי אִישׁ:

YAHOSHUA WALKS ON THE WATER

45 וְאַחֲרֵי־כֵן הֵאִיץ בְּתַלְמִידָיו לָרֶדֶת בָּאֳנִיָּה וְלַעֲבוֹר לְפָנָיו אֶל־עֵבֶר הַיָּם אֶל־בֵּית
צַיְדָה עַד־שַׁלְּחוֹ אֶת־הָעָם: 46 וַיְהִי אַחַר שַׁלְּחוֹ אֹתָם וַיַּעַל הָהָרָה לְהִתְפַּלֵּל: 47 וַיְהִי־
עֶרֶב וְהָאֳנִיָּה בָּאָה בְּתוֹךְ הַיָּם וְהוּא לְבַדּוֹ בַּיַּבָּשָׁה: 48 וַיַּרְא אוֹתָם מִתְיַגְּעִים בְּשׁוּטָם כִּי
הָרוּחַ לְנֶגְדָּם וַיְהִי כְּעֵת הָאַשְׁמֹרֶת הָרְבִיעִית וַיָּבֹא אֲלֵיהֶם מִתְהַלֵּךְ עַל־פְּנֵי הַיָּם וַיּוֹאֶל
לַעֲבוֹר לִפְנֵיהֶם: 49 וַיִּרְאוּ אֹתוֹ מִתְהַלֵּךְ עַל־פְּנֵי הַיָּם וַיֹּאמְרוּ מַרְאֵה־רוּחַ הוּא וַיִּצְעָקוּ:
50 כִּי־כֻלָּם רָאוּהוּ וַיִּבָּהֵלוּ אָז דִּבֶּר אִתָּם וַיֹּאמֶר אֲלֵיהֶם חִזְקוּ כִּי־אֲנִי הוּא אַל־תִּירָאוּ:
51 וַיֵּרֶד אֲלֵיהֶם בָּאֳנִיָּה וְהָרוּחַ שָׁכָכָה וַיִּשְׁתּוֹמֵם לִבָּם עוֹד־יוֹתֵר וַיִּתְמָהוּ: 52 כִּי לֹא
הִשְׂכִּילוּ בִּדְבַר־כִּכְּרוֹת הַלֶּחֶם מִפְּנֵי קְשִׁי לְבָבָם:

YAHOSHUA HEALS THE SICK IN GENNESARET

53 וַיַּעַבְרוּ אֶת־הַיָּם וַיָּבֹאוּ אַרְצָה גְּנֵּיסַר וַיִּקְרְבוּ אֶל־הַיַּבָּשָׁה: 54 וַיְהִי כְּצֵאתָם
מִן־הָאֳנִיָּה וַיַּכִּירֻהוּ: 55 וַיָּרוּצוּ בְּכָל־הַכִּכָּר הַהוּא מִסָּבִיב וַיָּחֵלּוּ לָשֵׂאת אֶת־הַחֹלִים
בְּמִשְׁכָּבוֹת אֶל־כָּל־מָקוֹם אֲשֶׁר שָׁמְעוּ כִּי הוּא שָׁם: 56 וּבְכָל־מָקוֹם אֲשֶׁר יָבֹא אֶל־
הַכְּפָרִים אוֹ אֶל־הֶעָרִים וְאֶל־הַשָּׂדוֹת שָׂם שָׂמוּ אֶת־הַחוֹלִים בַּחוּצוֹת וַיִּתְחַנְּנוּ לוֹ שֶׁיִּגְּעוּ
רַק בִּכְנַף בִּגְדוֹ וְהָיָה כֹּל אֲשֶׁר נָגְעוּ־בוֹ וְנוֹשָׁעוּ:

TRADITIONS AND COMMANDMENTS

ז וַיִּקָּהֲלוּ אֵלָיו הַפְּרוּשִׁים וַאֲנָשִׁים מִן־הַסּוֹפְרִים אֲשֶׁר בָּאוּ מִירוּשָׁלָיִם: 2 וַיְהִי כִּרְאוֹתָם
מִתַּלְמִידָיו אֹכְלִים לֶחֶם בְּיָדַיִם טְמֵאוֹת כְּלוֹמַר בְּלֹא נְטִילָה וַיּוֹכִיחוּ אֹתָם:

MARK

36 Send them away, that they may go into the country round about, and into the villages, and buy themselves bread: for they have nothing to eat.

37 He answered and said unto them, Give ye them to eat. And they say unto him, Shall we go and buy two hundred pennyworth of bread, and give them to eat?

38 He saith unto them, How many loaves have ye? go and see. And when they knew, they say, Five, and two fishes.

39 And he commanded them to make all sit down by companies upon the green grass.

40 And they sat down in ranks, by hundreds, and by fifties.

41 And when he had taken the five loaves and the two fishes, he looked up to heaven, and blessed, and brake the loaves, and gave them to his disciples to set before them; and the two fishes divided he among them all.

42 And they did all eat, and were filled.

43 And they took up twelve baskets full of the fragments, and of the fishes.

44 And they that did eat of the loaves were about five thousand men.

YAHOSHUA WALKS ON THE WATER

45 And straightway he constrained his disciples to get into the ship, and to go to the other side before unto Beth-Tzaidah, while he sent away the people.

46 And when he had sent them away, he departed into a mountain to pray.

47 And when even was come, the ship was in the midst of the sea, and he alone on the land.

48 And he saw them toiling in rowing; for the wind was contrary unto them: and about the fourth watch of the night he cometh unto them, walking upon the sea, and would have passed by them.

49 But when they saw him walking upon the sea, they supposed it had been a ruakh, and cried out:

50 For they all saw him, and were troubled. And immediately he talked with them, and saith unto them, Be of good cheer: it is I; be not afraid.

51 And he went up unto them into the ship; and the wind ceased: and they were sore amazed in themselves beyond measure, and wondered.

52 For they considered not the miracle of the loaves: for their heart was hardened.

YAHOSHUA HEALS THE SICK IN GENNESARET

53 And when they had passed over, they came into the land of Ginesar, and drew to the shore.

54 And when they were come out of the ship, straightway they knew him,

55 And ran through that whole region round about, and began to carry about in beds those that were sick, where they heard he was.

56 And whithersoever he entered, into villages, or cities, or country, they laid the sick in the streets, and besought him that they might touch if it were but the border of his garment: and as many as touched him were made whole.

TRADITIONS AND COMMANDMENTS

7 Then came together unto him the Perushim, and certain of the scribes, which came from Yerushalem.

2 And when they saw some of his disciples eat bread with defiled, that is to say, with unwashen, hands, they found fault.

3 כִּי הַפְּרוּשִׁים וְכָל־הַיְּהוּדִים לֹא יֹאכְלוּ עַד־אֲשֶׁר נָטְלוּ אֶת־יְדֵיהֶם עַד־הַפֶּרֶק בְּאָחֳזָם
בְּמָה־שֶּׁמָּסְרוּ הַזְּקֵנִים: 4 וְאֶת אֲשֶׁר מִן־הַשּׁוּק אֵינָם אֹכְלִים בְּלֹא טְבִילָה וְעוֹד דְּבָרִים
רַבִּים אֲשֶׁר קִבְּלוּ לִשְׁמֹר כְּמוֹ טְבִילַת כֹּסוֹת וְכַדִּים וְיוֹרוֹת (וּמִטּוֹת): 5 וַיִּשְׁאֲלוּ אוֹתוֹ
הַפְּרוּשִׁים וְהַסּוֹפְרִים מַדּוּעַ תַּלְמִידֶיךָ אֵינָם נֹהֲגִים כְּפִי מַסֹּרֶת הַזְּקֵנִים כִּי־אֹכְלִים לֶחֶם
בְּלֹא נְטִילַת יָדָיִם: 6 וַיַּעַן וַיֹּאמֶר אֲלֵיהֶם הֵיטֵב נִבָּא יְשַׁעְיָהוּ עֲלֵיכֶם הַחֲנֵפִים כַּכָּתוּב הָעָם
הַזֶּה בִּשְׂפָתָיו כִּבְּדוּנִי וְלִבּוֹ רַחַק מִמֶּנִּי: 7 וְתֹהוּ יִרְאָתָם אֹתִי מִצְוֹת אֲנָשִׁים מְלַמְּדִים: 8
כִּי עֲזַבְתֶּם אֶת־מִצְוַת אֱלֹהִים לְהַחֲזִיק בְּמַסֹּרֶת בְּנֵי־אָדָם (טְבִילוֹת כַּדִּים וְכֹסוֹת וְכָאֵלֶּה
רַבּוֹת אַתֶּם עֹשִׂים): 9 וַיֹּאמֶר אֲלֵיהֶם יָפֶה בִּטַּלְתֶּם אֶת־מִצְוַת הָאֱלֹהִים כְּדֵי שֶׁתִּשְׁמְרוּ
אֶת־הַמַּסֹּרֶת שֶׁלָּכֶם: 10 כִּי־מֹשֶׁה אָמַר כַּבֵּד אֶת־אָבִיךָ וְאֶת־אִמֶּךָ וּמְקַלֵּל אָבִיו וְאִמּוֹ
מוֹת יוּמָת: 11 וְאַתֶּם אֹמְרִים אִישׁ כִּי־יֹאמַר לְאָבִיו וּלְאִמּוֹ קָרְבָּן פֵּרוּשׁוֹ מַתָּנָה לֵאלֹהִים
מַה־שֶּׁאַתָּה נֶהֱנֶה לִי: 12 וְלֹא תַנִּיחוּ לוֹ לַעֲשׂוֹת עוֹד מְאוּמָה לְאָבִיו וּלְאִמּוֹ: 13 וַתָּפֵרוּ
אֶת־דְּבַר הָאֱלֹהִים עַל־יְדֵי קַבָּלַתְכֶם אֲשֶׁר קִבַּלְתֶּם וְהַרְבֵּה כָּאֵלֶּה אַתֶּם עֹשִׂים:

WHAT DEFILES A PERSON

14 וַיִּקְרָא אֶל־כָּל־הָעָם וַיֹּאמֶר אֲלֵיהֶם שִׁמְעוּ אֵלַי כֻּלְּכֶם וְהָבִינוּ: 15 אֵין דָּבָר מִחוּץ
לְאָדָם אֲשֶׁר יוּכַל לְטַמֵּא אוֹתוֹ בְּבֹאוֹ אֶל־קִרְבּוֹ כִּי אִם־הַדְּבָרִים הַיּוֹצְאִים מִמֶּנּוּ הֵמָּה
יְטַמְּאוּ אֶת־הָאָדָם: 16 כָּל־אֲשֶׁר אָזְנַיִם לוֹ לִשְׁמֹעַ יִשְׁמָע: 17 וַיְהִי כַּאֲשֶׁר שָׁב הַבַּיְתָה
מִן־הֶהָמוֹן וַיִּשְׁאָלֻהוּ תַּלְמִידָיו עַל־דְּבַר הַמָּשָׁל: 18 וַיֹּאמֶר אֲלֵיהֶם הַאַף־אַתֶּם חַסְרֵי
בִינָה הֲלֹא תַשְׂכִּילוּ כִּי כָל־הַבָּא אֶל־תּוֹךְ הָאָדָם מִחוּצָה לוֹ לֹא יְטַמְּאֶנּוּ: 19 כִּי לֹא־יָבוֹא
בְלִבּוֹ כִּי אִם־בִּכְרֵשׂוֹ וְיֵצֵא אֶל־בֵּית הַכִּסֵּא הַמְנַקֶּה כָל־הַנֶּאֱכָל: 20 וַיֹּאמַר הַיֹּצֵא מִן־
הָאָדָם הוּא מְטַמֵּא אֶת־הָאָדָם: 21 כִּי מִקֶּרֶב הָאָדָם מִלִּבּוֹ יֹצְאוֹת הַמַּחֲשָׁבוֹת הָרָעוֹת
נָאֹף וְזָנֹה וְרָצוֹחַ: 22 וְגָנוֹב וְאַהֲבַת בֶּצַע וְרִשְׁעָה וּרְמִיָּה וְזוֹלֲלוּת וְעַיִן רָעָה וְגִדּוּף וְזָדוֹן
וְסִכְלוּת: 23 כָּל־הָרָעוֹת הָאֵלֶּה מִקֶּרֶב הָאָדָם הֵן יוֹצְאוֹת וּמְטַמְּאוֹת אֹתוֹ:

THE SYROPHOENICIAN WOMAN'S FAITH

24 וַיָּקָם מִשָּׁם וַיֵּלֶךְ לוֹ אֶל־גְּבוּלוֹת צוֹר וְצִידוֹן וּבְבוֹאוֹ הַבַּיְתָה לֹא אָבָה שֶׁיִּוָּדַע לְאִישׁ
וְלֹא יָכֹל לְהִסָּתֵר: 25 כִּי אִשָּׁה אֲשֶׁר רוּחַ טֻמְאָה נִכְנְסָה בְּבִתָּהּ הַקְּטַנָּה שָׁמְעָה אֶת־
שִׁמְעוֹ וַתָּבֹא וַתִּפֹּל לְרַגְלָיו: 26 וְהָאִשָּׁה יְוָנִית וְאֶרֶץ מוֹלַדְתָּהּ פְּנִיקְיָא אֲשֶׁר לְסוּרְיָא
וַתְּבַקֵּשׁ מִמֶּנּוּ לְגָרֵשׁ אֶת־הַשֵּׁד מִבִּתָּהּ: 27 וַיֹּאמֶר אֵלֶיהָ **יָהוֹשֻׁעַ** הַנִּיחִי לַבָּנִים לִשְׂבֹּעַ
בָּרִאשׁוֹנָה כִּי לֹא־טוֹב לָקַחַת לֶחֶם הַבָּנִים וּלְהַשְׁלִיכוֹ לִצְעִירֵי הַכְּלָבִים:

MARK

3 For the Perushim, and all the Yehudim, except they wash their hands oft, eat not, holding the tradition of the elders.

4 And when they come from the market, except they wash, they eat not. And many other things there be, which they have received to hold, as the washing of cups, and pots, brasen vessels, and of tables.

5 Then the Perushim and scribes asked him, Why walk not thy disciples according to the tradition of the elders, but eat bread with unwashen hands?

6 He answered and said unto them, Well hath YeshaYAHU prophesied of you hypocrites, as it is written, "This people draw near me with their mouth, and with their lips do honour me, but have removed their heart far from me.

7 And their fear toward me is taught by the precept of men."

8 For laying aside the commandment of ELOHIM, ye hold the tradition of men, as the washing of pots and cups: and many other such like things ye do.

9 And he said unto them, Full well ye reject the commandment of ELOHIM, that ye may keep your own tradition.

10 For Mosheh said, "Honour thy father and thy mother" and, "he that curseth his father, or his mother, shall surely be put to death."

11 But ye say, If a man shall say to his father or mother, It is Corban, that is to say, a gift, by whatsoever thou mightest be profited by me; he shall be free.

12 And ye suffer him no more to do ought for his father or his mother;

13 Making the word of ELOHIM of none effect through your tradition, which ye have delivered: and many such like things do ye.

WHAT DEFILES A PERSON

14 And when he had called all the people unto him, he said unto them, Hearken unto me every one of you, and understand:

15 There is nothing from without a man, that entering into him can defile him: but the things which come out of him, those are they that defile the man.

16 If any man have ears to hear, let him hear.

17 And when he was entered into the house from the people, his disciples asked him concerning the parable.

18 And he saith unto them, Are ye so without understanding also? Do ye not perceive, that whatsoever thing from without entereth into the man, it cannot defile him;

19 Because it entereth not into his heart, but into the belly, and goeth out into the draught, purging all meats?

20 And he said, That which cometh out of the man, that defileth the man.

21 For from within, out of the heart of men, proceed evil thoughts, adulteries, fornications, murders,

22 Thefts, covetousness, wickedness, deceit, lasciviousness, an evil eye, blasphemy, pride, foolishness:

23 All these evil things come from within, and defile the man.

THE SYROPHOENICIAN WOMAN'S FAITH

24 And from thence he arose, and went into the borders of Tzor and Tzidon, and entered into an house, and would have no man know it: but he could not be hid.

25 For a certain woman, whose young daughter had an unclean ruakh, heard of him, and came and fell at his feet:

26 The woman was a Greek, a Syrophenician by nation; and she besought him that he would cast forth the devil out of her daughter.

27 But **YAHOSHUA** said unto her, Let the children first be filled: for it is not meet to

28 וַתַּעַן וַתֹּאמֶר אֵלָיו כֵּן אֲדֹנִי אֲבָל גַּם־צְעִירֵי הַכְּלָבִים יֹאכְלוּ תַּחַת הַשֻּׁלְחָן
מִפֵּרוּרֵי לֶחֶם הַבָּנִים׃ 29 וַיֹּאמֶר אֵלֶיהָ בִּגְלַל דְּבָרֵךְ זֶה לְכִי־לָךְ יָצָא הַשֵּׁד מִבִּתֵּךְ׃
30 וַתָּבֹא אֶל־בֵּיתָהּ וַתִּמְצָא אֶת־הַיַּלְדָּה מֻשְׁכֶּבֶת עַל־הַמִּטָּה וְהַשֵּׁד יָצָא מִמֶּנָּה׃

YAHOSHUA HEALS A DEAF MAN

31 וַיָּשָׁב וַיֵּצֵא מִגְּבוּל צוֹר וְצִידוֹן וַיָּבֹא אֶל־יָם הַגָּלִיל בְּתוֹךְ גְּבוּל עֶשֶׂר הֶעָרִים׃
32 וַיְבִיאוּ אֵלָיו אִישׁ אֲשֶׁר הָיָה חֵרֵשׁ וְאִלֵּם וַיִּתְחַנְנוּ לוֹ לָשׂוּם עָלָיו אֶת־יָדוֹ׃ 33
וַיִּקַּח אֹתוֹ לְבַדּוֹ מִקֶּרֶב הֶהָמוֹן וַיָּשֶׂם אֶת־אֶצְבְּעוֹתָיו בְּאָזְנָיו וַיָּרָק וַיִּגַּע עַל־לְשׁוֹנוֹ׃
34 וַיַּבֵּט הַשָּׁמַיְמָה וַיֵּאָנַח וַיֹּאמֶר אֵלָיו אֶפַּתַּח וּפֵרוּשׁוֹ הִתְפַּתֵּחַ׃ 35 וּבְרֶגַע נִפְתְּחוּ
אָזְנָיו וַיֻּתַּר אֵסוּר לְשׁוֹנוֹ וַיְדַבֵּר בְּשָׂפָה בְרוּרָה׃ 36 וַיְצַו עֲלֵיהֶם שֶׁלֹּא־יַגִּידוּ לְאִישׁ
וְכַאֲשֶׁר יַזְהִירֵם כֵּן יַרְבּוּ לְהַשְׁמִיעַ׃ 37 וַיִּשְׁתּוֹמְמוּ עַד־מְאֹד וַיֹּאמְרוּ אֶת־הַכֹּל עָשָׂה
יָפֶה גַּם־הַחֵרְשִׁים הוּא עֹשֶׂה לְשֹׁמְעִים גַּם־הָאִלְּמִים לִמְדַבְּרִים׃

YAHOSHUA FEEDS THE FOUR THOUSAND

ח וַיְהִי בַּיָּמִים הָהֵם בְּהִקָּבֵץ עַם רָב וְאֵין לָהֶם מַה־יֹּאכֵלוּ וַיִּקְרָא **יָהוֹשֻׁעַ**
אֶל־תַּלְמִידָיו וַיֹּאמֶר אֲלֵיהֶם׃ 2 נִכְמְרוּ רַחֲמַי עַל־הָעָם כִּי־זֶה שְׁלֹשֶׁת
יָמִים עָמְדוּ עִמִּי וְאֵין לָהֶם לֶחֶם לֶאֱכֹל׃ 3 וְהָיָה בְּשַׁלְּחִי אוֹתָם רְעֵבִים לְבָתֵּיהֶם
יִתְעַלְּפוּ בַּדָּרֶךְ כִּי־יֵשׁ בָּהֶם אֲשֶׁר בָּאוּ מִמֶּרְחָק׃ 4 וַיַּעֲנוּ תַלְמִידָיו וַיֹּאמְרוּ אֵלָיו
מֵאַיִן יוּכַל אִישׁ לְהַשְׂבִּיעַ אֶת־אֵלֶּה לֶחֶם פֹּה בַּמִּדְבָּר׃ 5 וַיִּשְׁאַל אוֹתָם וַיֹּאמַר
כַּמָּה כִכְּרוֹת־לֶחֶם יֵשׁ לָכֶם וַיֹּאמְרוּ שֶׁבַע׃ 6 וַיְצַו אֶת־הָעָם לָשֶׁבֶת לָאָרֶץ וַיִּקַּח
אֶת־שֶׁבַע כִּכְּרוֹת הַלֶּחֶם וַיְבָרֶךְ וַיִּפְרֹס וַיִּתֵּן לְתַלְמִידָיו לָשׂוּם לִפְנֵיהֶם וַיָּשִׂימוּ
לִפְנֵי הָעָם׃ 7 וְלָהֶם מְעַט דָּגִים קְטַנִּים וַיְבָרֶךְ וַיֹּאמֶר לָשׂוּם לִפְנֵיהֶם גַּם־אֶת־
אֵלֶּה׃ 8 וַיֹּאכְלוּ וַיִּשְׂבָּעוּ וַיִּשְׂאוּ מִן־הַפְּתוֹתִים הַנּוֹתָרִים שִׁבְעָה דוּדִים׃ 9
וְהָאֹכְלִים כְּאַרְבַּעַת אֲלָפִים וַיְשַׁלְּחֵם׃ 10 וַיֵּרֶד בָּאֳנִיָּה עִם־תַּלְמִידָיו וַיָּבֹא אֶל־
גְּלִילוֹת דַּלְמָנוּתָא׃

THE PHARISEES DEMAND A SIGN

11 וַיֵּצְאוּ הַפְּרוּשִׁים וַיָּחֵלּוּ לְהִתְוַכֵּחַ עִמּוֹ וַיִּשְׁאֲלוּ מֵאִתּוֹ אוֹת מִן־הַשָּׁמַיִם לְמַעַן
נַסֹּתוֹ׃ 12 וַיֵּאָנַח **בְּרוּחוֹ** וַיֹּאמַר מַה־הַדּוֹר הַזֶּה מְבַקֶּשׁ־לוֹ אוֹת אָמֵן אֹמֵר אֲנִי לָכֶם
אִם־יִנָּתֵן אוֹת לַדּוֹר הַזֶּה׃

MARK

take the children's bread, and to cast it unto the dogs.

28 And she answered and said unto him, Yes, Adoni: yet the dogs under the table eat of the children's crumbs.

29 And he said unto her, For this saying go thy way; the devil is gone out of thy daughter.

30 And when she was come to her house, she found the devil gone out, and her daughter laid upon the bed.

YAHOSHUA HEALS A DEAF MAN

31 And again, departing from the coasts of Tzor and Tzidon, he came unto the sea of Galilah, through the midst of the coasts of Decapolis.

32 And they bring unto him one that was deaf, and had an impediment in his speech; and they beseech him to put his hand upon him.

33 And he took him aside from the multitude, and put his fingers into his ears, and he spit, and touched his tongue;

34 And looking up to heaven, he sighed, and saith unto him, Hitpa'teakh that is, Be opened.

35 And straightway his ears were opened, and the string of his tongue was loosed, and he spake plain.

36 And he charged them that they should tell no man: but the more he charged them, so much the more a great deal they published it;

37 And were beyond measure astonished, saying, He hath done all things well: he maketh both the deaf to hear, and the dumb to speak.

YAHOSHUA FEEDS THE FOUR THOUSAND

8 In those days the multitude being very great, and having nothing to eat, **YAHOSHUA** called his disciples unto him, and saith unto them,

2 I have compassion on the multitude, because they have now been with me three days, and have nothing to eat:

3 And if I send them away fasting to their own houses, they will faint by the way: for divers of them came from far.

4 And his disciples answered him, From whence can a man satisfy these men with bread here in the wilderness?

5 And he asked them, How many loaves have ye? And they said, Seven.

6 And he commanded the people to sit down on the ground: and he took the seven loaves, and gave thanks, and brake, and gave to his disciples to set before them; and they did set them before the people.

7 And they had a few small fishes: and he blessed, and commanded to set them also before them.

8 So they did eat, and were filled: and they took up of the broken meat that was left seven baskets.

9 And they that had eaten were about four thousand: and he sent them away.

10 And straightway he entered into a ship with his disciples, and came into the parts of Dalmanutha.

THE PHARISEES DEMAND A SIGN

11 And the Perushim came forth, and began to question with him, seeking of him a sign from heaven, tempting him.

12 And he sighed deeply in his **RUAKH**, and saith, Why doth this generation seek after a sign? verily I say unto you, There shall no sign be given unto this generation.

13 וַיַּעַל מֵעֲלֵיהֶם וַיָּשָׁב וַיֵּרֶד בָּאֳנִיָּה וַיַּעֲבֹר אֶל־עֵבֶר הַיָּם:

THE LEAVEN OF THE PHARISEES AND HEROD

14 וְהֵם שָׁכְחוּ לָקַחַת בְּיָדָם לֶחֶם וְלֹא־הָיָה לָהֶם בָּאֳנִיָּה בִּלְתִּי אִם־כִּכַּר־לֶחֶם אֶחָת: 15
וַיַּזְהֵר אוֹתָם לֵאמֹר רְאוּ הִשָּׁמְרוּ לָכֶם מִשְּׂאֹר הַפְּרוּשִׁים וּמִשְּׂאֹר הוֹרְדוֹס: 16 וַיַּחְשְׁבוּ
כֹּה וָכֹה וַיֹּאמְרוּ אִישׁ אֶל־רֵעֵהוּ עַל כִּי־לֶחֶם אֵין אִתָּנוּ: 17 וַיֵּדַע **יָהוֹשֻׁעַ** וַיֹּאמֶר לָהֶם
מַה־תַּחְשְׁבוּ עַל כִּי־לֶחֶם אֵין לָכֶם הַעוֹד לֹא תַשְׂכִּילוּ וְלֹא תָבִינוּ וְלִבְּכֶם עוֹדֶנּוּ קָשֶׁה: 18
עֵינַיִם לָכֶם וְלֹא תִרְאוּ וְאָזְנַיִם לָכֶם וְלֹא תִשְׁמְעוּ וְלֹא תִזְכֹּרוּ: 19 כַּאֲשֶׁר פָּרַסְתִּי אֶת־
חֲמֵשֶׁת כִּכְּרוֹת הַלֶּחֶם לַחֲמֵשֶׁת אַלְפֵי אִישׁ כַּמָּה סַלִּים מְלֵאֵי פְתוֹתִים נְשָׂאתֶם וַיֹּאמְרוּ
אֵלָיו שְׁנֵים עָשָׂר: 20 וּבַשֶּׁבַע לְאַרְבַּעַת אַלְפֵי אִישׁ כַּמָּה דוּדִים מְלֵאֵי פְתוֹתִים נְשָׂאתֶם
וַיֹּאמְרוּ אֵלָיו שִׁבְעָה: 21 וַיֹּאמֶר אֲלֵיהֶם אֵיךְ לֹא תָבִינוּ:

YAHOSHUA HEALS A BLIND MAN AT BETHSAIDA

22 וַיָּבֹא אֶל־בֵּית צָיְדָה וַיָּבִיאוּ אֵלָיו אִישׁ עִוֵּר וַיִּתְחַנְנוּ לוֹ לָגַעַת בּוֹ: 23 וַיֹּאחֶז בְּיַד הָעִוֵּר
וַיּוֹלִיכֵהוּ אֶל־מִחוּץ לַכְּפָר וַיָּרָק בְּעֵינָיו וַיָּשֶׂם יָדָיו עָלָיו וַיִּשְׁאָלֵהוּ וַיֹּאמֶר אֵלָיו הֲרֹאֶה
אָתָּה: 24 וַיַּבֵּט וַיֹּאמֶר אֶרְאֶה אֶת־בְּנֵי הָאָדָם כִּי מִתְהַלְּכִים כְּאִילָנוֹת אֲנִי רֹאֶה: 25
וַיּוֹסֶף וַיָּשֶׂם שֵׁנִית יָדָיו עַל־עֵינָיו וַתִּפָּקַחְנָה עֵינָיו וַיֵּרָפֵא וַיַּרְא הַכֹּל הֵיטֵב עַד־לְמֵרָחוֹק:
26 וַיְשַׁלְּחֵהוּ אֶל־בֵּיתוֹ וַיֹּאמַר אַל־תָּבֹא אֶל־תּוֹךְ הַכְּפָר (וְאַל־תְּדַבֵּר לְאִישׁ בַּכְּפָר):

PETER CONFESSES YAHOSHUA AS THE MESHIAKH

27 וַיֵּצֵא **יָהוֹשֻׁעַ** וְתַלְמִידָיו לָלֶכֶת אֶל־כְּפָרֵי קֵיסַרְיָה שֶׁל־פִּילִיפּוֹס וַיְהִי בַדֶּרֶךְ וַיִּשְׁאַל
אֶת־תַּלְמִידָיו וַיֹּאמֶר אֲלֵיהֶם מָה־אֹמְרִים לִי בְּנֵי אָדָם מִי־אָנִי: 28 וַיַּעֲנוּ וַיֹּאמְרוּ יוֹחָנָן
הַמַּטְבִּיל וְיֵשׁ אֹמְרִים אֵלִיָּהוּ וַאֲחֵרִים אֹמְרִים אֶחָד מִן־הַנְּבִיאִים: 29 וַיִּשְׁאַל אֹתָם
לֵאמֹר וְאַתֶּם מַה־תֹּאמְרוּ לִי מִי־אָנִי וַיַּעַן כֵּיפָא וַיֹּאמֶר אֵלָיו אַתָּה הוּא **הַמָּשִׁיחַ**: 30
וַיָּעַד בָּם לְבִלְתִּי דַבֵּר־עָלָיו לְאִישׁ:

YAHOSHUA FORETELLS HIS DEATH AND RESURRECTION

31 וַיָּחֶל לְהוֹרֹתָם שֶׁצָּרִיךְ בֶּן־הָאָדָם לֶעֱנוֹת הַרְבֵּה וְהַזְּקֵנִים וְרָאשֵׁי הַכֹּהֲנִים וְהַסּוֹפְרִים
יִמְאָסֻהוּ וְיֵהָרֵג וּמִקְצֵה שְׁלֹשֶׁת יָמִים קוֹם יָקוּם: 32 וְהוּא דִבֶּר אֶת־הַדָּבָר הַזֶּה בְּאָזְנֵי
כֻלָּם וַיִּקָּחֵהוּ פֶּטְרוֹס וַיָּחֶל לִגְעָר־בּוֹ: 33 וַיִּפֶן אַחֲרָיו וַיַּבֵּט אֶל־תַּלְמִידָיו וַיִּגְעַר בְּפֶטְרוֹס
וַיֹּאמַר סוּר מֵעַל פָּנַי הַשָּׂטָן כִּי אֵין לִבְּךָ לְדִבְרֵי הָאֱלֹהִים כִּי אִם־לְדִבְרֵי הָאָדָם: 34
וַיִּקְרָא אֶל־הָעָם וְאֶל־תַּלְמִידָיו וַיֹּאמֶר אֲלֵיהֶם הֶחָפֵץ לָלֶכֶת אַחֲרַי יְכַחֵשׁ בְּנַפְשׁוֹ וְיִשָּׂא
אֶת־צְלוּבוֹ וְיֵלֵךְ אַחֲרָי:

MARK

13 And he left them, and entering into the ship again departed to the other side.

THE LEAVEN OF THE PHARISEES AND HEROD

14 Now the disciples had forgotten to take bread, neither had they in the ship with them more than one loaf.

15 And he charged them, saying, Take heed, beware of the leaven of the Perushim, and of the leaven of Hordos.

16 And they reasoned among themselves, saying, It is because we have no bread.

17 And when **YAHOSHUA** knew it, he saith unto them, Why reason ye, because ye have no bread? perceive ye not yet, neither understand? have ye your heart yet hardened?

18 Having eyes, see ye not? and having ears, hear ye not? and do ye not remember?

19 When I brake the five loaves among five thousand, how many baskets full of fragments took ye up? They say unto him, Twelve.

20 And when the seven among four thousand, how many baskets full of fragments took ye up? And they said, Seven.

21 And he said unto them, How is it that ye do not understand?

YAHOSHUA HEALS A BLIND MAN AT BETHSAIDA

22 And he cometh to Beth-Tzaidah; and they bring a blind man unto him, and besought him to touch him.

23 And he took the blind man by the hand, and led him out of the town; and when he had spit on his eyes, and put his hands upon him, he asked him if he saw ought.

24 And he looked up, and said, I see men as trees, walking.

25 After that he put his hands again upon his eyes, and made him look up: and he was restored, and saw every man clearly.

26 And he sent him away to his house, saying, Neither go into the town, nor tell it to any in the town.

PETER CONFESSES YAHOSHUA AS THE MESHIAKH

27 And **YAHOSHUA** went out, and his disciples, into the towns of Qesariyah Philipos: and by the way he asked his disciples, saying unto them, Whom do men say that I am?

28 And they answered, Yokhanan the Immerser: but some say, EliYAHU; and others, One of the prophets.

29 And he saith unto them, But whom say ye that I am? And Kepha answereth and saith unto him, Thou art the **MESHIAKH**.

30 And he charged them that they should tell no man of him.

YAHOSHUA FORETELLS HIS DEATH AND RESURRECTION

31 And he began to teach them, that the Son of man must suffer many things, and be rejected of the elders, and of the chief priests, and scribes, and be killed, and after three days rise again.

32 And he spake that saying openly. And Kepha took him, and began to rebuke him.

33 But when he had turned about and looked on his disciples, he rebuked Kepha, saying, Get thee behind me, Satan: for thou savourest not the things that be of ELOHIM, but the things that be of men.

34 And when he had called the people unto him with his disciples also, he said unto them, Whosoever will come after me, let him deny himself, and take up his cross, and follow me.

35 כִּי כָל־אֲשֶׁר יַחְפֹּץ לְהַצִּיל אֶת־נַפְשׁוֹ יְאַבְּדֶנָּה וְכֹל אֲשֶׁר תֹּאבַד נַפְשׁוֹ לְמַעֲנִי וּלְמַעַן
הַבְּשׂוֹרָה הוּא יַצִּילֶנָּה׃ 36 כִּי מַה־יִּסְכֹּן לְאָדָם שֶׁיִּקְנֶה אֶת־כָּל־הָעוֹלָם וְנִשְׁחֲתָה נַפְשׁוֹ׃
37 אוֹ מַה־יִּתֵּן אִישׁ פִּדְיוֹן נַפְשׁוֹ׃ 38 כִּי הָאִישׁ אֲשֶׁר־הָיִיתִי אֲנִי וּדְבָרַי לוֹ לְחֶרְפָּה
בַּדּוֹר הַנֹּאֵף וְהַחוֹטֵא הַזֶּה אַף־הוּא יִהְיֶה לְחֶרְפָּה לְבֶן־הָאָדָם בְּבוֹאוֹ בִּכְבוֹד אָבִיו עִם־
הַמַּלְאָכִים הַקְּדוֹשִׁים׃

ט וַיֹּאמֶר אֲלֵיהֶם אָמֵן אֹמֵר אֲנִי לָכֶם כִּי יֵשׁ בָּעֹמְדִים פֹּה אֲשֶׁר לֹא־יִטְעֲמוּ טַעַם
מִיתָה עַד כִּי־יִרְאוּ מַלְכוּת הָאֱלֹהִים בָּאָה בִגְבוּרָה׃

THE TRANSFIGURATION

2 וְאַחֲרֵי שֵׁשֶׁת יָמִים לָקַח **יָהוֹשֻׁעַ** אֶת־כֵּיפָא וְאֶת־יַעֲקֹב וְאֶת־יוֹחָנָן וַיַּעֲלֵם לְבַדָּם
עִמּוֹ עַל־הַר גָּבֹהַּ וַיִּשְׁתַּנֶּה לְעֵינֵיהֶם׃ 3 וַיַּזְהִירוּ בְגָדָיו וַיִּהְיוּ לְבָנִים מְאֹד כַּשָּׁלֶג אֲשֶׁר
לֹא יוּכַל כּוֹבֵס בָּאָרֶץ לְהַלְבִּין כְּמוֹהֶם׃ 4 וַיֵּרָא אֲלֵיהֶם אֵלִיָּהוּ וּמֹשֶׁה וַיִּהְיוּ מְדַבְּרִים
עִם־**יָהוֹשֻׁעַ**׃ 5 וַיַּעַן כֵּיפָא וַיֹּאמֶר אֶל־**יָהוֹשֻׁעַ** רַבִּי טוֹב לָנוּ לִהְיוֹת פֹּה נַעֲשֶׂה־נָּא שָׁלֹשׁ
סֻכּוֹת לְךָ אַחַת וּלְמֹשֶׁה אַחַת וּלְאֵלִיָּהוּ אֶחָת׃ 6 כִּי לֹא־יָדַע מַה־יְדַבֵּר כִּי נִבְהָלוּ׃
7 וַיְהִי עָנָן סוֹכֵךְ עֲלֵיהֶם וַיֵּצֵא מִן־הֶעָנָן קוֹל אֹמֵר זֶה בְּנִי יְדִידִי אֵלָיו תִּשְׁמָעוּן׃ 8
וַיַּבִּיטוּ פִּתְאֹם כֹּה וָכֹה וְלֹא־רָאוּ עוֹד אִישׁ בִּלְתִּי אֶת־**יָהוֹשֻׁעַ** לְבַדּוֹ אִתָּם׃ 9 וַיֵּרְדוּ מִן־
הָהָר וַיַּזְהִירֵם לְבִלְתִּי הַגִּיד לְאִישׁ אֶת־אֲשֶׁר רָאוּ עַד כִּי־יָקוּם בֶּן־הָאָדָם מִן־הַמֵּתִים׃
10 וַיִּשְׁמְרוּ אֶת־הַדָּבָר בִּלְבָבָם וַיִּדְרְשׁוּ לָדַעַת הַתְּקוּמָה מִן־הַמֵּתִים מַה־הִיא׃ 11
וַיִּשְׁאָלֻהוּ לֵאמֹר מַה־זֶּה אֹמְרִים הַסּוֹפְרִים כִּי אֵלִיָּהוּ בּוֹא יָבוֹא בָּרִאשׁוֹנָה׃ 12 וַיַּעַן
וַיֹּאמֶר לָהֶם הִנֵּה אֵלִיָּהוּ בָּא בָרִאשׁוֹנָה וְיָשִׁיב אֶת־הַכֹּל וּמַה־כָּתוּב עַל בֶּן־הָאָדָם הֲלֹא
אֲשֶׁר יְעֻנֶּה הַרְבֵּה וְיִמָּאֵס׃

YAHOSHUA HEALS A BOY WITH AN UNCLEAN SPIRIT

13 אֲבָל אֹמֵר אֲנִי לָכֶם גַּם־בָּא אֵלִיָּהוּ וְגַם־עָשׂוּ לוֹ כִּרְצוֹנָם כַּכָּתוּב עָלָיו׃ 14 וַיְהִי
כְּבוֹאוֹ אֶל־הַתַּלְמִידִים וַיַּרְא עַם־רָב סְבִיבוֹתָם וְסוֹפְרִים מִתְוַכְּחִים עִמָּם׃ 15 וְכָל־הָעָם
כִּרְאוֹתָם אֹתוֹ כֵּן תָּמָהוּ וַיָּרוּצוּ אֵלָיו וַיִּשְׁאֲלוּ־לוֹ לְשָׁלוֹם׃ 16 וַיִּשְׁאַל אֶת־הַסּוֹפְרִים
מָה־אַתֶּם מִתְוַכְּחִים עִמָּהֶם׃ 17 וַיַּעַן אֶחָד מִן־הָעָם וַיֹּאמַר רַבִּי הֵבֵאתִי אֵלֶיךָ אֶת־בְּנִי
אֲשֶׁר־רוּחַ אִלֵּם בְּקִרְבּוֹ׃ 18 וּבְכָל־מָקוֹם אֲשֶׁר יֹאחֲזֵהוּ הוּא מְרַצֵּץ אֹתוֹ וְיָרַד רִירוֹ וְחָרַק
שִׁנָּיו וְיָבֵשׁ גּוּפוֹ וָאֹמַר אֶל־תַּלְמִידֶיךָ לְגָרְשׁוֹ וְלֹא יָכֹלוּ׃

MARK

35 For whosoever will save his life shall lose it; but whosoever shall lose his life for my sake and the gospel's, the same shall save it.
36 For what shall it profit a man, if he shall gain the whole world, and lose his own soul?
37 Or what shall a man give in exchange for his soul?
38 Whosoever therefore shall be ashamed of me and of my words in this adulterous and sinful generation; of him also shall the Son of man be ashamed, when he cometh in the glory of his Father with the holy angels.

9 And he said unto them, Verily I say unto you, That there be some of them that stand here, which shall not taste of death, till they have seen the kingdom of ELOHIM come with power.

THE TRANSFIGURATION

2 And after six days **YAHOSHUA** taketh with him Kepha, and Ya'aqob, and Yokhanan, and leadeth them up into an high mountain apart by themselves: and he was transfigured before them.
3 And his raiment became shining, exceeding white as snow; so as no fuller on earth can white them.
4 And there appeared unto them EliYAHU with Mosheh: and they were talking with **YAHOSHUA**.
5 And Kepha answered and said to **YAHOSHUA**, Master, it is good for us to be here: and let us make three tabernacles; one for thee, and one for Mosheh, and one for EliYAHU.
6 For he wist not what to say; for they were sore afraid.
7 And there was a cloud that overshadowed them: and a voice came out of the cloud, saying, This is my beloved Son: hear him.
8 And suddenly, when they had looked round about, they saw no man any morez, save **YAHOSHUA** only with themselves.
9 And as they came down from the mountain, he charged them that they should tell no man what things they had seen, till the Son of man were risen from the dead.
10 And they kept that saying with themselves, questioning one with another what the rising from the dead should mean.
11 And they asked him, saying, Why say the scribes that EliYAHU must first come?
12 And he answered and told them, EliYAHU verily cometh first, and restoreth all things; and how it is written of the Son of man, that he must suffer many things, and be set at nought.

YAHOSHUA HEALS A BOY WITH AN UNCLEAN SPIRIT

13 But I say unto you, That EliYAHU is indeed come, and they have done unto him whatsoever they listed, as it is written of him.
14 And when he came to his disciples, he saw a great multitude about them, and the scribes questioning with them.
15 And straightway all the people, when they beheld him, were greatly amazed, and running to him saluted him.
16 And he asked the scribes, What question ye with them?
17 And one of the multitude answered and said, Master, I have brought unto thee my son, which hath a dumb ruakh;
18 And wheresoever he taketh him, he teareth him: and he foameth, and gnasheth with his teeth, and pineth away: and I spake to thy disciples that they should cast him out; and they could not.

19 וַיַּעַן וַיֹּאמֶר לָהֶם הוֹי דּוֹר חֲסַר אֱמוּנָה עַד־מָתַי אֶהְיֶה עִמָּכֶם עַד־מָתַי אֶשָּׂא אֶתְכֶם
הָבִיאוּ אֹתוֹ לְפָנָי׃ 20 וַיְבִיאֻהוּ לְפָנָיו וַיְהִי כַּאֲשֶׁר רָאָהוּ וַיְזַעְזְעֵנוּ הָרוּחַ פִּתְאֹם
וַיִּפֹּל אַרְצָה וַיִּתְגּוֹלֵל וַיּוֹרֶד רִירוֹ׃ 21 וַיִּשְׁאַל אֶת־אָבִיו כַּמָּה יָמִים הָיְתָה־לּוֹ זֹאת
וַיֹּאמֶר מִימֵי נְעוּרָיו׃ 22 וּפְעָמִים רַבּוֹת הִפִּיל אֹתוֹ גַּם־בָּאֵשׁ גַּם־בַּמַּיִם לְהַאֲבִידוֹ
אַךְ אִם־יָכֹל תּוּכַל רַחֵם עָלֵינוּ וְעָזְרֵנוּ׃ 23 וַיֹּאמֶר אֵלָיו **יָהוֹשֻׁעַ** לֵאמֹר אִם־תּוּכַל
אָמַרְתָּ כֹּל יוּכַל הַמַּאֲמִין׃ 24 וַיִּתֵּן אֲבִי הַיֶּלֶד אֶת־קֹלוֹ בִּבְכִי וַיֹּאמַר אֲנִי מַאֲמִין
אֲדֹנִי עֲזָר־נָא לְחֶסְרוֹן אֱמוּנָתִי׃ 25 וַיַּרְא **יָהוֹשֻׁעַ** אֶת־הָעָם מִתְקַבֵּץ אֵלָיו וַיִּגְעַר
בָּרוּחַ הַטָּמֵא וַיֹּאמַר רוּחַ אִלֵּם וְחֵרֵשׁ אֲנִי מְצַוְּךָ צֵא מִמֶּנּוּ וְאַל־תֹּסֶף לָבוֹא־בוֹ
עוֹד׃ 26 וַיִּצְעַק וַיְזַעֲזַע אֹתוֹ מְאֹד וַיֵּצֵא וַיְהִי כַּמֵּת וְרַבִּים אָמְרוּ כִּי גָוָע׃ 27
וַיַּחֲזֵק **יָהוֹשֻׁעַ** בְּיָדוֹ וַיְעִירֵהוּ וַיָּקֹם׃ 28 וַיְהִי כַּאֲשֶׁר בָּא הַבַּיְתָה וַיִּשְׁאָלֻהוּ תַּלְמִידָיו
בִּהְיוֹתָם אִתּוֹ לְבַדָּם לֵאמֹר מַדּוּעַ אֲנַחְנוּ לֹא יָכֹלְנוּ לְגָרְשׁוֹ׃ 29 וַיֹּאמֶר אֲלֵיהֶם
הַמִּין הַזֶּה יָצֹא לֹא יֵצֵא כִּי אִם־בִּתְפִלָּה וּבְצוֹם׃

YAHOSHUA AGAIN FORETELLS DEATH, RESURRECTION

30 וַיֵּצְאוּ מִשָּׁם וַיַּעַבְרוּ בַּגָּלִיל וְלֹא אָבָה לְהִוָּדַע לְאִישׁ׃ 31 כִּי הָיָה מְלַמֵּד אֶת־
תַּלְמִידָיו לֵאמֹר אֲלֵיהֶם כִּי עָתִיד בֶּן־הָאָדָם לְהִמָּסֵר בִּידֵי בְנֵי־אָדָם וַהֲרָגֻהוּ וְאַחֲרֵי
מוֹתוֹ יָקוּם בַּיּוֹם הַשְּׁלִישִׁי׃ 32 וְהֵם לֹא הֵבִינוּ אֵת הַדָּבָר וַיִּירְאוּ לִשְׁאֹל אוֹתוֹ׃

WHO IS THE GREATEST?

33 וַיָּבֹא אֶל־כְּפַר־נַחוּם וַיְהִי בַבַּיִת וַיֹּאמֶר אֲלֵיהֶם מָה הִתְוַכַּחְתֶּם אִישׁ עִם־רֵעֵהוּ
בַּדָּרֶךְ׃ 34 וַיַּחֲרִישׁוּ כִּי הִתְעַשְּׂקוּ בַדֶּרֶךְ מִי הַגָּדוֹל בָּהֶם׃ 35 וַיֵּשֶׁב וַיִּקְרָא אֶל־שְׁנֵים
הֶעָשָׂר וַיֹּאמֶר אֲלֵיהֶם אִישׁ כִּי־יַחְפֹּץ לִהְיוֹת הָרִאשׁוֹן הוּא יִהְיֶה הָאַחֲרוֹן לְכֻלָּם וּמְשָׁרֵת
כֻּלָּם׃ 36 וַיִּקַּח יֶלֶד וַיַּעֲמִידֵהוּ בְתוֹכָם וַיְחַבְּקֵהוּ וַיֹּאמֶר לָהֶם׃ 37 הַמְקַבֵּל בִּשְׁמִי יֶלֶד
אֶחָד כָּזֶה הוּא מְקַבֵּל אוֹתִי וְהַמְקַבֵּל אוֹתִי אֵינֶנּוּ מְקַבֵּל אוֹתִי כִּי אִם־אֶת אֲשֶׁר שְׁלָחָנִי׃

ANYONE NOT AGAINST US IS FOR US

38 וַיַּעַן יוֹחָנָן וַיֹּאמֶר אֵלָיו רַבִּי רָאִינוּ אִישׁ מְגָרֵשׁ שֵׁדִים בְּשִׁמְךָ וְאֵינֶנּוּ הוֹלֵךְ
אַחֲרֵינוּ וַנְּכַלְאֶנּוּ יַעַן אֲשֶׁר לֹא־הָלַךְ אַחֲרֵינוּ׃ 39 וַיֹּאמֶר **יָהוֹשֻׁעַ** אַל־תִּכְלָאֻהוּ כִּי
אֵין אִישׁ עֹשֶׂה גְבוּרָה בִּשְׁמִי וְיוּכַל בִּמְהֵרָה לְדַבֶּר־בִּי רָעָה׃ 40 כִּי כֹּל אֲשֶׁר אֵינֶנּוּ
לְצָרֵינוּ לָנוּ הוּא׃ 41 כִּי כָל־הַמַּשְׁקֶה אֶתְכֶם כּוֹס מַיִם בִּשְׁמִי בַּאֲשֶׁר **לַמָּשִׁיחַ** אַתֶּם
אָמֵן אֹמֵר אֲנִי לָכֶם לֹא־יֹאבַד שְׂכָרוֹ׃

MARK

19 He answereth him, and saith, O faithless generation, how long shall I be with you? how long shall I suffer you? bring him unto me.
20 And they brought him unto him: and when he saw him, straightway the ruakh tare him; and he fell on the ground, and wallowed foaming.
21 And he asked his father, How long is it ago since this came unto him? And he said, Of a child.
22 And ofttimes it hath cast him into the fire, and into the waters, to destroy him: but if thou canst do any thing, have compassion on us, and help us.
23 **YAHOSHUA** said unto him, If thou canst believe, all things are possible to him that believeth.
24 And straightway the father of the child cried out, and said with tears, Adoni, I believe; help thou mine unbelief.
25 When **YAHOSHUA** saw that the people came running together, he rebuked the foul ruakh, saying unto him, Thou dumb and deaf ruakh, I charge thee, come out of him, and enter no more into him.
26 And the ruakh cried, and rent him sore, and came out of him: and he was as one dead; insomuch that many said, He is dead.
27 But **YAHOSHUA** took him by the hand, and lifted him up; and he arose.
28 And when he was come into the house, his disciples asked him privately, Why could not we cast him out?
29 And he said unto them, This kind can come forth by nothing, but by prayer and fasting.

YAHOSHUA AGAIN FORETELLS DEATH, RESURRECTION

30 And they departed thence, and passed through Galilah; and he would not that any man should know it.
31 For he taught his disciples, and said unto them, The Son of man is delivered into the hands of men, and they shall kill him; and after that he is killed, he shall rise the third day.
32 But they understood not that saying, and were afraid to ask him.

WHO IS THE GREATEST?

33 And he came to Kepar-Nakhum: and being in the house he asked them, What was it that ye disputed among yourselves by the way?
34 But they held their shalom: for by the way they had disputed among themselves, who should be the greatest.
35 And he sat down, and called the twelve, and saith unto them, If any man desire to be first, the same shall be last of all, and servant of all.
36 And he took a child, and set him in the midst of them: and when he had taken him in his arms, he said unto them,
37 Whosoever shall receive one of such children in my name, receiveth me: and whosoever shall receive me, receiveth not me, but him that sent me.

ANYONE NOT AGAINST US IS FOR US

38 And Yokhanan answered him, saying, Master, we saw one casting out devils in thy name, and he followeth not us: and we forbad him, because he followeth not us.
39 But **YAHOSHUA** said, Forbid him not: for there is no man which shall do a miracle in my name, that can lightly speak evil of me.
40 For he that is not against us is on our part.
41 For whosoever shall give you a cup of water to drink in my name, because ye belong to **MESHIAKH**, verily I say unto you, he shall not lose his reward.

TEMPTATIONS TO SIN

42 וְכָל־הַמַּכְשִׁיל אַחַד הַקְּטַנִּים הַמַּאֲמִינִים בִּי טוֹב לוֹ שֶׁיִּתָּלֶה פֶּלַח־רֶכֶב עַל־צַוָּארוֹ
וְהֻשְׁלַךְ בַּיָּם׃ 43 וְאִם־יָדְךָ תַכְשִׁילְךָ קַצֵּץ אֹתָהּ טוֹב לְךָ לָבוֹא לַחַיִּים וְאַתָּה קִטֵּעַ מִהְיוֹת
לְךָ שְׁתֵּי יָדַיִם וְתֵלֵךְ אֶל־גֵּיהִנֹּם אֶל־הָאֵשׁ אֲשֶׁר לֹא תִכְבֶּה׃ 44 אֲשֶׁר־שָׁם תּוֹלַעְתָּם לֹא
תָמוּת וְאִשָּׁם לֹא תִכְבֶּה׃ 45 וְאִם־רַגְלְךָ תַּכְשִׁילְךָ קַצֵּץ אֹתָהּ טוֹב לְךָ לָבוֹא לַחַיִּים וְאַתָּה
פִּסֵּחַ מִהְיוֹת לְךָ שְׁתֵּי רַגְלַיִם וְתֻשְׁלַךְ לְגֵיהִנֹּם אֶל־הָאֵשׁ אֲשֶׁר לֹא תִכְבֶּה׃ 46 אֲשֶׁר־שָׁם
תּוֹלַעְתָּם לֹא תָמוּת וְאִשָּׁם לֹא תִכְבֶּה׃ 47 וְאִם־עֵינְךָ תַּכְשִׁילְךָ עֲקֹר אֹתָהּ טוֹב לְךָ לָבוֹא
בְּמַלְכוּת הָאֱלֹהִים בַּעַל עַיִן אַחַת מִהְיוֹת לְךָ שְׁתֵּי עֵינַיִם וְתֻשְׁלַךְ לְגֵיהִנֹּם׃ 48 אֲשֶׁר־
שָׁם תּוֹלַעְתָּם לֹא תָמוּת וְאִשָּׁם לֹא תִכְבֶּה׃ 49 כִּי כָל־אִישׁ בָּאֵשׁ יָמְלָח וְכָל־קָרְבָּן
בַּמֶּלַח יָמְלָח׃ 50 טוֹב הַמֶּלַח וְאִם־הַמֶּלַח יִהְיֶה תָפֵל בַּמֶּה תְּתַקְּנוּ אוֹתוֹ יְהִי־לָכֶם מֶלַח
בְּקִרְבְּכֶם וִיהִי שָׁלוֹם בֵּינֵיכֶם׃

TEACHING ABOUT DIVORCE

י וַיָּקָם מִשָּׁם וַיֵּלֶךְ אֶל־גְּבוּל יְהוּדָה מֵעֵבֶר הַיַּרְדֵּן וַיִּקָּהֲלוּ עוֹד אֵלָיו הֲמוֹן עָם וַיְלַמְּדֵם
כְּפַעַם בְּפָעַם׃ 2 וַיִּגְּשׁוּ אֵלָיו הַפְּרוּשִׁים לְנַסּוֹתוֹ וַיִּשְׁאָלֻהוּ וַיֹּאמְרוּ הֲיוּכַל אִישׁ לְשַׁלַּח
אֶת־אִשְׁתּוֹ׃ 3 וַיַּעַן וַיֹּאמֶר אֲלֵיהֶם מַה־צִּוָּה אֶתְכֶם מֹשֶׁה׃ 4 וַיֹּאמְרוּ מֹשֶׁה הִתִּיר
לִכְתֹּב סֵפֶר כְּרִיתֻת וּלְשַׁלֵּחַ׃ 5 וַיַּעַן יָהוֹשֻׁעַ וַיֹּאמֶר אֲלֵיהֶם מִפְּנֵי קְשִׁי לְבַבְכֶם כָּתַב
לָכֶם אֶת־הַמִּצְוָה הַזֹּאת׃ 6 אֲבָל מֵרֵאשִׁית הַבְּרִיאָה זָכָר וּנְקֵבָה בָּרָא אֹתָם אֱלֹהִים׃
7 עַל־כֵּן יַעֲזָב־אִישׁ אֶת־אָבִיו וְאֶת־אִמּוֹ וְדָבַק בְּאִשְׁתּוֹ׃ 8 וְהָיוּ שְׁנֵיהֶם לְבָשָׂר אֶחָד
וְאִם־כֵּן אֵפוֹא אֵינָם עוֹד שְׁנַיִם כִּי אִם־בָּשָׂר אֶחָד׃ 9 לָכֵן אֵת אֲשֶׁר־חִבַּר אֱלֹהִים
לֹא יַפְרִידֶנּוּ אָדָם׃ 10 וַיְהִי בַּבָּיִת וַיָּשׁוּבוּ תַלְמִידָיו לִשְׁאֹל אֹתוֹ עַל־זֹאת׃ 11 וַיֹּאמֶר
אֲלֵיהֶם הַמְשַׁלֵּחַ אֶת־אִשְׁתּוֹ וְלָקַח אַחֶרֶת נֹאֵף הוּא עָלֶיהָ׃ 12 וְאִשָּׁה כִּי תַעֲזֹב אִישָׁהּ
וְהָיְתָה לְאִישׁ אַחֵר נֹאֶפֶת הִיא׃

LET THE CHILDREN COME TO ME

13 וַיָּבִיאוּ אֵלָיו יְלָדִים לְמַעַן יִגַּע בָּהֶם וַיִּגְעֲרוּ הַתַּלְמִידִים בַּמְבִיאִים אֹתָם׃ 14 וַיַּרְא
יָהוֹשֻׁעַ וַיֵּרַע לוֹ וַיֹּאמֶר אֲלֵיהֶם הַנִּיחוּ לַיְלָדִים לָבוֹא אֵלַי וְאַל־תִּמְנָעוּם כִּי לְאֵלֶּה מַלְכוּת
הָאֱלֹהִים׃ 15 אָמֵן אֹמֵר אֲנִי לָכֶם כֹּל אֲשֶׁר־לֹא יְקַבֵּל אֶת־מַלְכוּת הָאֱלֹהִים כַּיֶּלֶד לֹא־
יָבֹא בָהּ׃ 16 וַיְחַבְּקֵם וַיָּשֶׁת יָדָיו עֲלֵיהֶם וַיְבָרֲכֵם׃

MARK

TEMPTATIONS TO SIN

42 And whosoever shall offend one of these little ones that believe in me, it is better for him that a millstone were hanged about his neck, and he were cast into the sea.

43 And if thy hand offend thee, cut it off: it is better for thee to enter into life maimed, than having two hands to go into hell, into the fire that never shall be quenched:

44 "For their worm shall not die, neither shall their fire be quenched."

45 And if thy foot offend thee, cut it off: it is better for thee to enter halt into life, than having two feet to be cast into hell, into the fire that never shall be quenched:

46 "For their worm shall not die, neither shall their fire be quenched."

47 And if thine eye offend thee, pluck it out: it is better for thee to enter into the kingdom of ELOHIM with one eye, than having two eyes to be cast into hell fire:

48 "For their worm shall not die, neither shall their fire be quenched."

49 "And every oblation shalt thou season with salt; with all thine offerings thou shalt offer salt."

50 Salt is good: but if the salt have lost his saltness, wherewith will ye season it? Have salt in yourselves, and have shalom one with another.

TEACHING ABOUT DIVORCE

10 And he arose from thence, and cometh into the coasts of Yehudah by the farther side of Yarden: and the people resort unto him again; and, as he was wont, he taught them again.

2 And the Perushim came to him, and asked him, Is it lawful for a man to put away his wife? tempting him.

3 And he answered and said unto them, What did Mosheh command you?

4 And they said, Mosheh suffered to write a bill of divorcement, and to put her away.

5 And **YAHOSHUA** answered and said unto them, For the hardness of your heart he wrote you this precept.

6 But from the beginning of the creation "male and female created he them" ELOHIM

7 "Therefore shall a man leave his father and his mother, and shall cleave unto his wife:

8 And they shall be one flesh" so then they are no more twain, but one flesh.

9 What therefore ELOHIM hath joined together, let not man put asunder.

10 And in the house his disciples asked him again of the same matter.

11 And he saith unto them, Whosoever shall put away his wife, and marry another, committeth adultery against her.

12 And if a woman shall put away her husband, and be married to another, she committeth adultery.

LET THE CHILDREN COME TO ME

13 And they brought young children to him, that he should touch them: and his disciples rebuked those that brought them.

14 But when **YAHOSHUA** saw it, he was much displeased, and said unto them, Suffer the little children to come unto me, and forbid them not: for of such is the kingdom of ELOHIM.

15 Verily I say unto you, Whosoever shall not receive the kingdom of ELOHIM as a little child, he shall not enter therein.

16 And he took them up in his arms, put his hands upon them, and blessed them.

THE RICH YOUNG MAN

17 וַיְהִי בְּצֵאתוֹ לַדֶּרֶךְ וְהִנֵּה־אִישׁ רָץ לִקְרָאתוֹ וַיִּכְרַע לְפָנָיו וַיִּשְׁאַל אוֹתוֹ לֵאמֹר רַבִּי
הַטּוֹב מָה אֶעֱשֶׂה וְאִירַשׁ חַיֵּי עוֹלָם׃ 18 וַיֹּאמֶר לוֹ **יָהוֹשֻׁעַ** מַדּוּעַ קָרָאתָ לִּי טוֹב אֵין טוֹב
כִּי אִם אֶחָד וְהוּא הָאֱלֹהִים׃ 19 הֵן יָדַעְתָּ אֶת־הַמִּצְוֹת לֹא תִנְאָף לֹא תִרְצָח לֹא תִגְנֹב
לֹא־תַעֲנֶה עֵד שָׁקֶר לֹא תַעֲשֹׁק כַּבֵּד אֶת־אָבִיךָ וְאֶת־אִמֶּךָ׃ 20 וַיַּעַן וַיֹּאמֶר אֵלָיו רַבִּי
אֶת־כָּל־אֵלֶּה שָׁמַרְתִּי מִנְּעוּרָי׃ 21 וַיַּבֶּט־בּוֹ **יָהוֹשֻׁעַ** וַיֶּאֱהָבֵהוּ וַיֹּאמֶר אֵלָיו אַחַת חָסַרְתָּ
לֵּךְ מְכֹר אֶת־כָּל־אֲשֶׁר־לְךָ וְתֵן לָעֲנִיִּים וִיהִי־לְךָ אוֹצָר בַּשָּׁמָיִם וּבוֹא שָׂא אֶת־הַצְּלוּב
וְלֵךְ אַחֲרָי׃ 22 וַיֵּצֶר־לוֹ עַל־הַדָּבָר הַזֶּה וַיֵּעָצֵב וַיֵּלֶךְ לוֹ כִּי־הוֹן רַב הָיָה לוֹ׃ 23 וַיַּבֵּט
יָהוֹשֻׁעַ סָבִיב וַיֹּאמֶר אֶל־תַּלְמִידָיו כַּמָּה יִקְשֶׁה לְבַעֲלֵי נְכָסִים לָבוֹא בְּמַלְכוּת הָאֱלֹהִים׃
24 וַיִּבָּהֲלוּ הַתַּלְמִידִים עַל־דְּבָרָיו וַיֹּסֶף **יָהוֹשֻׁעַ** וַיַּעַן וַיֹּאמֶר לָהֶם בָּנַי מַה קָּשֶׁה לַבֹּטְחִים
עַל־חֵילָם לָבוֹא אֶל־מַלְכוּת הָאֱלֹהִים׃ 25 נָקֵל לַגָּמָל לַעֲבֹר בְּנֶקֶב הַמַּחַט מִבּוֹא עָשִׁיר
אֶל־מַלְכוּת הָאֱלֹהִים׃ 26 וַיּוֹסִיפוּ עוֹד לְהִשְׁתּוֹמֵם וַיֹּאמְרוּ אִישׁ אֶל־אָחִיו וּמִי־אֵפוֹא
יוּכַל לְהִוָּשֵׁעַ׃ 27 וַיַּבֶּט־בָּם **יָהוֹשֻׁעַ** וַיֹּאמַר מִבְּנֵי אָדָם תִּפָּלֵא זֹאת אַךְ לֹא מֵאֱלֹהִים כִּי
מֵאֱלֹהִים לֹא יִפָּלֵא כָּל־דָּבָר׃ 28 וַיָּחֶל כֵּיפָא לֵאמֹר אֵלָיו הֵן אֲנַחְנוּ עָזַבְנוּ אֶת־הַכֹּל וַנֵּלֵךְ
אַחֲרֶיךָ׃ 29 וַיַּעַן **יָהוֹשֻׁעַ** וַיֹּאמֶר אָמֵן אֹמֵר אֲנִי לָכֶם כִּי אֵין אִישׁ אֲשֶׁר עָזַב אֶת־בֵּיתוֹ אוֹ
אֶת־אֶחָיו אוֹ אֶת־אַחְיוֹתָיו אוֹ אֶת־אָבִיו אוֹ אֶת־אִמּוֹ אוֹ אֶת־אִשְׁתּוֹ אוֹ אֶת־בָּנָיו אוֹ אֶת
שְׂדוֹתָיו לְמַעֲנִי וּלְמַעַן הַבְּשׂוֹרָה׃ 30 אֲשֶׁר לֹא יִקַּח עַתָּה בַּזְּמַן הַזֶּה בְּכָל־הָרְדִיפוֹת מֵאָה
פְעָמִים כָּהֵמָּה בָּתִּים וְאַחִים וַאֲחָיוֹת וְאִמּוֹת וּבָנִים וְשָׂדוֹת וְלָעוֹלָם הַבָּא חַיֵּי עוֹלָם׃ 31
וְאוּלָם רַבִּים מִן־הָרִאשֹׁנִים יִהְיוּ אַחֲרֹנִים וְהָאַחֲרֹנִים רִאשֹׁנִים׃

YAHOSHUA FORETELLS HIS DEATH A THIRD TIME

32 וַיְהִי בַדֶּרֶךְ בַּעֲלוֹתָם יְרוּשָׁלַיִם **וִיהוֹשֻׁעַ** הוֹלֵךְ לִפְנֵיהֶם וְהֵמָּה נִבְהָלִים וְהוֹלְכִים
אַחֲרָיו בַּחֲרָדָה וַיּוֹסֶף לָקַחַת אֵלָיו אֶת־שְׁנֵים הֶעָשָׂר וַיָּחֶל לְהַגִּיד לָהֶם אֶת־אֲשֶׁר יִקְרֵהוּ׃
33 לֵאמֹר הִנֵּה אֲנַחְנוּ עֹלִים יְרוּשָׁלָיְמָה וּבֶן־הָאָדָם יִמָּסֵר לְרָאשֵׁי הַכֹּהֲנִים וְלַסּוֹפְרִים
וְיַרְשִׁיעֻהוּ לָמוּת וְיִמְסְרוּ אֹתוֹ לַגּוֹיִם׃ 34 וִיהַתֵּלוּ בוֹ וְיַכֻּהוּ בַשּׁוֹטִים וְיָרְקוּ בְּפָנָיו וִימִיתֻהוּ
וּבַיּוֹם הַשְּׁלִישִׁי קוֹם יָקוּם׃

THE REQUEST OF JAMES AND JOHN

35 וַיִּקְרְבוּ אֵלָיו יַעֲקֹב וְיוֹחָנָן בְּנֵי זַבְדַּי וַיֹּאמְרוּ רַבִּי חֲפֵצִים אֲנַחְנוּ שֶׁתַּעֲשֶׂה לָּנוּ אֶת־
אֲשֶׁר נִשְׁאַל מִמֶּךָּ׃ 36 וַיֹּאמֶר אֲלֵיהֶם מָה־אִוִּיתֶם כִּי־אֶעֱשֶׂה לָכֶם׃

MARK

THE RICH YOUNG MAN

17 And when he was gone forth into the way, there came one running, and kneeled to him, and asked him, Good Master, what shall I do that I may inherit eternal life?

18 And **YAHOSHUA** said unto him, Why callest thou me good? there is none good but one, that is, ELOHIM.

19 Thou knowest the commandments, "Thou shalt not commit adultery, Thou shalt not murder, Thou shalt not steal, Thou shalt not bear false witness, Thou shalt not steal, Honour thy father and thy mother."

20 And he answered and said unto him, Master, all these have I observed from my youth.

21 Then **YAHOSHUA** beholding him loved him, and said unto him, One thing thou lackest: go thy way, sell whatsoever thou hast, and give to the poor, and thou shalt have treasure in heaven: and come, take up the cross, and follow me.

22 And he was sad at that saying, and went away grieved: for he had great possessions.

23 And **YAHOSHUA** looked round about, and saith unto his disciples, How hardly shall they that have riches enter into the kingdom of ELOHIM!

24 And the disciples were astonished at his words. But **YAHOSHUA** answereth again, and saith unto them, Children, how hard is it for them that trust in riches to enter into the kingdom of ELOHIM!

25 It is easier for a rope to go through the eye of a needle, than for a rich man to enter into the kingdom of ELOHIM.

26 And they were astonished out of measure, saying among themselves, Who then can be saved?

27 And **YAHOSHUA** looking upon them saith, With men it is impossible, but not with ELOHIM: for with ELOHIM all things are possible.

28 Then Kepha began to say unto him, Lo, we have left all, and have followed thee.

29 And **YAHOSHUA** answered and said, Verily I say unto you, There is no man that hath left house, or brethren, or sisters, or father, or mother, or wife, or children, or lands, for my sake, and the gospel's,

30 But he shall receive an hundredfold now in this time, houses, and brethren, and sisters, and mothers, and children, and lands, with persecutions; and in the world to come eternal life.

31 But many that are first shall be last; and the last first.

YAHOSHUA FORETELLS HIS DEATH A THIRD TIME

32 And they were in the way going up to Yerushalem; and **YAHOSHUA** went before them: and they were amazed; and as they followed, they were afraid. And he took again the twelve, and began to tell them what things should happen unto him,

33 Saying, Behold, we go up to Yerushalem; and the Son of man shall be delivered unto the chief priests, and unto the scribes; and they shall condemn him to death, and shall deliver him to the Gentiles:

34 And they shall mock him, and shall scourge him, and shall spit upon him, and shall kill him: and the third day he shall rise again.

THE REQUEST OF JAMES AND JOHN

35 And Ya'aqob and Yokhanan, the sons of Zabdi, come unto him, saying, Master, we would that thou shouldest do for us whatsoever we shall desire.

36 And he said unto them, What would ye that I should do for you?

37 וַיֹּאמְרוּ אֵלָיו תְּנָה־לָּנוּ לָשֶׁבֶת אֶחָד לִימִינְךָ וְאֶחָד לִשְׂמֹאלְךָ בִּכְבוֹדֶךָ: 38 וַיֹּאמֶר
אֲלֵיהֶם **יָהוֹשֻׁעַ** לֹא יְדַעְתֶּם אֵת אֲשֶׁר שְׁאַלְתֶּם הֲתוּכְלוּ לִשְׁתּוֹת אֶת־הַכּוֹס אֲשֶׁר אֲנִי
שֹׁתֶה וּלְהִטָּבֵל הַטְּבִילָה אֲשֶׁר אֲנִי נִטְבָּל: 39 וַיֹּאמְרוּ אֵלָיו נוּכָל וַיֹּאמֶר אֲלֵיהֶם **יָהוֹשֻׁעַ**
אֶת־הַכּוֹס אֲשֶׁר־אֲנִי שֹׁתֶה תִּשְׁתּוּ וְהַטְּבִילָה אֲשֶׁר אֲנִי נִטְבָּל תִּטָּבֵלוּ: 40 אַךְ שֶׁבֶת
לִימִינִי וְלִשְׂמֹאלִי אֵין בְּיָדִי לָתֵת בִּלְתִּי לַאֲשֶׁר הוּכַן לָהֶם: 41 וַיְהִי כִּשְׁמֹעַ זֹאת הָעֲשָׂרָה
וַיָּחֵלּוּ לִכְעוֹס אֶל־יַעֲקֹב וְיוֹחָנָן: 42 וַיִּקְרָא לָהֶם **יָהוֹשֻׁעַ** וַיֹּאמֶר אֲלֵיהֶם אַתֶּם יְדַעְתֶּם
כִּי הַנֶּחֱשָׁבִים לְהִשְׂתָּרֵר עַל־הַגּוֹיִם הֵם רֹדִים בָּהֶם וּגְדוֹלֵיהֶם שׁוֹלְטִים עֲלֵיהֶם: 43 וְלֹא
יִהְיֶה כֵן בְּקִרְבְּכֶם כִּי אִם־הֶחָפֵץ לִהְיוֹת גָּדוֹל בָּכֶם יִהְיֶה לָכֶם לִמְשָׁרֵת: 44 וְהֶחָפֵץ
לִהְיוֹת הָרֹאשׁ יִהְיֶה עֶבֶד לַכֹּל: 45 כִּי בֶן־הָאָדָם גַּם־הוּא לֹא בָא לְמַעַן יְשָׁרֲתוּהוּ כִּי
אִם־לְשָׁרֵת וְלָתֵת אֶת־נַפְשׁוֹ כֹּפֶר תַּחַת רַבִּים:

YAHOSHUA HEALS BLIND BARTIMAEUS

46 וַיָּבֹאוּ יְרִיחוֹ וַיְהִי כְּצֵאתוֹ מִירִיחוֹ הוּא וְתַלְמִידָיו וַהֲמוֹן עַם רַב וְהִנֵּה **בַּרְטִימַי בֶּן־**
טִימַי אִישׁ עִוֵּר יָשַׁב עַל־יַד הַדֶּרֶךְ לְבַקֵּשׁ צְדָקָה: 47 וַיִּשְׁמַע כִּי הוּא **יָהוֹשֻׁעַ** הַנָּצְרִי וַיָּחֶל
לִצְעֹק וַיֹּאמַר אָנָּא בֶן־דָּוִד **יָהוֹשֻׁעַ** חָנֵּנִי: 48 וַיִּגְעֲרוּ־בוֹ רַבִּים לְהַחֲשֹׁתוֹ וְהוּא הִרְבָּה עוֹד
לִזְעֹק בֶּן־דָּוִד חָנֵּנִי: 49 וַיַּעֲמֹד **יָהוֹשֻׁעַ** וַיֹּאמֶר קִרְאוּ־לוֹ וַיִּקְרְאוּ לָעִוֵּר וַיֹּאמְרוּ אֵלָיו חֲזַק
קוּם קֹרֵא־לָךְ: 50 וַיַּשְׁלֵךְ אֶת־שִׂמְלָתוֹ מֵעָלָיו וַיָּקָם וַיָּבֹא אֶל־**יָהוֹשֻׁעַ**: 51 וַיַּעַן **יָהוֹשֻׁעַ**
וַיֹּאמֶר אֵלָיו מַה־תִּרְצֶה שֶׁאֶעֱשֶׂה־לָּךְ וַיֹּאמֶר אֵלָיו הָעִוֵּר רַבּוּנִי אֲשֶׁר אֶרְאֶה: 52 וַיֹּאמֶר
יָהוֹשֻׁעַ אֵלָיו לֶךְ־לְךָ אֱמוּנָתְךָ הוֹשִׁיעָה לָּךְ וּכְרֶגַע נִפְקְחוּ עֵינָיו וַיֵּלֶךְ אַחֲרֵי **יָהוֹשֻׁעַ** בַּדָּרֶךְ:

THE TRIUMPHAL ENTRY

יא וַיְהִי כַּאֲשֶׁר קָרְבוּ לִירוּשָׁלַיִם אֶל־בֵּית־פַּגֵּי וּבֵית־הִינִי אֶל־הַר הַזֵּיתִים וַיִּשְׁלַח
שְׁנַיִם מִתַּלְמִידָיו: 2 וַיֹּאמֶר אֲלֵיהֶם לְכוּ אֶל־הַכְּפָר אֲשֶׁר מִמּוּלְכֶם וְהָיָה כְּבֹאֲכֶם
שָׁמָּה וּמְצָאתֶם עַיִר אָסוּר אֲשֶׁר לֹא־יָשַׁב עָלָיו אָדָם אוֹתוֹ הַתִּירוּ וְהָבִיאוּ: 3 וְכִי־יֹאמַר
אֲלֵיכֶם אִישׁ לָמָּה תַעֲשׂוּ זֹאת וַאֲמַרְתֶּם הָאָדוֹן צָרִיךְ לוֹ וְהוּא מַהֵר יְשַׁלְּחֶנּוּ הֵנָּה: 4
וַיֵּלְכוּ וַיִּמְצְאוּ הָעַיִר אָסוּר אֶל־הַשַּׁעַר בַּחוּץ עַל־אֵם הַדָּרֶךְ וַיַּתִּירוּהוּ: 5 וַאֲנָשִׁים מִן־
הָעֹמְדִים שָׁם אָמְרוּ אֲלֵיהֶם מַה־זֹּאת עֲשִׂיתֶם לְהַתִּיר אֶת־הָעָיִר: 6 וַיֹּאמְרוּ אֲלֵיהֶם
כַּאֲשֶׁר צִוָּה **יָהוֹשֻׁעַ** וַיַּנִּיחוּ לָהֶם: 7 וַיָּבִיאוּ אֶת־הָעַיִר אֶל־**יָהוֹשֻׁעַ** וַיָּשִׂימוּ עָלָיו אֶת־
בִּגְדֵיהֶם וַיֵּשֶׁב עָלָיו:

MARK

37 They said unto him, Grant unto us that we may sit, one on thy right hand, and the other on thy left hand, in thy glory.

38 But **YAHOSHUA** said unto them, Ye know not what ye ask: can ye drink of the cup that I drink of? and be immersed with the immersion that I am immersed with?

39 And they said unto him, We can. And **YAHOSHUA** said unto them, Ye shall indeed drink of the cup that I drink of; and with the immersion that I am immersed withal shall ye be immersed:

40 But to sit on my right hand and on my left hand is not mine to give; but it shall be given to them for whom it is prepared.

41 And when the ten heard it, they began to be much displeased with Ya'aqob and Yokhanan.

42 But **YAHOSHUA** called them to him, and saith unto them, Ye know that they which are accounted to rule over the Gentiles exercise lordship over them; and their great ones exercise authority upon them.

43 But so shall it not be among you: but whosoever will be great among you, shall be your minister:

44 And whosoever of you will be the chiefest, shall be servant of all.

45 For even the Son of man came not to be ministered unto, but to minister, and to give his life a ransom for many.

YAHOSHUA HEALS BLIND BARTIMAEUS

46 And they came to Yerikho: and as he went out of Yerikho with his disciples and a great number of people, blind **Bar-Tamay (Bartimaeus)**, the son of **Timai (Timaeus)**, sat by the highway side begging.

47 And when he heard that it was **YAHOSHUA** of Netzareth, he began to cry out, and say, **YAHOSHUA**, thou Son of Dawid, have mercy on me.

48 And many charged him that he should hold his shalom: but he cried the more a great deal, Thou Son of Dawid, have mercy on me.

49 And **YAHOSHUA** stood still, and commanded him to be called. And they call the blind man, saying unto him, Be of good comfort, rise; he calleth thee.

50 And he, casting away his garment, rose, and came to **YAHOSHUA**.

51 And **YAHOSHUA** answered and said unto him, What wilt thou that I should do unto thee? The blind man said unto him, Adone, that I might receive my sight.

52 And **YAHOSHUA** said unto him, Go thy way; thy faith hath made thee whole. And immediately he received his sight, and followed **YAHOSHUA** in the way.

THE TRIUMPHAL ENTRY

11 And when they came nigh to Yerushalem, unto Beth-Pagay and Beth-Hini, at the mount of Olives, he sendeth forth two of his disciples,

2 And saith unto them, Go your way into the village over against you: and as soon as ye be entered into it, ye shall find a colt tied, whereon never man sat; loose him, and bring him.

3 And if any man say unto you, Why do ye this? say ye that Adone hath need of him; and straightway he will send him hither.

4 And they went their way, and found the colt tied by the door without in a place where two ways met; and they loose him.

5 And certain of them that stood there said unto them, What do ye, loosing the colt?

6 And they said unto them even as **YAHOSHUA** had commanded: and they let them go.

7 And they brought the colt to **YAHOSHUA**, and cast their garments on him; and he sat upon him.

8 וְרַבִּים פָּרְשׂוּ אֶת־בִּגְדֵיהֶם עַל־הַדָּרֶךְ וַאֲחֵרִים כָּרְתוּ עֲנָפִים מִן־הָעֵצִים וַיִּשְׁטְחוּ עַל־
הַדָּרֶךְ: 9 וְהַהֹלְכִים לְפָנָיו וְאַחֲרָיו צָעֲקוּ לֵאמֹר הוֹשַׁע־נָא בָּרוּךְ הַבָּא בְּשֵׁם **יָהוָֹה**: 10
בְּרוּכָה מַלְכוּת דָּוִד אָבִינוּ הַבָּאָה (בְּשֵׁם **יָהוָֹה**) הוֹשַׁע־נָא בַּמְּרוֹמִים: 11 וַיָּבֹא **יָהוֹשֻׁעַ**
יְרוּשָׁלַיִם אֶל־בֵּית הַמִּקְדָּשׁ וַיַּרְא וַיִּתְבּוֹנֵן עַל־הַכֹּל וְהַיּוֹם רָפָה לַעֲרוֹב וַיֵּצֵא אֶל־בֵּית־
הִינִי עִם־שְׁנֵים הֶעָשָׂר:

YAHOSHUA CURSES THE FIG TREE

12 וַיְהִי מִמָּחֳרָת בְּצֵאתָם מִבֵּית־הִינִי וַיִּרְעָב: 13 וַיַּרְא תְּאֵנָה מֵרָחוֹק וְלָהּ עָלִים
וַיָּבֹא לִרְאוֹת הֲיִמָּצֵא־בָהּ פְּרִי וַיִּקְרַב אֵלֶיהָ וְלֹא־מָצָא בָהּ כִּי אִם־עָלִים כִּי לֹא הָיְתָה
עֵת תְּאֵנִים: 14 וַיַּעַן **יָהוֹשֻׁעַ** וַיֹּאמֶר אֵלֶיהָ מֵעַתָּה אִישׁ אַל־יֹאכַל פְּרִי מִמֵּךְ עַד־עוֹלָם
וַיִּשְׁמְעוּ תַּלְמִידָיו:

YAHOSHUA CLEANSES THE TEMPLE

15 וַיָּבֹאוּ יְרוּשָׁלָיִם וַיָּבֹא **יָהוֹשֻׁעַ** אֶל־בֵּית הַמִּקְדָּשׁ וַיָּחֶל לְגָרֵשׁ מִשָּׁם אֶת־הַמּוֹכְרִים
וְאֶת־הַקּוֹנִים בַּמִּקְדָּשׁ וְאֶת־שֻׁלְחֲנוֹת הַשֻּׁלְחָנִים וְאֶת־מוֹשְׁבוֹת מֹכְרֵי הַיּוֹנִים הָפָךְ: 16
וְלֹא הִנִּיחַ לְאִישׁ לָשֵׂאת כְּלִי דֶּרֶךְ הַמִּקְדָּשׁ: 17 וַיְלַמֵּד וַיֹּאמֶר לָהֶם הֲלֹא כָתוּב כִּי
בֵיתִי בֵּית תְּפִלָּה יִקָּרֵא לְכָל־הָעַמִּים וְאַתֶּם עֲשִׂיתֶם אֹתוֹ מְעָרַת פָּרִיצִים: 18 וַיִּשְׁמְעוּ
הַסּוֹפְרִים וְרָאשֵׁי הַכֹּהֲנִים וַיִּתְנַכְּלוּ אֹתוֹ לְהַשְׁמִידוֹ כִּי יָרְאוּ מִפָּנָיו יַעַן אֲשֶׁר כָּל־הָעָם
מִשְׁתּוֹמְמִים עַל־תּוֹרָתוֹ: 19 וַיְהִי בָּעֶרֶב וַיֵּצֵא אֶל־מִחוּץ לָעִיר:

THE LESSON FROM THE WITHERED FIG TREE

20 וַיְהִי הֵם עֹבְרִים בַּבֹּקֶר וַיִּרְאוּ אֶת־הַתְּאֵנָה כִּי יָבְשָׁה מִשָּׁרָשֶׁיהָ: 21 וַיִּזְכֹּר כֵּיפָע וַיֹּאמֶר
אֵלָיו רַבִּי הִנֵּה הַתְּאֵנָה אֲשֶׁר אֵרַרְתָּהּ יָבֵשָׁה: 22 וַיַּעַן **יָהוֹשֻׁעַ** וַיֹּאמֶר אֲלֵיהֶם תְּהִי־נָא בָכֶם
אֱמוּנַת אֱלֹהִים: 23 כִּי־אָמֵן אֹמֵר אֲנִי לָכֶם כָּל־אֲשֶׁר יֹאמַר אֶל־הָהָר הַזֶּה הִנָּשֵׂא וְהֵעָתֵק אֶל־
תּוֹךְ הַיָּם וְאֵין סָפֵק בִּלְבָבוֹ כִּי אִם־יַאֲמִין כִּי יֵעָשֶׂה דְבָרוֹ כֵּן־יִהְיֶה־לּוֹ כַּאֲשֶׁר אָמָר: 24 עַל־כֵּן
אֲנִי אֹמֵר לָכֶם כֹּל אֲשֶׁר תִּשְׁאֲלוּ בִתְפִלַּתְכֶם הַאֲמִינוּ כִּי תִקָּחוּ וִיהִי לָכֶם: 25 וְכִי תַעַמְדוּ
לְהִתְפַּלֵּל תִּמְחֲלוּ לְכָל־אִישׁ אֵת אֲשֶׁר בִּלְבַבְכֶם עָלָיו לְמַעַן יִסְלַח אֲבִיכֶם שֶׁבַּשָּׁמַיִם גַּם־הוּא
לְפִשְׁעֵיכֶם: 26 וְאַתֶּם אִם־לֹא תִמְחֲלוּ אַף־אֲבִיכֶם שֶׁבַּשָּׁמַיִם לֹא־יִסְלַח לְפִשְׁעֵיכֶם:

THE AUTHORITY OF YAHOSHUA CHALLENGED

27 וַיָּשׁוּבוּ וַיָּבֹאוּ יְרוּשָׁלָיִם וַיְהִי הוּא מִתְהַלֵּךְ בַּמִּקְדָּשׁ וַיָּבֹאוּ אֵלָיו רָאשֵׁי הַכֹּהֲנִים
וְהַסּוֹפְרִים וְהַזְּקֵנִים: 28 וַיֹּאמְרוּ אֵלָיו בְּאֵי־זוֹ רְשׁוּת אַתָּה עֹשֶׂה אֵלֶּה וּמִי נָתַן לְךָ אֶת־
הָרְשׁוּת הַזֹּאת לַעֲשׂוֹת אֶת־אֵלֶּה:

MARK

8 And many spread their garments in the way: and others cut down branches off the trees, and strawed them in the way.

9 And they that went before, and they that followed, cried, saying, Hoshana; "Blessed be he that cometh in the name of **YAHOWAH**."

10 Blessed be the kingdom of our father Dawid, that cometh in the name of **YAHOWAH**: Hoshana in the highest.

11 And **YAHOSHUA** entered into Yerushalem, and into the temple: and when he had looked round about upon all things, and now the eventide was come, he went out unto Beth-Hini with the twelve.

YAHOSHUA CURSES THE FIG TREE

12 And on the morrow, when they were come from Beth-Hini, he was hungry:

13 And seeing a fig tree afar off having leaves, he came, if haply he might find any thing thereon: and when he came to it, he found nothing but leaves; for the time of figs was not yet.

14 And **YAHOSHUA** answered and said unto it, No man eat fruit of thee hereafter for ever. And his disciples heard it.

YAHOSHUA CLEANSES THE TEMPLE

15 And they come to Yerushalem: and **YAHOSHUA** went into the temple, and began to cast out them that sold and bought in the temple, and overthrew the tables of the moneychangers, and the seats of them that sold doves;

16 And would not suffer that any man should carry any vessel through the temple.

17 And he taught, saying unto them, Is it not written, "Mine house shall be called an house of prayer for all people" but ye have made it "a den of robbers."

18 And the scribes and chief priests heard it, and sought how they might destroy him: for they feared him, because all the people was astonished at his doctrine.

19 And when even was come, he went out of the city.

THE LESSON FROM THE WITHERED FIG TREE

20 And in the morning, as they passed by, they saw the fig tree dried up from the roots.

21 And Kepha calling to remembrance saith unto him, Master, behold, the fig tree which thou cursedst is withered away.

22 And **YAHOSHUA** answering saith unto them, Have faith in **ELOHIM**.

23 For verily I say unto you, That whosoever shall say unto this mountain, Be thou removed, and be thou cast into the sea; and shall not doubt in his heart, but shall believe that those things which he saith shall come to pass; he shall have whatsoever he saith.

24 Therefore I say unto you, What things soever ye desire, when ye pray, believe that ye receive them, and ye shall have them.

25 And when ye stand praying, forgive, if ye have ought against any: that your Father also which is in heaven may forgive you your trespasses.

26 But if ye do not forgive, neither will your Father which is in heaven forgive your trespasses.

THE AUTHORITY OF YAHOSHUA CHALLENGED

27 And they come again to Yerushalem: and as he was walking in the temple, there come to him the chief priests, and the scribes, and the elders,

28 And say unto him, By what authority doest thou these things? and who gave thee this authority to do these things?

29 וַיַּעַן **יָהוֹשֻׁעַ** וַיֹּאמֶר אֲלֵיהֶם גַּם־אֲנִי אֶשְׁאֲלָה אֶתְכֶם דָּבָר אֶחָד וְאַתֶּם הֲשִׁיבוּנִי וְאֹמַר
לָכֶם בְּאֵי־זוֹ רְשׁוּת אֲנִי עֹשֶׂה אֵלֶּה׃ 30 טְבִילַת יוֹחָנָן הֲמִשָּׁמַיִם הָיְתָה אִם־מִבְּנֵי אָדָם
הֲשִׁיבוּנִי׃ 31 וַיִּוָּעֲצוּ יַחְדָּו לֵאמֹר אִם־נֹאמַר מִשָּׁמַיִם יֹאמַר מַדּוּעַ אֵפוֹא לֹא הֶאֱמַנְתֶּם
בּוֹ׃ 32 אוֹ הֲנֹאמַר מִבְּנֵי־אָדָם וַיִּירְאוּ אֶת־הָעָם כִּי־כֻלָּם חָשְׁבוּ אֶת־יוֹחָנָן לְנָבִיא בֶּאֱמֶת׃
33 וַיַּעֲנוּ וַיֹּאמְרוּ אֶל־**יָהוֹשֻׁעַ** לֹא יָדָעְנוּ וַיַּעַן **יָהוֹשֻׁעַ** וַיֹּאמֶר אֲלֵיהֶם אִם־כֵּן גַּם־אֲנִי לֹא
אֹמַר לָכֶם בְּאֵי־זוֹ רְשׁוּת אֲנִי עֹשֶׂה אֵלֶּה׃

THE PARABLE OF THE TENANTS

יב וַיָּחֶל לְדַבֵּר אֲלֵיהֶם בִּמְשָׁלִים לֵאמֹר אִישׁ אֶחָד נָטַע כֶּרֶם וַיַּעַשׂ גָּדֵר סָבִיב
וַיַּחְצֹב יֶקֶב וַיִּבֶן מִגְדָּל וַיִּתְּנֵהוּ אֶל־כֹּרְמִים וַיֵּלֶךְ לְמֶרְחַקִּים׃ 2 וְלַמּוֹעֵד שָׁלַח עֶבֶד
אֶל־הַכֹּרְמִים לָקַחַת מֵאֵת הַכֹּרְמִים מִפְּרִי הַכָּרֶם׃ 3 וַיֹּאחֲזֻהוּ וַיַּכֻּהוּ וַיְשַׁלְּחֻהוּ רֵיקָם׃ 4
וַיֹּסֶף לִשְׁלֹחַ אֲלֵיהֶם עֶבֶד אַחֵר וְאֹתוֹ (סָקְלוּ בָּאֲבָנִים וּ) מָחֲצוּ רֹאשׁוֹ וַיְשַׁלְּחֻהוּ בְּחֶרְפָּה׃
5 וַיֹּסֶף וַיִּשְׁלַח אַחֵר וְגַם־אֹתוֹ הָרָגוּ וְכֵן עָשׂוּ לְרַבִּים אֲחֵרִים מֵהֶם הִכּוּ וּמֵהֶם הָרָגוּ׃ 6
וְלוֹ עוֹד בֵּן יָחִיד אֲשֶׁר אֲהֵבוֹ וַיִּשְׁלַח גַּם־אֹתוֹ אֲלֵיהֶם בָּאַחֲרֹנָה כִּי־אָמַר מִפְּנֵי בְנִי יָגוּרוּ׃
7 וְהַכֹּרְמִים הָהֵם אָמְרוּ אִישׁ אֶל־רֵעֵהוּ הִנֵּה־זֶה הוּא הַיּוֹרֵשׁ לְכוּ וְנַהַרְגֵהוּ וְהַיְרֻשָּׁה
תִּהְיֶה לָּנוּ׃ 8 וַיֹּאחֲזֻהוּ וַיַּהַרְגוּ אוֹתוֹ וַיַּשְׁלִיכֻהוּ אֶל־מִחוּץ לַכָּרֶם׃ 9 וְעַתָּה מַה־יַּעֲשֶׂה
בַּעַל הַכָּרֶם הֲלֹא יָבוֹא וְיאַבֵּד אֶת־הַכֹּרְמִים הָהֵם וְנָתַן אֶת־הַכֶּרֶם לַאֲחֵרִים׃ 10 הֲלֹא
קְרָאתֶם אֶת־הַכָּתוּב הַזֶּה אֶבֶן מָאֲסוּ הַבּוֹנִים הָיְתָה לְרֹאשׁ פִּנָּה׃ 11 מֵאֵת **יָהוָֹה** הָיְתָה
זֹּאת הִיא נִפְלָאת בְּעֵינֵינוּ׃ 12 וַיְבַקְשׁוּ לְתָפְשׂוֹ וַיִּירְאוּ מִפְּנֵי הָעָם יַעַן אֲשֶׁר־הֵבִינוּ כִּי
עֲלֵיהֶם דִּבֶּר אֶת־הַמָּשָׁל הַזֶּה וַיַּנִּיחֻהוּ וַיֵּלֵכוּ׃

PAYING TAXES TO CAESAR

13 וַיִּשְׁלְחוּ אֵלָיו אֲנָשִׁים מִן־הַפְּרוּשִׁים וּמֵאַנְשֵׁי הוֹרְדוֹס לְתַפְּשׂ אֹתוֹ בִּדְבָרוֹ׃ 14 וַיָּבֹאוּ
וַיֹּאמְרוּ אֵלָיו רַבִּי יָדַעְנוּ כִּי־אִישׁ אֱמֶת אַתָּה וְלֹא־תָגוּר מִפְּנֵי אִישׁ כִּי לֹא תִשָּׂא פְּנֵי אִישׁ
וּבֶאֱמֶת מוֹרֶה אַתָּה אֶת־דֶּרֶךְ הָאֱלֹהִים הֲנָכוֹן לָתֵת מַס אֶל־קֵיסָר אִם־לֹא הֲנִתֵּן אִם־לֹא
נִתֵּן׃ 15 וְהוּא יָדַע אֶת־חֲנֻפָּתָם וַיֹּאמֶר אֲלֵיהֶם מַה־תְּנַסּוּנִי הָבִיאוּ אֵלַי דִּינָר וְאֶרְאֶה׃ 16
וַיָּבִיאוּ וַיֹּאמֶר אֲלֵיהֶם הַצּוּרָה הַזֹּאת וְהַמִּכְתָּב אֲשֶׁר עָלָיו שֶׁל־מִי הֵם וַיֹּאמְרוּ אֵלָיו שֶׁל־
קֵיסָר׃ 17 וַיַּעַן **יָהוֹשֻׁעַ** וַיֹּאמֶר אֲלֵיהֶם אֵת אֲשֶׁר לְקֵיסָר תְּנוּ לְקֵיסָר וְאֵת אֲשֶׁר לֵאלֹהִים
תְּנוּ לֵאלֹהִים וַיִּתְמְהוּ עָלָיו׃

MARK

29 And **YAHOSHUA** answered and said unto them, I will also ask of you one question, and answer me, and I will tell you by what authority I do these things.
30 The immersion of Yokhanan, was it from heaven, or of men? answer me.
31 And they reasoned with themselves, saying, If we shall say, From heaven; he will say, Why then did ye not believe him?
32 But if we shall say, Of men; they feared the people: for all men counted Yokhanan, that he was a prophet indeed.
33 And they answered and said unto **YAHOSHUA**, We cannot tell. And **YAHOSHUA** answering saith unto them, Neither do I tell you by what authority I do these things.

THE PARABLE OF THE TENANTS

12 And he began to speak unto them by parables. A certain man planted a vineyard, and set an hedge about it, and digged a place for the winefat, and built a tower, and let it out to husbandmen, and went into a far country.
2 And at the season he sent to the husbandmen a servant, that he might receive from the husbandmen of the fruit of the vineyard.
3 And they caught him, and beat him, and sent him away empty.
4 And again he sent unto them another servant; and at him they cast stones, and wounded him in the head, and sent him away shamefully handled.
5 And again he sent another; and him they killed, and many others; beating some, and killing some.
6 Having yet therefore one son, his wellbeloved, he sent him also last unto them, saying, They will reverence my son.
7 But those husbandmen said among themselves, This is the heir; come, let us kill him, and the inheritance shall be our's.
8 And they took him, and killed him, and cast him out of the vineyard.
9 What shall therefore the Adon of the vineyard do? he will come and destroy the husbandmen, and will give the vineyard unto others.
10 And have ye not read this scripture; "The stone which the builders refused is become the head stone of the corner
11 This is **YAHOWAH'S** doing; it is marvellous in our eyes?"
12 And they sought to lay hold on him, but feared the people: for they knew that he had spoken the parable against them: and they left him, and went their way.

PAYING TAXES TO CAESAR

13 And they send unto him certain of the Perushim and of the Herodians, to catch him in his words.
14 And when they were come, they say unto him, Master, we know that thou art true, and carest for no man: for thou regardest not the person of men, but teachest the way of ELOHIM in truth: Is it lawful to give tribute to Qeasar, or not?
15 Shall we give, or shall we not give? But he, knowing their hypocrisy, said unto them, Why tempt ye me? bring me a penny, that I may see it.
16 And they brought it. And he saith unto them, Whose is this image and superscription? And they said unto him, Qeasar's.
17 And **YAHOSHUA** answering said unto them, Render to Qeasar the things that are Qeasar's, and to ELOHIM the things that are ELOHIM'S. And they marvelled at him.

THE SADDUCEES ASK ABOUT THE RESURRECTION

18 וַיָּבֹאוּ אֵלָיו מִן־הַצְּדוּקִים הָאֹמְרִים אֵין תְּחִיַּת הַמֵּתִים וַיִּשְׁאָלֻהוּ לֵאמֹר׃ 19 רַבִּי
מֹשֶׁה כָּתַב לָנוּ כִּי יָמוּת אֲחִי־אִישׁ וְהִנִּיחַ אִשָּׁה וּבָנִים אֵין לוֹ וְלָקַח אָחִיו אֶת־אִשְׁתּוֹ
וְהֵקִים זֶרַע לְאָחִיו׃ 20 וְהִנֵּה שִׁבְעָה אַחִים וַיִּקַּח הָרִאשׁוֹן אִשָּׁה וַיָּמָת וְלֹא־הִשְׁאִיר
אַחֲרָיו זָרַע׃ 21 וַיִּקַּח אֹתָהּ הַשֵּׁנִי וַיָּמָת וְלֹא־הִנִּיחַ זָרַע וְכֵן גַּם הַשְּׁלִישִׁי׃ 22 וַיִּקָּחוּהָ
כָּל־הַשִּׁבְעָה וְלֹא־הִשְׁאִירוּ אַחֲרֵיהֶם זָרַע וְאַחֲרֹנָה לְכֻלָּם מֵתָה גַּם הָאִשָּׁה׃ 23 וְעַתָּה
בִּתְחִיַּת הַמֵּתִים כְּשֶׁיָּקוּמוּ לְמִי מֵהֶם תִּהְיֶה לְאִשָּׁה כִּי לַשִּׁבְעָה הָיְתָה לְאִשָּׁה׃ 24 וַיֹּאמֶר
יָהוֹשֻׁעַ אֲלֵיהֶם הֲלֹא טֹעִים אַתֶּם בַּאֲשֶׁר לֹא יְדַעְתֶּם אֶת־הַכְּתוּבִים וְלֹא אֶת־גְּבוּרַת
הָאֱלֹהִים׃ 25 כִּי בְּעֵת קוּמָם מִן־הַמֵּתִים לֹא יִשְׂאוּ נָשִׁים וְלֹא תִנָּשֶׂאנָה כִּי־יִהְיוּ כְּמַלְאֲכֵי
הַשָּׁמָיִם׃ 26 וְעַל־דְּבַר הַמֵּתִים שֶׁיָּקוּמוּ הֲלֹא קְרָאתֶם בְּסֵפֶר מֹשֶׁה בַּסְּנֶה אֵת אֲשֶׁר־
דִּבֶּר אֵלָיו הָאֱלֹהִים לֵאמֹר אָנֹכִי אֱלֹהֵי אַבְרָהָם וֵאלֹהֵי יִצְחָק וֵאלֹהֵי יַעֲקֹב׃ 27 הָאֱלֹהִים
אֵינֶנּוּ אֱלֹהֵי הַמֵּתִים כִּי אִם־אֱלֹהֵי הַחַיִּים לָכֵן טוֹעִים אַתֶּם הַרְבֵּה׃

THE GREAT COMMANDMENT

28 וְאֶחָד מִן־הַסּוֹפְרִים שָׁמַע אֹתָם מִתְוַכְּחִים וַיִּקְרַב אֲלֵיהֶם וַיַּרְא כִּי הֵיטֵב הֱשִׁיבָם
וַיִּשְׁאָלֵהוּ מַה־הִיא הָרִאשֹׁנָה לְכָל־הַמִּצְוֹת׃ 29 וַיַּעַן אֹתוֹ **יָהוֹשֻׁעַ** הָרִאשֹׁנָה לְכָל־הַמִּצְוֹת
שְׁמַע יִשְׂרָאֵל **יָהוָֹה** אֱלֹהֵינוּ **יָהוָֹה** אֶחָד׃ 30 וְאָהַבְתָּ אֵת **יָהוָֹה** אֱלֹהֶיךָ בְּכָל־לְבָבְךָ וּבְכָל־
נַפְשְׁךָ וּבְכָל־מַדָּעֲךָ וּבְכָל־מְאֹדֶךָ זֹאת הִיא הַמִּצְוָה הָרִאשֹׁנָה׃ 31 וְהַשֵּׁנִית הַדּוֹמָה לָהּ
וְאָהַבְתָּ לְרֵעֲךָ כָּמוֹךָ וְאֵין מִצְוָה גְּדוֹלָה מֵאֵלֶּה׃ 32 וַיֹּאמֶר אֵלָיו הַסּוֹפֵר אָמְנָם רַבִּי יָפֶה
דִּבַּרְתָּ כִּי אֱלֹהִים אֶחָד הוּא וְאֵין עוֹד מִלְבַדּוֹ׃ 33 וּלְאַהֲבָה אֹתוֹ בְּכָל־לֵבָב וּבְכָל־מַדָּע
וּבְכָל־נֶפֶשׁ וּבְכָל־מְאֹד וּלְאַהֲבָה אֶת־הָרֵעַ כְּנַפְשְׁךָ גְּדוֹלָה הִיא מִכָּל־עֹלוֹת וּזְבָחִים׃ 34
וַיַּרְא **יָהוֹשֻׁעַ** כִּי־עָנָה בְדַעַת וַיֹּאמֶר אֵלָיו לֹא־רָחוֹק אַתָּה מִמַּלְכוּת הָאֱלֹהִים וְאִישׁ לֹא־
עָרַב עוֹד אֶת־לִבּוֹ לִשְׁאֹל אוֹתוֹ שְׁאֵלָה׃

WHOSE SON IS THE MESHIAKH?

35 **וִיהוֹשֻׁעַ** מְלַמֵּד בַּמִּקְדָּשׁ וַיַּעַן וַיֹּאמַר אֵיךְ יֹאמְרוּ הַסּוֹפְרִים כִּי **הַמָּשִׁיחַ** בֶּן־דָּוִד הוּא׃
36 הֲלֹא דָוִד אָמַר **בְּרוּחַ הַקֹּדֶשׁ** נְאֻם **יָהוָֹה** לַאדֹנִי שֵׁב לִימִינִי עַד־אָשִׁית אֹיְבֶיךָ הֲדֹם
לְרַגְלֶיךָ׃ 37 הִנֵּה־דָוִד בְּעַצְמוֹ קֹרֵא־לוֹ אָדוֹן וְאֵיךְ הוּא בְנוֹ וַיֶּאֱהַב רֹב הָעָם לִשְׁמֹעַ אֹתוֹ׃

BEWARE OF THE SCRIBES

38 וַיֹּאמֶר אֲלֵיהֶם בְּלַמֵּד אֹתָם הִשָּׁמְרוּ מִן־הַסּוֹפְרִים הָאֹהֲבִים לְהִתְהַלֵּךְ עֲטוּפֵי טַלִּית
וְשֶׁיִּשְׁאֲלוּ בִשְׁלוֹמָם בַּשְּׁוָקִים׃

MARK

THE SADDUCEES ASK ABOUT THE RESURRECTION

18 Then come unto him the Tzaduqim, which say there is no resurrection; and they asked him, saying,

19 Master, Mosheh wrote unto us, If a man's brother die, and leave his wife behind him, and leave no children, that his brother should take his wife, and raise up seed unto his brother.

20 Now there were seven brethren: and the first took a wife, and dying left no seed.

21 And the second took her, and died, neither left he any seed: and the third likewise.

22 And the seven had her, and left no seed: last of all the woman died also.

23 In the resurrection therefore, when they shall rise, whose wife shall she be of them? for the seven had her to wife.

24 And **YAHOSHUA** answering said unto them, Do ye not therefore err, because ye know not the scriptures, neither the power of **ELOHIM**?

25 For when they shall rise from the dead, they neither marry, nor are given in marriage; but are as the angels which are in heaven.

26 And as touching the dead, that they rise: have ye not read in the book of Mosheh, how in the bush **ELOHIM** spake unto him, saying, "I am the **ELOHIM** of Abraham, the **ELOHIM** of Yitzkhaq, and the **ELOHIM** of Ya'aqob?"

27 He is not the **ELOHIM** of the dead, but the **ELOHIM** of the living: ye therefore do greatly err.

THE GREAT COMMANDMENT

28 And one of the scribes came, and having heard them reasoning together, and perceiving that he had answered them well, asked him, Which is the first commandment of all?

29 And **YAHOSHUA** answered him, The first of all the commandments is, "Hear, O Yisra'EL: **YAHOWAH** our **ELOHIM**, **YAHOWAH** is One.

30 And thou shalt love **YAHOWAH** thy **ELOHIM** with all thine heart, and with all thy soul, and with all thy might" this is the first commandment.

31 And the second is like, namely this, "But thou shalt love thy neighbour as thyself." There is none other commandment greater than these.

32 And the scribe said unto him, Well, Master, thou hast said the truth: for there is one **ELOHIM**; and there is none other but he:

33 And to love him with all the heart, and with all the understanding, and with all the soul, and with all the strength, and to love his neighbour as himself, is more than all whole burnt offerings and sacrifices.

34 And when **YAHOSHUA** saw that he answered discreetly, he said unto him, Thou art not far from the kingdom of **ELOHIM**. And no man after that durst ask him any question.

WHOSE SON IS THE MESHIAKH?

35 And **YAHOSHUA** answered and said, while he taught in the temple, How say the scribes that **MESHIAKH** is the Son of Dawid?

36 For Dawid himself said by the **RUAKH HA' QODESH**, "**YAHOWAH** said unto Adoni, Sit thou at my right hand, until I make thine enemies thy footstool."

37 Dawid therefore himself calleth him Adoni; and whence is he then his son? And the common people heard him gladly.

BEWARE OF THE SCRIBES

38 And he said unto them in his doctrine, Beware of the scribes, which love to go in long clothing, and love salutations in the marketplaces,

39 וְלָשֶׁבֶת רִאשֹׁנִים בְּבָתֵּי כְנֵסִיּוֹת וּלְהָסֵב רִאשֹׁנִים בַּסְּעוּדוֹת׃ 40 הַבֹּלְעִים אֶת־בָּתֵּי
הָאַלְמָנוֹת וּמַאֲרִיכִים בַּתְּפִלָּה לְמַרְאֵה עֵינַיִם הֵמָּה מִשְׁפָּט גָּדוֹל יֶתֶר מְאֹד יִשָּׁפֵטוּ׃

THE WIDOW'S OFFERING

41 **וִיהוֹשֻׁעַ** יָשַׁב מִמּוּל אֲרוֹן הָאוֹצָר וְהוּא רֹאֶה אֶת־הָעָם מְשִׂימִים מָעוֹת בַּאֲרוֹן
הָאוֹצָר וַעֲשִׁירִים רַבִּים נָתְנוּ הַרְבֵּה׃ 42 וַתָּבֹא אַלְמָנָה עֲנִיָּה וַתִּתֵּן שְׁתֵּי פְּרוּטוֹת אֲשֶׁר
הֵן רֶבַע אִסָּר׃ 43 וַיִּקְרָא אֶל־תַּלְמִידָיו וַיֹּאמֶר אֲלֵיהֶם אָמֵן אֹמֵר אֲנִי לָכֶם כִּי הָאַלְמָנָה
הָעֲנִיָּה הַזֹּאת נָתְנָה יוֹתֵר מִכָּל־הַנֹּתְנִים אֶל־אֲרוֹן הָאוֹצָר׃ 44 כִּי כֻלָּם נָתְנוּ מִן־הָעֹדֵף
שֶׁלָּהֶם וְהִיא מִמַּחְסֹרָהּ נָתְנָה כָּל־אֲשֶׁר־לָהּ אֵת כָּל־מִחְיָתָהּ׃

YAHOSHUA FORETELLS DESTRUCTION OF THE TEMPLE

יג וַיְהִי בְּצֵאתוֹ מִן־הַמִּקְדָּשׁ וַיֹּאמֶר אֵלָיו אֶחָד מִתַּלְמִידָיו רַבִּי רְאֵה מַה־יָּפוּ הָאֲבָנִים
וְהַבִּנְיָנִים הָאֵלֶּה׃ 2 וַיַּעַן אֹתוֹ **יָהוֹשֻׁעַ** וַיֹּאמַר הֲרָאִיתָ אֶת־הַבִּנְיָנִים הַגְּדוֹלִים הָאֵלֶּה
לֹא־תִשָּׁאֵר אֶבֶן עַל־אֶבֶן אֲשֶׁר לֹא תִתְפָּרָק׃

SIGNS OF THE CLOSE OF THE AGE

3 וַיֵּשֶׁב עַל־הַר הַזֵּיתִים מִמּוּל הַמִּקְדָּשׁ וַיִּשְׁאָלֻהוּ פֶּטְרוֹס וְיַעֲקֹב וְיוֹחָנָן וְאַנְדְּרַי וְהֵם
לְבַדָּם אִתּוֹ׃ 4 אֱמָר־נָא לָנוּ מָתַי תִּהְיֶה־זֹּאת וּמַה־הוּא הָאוֹת בְּבֹא הָעֵת אֲשֶׁר תֵּעָשֶׂה־
בָהּ כָּל־זֹאת׃ 5 וַיַּעַן **יָהוֹשֻׁעַ** וַיְדַבֵּר אֲלֵיהֶם הִשָּׁמְרוּ לָכֶם פֶּן־יַתְעֶה אֶתְכֶם אִישׁ׃ 6 כִּי
רַבִּים יָבֹאוּ בִשְׁמִי לֵאמֹר אֲנִי **הַמָּשִׁיחַ** וְהִתְעוּ רַבִּים׃ 7 וּבְשָׁמְעֲכֶם מִלְחָמוֹת וּשְׁמֻעוֹת
מִלְחָמָה אַל־תִּבָּהֵלוּ כִּי־הָיוֹ תִהְיֶה זֹאת וְעוֹד לֹא בָא הַקֵּץ׃ 8 כִּי־יָקוּם גּוֹי עַל־גּוֹי
וּמַמְלָכָה עַל־מַמְלָכָה וְהָיָה רַעַשׁ כֹּה וָכֹה וְהָיָה רָעָב וּמְהוּמָה׃ 9 אֵלֶּה רֵאשִׁית הַחֲבָלִים
וְאַתֶּם הִשָּׁמְרוּ בְנַפְשֹׁתֵיכֶם כִּי־יִמְסְרוּ אֶתְכֶם לְסַנְהֶדְרִיּוֹת וְהֻכֵּיתֶם בְּבָתֵּי כְנֵסִיּוֹת וְלִפְנֵי
נְגִידִים וּמְלָכִים תּוּבָאוּ לְמַעֲנִי לְעֵדוּת לָהֶם׃ 10 וְהַבְּשׂוֹרָה צְרִיכָה לְהִקָּרֵא בָרִאשֹׁנָה
לְכָל־הַגּוֹיִם׃ 11 וְכַאֲשֶׁר יוֹלִיכוּ וּמָסְרוּ אֶתְכֶם אַל־תִּדְאֲגוּ וְאַל־תְּחַשְּׁבוּ מַה־תְּדַבֵּרוּ כִּי
הַדָּבָר אֲשֶׁר יוּשַׂם בְּפִיכֶם בַּשָּׁעָה הַהִיא אוֹתוֹ תְדַבֵּרוּ יַעַן אֲשֶׁר לֹא־אַתֶּם הַמְדַבְּרִים
כִּי אִם־**רוּחַ הַקֹּדֶשׁ**׃ 12 וְאָח יִמְסֹר אֶת־אָחִיו לַמָּוֶת וְאָב אֶת־בְּנוֹ וְקָמוּ בָנִים בַּאֲבוֹתָם
וְהֵמִיתוּ אוֹתָם׃ 13 וִהְיִיתֶם שְׂנוּאִים לַכֹּל לְמַעַן שְׁמִי וְהַמְחַכֶּה עַד־עֵת קֵץ הוּא יִוָּשֵׁעַ׃

THE ABOMINATION OF DESOLATION

14 וְכִי תִרְאוּ אֶת־שִׁקּוּץ מְשֹׁמֵם אֲשֶׁר אָמַר דָּנִיֵּאל הַנָּבִיא עֹמֵד בַּמָּקוֹם אֲשֶׁר לֹא־לוֹ
הַקּוֹרֵא יָבִין אָז נוֹס יָנוּסוּ אַנְשֵׁי יְהוּדָה אֶל־הֶהָרִים׃ 15 וַאֲשֶׁר עַל־הַגָּג אַל־יֵרֵד הַבַּיְתָה

MARK

39 And the chief seats in the Congregations, and the uppermost rooms at feasts:
40 Which devour widows' houses, and for a pretence make long prayers: these shall receive greater damnation.

THE WIDOW'S OFFERING

41 And **YAHOSHUA** sat over against the treasury, and beheld how the people cast money into the treasury: and many that were rich cast in much.
42 And there came a certain poor widow, and she threw in two mites, which make a farthing.
43 And he called unto him his disciples, and saith unto them, Verily I say unto you, That this poor widow hath cast more in, than all they which have cast into the treasury:
44 For all they did cast in of their abundance; but she of her want did cast in all that she had, even all her living.

YAHOSHUA FORETELLS DESTRUCTION OF THE TEMPLE

13 And as he went out of the temple, one of his disciples saith unto him, Master, see what manner of stones and what buildings are here!
2 And **YAHOSHUA** answering said unto him, Seest thou these great buildings? there shall not be left one stone upon another, that shall not be thrown down.

SIGNS OF THE CLOSE OF THE AGE

3 And as he sat upon the mount of Olives over against the temple, Kepha and Ya'aqob and Yokhanan and Andre asked him privately,
4 Tell us, when shall these things be? and what shall be the sign when all these things shall be fulfilled?
5 And **YAHOSHUA** answering them began to say, Take heed lest any man deceive you:
6 For many shall come in my name, saying, I am **MESHIAKH**; and shall deceive many.
7 And when ye shall hear of wars and rumours of wars, be ye not troubled: for such things must needs be; but the end shall not be yet.
8 For nation shall rise against nation, and kingdom against kingdom: and there shall be earthquakes in divers places, and there shall be famines and troubles: these are the beginnings of sorrows.
9 But take heed to yourselves: for they shall deliver you up to councils; and in the Congregations ye shall be beaten: and ye shall be brought before rulers and kings for my sake, for a testimony against them.
10 And the gospel must first be published among all nations.
11 But when they shall lead you, and deliver you up, take no thought beforehand what ye shall speak, neither do ye premeditate: but whatsoever shall be given you in that hour, that speak ye: for it is not ye that speak, but the **RUAKH HA' QODESH**.
12 Now the brother shall betray the brother to death, and the father the son; and children shall rise up against their parents, and shall cause them to be put to death.
13 And ye shall be hated of all men for my name's sake: but he that shall endure unto the end, the same shall be saved.

THE ABOMINATION OF DESOLATION

14 But when ye shall see the abomination of desolation, spoken of by Dani'EL the prophet, standing where it ought not, (let him that readeth understand,) then let them that be in Yehudah flee to the mountains:
15 And let him that is on the housetop not go down into the house, neither enter

וְאַל־יָבֹא בוֹ לָשֵׂאת דָּבָר מִבֵּיתוֹ: 16 וַאֲשֶׁר בַּשָּׂדֶה אַל־יָשֹׁב הַבַּיְתָה לָשֵׂאת מַלְבּוּשׁוֹ:
17 וְאוֹי לֶהָרוֹת וְלַמֵּינִיקוֹת בַּיָּמִים הָהֵמָּה: 18 אַךְ הִתְפַּלְּלוּ אֲשֶׁר לֹא־תִהְיֶה מְנוּסַתְכֶם
בַּחֹרֶף: 19 כִּי הַיָּמִים הָהֵם יִהְיוּ עֵת צָרָה אֲשֶׁר לֹא־נִהְיְתָה כָמוֹהָ מֵרֵאשִׁית הַבְּרִיאָה
אֲשֶׁר בָּרָא אֱלֹהִים עַד־עַתָּה וְכָמוֹהָ לֹא־תִהְיֶה עוֹד: 20 וְלוּלֵי קִצֵּר **יָהֹוָה** אֶת־הַיָּמִים
הָהֵם לֹא־יִוָּשַׁע כָּל־בָּשָׂר אַךְ לְמַעַן הַבְּחִירִים אֲשֶׁר בָּחַר בָּם קִצֵּר אֶת־הַיָּמִים: 21
וְאָז אִם־יֹאמַר אֲלֵיכֶם אִישׁ הִנֵּה־פֹה **הַמָּשִׁיחַ** אוֹ הִנֵּהוּ שָׁם אַל־תַּאֲמִינוּ: 22 כִּי יָקוּמוּ
מְשִׁיחֵי שֶׁקֶר וּנְבִיאֵי שָׁקֶר וְנָתְנוּ אֹתוֹת וּמוֹפְתִים לְהַתְעוֹת אַף אֶת־הַבְּחִירִים אִם־יוּכָלוּ:
23 וְאַתֶּם רְאוּ הִנֵּה מֵרֹאשׁ הִגַּדְתִּי לָכֶם אֶת־כֹּל:

THE COMING OF THE SON OF MAN

24 וְהָיָה בַּיָּמִים הָהֵם אַחֲרֵי הַצָּרָה הַהִיא תֶּחְשַׁךְ הַשֶּׁמֶשׁ וְהַיָּרֵחַ לֹא־יַגִּיהַּ אוֹרוֹ: 25
וְהַכּוֹכָבִים יִפְּלוּ מִן־הַשָּׁמַיִם וַחֲיָלֵי הַשָּׁמַיִם יִתְמוֹטָטוּ: 26 וְאָז יִרְאוּ אֶת־בֶּן־הָאָדָם בָּא
בַעֲנָנִים בִּגְבוּרָה רַבָּה וּבְכָבוֹד: 27 וְאָז יִשְׁלַח אֶת־מַלְאָכָיו וִיקַבֵּץ אֶת־בְּחִירָיו מֵאַרְבַּע
הָרוּחוֹת מִקְצֵה הָאָרֶץ עַד־קְצֵה הַשָּׁמָיִם:

THE LESSON OF THE FIG TREE

28 וּמִן־הַתְּאֵנָה לִמְדוּ־נָא אֶת־מְשַׁל הַדָּבָר כְּשֶׁיִּרְטַב עֲנָפָהּ וּפָרַח עָלֶהָ יְדַעְתֶּם כִּי קָרוֹב
הַקָּיִץ: 29 כֵּן גַּם־אַתֶּם בִּרְאֹתְכֶם כִּי־הָיוּ אֵלֶּה דְּעוּ כִּי־קָרוֹב הוּא בַּפָּתַח: 30 אָמֵן אֹמֵר
אֲנִי לָכֶם לֹא יַעֲבֹר הַדּוֹר הַזֶּה עַד אֲשֶׁר־יִהְיוּ כָּל־אֵלֶּה: 31 הַשָּׁמַיִם וְהָאָרֶץ יַעֲבֹרוּ וּדְבָרַי
לֹא יַעֲבֹרוּן:

NO ONE KNOWS THAT DAY OR HOUR

32 אַךְ עֶת־בּוֹא הַיּוֹם הַהוּא וְהַשָּׁעָה הַהִיא אֵין אִישׁ יוֹדֵעַ גַּם־לֹא מַלְאֲכֵי הַשָּׁמַיִם
גַּם־לֹא הַבֵּן מִבַּלְעֲדֵי הָאָב: 33 רְאוּ שִׁקְדוּ וְהִתְפַּלְּלוּ כִּי לֹא יְדַעְתֶּם מָתַי הָעֵת: 34
וְהָיָה כְּאִישׁ הוֹלֵךְ לַמֶּרְחָק אֲשֶׁר עָזַב אֶת־בֵּיתוֹ וַיִּתֵּן רָשׁוּת לַעֲבָדָיו וּלְאִישׁ אֶת־מְלַאכְתּוֹ
וְאֶת־הַשּׁוֹעֵר צִוָּה לִשְׁקֹד: 35 לָכֵן שִׁקְדוּ כִּי לֹא יְדַעְתֶּם מָתַי יָבוֹא בַּעַל הַבַּיִת אִם־בָּעֶרֶב
אוֹ־בַחֲצוֹת הַלַּיְלָה אִם־בְּעֵת קְרִיאַת הַתַּרְנְגוֹל אוֹ בַבֹּקֶר: 36 פֶּן־יָבוֹא פִתְאֹם וּמָצָא
אֶתְכֶם יְשֵׁנִים: 37 וְאֵת אֲשֶׁר אָמַרְתִּי לָכֶם הִנְנִי אֹמֵר לַכֹּל שִׁקְדוּ:

THE PLOT TO KILL YAHOSHUA

יד וַיְהִי עוֹד יוֹמַיִם וְחַג **הַפֶּסַח** וְהַמַּצּוֹת בָּא וַיְבַקְשׁוּ רָאשֵׁי הַכֹּהֲנִים וְהַסּוֹפְרִים
לְתָפְשׂוֹ בְעָרְמָה לַהֲמִיתוֹ: 2 וַיֹּאמְרוּ לֹא בֶחָג פֶּן־תִּהְיֶה מְהוּמָה בָּעָם:

MARK

therein, to take any thing out of his house:

16 And let him that is in the field not turn back again for to take up his garment.

17 But woe to them that are with child, and to them that give suck in those days!

18 And pray ye that your flight be not in the winter.

19 For in those days shall be affliction, such as was not from the beginning of the creation which ELOHIM created unto this time, neither shall be.

20 And except that **YAHOWAH** had shortened those days, no flesh should be saved: but for the elect's sake, whom he hath chosen, he hath shortened the days.

21 And then if any man shall say to you, Lo, here is **MESHIAKH**; or, lo, he is there; believe him not:

22 For **ANTI-MESHIAKH'S** and false prophets shall rise, and shall shew signs and wonders, to seduce, if it were possible, even the elect.

23 But take ye heed: behold, I have foretold you all things.

THE COMING OF THE SON OF MAN

24 But in those days, after that tribulation, the sun shall be darkened, and the moon shall not give her light,

25 And the stars of heaven shall fall, and the powers that are in heaven shall be shaken.

26 And then shall they see the Son of man coming in the clouds with great power and glory.

27 And then shall he send his angels, and shall gather together his elect from the four winds, from the uttermost part of the earth to the uttermost part of heaven.

THE LESSON OF THE FIG TREE

28 Now learn a parable of the fig tree; When her branch is yet tender, and putteth forth leaves, ye know that summer is near:

29 So ye in like manner, when ye shall see these things come to pass, know that it is nigh, even at the doors.

30 Verily I say unto you, that this generation shall not pass, till all these things be done.

31 Heaven and earth shall pass away: but my words shall not pass away.

NO ONE KNOWS THAT DAY OR HOUR

32 But of that day and that hour knoweth no man, no, not the angels which are in heaven, neither the Son, but the Father.

33 Take ye heed, watch and pray: for ye know not when the time is.

34 For the Son of man is as a man taking a far journey, who left his house, and gave authority to his servants, and to every man his work, and commanded the porter to watch.

35 Watch ye therefore: for ye know not when the master of the house cometh, at even, or at midnight, or at the cockcrowing, or in the morning:

36 Lest coming suddenly he find you sleeping.

37 And what I say unto you I say unto all, Watch.

THE PLOT TO KILL YAHOSHUA

14 After two days was the feast of the **Pesakh**, and of unleavened bread: and the chief priests and the scribes sought how they might take him by craft, and put him to death.

2 But they said, Not on the feast day, lest there be an uproar of the people.

YAHOSHUA ANOINTED AT BETHANY

3 וַיְהִי בִּהְיוֹתוֹ בְּבֵית־הִינִי בֵּית שִׁמְעוֹן הַמְצֹרָע וַיָּסֵב אֶל־הַשֻּׁלְחָן וַתָּבֹא אִשָּׁה
וּבְיָדָהּ פַּךְ־מִרְקַחַת נֵרְדְּ זַךְ וְיָקָר מְאֹד וַתִּשְׁבֹּר אֶת־הַפַּךְ וַתִּצֹק עַל־רֹאשׁוֹ׃ 4 וְיֵשׁ
אֲשֶׁר מִתְרָעֲמִים אִישׁ אֶל־רֵעֵהוּ לֵאמֹר עַל־מֶה הָיָה אִבּוּד הַמֶּרְקָחָה הַזֹּאת׃ 5 כִּי
רְאוּיָה הָיְתָה זֹאת לְהִמָּכֵר בְּיוֹתֵר מִשְּׁלֹשׁ מֵאוֹת דִּינָר וְלָתֵת לָעֲנִיִּים וַיִּגְעֲרוּ בָהּ׃ 6
וַיֹּאמֶר **יָהוֹשֻׁעַ** הַנִּיחוּ לָהּ לָמָּה תַלְאוּ נַפְשָׁהּ מַעֲשֶׂה טוֹב עָשְׂתָה עִמָּדִי׃ 7 כִּי הָעֲנִיִּים
תָּמִיד עִמָּכֶם וּכְשֶׁתִּרְצוּ תוּכְלוּ לְהֵיטִיב לָהֶם וְאָנֹכִי לֹא־אֶהְיֶה אִתְּכֶם תָּמִיד׃ 8 אֵת
אֲשֶׁר הָיָה לְאֵל יָדָהּ עָשָׂתָה קִדְּמָה לָסוּךְ אֶת־גּוּפִי לִקְבוּרָתוֹ׃ 9 אָמֵן אֹמֵר אֲנִי לָכֶם
כִּי בַּאֲשֶׁר תִּקָּרֵא הַבְּשׂוֹרָה הַזֹּאת אֶל־כָּל־הָעוֹלָם גַּם אֶת־אֲשֶׁר עָשְׂתָה הִיא יְסֻפַּר
לְזִכָּרוֹן לָהּ׃

JUDAS TO BETRAY YAHOSHUA

10 וִיהוּדָה אִישׁ־קְרִיּוֹת אֶחָד מִשְּׁנֵים הֶעָשָׂר הָלַךְ אֶל־רָאשֵׁי הַכֹּהֲנִים לִמְסֹר אוֹתוֹ
אֲלֵיהֶם׃ 11 וְהֵם כְּשָׁמְעָם שָׂמְחוּ וַיֹּאמְרוּ לָתֶת־לוֹ כָּסֶף וַיְבַקֵּשׁ תֹּאֲנָה לְמָסְרוֹ׃

THE PASSOVER WITH THE DISCIPLES

12 וַיְהִי בְּחַג הַמַּצּוֹת בַּיּוֹם הָרִאשׁוֹן אֲשֶׁר יִזָּבַח **הַפֶּסַח** וַיֹּאמְרוּ אֵלָיו תַּלְמִידָיו אֵיפֹה
תַחְפֹּץ לֶאֱכֹל אֶת־**הַפֶּסַח** וְנֵלְכָה וְנָכִין׃ 13 וַיִּשְׁלַח שְׁנַיִם מִתַּלְמִידָיו וַיֹּאמֶר אֲלֵיהֶם לְכוּ
הָעִירָה וּפָגַע אֶתְכֶם אִישׁ נֹשֵׂא צַפַּחַת מַיִם לְכוּ אַחֲרָיו׃ 14 וּבַאֲשֶׁר יָבוֹא שָׁמָּה אִמְרוּ
לְבַעַל הַבַּיִת כֹּה אָמַר הָרַב אַיֵּה הַמָּלוֹן אֲשֶׁר אֹכַל שָׁם אֶת־**הַפֶּסַח** עִם־תַּלְמִידָי׃ 15
וְהוּא יַרְאֶה אֶתְכֶם עֲלִיָּה גְדוֹלָה מֻצָּעָה וּמוּכָנָה וְשָׁם הָכִינוּ לָנוּ׃ 16 וַיֵּצְאוּ תַלְמִידָיו
וַיָּבֹאוּ הָעִירָה וַיִּמְצְאוּ כַּאֲשֶׁר אָמַר לָהֶם וַיָּכִינוּ אֶת־**הַפָּסַח**׃ 17 וַיְהִי בָּעֶרֶב וַיָּבֹא עִם־
שְׁנֵים הֶעָשָׂר׃ 18 וַיָּסֵבּוּ וַיֹּאכֵלוּ וַיֹּאמֶר **יָהוֹשֻׁעַ** אָמֵן אֹמֵר אֲנִי לָכֶם אֶחָד מִכֶּם יִמְסְרֵנִי
וְהוּא אֹכֵל אִתִּי׃ 19 וַיָּחֵלּוּ לְהִתְעַצֵּב וַיֹּאמְרוּ אֵלָיו זֶה אַחַר זֶה הֲכִי אֲנִי הוּא׃ 20 וַיַּעַן
וַיֹּאמֶר אֲלֵיהֶם אֶחָד מִשְּׁנֵים הֶעָשָׂר הוּא הַטֹּבֵל עִמִּי בַּקְּעָרָה׃ 21 הֵן בֶּן־הָאָדָם הָלֹךְ
יֵלֵךְ כַּכָּתוּב עָלָיו אֲבָל אוֹי לָאִישׁ הַהוּא אֲשֶׁר עַל־יָדוֹ יִמָּסֵר בֶּן־הָאָדָם טוֹב לָאִישׁ הַהוּא
שֶׁלֹּא נוֹלָד׃

INSTITUTION OF ADONAI'S SUPPER

22 וַיְהִי בְּאָכְלָם וַיִּקַּח **יָהוֹשֻׁעַ** לֶחֶם וַיְבָרֶךְ וַיִּבְצַע וַיִּתֵּן לָהֶם וַיֹּאמַר קְחוּ אִכְלוּ זֶה הוּא
גּוּפִי׃ 23 וַיִּקַּח אֶת־הַכּוֹס וַיְבָרֶךְ וַיִּתֵּן לָהֶם וַיִּשְׁתּוּ מִמֶּנָּה כֻּלָּם׃ 24 וַיֹּאמֶר לָהֶם זֶה דָמִי
דַּם־הַבְּרִית הַחֲדָשָׁה הַנִּשְׁפָּךְ בְּעַד רַבִּים׃

MARK

YAHOSHUA ANOINTED AT BETHANY

3 And being in Beth-Hini in the house of Shimon the leper, as he sat at meat, there came a woman having an alabaster box of ointment of spikenard very precious; and she brake the box, and poured it on his head.

4 And there were some that had indignation within themselves, and said, Why was this waste of the ointment made?

5 For it might have been sold for more than three hundred pence, and have been given to the poor. And they murmured against her.

6 And **YAHOSHUA** said, Let her alone; why trouble ye her? she hath wrought a good work on me.

7 For ye have the poor with you always, and whensoever ye will ye may do them good: but me ye have not always.

8 She hath done what she could: she is come aforehand to anoint my body to the burying.

9 Verily I say unto you, Wheresoever this gospel shall be preached throughout the whole world, this also that she hath done shall be spoken of for a memorial of her.

JUDAS TO BETRAY YAHOSHUA

10 And Yehudah Ishqeriot, one of the twelve, went unto the chief priests, to betray him unto them.

11 And when they heard it, they were glad, and promised to give him money. And he sought how he might conveniently betray him.

THE PASSOVER WITH THE DISCIPLES

12 And the first day of unleavened bread, when they killed the **Pesakh**, his disciples said unto him, Where wilt thou that we go and prepare that thou mayest eat the **Pesakh**?

13 And he sendeth forth two of his disciples, and saith unto them, Go ye into the city, and there shall meet you a man bearing a pitcher of water: follow him.

14 And wheresoever he shall go in, say ye to the goodman of the house, The Master saith, Where is the guestchamber, where I shall eat the **Pesakh** with my disciples?

15 And he will shew you a large upper room furnished and prepared: there make ready for us.

16 And his disciples went forth, and came into the city, and found as he had said unto them: and they made ready the **Pesakh**.

17 And in the evening he cometh with the twelve.

18 And as they sat and did eat, **YAHOSHUA** said, Verily I say unto you, One of you which eateth with me shall betray me.

19 And they began to be sorrowful, and to say unto him one by one, Is it I? and another said, Is it I?

20 And he answered and said unto them, It is one of the twelve, that dippeth with me in the dish.

21 The Son of man indeed goeth, as it is written of him: but woe to that man by whom the Son of man is betrayed! good were it for that man if he had never been born.

INSTITUTION OF ADONAI'S SUPPER

22 And as they did eat, **YAHOSHUA** took bread, and blessed, and brake it, and gave to them, and said, Take, eat: this is my body.

23 And he took the cup, and when he had given thanks, he gave it to them: and they all drank of it.

24 And he said unto them, This is my blood of the new covenant, which is shed for many.

25 אָמֵן אֹמֵר אֲנִי לָכֶם שָׁתֹה לֹא־אֶשְׁתֶּה עוֹד מִפְּרִי הַגֶּפֶן עַד־הַיּוֹם הַהוּא אֲשֶׁר אֶשְׁתֶּה
אֹתוֹ חָדָשׁ בְּמַלְכוּת הָאֱלֹהִים:

YAHOSHUA FORETELLS PETER'S DENIAL

26 וְאַחֲרֵי קָרְאָם אֶת־הַהַלֵּל וַיֵּצְאוּ אֶל־הַר הַזֵּיתִים: 27 וַיֹּאמֶר אֲלֵיהֶם **יָהוֹשֻׁעַ** אַתֶּם
כֻּלְּכֶם תִּכָּשְׁלוּ בִי בַּלַּיְלָה הַזֶּה כִּי כָתוּב אַכֶּה אֶת־הָרֹעֶה וּתְפוּצֶיןָ הַצֹּאן: 28 אַךְ אַחֲרֵי
קוּמִי מִן־הַמֵּתִים אֵלֵךְ לִפְנֵיכֶם הַגָּלִילָה: 29 וַיֹּאמֶר אֵלָיו כֵּיפָא גַּם אִם־יִכָּשְׁלוּ כֻלָּם אֲנִי
לֹא אֶכָּשֵׁל: 30 וַיֹּאמֶר אֵלָיו **יָהוֹשֻׁעַ** אָמֵן אֹמֵר אֲנִי לְךָ כִּי הַיּוֹם בַּלַּיְלָה הַזֶּה בְּטֶרֶם יִקְרָא
הַתַּרְנְגוֹל פַּעֲמָיִם אַתָּה תְכַחֶשׁ־בִּי שָׁלֹשׁ פְּעָמִים: 31 וְהוּא הִתְאַמֵּץ וַיּוֹסֶף לְדַבֵּר וַיֹּאמֶר
גַּם כִּי־יִהְיֶה עָלַי לָמוּת אִתְּךָ כַּחֵשׁ לֹא־אֲכַחֵשׁ בָּךְ וְכֵן אָמְרוּ גַּם־כֻּלָּם:

YAHOSHUA PRAYS IN GETHSEMANE

32 וַיָּבֹאוּ אֶל־חָצֵר אַחַת וּשְׁמָהּ גַּת־שְׁמָנֵי וַיֹּאמֶר אֶל־תַּלְמִידָיו שְׁבוּ־לָכֶם פֹּה עַד אֲשֶׁר
אֶתְפַּלָּל: 33 וַיִּקַּח אִתּוֹ אֶת־כֵּיפָא וְאֶת־יַעֲקֹב וְאֶת־יוֹחָנָן וַיָּחֶל לְהִשְׁתּוֹמֵם וְלָמוּג: 34
וַיֹּאמֶר אֲלֵיהֶם נַפְשִׁי מָרָה־לִי עַד־מָוֶת עִמְדוּ־פֹה וּשְׁקֹדוּ: 35 וַיַּעֲבֹר מְעַט מִשָּׁם וָהָלְאָה
וַיִּפֹּל אַרְצָה וַיִּתְפַּלֵּל אֲשֶׁר אִם־יוּכַל הֱיוֹת תַּעֲבֹר מֵעָלָיו הַשָּׁעָה הַזֹּאת: 36 וַיֹּאמַר
אַבָּא אָבִי כֹּל תּוּכַל הַעֲבֶר־נָא מֵעָלַי אֶת־הַכּוֹס הַזֹּאת אַךְ־לֹא אֶת־אֲשֶׁר אֲנִי רוֹצֶה כִּי
אִם־אֵת אֲשֶׁר־אָתָּה: 37 וַיָּבֹא וַיִּמְצָאֵם יְשֵׁנִים וַיֹּאמֶר אֶל־כֵּיפָא שִׁמְעוֹן הֲתִישַׁן הֲכִי־
לֹא יָכֹלְתָּ לִשְׁקֹד שָׁעָה אֶחָת: 38 שִׁקְדוּ וְהִתְפַּלֲּלוּ פֶּן־תָּבֹאוּ לִידֵי נִסָּיוֹן הֵן **הָרוּחַ** הִיא
חֲפֵצָה וְהַבָּשָׂר רָפֶה: 39 וַיֹּסֶף לָסוּר וַיִּתְפַּלֵּל בְּאָמְרוֹ עוֹד־הַפַּעַם כַּדְּבָרִים הָהֵמָּה: 40
וַיָּשָׁב וַיִּמְצָאֵם שֵׁנִית יְשֵׁנִים כִּי עֵינֵיהֶם כְּבֵדוֹת וְלֹא יָדְעוּ מַה־יַּעֲנֻהוּ: 41 וַיָּבֹא פַּעַם
שְׁלִישִׁית וַיֹּאמֶר אֲלֵיהֶם נוּמוּ עוֹד וְנוּחוּ רַב־לִי כִּי־בָאָה הַשָּׁעָה הִנֵּה בֶן־הָאָדָם נִמְסָר
בִּידֵי חַטָּאִים: 42 קוּמוּ וְנֵלֵכָה הִנֵּה הַמּוֹסֵר אוֹתִי קָרֵב:

BETRAYAL AND ARREST OF YAHOSHUA

43 עוֹדֶנּוּ מְדַבֵּר וִיהוּדָה בָא וְהוּא אֶחָד מִשְּׁנֵים הֶעָשָׂר וְעִמּוֹ הָמוֹן רַב בַּחֲרָבוֹת
וּבְמַקְלוֹת מֵאֵת רָאשֵׁי הַכֹּהֲנִים וְהַסּוֹפְרִים וְהַזְּקֵנִים: 44 וְהַמּוֹסֵר אֹתוֹ נָתַן לָהֶם אוֹת
לֵאמֹר הָאִישׁ אֲשֶׁר אֶשָּׁקֵהוּ זֶה הוּא תִּפְשׂוּ אֹתוֹ וְהוֹלִיכֻהוּ אַל־יִמָּלֵט: 45 הוּא בָא וְהוּא
נִגַּשׁ אֵלָיו וַיֹּאמֶר רַבִּי רַבִּי וַיִּשַּׁק־לוֹ: 46 וַיִּשְׁלְחוּ־בוֹ אֶת־יְדֵיהֶם וַיִּתְפְּשֻׂהוּ: 47 וְאֶחָד
מִן־הָעֹמְדִים אֶצְלוֹ שָׁלַף אֶת־חַרְבּוֹ וַיַּךְ אֶת־עֶבֶד הַכֹּהֵן הַגָּדוֹל וַיְקַצֵּץ אֶת־אָזְנוֹ: 48 וַיַּעַן
יָהוֹשֻׁעַ וַיֹּאמֶר אֲלֵיהֶם כְּצֵאת עַל־פָּרִיץ יְצָאתֶם עָלַי בַּחֲרָבוֹת וּבְמַקְלוֹת לְתָפְשֵׂנִי:

MARK

25 Verily I say unto you, I will drink no more of the fruit of the vine, until that day that I drink it new in the kingdom of ELOHIM.

YAHOSHUA FORETELLS PETER'S DENIAL

26 And when they had sung an hymn, they went out into the mount of Olives.

27 And **YAHOSHUA** saith unto them, All ye shall be offended because of me this night: for it is written, I will "smite the shepherd, and the sheep shall be scattered."

28 But after that I am risen, I will go before you into Galilah.

29 But Kepha said unto him, Although all shall be offended, yet will not I.

30 And **YAHOSHUA** saith unto him, Verily I say unto thee, That this day, even in this night, before the cock crow twice, thou shalt deny me thrice.

31 But he spake the more vehemently, If I should die with thee, I will not deny thee in any wise. Likewise also said they all.

YAHOSHUA PRAYS IN GETHSEMANE

32 And they came to a place which was named Gath-Shemanay: and he saith to his disciples, Sit ye here, while I shall pray.

33 And he taketh with him Kepha and Ya'aqob and Yokhanan, and began to be sore amazed, and to be very heavy;

34 And saith unto them, My soul is exceeding sorrowful unto death: tarry ye here, and watch.

35 And he went forward a little, and fell on the ground, and prayed that, if it were possible, the hour might pass from him.

36 And he said, Abba, Father, all things are possible unto thee; take away this cup from me: nevertheless not what I will, but what thou wilt.

37 And he cometh, and findeth them sleeping, and saith unto Kepha, Shimon, sleepest thou? couldest not thou watch one hour?

38 Watch ye and pray, lest ye enter into temptation. The **RUAKH** truly is ready, but the flesh is weak.

39 And again he went away, and prayed, and spake the same words.

40 And when he returned, he found them asleep again, (for their eyes were heavy,) neither wist they what to answer him.

41 And he cometh the third time, and saith unto them, Sleep on now, and take your rest: it is enough, the hour is come; behold, the Son of man is betrayed into the hands of sinners.

42 Rise up, let us go; lo, he that betrayeth me is at hand.

BETRAYAL AND ARREST OF YAHOSHUA

43 And immediately, while he yet spake, cometh Yehudah, one of the twelve, and with him a great multitude with swords and staves, from the chief priests and the scribes and the elders.

44 And he that betrayed him had given them a token, saying, Whomsoever I shall kiss, that same is he; take him, and lead him away safely.

45 And as soon as he was come, he goeth straightway to him, and saith, Master, master; and kissed him.

46 And they laid their hands on him, and took him.

47 And one of them that stood by drew a sword, and smote a servant of the high priest, and cut off his ear.

48 And **YAHOSHUA** answered and said unto them, Are ye come out, as against a thief, with swords and with staves to take me?

49 וַאֲנִי יוֹם יוֹם הָיִיתִי אֶצְלְכֶם מְלַמֵּד בַּמִּקְדָּשׁ וְלֹא הֶחֱזַקְתֶּם בִּי אֲבָל לְמַעַן מְלֹאת
דִּבְרֵי הַכְּתוּבִים: 50 וַיַּעַזְבוּ אֹתוֹ כֻּלָּם וַיָּנוּסוּ:

A YOUNG MAN FLEES

51 וְנַעַר אֶחָד הָלַךְ אַחֲרָיו מְעֻטָּף בְּסָדִין לְכַסּוֹת אֶת־עֶרְוָתוֹ וַיֹּאחֲזֻהוּ הַנְּעָרִים: 52
וַיַּעֲזֹב אֶת־הַסָּדִין בְּיָדָם וַיָּנָס מִפְּנֵיהֶם עָרֹם:

YAHOSHUA BEFORE THE COUNCIL

53 וַיּוֹלִיכוּ אֶת־**יָהוֹשֻׁעַ** אֶל־הַכֹּהֵן הַגָּדוֹל וַיִּקָּהֲלוּ אֵלָיו כָּל־רָאשֵׁי הַכֹּהֲנִים וְהַזְּקֵנִים
וְהַסּוֹפְרִים: 54 וּפֶטְרוֹס הָלַךְ אַחֲרָיו מֵרָחוֹק עַד־לַחֲצַר הַכֹּהֵן הַגָּדוֹל פְּנִימָה וַיֵּשֶׁב שָׁם
עִם־הַמְשָׁרְתִים וַיִּתְחַמֵּם נֶגֶד הָאוּר: 55 וְרָאשֵׁי הַכֹּהֲנִים וְכָל־הַסַּנְהֶדְרִין בִּקְשׁוּ עֵדוּת
עַל־**יָהוֹשֻׁעַ** לַהֲמִיתוֹ וְלֹא מָצָאוּ: 56 כִּי רַבִּים עָנוּ בוֹ עֵדוּת שָׁקֶר אֲבָל לֹא הָיוּ דִּבְרֵיהֶם
מְכֻוָּנִים: 57 וַיָּקוּמוּ אֲנָשִׁים וַיַּעֲנוּ בוֹ עֵדוּת שָׁקֶר לֵאמֹר: 58 שָׁמַעְנוּ אֹתוֹ אֹמֵר אֲנִי
אֶהֱרֹס אֶת־הַהֵיכָל הַזֶּה מַעֲשֵׂה יְדֵי אָדָם וְלִשְׁלֹשֶׁת יָמִים אֶבְנֶה הֵיכָל אַחֵר אֲשֶׁר אֵינֶנּוּ
מַעֲשֵׂה יְדֵי אָדָם: 59 וְגַם־בָּזֹאת לֹא הָיְתָה עֵדוּתָם מְכֻוָּנֶת: 60 וַיָּקָם הַכֹּהֵן הַגָּדוֹל
וַיַּעֲמֹד בַּתָּוֶךְ וַיִּשְׁאַל אֶת־**יָהוֹשֻׁעַ** לֵאמֹר הַאֵינְךָ מֵשִׁיב דָּבָר מַה־זֶּה אֵלֶּה עֹנִים בָּךְ: 61
וְהוּא הֶחֱרִישׁ וְלֹא הֵשִׁיב דָּבָר וַיּוֹסֶף עוֹד הַכֹּהֵן הַגָּדוֹל לִשְׁאֹל אֹתוֹ וַיֹּאמֶר אֵלָיו הַאַתָּה
הוּא **הַמָּשִׁיחַ** בֶּן־הַמְבֹרָךְ: 62 וַיֹּאמֶר **יָהוֹשֻׁעַ** אֲנִי הוּא וְאַתֶּם תִּרְאוּ אֶת־בֶּן־הָאָדָם יוֹשֵׁב
לִימִין הַגְּבוּרָה וּבָא עִם־עַנְנֵי הַשָּׁמָיִם: 63 וַיִּקְרַע הַכֹּהֵן הַגָּדוֹל אֶת־בְּגָדָיו וַיֹּאמַר מַה־לָּנוּ
עוֹד לְבַקֵּשׁ עֵדִים: 64 הִנֵּה שְׁמַעְתֶּם אֶת־הַגִּדּוּף מַה־דַּעְתְּכֶם וַיַּרְשִׁיעֻהוּ כֻלָּם כִּי־חַיַּב
מִיתָה הוּא: 65 וַיָּחֵלּוּ מֵהֶם לָרֹק בּוֹ וַיְחַפּוּ אֶת־פָּנָיו וַיַּכֻּהוּ בְּאֶגְרֹף וַיֹּאמְרוּ אֵלָיו הִנָּבֵא
וְהַמְשָׁרְתִים אֲחָזֻהוּ בְּמַכּוֹת עַל־הַלֶּחִי: 66 וַיְהִי בִּהְיוֹת כֵּיפָע בְּתַחְתִּית הֶחָצֵר וַתָּבֹא
אַחַת מִשִּׁפְחוֹת הַכֹּהֵן הַגָּדוֹל:

PETER DENIES YAHOSHUA

67 וַתֵּרֶא אֶת־כֵּיפָע כִּי מִתְחַמֵּם הוּא וַתַּבֶּט־בּוֹ וַתֹּאמַר גַּם־אַתָּה הָיִיתָ עִם־הַנָּצְרִי
יָהוֹשֻׁעַ: 68 וַיְכַחֵשׁ וַיֹּאמֶר לֹא אֵדַע וְלֹא אָבִין מָה אַתְּ אֹמֶרֶת וַיֵּצֵא הַחוּצָה אֶל־
הָאוּלָם וַיִּקְרָא הַתַּרְנְגֹל: 69 וַתִּרְאֵהוּ הַשִּׁפְחָה וַתֹּאמֶר עוֹד אֶל־הָעֹמְדִים שָׁם זֶה
הוּא אֶחָד מֵהֶם וַיְכַחֵשׁ פַּעַם שֵׁנִית: 70 וּמְעַט אַחֲרֵי־כֵן גַּם־הָעֹמְדִים שָׁם אָמְרוּ
אֶל־כֵּיפָע אָמְנָם אַתָּה אֶחָד מֵהֶם כִּי אַף־גְּלִילִי אַתָּה וּלְשׁוֹנְךָ כִּלְשׁוֹנָם: 71 וַיָּחֶל
לְהַחֲרִים אֶת־נַפְשׁוֹ וּלְהִשָּׁבֵעַ לֵאמֹר לֹא יָדַעְתִּי אֶת־הָאִישׁ הַזֶּה אֲשֶׁר דִּבַּרְתֶּם:

MARK

49 I was daily with you in the temple teaching, and ye took me not: but the scriptures must be fulfilled.
50 And they all forsook him, and fled.

A YOUNG MAN FLEES

51 And there followed him a certain young man, having a linen cloth cast about his naked body; and the young men laid hold on him:
52 And he left the linen cloth, and fled from them naked.

YAHOSHUA BEFORE THE COUNCIL

53 And they led **YAHOSHUA** away to the high priest: and with him were assembled all the chief priests and the elders and the scribes.
54 And Kepha followed him afar off, even into the palace of the high priest: and he sat with the servants, and warmed himself at the fire.
55 And the chief priests and all the council sought for witness against **YAHOSHUA** to put him to death; and found none.
56 For many bare false witness against him, but their witness agreed not together.
57 And there arose certain, and bare false witness against him, saying,
58 We heard him say, I will destroy this temple that is made with hands, and within three days I will build another made without hands.
59 But neither so did their witness agree together.
60 And the high priest stood up in the midst, and asked **YAHOSHUA**, saying, Answerest thou nothing? what is it which these witness against thee?
61 But he held his shalom, and answered nothing. Again the high priest asked him, and said unto him, Art thou the **MESHIAKH**, the Son of the Blessed?
62 And **YAHOSHUA** said, I am: and ye shall see the Son of man sitting on the right hand of power, and coming in the clouds of heaven.
63 Then the high priest rent his clothes, and saith, What need we any further witnesses?
64 Ye have heard the blasphemy: what think ye? And they all condemned him to be guilty of death.
65 And some began to spit on him, and to cover his face, and to buffet him, and to say unto him, Prophesy: and the servants did strike him with the palms of their hands.
66 And as Kepha was beneath in the palace, there cometh one of the maids of the high priest:

PETER DENIES YAHOSHUA

67 And when she saw Kepha warming himself, she looked upon him, and said, And thou also wast with **YAHOSHUA** of Netzareth.
68 But he denied, saying, I know not, neither understand I what thou sayest. And he went out into the porch; and the cock crew.
69 And a maid saw him again, and began to say to them that stood by, This is one of them.
70 And he denied it again. And a little after, they that stood by said again to Kepha, Surely thou art one of them: for thou art a Galilaean, and thy speech agreeth thereto.
71 But he began to curse and to swear, saying, I know not this man of whom ye speak.

72 וְהַתַּרְנְגֹל קָרָא פַּעַם שֵׁנִית וַיִּזְכֹּר כֵּיפָא אֶת־הַדָּבָר אֲשֶׁר אָמַר־לוֹ **יָהוֹשֻׁעַ** בְּטֶרֶם
יִקְרָא הַתַּרְנְגֹל פַּעֲמַיִם תְּכַחֵשׁ בִּי שָׁלֹשׁ פְּעָמִים וַיָּשֶׂם עַל־לִבּוֹ וַיֵּבְךְּ:

YAHOSHUA DELIVERED TO PILATE

טו וַיְהִי לִפְנוֹת הַבֹּקֶר וַיְמַהֲרוּ רָאשֵׁי הַכֹּהֲנִים וְעִמָּהֶם הַזְּקֵנִים וְהַסּוֹפְרִים וְכָל־
הַסַּנְהֶדְרִין לְהִוָּעֵץ וַיַּאַסְרוּ אֶת־**יָהוֹשֻׁעַ** וַיּוֹלִיכֻהוּ מִשָּׁם וַיִּמְסְרֻהוּ אֶל־פִּילָטוֹס:
2 וַיִּשְׁאַל אוֹתוֹ פִּילָטוֹס הַאַתָּה מֶלֶךְ הַיְּהוּדִים וַיַּעַן וַיֹּאמֶר אֵלָיו אַתָּה אָמָרְתָּ: 3 וְרָאשֵׁי
הַכֹּהֲנִים הִרְבּוּ לְשִׂטְנוֹ: 4 וַיּוֹסֶף פִּילָטוֹס וַיִּשְׁאָלֵהוּ לֵאמֹר הַאֵינְךָ מֵשִׁיב דָּבָר רְאֵה כַּמָּה
הֵם עָנוּ בָךְ: 5 **וִיהוֹשֻׁעַ** לֹא־הֵשִׁיב עוֹד אַף־דָּבָר אֶחָד וַיִּתְמַהּ פִּילָטוֹס:

PILATE DELIVERS YAHOSHUA TO BE CRUCIFIED

6 וּמִדֵּי חַג בְּחַגּוֹ הָיָה פּוֹטֵר לָהֶם אָסִיר אֶחָד אֵת אֲשֶׁר יְבַקֵּשׁוּ: 7 וַיְהִי אִישׁ הַנִּקְרָא
בְּשֵׁם בַּר־אַבָּא אָסוּר עִם־הַמּוֹרְדִים אֲשֶׁר רָצְחוּ רֶצַח בְּעֵת הַמָּרֶד: 8 וַיַּעַל הֶהָמוֹן וַיָּחֵלּוּ
לְבַקֵּשׁ שֶׁיַּעֲשֶׂה לָהֶם כְּפַעַם בְּפָעַם: 9 וַיַּעַן אֹתָם פִּילָטוֹס וַיֹּאמַר רְצוֹנְכֶם שֶׁאַתִּיר לָכֶם
אֶת־מֶלֶךְ הַיְּהוּדִים: 10 כִּי יָדַע אֲשֶׁר רַק־מִקִּנְאָה מְסָרוּהוּ רָאשֵׁי הַכֹּהֲנִים: 11 וְרָאשֵׁי
הַכֹּהֲנִים הֵסִיתוּ אֶת־הֶהָמוֹן לְבִלְתִּי הַתִּיר לָהֶם כִּי אִם־בַּר־אַבָּא: 12 וַיֹּסֶף פִּילָטוֹס וַיַּעַן
וַיֹּאמֶר לָהֶם וּמָה־אֵפוֹא רְצוֹנְכֶם שֶׁאֶעֱשֶׂה לַאֲשֶׁר אַתֶּם קֹרְאִים מֶלֶךְ הַיְּהוּדִים: 13
וַיִּקְרְאוּ עוֹד הַצְלֵב אֹתוֹ: 14 וַיֹּאמֶר אֲלֵיהֶם פִּילָטוֹס מָה־אֵפוֹא רָעָה עָשָׂה וְהֵם הִרְבּוּ־
עוֹד לִקְרֹא הַצְלֵב אֹתוֹ: 15 וַיּוֹאֶל פִּילָטוֹס לַעֲשׂוֹת כִּרְצוֹן הָעָם וַיַּתֵּר לָהֶם אֵת בַּר־אַבָּא
וְאֵת **יָהוֹשֻׁעַ** הִכָּה בַּשּׁוֹטִים וַיִּמְסֹר אוֹתוֹ לְהִצָּלֵב:

YAHOSHUA IS MOCKED

16 וַיּוֹלִיכֻהוּ אַנְשֵׁי הַצָּבָא אֶל־תּוֹךְ הֶחָצֵר הוּא בֵּית הַמִּשְׁפָּט וַיַּזְעִיקוּ אֶת־כָּל־הַגְּדוּד:
17 וַיַּלְבִּשֻׁהוּ אַרְגָּמָן וַיְשָׂרְגוּ עֲטֶרֶת קֹצִים וַיְעַטְּרֻהוּ: 18 וַיָּחֵלּוּ לְבָרְכוֹ לֵאמֹר שָׁלוֹם לְךָ
מֶלֶךְ הַיְּהוּדִים: 19 וַיַּכּוּ עַל־רֹאשׁוֹ בְּקָנֶה וַיָּרֹקּוּ בוֹ וַיִּכְרְעוּ עַל־בִּרְכֵיהֶם וַיִּשְׁתַּחֲווּ לוֹ: 20
וְאַחֲרֵי הִתְלוֹצְצָם בּוֹ הִפְשִׁיטוּ אוֹתוֹ אֶת־הָאַרְגָּמָן וַיַּלְבִּשֻׁהוּ אֶת־בְּגָדָיו וַיּוֹצִיאֻהוּ לִצְלֹב
אֹתוֹ:

THE CRUCIFIXION

21 וְאִישׁ אֶחָד עָבַר וְהוּא בָא מִן־הַשָּׂדֶה וּשְׁמוֹ שִׁמְעוֹן הַקּוּרִינִי אֲבִי אֲלֶכְסַנְדְּרוֹס
וְרוּפוֹס וַיֶּאֶנְסוּ אֹתוֹ לָשֵׂאת אֶת־צְלוּבוֹ: 22 וַיְבִיאֻהוּ אֶל־גָּלְגָּלְתָּא הַמָּקוֹם הוּא מְקוֹם
הַגֻּלְגֹּלֶת:

MARK

72 And the second time the cock crew. And Kepha called to mind the word that **YAHOSHUA** said unto him, Before the cock crow twice, thou shalt deny me thrice. And when he thought thereon, he wept.

YAHOSHUA DELIVERED TO PILATE

15 And straightway in the morning the chief priests held a consultation with the elders and scribes and the whole council, and bound **YAHOSHUA**, and carried him away, and delivered him to Pilatos

2 And Pilatos asked him, Art thou the King of the Yehudim? And he answering said unto him, Thou sayest it.

3 And the chief priests accused him of many things: but he answered nothing.

4 And Pilatos asked him again, saying, Answerest thou nothing? behold how many things they witness against thee.

5 But **YAHOSHUA** yet answered nothing; so that Pilatos marvelled.

PILATE DELIVERS YAHOSHUA TO BE CRUCIFIED

6 Now at that feast he released unto them one prisoner, whomsoever they desired.

7 And there was one named Bar-Abba, which lay bound with them that had made insurrection with him, who had committed murder in the insurrection.

8 And the multitude crying aloud began to desire him to do as he had ever done unto them.

9 But Pilatos answered them, saying, Will ye that I release unto you the King of the Yehudim?

10 For he knew that the chief priests had delivered him for envy.

11 But the chief priests moved the people, that he should rather release Bar-Abba unto them.

12 And Pilatos answered and said again unto them, What will ye then that I shall do unto him whom ye call the King of the Yehudim?

13 And they cried out again, Crucify him.

14 Then Pilatos said unto them, Why, what evil hath he done? And they cried out the more exceedingly, Crucify him.

15 And so Pilatos, willing to content the people, released Bar-Abba unto them, and delivered **YAHOSHUA**, when he had scourged him, to be crucified.

YAHOSHUA IS MOCKED

16 And the soldiers led him away into the hall, called Praetorium; and they call together the whole band.

17 And they clothed him with purple, and platted a crown of thorns, and put it about his head,

18 And began to salute him, Hail, King of the Yehudim!

19 And they smote him on the head with a reed, and did spit upon him, and bowing their knees worshipped him.

20 And when they had mocked him, they took off the purple from him, and put his own clothes on him, and led him out to crucify him.

THE CRUCIFIXION

21 And they compel one Shimon a Cyrenian, who passed by, coming out of the country, the father of Aleksandros and **Ruphos (Rufus)**, to bear his cross.

22 And they bring him unto the place Gulgoleth, which is, being interpreted, The place of a skull.

23 וַיִּתְּנוּ־לוֹ לִשְׁתּוֹת יַיִן מָסוּךְ בְּמֹר וְהוּא לֹא לָקָח: 24 וַיְהִי כַּאֲשֶׁר צָלְבוּ אוֹתוֹ
וַיְחַלְּקוּ בְגָדָיו לָהֶם וַיַּפִּילוּ עֲלֵיהֶם גּוֹרָל מַה־יִּקַּח אִישׁ אִישׁ: 25 וַתְּהִי הַשָּׁעָה הַשְּׁלִישִׁית
וַיִּצְלְבֻהוּ: 26 וּמִכְתַּב דְּבַר־אַשְׁמָתוֹ כָּתוּב לְמַעְלָה מֶלֶךְ הַיְּהוּדִים: 27 וַיִּצְלְבוּ אִתּוֹ שְׁנֵי
פָרִיצִים אֶחָד לִימִינוֹ וְאֶחָד לִשְׂמֹאלוֹ: 28 וַיִּמָּלֵא הַכָּתוּב הָאֹמֵר וְאֶת־פֹּשְׁעִים נִמְנָה:
29 וְהָעֹבְרִים גִּדְּפוּ אוֹתוֹ וַיָּנִיעוּ רֹאשָׁם וַיֹּאמְרוּ הֶאָח אַתָּה הַהוֹרֵס אֶת־הַהֵיכָל וּבוֹנֶה
אוֹתוֹ בִּשְׁלֹשֶׁת יָמִים: 30 הוֹשַׁע אֶת־עַצְמֶךָ וּרְדָה מִן־הַצְּלוּב: 31 וְכֵן גַּם־רָאשֵׁי הַכֹּהֲנִים
עִם־הַסּוֹפְרִים הִתְלוֹצְצוּ אִישׁ אֶל־רֵעֵהוּ וַיֹּאמְרוּ אֶת־אֲחֵרִים הוֹשִׁיעַ וְאֶת־עַצְמוֹ לֹא
יוּכַל לְהוֹשִׁיעַ: 32 **הַמָּשִׁיחַ** מֶלֶךְ יִשְׂרָאֵל יֵרֵד עַתָּה מִן־הַצְּלוּב לְמַעַן נִרְאֶה וְנַאֲמִין וְגַם־
הַנִּצְלָבִים אִתּוֹ חֵרְפוּהוּ:

THE DEATH OF YAHOSHUA

33 וּבִהְיוֹת הַשָּׁעָה הַשִּׁשִּׁית הָיָה חשֶׁךְ עַל־כָּל־הָאָרֶץ עַד הַשָּׁעָה הַתְּשִׁיעִית: 34
וּבַשָּׁעָה הַתְּשִׁיעִית וַיִּזְעַק **יָהוֹשֻׁעַ** בְּקוֹל גָּדוֹל אֱלָהִי אֱלָהִי לְמָה עֲזַבְתָּנִי וּפֵרוּשׁוֹ אֵלִי
אֵלִי לָמָה שְׁבַקְתַּנִי: 35 וַיִּשְׁמְעוּ אֲנָשִׁים מִן הָעֹמְדִים שָׁם וַיֹּאמְרוּ הִנֵּה אֶל־אֵלִיָּהוּ
הוּא קוֹרֵא: 36 וַיָּרָץ אֶחָד מֵהֶם וַיְמַלֵּא סְפוֹג חֹמֶץ וַיָּשֶׂם עַל־קָנֶה וַיַּשְׁקֵהוּ וַיֹּאמֶר
הַנִּיחוּ וְנִרְאֶה אִם־יָבֹא אֵלִיָּהוּ לְהוֹרִידוֹ: 37 **וִיהוֹשֻׁעַ** נָתַן קוֹל גָּדוֹל וַיִּפַּח אֶת־נַפְשׁוֹ:
38 וּפָרֹכֶת הַהֵיכָל נִקְרְעָה לִשְׁנַיִם קְרָעִים מִלְמַעְלָה לְמָטָּה: 39 וַיַּרְא שַׂר הַמֵּאָה
הָעֹמֵד מִנֶּגֶד כִּי בְּזַעֲקוֹ כָכָה יָצְאָה נַפְשׁוֹ וַיֹּאמַר אָכֵן הָאִישׁ הַזֶּה הָיָה בֶן־הָאֱלֹהִים:
40 וְגַם־נָשִׁים הָיוּ שָׁם צֹפוֹת מֵרָחוֹק וּבְתוֹכָן גַּם־מִרְיָם הַמַּגְדָּלִית וּמִרְיָם אִמּוֹ שֶׁל־
יַעֲקֹב הַצָּעִיר וְשֶׁל־יוֹסֵי **וּשְׁלֹמִית:** 41 אֲשֶׁר בִּהְיוֹתוֹ בַגָּלִיל גַּם־הָלְכוּ אַחֲרָיו וְגַם
שֵׁרְתֻהוּ וַאֲחֵרוֹת רַבּוֹת אֲשֶׁר־עָלוּ אִתּוֹ יְרוּשָׁלָיִם:

YAHOSHUA IS BURIED

42 וְעֵת הָעֶרֶב הִגִּיעַ וּמִפְּנֵי אֲשֶׁר עֶרֶב שַׁבָּת הָיָה הוּא הַיּוֹם שֶׁלִּפְנֵי **הַשַּׁבָּת:** 43
וַיָּבֹא יוֹסֵף הָרָמָתִי יוֹעֵץ נִכְבָּד אֲשֶׁר הָיָה מְחַכֶּה גַם־הוּא לְמַלְכוּת הָאֱלֹהִים וַיִּתְחַזֵּק
וַיָּבֹא אֶל־פִּילָטוֹס וַיִּשְׁאַל אֶת־גּוּפַת **יָהוֹשֻׁעַ:** 44 וַיִּתְמַהּ פִּילָטוֹס עַל־אֲשֶׁר מֵת
וַיִּקְרָא אֶל־שַׂר הַמֵּאָה וַיִּשְׁאָלֵהוּ הַכְּבָר גָּוָע: 45 וַיֵּדַע מִפִּי־שַׂר הַמֵּאָה כִּי־כֵן וַיִּתֵּן
אֶת־גּוּפָתוֹ מַתָּנָה לְיוֹסֵף: 46 וְהוּא קָנָה סָדִין וַיּוֹרֶד אֹתוֹ וַיִּכְרְכֵהוּ בַּסָּדִין וַיְשִׂימֵהוּ
בְּקֶבֶר חָצוּב בַּסָּלַע וַיָּגֶל אֶבֶן עַל־פֶּתַח הַקָּבֶר: 47 וּמִרְיָם הַמַּגְדָּלִית וּמִרְיָם אֵם יוֹסֵי
רָאוּ אֶת־הַמָּקוֹם אֲשֶׁר הוּשַׂם שָׁמָּה:

23 And they gave him to drink wine mingled with myrrh: but he received it not.
24 And when they had crucified him, they parted his garments, casting lots upon them, what every man should take.
25 And it was the third hour, and they crucified him.
26 And the superscription of his accusation was written over, THE KING OF THE YEHUDIM.
27 And with him they crucify two thieves; the one on his right hand, and the other on his left.
28 And the scripture was fulfilled, which saith, "And he was numbered with the transgressors."
29 And they that passed by railed on him, wagging their heads, and saying, Ah, thou that destroyest the temple, and buildest it in three days,
30 Save thyself, and come down from the cross.
31 Likewise also the chief priests mocking said among themselves with the scribes, He saved others; himself he cannot save.
32 Let **MESHIAKH** the King of Yisra'EL descend now from the cross, that we may see and believe. And they that were crucified with him reviled him.

THE DEATH OF YAHOSHUA

33 And when the sixth hour was come, there was darkness over the whole land until the ninth hour.
34 And at the ninth hour **YAHOSHUA** cried with a loud voice, saying, "ELAHI, ELAHI, LAMA AZAB'TANI?" which is, being interpreted, "My ELOHIM, my ELOHIM, why hast thou forsaken me?"
35 And some of them that stood by, when they heard it, said, Behold, he calleth EliYAHU.
36 And one ran and filled a spunge full of vinegar, and put it on a reed, and gave him to drink, saying, Let alone; let us see whether EliYAHU will come to take him down.
37 And **YAHOSHUA** cried with a loud voice, and gave uphis soul.
38 And the veil of the temple was rent in twain from the top to the bottom.
39 And when the centurion, which stood over against him, saw that he so cried out, and gave up his soul, he said, Truly this man was the Son of ELOHIM.
40 There were also women looking on afar off: among whom was Miryam Magdaliyth , and Miryam the mother of Ya'aqob the less and of Yoseph, and **Shelomith (Salome)**;
41 (Who also, when he was in Galilah, followed him, and ministered unto him;) and many other women which came up with him unto Yerushalem.

YAHOSHUA IS BURIED

42 And now when the even was come, because it was the preparation, that is, the day before the **Shabbat**,
43 Yoseph of Arimathea, an honourable counsellor, which also waited for the kingdom of ELOHIM, came, and went in boldly unto Pilatos, and craved the body of **YAHOSHUA**.
44 And Pilatos marvelled if he were already dead: and calling unto him the centurion, he asked him whether he had been any while dead.
45 And when he knew it of the centurion, he gave the body to Yoseph.
46 And he bought fine linen, and took him down, and wrapped him in the linen, and laid him in a sepulchre which was hewn out of a rock, and rolled a stone unto the door of the sepulchre.
47 And Miryam Magdaliyth and Miryam the mother of Yoseph beheld where he was laid.

THE RESURRECTION

טז וַיְהִי כַּאֲשֶׁר עָבַר יוֹם **הַשַּׁבָּת** וַתִּקְנֶינָה מִרְיָם הַמַּגְדָּלִית וּמִרְיָם אֵם יַעֲקֹב
וּשְׁלֹמִית סַמִּים לָלֶכֶת וְלָסוּךְ אֹתוֹ בָּהֶם׃ 2 וּבְאֶחָד בַּשַּׁבָּת בַּבֹּקֶר הַשְׁכֵּם בָּאוּ
אֶל־הַקָּבֶר כַּעֲלוֹת הַשָּׁמֶשׁ׃ 3 וַתֹּאמַרְנָה אִשָּׁה אֶל־אֲחוֹתָהּ מִי יָגֶל־לָנוּ אֶת־הָאֶבֶן מֵעַל
פֶּתַח הַקָּבֶר׃ 4 וּבְהַבִּיטָן רָאוּ וְהִנֵּה נִגְלְלָה הָאָבֶן כִּי הָיְתָה גְּדֹלָה מְאֹד׃ 5 וַתָּבֹאנָה אֶל־
תּוֹךְ הַקָּבֶר וַתִּרְאֶינָה בָּחוּר אֶחָד יֹשֵׁב מִיָּמִין וְהוּא עֹטֶה שִׂמְלָה לְבָנָה וַתִּשְׁתּוֹמַמְנָה׃ 6
וַיֹּאמֶר אֲלֵיהֶן אַל־תִּשְׁתּוֹמַמְנָה אֶת־יָהוֹשֻׁעַ הַנָּצְרִי הַנִּצְלָב אַתֵּן מְבַקְשׁוֹת הוּא קָם אֵינֶנּוּ
פֹּה הִנֵּה־זֶה הַמָּקוֹם אֲשֶׁר הִשְׁכִּיבֻהוּ בוֹ׃ 7 וְאַתֵּן לֵכְנָה וְהַגַּדְתֶּן לְתַלְמִידָיו וּלְפֶטְרוֹס
כִּי הוֹלֵךְ הוּא לִפְנֵיכֶם הַגָּלִילָה וְשָׁם תִּרְאֻהוּ כַּאֲשֶׁר אָמַר לָכֶם׃ 8 וַתְּמַהֵרְנָה לָצֵאת
וַתְּנוּסֶינָה מִן־הַקֶּבֶר כִּי אֲחָזָתַן רְעָדָה וְתִמָּהוֹן וְלֹא־הִגִּידוּ דָבָר לְאִישׁ כִּי יָרֵאוּ׃

YAHOSHUA APPEARS TO MARY MAGDALENE

9 וְהוּא כַּאֲשֶׁר קָם מִן־הַמֵּתִים בְּאֶחָד בַּשַּׁבָּת נִרְאָה בָרִאשֹׁנָה אֶל־מִרְיָם הַמַּגְדָּלִית
אֲשֶׁר גֵּרַשׁ מִמֶּנָּה שִׁבְעָה שֵׁדִים׃ 10 וַתֵּלֶךְ וַתַּגֵּד לָאֲנָשִׁים אֲשֶׁר הָיוּ עִמּוֹ וְהֵם מִתְאַבְּלִים
וּבֹכִים׃ 11 וְכַאֲשֶׁר שָׁמְעוּ כִּי חַי וְנִרְאָה אֵלֶיהָ לֹא הֶאֱמִינוּ לָהּ׃

YAHOSHUA APPEARS TO TWO DISCIPLES

12 וְאַחֲרֵי־כֵן נִרְאָה בִּדְמוּת אַחֶרֶת לִשְׁנַיִם מֵהֶם בַּדֶּרֶךְ בִּהְיֹתָם יוֹצְאִים הַשָּׂדֶה׃ 13
וְהֵם הָלְכוּ וַיַּגִּידוּ לָאֲחֵרִים וְגַם־לָהֶם לֹא הֶאֱמִינוּ׃

THE GREAT COMMISSION

14 וּבָאַחֲרֹנָה נִרְאָה לְעַשְׁתֵּי הֶעָשָׂר בִּהְיוֹתָם מְסֻבִּים לֶאֱכֹל וַיְחָרֵף חֶסְרוֹן אֱמוּנָתָם
וּקְשִׁי לְבָבָם אֲשֶׁר לֹא־הֶאֱמִינוּ לְרֹאָיו וְהוּא נֵעוֹר מִן־הַמֵּתִים׃ 15 וַיֹּאמֶר אֲלֵיהֶם
לְכוּ אֶל־כָּל־הָעוֹלָם וְקִרְאוּ אֶת־הַבְּשׂוֹרָה לְכָל־הַבְּרִיאָה׃ 16 הַמַּאֲמִין וְנִטְבָּל
הוּא יִוָּשֵׁעַ וַאֲשֶׁר לֹא־יַאֲמִין יֶאְשָׁם׃ 17 וְאֵלֶּה הָאֹתוֹת אֲשֶׁר יִלָּוּוּ אֶל־הַמַּאֲמִינִים
יְגָרְשׁוּ שֵׁדִים בִּשְׁמִי וּבִלְשֹׁנוֹת חֲדָשׁוֹת יְדַבֵּרוּ׃ 18 נְחָשִׁים יִשְׂאוּ בִּידֵיהֶם וְיִשְׁתּוּ
סַם־הַמָּוֶת וְלֹא יַזִּיקֵם עַל־חוֹלִים יָשִׂימוּ אֶת־יְדֵיהֶם וְיִיטַב לָהֶם׃ 19 וַיְהִי אַחֲרֵי
אֲשֶׁר־דִּבֶּר אִתָּם **יָהוֹשֻׁעַ** הָאָדוֹן וַיִּנָּשֵׂא הַשָּׁמַיְמָה וַיֵּשֶׁב לִימִין הָאֱלֹהִים׃ 20 וְהֵמָּה
יָצְאוּ וַיִּקְרְאוּ בְּכָל־הַמְּקֹמוֹת וְיַד הָאָדוֹן הָיָה עִמָּהֶם וַיְחַזֵּק אֶת־הַדָּבָר בָּאֹתוֹת
הַבָּאוֹת אַחֲרָיו אָמֵן׃

MARK

THE RESURRECTION

16 And when the **Shabbat** was past, Miryam Magdaliyth, and Miryam the mother of Ya'aqob, and Shelomith, had bought sweet spices, that they might come and anoint him.

2 And very early in the morning the first day of the week, they came unto the sepulchre at the rising of the sun.

3 And they said among themselves, Who shall roll us away the stone from the door of the sepulchre?

4 And when they looked, they saw that the stone was rolled away: for it was very great.

5 And entering into the sepulchre, they saw a young man sitting on the right side, clothed in a long white garment; and they were affrighted.

6 And he saith unto them, Be not affrighted: Ye seek **YAHOSHUA** of Netzareth, which was crucified: he is risen; he is not here: behold the place where they laid him.

7 But go your way, tell his disciples and Kepha that he goeth before you into Galilah: there shall ye see him, as he said unto you.

8 And they went out quickly, and fled from the sepulchre; for they trembled and were amazed: neither said they any thing to any man; for they were afraid.

YAHOSHUA APPEARS TO MARY MAGDALENE

9 Now when he was risen, early the first day of the week he appeared first to Miryam Magdaliyth , out of whom he had cast seven devils.

10 And she went and told them that had been with him, as they mourned and wept.

11 And they, when they had heard that he was alive, and had been seen of her, believed not.

YAHOSHUA APPEARS TO TWO DISCIPLES

12 After that he appeared in another form unto two of them, as they walked, and went into the country.

13 And they went and told it unto the residue: neither believed they them.

THE GREAT COMMISSION

14 Afterward he appeared unto the eleven as they sat at meat, and upbraided them with their unbelief and hardness of heart, because they believed not them which had seen him after he was risen.

15 And he said unto them, Go ye into all the world, and preach the gospel to every creature.

16 He that believeth and is immersed shall be saved; but he that believeth not shall be damned.

17 And these signs shall follow them that believe; In my name shall they cast out devils; they shall speak with new tongues;

18 They shall take up serpents; and if they drink any deadly thing, it shall not hurt them; they shall lay hands on the sick, and they shall recover.

19 So then after **YAHOSHUA** our Adone had spoken unto them, he was received up into heaven, and sat on the right hand of ELOHIM.

20 And they went forth, and preached every where, our Adone working with them, and confirming the word with signs following. Amen.

HEBREW NAME PROPHECIES
(WRITTEN IN THE NEW TESTAMENT)
THE VOLUME OF THE BOOK

> "Then said I, Lo, I come: in the volume of the book it is written of me, I delight to do thy will, O my ELOHIM." **- Hebrews 10:7**

"אָז אָמַרְתִּי הִנֵּה־בָאתִי בִּמְגִלַּת־סֵפֶר כָּתוּב עָלָי!"

BOOKS OF THE NEW TESTAMENT

MATTHEW/MATTITYAHU: GIFT OF YAH
MARK/MARQOS: A DEFENSE
LUKE/LUQAS: LIGHT GIVING
JOHN/YOKHANAN: GRACE OF YAHOWAH
ACTS/MA'ASAY: ACT
ROMANS/ROMIM: EXALTED
1 CORINTHIANS/QORINTIM RISHON: SATIATED
2 CORINTHIANS/QORINTIM SHENI: SATIATED
GALATIANS/GALATIM: FOREIGNER
EPHESIANS/EPHESIM: PERMITTED
PHILLIPIANS/PHILIPIM: LOVER OF HORSES
COLOSSIANS/QOLASIM: GIGANTIC
1 THESSALONIANS/TESSALONIQIM RISHON: VICTORY OF FALSITY
2 THESSALONIANS/TESSALONIQIM SHENI: VICTORY OF FALSITY
1 TIMOTHY/TIMOTHEOS RISHON: DEAR TO ELOHIM
2 TIMOTHY/TIMOTHEOS SHENI: DEAR TO ELOHIM
TITUS/TITOS: NURSE
PHILEMON/PHILIMON: ONE WHO KISSES
HEBREWS/IBRIM: FROM BEYOND
JAMES/YA'AQOB: SUPPLANTER
1 PETER/KEPHA RISHON: ROCK
2 PETER/KEPHA SHENI: ROCK
1 JOHN/YOKHANAN RISHON: GRACE OF YAHOWAH
2 JOHN/YOKHANAN SHENI: GRACE OF YAHOWAH
3 JOHN/YOKHANAN SHELISHI: GRACE OF YAHOWAH
JUDE/YEHUDAH: PRAISE
REVELATION/HITGALUT: REVEALED

THE HIDDEN PROPHECY REVEALED

He is a gift of YAH and a defense that gives light. An act of **YAHOWAH'S** grace to satiate those in Rome. He has permitted the foreigners, who love horses and have colassal victories from falsehood to become dear to ELOHIM. Dear to ELOHIM as a nurse who kisses the Hebrews. The Rock of Ya'aqob and the Grace of **YAHOWAH** has been revealed to Yehudah!

לוּקָס

DEDICATION TO THEOPHILUS

א אַחֲרֵי אֲשֶׁר רַבִּים הוֹאִילוּ לְחַבֵּר סִפּוּר הַמַּעֲשִׂים אֲשֶׁר נֶאֶמְנוּ בִשְׁלֵמוּת
בְּתוֹכֵנוּ׃ 2 כַּאֲשֶׁר מְסָרוּם לָנוּ הָרֹאִים אֹתָם בְּעֵינֵיהֶם מִתְּחִלָּה וַאֲשֶׁר
הָיוּ מְשָׁרְתֵי הַדָּבָר׃ 3 חָשַׁבְתִּי לְטוֹב גַּם־אֲנִי הַחֹקֵר אַחַר כָּל־הַדְּבָרִים הֵיטֵב
מֵרֵאשִׁיתָם לְכָתְבָם כְּסִדְרָם אֵלֶיךָ הָאַדִּיר תְּאוֹפִילוֹס׃ 4 לְמַעַן תֵּדַע אֱמֶת
הָאֲמָרִים אֲשֶׁר לֻמָּדְתָּ׃

BIRTH OF JOHN THE BAPTIST FORETOLD

5 כֹּהֵן הָיָה בִּימֵי הוֹרְדוֹס מֶלֶךְ אֶרֶץ יְהוּדָה זְכַרְיָה שְׁמוֹ מִמִּשְׁמֶרֶת אֲבִיָּה וְלוֹ
אִשָּׁה מִבְּנוֹת אַהֲרֹן וּשְׁמָהּ אֱלִישָׁבַע׃ 6 וּשְׁנֵיהֶם צַדִּיקִים לִפְנֵי הָאֱלֹהִים וְהֹלְכֵי
תֹם בְּכָל־מִצְוֹת **יָהוָֹה** וּבְחֻקֹּתָיו׃ 7 וְלָהֶם אֵין וָלָד כִּי אֱלִישֶׁבַע עֲקָרָה וּשְׁנֵיהֶם
בָּאוּ בַּיָּמִים׃ 8 וַיְהִי הַיּוֹם בְּכַהֲנוֹ לִפְנֵי אֱלֹהִים בְּסֵדֶר מִשְׁמָרוֹ׃ 9 לְהַקְטִיר
קְטֹרֶת לְפִי גוֹרָלוֹ כְּמִשְׁפַּט עֲבוֹדַת הַכֹּהֲנִים וַיָּבֹא אֶל־הֵיכַל **יָהוָֹה**׃ 10 וְכָל־קְהַל
הָעָם מִתְפַּלְלִים בַּחוּץ בִּשְׁעַת הַקְּטֹרֶת׃ 11 וְהִנֵּה מַלְאַךְ **יָהוָֹה** נִרְאָה אֵלָיו עֹמֵד
מִימִין מִזְבַּח הַקְּטֹרֶת׃ 12 וַיַּרְא זְכַרְיָה וַיִּבָּהֵל וְאֵימָה נָפְלָה עָלָיו׃ 13 וַיֹּאמֶר
אֵלָיו הַמַּלְאָךְ אַל־תִּירָא זְכַרְיָהוּ כִּי נִשְׁמְעָה תְפִלָּתֶךָ וֶאֱלִישֶׁבַע אִשְׁתְּךָ תֵּלֵד
לְךָ בֵּן וְקָרָאתָ שְׁמוֹ יוֹחָנָן׃ 14 וְהָיָה־לְךָ לְשִׂמְחָה וָגִיל וְרַבִּים יִשְׂמְחוּ בְּהִוָּלְדוֹ׃
15 כִּי־גָדוֹל יִהְיֶה לִפְנֵי **יָהוָֹה** וְיַיִן וְשֵׁכָר לֹא יִשְׁתֶּה **וְרוּחַ הַקֹּדֶשׁ** יִמָּלֵא מִבֶּטֶן
אִמּוֹ׃ 16 וְרַבִּים מִבְּנֵי יִשְׂרָאֵל יָשִׁיב אֶל־**יָהוָֹה** אֱלֹהֵיהֶם׃ 17 וְהוּא יֵלֵךְ לְפָנָיו
בְּרוּחַ אֵלִיָּהוּ וּבִגְבוּרָתוֹ לְהָשִׁיב לֵב אָבוֹת עַל־בָּנִים וְאֵת הַסּוֹרְרִים בִּתְבוּנַת
הַצַּדִּיקִים לְהַעֲמִיד עַם מוּכָן **לַיהוָֹה**׃ 18 וַיֹּאמֶר זְכַרְיָה אֶל־הַמַּלְאָךְ בַּמָּה אֵדַע
אֶת־הַדָּבָר הַזֶּה כִּי־אֲנִי זָקַנְתִּי וְאִשְׁתִּי בָּאָה בַיָּמִים׃ 19 וַיַּעַן הַמַּלְאָךְ וַיֹּאמֶר
אֵלָיו אֲנִי גַבְרִיאֵל הָעוֹמֵד לִפְנֵי הָאֱלֹהִים וְשָׁלוּחַ אָנֹכִי לְדַבֵּר אֵלֶיךָ וּלְבַשֶּׂרְךָ
אֶת־הַבְּשׂוֹרָה הַזֹּאת׃ 20 וְהִנְּךָ נֶאֱלָם וְלֹא תוּכַל לְדַבֵּר עַד־הַיּוֹם אֲשֶׁר יָקוּם
הַדָּבָר הַזֶּה תַּחַת כִּי־לֹא הֶאֱמַנְתָּ לִדְבָרַי וְהֵם יִמָּלְאוּ בְּמוֹעֲדָם׃ 21 וְהָעָם
הוֹחִילוּ לִזְכַרְיָה וַיִּתְמְהוּ כִּי־הִתְמַהְמַהּ בַּהֵיכָל׃ 22 וַיְהִי בְצֵאתוֹ לֹא יָכֹל לְדַבֵּר
אֲלֵיהֶם וַיֵּדְעוּ כִּי־מַרְאָה רָאָה בַּהֵיכָל וַיִּרְמֹז לָהֶם וְעוֹדֶנּוּ נֶאֱלָם׃ 23 וַיְהִי
כַּאֲשֶׁר מָלְאוּ יְמֵי עֲבֹדָתוֹ וַיָּשָׁב אֶל־בֵּיתוֹ׃

LUKE

DEDICATION TO THEOPHILUS

1 Forasmuch as many have taken in hand to set forth in order a declaration of those things which are most surely believed among us,

2 Even as they delivered them unto us, which from the beginning were eyewitnesses, and ministers of the word;

3 It seemed good to me also, having had perfect understanding of all things from the very first, to write unto thee in order, most excellent Theophilos,

4 That thou mightest know the certainty of those things, wherein thou hast been instructed.

BIRTH OF JOHN THE BAPTIST FORETOLD

5 There was in the days of Hordos, the king of Yehudah, a certain priest named ZekarYAH, of the course of AbiYAH: and his wife was of the daughters of Aharon, and her name was Elisheba.

6 And they were both righteous before ELOHIM, walking in all the commandments and ordinances of **YAHOWAH** blameless.

7 And they had no child, because that Elisheba was barren, and they both were now well stricken in years.

8 And it came to pass, that while he executed the priest's office before ELOHIM in the order of his course,

9 According to the custom of the priest's office, his lot was to burn incense when he went into the temple of **YAHOWAH**.

10 And the whole multitude of the people were praying without at the time of incense.

11 And there appeared unto him an Angel of **YAHOWAH** standing on the right side of the altar of incense.

12 And when ZekarYAH saw him, he was troubled, and fear fell upon him.

13 But the angel said unto him, Fear not, ZekarYAH: for thy prayer is heard; and thy wife Elisheba shall bear thee a son, and thou shalt call his name Yokhanan.

14 And thou shalt have joy and gladness; and many shall rejoice at his birth.

15 For he shall be great in the sight of **YAHOWAH**, and shall drink neither wine nor strong drink; and he shall be filled with the **RUAKH HA' QODESH**, even from his mother's womb.

16 And many of the children of Yisra'EL shall he turn to **YAHOWAH** their ELOHIM.

17 And he shall go before him in the **RUAKH** and power of EliYAHU, to "turn the heart of the fathers to the children," and the disobedient to the wisdom of the just; to make ready a people prepared for **YAHOWAH**.

18 And ZekarYAH said unto the angel, Whereby shall I know this? for I am an old man, and my wife well stricken in years.

19 And the angel answering said unto him, I am Gabri'EL, that stand in the presence of ELOHIM; and am sent to speak unto thee, and to shew thee these glad tidings.

20 And, behold, thou shalt be dumb, and not able to speak, until the day that these things shall be performed, because thou believest not my words, which shall be fulfilled in their season.

21 And the people waited for ZekarYAH, and marvelled that he tarried so long in the temple.

22 And when he came out, he could not speak unto them: and they perceived that he had seen a vision in the temple: for he beckoned unto them, and remained speechless.

23 And it came to pass, that, as soon as the days of his ministration were accomplished, he departed to his own house.

24 וַיְהִי אַחַר הַיָּמִים הָאֵלֶּה וַתַּהַר אֱלִישֶׁבַע אִשְׁתּוֹ וַתִּתְחַבֵּא חֲמִשָּׁה חֳדָשִׁים
וַתֹּאמַר: 25 כָּכָה עָשָׂה לִי **יָהוָֹה** בִּימֵי פָּקְדוֹ אוֹתִי לֶאֱסֹף אֶת־חֶרְפָּתִי מִבְּנֵי
אָדָם:

BIRTH OF YAHOSHUA FORETOLD

26 וַיְהִי בַּחֹדֶשׁ הַשִּׁשִּׁי וַיִּשְׁלַח אֱלֹהִים אֶת־גַּבְרִיאֵל הַמַּלְאָךְ גָּלִילָה אֶל־עִיר
אַחַת וּשְׁמָהּ נְצָרֶת: 27 אֶל־בְּתוּלָה מְאֹרָשָׂה לְאִישׁ אֲשֶׁר־שְׁמוֹ יוֹסֵף מִבֵּית
דָּוִד וְשֵׁם הַבְּתוּלָה מִרְיָם: 28 וַיָּבֹא הַמַּלְאָךְ הַחַדְרָה וַיֹּאמֶר אֵלֶיהָ שָׁלוֹם
לָךְ אֵשֶׁת־חֵן **יָהוָֹה** עִמָּךְ (בְּרוּכָה אַתְּ בַּנָּשִׁים): 29 וְהִיא (בִּרְאוֹתָהּ) נִבְהֲלָה
לִדְבָרוֹ וַתֹּאמֶר בְּלִבָּהּ מָה הַבְּרָכָה הַזֹּאת: 30 וַיֹּאמֶר לָהּ הַמַּלְאָךְ אַל־תִּירְאִי
מִרְיָם כִּי־מָצָאתְ חֵן לִפְנֵי הָאֱלֹהִים: 31 וְהִנָּךְ הָרָה וְיֹלַדְתְּ בֵּן וְקָרָאת אֶת־שְׁמוֹ
יָהוֹשֻׁעַ: 32 וְהוּא גָּדוֹל יִהְיֶה וּבֶן־עֶלְיוֹן יִקָּרֵא **וַיהוָֹה** אֱלֹהִים יִתֶּן־לוֹ אֶת־
כִּסֵּא דָּוִד אָבִיו: 33 וּמָלַךְ עַל־בֵּית יַעֲקֹב לְעוֹלָם וָעֶד וּלְמַלְכוּתוֹ אֵין קֵץ: 34
וַתֹּאמֶר מִרְיָם אֶל־הַמַּלְאָךְ אֵיךְ יִהְיֶה הַדָּבָר הַזֶּה וַאֲנִי אֵינֶנִּי יֹדַעַת אִישׁ: 35
וַיַּעַן הַמַּלְאָךְ וַיֹּאמֶר אֵלֶיהָ **רוּחַ הַקֹּדֶשׁ** תָּבוֹא עָלַיִךְ וּגְבוּרַת עֶלְיוֹן תָּצֵל עָלָיִךְ
עַל־כֵּן קָדוֹשׁ יֵאָמֵר לַיִּלּוֹד בֶּן־הָאֱלֹהִים: 36 וְהִנֵּה אֱלִישֶׁבַע קְרוֹבָתֵךְ אֲשֶׁר
קְרָאוּ־לָהּ עֲקָרָה גַּם־הִיא הָרָה לָלֶדֶת בֵּן בְּזִקְנָתָהּ וְזֶה לָהּ הַחֹדֶשׁ הַשִּׁשִּׁי: 37
כִּי לֹא־יִפָּלֵא מֵאֱלֹהִים כָּל־דָּבָר: 38 וַתֹּאמֶר מִרְיָם הִנְנִי שִׁפְחַת **יָהוָֹה** יְהִי־לִי
כִּדְבָרֵךְ וַיֵּצֵא מֵאִתָּהּ הַמַּלְאָךְ:

MARY VISITS ELIZABETH

39 וַתָּקָם מִרְיָם בַּיָּמִים הָהֵם וַתְּמַהֵר לָלֶכֶת הָהָרָה אֶל־עִיר יְהוּדָה: 40 וַתָּבֹא
בֵּית זְכַרְיָה וַתְּבָרֶךְ אֶת־אֱלִישָׁבַע: 41 וַיְהִי כִּשְׁמֹעַ אֱלִישֶׁבַע אֶת־בִּרְכַּת מִרְיָם
וַיִּרְקַד הַיֶּלֶד בְּמֵעֶיהָ וַתִּמָּלֵא אֱלִישֶׁבַע **רוּחַ הַקֹּדֶשׁ**: 42 וַתִּקְרָא בְּקוֹל גָּדוֹל
וַתֹּאמַר בְּרוּכָה אַתְּ בַּנָּשִׁים וּבָרוּךְ פְּרִי בִטְנֵךְ: 43 וּמַה־לִּי כִּי־אֵם אֲדֹנִי בָּאָה
אֵלָי: 44 כִּי קוֹל בִּרְכָתֵךְ בָּא בְאָזְנָי וְהִנֵּה רָקַד בְּשִׂמְחָה הַיֶּלֶד בְּמֵעָי: 45
וְאַשְׁרֵי הַמַּאֲמִינָה כִּי הִמָּלֵא יִמָּלֵא אֲשֶׁר דֻּבַּר־לָהּ מֵאֵת **יָהוָֹה**:

MARY'S SONG OF PRAISE: THE MAGNIFICAT

46 וַתֹּאמֶר מִרְיָם רוֹמֵמָה נַפְשִׁי אֶת־**יָהוָֹה**: 47 וַתָּגֶל רוּחִי בֵּאלֹהֵי יִשְׁעִי: 48
אֲשֶׁר רָאָה בָּעֳנִי אֲמָתוֹ כִּי הִנֵּה מֵעַתָּה יְאַשְּׁרוּנִי כָּל־הַדֹּרוֹת:

LUKE

24 And after those days his wife Elisheba conceived, and hid herself five months, saying,

25 Thus hath **YAHOWAH** dealt with me in the days wherein he looked on me, to take away my reproach among men.

BIRTH OF YAHOSHUA FORETOLD

26 And in the sixth month the angel Gabri'EL was sent from ELOHIM unto a city of Galilah, named Netzareth,

27 To a virgin espoused to a man whose name was Yoseph, of the house of Dawid; and the virgin's name was Miryam.

28 And the angel came in unto her, and said, Hail, thou that art highly favoured, **YAHOWAH** is with thee: blessed art thou among women.

29 And when she saw him, she was troubled at his saying, and cast in her mind what manner of salutation this should be.

30 And the angel said unto her, Fear not, Miryam: for thou hast found favour with ELOHIM.

31 And, behold, thou shalt conceive in thy womb, and bring forth a son, and shalt call his name **YAHOSHUA**.

32 He shall be great, and shall be called the Son of the Highest: and **YAHOWAH** ELOHIM shall give unto him the throne of his father Dawid:

33 And he shall reign over the house of Ya'aqob for ever; and of his kingdom there shall be no end.

34 Then said Miryam unto the angel, How shall this be, seeing I know not a man?

35 And the angel answered and said unto her, The **RUAKH HA' QODESH** shall come upon thee, and the power of the Highest shall overshadow thee: therefore also that holy thing which shall be born of thee shall be called the Son of ELOHIM.

36 And, behold, thy cousin Elisheba, she hath also conceived a son in her old age: and this is the sixth month with her, who was called barren.

37 For with ELOHIM nothing shall be impossible.

38 And Miryam said, Behold the handmaid of **YAHOWAH**; be it unto me according to thy word. And the angel departed from her.

MARY VISITS ELIZABETH

39 And Miryam arose in those days, and went into the hill country with haste, into a city of Yehudah;

40 And entered into the house of ZekarYAH, and saluted Elisheba.

41 And it came to pass, that, when Elisheba heard the salutation of Miryam, the babe leaped in her womb; and Elisheba was filled with the **RUAKH HA' QODESH**:

42 And she spake out with a loud voice, and said, Blessed art thou among women, and blessed is the fruit of thy womb.

43 And whence is this to me, that the mother of Adoni should come to me?

44 For, lo, as soon as the voice of thy salutation sounded in mine ears, the babe leaped in my womb for joy.

45 And blessed is she that believed: for there shall be a performance of those things which were told her from **YAHOWAH**.

MARY'S SONG OF PRAISE: THE MAGNIFICAT

46 And Miryam said, My soul doth magnify **YAHOWAH**,

47 And my ruakh hath rejoiced in ELOHIM my Saviour.

48 For he hath regarded the low estate of his handmaiden: for, behold, from henceforth all generations shall call me blessed.

49 כִּי גְדֹלוֹת עָשָׂה לִי שַׁדַּי וְקָדוֹשׁ שְׁמוֹ׃ 50 וְחַסְדּוֹ לְדוֹר דּוֹרִים עַל
יְרֵאָיו׃ 51 גְּבוּרוֹת עָשָׂה בִּזְרֹעוֹ פִּזַּר גֵּאִים בִּמְזִמּוֹת לִבָּם׃ 52 הָרַס נְדִיבִים
מִכִּסְאוֹתָם וַיָּרֶם שְׁפָלִים׃ 53 רְעֵבִים מִלֵּא־טוֹב וַעֲשִׁירִים שִׁלַּח רֵיקָם׃
54 תָּמַךְ בְּיִשְׂרָאֵל עַבְדּוֹ לִזְכֹּר אֶת־רַחֲמָיו׃ 55 כַּאֲשֶׁר דִּבֶּר אֶל־אֲבוֹתֵינוּ
לְאַבְרָהָם וּלְזַרְעוֹ עַד־עוֹלָם׃ 56 וַתֵּשֶׁב מִרְיָם עִמָּהּ כִּשְׁלֹשָׁה חֳדָשִׁים וַתָּשָׁב
לְבֵיתָהּ׃

THE BIRTH OF JOHN THE BAPTIST

57 וַיִּמְלְאוּ יְמֵי אֱלִישֶׁבַע לָלֶדֶת וַתֵּלֶד בֵּן׃ 58 וַיִּשְׁמְעוּ שְׁכֵנֶיהָ וּקְרוֹבֶיהָ
כִּי־הִגְדִּיל אֱלֹהִים אֶת־חַסְדּוֹ עִמָּהּ וַיִּשְׂמְחוּ אִתָּהּ׃ 59 וַיְהִי בַּיּוֹם הַשְּׁמִינִי
וַיָּבֹאוּ לָמוּל אֶת־הַיָּלֶד וַיִּקְרְאוּ אֶת־שְׁמוֹ זְכַרְיָה עַל־שֵׁם אָבִיו׃ 60 וַתַּעַן
אִמּוֹ וַתֹּאמַר לֹא כִּי יוֹחָנָן יִקָּרֵא לוֹ׃ 61 וַיֹּאמְרוּ אֵלֶיהָ אֵין־אִישׁ בְּמִשְׁפַּחְתֵּךְ
אֲשֶׁר שְׁמוֹ כַּשֵּׁם הַזֶּה׃ 62 וַיִּרְמְזוּ אֶל־אָבִיו לָדַעַת מָה הַשֵּׁם אֲשֶׁר יִקָּרֵא
לוֹ׃ 63 וַיִּשְׁאַל לוּחַ וַיִּכְתֹּב עָלָיו לֵאמֹר יוֹחָנָן שְׁמוֹ וַיִּתְמְהוּ כֻּלָּם׃ 64
וַיִּפָּתַח פִּיו וּלְשׁוֹנוֹ פִּתְאֹם וַיְדַבֵּר וַיְבָרֶךְ אֶת־הָאֱלֹהִים׃ 65 וַתִּפֹּל אֵימָה
עַל־כָּל־שְׁכֵנֵיהֶם וַיְסֻפַּר כָּל־הַדְּבָרִים הָאֵלֶּה בְּכָל־הָרֵי יְהוּדָה׃ 66 וַיָּשִׂימוּ
כָּל־הַשֹּׁמְעִים אֶל־לִבָּם לֵאמֹר מָה־אֵפוֹא יִהְיֶה הַיֶּלֶד הַזֶּה וְיַד־**יָהוָֹה** הָיְתָה
עִמּוֹ׃

ZECHARIAH'S PROPHECY

67 וַיִּמָּלֵא זְכַרְיָה אָבִיו **רוּחַ הַקֹּדֶשׁ** וַיִּנָּבֵא לֵאמֹר׃ 68 בָּרוּךְ **יָהוָֹה** אֱלֹהֵי
יִשְׂרָאֵל כִּי פָקַד אֶת־עַמּוֹ וַיִּשְׁלַח לוֹ פְּדוּת׃ 69 וַיַּצְמַח לָנוּ קֶרֶן יְשׁוּעָה
בְּבֵית דָּוִד עַבְדּוֹ׃ 70 כַּאֲשֶׁר דִּבֶּר בְּפִי־נְבִיאָיו הַקְּדוֹשִׁים אֲשֶׁר מֵעוֹלָם׃
71 יְשׁוּעָה מֵאֹיְבֵינוּ וּמִיַּד כָּל־שֹׂנְאֵינוּ׃ 72 לַעֲשׂוֹת חֶסֶד עִם־אֲבוֹתֵינוּ
וְלִזְכֹּר אֶת־בְּרִית קָדְשׁוֹ׃ 73 אֶת־הַשְּׁבוּעָה אֲשֶׁר נִשְׁבַּע לְאַבְרָהָם אָבִינוּ׃
74 לְהַצִּילֵנוּ מִיַּד אֹיְבֵינוּ וּלְתִתֵּנוּ לְעָבְדוֹ בְּלִי־פָחַד׃ 75 בְּתָמִים וּבִצְדָקָה
לְפָנָיו כָּל־יְמֵי חַיֵּינוּ׃ 76 וְאַתָּה הַיֶּלֶד נְבִיא עֶלְיוֹן יִקָּרֵא לָךְ כִּי לִפְנֵי
יָהוָֹה תֵּלֵךְ לְפַנּוֹת אֶת־דְּרָכָיו׃ 77 וּלְהוֹרוֹת דֶּרֶךְ הַיְשׁוּעָה לְעַמּוֹ בִּסְלִיחַת
חַטֹּאתֵיהֶם׃ 78 בְּחֶסֶד אֱלֹהֵינוּ וּבְרַחֲמָיו אֲשֶׁר בָּהֶם יִפְקְדֵנוּ הַנֹּגַהּ מִמָּרוֹם׃
79 לְהָאִיר לְיֹשְׁבֵי חֹשֶׁךְ וְצַלְמָוֶת וּלְהָכִין אֶת־רַגְלֵינוּ אֶל־דֶּרֶךְ הַשָּׁלוֹם׃

LUKE

49 For he that is mighty hath done to me great things; and holy is his name.

50 And his mercy is on them that fear him from generation to generation.

51 He hath shewed strength with his arm; he hath scattered the proud in the imagination of their hearts.

52 He hath put down the mighty from their seats, and exalted them of low degree.

53 He hath filled the hungry with good things; and the rich he hath sent empty away.

54 He hath holpen his servant Yisra'EL, in remembrance of his mercy;

55 As he spake to our fathers, to Abraham, and to his seed for ever.

56 And Miryam abode with her about three months, and returned to her own house.

THE BIRTH OF JOHN THE BAPTIST

57 Now Elisheba's full time came that she should be delivered; and she brought forth a son.

58 And her neighbours and her cousins heard how ELOHIM had shewed great mercy upon her; and they rejoiced with her.

59 And it came to pass, that on the eighth day they came to circumcise the child; and they called him ZekarYAH, after the name of his father.

60 And his mother answered and said, Not so; but he shall be called Yokhanan.

61 And they said unto her, There is none of thy kindred that is called by this name.

62 And they made signs to his father, how he would have him called.

63 And he asked for a writing table, and wrote, saying, His name is Yokhanan. And they marvelled all.

64 And his mouth was opened immediately, and his tongue loosed, and he spake, and praised ELOHIM.

65 And fear came on all that dwelt round about them: and all these sayings were noised abroad throughout all the hill country of Yehudah.

66 And all they that heard them laid them up in their hearts, saying, What manner of child shall this be! And the hand of **YAHOWAH** was with him.

ZECHARIAH'S PROPHECY

67 And his father ZekarYAH was filled with the **RUAKH HA' QODESH**, and prophesied, saying,

68 Blessed be **YAHOWAH** ELOHIM of Yisra'EL; for he hath visited and redeemed his people,

69 And hath raised up an horn of salvation for us in the house of his servant Dawid;

70 As he spake by the mouth of his holy prophets, which have been since the world began:

71 That we should be saved from our enemies, and from the hand of all that hate us;

72 To perform the mercy promised to our fathers, and to remember his holy covenant;

73 The oath which he sware to our father Abraham,

74 That he would grant unto us, that we being delivered out of the hand of our enemies might serve him without fear,

75 In holiness and righteousness before him, all the days of our life.

76 And thou, child, shalt be called the prophet of the Highest: for thou shalt go before the face of **YAHOWAH** to prepare his ways;

77 To give knowledge of salvation unto his people by the remission of their sins,

78 Through the tender mercy of our ELOHIM; whereby the dayspring from on high hath visited us,

79 To give light to them that sit in darkness and in the shadow of death, to guide our feet into the way of shalom.

80 וַיִּגְדַּל הַיֶּלֶד וַיֶּחֱזַק **בָּרוּחַ** וַיְהִי בַּמִּדְבָּרוֹת עַד־יוֹם הֵרָאֹתוֹ אֶל־יִשְׂרָאֵל׃

THE BIRTH OF YAHOSHUA HA' MESHIAKH

ב וַיְהִי בַּיָּמִים הָהֵם וַיֵּצֵא צַו מֵאֵת קֵיסַר אוֹגוּסְטוֹס לִמְנוֹת אֶת־כָּל־יֹשְׁבֵי
תֵבֵל׃ 2 וְהַמִּפְקָד הַזֶּה הָיָה הָרִאשׁוֹן בִּהְיוֹת **קוּרִינְיוֹס** שַׁלִּיט בְּסוּרְיָא׃
3 וַיֵּלְכוּ כֻלָּם לְהִתְפָּקֵד אִישׁ לְעִירוֹ׃ 4 וַיַּעַל גַּם־יוֹסֵף מִן־הַגָּלִיל מֵעִיר נְצֶרֶת
אֶל־יְהוּדָה לְעִיר דָּוִד הַנִּקְרֵאת בֵּית־לָחֶם כִּי־הָיָה מִבֵּית דָּוִד וּמִמִּשְׁפַּחְתּוֹ׃ 5
לְהִתְפָּקֵד עִם־מִרְיָם הַמְאֹרָשָׂה לוֹ וְהִיא הָרָה׃ 6 וַיְהִי בִּהְיוֹתָם שָׁם וַיִּמְלְאוּ יָמֶיהָ
לָלֶדֶת׃ 7 וַתֵּלֶד אֶת־בְּנָהּ הַבְּכוֹר וַתְּחַתְּלֵהוּ וַתַּשְׁכִּיבֵהוּ בָּאֵבוּס כִּי לֹא־הָיָה לָהֶם
מָקוֹם בַּמָּלוֹן׃

THE SHEPHERDS AND THE ANGELS

8 וְרֹעִים הָיוּ בָּאָרֶץ הַהִיא לֵנִים בַּשָּׂדֶה וְשֹׁמְרִים אֶת־מִשְׁמְרוֹת הַלַּיְלָה עַל־עֶדְרָם׃
9 וְהִנֵּה מַלְאַךְ **יָהֹוָה** נִצָּב עֲלֵיהֶם וּכְבוֹד **יָהֹוָה** הוֹפִיעַ עֲלֵיהֶם מִסָּבִיב וַיִּירְאוּ יִרְאָה
גְדוֹלָה׃ 10 וַיֹּאמֶר אֲלֵיהֶם הַמַּלְאָךְ אַל־תִּירָאוּ כִּי הִנְנִי מְבַשֵּׂר אֶתְכֶם שִׂמְחָה גְדוֹלָה
אֲשֶׁר תִּהְיֶה לְכָל־הָעָם׃ 11 כִּי הַיּוֹם יֻלַּד לָכֶם מוֹשִׁיעַ אֲשֶׁר הוּא **הַמָּשִׁיחַ** הָאָדוֹן
בְּעִיר דָּוִד׃ 12 וְזֶה לָכֶם הָאוֹת אֲשֶׁר תִּמְצְאוּן יֶלֶד מָחְתָּל וְשֹׁכֵב בָּאֵבוּס׃ 13 וּפִתְאֹם
הָיָה אֵצֶל הַמַּלְאָךְ הֲמוֹן צְבָא הַשָּׁמַיִם וְהֵם מְשַׁבְּחִים אֶת־הָאֱלֹהִים וְאֹמְרִים׃ 14
כָּבוֹד בַּמְּרוֹמִים לֵאלֹהִים וּבָאָרֶץ שָׁלוֹם בְּאַנְשֵׁי רְצוֹנוֹ׃ 15 וַיְהִי כַּאֲשֶׁר עָלוּ מֵעֲלֵיהֶם
הַמַּלְאָכִים הַשָּׁמַיְמָה וַיֹּאמְרוּ הָרֹעִים אִישׁ אֶל־רֵעֵהוּ נַעְבְּרָה־נָּא עַד בֵּית־לֶחֶם
וְנִרְאֶה הַמַּעֲשֶׂה הַזֶּה אֲשֶׁר הוֹדִיעָנוּ **יָהֹוָה**׃ 16 וַיְמַהֲרוּ וַיָּבֹאוּ וַיִּמְצְאוּ אֶת־מִרְיָם
וְאֶת־יוֹסֵף וְאֶת־הַיֶּלֶד וְהוּא שֹׁכֵב בָּאֵבוּס׃ 17 וַיִּרְאוּ וַיַּשְׁמִיעוּ אֶת־הַדָּבָר הַנֶּאֱמָר
אֲלֵיהֶם עַל־הַנַּעַר הַזֶּה׃ 18 וְכָל־הַשֹּׁמְעִים תָּמְהוּ עַל הַדְּבָרִים אֲשֶׁר־דִּבְּרוּ אֲלֵיהֶם
הָרֹעִים׃ 19 וּמִרְיָם שָׁמְרָה אֶת־הַדְּבָרִים הָאֵלֶּה וַתְּחַשְּׁבֵם בְּלִבָּהּ׃ 20 וַיָּשׁוּבוּ הָרֹעִים
וְהֵם מְהַלְלִים וּמְשַׁבְּחִים אֶת־הָאֱלֹהִים עַל־כֹּל אֲשֶׁר שָׁמְעוּ וְרָאוּ כְּפִי־אֲשֶׁר נֶאֱמַר
אֲלֵיהֶם׃ 21 וַיְהִי בִּמְלֹאת לַנַּעַר שְׁמֹנָה יָמִים וַיִּמּוֹל וַיִּקָּרֵא שְׁמוֹ **יָהוֹשֻׁעַ** כַּשֵּׁם אֲשֶׁר
קָרָא־לוֹ הַמַּלְאָךְ בְּטֶרֶם הֹרָה בַּבָּטֶן׃

YAHOSHUA PRESENTED AT THE TEMPLE

22 וַיִּמְלְאוּ יְמֵי טָהֳרָם כְּתוֹרַת משֶׁה וַיַּעֲלֻהוּ יְרוּשָׁלַיִם לְהַעֲמִידוֹ לִפְנֵי **יָהֹוָה**׃

LUKE

80 And the child grew, and waxed strong in **RUAKH**, and was in the deserts till the day of his shewing unto Yisra'EL.

THE BIRTH OF YAHOSHUA HA' MESHIAKH

2 And it came to pass in those days, that there went out a decree from Qeasar Aogustos, that all the world should be taxed.

2 (And this taxing was first made when **Qirenios (Cyrenius)** was governor of Aram.)

3 And all went to be taxed, every one into his own city.

4 And Yoseph also went up from Galilah, out of the city of Netzareth, into Yehudah, unto the city of Dawid, which is called Bethlekhem; (because he was of the house and lineage of Dawid:)

5 To be taxed with Miryam his espoused wife, being great with child.

6 And so it was, that, while they were there, the days were accomplished that she should be delivered.

7 And she brought forth her firstborn son, and wrapped him in swaddling clothes, and laid him in a manger; because there was no room for them in the inn.

THE SHEPHERDS AND THE ANGELS

8 And there were in the same country shepherds abiding in the field, keeping watch over their flock by night.

9 And, lo, the Angel of **YAHOWAH** came upon them, and the glory of **YAHOWAH** shone round about them: and they were sore afraid.

10 And the angel said unto them, Fear not: for, behold, I bring you good tidings of great joy, which shall be to all people.

11 For unto you is born this day in the city of Dawid a Saviour, which is the Adone **HA' MESHIAKH**.

12 And this shall be a sign unto you; Ye shall find the babe wrapped in swaddling clothes, lying in a manger.

13 And suddenly there was with the angel a multitude of the heavenly host praising ELOHIM, and saying,

14 Glory to ELOHIM in the highest, and on earth shalom, good will toward men.

15 And it came to pass, as the angels were gone away from them into heaven, the shepherds said one to another, Let us now go even unto Bethlekhem, and see this thing which is come to pass, which **YAHOWAH** hath made known unto us.

16 And they came with haste, and found Miryam, and Yoseph, and the babe lying in a manger.

17 And when they had seen it, they made known abroad the saying which was told them concerning this child.

18 And all they that heard it wondered at those things which were told them by the shepherds.

19 But Miryam kept all these things, and pondered them in her heart.

20 And the shepherds returned, glorifying and praising ELOHIM for all the things that they had heard and seen, as it was told unto them.

21 And when eight days were accomplished for the circumcising of the child, his name was called **YAHOSHUA**, which was so named of the angel before he was conceived in the womb.

YAHOSHUA PRESENTED AT THE TEMPLE

22 And when the days of her purification according to the Torah of Mosheh were accomplished, they brought him to Yerushalem, to present him to **YAHOWAH**;

23 כַּכָּתוּב בְּתוֹרַת **יָהוָֹה** כָּל־זָכָר פֶּטֶר רֶחֶם יִקָּרֵא קֹדֶשׁ **לַיָהוָֹה**: 24 וּלְהַקְרִיב קָרְבָּן
כְּמִצְוַת תּוֹרַת **יָהוָֹה** שְׁתֵּי תֹרִים אוֹ שְׁנֵי בְּנֵי יוֹנָה: 25 וְהִנֵּה אִישׁ בִּירוּשָׁלַיִם וּשְׁמוֹ
שִׁמְעוֹן וְהוּא אִישׁ צַדִּיק וְחָסִיד מְחַכֶּה לְנֶחָמַת יִשְׂרָאֵל **וְרוּחַ הַקֹּדֶשׁ** הָיְתָה עָלָיו:
26 וְלוֹ נִגְלָה **בְּרוּחַ הַקֹּדֶשׁ** כִּי לֹא יִרְאֶה־מָּוֶת עַד אִם־רָאָה אֶת־**מְשִׁיחַ יָהוָֹה**: 27
וַיָּבֹא **בָּרוּחַ** אֶל־הַמִּקְדָּשׁ וַיְהִי כַּאֲשֶׁר הֵבִיאוּ הוֹרָיו אֶת־הַנַּעַר **יָהוֹשֻׁעַ** לַעֲשׂוֹת לוֹ
כְּחֻקַּת הַתּוֹרָה: 28 וַיִּקָּחֵהוּ עַל־זְרֹעוֹתָיו וַיְבָרֶךְ אֶת־הָאֱלֹהִים וַיֹּאמַר: 29 עַתָּה
תְּפַטֵּר אֶת־עַבְדְּךָ כִּדְבָרְךָ אֲדֹנָי בְּשָׁלוֹם: 30 כִּי־רָאוּ עֵינַי אֶת־יְשׁוּעָתֶךָ: 31 אֲשֶׁר
הֲכִינוֹתָ לִפְנֵי כָּל־הָעַמִּים: 32 אוֹר לְהָאִיר עֵינֵי הַגּוֹיִם וְתִפְאֶרֶת יִשְׂרָאֵל עַמֶּךָ:
33 וְאָבִיו וְאִמּוֹ תְּמֵהִים עַל־הַדְּבָרִים הַנֶּאֱמָרִים עָלָיו: 34 וַיְבָרֶךְ אֹתָם שִׁמְעוֹן
וַיֹּאמֶר אֶל־מִרְיָם אִמּוֹ הִנֵּה־זֶה מוּסָּד לְמִכְשׁוֹל וְלִתְקוּמָה לְרַבִּים בְּיִשְׂרָאֵל וּלְאוֹת
מְרִיבָה: 35 וּבְנַפְשֵׁךְ תַּחְתֹּר חָרֶב לְמַעַן אֲשֶׁר־תִּגָּלֶינָה מַחְשְׁבוֹת לְבַב רַבִּים: 36
וְאִשָּׁה נְבִיאָה הָיְתָה שָּׁם חַנָּה בַּת־פְּנוּאֵל מִשֵּׁבֶט אָשֵׁר וְהִיא בָּאָה בַּיָּמִים וְיָשְׁבָה
עִם־בַּעְלָהּ שֶׁבַע שָׁנִים אַחֲרֵי בְתוּלֶיהָ: 37 וְהִיא אַלְמָנָה כְּאַרְבַּע וּשְׁמֹנִים שָׁנָה
וְלֹא מָשָׁה מִן־הַמִּקְדָּשׁ וַתַּעֲבֹד אֶת־אֱלֹהִים בְּצוֹם וּבְתַחֲנוּנִים לַיְלָה וָיוֹם: 38
וַתָּקָם בַּשָּׁעָה הַהִיא וַתִּגַּשׁ לְהֹדוֹת **לַיָהוָֹה** וַתְּדַבֵּר עָלָיו בְּאָזְנֵי כָּל־הַמְחַכִּים לַגְּאֻלָּה
בִּירוּשָׁלָיִם:

THE RETURN TO NAZARETH

39 וַיְכַלּוּ אֶת־הַכֹּל כְּתוֹרַת **יָהוָֹה** וַיָּשׁוּבוּ הַגָּלִילָה אֶל־נְצֶרֶת עִירָם: 40 וַיִּגְדַּל הַנַּעַר
וַיֶּחֱזַק (**בָּרוּחַ**) וַיִּמָּלֵא חָכְמָה וְחֶסֶד אֱלֹהִים עִמּוֹ:

THE BOY YAHOSHUA IN THE TEMPLE

41 וְעָלוּ הוֹרָיו יְרוּשָׁלַיִם מִדֵּי שָׁנָה בְשָׁנָה לָחֹג אֶת־חַג **הַפָּסַח**: 42 וַיְהִי בִּהְיוֹתוֹ
בֶּן־שְׁתֵּים עֶשְׂרֵה שָׁנָה וַיַּעֲלוּ (יְרוּשָׁלַיִם) כְּמִשְׁפַּט הֶחָג: 43 וַיְמַלְאוּ הַיָּמִים וַיָּשׁוּבוּ
וַיִּוָּתֵר הַנַּעַר **יָהוֹשֻׁעַ** בִּירוּשָׁלַיִם וְהוֹרָיו לֹא יָדָעוּ: 44 וַיֹּאמְרוּ עִם־חֶבֶל הָאֹרְחִים
הוּא וַיֵּלְכוּ כְּדֶרֶךְ יוֹם וַיְבַקְשֻׁהוּ בֵּין הַקְּרוֹבִים וְהַמְיֻדָּעִים: 45 וְלֹא מְצָאֻהוּ וַיָּשֻׁבוּ
יְרוּשָׁלַיִם לְבַקְשׁוֹ: 46 וַיְהִי מִקֵּץ שְׁלֹשֶׁת יָמִים וַיִּמְצָאֻהוּ בַּמִּקְדָּשׁ וְהוּא יֹשֵׁב בְּתוֹךְ
הַמּוֹרִים וְשֹׁמֵעַ אֲלֵיהֶם וְשֹׁאֵל אֹתָם: 47 וְכָל־הַשֹּׁמְעִים אֹתוֹ תָּמְהוּ עַל־שִׂכְלוֹ וְעַל־
תְּשׁוּבֹתָיו: 48 וַיְהִי כִּרְאוֹתָם אֹתוֹ וַיִּשְׁתּוֹמְמוּ וַתֹּאמֶר אֵלָיו אִמּוֹ בְּנִי לָמָּה כָּכָה
עָשִׂיתָ לָּנוּ הִנֵּה אָבִיךָ וְאָנֹכִי בְּעַצְּבַת־לֵב בִּקַּשְׁנוּךָ:

LUKE

23 As it is written in the Torah of **YAHOWAH**, "Thou shalt set apart unto **YAHOWAH** all that openeth the matrix; the males shall be **YAHOWAH'S**."

24 And to offer a sacrifice according to that which is said in the Torah of **YAHOWAH**, "two turtledoves, or two young pigeons."

25 And, behold, there was a man in Yerushalem, whose name was Shimon; and the same man was just and devout, waiting for the consolation of Yisra'EL: and the **RUAKH HA' QODESH** was upon him.

26 And it was revealed unto him by the **RUAKH HA' QODESH**, that he should not see death, before he had seen **YAHOWAH'S MESHIAKH**.

27 And he came by the **RUAKH** into the temple: and when the parents brought in the child **YAHOSHUA**, to do for him after the custom of the Torah,

28 Then took he him up in his arms, and blessed ELOHIM, and said,

29 ADONAI, now lettest thou thy servant depart in shalom, according to thy word:

30 For mine eyes have seen thy salvation,

31 Which thou hast prepared before the face of all people;

32 A light to lighten the Gentiles, and the glory of thy people Yisra'EL.

33 And Yoseph and his mother marvelled at those things which were spoken of him.

34 And Shimon blessed them, and said unto Miryam his mother, Behold, this child is set for the fall and rising again of many in Yisra'EL; and for a sign which shall be spoken against;

35 (Yea, a sword shall pierce through thy own soul also,) that the thoughts of many hearts may be revealed.

36 And there was one Khanah, a prophetess, the daughter of Penu'EL, of the tribe of Asher: she was of a great age, and had lived with an husband seven years from her virginity;

37 And she was a widow of about fourscore and four years, which departed not from the temple, but served ELOHIM with fastings and prayers night and day.

38 And she coming in that instant gave thanks likewise unto **YAHOWAH**, and spake of him to all them that looked for redemption in Yerushalem.

THE RETURN TO NAZARETH

39 And when they had performed all things according to the Torah of **YAHOWAH**, they returned into Galilah, to their own city Netzareth.

40 And the child grew, and waxed strong in **RUAKH**, filled with wisdom: and the grace of ELOHIM was upon him.

THE BOY YAHOSHUA IN THE TEMPLE

41 Now his parents went to Yerushalem every year at the feast of the **Pesakh**.

42 And when he was twelve years old, they went up to Yerushalem after the custom of the feast.

43 And when they had fulfilled the days, as they returned, the child **YAHOSHUA** tarried behind in Yerushalem; and Yoseph and his mother knew not of it.

44 But they, supposing him to have been in the company, went a day's journey; and they sought him among their kinsfolk and acquaintance.

45 And when they found him not, they turned back again to Yerushalem, seeking him.

46 And it came to pass, that after three days they found him in the temple, sitting in the midst of the doctors, both hearing them, and asking them questions.

47 And all that heard him were astonished at his understanding and answers.

48 And when they saw him, they were amazed: and his mother said unto him, Son, why hast thou thus dealt with us? behold, thy father and I have sought thee sorrowing.

49 וַיֹּאמֶר אֲלֵיהֶם לָמָּה זֶּה בִּקַּשְׁתֶּם אֹתִי הֲלֹא יְדַעְתֶּם כִּי אֶהְיֶה בַּאֲשֶׁר לְאָבִי: 50
וְהֵם לֹא הֵבִינוּ אֶת־הַדָּבָר אֲשֶׁר דִּבֶּר אֲלֵיהֶם: 51 וַיֵּרֶד אִתָּם וַיָּבֹא אֶל־נְצָרֶת וַיִּכָּנַע לָהֶם
וְאִמּוֹ שָׁמְרָה בְלִבָּהּ אֵת כָּל־הַדְּבָרִים הָאֵלֶּה: 52 **וִיהוֹשֻׁעַ** הָלַךְ וְגָדֵל בְּחָכְמָה וּבְקוֹמָה
וּבְחֵן לִפְנֵי אֱלֹהִים וְאָדָם:

JOHN THE BAPTIST PREPARES THE WAY

ג וַיְהִי בִּשְׁנַת חֲמֵשׁ עֶשְׂרֵה לְמַלְכוּת **טִיבֶּרְיוֹס** קֵיסָר וּפוֹנְטִיּוֹס פִּילָטוֹס הֶגְמוֹן בִּיהוּדָה
וְהוֹרְדוֹס שַׂר־רֹבַע עַל־הַגָּלִיל וְאָחִיו פִּילִפּוֹס שַׂר־רֹבַע עַל־מְדִינוֹת **יְטוּר** וְטַרְכוֹנָה
וְלוּסָנְיָס שַׂר־רֹבַע עַל־אֲבִילִין: 2 בִּימֵי הַכֹּהֲנִים הַגְּדוֹלִים חָנָן וְקַיָּפָא הָיָה דְּבַר אֱלֹהִים
אֶל־יוֹחָנָן בֶּן־זְכַרְיָה בַּמִּדְבָּר: 3 וַיָּבֹא בְּכָל־כִּכַּר הַיַּרְדֵּן וַיִּקְרָא טְבִילַת הַתְּשׁוּבָה לִסְלִיחַת
הַחֲטָאִים: 4 כַּכָּתוּב בְּסֵפֶר דִּבְרֵי יְשַׁעְיָהוּ הַנָּבִיא קוֹל קוֹרֵא בַּמִּדְבָּר פַּנּוּ דֶּרֶךְ **יָהֹוָה**
יַשְּׁרוּ מְסִלּוֹתָיו: 5 כָּל־גֶּיא יִנָּשֵׂא וְכָל־הַר וְגִבְעָה יִשְׁפָּלוּ וְהָיָה הֶעָקֹב לְמִישׁוֹר וְהָרְכָסִים
לְבִקְעָה: 6 וְרָאוּ כָל־בָּשָׂר אֵת יְשׁוּעַת **יָהֹוָה**: 7 וַיֹּאמֶר אֶל־הֲמוֹן הָעָם הַיֹּצְאִים לְהִטָּבֵל
עַל־יָדוֹ אַתֶּם יַלְדֵי הַצִּפְעוֹנִים מִי הִשְׂכִּיל אֶתְכֶם לְהִמָּלֵט מִפְּנֵי הַקֶּצֶף הַבָּא: 8 לָכֵן
עֲשׂוּ פְּרִי רָאוּי לַתְּשׁוּבָה וְאַל־תְּדַמּוּ בְנַפְשְׁכֶם לֵאמֹר אַבְרָהָם הוּא אָבִינוּ כִּי אֲנִי אֹמֵר
לָכֶם אֲשֶׁר מִן־הָאֲבָנִים הָאֵלֶּה יָכֹל הָאֱלֹהִים לְהָקִים בָּנִים לְאַבְרָהָם: 9 וּכְבָר הוּשַׂם
הַגַּרְזֶן עַל־שֹׁרֶשׁ הָעֵצִים וְהִנֵּה כָל־עֵץ אֲשֶׁר אֵינֶנּוּ עֹשֶׂה פְּרִי טוֹב יְגֻדַּע וְהֻשְׁלַךְ בָּאֵשׁ:
10 וַיִּשְׁאָלֻהוּ הֲמוֹן הָעָם לֵאמֹר מָה אֵפוֹא נַעֲשֶׂה: 11 וַיַּעַן וַיֹּאמֶר אֲלֵיהֶם מִי אֲשֶׁר־
לוֹ כֻּתָּנוֹת שְׁתַּיִם יִתֵּן לַאֲשֶׁר אֵין־לוֹ וּמִי אֲשֶׁר־לוֹ מָזוֹן כֵּן יַעֲשֶׂה גַּם־הוּא: 12 וַיָּבֹאוּ
גַּם־מוֹכְסִים לְהִטָּבֵל וַיֹּאמְרוּ אֵלָיו רַבִּי מַה־נַּעֲשֶׂה: 13 וַיֹּאמֶר אֲלֵיהֶם אַל־תִּגְבּוּ יוֹתֵר
מֵחֻקְּכֶם: 14 וַיִּשְׁאָלֻהוּ גַּם־אַנְשֵׁי הַצָּבָא לֵאמֹר וַאֲנַחְנוּ מַה־נַּעֲשֶׂה וַיֹּאמֶר אֲלֵיהֶם אַל־
תְּזַעְזְעוּ אִישׁ וְאַל־תַּעַשְׁקוּ וְדֵי לָכֶם בִּשְׂכַרְכֶם: 15 וַיְהִי כַּאֲשֶׁר־חִכָּה הָעָם וְכֻלָּם חֹשְׁבִים
בִּלְבָבָם לֵאמֹר אוּלַי יוֹחָנָן הוּא **הַמָּשִׁיחַ**: 16 וַיַּעַן יוֹחָנָן וַיֹּאמֶר לְכֻלָּם הֵן־אֲנִי טוֹבֵל אֶתְכֶם
בַּמָּיִם אֲבָל בּוֹא יָבוֹא הֶחָזָק מִמֶּנִּי אֲשֶׁר קָטֹנְתִּי מֵהַתִּיר אֶת־שְׂרוֹךְ נְעָלָיו הוּא יִטְבֹּל
אֶתְכֶם **בְּרוּחַ הַקֹּדֶשׁ** וּבָאֵשׁ: 17 וּבְיָדוֹ הַמִּזְרֶה לְהָבֵר אֶת־גָּרְנוֹ וְיֶאֱסֹף אֶת־דְּגָנוֹ אֶל־
אוֹצָרוֹ וְאֶת־הַמֹּץ יִשְׂרְפֶנּוּ בָּאֵשׁ אֲשֶׁר לֹא־תִכְבֶּה: 18 וְכֵן בִּדְבָרִים אֲחֵרִים הַרְבֵּה הוֹכִיחַ
וַיְבַשֵּׂר אֶת־הָעָם: 19 וְהוֹרְדוֹס שַׂר־רֹבַע הַמְּדִינָה אֲשֶׁר הוּכַח עַל־יָדוֹ עַל־דְּבַר הוֹרוֹדְיָה
אֵשֶׁת אָחִיו פִּילִפּוֹס וְעַל־כָּל־הָרָע אֲשֶׁר עָשָׂה הוֹרְדוֹס:

LUKE

49 And he said unto them, How is it that ye sought me? wist ye not that I must be about my Father's business?

50 And they understood not the saying which he spake unto them.

51 And he went down with them, and came to Netzareth, and was subject unto them: but his mother kept all these sayings in her heart.

52 And **YAHOSHUA** increased in wisdom and stature, and in favour with ELOHIM and man.

JOHN THE BAPTIST PREPARES THE WAY

3 Now in the fifteenth year of the reign of **Tibaryos (Tiberius)** Qeasar, Pontius Pilatos being governor of Yehudah, and Hordos being tetrarch of Galilah, and his brother Philipos tetrarch of **Yetur (Ituraea)** and of the region of Tarkonah, and Lusanya the tetrarch of Abilin,

2 KhananYAH and Qayapha being the high priests, the word of ELOHIM came unto Yokhanan the son of ZekarYAH in the wilderness.

3 And he came into all the country about Yarden, preaching the immersion of repentance for the remission of sins;

4 As it is written in the book of the words of YeshaYAHU the prophet, saying, "The voice of him that crieth in the wilderness, Prepare ye the way of **YAHOWAH**, make straight in the desert a highway for our ELOHIM."

5 "Every valley shall be exalted, and every mountain and hill shall be made low: and the crooked shall be made straight, and the rough places plain:"

6 "And the glory of **YAHOWAH** shall be revealed, and all flesh shall see it together."

7 Then said he to the multitude that came forth to be immersed of him, O generation of vipers, who hath warned you to flee from the wrath to come?

8 Bring forth therefore fruits worthy of repentance, and begin not to say within yourselves, We have Abraham to our father: for I say unto you, That ELOHIM is able of these stones to raise up children unto Abraham.

9 And now also the axe is laid unto the root of the trees: every tree therefore which bringeth not forth good fruit is hewn down, and cast into the fire.

10 And the people asked him, saying, What shall we do then?

11 He answereth and saith unto them, He that hath two coats, let him impart to him that hath none; and he that hath meat, let him do likewise.

12 Then came also publicans to be immersed, and said unto him, Master, what shall we do?

13 And he said unto them, Exact no more than that which is appointed you.

14 And the soldiers likewise demanded of him, saying, And what shall we do? And he said unto them, Do violence to no man, neither accuse any falsely; and be content with your wages.

15 And as the people were in expectation, and all men mused in their hearts of Yokhanan, whether he were the **MESHIAKH**, or not;

16 Yokhanan answered, saying unto them all, I indeed immerse you with water; but one mightier than I cometh, the latchet of whose shoes I am not worthy to unloose: he shall immerse you with the **RUAKH HA' QODESH** and with fire:

17 Whose fan is in his hand, and he will throughly purge his floor, and will gather the wheat into his garner; but the chaff he will burn with fire unquenchable.

18 And many other things in his exhortation preached he unto the people.

19 But Hordos the tetrarch, being reproved by him for Horodyah his brother Philipos's wife, and for all the evils which Hordos had done,

20 הוֹסִיף עַל־כָּל־אֵלֶּה גַּם אֶת־זֹאת וַיִּסְגֹּר אֶת־יוֹחָנָן בְּמִשְׁמָר׃ 21 וּבְהִטָּבֵל
כָּל־הָעָם גַּם־**יָהוֹשֻׁעַ** נִטְבָּל וַיְהִי הוּא מִתְפַּלֵּל וְהִנֵּה הַשָּׁמַיִם נִפְתָּחוּ׃ 22 וַיֵּרֶד
עָלָיו **רוּחַ הַקֹּדֶשׁ** בִּדְמוּת גּוּף כְּיוֹנָה וַיְהִי־קוֹל מִן־הַשָּׁמַיִם לֵאמֹר אַתָּה בְּנִי יְדִידִי
בְּךָ רָצִיתִי׃

THE GENEALOGY OF YAHOSHUA HA' MESHIAKH

23 **וִיהוֹשֻׁעַ** הֵחֵל מַעֲשָׂהוּ וְהוּא כְּבֶן־שְׁלֹשִׁים שָׁנָה וְהוּא נֶחְשָׁב לְבֶן־יוֹסֵף
בֶּן־עֵלִי׃ 24 בֶּן־מַתָּת בֶּן־לֵוִי בֶּן־מַלְכִּי בֶּן־יַנַּי בֶּן־יוֹסֵף׃ 25 בֶּן־מַתִּתְיָה בֶּן־
אָמוֹץ בֶּן־נַחוּם בֶּן־חֶסְלִי בֶּן־נַגָּי׃ 26 בֶּן־מַחַת בֶּן־מַתִּתְיָה בֶּן־שִׁמְעִי בֶּן־יוֹסֵף
בֶּן־יוֹדָה׃ 27 בֶּן־יוֹחָנָן בֶּן־רֵישָׁא בֶּן־זְרֻבָּבֶל בֶּן־שְׁאַלְתִּיאֵל בֶּן־נֵרִי׃ 28 בֶּן־
מַלְכִּי בֶּן־אַדִּי בֶּן־קוֹסָם בֶּן־אֶלְמְדָן בֶּן־עֵר׃ 29 בֶּן־יוֹסֵי בֶּן־אֱלִיעֶזֶר בֶּן־יוֹרִים
בֶּן־מַתָּת בֶּן־לֵוִי׃ 30 בֶּן־שִׁמְעוֹן בֶּן־יְהוּדָה בֶּן־יוֹסֵף בֶּן־יוֹנָם בֶּן־אֶלְיָקִים׃ 31
בֶּן־מַלְאָה בֶּן־מַנָּא בֶּן־מַתַּתָּה בֶּן־נָתָן בֶּן־דָּוִד׃ 32 בֶּן־יִשַׁי בֶּן־עוֹבֵד בֶּן־בֹּעַז
בֶּן־שַׂלְמוֹן בֶּן־נַחְשׁוֹן׃ 33 בֶּן עַמִּינָדָב בֶּן־אֲרָם בֶּן־חֶצְרוֹן בֶּן־פֶּרֶץ בֶּן־יְהוּדָה׃
34 בֶּן־יַעֲקֹב בֶּן יִצְחָק בֶּן־אַבְרָהָם בֶּן־תֶּרַח בֶּן־נָחוֹר׃ 35 בֶּן־שְׂרוּג בֶּן־רְעוּ
בֶּן־פֶּלֶג בֶּן־עֵבֶר בֶּן־שָׁלַח׃ 36 בֶּן־קֵינָן בֶּן־אַרְפַּכְשַׁד בֶּן־שֵׁם בֶּן־נֹחַ בֶּן־לָמֶךְ׃
37 בֶּן־מְתוּשֶׁלַח בֶּן־חֲנוֹךְ בֶּן־יֶרֶד בֶּן־מַהֲלַלְאֵל בֶּן־קֵינָן׃ 38 בֶּן־אֱנוֹשׁ בֶּן־שֵׁת
בֶּן־אָדָם בֶּן־אֱלֹהִים׃

THE TEMPTATION OF YAHOSHUA

ד **וִיהוֹשֻׁעַ** שָׁב מִן־הַיַּרְדֵּן וְהוּא מָלֵא **רוּחַ הַקֹּדֶשׁ** וַיִּשָּׂאֵהוּ **הָרוּחַ** הַמִּדְבָּרָה׃
2 וַיְנַסֵּהוּ הַשָּׂטָן אַרְבָּעִים יוֹם וְלֹא אָכַל מְאוּמָה בַּיָּמִים הָהֵם וְאַחֲרֵי אֲשֶׁר־
תַּמּוּ וַיִּרְעָב׃ 3 וַיֹּאמֶר אֵלָיו הַשָּׂטָן אִם בֶּן־הָאֱלֹהִים אַתָּה דַּבֵּר אֶל־הָאֶבֶן הַזֹּאת
וּתְהִי לְלָחֶם׃ 4 וַיַּעַן אֹתוֹ **יָהוֹשֻׁעַ** הֵן כָּתוּב כִּי לֹא עַל־הַלֶּחֶם לְבַדּוֹ יִחְיֶה הָאָדָם
(כִּי עַל־כָּל־מוֹצָא פִי־יָהוָֹה)׃

THE GENEALOGY OF YAHOSHUA

The genealogy given in the book of Matthew (chap 1) is different than the one in Luke (chap 3). The reason is that Matthew's genealogy follows Joseph's family and Luke's genealogy follows Mary's family. Joseph is called the son of Eli (Luke 3:23) only because he took possesion of Mary's inheritance as stated in the Torah concerning the daughters of Zelophehad (Num 27:8-11).

20 Added yet this above all, that he shut up Yokhanan in prison.
21 Now when all the people were immersed, it came to pass, that **YAHOSHUA** also
being immersed, and praying, the heaven was opened,
22 And the **RUAKH HA' QODESH** descended in a bodily shape like a dove upon him, and a
voice came from heaven, which said, Thou art my beloved Son; in thee I am well pleased.

THE GENEALOGY OF YAHOSHUA HA' MESHIAKH

23 And **YAHOSHUA** himself began to be about thirty years of age, being (as was
supposed) the son of Yoseph, which was the son of Eli,
24 Which was the son of Matthat, which was the son of Lewi, which was the son of
Melki, which was the son of Yana, which was the son of Yoseph,
25 Which was the son of MattitYAHU, which was the son of Amotz, which was the
son of Nakhum, which was the son of Khesli, which was the son of Nogah,
26 Which was the son of Ma'at, which was the son of MattitYAHU, which was the son
of Shemi, which was the son of Yoseph, which was the son of Yehudah,
27 Which was the son of Yokhanan, which was the son of RephaYAH, which was the
son of Zerubabel, which was the son of Shealti'EL, which was the son of NeriYAH,
28 Which was the son of Melki, which was the son of Addi, which was the son of
Qosam, which was the son of Almodad, which was the son of Er,
29 Which was the son of Yeshua, which was the son of Eliezer, which was the son of
Yoram, which was the son of Matthat, which was the son of Lewi,
30 Which was the son of Shimon, which was the son of Yehudah, which was the son
of Yoseph, which was the son of Yonah, which was the son of El'yaqim,
31 Which was the son of Meleah, which was the son of Mana, which was the son of
Matathah, which was the son of Nathan, which was the son of Dawid,
32 Which was the son of Yishai, which was the son of Obed, which was the son of
Bo'az, which was the son of Salmon, which was the son of Nakhshon,
33 Which was the son of Aminadab, which was the son of Ram, which was the son of
Khetzron, which was the son of Peretz, which was the son of Yehudah,
34 Which was the son of Ya'aqob, which was the son of Yitzkhaq, which was the son
of Abraham, which was the son of Terakh, which was the son of Nakhor,
35 Which was the son of Serug, which was the son of Reu, which was the son of Peleg,
which was the son of Kheber, which was the son of Shelakh,
36 Which was the son of Qaynan, which was the son of Arpakshad, which was the
son of Shem, which was the son of Noakh, which was the son of Lemek,
37 Which was the son of Metushelakh, which was the son of Khanok, which was the
son of Yered, which was the son of Mahalal'EL, which was the son of Qaynan,
38 Which was the son of Enosh, which was the son of Sheth, which was the son of
Adam, which was the son of ELOHIM.

THE TEMPTATION OF YAHOSHUA

4 And **YAHOSHUA** being full of the **RUAKH HA' QODESH** returned from Yarden, and
was led by the **RUAKH** into the wilderness,
2 Being forty days tempted of the devil. And in those days he did eat nothing: and
when they were ended, he afterward hungered.
3 And the devil said unto him, If thou be the Son of ELOHIM, command this stone that it
be made bread.
4 And **YAHOSHUA** answered him, saying, It is written, "Man doth not live by bread
only, but by every word that proceedeth out of the mouth of **YAHOWAH**."

5 וַיַּעֲלֵהוּ הַשָּׂטָן עַל־הַר גָּבֹהַּ וַיַּרְאֵהוּ בְּרֶגַע אֶחָד אֵת כָּל־מַמְלְכוֹת תֵּבֵל: 6 וַיֹּאמֶר
אֵלָיו הַשָּׂטָן לְךָ אֶתֵּן אֶת־כָּל־הַמֶּמְשָׁלָה הַזֹּאת וְאֶת־כְּבוֹדָן כִּי־נִמְסְרָה בְּיָדִי וּנְתַתִּיהָ
לַאֲשֶׁר אֶחְפָּץ: 7 וְעַתָּה אִם־תִּשְׁתַּחֲוֶה לְפָנַי הַכֹּל יִהְיֶה־לָּךְ: 8 וַיַּעַן **יָהוֹשֻׁעַ** וַיֹּאמֶר
אֵלָיו (סוּר מִמֶּנִּי הַשָּׂטָן כִּי) כָתוּב **לַיָהוָֹה** אֱלֹהֶיךָ תִּשְׁתַּחֲוֶה וְאֹתוֹ לְבַדּוֹ תַּעֲבֹד: 9
וַיְבִיאֵהוּ יְרוּשָׁלַיִם וַיַּעֲמִידֵהוּ עַל־פִּנַּת גַּג בֵּית־הַמִּקְדָּשׁ וַיֹּאמֶר אֵלָיו אִם בֶּן־הָאֱלֹהִים
אַתָּה נְפֹל מִזֶּה מָטָּה: 10 כִּי כָתוּב כִּי־מַלְאָכָיו יְצַוֶּה־לָּךְ לְשָׁמְרֶךָ: 11 וְכִי עַל־כַּפַּיִם
יִשָּׂאוּנְךָ פֶּן־תִּגֹּף בָּאֶבֶן רַגְלֶךָ: 12 וַיַּעַן **יָהוֹשֻׁעַ** וַיֹּאמֶר אֵלָיו הֵן נֶאֱמַר לֹא תְנַסֶּה אֵת
יָהוָֹה אֱלֹהֶיךָ: 13 וּכְכַלּוֹת הַשָּׂטָן כָּל־מַסָּה וַיִּרֶף מִמֶּנּוּ עַד־עֵת:

YAHOSHUA BEGINS HIS MINISTRY

14 וַיָּשָׁב **יָהוֹשֻׁעַ** בִּגְבוּרַת **הָרוּחַ** אֶל־הַגָּלִיל וַיֵּצֵא שָׁמְעוֹ בְּכָל־הַכִּכָּר: 15 וְהוּא
מְלַמֵּד בִּכְנֵסִיּוֹתֵיהֶם וַיְהַלֲלֻהוּ כֻּלָּם:

YAHOSHUA REJECTED AT NAZARETH

16 וַיָּבֹא אֶל־נְצֶרֶת אֲשֶׁר גֻּדַּל־שָׁם וַיֵּלֶךְ כְּמִשְׁפָּטוֹ בְּיוֹם **הַשַּׁבָּת** אֶל־בֵּית הַכְּנֶסֶת
וַיָּקָם לִקְרֹא בַּסֵּפֶר: 17 וַיֻּתַּן־לוֹ סֵפֶר יְשַׁעְיָה הַנָּבִיא וַיִּפְתַּח אֶת־הַסֵּפֶר וַיִּמְצָא
אֶת־הַמָּקוֹם אֲשֶׁר הָיָה־כָתוּב בּוֹ: 18 **רוּחַ** אֲדֹנָי יֱהוִֹה עָלָי יַעַן מָשַׁח אֹתִי לְבַשֵּׂר
עֲנָוִים: 19 שְׁלָחַנִי לַחֲבשׁ לְנִשְׁבְּרֵי־לֵב לִקְרֹא לִשְׁבוּיִם דְּרוֹר וְלַעִוְרִים פְּקַח־קוֹחַ
לְשַׁלַּח רְצוּצִים חָפְשִׁים לִקְרֹא שְׁנַת־רָצוֹן **לַיָהוָֹה** : 20 וַיְהִי כַּאֲשֶׁר גָּלַל אֶת־
הַסֵּפֶר וַיְשִׁיבֵהוּ אֶל־הַחַזָּן וַיֵּשֶׁב וְעֵינֵי כָּל־אֲשֶׁר בְּבֵית הַכְּנֶסֶת נְשֻׂאוֹת אֵלָיו: 21
וַיָּחֶל וַיֹּאמֶר אֲלֵיהֶם הַיּוֹם נִתְמַלֵּא הַכָּתוּב הַזֶּה בְּאָזְנֵיכֶם: 22 וְכֻלָּם הֱעִידֻהוּ
וְתָמְהוּ עַל־דִּבְרֵי חֵן הַיֹּצְאִים מִפִּיהוּ וַיֹּאמְרוּ הֲלֹא־זֶה הוּא בֶּן־יוֹסֵף: 23 וַיֹּאמֶר
אֲלֵיהֶם הֵן תֹּאמְרוּ לִי אֶת־הַמָּשָׁל הַזֶּה רֹפֵא רְפָא אֶת־עַצְמֶךָ וּכְכֹל אֲשֶׁר שָׁמַעְנוּ
שֶׁנַּעֲשָׂה בִּכְפַר־נַחוּם עֲשֵׂה־כֵן גַּם־פֹּה בְּעִיר מוֹלַדְתֶּךָ: 24 וַיֹּאמַר אָמֵן אֹמֵר אֲנִי
לָכֶם אֵין־נָבִיא רָצוּי בְּאֶרֶץ מוֹלַדְתּוֹ: 25 וֶאֱמֶת אַגִּיד לָכֶם אַלְמָנוֹת רַבּוֹת הָיוּ
בְּיִשְׂרָאֵל בִּימֵי אֵלִיָּהוּ בְּהֵעָצֵר הַשָּׁמַיִם שָׁלֹשׁ שָׁנִים וְשִׁשָּׁה חֳדָשִׁים וַיְהִי רָעָב גָּדוֹל
בְּכָל־הָאָרֶץ: 26 וְאֵלִיָּהוּ לֹא־נִשְׁלַח אֶל־אַחַת מֵהֵנָּה זוּלָתִי צָרְפַתָה אֲשֶׁר לְצִידוֹן
אֶל־אִשָּׁה אַלְמָנָה: 27 וּמְצֹרָעִים רַבִּים הָיוּ בְיִשְׂרָאֵל בִּימֵי אֱלִישָׁע הַנָּבִיא וְלֹא
טֹהַר אֶחָד מֵהֶם זוּלָתִי נַעֲמָן הָאֲרַמִּי: 28 וְכֹל אֲשֶׁר בְּבֵית הַכְּנֶסֶת כְּשָׁמְעָם אֶת־
הַדְּבָרִים הָאֵלֶּה וַיִּמָּלְאוּ חֵמָה:

LUKE

5 And the devil, taking him up into an high mountain, shewed unto him all the kingdoms of the world in a moment of time.

6 And the devil said unto him, All this power will I give thee, and the glory of them: for that is delivered unto me; and to whomsoever I will I give it.

7 If thou therefore wilt worship me, all shall be thine.

8 And **YAHOSHUA** answered and said unto him, Get thee behind me, Satan: for it is written, "Thou shalt fear **YAHOWAH** thy ELOHIM; him shalt thou serve."

9 And he brought him to Yerushalem, and set him on a pinnacle of the temple, and said unto him, If thou be the Son of ELOHIM, cast thyself down from hence:

10 For it is written, "For he shall give his angels charge over thee: to keep thee in all thy ways.

11 They shall bear thee up in their hands, lest thou dash thy foot against a stone."

12 And **YAHOSHUA** answering said unto him, It is said, "Ye shall not tempt **YAHOWAH** your ELOHIM."

13 And when the devil had ended all the temptation, he departed from him for a season.

YAHOSHUA BEGINS HIS MINISTRY

14 And **YAHOSHUA** returned in the power of the **RUAKH** into Galilah: and there went out a fame of him through all the region round about.

15 And he taught in their Congregations, being glorified of all.

YAHOSHUA REJECTED AT NAZARETH

16 And he came to Netzareth, where he had been brought up: and, as his custom was, he went into the Congregation on the **Shabbat** day, and stood up for to read.

17 And there was delivered unto him the book of the prophet YeshaYAHU. And when he had opened the book, he found the place where it was written,

18 "The **RUAKH** of ADONAI ELOHIM is upon me; because **YAHOWAH** hath anointed me to preach the Gospel unto the meek; he hath sent me to bind up the brokenhearted, to proclaim liberty to the captives, and the opening of the prison to them that are bound;

19 To proclaim the acceptable year of **YAHOWAH**."

20 And he closed the book, and he gave it again to the minister, and sat down. And the eyes of all them that were in the Congregation were fastened on him.

21 And he began to say unto them, This day is this scripture fulfilled in your ears.

22 And all bare him witness, and wondered at the gracious words which proceeded out of his mouth. And they said, Is not this Yoseph's son?

23 And he said unto them, Ye will surely say unto me this proverb, Physician, heal thyself: whatsoever we have heard done in Kepar-Nakhum, do also here in thy country.

24 And he said, Verily I say unto you, No prophet is accepted in his own country.

25 But I tell you of a truth, many widows were in Yisra'EL in the days of EliYAHU, when the heaven was shut up three years and six months, when great famine was throughout all the land;

26 But unto none of them was EliYAHU sent, save unto Tzarpathah, a city of Tzidon, unto a woman that was a widow.

27 And many lepers were in Yisra'EL in the time of Elisha the prophet; and none of them was cleansed, saving Na'aman the Aramim.

28 And all they in the Congregation, when they heard these things, were filled with wrath,

29 וַיָּקוּמוּ וַיַּדִּיחוּ אוֹתוֹ אֶל־מִחוּץ לָעִיר וַיְבִיאֻהוּ עַד־גַּב הָהָר אֲשֶׁר נִבְנְתָה עִירָם עָלָיו
לְמַעַן הַשְׁלִיכוֹ מָטָּה: 30 אַךְ־הוּא עָבַר בְּתוֹכָם וַיֵּלֶךְ לְדַרְכּוֹ:

YAHOSHUA HEALS A MAN WITH AN UNCLEAN DEMON

31 וַיֵּרֶד אֶל־כְּפַר־נַחוּם עִיר הַגָּלִיל וַיְלַמְּדֵם **בַּשַּׁבָּתוֹת:** 32 וַיִּשְׁתּוֹמֲמוּ עַל־תּוֹרָתוֹ כִּי
דְּבַר שִׁלְטוֹן דְּבָרוֹ: 33 וּבְבֵית הַכְּנֵסֶת הָיָה אִישׁ וּבוֹ **רוּחַ** שֵׁד טָמֵא וַיִּזְעַק בְּקוֹל גָּדוֹל
לֵאמֹר: 34 אֲהָהּ מַה־לָּנוּ וָלָךְ **יָהוֹשֻׁעַ** הַנָּצְרִי כִּי־בָאתָ לְהַאֲבִידֵנוּ יְדַעְתִּיךָ מִי אַתָּה קְדוֹשׁ
הָאֱלֹהִים: 35 וַיִּגְעַר־בּוֹ **יָהוֹשֻׁעַ** לֵאמֹר הֵאָלֵם וְצֵא מִמֶּנּוּ וַיַּפִּילֵהוּ הַשֵּׁד בְּתוֹכָם וַיֵּצֵא
מִמֶּנּוּ לֹא הֵרַע לוֹ: 36 וַתִּפֹּל אֵימָה עַל־כֻּלָּם וַיְדַבְּרוּ אִישׁ אֶל־רֵעֵהוּ לֵאמֹר מָה הַדָּבָר
הַזֶּה כִּי־בְשָׁלְטָן וּבִגְבוּרָה מְצַוֶּה לְרוּחוֹת הַטֻּמְאָה וְהֵמָּה יֹצְאִים: 37 וְשָׁמְעוֹ הוֹלֵךְ בְּכָל־
מְקֹמוֹת הַכִּכָּר:

YAHOSHUA HEALS MANY

38 וַיָּקָם מִבֵּית הַכְּנֵסֶת וַיָּבֹא בֵּיתָה שִׁמְעוֹן וְחֹתֶנֶת שִׁמְעוֹן אֲחָזַתָּה קַדַּחַת רָעָה וַיִּפְגְּעוּ
בוֹ בַּעֲדָהּ: 39 וַיִּתְיַצֵּב עָלֶיהָ וַיִּגְעַר בַּקַּדַּחַת וַתִּרֶף מִמֶּנָּה וַתָּקָם מְהֵרָה וַתְּשָׁרֶת אֹתָם: 40
וְהָיָה כֹּל אֲשֶׁר לָהֶם חֹלִים חֳלָיִים שֹׁנִים וַיְבִיאוּם אֵלָיו כְּבוֹא הַשֶּׁמֶשׁ וַיָּשֶׂם אֶת־יָדָיו עַל־
כָּל־אֶחָד מֵהֶם וַיְרַפֵּא אוֹתָם: 41 וְגַם־שֵׁדִים יָצְאוּ מֵרַבִּים וְהֵם קֹרְאִים וְאֹמְרִים אַתָּה
הוּא (**הַמָּשִׁיחַ**) בֶּן־הָאֱלֹהִים וַיִּגְעַר־בָּם וְלֹא נְתָנָם לְדַבֵּר כִּי יָדְעוּ אֲשֶׁר הוּא **הַמָּשִׁיחַ:**

YAHOSHUA PREACHES IN SYNAGOGUES

42 וּכְאוֹר הַבֹּקֶר יָצָא וַיֵּלֶךְ־לוֹ אֶל־מְקוֹם שׁוֹמֵם וַהֲמוֹן הָעָם בִּקְשֻׁהוּ וַיָּבֹאוּ עָדָיו וַיִּפְצְרוּ־
בוֹ לְבִלְתִּי סוּר מֵהֶם: 43 וַיֹּאמֶר לָהֶם הֵן עָלַי לְבַשֵּׂר גַּם־לֶעָרִים הָאֲחֵרוֹת אֶת־בְּשׂוֹרַת
מַלְכוּת הָאֱלֹהִים כִּי לָזֹאת שֻׁלָּחְתִּי: 44 וַיְהִי קוֹרֵא בְּבָתֵּי כְנֵסִיּוֹת שֶׁבַּגָּלִיל:

YAHOSHUA CALLS THE FIRST DISCIPLES

ה וַיְהִי כַּאֲשֶׁר דָּחַק הֲמוֹן הָעָם לִשְׁמֹעַ אֶת־דְּבַר הָאֱלֹהִים וְהוּא עֹמֵד עַל־יַד
יָם־גִּנֵּיסָר: 2 וַיַּרְא שְׁתֵּי אֳנִיּוֹת עֹמְדוֹת עַל־יַד הַיָּם וְהַדַּיָּגִים יָצְאוּ מֵהֶן וְהֵם
מְכַבְּסִים אֵת הַמִּכְמֹרוֹת: 3 וַיֵּרֶד אֶל־אַחַת מִן־הָאֳנִיּוֹת אֲשֶׁר הִיא לְשִׁמְעוֹן וַיְבַקֵּשׁ
מִמֶּנּוּ לְהַעֲבִירוֹ מְעַט מִן־הַיַּבָּשָׁה אֶל־הַיָּם וַיֵּשֶׁב וַיְלַמֵּד אֶת־הָעָם מִתּוֹךְ הָאֳנִיָּה: 4
וַיְהִי כְּכַלֹּתוֹ לְדַבֵּר וַיֹּאמֶר אֶל־שִׁמְעוֹן הַעֲבֵר אֶל־עֹמֶק הַיָּם וְהוֹרִידוּ אֶת־מִכְמְרוֹתֵיכֶם
לָצוּד: 5 וַיַּעַן שִׁמְעוֹן וַיֹּאמֶר אֵלָיו מוֹרֶה כָּל־הַלַּיְלָה יָגַעְנוּ וְלֹא אָחַזְנוּ מְאוּמָה אַךְ
עַל־פִּיךָ אוֹרִיד אֶת־הַמִּכְמֹרֶת:

LUKE

29 And rose up, and thrust him out of the city, and led him unto the brow of the hill whereon their city was built, that they might cast him down headlong.

30 But he passing through the midst of them went his way,

YAHOSHUA HEALS A MAN WITH AN UNCLEAN DEMON

31 And came down to Kepar-Nakhum, a city of Galilah, and taught them on the **Shabbat** days.

32 And they were astonished at his doctrine: for his word was with power.

33 And in the Congregation there was a man, which had a ruakh of an unclean devil, and cried out with a loud voice,

34 Saying, Let us alone; what have we to do with thee, thou **YAHOSHUA** of Netzareth? art thou come to destroy us? I know thee who thou art; the Holy One of ELOHIM.

35 And **YAHOSHUA** rebuked him, saying, Hold thy shalom, and come out of him. And when the devil had thrown him in the midst, he came out of him, and hurt him not.

36 And they were all amazed, and spake among themselves, saying, What a word is this! for with authority and power he commandeth the unclean spirits, and they come out.

37 And the fame of him went out into every place of the country round about.

YAHOSHUA HEALS MANY

38 And he arose out of the Congregation, and entered into Shimon's house. And Shimon's wife's mother was taken with a great fever; and they besought him for her.

39 And he stood over her, and rebuked the fever; and it left her: and immediately she arose and ministered unto them.

40 Now when the sun was setting, all they that had any sick with divers diseases brought them unto him; and he laid his hands on every one of them, and healed them.

41 And devils also came out of many, crying out, and saying, Thou art **MESHIAKH** the Son of ELOHIM. And he rebuking them suffered them not to speak: for they knew that he was **MESHIAKH**.

YAHOSHUA PREACHES IN SYNAGOGUES

42 And when it was day, he departed and went into a desert place: and the people sought him, and came unto him, and stayed him, that he should not depart from them.

43 And he said unto them, I must preach the kingdom of ELOHIM to other cities also: for therefore am I sent.

44 And he preached in the Congregations of Galilah.

YAHOSHUA CALLS THE FIRST DISCIPLES

5 And it came to pass, that, as the people pressed upon him to hear the word of ELOHIM, he stood by the lake of Ginesar,

2 And saw two ships standing by the lake: but the fishermen were gone out of them, and were washing their nets.

3 And he entered into one of the ships, which was Shimon's, and prayed him that he would thrust out a little from the land. And he sat down, and taught the people out of the ship.

4 Now when he had left speaking, he said unto Shimon, Launch out into the deep, and let down your nets for a draught.

5 And Shimon answering said unto him, Master, we have toiled all the night, and have taken nothing: nevertheless at thy word I will let down the net.

6 וַיַּעֲשׂוּ־כֵן וַיִּלְכְּדוּ דָגִים הַרְבֵּה מְאֹד וַתִּקָּרַע מִכְמַרְתָּם: 7 וַיָּנִיפוּ יָד אֶל־חַבְרֵיהֶם
אֲשֶׁר בָּאֳנִיָּה הַשֵּׁנִית לָבוֹא אֲלֵיהֶם וּלְעָזְרָם וַיָּבֹאוּ וַיְמַלְאוּ אֶת־שְׁתֵּי הָאֳנִיּוֹת עַד־לִשְׁקֹעַ:
8 וַיְהִי כִּרְאוֹת שִׁמְעוֹן כֵּיפָא אֶת־זֹאת וַיִּפֹּל לְבִרְכֵּי **יָהוֹשֻׁעַ** וַיֹּאמַר אֲדֹנִי צֵא־נָא מֵעָלַי
כִּי־אִישׁ חוֹטֵא אָנֹכִי: 9 כִּי שַׁמָּה הֶחֱזִיקָה אוֹתוֹ וְאֶת־כֹּל אֲשֶׁר עִמּוֹ עַל־צֵיד הַדָּגִים
אֲשֶׁר צָדוּ: 10 וְכֵן גַּם אֶת־יַעֲקֹב וְאֶת־יוֹחָנָן בְּנֵי זַבְדַּי אֲשֶׁר הִתְחַבְּרוּ עִם־שִׁמְעוֹן וַיֹּאמֶר
יָהוֹשֻׁעַ אֶל־שִׁמְעוֹן אַל־תִּירָא מֵעַתָּה צוֹד תָּצוּד אֲנָשִׁים: 11 וַיּוֹלִיכוּ אֶת־הָאֳנִיּוֹת אֶל־
הַיַּבָּשָׁה וַיַּעַזְבוּ אֶת־הַכֹּל וַיֵּלְכוּ אַחֲרָיו:

YAHOSHUA CLEANSES A LEPER

12 וַיְהִי בִּהְיוֹתוֹ בְּאַחַת הֶעָרִים וְהִנֵּה־אִישׁ כֻּלּוֹ צָרוּעַ וַיַּרְא אֶת־**יָהוֹשֻׁעַ** וַיִּפֹּל עַל־פָּנָיו
וַיִּתְחַנֵּן אֵלָיו לֵאמֹר אֲדֹנִי אִם־תַּחְפֹּץ תּוּכַל לְטַהֲרֵנִי: 13 וַיִּשְׁלַח אֶת־יָדוֹ וַיִּגַּע־בּוֹ וַיֹּאמֶר
חָפֵץ אָנֹכִי טְהָר וּפִתְאֹם סָרָה מִמֶּנּוּ הַצָּרָעַת: 14 וַיְצַו עָלָיו לְבִלְתִּי סַפֵּר לְאִישׁ כִּי אִם־
לֵךְ וְהֵרָאֵה אֶל־הַכֹּהֵן וְהַקְרֵב קָרְבָּן עַל־טָהֳרָתְךָ כַּאֲשֶׁר צִוָּה מֹשֶׁה לְעֵדוּת לָהֶם: 15
וְשָׁמְעוֹ הוֹלֵךְ הָלוֹךְ וְגָדֵל וַיִּקָּבְצוּ עַם רַב לִשְׁמוֹעַ וּלְהֵרָפֵא עַל־יָדוֹ מִתַּחֲלוּאֵיהֶם: 16
וְהוּא סָר אֶל־הַמִּדְבָּרוֹת וּמִתְפַּלֵּל:

YAHOSHUA HEALS A PARALYTIC

17 וַיְהִי הַיּוֹם וְהוּא מְלַמֵּד וּפְרוּשִׁים וּמוֹרֵי הַתּוֹרָה אֲשֶׁר בָּאוּ מִכָּל־כְּפָרֵי הַגָּלִיל
וּמִיהוּדָה וִירוּשָׁלַיִם יֹשְׁבִים שָׁם וַתְּהִי־בוֹ גְּבוּרַת **יָהוָֹה** לִרְפּוֹא: 18 וְהִנֵּה אֲנָשִׁים
נוֹשְׂאִים אִישׁ בַּמִּטָּה וְהוּא נְכֵה אֵבָרִים וַיְבַקְשׁוּ לַהֲבִיאוֹ אֶל־תּוֹךְ הַבַּיִת וְלָשׂוּם
לְפָנָיו: 19 וְלֹא־מָצְאוּ דֶרֶךְ לְהַכְנִיסוֹ מֵרֹב הָעָם וַיַּעֲלוּ הַגָּגָה וַיּוֹרִידֻהוּ עַל־עַרְשׂוֹ בֵּין
הָרְעָפִים לְתוֹךְ הַבַּיִת לִפְנֵי **יָהוֹשֻׁעַ**: 20 וַיַּרְא אֶת־אֱמוּנָתָם וַיֹּאמֶר אֵלָיו בֶּן־אָדָם
נִסְלְחוּ־לְךָ חַטֹּאתֶיךָ: 21 וַיָּחֵלּוּ הַסּוֹפְרִים וְהַפְּרוּשִׁים לַחֲשֹׁב מַחֲשָׁבוֹת לֵאמֹר מִי
הוּא זֶה הַמְדַבֵּר גִּדּוּפִים מִי יוּכַל לִסְלֹחַ לַחֲטָאִים בִּלְתִּי הָאֱלֹהִים לְבַדּוֹ: 22 וַיֵּדַע
יָהוֹשֻׁעַ אֶת־מַחְשְׁבוֹתָם וַיַּעַן וַיֹּאמֶר אֲלֵיהֶם מָה אַתֶּם חֹשְׁבִים בִּלְבַבְכֶם: 23 מָה
הַנָּקֵל הֶאָמֹר נִסְלְחוּ־לְךָ חַטֹּאתֶיךָ אִם־אָמֹר קוּם וְהִתְהַלֵּךְ: 24 אַךְ לְמַעַן תֵּדְעוּן כִּי
בֶן־הָאָדָם יֶשׁ־לוֹ הַשִּׁלְטָן בָּאָרֶץ לִסְלֹחַ לַחֲטָאִים וַיֹּאמֶר אֶל־נְכֵה הָאֵבָרִים אֹמֵר
אֲנִי אֵלֶיךָ קוּם וְשָׂא אֶת־עַרְשְׂךָ וְלֵךְ אֶל־בֵּיתֶךָ: 25 וַיְמַהֵר וַיָּקָם לְעֵינֵיהֶם וַיִּשָּׂא אֵת
מִשְׁכָּבוֹ וַיֵּלֶךְ אֶל־בֵּיתוֹ וַיְהַלֵּל אֶת־הָאֱלֹהִים: 26 וְשַׁמָּה הֶחֱזִיקָה אֶת־כֻּלָּם וַיְבָרֲכוּ
אֶת־הָאֱלֹהִים וַיִּמָּלְאוּ יִרְאָה וַיֹּאמְרוּ כִּי נִפְלָאוֹת רָאִינוּ הַיּוֹם:

LUKE

6 And when they had this done, they inclosed a great multitude of fishes: and their net brake.

7 And they beckoned unto their partners, which were in the other ship, that they should come and help them. And they came, and filled both the ships, so that they began to sink.

8 When Shimon Kepha saw it, he fell down at **YAHOSHUA'S** knees, saying, Depart from me; for I am a sinful man, O Adoni.

9 For he was astonished, and all that were with him, at the draught of the fishes which they had taken:

10 And so was also Ya'aqob, and Yokhanan, the sons of Zabdi, which were partners with Shimon. And **YAHOSHUA** said unto Shimon, Fear not; from henceforth thou shalt catch men.

11 And when they had brought their ships to land, they forsook all, and followed him.

YAHOSHUA CLEANSES A LEPER

12 And it came to pass, when he was in a certain city, behold a man full of leprosy: who seeing **YAHOSHUA** fell on his face, and besought him, saying, Adoni, if thou wilt, thou canst make me clean.

13 And he put forth his hand, and touched him, saying, I will: be thou clean. And immediately the leprosy departed from him.

14 And he charged him to tell no man: but go, and shew thyself to the priest, and offer for thy cleansing, according as Mosheh commanded, for a testimony unto them.

15 But so much the more went there a fame abroad of him: and great multitudes came together to hear, and to be healed by him of their infirmities.

16 And he withdrew himself into the wilderness, and prayed.

YAHOSHUA HEALS A PARALYTIC

17 And it came to pass on a certain day, as he was teaching, that there were Perushim and doctors of the Torah sitting by, which were come out of every town of Galilah, and Yehudah, and Yerushalem: and the power of **YAHOWAH** was present to heal them.

18 And, behold, men brought in a bed a man which was taken with a palsy: and they sought means to bring him in, and to lay him before him.

19 And when they could not find by what way they might bring him in because of the multitude, they went upon the housetop, and let him down through the tiling with his couch into the midst before **YAHOSHUA**.

20 And when he saw their faith, he said unto him, Man, thy sins are forgiven thee.

21 And the scribes and the Perushim began to reason, saying, Who is this which speaketh blasphemies? Who can forgive sins, but ELOHIM alone?

22 But when **YAHOSHUA** perceived their thoughts, he answering said unto them, What reason ye in your hearts?

23 Whether is easier, to say, Thy sins be forgiven thee; or to say, Rise up and walk?

24 But that ye may know that the Son of man hath power upon earth to forgive sins, (he said unto the sick of the palsy,) I say unto thee, Arise, and take up thy couch, and go into thine house.

25 And immediately he rose up before them, and took up that whereon he lay, and departed to his own house, glorifying ELOHIM.

26 And they were all amazed, and they glorified ELOHIM, and were filled with fear, saying, We have seen strange things to day.

YAHOSHUA CALLS LEVI

27 וַיְהִי אַחֲרֵי כֵן וַיֵּצֵא וַיַּרְא מוֹכֵס אֶחָד וּשְׁמוֹ לֵוִי וְהוּא יוֹשֵׁב בְּבֵית הַמֶּכֶס וַיֹּאמֶר
אֵלָיו לְכָה אַחֲרָי׃ 28 וַיַּעֲזֹב אֶת־הַכֹּל וַיָּקָם וַיֵּלֶךְ אַחֲרָיו׃ 29 וַיַּעַשׂ־לוֹ לֵוִי מִשְׁתֶּה גָדוֹל
בְּבֵיתוֹ וְעַם־רַב מִן־הַמּוֹכְסִים וַאֲנָשִׁים אֲחֵרִים הָיוּ מְסֻבִּים עִמָּהֶם׃ 30 וַיִּלּוֹנוּ הַסּוֹפְרִים
אֲשֶׁר בָּהֶם וְהַפְּרוּשִׁים עַל־תַּלְמִידָיו וַיֹּאמְרוּ מַדּוּעַ אַתֶּם אֹכְלִים וְשֹׁתִים עִם־הַמּוֹכְסִים
וְהַחַטָּאִים׃ 31 וַיַּעַן **יָהוֹשֻׁעַ** וַיֹּאמֶר אֲלֵיהֶם הַבְּרִיאִים אֵינָם צְרִיכִים לְרֹפֵא כִּי אִם־הַחֹלִים׃
32 לֹא בָאתִי לִקְרוֹא הַצַּדִּיקִים לַתְּשׁוּבָה כִּי אִם־הַחַטָּאִים׃

A QUESTION ABOUT FASTING

33 וַיֹּאמְרוּ אֵלָיו הֵן תַּלְמִידֵי יוֹחָנָן מַרְבִּים לָצוּם וְאֹמְרִים תְּחִנּוֹת וְגַם תַּלְמִידֵי הַפְּרוּשִׁים
עֹשִׂים כֵּן וְתַלְמִידֶיךָ אֹכְלִים וְשֹׁתִים׃ 34 וַיֹּאמֶר אֲלֵיהֶם הֲתוּכְלוּ אֱנֹס בְּנֵי הַחֻפָּה לָצוּם
וְהֶחָתָן עוֹדֶנּוּ עִמָּהֶם׃ 35 וְאוּלָם יָמִים בָּאִים וְלֻקַּח מֵאִתָּם הֶחָתָן אָז יָצוּמוּ בַּיָּמִים
הָהֵמָּה׃ 36 וַיְדַבֵּר אֲלֵיהֶם גַּם אֶת־הַמָּשָׁל הַזֶּה אֵין אִישׁ מַעֲלֶה מַטְלִית שֶׁל־בֶּגֶד חָדָשׁ
עַל־בֶּגֶד בָּלוּי כִּי אִם־כֵּן גַּם הֶחָדָשׁ יִקָּרֵעַ וְגַם לֹא־תִשְׁוֶה מַטְלִית הֶחָדָשׁ לַבָּלוּי׃ 37 וְאֵין
אִישׁ נֹתֵן יַיִן חָדָשׁ בְּנֹאדוֹת בָּלִים כִּי אִם־כֵּן הַיַּיִן הֶחָדָשׁ יְבַקַּע אֶת־הַנֹּאדוֹת וְהוּא יִשָּׁפֵךְ
וְהַנֹּאדוֹת יֹאבֵדוּ׃ 38 אֲבָל יֻתַּן הַיַּיִן הֶחָדָשׁ בְּנֹאדוֹת חֲדָשִׁים וּשְׁנֵיהֶם יַחְדָּו יִשָּׁמֵרוּ׃ 39
וַאֲשֶׁר שָׁתָה יַיִן יָשָׁן אֵינֶנּוּ חָפֵץ עוֹד בְּיַיִן חָדָשׁ כִּי יֹאמַר הַיָּשָׁן נָעִים מִמֶּנּוּ׃

YAHOSHUA IS ADONAI OF THE SABBATH

ו וַיְהִי בְּיוֹם **הַשַּׁבָּת** הַשֵּׁנִית לִסְפִירַת הָעֹמֶר עָבַר בֵּין הַשָּׂדוֹת וַיִּקְטְפוּ תַלְמִידָיו
מְלִילֹת וַיְפָרְכוּ אֹתָן בִּידֵיהֶם וַיֹּאכֵלוּ׃ 2 וַאֲנָשִׁים מִן־הַפְּרוּשִׁים אָמְרוּ אֲלֵיהֶם
לָמָּה אַתֶּם עֹשִׂים אֵת אֲשֶׁר לֹא יֵעָשֶׂה **בַּשַּׁבָּת**׃ 3 וַיַּעַן **יָהוֹשֻׁעַ** וַיֹּאמֶר אֲלֵיהֶם הֲלֹא
קְרָאתֶם אֵת אֲשֶׁר עָשָׂה דָוִד בִּהְיוֹתוֹ רָעֵב הוּא וַאֲשֶׁר הָיוּ אִתּוֹ׃ 4 אֲשֶׁר בָּא אֶל־בֵּית
הָאֱלֹהִים וַיִּקַּח אֶת־לֶחֶם הַפָּנִים וַיֹּאכַל וְגַם־נָתַן לַאֲנָשָׁיו אֵת אֲשֶׁר לֹא נָכוֹן לְאָכְלוֹ
כִּי אִם־לַכֹּהֲנִים לְבַדָּם׃ 5 וַיֹּאמֶר אֲלֵיהֶם כִּי בֶּן־הָאָדָם גַּם־אֲדוֹן **הַשַּׁבָּת** הוּא׃

YAHOSHUA IS ADONAI OF THE SABBATH

6 וַיְהִי **בְּשַׁבָּת** אַחֶרֶת וַיָּבֹא אֶל־בֵּית הַכְּנֶסֶת וַיְלַמֵּד וְשָׁם אִישׁ אֲשֶׁר יָבְשָׁה יָדוֹ הַיְמָנִית׃
7 וַיֶּאֶרְבוּ־לוֹ הַסּוֹפְרִים וְהַפְּרוּשִׁים לִרְאוֹת אִם־יִרְפָּא **בַּשַּׁבָּת** לְמַעַן יִמְצְאוּ עָלָיו עֲלִילֹת
דְּבָרִים׃ 8 וְהוּא יָדַע אֶת־מַחְשְׁבוֹתָם וַיֹּאמֶר אֶל־הָאִישׁ אֲשֶׁר יָבְשָׁה יָדוֹ קוּם וַעֲמוֹד
בַּתָּוֶךְ וַיָּקָם וַיַּעֲמֹד׃

LUKE

YAHOSHUA CALLS LEVI

27 And after these things he went forth, and saw a publican, named Lewi, sitting at the receipt of custom: and he said unto him, Follow me.

28 And he left all, rose up, and followed him.

29 And Lewi made him a great feast in his own house: and there was a great company of publicans and of others that sat down with them.

30 But their scribes and Perushim murmured against his disciples, saying, Why do ye eat and drink with publicans and sinners?

31 And **YAHOSHUA** answering said unto them, They that are whole need not a physician; but they that are sick.

32 I came not to call the righteous, but sinners to repentance.

A QUESTION ABOUT FASTING

33 And they said unto him, Why do the disciples of Yokhanan fast often, and make prayers, and likewise the disciples of the Perushim; but thine eat and drink?

34 And he said unto them, Can ye make the children of the bridechamber fast, while the bridegroom is with them?

35 But the days will come, when the bridegroom shall be taken away from them, and then shall they fast in those days.

36 And he spake also a parable unto them; No man putteth a piece of a new garment upon an old; if otherwise, then both the new maketh a rent, and the piece that was taken out of the new agreeth not with the old.

37 And no man putteth new wine into old bottles; else the new wine will burst the bottles, and be spilled, and the bottles shall perish.

38 But new wine must be put into new bottles; and both are preserved.

39 No man also having drunk old wine straightway desireth new: for he saith, The old is better.

YAHOSHUA IS ADONAI OF THE SABBATH

6 And it came to pass on the second **Shabbat** after the first, that he went through the corn fields; and his disciples plucked the ears of corn, and did eat, rubbing them in their hands.

2 And certain of the Perushim said unto them, Why do ye that which is not lawful to do on the **Shabbat** days?

3 And **YAHOSHUA** answering them said, Have ye not read so much as this, what Dawid did, when himself was an hungred, and they which were with him;

4 How he went into the house of ELOHIM, and did take and eat the shewbread, and gave also to them that were with him; which it is not lawful to eat but for the priests alone?

5 And he said unto them, That the Son of man is Adone also of the **Shabbat**.

A MAN WITH A WITHERED HAND

6 And it came to pass also on another **Shabbat**, that he entered into the Congregation and taught: and there was a man whose right hand was withered.

7 And the scribes and Perushim watched him, whether he would heal on the **Shabbat** day; that they might find an accusation against him.

8 But he knew their thoughts, and said to the man which had the withered hand, Rise up, and stand forth in the midst. And he arose and stood forth.

9 וַיֹּאמֶר אֲלֵיהֶם **יָהוֹשֻׁעַ** אֶשְׁאֲלָה אֶתְכֶם דָּבָר מַה־הַנָּכוֹן **בַּשַּׁבָּת** הַלְהֵיטִיב אִם
לְהָרֵעַ לְהַצִּיל נֶפֶשׁ אִם־לְאַבֵּד: 10 וַיַּבֵּט סָבִיב אֶל־כֻּלָּם וַיֹּאמֶר לָאִישׁ פְּשֹׁט אֶת־
יָדֶךָ וַיַּעַשׂ כֵּן וַתֵּרָפֵא יָדוֹ וַתָּשָׁב כָּאַחֶרֶת: 11 וְהֵמָּה נִמְלְאוּ חֵמָה וַיִּוָּסְדוּ יַחַד מַה־
לַּעֲשׂוֹת **לְיָהוֹשֻׁעַ:**

THE TWELVE APOSTLES

12 וַיְהִי בַּיָּמִים הָהֵם וַיֵּצֵא הָהָרָה לְהִתְפַּלֵּל וַיַּעֲמֹד כָּל־הַלַּיְלָה בִּתְפִלָּה לֵאלֹהִים:
13 וּבִהְיוֹת הַבֹּקֶר אָסַף אֵלָיו אֶת־תַּלְמִידָיו וַיִּבְחַר מֵהֶם שְׁנֵים עָשָׂר אֲשֶׁר קָרָא לָהֶם
שְׁלִיחִים: 14 אֶת־שִׁמְעוֹן אֲשֶׁר גַּם־קְרָאוֹ כֵּיפָע וְאֶת־אַנְדְּרַי אָחִיו אֶת־יַעֲקֹב וְאֵת יוֹחָנָן
אֵת פִּילִפּוֹס וְאֵת בַּר־תַּלְמָי: 15 אֵת מַתַּי וְאֶת־תּוֹמָא וְאֶת־יַעֲקֹב בֶּן־חַלְפַי וְאֶת־שִׁמְעוֹן
אֲשֶׁר יִקָּרֵא לוֹ הַקַּנָּא: 16 אֶת־יְהוּדָה בֶּן־יַעֲקֹב וְאֶת־יְהוּדָה אִישׁ־קְרִיּוֹת וְהוּא אֲשֶׁר הָיָה
לְמוֹסֵר:

YAHOSHUA MINISTERS TO A GREAT MULTITUDE

17 וַיֵּרֶד אִתָּם וַיַּעֲמֹד בְּמָקוֹם מִישׁוֹר הוּא וַהֲמוֹן תַּלְמִידָיו וּקְהַל עַם רָב מִכָּל־יְהוּדָה
וִירוּשָׁלַיִם וּמֵחוֹף יָם־צֹר וְצִידוֹן אֲשֶׁר בָּאוּ לִשְׁמֹעַ אֹתוֹ וּלְהֵרָפֵא מֵחָלְיֵיהֶם: 18 וְגַם־
הַמְעֻנִּים בְּרוּחוֹת טְמֵאוֹת וַיֵּרָפֵאוּ: 19 וְכָל־הֶהָמוֹן מְבַקְשִׁים לָגַעַת בּוֹ כִּי גְבוּרָה יָצְאָה
מֵאִתּוֹ וְרָפְאָה אֶת־כֻּלָּם:

THE BEATITUDES

20 וְהוּא נָשָׂא אֶת־עֵינָיו אֶל־תַּלְמִידָיו וַיֹּאמַר אַשְׁרֵיכֶם אַתֶּם הָעֲנִיִּים כִּי־לָכֶם מַלְכוּת
הָאֱלֹהִים: 21 אַשְׁרֵיכֶם אַתֶּם הָרְעֵבִים הַיּוֹם כִּי תִשְׂבָּעוּ אַשְׁרֵיכֶם הַבֹּכִים הַיּוֹם כִּי
תִשְׂחָקוּ: 22 אַשְׁרֵיכֶם אִם־יִשְׂנְאוּ אֶתְכֶם הָאֲנָשִׁים וְאִם־יְנַדּוּ אֶתְכֶם וְחֵרְפוּ וִינָאֲצוּ אֶת־
שִׁמְכֶם כְּשֵׁם רָע לְמַעַן בֶּן־הָאָדָם: 23 שִׂמְחוּ בַּיּוֹם הַהוּא וּרְקֹדוּ כִּי הִנֵּה שְׂכַרְכֶם רַב
בַּשָּׁמַיִם כִּי־כַדָּבָר הַזֶּה עָשׂוּ אֲבֹתֵיהֶם לַנְּבִיאִים:

YAHOSHUA PRONOUNCES WOES

24 אַךְ־אוֹי לָכֶם הָעֲשִׁירִים כִּי־כְבָר לְקַחְתֶּם אֵת נֶחָמַתְכֶם: 25 אוֹי לָכֶם הַשְּׂבֵעִים כִּי
תִרְעָבוּ אוֹי לָכֶם הַשֹּׂחֲקִים הַיּוֹם כִּי תִתְאַבְּלוּ וְתִבְכּוּ: 26 אוֹי לָכֶם אִם כָּל־הָאֲנָשִׁים
מְשַׁבְּחִים אֶתְכֶם כִּי כַדָּבָר הַזֶּה עָשׂוּ אֲבוֹתֵיהֶם לִנְבִיאֵי הַשָּׁקֶר:

LOVE YOUR ENEMIES

27 אֲבָל אַתֶּם הַשֹּׁמְעִים אֲלֵיכֶם אֲנִי אֹמֵר אֶהֱבוּ אֶת־אֹיְבֵיכֶם הֵיטִיבוּ לְשֹׂנְאֵיכֶם: 28
בָּרֲכוּ אֶת־מְקַלְלֵיכֶם וְהִתְפַּלְלוּ בְּעַד מַכְלִימֵיכֶם:

LUKE

9 Then said **YAHOSHUA** unto them, I will ask you one thing; Is it lawful on the **Shabbat** days to do good, or to do evil? to save life, or to destroy it?

10 And looking round about upon them all, he said unto the man, Stretch forth thy hand. And he did so: and his hand was restored whole as the other.

11 And they were filled with madness; and communed one with another what they might do to **YAHOSHUA**.

THE TWELVE APOSTLES

12 And it came to pass in those days, that he went out into a mountain to pray, and continued all night in prayer to ELOHIM.

13 And when it was day, he called unto him his disciples: and of them he chose twelve, whom also he named apostles;

14 Shimon, (whom he also named Kepha,) and Andre his brother, Ya'aqob and Yokhanan, Philipos and Bar-Talmai,

15 MattitYAHU and Tho'ma, Ya'aqob the son of Kheleph, and Shimon called Zelotes,

16 And Yehudah the brother of Ya'aqob, and Yehudah Ishqeriot, which also was the traitor.

YAHOSHUA MINISTERS TO A GREAT MULTITUDE

17 And he came down with them, and stood in the plain, and the company of his disciples, and a great multitude of people out of all Yehudah and Yerushalem, and from the sea coast of Tzor and Tzidon, which came to hear him, and to be healed of their diseases;

18 And they that were vexed with unclean spirits: and they were healed.

19 And the whole multitude sought to touch him: for there went virtue out of him, and healed them all.

THE BEATITUDES

20 And he lifted up his eyes on his disciples, and said, Blessed be ye poor: for your's is the kingdom of ELOHIM.

21 Blessed are ye that hunger now: for ye shall be filled. Blessed are ye that weep now: for ye shall laugh.

22 Blessed are ye, when men shall hate you, and when they shall separate you from their company, and shall reproach you, and cast out your name as evil, for the Son of man's sake.

23 Rejoice ye in that day, and leap for joy: for, behold, your reward is great in heaven: for in the like manner did their fathers unto the prophets.

YAHOSHUA PRONOUNCES WOES

24 But woe unto you that are rich! for ye have received your consolation.

25 Woe unto you that are full! for ye shall hunger. Woe unto you that laugh now! for ye shall mourn and weep.

26 Woe unto you, when all men shall speak well of you! for so did their fathers to the false prophets.

LOVE YOUR ENEMIES

27 But I say unto you which hear, Love your enemies, do good to them which hate you,

28 Bless them that curse you, and pray for them which despitefully use you.

29 הַמַּכֶּה אֹתְךָ עַל־הַלְּחִי הַטֵּה־לוֹ גַּם אֶת־הָאַחֶרֶת וְהַלֹּקֵחַ אֶת־מְעִילְךָ אַל־תִּמְנַע
מִמֶּנּוּ גַּם אֶת־כֻּתָּנְתֶּךָ׃ 30 וְכָל־הַשֹּׁאֵל מִמְּךָ תֶּן־לוֹ וְהַלֹּקֵחַ אֵת אֲשֶׁר לָךְ אַל־תְּתַבַּע
מֵאִתּוֹ׃ 31 וְכַאֲשֶׁר תִּרְצוּ שֶׁיַּעֲשׂוּ לָכֶם בְּנֵי הָאָדָם כֵּן תַּעֲשׂוּ־לָהֶם גַּם־אַתֶּם׃ 32 וְאִם־
תֶּאֱהָבוּ אֶת־אֹהֲבֵיכֶם מַה חַסְדְּכֶם כִּי גַם־הַחַטָּאִים אֹהֲבִים אֶת־אֹהֲבֵיהֶם׃ 33 וְאִם
תֵּיטִיבוּ לִמְטִיבֵיכֶם מַה חַסְדְּכֶם גַּם־הַחַטָּאִים יַעֲשׂוּ־כֵן׃ 34 וְאִם־תַּלְווּ אֶת־הָאֲנָשִׁים
אֲשֶׁר תְּקַוּוּ לְקַבֵּל מֵהֶם מַה חַסְדְּכֶם גַּם הַחַטָּאִים מַלְוִים אֶת־הַחַטָּאִים לְמַעַן יוּשַׁב לָהֶם
הַמִּלְוֶה׃ 35 אֲבָל אֶהֱבוּ אֶת־אֹיְבֵיכֶם וְהֵיטִיבוּ וְהַלְווּ וְאַל תְּצַפּוּ לְתַשְׁלוּם וִיהִי שְׂכַרְכֶם
רַב וִהְיִיתֶם בְּנֵי עֶלְיוֹן כִּי טוֹב הוּא גַּם־לִכְפוּיֵי טוֹבָה וְלָרָעִים׃ 36 לָכֵן הֱיוּ רַחֲמָנִים
כַּאֲשֶׁר גַּם־אֲבִיכֶם רַחוּם הוּא׃

JUDGING OTHERS

37 וְאַל־תִּשְׁפְּטוּ וְלֹא תִשָּׁפֵטוּ אַל־תְּחַיְּבוּ וְלֹא תְחֻיָּבוּ נַקּוּ וְתִנָּקוּ׃ 38 תְּנוּ וְתִנָּתֵן לָכֶם
וּמִדָּה יָפָה דְּחוּקָה וּגְדוּשָׁה וּמְשֻׁפָּעָה יָשִׁיבוּ אֶל־חֵיקְכֶם כִּי בַמִּדָּה אֲשֶׁר אַתֶּם מוֹדֲדִים
יִמַּד לָכֶם׃ 39 וַיִּשָּׂא מְשָׁלוֹ וַיֹּאמֶר אֲלֵיהֶם הֲיוּכַל עִוֵּר לְהַדְרִיךְ אֶת־הָעִוֵּר הֲלֹא יִפְּלוּ
שְׁנֵיהֶם אֶל־הַשָּׁחַת׃ 40 אֵין תַּלְמִיד נַעֲלֶה עַל־רַבּוֹ וְדַיּוֹ לְכָל־תַּלְמִיד שָׁלֵם לִהְיוֹת כְּרַבּוֹ׃
41 וְלָמָּה זֶּה אַתָּה רֹאֶה אֶת־הַקֵּסֶם אֲשֶׁר בְּעֵין אָחִיךָ וְאֶת־הַקּוֹרָה בְעֵינְךָ לֹא תַבִּיט׃ 42
וְאֵיךְ תֹּאמַר אֶל־אָחִיךָ אָחִי הַנִּיחָה לִּי וְאָסִיר אֶת־הַקֵּסֶם אֲשֶׁר בְּעֵינֶךָ וְאֵינְךָ רֹאֶה אֶת־
הַקּוֹרָה אֲשֶׁר בְּעֵינֶךָ הֶחָנֵף הָסֵר בָּרִאשׁוֹנָה אֶת־הַקּוֹרָה מֵעֵינְךָ וְאַחֲרֵי־כֵן רָאֹה תִרְאֶה
לְהָסִיר אֶת־הַקֵּסֶם אֲשֶׁר בְּעֵין אָחִיךָ׃

A TREE AND ITS FRUIT

43 כִּי־עֵץ טוֹב אֵינֶנּוּ עֹשֶׂה פְּרִי נִשְׁחָת וְעֵץ נִשְׁחָת אֵינֶנּוּ עֹשֶׂה פְּרִי טוֹב׃ 44 כִּי כָל־עֵץ
נִכַּר בְּפִרְיוֹ כִּי אֵין אֹסְפִים תְּאֵנִים מִן־הַקֹּצִים אַף אֵין־בֹּצְרִים עֵנָב מִן־הַסְּנֶה׃ 45 אִישׁ
טוֹב מֵאוֹצַר לִבּוֹ הַטּוֹב מֵפִיק אֶת־הַטּוֹב וְאִישׁ רַע מֵאוֹצַר לִבּוֹ הָרַע מֵפִיק אֶת־הָרָע
כִּי־מִשִּׁפְעַת לֵב אִישׁ יְמַלֵּל פִּיהוּ׃

BUILD YOUR HOUSE ON THE ROCK

46 וְלָמָּה זֶּה אַתֶּם קֹרְאִים לִי אֲדֹנִי אֲדֹנִי וְאֵינְכֶם עֹשִׂים אֵת אֲשֶׁר־אֲנִי אֹמֵר׃ 47 כָּל־
הַבָּא אֵלַי וְשׁוֹמֵעַ אֶת־דְּבָרַי וְעֹשֶׂה אֹתָם אַגִּיד לָכֶם לְמִי הוּא דוֹמֶה׃ 48 דּוֹמֶה הוּא
לְאִישׁ בֹּנֶה־בַיִת אֲשֶׁר הֶעְמִיק לַחְפֹּר וַיְיַסְּדוֹ עַל־הַצּוּר וּכְבוֹא הַשֶּׁטֶף פָּרַץ הַנַּחַל בַּבַּיִת
הַהוּא וְלֹא יָכֹל לַהֲנִיעוֹ כִּי־טוֹב מִבְנֵהוּ׃

LUKE

29 And unto him that smiteth thee on the one cheek offer also the other; and him that taketh away thy cloke forbid not to take thy coat also.

30 Give to every man that asketh of thee; and of him that taketh away thy goods ask them not again.

31 And as ye would that men should do to you, do ye also to them likewise.

32 For if ye love them which love you, what thank have ye? for sinners also love those that love them.

33 And if ye do good to them which do good to you, what thank have ye? for sinners also do even the same.

34 And if ye lend to them of whom ye hope to receive, what thank have ye? for sinners also lend to sinners, to receive as much again.

35 But love ye your enemies, and do good, and lend, hoping for nothing again; and your reward shall be great, and ye shall be the children of the Highest: for he is kind unto the unthankful and to the evil.

36 Be ye therefore merciful, as your Father also is merciful.

JUDGING OTHERS

37 Judge not, and ye shall not be judged: condemn not, and ye shall not be condemned: forgive, and ye shall be forgiven:

38 Give, and it shall be given unto you; good measure, pressed down, and shaken together, and running over, shall men give into your bosom. For with the same measure that ye mete withal it shall be measured to you again.

39 And he spake a parable unto them, Can the blind lead the blind? shall they not both fall into the ditch?

40 The disciple is not above his master: but every one that is perfect shall be as his master.

41 And why beholdest thou the mote that is in thy brother's eye, but perceivest not the beam that is in thine own eye?

42 Either how canst thou say to thy brother, Brother, let me pull out the mote that is in thine eye, when thou thyself beholdest not the beam that is in thine own eye? Thou hypocrite, cast out first the beam out of thine own eye, and then shalt thou see clearly to pull out the mote that is in thy brother's eye.

A TREE AND ITS FRUIT

43 For a good tree bringeth not forth corrupt fruit; neither doth a corrupt tree bring forth good fruit.

44 For every tree is known by his own fruit. For of thorns men do not gather figs, nor of a bramble bush gather they grapes.

45 A good man out of the good treasure of his heart bringeth forth that which is good; and an evil man out of the evil treasure of his heart bringeth forth that which is evil: for of the abundance of the heart his mouth speaketh.

BUILD YOUR HOUSE ON THE ROCK

46 And why call ye me, Adoni, Adoni, and do not the things which I say?

47 Whosoever cometh to me, and heareth my sayings, and doeth them, I will shew you to whom he is like:

48 He is like a man which built an house, and digged deep, and laid the foundation on a rock: and when the flood arose, the stream beat vehemently upon that house, and could not shake it: for it was founded upon a rock.

49 וַאֲשֶׁר שָׁמַע וְלֹא עָשָׂה דּוֹמֶה לְאִישׁ אֲשֶׁר בָּנָה בַיִת עַל־הַקַּרְקַע וְאֵין לוֹ יְסוֹד
וַיִּפְרָץ־בּוֹ הַנַּחַל וַיִּפֹּל פִּתְאֹם וַיִּגְדַּל שֶׁבֶר הַבַּיִת הַהוּא׃

YAHOSHUA HEALS A CENTURION'S SERVANT

ז וַיְהִי אַחֲרֵי כַּלּוֹתוֹ לְדַבֵּר אֶת־כָּל־דְּבָרָיו בְּאָזְנֵי הָעָם וַיָּבֹא אֶל־כְּפַר־נַחוּם׃ 2
וְעֶבֶד לְאֶחָד מִשָּׂרֵי הַמֵּאוֹת חָלָה לָמוּת וְהוּא יָקָר בְּעֵינָיו מְאֹד׃ 3 וַיִּשְׁמַע
אֶת־שֵׁמַע **יָהוֹשֻׁעַ** וַיִּשְׁלַח אֵלָיו אֲנָשִׁים מִזִּקְנֵי הַיְּהוּדִים וַיִּשְׁאַל מֵאִתּוֹ לָבוֹא
וּלְהוֹשִׁיעַ אֶת־עַבְדּוֹ׃ 4 וַיָּבֹאוּ אֶל־**יָהוֹשֻׁעַ** וַיִּתְחַנְנוּ־לוֹ מְאֹד וַיֹּאמְרוּ רָאוּי הוּא
אֲשֶׁר תַּעֲשֶׂה בַקָּשָׁתוֹ׃ 5 כִּי אֹהֵב עַמֵּנוּ הוּא וְהוּא בָנָה־לָנוּ אֶת־בֵּית הַכְּנֵסֶת׃
6 וַיֵּלֶךְ אִתָּם **יָהוֹשֻׁעַ** וַיְהִי כַּאֲשֶׁר קָרַב אֶל־הַבַּיִת וַיִּשְׁלַח אֵלָיו שַׂר־הַמֵּאָה אֶת־
רֵעָיו לֵאמֹר לוֹ בִּי אֲדֹנִי אַל־נָא תִטְרַח כִּי־נְקַלֹּתִי מֵאֲשֶׁר תָּבוֹא בְּצֵל קוֹרָתִי׃
7 וּבַעֲבוּר זֹאת גַּם־אֶת־עַצְמִי לֹא חָשַׁבְתִּי רָאוּי לָבוֹא אֵלֶיךָ אַךְ דַּבֶּר־נָא דָבָר
וְיֵרָפֵא נַעֲרִי׃ 8 כִּי גַם־אָנֹכִי אִישׁ נָתוּן תַּחַת הַמֶּמְשָׁלָה וְיֶשׁ־תַּחַת יָדִי אַנְשֵׁי
צָבָא וְאָמַרְתִּי לָזֶה לֵךְ וְהָלַךְ וְלָזֶה בּוֹא וּבָא וּלְעַבְדִּי עֲשֵׂה־זֹאת וְעָשָׂה׃ 9 וַיִּשְׁמַע
יָהוֹשֻׁעַ אֶת־דְּבָרָיו וַיִּתְמַהּ עָלָיו וַיִּפֶן וַיֹּאמֶר אֶל־הֶהָמוֹן הַהֹלֵךְ אַחֲרָיו אֹמֵר אֲנִי
לָכֶם גַּם־בְּיִשְׂרָאֵל לֹא־מָצָאתִי אֱמוּנָה גְּדוֹלָה כָּזֹאת׃ 10 וַיָּשׁוּבוּ הַשְּׁלוּחִים אֶל־
הַבָּיִת וַיִּמְצְאוּ אֶת־הָעֶבֶד הַחֹלֶה וְהִנֵּה נִרְפָּא׃

YAHOSHUA RAISES A WIDOW'S SON

11 וַיְהִי מִמָּחֳרָת וַיֵּלֶךְ אֶל־עִיר וּשְׁמָהּ נָעִים וְרַבִּים מִתַּלְמִידָיו הֹלְכִים אִתּוֹ וַהֲמוֹן עַם
רָב׃ 12 הוּא קָרַב אֶל־שַׁעַר הָעִיר וְהִנֵּה מוֹצִיאִים מֵת בֵּן יָחִיד לְאִמּוֹ וְהִיא אַלְמָנָה
וְעִמָּהּ רַבִּים מֵעַם הָעִיר׃ 13 וְכִרְאוֹת אֹתָהּ **יָהוֹשֻׁעַ** נִכְמְרוּ רַחֲמָיו עָלֶיהָ וַיֹּאמֶר לָהּ
אַל־תִּבְכִּי׃ 14 וַיִּגַּשׁ וַיִּגַּע בַּמִּטָּה וַיַּעַמְדוּ הַנֹּשְׂאִים וַיֹּאמַר נַעַר אֹמֵר אֲנִי אֵלֶיךָ קוּמָה׃
15 וַיִּתְעוֹדֵד הַמֵּת וַיָּחֶל לְדַבֵּר וַיִּתְּנֵהוּ לְאִמּוֹ׃ 16 וּרְעָדָה אֲחָזָה כֻלָּם וַיְשַׁבְּחוּ אֶת־
הָאֱלֹהִים וַיֹּאמְרוּ נָבִיא גָדוֹל קָם בְּקִרְבֵּנוּ וְהָאֱלֹהִים פָּקַד אֶת־עַמּוֹ׃ 17 וַיֵּצֵא הַדָּבָר
הַזֶּה עָלָיו בְּכָל־יְהוּדָה וּבְכָל־הַכִּכָּר׃

MESSENGERS FROM JOHN THE BAPTIST

18 וְתַלְמִידֵי יוֹחָנָן הִגִּידוּ לוֹ אֶת־כָּל־אֵלֶּה׃ 19 וַיִּקְרָא אֵלָיו יוֹחָנָן שְׁנַיִם מִתַּלְמִידָיו
וַיִּשְׁלָחֵם אֶל־**יָהוֹשֻׁעַ** לֵאמֹר לוֹ הַאַתָּה הוּא הַבָּא אִם־נְחַכֶּה לְאַחֵר׃

LUKE

49 But he that heareth, and doeth not, is like a man that without a foundation built an house upon the earth; against which the stream did beat vehemently, and immediately it fell; and the ruin of that house was great.

YAHOSHUA HEALS A CENTURION'S SERVANT

7 Now when he had ended all his sayings in the audience of the people, he entered into Kepar-Nakhum.

2 And a certain centurion's servant, who was dear unto him, was sick, and ready to die.

3 And when he heard of **YAHOSHUA**, he sent unto him the elders of the Yehudim, beseeching him that he would come and heal his servant.

4 And when they came to **YAHOSHUA**, they besought him instantly, saying, That he was worthy for whom he should do this:

5 For he loveth our nation, and he hath built us a Congregation.

6 Then **YAHOSHUA** went with them. And when he was now not far from the house, the centurion sent friends to him, saying unto him, Adoni, trouble not thyself: for I am not worthy that thou shouldest enter under my roof:

7 Wherefore neither thought I myself worthy to come unto thee: but say in a word, and my servant shall be healed.

8 For I also am a man set under authority, having under me soldiers, and I say unto one, Go, and he goeth; and to another, Come, and he cometh; and to my servant, Do this, and he doeth it.

9 When **YAHOSHUA** heard these things, he marvelled at him, and turned him about, and said unto the people that followed him, I say unto you, I have not found so great faith, no, not in Yisra'EL.

10 And they that were sent, returning to the house, found the servant whole that had been sick.

YAHOSHUA RAISES A WIDOW'S SON

11 And it came to pass the day after, that he went into a city called Naim; and many of his disciples went with him, and much people.

12 Now when he came nigh to the gate of the city, behold, there was a dead man carried out, the only son of his mother, and she was a widow: and much people of the city was with her.

13 And when **YAHOSHUA** saw her, he had compassion on her, and said unto her, Weep not.

14 And he came and touched the bier: and they that bare him stood still. And he said, Young man, I say unto thee, Arise.

15 And he that was dead sat up, and began to speak. And he delivered him to his mother.

16 And there came a fear on all: and they glorified ELOHIM, saying, That a great prophet is risen up among us; and, That ELOHIM hath visited his people.

17 And this rumour of him went forth throughout all Yehudah, and throughout all the region round about.

MESSENGERS FROM JOHN THE BAPTIST

18 And the disciples of Yokhanan shewed him of all these things.

19 And Yokhanan calling unto him two of his disciples sent them to **YAHOSHUA**, saying, Art thou he that should come? or look we for another?

20 וַיָּבֹאוּ אֵלָיו הָאֲנָשִׁים וַיֹּאמְרוּ יוֹחָנָן הַמַּטְבִּיל שְׁלָחָנוּ אֵלֶיךָ לֵאמֹר הַאַתָּה הוּא
הַבָּא אִם־נְחַכֶּה לְאַחֵר: 21 וְהוּא רִפָּא בָעֵת הַהִיא רַבִּים מֵחֳלָיִים וּמִנְּגָעִים וּמֵרוּחוֹת
רָעוֹת וּלְעִוְרִים רַבִּים נָתַן רְאוּת עֵינָיִם: 22 וַיַּעַן **יָהוֹשֻׁעַ** וַיֹּאמֶר אֲלֵיהֶם לְכוּ וְהַגִּידוּ
לְיוֹחָנָן אֵת אֲשֶׁר רְאִיתֶם וַאֲשֶׁר שְׁמַעְתֶּם עִוְרִים רֹאִים וּפִסְחִים מְהַלְּכִים וּמְצֹרָעִים
מְטֹהָרִים וְחֵרְשִׁים שֹׁמְעִים וּמֵתִים קָמִים וַעֲנִיִּים מִתְבַּשְּׂרִים: 23 וְאַשְׁרֵי הָאִישׁ
אֲשֶׁר לֹא־יִכָּשֵׁל בִּי: 24 וַיְהִי כַּאֲשֶׁר הָלְכוּ שְׁלוּחֵי יוֹחָנָן וַיָּחֶל לְדַבֵּר אֶל־הֲמוֹן הָעָם
עַל־אֹדוֹת יוֹחָנָן וַיֹּאמַר מַה־זֶּה יְצָאתֶם הַמִּדְבָּרָה לִרְאוֹת הֲקָנֶה אֲשֶׁר יִנּוֹעַ בָּרוּחַ:
25 אוֹ מַה־זֶּה יְצָאתֶם לִרְאוֹת הַאִישׁ לָבוּשׁ בִּגְדֵי עֲדָנִים הִנֵּה הַמְלֻבָּשִׁים בְּבִגְדֵי
תִפְאֶרֶת וְהַמִּתְעַנְּגִים בְּחַצְרוֹת הַמְּלָכִים הֵמָּה: 26 וְעַתָּה מַה־זֶּה יְצָאתֶם לִרְאוֹת
אִם־לִרְאוֹת אִישׁ נָבִיא הֵן אֲנִי אֹמֵר לָכֶם אַף־גָּדוֹל הוּא מִנָּבִיא: 27 זֶה הוּא אֲשֶׁר
כָּתוּב עָלָיו הִנְנִי שֹׁלֵחַ מַלְאָכִי לְפָנֶיךָ וּפִנָּה דַרְכְּךָ לְפָנֶיךָ: 28 כִּי אֹמֵר אֲנִי לָכֶם אֵין
אִישׁ בִּילוּדֵי אִשָּׁה גָּדוֹל מִיּוֹחָנָן (הַמַּטְבִּיל) וְהַקָּטֹן בְּמַלְכוּת הָאֱלֹהִים יִגְדַּל מִמֶּנּוּ:
29 וְכָל־הָעָם הַשֹּׁמְעִים וְהַמֹּכְסִים הִצְדִּיקוּ אֶת־הָאֱלֹהִים וַיִּטָּבְלוּ בִּטְבִילַת יוֹחָנָן:
30 וְהַפְּרוּשִׁים וְהַחֲכָמִים הֵפֵרוּ אֶת־עֲצַת הָאֱלֹהִים עַל־נַפְשָׁם וְלֹא נִטְבְּלוּ עַל־יָדוֹ:
31 וַיֹּאמֶר הָאָדוֹן עַתָּה אֶל־מִי אֲדַמֶּה אֶת־אַנְשֵׁי הַדּוֹר הַזֶּה וְאֶל־מִי הֵם דֹּמִים: 32
דֹּמִים הֵם לַיְלָדִים הַיֹּשְׁבִים בַּשּׁוּק וְקֹרְאִים זֶה אֶל־זֶה וְאֹמְרִים חִלַּלְנוּ לָכֶם בַּחֲלִילִים
וְלֹא רִקַּדְתֶּם קוֹנַנּוּ לָכֶם קִינָה וְלֹא בְכִיתֶם: 33 כִּי בָא יוֹחָנָן הַמַּטְבִּיל לֶחֶם לֹא־אָכַל
וְיַיִן לֹא־שָׁתָה וַאֲמַרְתֶּם שֵׁד בּוֹ: 34 וּבָא בֶן־הָאָדָם וְהוּא אֹכֵל וְשֹׁתֶה וַאֲמַרְתֶּם הִנֵּה
זוֹלֵל וְסֹבֵא וְרֵעַ לְמוֹכְסִים וּלְחַטָּאִים: 35 וְהַחָכְמָה נִצְדְּקָה בְּכָל־בָּנֶיהָ:

A SINFUL WOMAN FORGIVEN

36 וְאֶחָד מִן־הַפְּרוּשִׁים בִּקֵּשׁ מִמֶּנּוּ לֶאֱכֹל אִתּוֹ לָחֶם וַיָּבֹא אֶל־בֵּית הַפָּרוּשׁ וַיָּסֵב:
37 וְהִנֵּה אִשָּׁה אַחַת בָּעִיר אֲשֶׁר הָיְתָה חֹטֵאת כְּשָׁמְעָהּ כִּי־**יָהוֹשֻׁעַ** מֵסֵב בֵּית
הַפָּרוּשׁ וַתָּבֵא פַּךְ־מִרְקַחַת: 38 וַתַּעֲמֹד לְרַגְלָיו מֵאַחֲרָיו וַתֵּבְךְּ וַתּוֹרֶד דְּמָעוֹת עַל־
רַגְלָיו וַתְּנַגֵּב אֹתָן בִּשְׂעַר רֹאשָׁהּ וַתִּשַּׁק אֶת־רַגְלָיו וַתָּסָךְ אֹתָן בַּמִּרְקָחַת: 39 וַיַּרְא
הַפָּרוּשׁ אֲשֶׁר קָרָא אֹתוֹ וַיֹּאמֶר בְּלִבּוֹ אִלּוּ הָיָה זֶה נָבִיא כִּי־עַתָּה יָדֹעַ יָדַע מִי־הִיא
זֹאת וְאֵי־זוֹ הִיא הַנֹּגַעַת בּוֹ כִּי־אִשָּׁה חַטָּאָה הִיא: 40 וַיַּעַן **יָהוֹשֻׁעַ** וַיֹּאמֶר אֵלָיו
שִׁמְעוֹן דָּבָר־לִי אֵלֶיךָ וַיֹּאמַר רַבִּי דַּבֵּר: 41 לְנֹשֶׁה אֶחָד הָיוּ שְׁנֵי בַעֲלֵי־חוֹבוֹת הָאֶחָד
חַיָּב לוֹ דִּינָרִים חֲמֵשׁ מֵאוֹת וְהָאַחֵר דִּינָרִים חֲמִשִּׁים:

LUKE

20 When the men were come unto him, they said, Yokhanan the Immerser hath sent us unto thee, saying, Art thou he that should come? or look we for another?

21 And in that same hour he cured many of their infirmities and plagues, and of evil spirits; and unto many that were blind he gave sight.

22 Then **YAHOSHUA** answering said unto them, Go your way, and tell Yokhanan what things ye have seen and heard; how that the blind see, the lame walk, the lepers are cleansed, the deaf hear, the dead are raised, to the poor the gospel is preached.

23 And blessed is he, whosoever shall not be offended in me.

24 And when the messengers of Yokhanan were departed, he began to speak unto the people concerning Yokhanan, What went ye out into the wilderness for to see? A reed shaken with the wind?

25 But what went ye out for to see? A man clothed in soft raiment? Behold, they which are gorgeously apparelled, and live delicately, are in kings' courts.

26 But what went ye out for to see? A prophet? Yea, I say unto you, and much more than a prophet.

27 This is he, of whom it is written, "Behold, I will send my messenger, and he shall prepare the way before me."

28 For I say unto you, Among those that are born of women there is not a greater prophet than Yokhanan the Immerser: but he that is least in the kingdom of ELOHIM is greater than he.

29 And all the people that heard him, and the publicans, justified ELOHIM, being immersed with the immersion of Yokhanan.

30 But the Perushim and lawyers rejected the counsel of ELOHIM against themselves, being not immersed of him.

31 And the Adone said, Whereunto then shall I liken the men of this generation? and to what are they like?

32 They are like unto children sitting in the marketplace, and calling one to another, and saying, We have piped unto you, and ye have not danced; we have mourned to you, and ye have not wept.

33 For Yokhanan the Immerser came neither eating bread nor drinking wine; and ye say, He hath a devil.

34 The Son of man is come eating and drinking; and ye say, Behold a gluttonous man, and a winebibber, a friend of publicans and sinners!

35 But wisdom is justified of all her children.

A SINFUL WOMAN FORGIVEN

36 And one of the Perushim desired him that he would eat with him. And he went into the Parush's house, and sat down to meat.

37 And, behold, a woman in the city, which was a sinner, when she knew that **YAHOSHUA** sat at meat in the Parush's house, brought an alabaster box of ointment,

38 And stood at his feet behind him weeping, and began to wash his feet with tears, and did wipe them with the hairs of her head, and kissed his feet, and anointed them with the ointment.

39 Now when the Parush which had bidden him saw it, he spake within himself, saying, This man, if he were a prophet, would have known who and what manner of woman this is that toucheth him: for she is a sinner.

40 And **YAHOSHUA** answering said unto him, Shimon, I have somewhat to say unto thee. And he saith, Master, say on.

41 There was a certain creditor which had two debtors: the one owed five hundred pence, and the other fifty.

42 וּמִפְּנֵי שֶׁלֹּא הָיָה לָהֶם לִפְרֹעַ מָחַל לִשְׁנֵיהֶם וְעַתָּה אֱמָר־נָא מִי מִשְּׁנֵיהֶם יְחַבֵּב אֹתוֹ
יוֹתֵר׃ 43 וַיַּעַן שִׁמְעוֹן וַיֹּאמַר כִּמְדֻמֶּה אֲנִי זֶה שֶׁמָּחַל לוֹ יוֹתֵר וַיֹּאמֶר אֵלָיו יָפֶה דָנְתָּ׃
44 וַיִּפֶן אֶל־הָאִשָּׁה וַיֹּאמֶר אֶל־שִׁמְעוֹן הֲרָאִיתָ אֶת־הָאִשָּׁה הַזֹּאת הִנֵּה בָאתִי אֶל־בֵּיתְךָ
וּמַיִם עַל־רַגְלַי לֹא נָתַתָּ וְהִיא הוֹרִידָה דְמָעוֹת עַל־רַגְלַי וַתְּנַגֵּב בְּשַׂעְרָהּ׃ 45 אַתָּה לֹא
נְשַׁקְתַּנִי נְשִׁיקָה אֶחָת וְהִיא מֵאָז בָּאתִי לֹא חָדְלָה לְנַשֵּׁק אֶת־רַגְלָי׃ 46 אַתָּה בְּשֶׁמֶן
לֹא סַכְתָּ אֶת־רֹאשִׁי וְהִיא בְּמִרְקַחַת סָכָה אֶת־רַגְלָי׃ 47 לָכֵן אֹמֵר אֲנִי אֵלֶיךָ נִסְלְחוּ לָהּ
חַטֹּאתֶיהָ הָרַבּוֹת כִּי הִרְבָּה אָהֵבָה וַאֲשֶׁר נִסְלַח־לוֹ מְעַט הוּא אֹהֵב מְעָט׃ 48 וַיֹּאמֶר
אֵלֶיהָ נִסְלְחוּ־לָךְ חַטֹּאתָיִךְ׃ 49 וַיָּחֵלּוּ הַמְסֻבִּים עִמּוֹ לֵאמֹר בְּלִבָּם מִי הוּא זֶה אֲשֶׁר גַּם־
יִסְלַח לַחֲטָאִים׃ 50 וַיֹּאמֶר אֶל־הָאִשָּׁה אֱמוּנָתֵךְ הוֹשִׁיעָה לָּךְ לְכִי לְשָׁלוֹם׃

WOMEN ACCOMPANYING YAHOSHUA

ח וַיְהִי אַחֲרֵי־כֵן וַיַּעֲבֹר מֵעִיר אֶל־עִיר וּמִכְּפָר אֶל־כְּפָר קוֹרֵא וּמְבַשֵּׂר אֶת־מַלְכוּת
הָאֱלֹהִים וּשְׁנֵים הֶעָשָׂר אִתּוֹ׃ 2 וְנָשִׁים אֲשֶׁר נִרְפְּאוּ מֵרוּחוֹת רָעוֹת וּמֵחֳלָיִים מִרְיָם
הַנִּקְרָאָה מַגְדָּלִית אֲשֶׁר גֹּרְשׁוּ מִמֶּנָּה שִׁבְעָה שֵׁדִים׃ 3 וְיוֹחָנָה אֵשֶׁת כּוּזָא סוֹכֵן הוֹרְדוֹס
וְשׁוֹשַׁנָּה וַאֲחֵרוֹת רַבּוֹת אֲשֶׁר שֵׁרְתֻהוּ מִנִּכְסֵיהֶן׃

THE PARABLE OF THE SOWER

4 וַיְהִי בְּהִתְאַסֵּף הֲמוֹן עַם־רָב אֲשֶׁר יָצְאוּ אֵלָיו מִכָּל־עִיר וָעִיר וַיְדַבֵּר בְּמָשָׁל׃ 5 הַזּוֹרֵעַ
יָצָא לִזְרֹעַ אֶת־זַרְעוֹ וּבְזָרְעוֹ נָפַל מִן־הַזֶּרַע עַל־יַד הַדֶּרֶךְ וַיֵּרָמֵס וַיֹּאכְלֻהוּ עוֹף הַשָּׁמָיִם׃
6 וְיֵשׁ אֲשֶׁר נָפַל עַל־הַסָּלַע וַיִּצְמַח וַיִּיבַשׁ כִּי לֹא הָיְתָה־לּוֹ לֵחָה׃ 7 וְיֵשׁ אֲשֶׁר נָפַל בְּתוֹךְ
הַקֹּצִים וַיִּצְמְחוּ הַקֹּצִים עִמּוֹ וַיְמַעֲכֻהוּ׃ 8 וְיֵשׁ אֲשֶׁר נָפַל עַל־הָאֲדָמָה הַטּוֹבָה וַיִּצְמַח
וַיַּעַשׂ פְּרִי מֵאָה שְׁעָרִים וַיְכַל לְדַבֵּר וַיִּקְרָא מִי אֲשֶׁר אָזְנַיִם לוֹ לִשְׁמֹעַ יִשְׁמָע׃

THE PURPOSE OF THE PARABLES

9 וַיִּשְׁאָלֻהוּ תַלְמִידָיו לֵאמֹר מָה הַמָּשָׁל הַזֶּה׃ 10 וַיֹּאמַר לָכֶם נִתַּן לָדַעַת אֶת־סוֹדוֹת
מַלְכוּת הָאֱלֹהִים וְלַאֲחֵרִים בִּמְשָׁלִים לְמַעַן בִּרְאֹתָם לֹא יִרְאוּ וּבְשָׁמְעָם לֹא יָבִינוּ׃ 11
וְזֶה הוּא הַמָּשָׁל הַזֶּרַע הוּא דְּבַר־אֱלֹהִים׃ 12 וַאֲשֶׁר עַל־יַד הַדֶּרֶךְ הֵם הַשֹּׁמְעִים וְאַחַר־
כֵּן בָּא הַשָּׂטָן וְנָשָׂא אֶת־הַדָּבָר מִלִּבָּם פֶּן־יַאֲמִינוּ וְנוֹשָׁעוּ׃ 13 וַאֲשֶׁר עַל־הַסֶּלַע הֵם
הַשֹּׁמְעִים אֶת־הַדָּבָר וּמְקַבְּלִים בְּשִׂמְחָה וְשֹׁרֶשׁ אֵין לָהֶם רַק לְשָׁעָה מַאֲמִינִים וּבְעֵת
הַנִּסָּיוֹן יִסֹּגוּ אָחוֹר׃

LUKE

42 And when they had nothing to pay, he frankly forgave them both. Tell me therefore, which of them will love him most?

43 Shimon answered and said, I suppose that he, to whom he forgave most. And he said unto him, Thou hast rightly judged.

44 And he turned to the woman, and said unto Shimon, Seest thou this woman? I entered into thine house, thou gavest me no water for my feet: but she hath washed my feet with tears, and wiped them with the hairs of her head.

45 Thou gavest me no kiss: but this woman since the time I came in hath not ceased to kiss my feet.

46 My head with oil thou didst not anoint: but this woman hath anointed my feet with ointment.

47 Wherefore I say unto thee, Her sins, which are many, are forgiven; for she loved much: but to whom little is forgiven, the same loveth little.

48 And he said unto her, Thy sins are forgiven.

49 And they that sat at meat with him began to say within themselves, Who is this that forgiveth sins also?

50 And he said to the woman, Thy faith hath saved thee; go in shalom.

WOMEN ACCOMPANYING YAHOSHUA

8 And it came to pass afterward, that he went throughout every city and village, preaching and shewing the Gospel of the kingdom of ELOHIM: and the twelve were with him,

2 And certain women, which had been healed of evil spirits and infirmities, Miryam called Magdaliyth , out of whom went seven devils,

3 And Yokhanan the wife of Kuza Hordos's steward, and Shoshannah, and many others, which ministered unto him of their substance.

THE PARABLE OF THE SOWER

4 And when much people were gathered together, and were come to him out of every city, he spake by a parable:

5 A sower went out to sow his seed: and as he sowed, some fell by the way side; and it was trodden down, and the fowls of the air devoured it.

6 And some fell upon a rock; and as soon as it was sprung up, it withered away, because it lacked moisture.

7 And some fell among thorns; and the thorns sprang up with it, and choked it.

8 And other fell on good ground, and sprang up, and bare fruit an hundredfold. And when he had said these things, he cried, He that hath ears to hear, let him hear.

THE PURPOSE OF THE PARABLES

9 And his disciples asked him, saying, What might this parable be?

10 And he said, Unto you it is given to know the mysteries of the kingdom of ELOHIM: but to others in parables; "Hear ye indeed, but understand not; and see ye indeed, but perceive not."

11 Now the parable is this: The seed is the word of ELOHIM.

12 Those by the way side are they that hear; then cometh the devil, and taketh away the word out of their hearts, lest they should believe and be saved.

13 They on the rock are they, which, when they hear, receive the word with joy; and these have no root, which for a while believe, and in time of temptation fall away.

14 וַאֲשֶׁר נָפַל בֵּין הַקֹּצִים הֵם הַשֹּׁמְעִים וְהוֹלְכִים לָהֶם וַיִּמֹּכוּ וְדַאֲגוֹת הָעוֹלָם וְעָשְׁרוֹ
וְתַאֲוֹתָיו יְבַלְּעוּ אֹתָם וּפְרִי לֹא־יַשִּׁוּוּ לָמוֹ: 15 וַאֲשֶׁר בָּאֲדָמָה הַטּוֹבָה הֵם הַשֹּׁמְרִים אֶת־
הַדָּבָר אֲשֶׁר שָׁמְעוּ בְּלֵב טוֹב וְטָהוֹר וְעֹשִׂים פְּרִי בְּתוֹחָלֶת:

A LAMP UNDER A JAR

16 וְאֵין־אִישׁ מַדְלִיק נֵר וּמְכַסֶּה אוֹתוֹ בִּכְלִי וְלֹא יְשִׂימֵהוּ תַּחַת הַמִּטָּה כִּי עַל־הַמְּנוֹרָה
יַעֲלֵהוּ לְמַעַן יִרְאוּ כָּל־בָּאֵי הַבַּיִת אֶת־הָאוֹר: 17 כִּי אֵין־דָּבָר סָתוּם אֲשֶׁר לֹא יִגָּלֶה וְאֵין
גָּנוּז אֲשֶׁר לֹא יִוָּדַע וְיָצָא לָאוֹר: 18 לָכֵן רְאוּ אֵיךְ תִּשְׁמָעוּן כִּי כָל־אֲשֶׁר יֶשׁ־לוֹ נָתוֹן יִנָּתֵן
לוֹ וְכָל־אֲשֶׁר אֵין יֶשׁ־לוֹ גַּם אֶת־אֲשֶׁר הוּא חֹשֵׁב לִהְיוֹת לוֹ יֻקַּח מִמֶּנּוּ:

YAHOSHUA'S MOTHER AND BROTHERS

19 וַיָּבֹאוּ אֵלָיו אִמּוֹ וְאֶחָיו וְלֹא יָכְלוּ לָגֶשֶׁת אֵלָיו מִפְּנֵי הָעָם: 20 וַיֻּגַּד־לוֹ לֵאמֹר אִמְּךָ
וְאַחֶיךָ עֹמְדִים בַּחוּץ וְהֵם חֲפֵצִים לִרְאוֹתֶךָ: 21 וַיַּעַן וַיֹּאמֶר אֲלֵיהֶם אֵלֶּה הֵם אִמִּי וְאֶחָי
הַשֹּׁמְעִים אֶת דְּבַר הָאֱלֹהִים וְעֹשִׂים:

YAHOSHUA CALMS A STORM

22 וַיְהִי הַיּוֹם וַיֵּרֶד אֶל־אֳנִיָּה הוּא וְתַלְמִידָיו וַיֹּאמֶר אֲלֵיהֶם נַעְבְּרָה אֶל־עֵבֶר הַיָּם
וַיָּשׁוּטוּ הַיָּמָּה: 23 וַיְהִי בְּלֶכְתָּם בָּאֳנִיָּה וַיִּשְׁכַּב וַיִּישַׁן וְרוּחַ סְעָרָה יָרְדָה עַל־הַיָּם וַיִּשְׁטְפוּ
עֲלֵיהֶם הַמַּיִם וַיִּהְיוּ בְסַכָּנָה: 24 וַיִּגְּשׁוּ וַיָּעִירוּ אוֹתוֹ וַיֹּאמְרוּ מוֹרֶה מוֹרֶה אָבָדְנוּ וַיֵּעוֹר
וַיִּגְעַר בָּרוּחַ וּבְמִשְׁבְּרֵי־יָם וַיִּשְׁתְּקוּ וַתְּהִי דְמָמָה: 25 וַיֹּאמֶר אֲלֵיהֶם אַיֵּה אֱמוּנַתְכֶם
וַיִּירְאוּ וַיִּתְמְהוּ וַיֹּאמְרוּ אִישׁ אֶל־רֵעֵהוּ מִי אֵפוֹא הוּא הַמְצַוֶּה גַּם־אֶת־הָרוּחוֹת וְאֶת־
הַמַּיִם וְשָׁמְעוּ לוֹ:

YAHOSHUA HEALS A MAN WITH A DEMON

26 וַיַּעַבְרוּ וַיָּבֹאוּ אֶל־אֶרֶץ הַגַּדְרִיִּים אֲשֶׁר מִמּוּל הַגָּלִיל: 27 וַיַּעַל אֶל־הַיַּבָּשָׁה
וַיִּפְגְּשֵׁהוּ אִישׁ יֹצֵא מִן הָעִיר אֲשֶׁר שֵׁדִים בּוֹ מִיָּמִים רַבִּים וּבֶגֶד לֹא לָבַשׁ וּבְבַיִת
לֹא יָשַׁב כִּי אִם־בַּקְּבָרִים: 28 וַיַּרְא אֶת־**יָהוֹשֻׁעַ** וַיִּפֹּל לְפָנָיו וַיִּקְרָא בְּקוֹל גָּדוֹל מַה־
לִּי וָלָךְ **יָהוֹשֻׁעַ** בֶּן־אֵל עֶלְיוֹן מְבַקֵּשׁ אֲנִי מִמְּךָ אֲשֶׁר לֹא תְעַנֵּנִי: 29 כִּי הוּא צִוָּה
אֶת־הָרוּחַ הַטָּמֵא לָצֵאת מִן־הָאִישׁ כִּי יָמִים רַבִּים תָּפַשׂ בּוֹ וַיֵּאָסֵר בַּזִּיקִים וַיִּשָּׁמֵר
בַּכְּבָלִים וְהָיָה כִּי יְנַתֵּק אֶת־הַמּוֹסֵרוֹת וְנִדַּח בְּיַד הַשֵּׁד אֶל־הַמִּדְבָּרוֹת: 30 וַיִּשְׁאַל
אֹתוֹ **יָהוֹשֻׁעַ** לֵאמֹר מַה־שְּׁמֶךָ וַיֹּאמֶר לִגְיוֹן שְׁמִי כִּי־שֵׁדִים רַבִּים נִכְנְסוּ בוֹ: 31
וַיִּתְחַנְנוּ לוֹ לְבִלְתִּי צַוּוֹת אֹתָם לָרֶדֶת אֶל־הַתְּהוֹם: 32 וְשָׁם עֵדֶר חֲזִירִים רַבִּים רֹעֶה
בָּהָר וַיִּתְחַנְנוּ לוֹ לְהַנִּיחַ לָהֶם לָבוֹא בְתוֹכָם וַיַּנַּח לָהֶם:

LUKE

14 And that which fell among thorns are they, which, when they have heard, go forth, and are choked with cares and riches and pleasures of this life, and bring no fruit to perfection.
15 But that on the good ground are they, which in an honest and good heart, having heard the word, keep it, and bring forth fruit with patience.

A LAMP UNDER A JAR
16 No man, when he hath lighted a candle, covereth it with a vessel, or putteth it under a bed; but setteth it on a Menorah, that they which enter in may see the light.
17 For nothing is secret, that shall not be made manifest; neither any thing hid, that shall not be known and come abroad.
18 Take heed therefore how ye hear: for whosoever hath, to him shall be given; and whosoever hath not, from him shall be taken even that which he seemeth to have.

YAHOSHUA'S MOTHER AND BROTHERS
19 Then came to him his mother and his brethren, and could not come at him for the press.
20 And it was told him by certain which said, Thy mother and thy brethren stand without, desiring to see thee.
21 And he answered and said unto them, My mother and my brethren are these which hear the word of ELOHIM, and do it.

YAHOSHUA CALMS A STORM
22 Now it came to pass on a certain day, that he went into a ship with his disciples: and he said unto them, Let us go over unto the other side of the lake. And they launched forth.
23 But as they sailed he fell asleep: and there came down a storm of wind on the lake; and they were filled with water, and were in jeopardy.
24 And they came to him, and awoke him, saying, Master, master, we perish. Then he arose, and rebuked the wind and the raging of the water: and they ceased, and there was a calm.
25 And he said unto them, Where is your faith? And they being afraid wondered, saying one to another, What manner of man is this! for he commandeth even the winds and water, and they obey him.

YAHOSHUA HEALS A MAN WITH A DEMON
26 And they arrived at the country of the Gadriyim, which is over against Galilah.
27 And when he went forth to land, there met him out of the city a certain man, which had devils long time, and ware no clothes, neither abode in any house, but in the tombs.
28 When he saw **YAHOSHUA**, he cried out, and fell down before him, and with a loud voice said, What have I to do with thee, **YAHOSHUA**, thou Son of ELOHIM most high? I beseech thee, torment me not.
29 (For he had commanded the unclean ruakh to come out of the man. For oftentimes it had caught him: and he was kept bound with chains and in fetters; and he brake the bands, and was driven of the devil into the wilderness.)
30 And **YAHOSHUA** asked him, saying, What is thy name? And he said, Legion: because many devils were entered into him.
31 And they besought him that he would not command them to go out into the deep.
32 And there was there an herd of many swine feeding on the mountain: and they besought him that he would suffer them to enter into them. And he suffered them.

33 וַיֵּצְאוּ הַשֵּׁדִים מִן־הָאָדָם הַהוּא וַיָּבֹאוּ בַּחֲזִירִים וַיִּשְׁתָּעֵר הָעֵדֶר מִן־הַמּוֹרָד
אֶל־הַיָּם וַיִּטְבָּע׃ 34 וְהָרֹעִים רָאוּ אֵת אֲשֶׁר נַעֲשָׂה וַיָּנוּסוּ וַיַּגִּידוּ הַדָּבָר בָּעִיר
וּבַכְּפָרִים׃ 35 וַיֵּצְאוּ לִרְאֹת אֵת אֲשֶׁר נַעֲשָׂה וַיָּבֹאוּ אֶל־**יָהוֹשֻׁעַ** וַיִּמְצְאוּ־שָׁם אֶת־
הָאָדָם אֲשֶׁר יָצְאוּ מִמֶּנּוּ הַשֵּׁדִים וְהוּא יֹשֵׁב לְרַגְלֵי **יָהוֹשֻׁעַ** מְלֻבָּשׁ בְּגָדִים וְטוֹב־
שֵׂכֶל וַיִּירָאוּ׃ 36 וַיַּגִּידוּ לָהֶם הָרֹאִים אֵיךְ נִרְפָּא אֲחוּז הַשֵּׁדִים׃ 37 וַיְבַקְשׁוּ מִמֶּנּוּ
כָּל־הֲמוֹן חֶבֶל הַגַּדְרִיִּים לָלֶכֶת מֵאִתָּם כִּי־אֵימָה גְדוֹלָה נָפְלָה עֲלֵיהֶם וַיֵּרֶד בָּאֳנִיָּה
וַיָּשֹׁב׃ 38 וַיְבַקֵּשׁ מִמֶּנּוּ הָאִישׁ אֲשֶׁר יָצְאוּ מִמֶּנּוּ הַשֵּׁדִים לָשֶׁבֶת אִתּוֹ וַיְשַׁלַּח אֹתוֹ
יָהוֹשֻׁעַ וַיֹּאמַר׃ 39 שׁוּב לְבֵיתְךָ וְסַפֵּר הַגְּדֹלוֹת אֲשֶׁר עָשָׂה־לְךָ הָאֱלֹהִים וַיֵּלֶךְ לוֹ
וַיַּשְׁמַע בְּכָל־הָעִיר אֶת־הַגְּדֹלוֹת אֲשֶׁר עָשָׂה־לוֹ **יָהוֹשֻׁעַ**׃

<u>YAHOSHUA HEALS A WOMAN AND JAIRUS'S DAUGHTER</u>

40 וַיְהִי בְּשׁוּב **יָהוֹשֻׁעַ** וַיְקַבֵּל אֹתוֹ הָעָם כִּי כֻלָּם הָיוּ מְחַכִּים לוֹ׃ 41 וְהִנֵּה
אִישׁ וּשְׁמוֹ יָאִיר וְהוּא רֹאשׁ הַכְּנֶסֶת וַיָּבֹא וַיִּפֹּל לְרַגְלֵי **יָהוֹשֻׁעַ** וַיִּתְחַנֶּן־לוֹ לָבוֹא
אִתּוֹ אֶל־בֵּיתוֹ׃ 42 כִּי בַּת יְחִידָה לוֹ כְּבַת שְׁתֵּים־עֶשְׂרֵה שָׁנָה וְהִיא נָטְתָה
לָמוּת וַיְהִי בְּלֶכְתּוֹ שָׁמָּה וַיִּדְחָקֻהוּ הֲמוֹן הָעָם׃ 43 וְאִשָּׁה זָבַת דָּם שְׁתֵּים
עֶשְׂרֵה שָׁנָה אֲשֶׁר הוֹצִיאָה כָּל־מִחְיָתָהּ לָרֹפְאִים וְאֵין אִישׁ יָכֹל לְרַפֹּאתָהּ׃ 44
הִיא קָרְבָה מֵאַחֲרָיו וַתִּגַּע בִּכְנַף בִּגְדוֹ וַיַּעֲמֹד זוֹב דָּמֶיהָ פִּתְאֹם׃ 45 וַיֹּאמֶר
יָהוֹשֻׁעַ מִי־זֶה נָגַע־בִּי וַיְכַחֲשׁוּ כֻלָּם וַיֹּאמֶר כֵּיפָא וְהָעֹמְדִים אֶצְלוֹ מוֹרֶה הֲמוֹן
הָעָם דֹּחֲקִים וְלֹחֲצִים אֹתָךְ וְאַתָּה תֹּאמַר מִי נָגַע בִּי׃ 46 וַיֹּאמֶר **יָהוֹשֻׁעַ** נָגַע
בִּי אָדָם כִּי יָדַעְתִּי אֲשֶׁר יָצְאָה מִמֶּנִּי גְּבוּרָה׃ 47 וַתֵּרֶא הָאִשָּׁה כִּי לֹא־נִסְתְּרָה
מִמֶּנּוּ וַתִּגַּשׁ בַּחֲרָדָה וַתִּפֹּל לְפָנָיו וַתַּגֵּד בְּאָזְנֵי כָל־הָעָם עַל־מֶה נָגְעָה בּוֹ וְאֵת
אֲשֶׁר נִרְפְּאָה פִּתְאֹם׃ 48 וַיֹּאמֶר אֵלֶיהָ (חִזְקִי) בִּתִּי אֱמוּנָתֵךְ הוֹשִׁיעָה לָּךְ
לְכִי לְשָׁלוֹם׃ 49 עוֹדֶנּוּ מְדַבֵּר וְאִישׁ בָּא מִבֵּית רֹאשׁ הַכְּנֶסֶת וַיֹּאמַר מֵתָה
בִתְּךָ אַל־תַּטְרִיחַ אֶת־הַמּוֹרֶה׃ 50 וַיִּשְׁמַע **יָהוֹשֻׁעַ** וַיַּעַן וַיֹּאמֶר לוֹ אַל־תִּירָא
רַק־הַאֲמֵן וְהִיא תִּוָּשֵׁעַ׃ 51 וַיָּבֹא הַבַּיְתָה וְלֹא־הִנִּיחַ לְאִישׁ לָבוֹא אִתּוֹ בִּלְתִּי
לְפֶטְרוֹס וּלְיַעֲקֹב וּלְיוֹחָנָן וְלַאֲבִי הַיַּלְדָּה וּלְאִמָּהּ׃ 52 וְכֻלָּם בֹּכִים וְסֹפְדִים לָהּ
וַיֹּאמֶר אַל־תִּבְכּוּ כִּי לֹא מֵתָה אַךְ־יְשֵׁנָה הִיא׃ 53 וַיִּשְׂחֲקוּ עָלָיו בַּאֲשֶׁר יָדְעוּ
כִּי־מֵתָה׃ 54 וְהוּא אָחַז בְּיָדָהּ וַיִּקְרָא וַיֹּאמַר הַיַּלְדָּה קוּמִי׃ 55 וַתָּשָׁב רוּחָהּ
וַתָּקָם פִּתְאֹם וַיְצַו לָתֶת־לָהּ לֶאֱכוֹל׃

LUKE

33 Then went the devils out of the man, and entered into the swine: and the herd ran violently down a steep place into the lake, and were choked.

34 When they that fed them saw what was done, they fled, and went and told it in the city and in the country.

35 Then they went out to see what was done; and came to **YAHOSHUA**, and found the man, out of whom the devils were departed, sitting at the feet of **YAHOSHUA**, clothed, and in his right mind: and they were afraid.

36 They also which saw it told them by what means he that was possessed of the devils was healed.

37 Then the whole multitude of the country of the Gadriyim round about besought him to depart from them; for they were taken with great fear: and he went up into the ship, and returned back again.

38 Now the man out of whom the devils were departed besought him that he might be with him: but **YAHOSHUA** sent him away, saying,

39 Return to thine own house, and shew how great things ELOHIM hath done unto thee. And he went his way, and published throughout the whole city how great things **YAHOSHUA** had done unto him.

YAHOSHUA HEALS A WOMAN AND JAIRUS'S DAUGHTER

40 And it came to pass, that, when **YAHOSHUA** was returned, the people gladly received him: for they were all waiting for him.

41 And, behold, there came a man named Yair, and he was a ruler of the Congregation: and he fell down at **YAHOSHUA'S** feet, and besought him that he would come into his house:

42 For he had one only daughter, about twelve years of age, and she lay a dying. But as he went the people thronged him.

43 And a woman having an issue of blood twelve years, which had spent all her living upon physicians, neither could be healed of any,

44 Came behind him, and touched the border of his garment: and immediately her issue of blood stanched.

45 And **YAHOSHUA** said, Who touched me? When all denied, Kepha and they that were with him said, Master, the multitude throng thee and press thee, and sayest thou, Who touched me?

46 And **YAHOSHUA** said, Somebody hath touched me: for I perceive that virtue is gone out of me.

47 And when the woman saw that she was not hid, she came trembling, and falling down before him, she declared unto him before all the people for what cause she had touched him, and how she was healed immediately.

48 And he said unto her, Daughter, be of good comfort: thy faith hath made thee whole; go in shalom.

49 While he yet spake, there cometh one from the ruler of the Congregation's house, saying to him, Thy daughter is dead; trouble not the Master.

50 But when **YAHOSHUA** heard it, he answered him, saying, Fear not: believe only, and she shall be made whole.

51 And when he came into the house, he suffered no man to go in, save Kepha, and Ya'aqob, and Yokhanan, and the father and the mother of the maiden.

52 And all wept, and bewailed her: but he said, Weep not; she is not dead, but sleepeth.

53 And they laughed him to scorn, knowing that she was dead.

54 And he put them all out, and took her by the hand, and called, saying, Maid, arise.

55 And her ruakh came again, and she arose straightway: and he commanded to give her meat.

56 וַיִּתְמְהוּ אָבִיהָ וְאִמָּהּ וַיְצַו עֲלֵיהֶם לְבִלְתִּי הַגִּיד לְאִישׁ אֵת אֲשֶׁר נַעֲשָׂה:

YAHOSHUA SENDS OUT THE TWELVE APOSTLES

ט וַיִּקְרָא אֶל־שְׁנֵים הֶעָשָׂר וַיִּתֵּן לָהֶם גְּבוּרָה וְשָׁלְטָן עַל כָּל־הַשֵּׁדִים וְלִרְפֹּא חֳלָיִים:
2 וַיִּשְׁלָחֵם לִקְרֹא אֶת־מַלְכוּת הָאֱלֹהִים וְלִרְפֹּא אֶת־הָחֹלִים: 3 וַיֹּאמֶר לָהֶם אַל־
תִּקְחוּ מְאוּמָה לַדָּרֶךְ לֹא מַטּוֹת וְלֹא תַרְמִיל וְלֹא־לֶחֶם וְלֹא־כֶסֶף וְאַל־יִהְיֶה לְאִישׁ מִכֶּם
שְׁתֵּי כֻתֳּנוֹת: 4 וְהַבַּיִת אֲשֶׁר תָּבֹאוּ בוֹ שָׁם שְׁבוּ־לָכֶם וּמִשָּׁם צֵאוּ: 5 וְכֹל אֲשֶׁר לֹא־
יְקַבְּלוּ אֶתְכֶם צְאוּ מִן־הָעִיר הַהִיא וְנַעֲרוּ אֶת־הֶעָפָר מֵעַל רַגְלֵיכֶם לְעֵדוּת בָּהֶם: 6 וַיֵּצְאוּ
וַיַּעַבְרוּ בַּכְּפָרִים מְבַשְּׂרִים אֶת־הַבְּשׂוֹרָה וּמְרַפְּאִים בְּכָל־מָקוֹם:

HEROD IS PERPLEXED BY YAHOSHUA

7 וְהוֹרְדוֹס שַׂר הָרֹבַע שָׁמַע אֶת־כָּל־אֲשֶׁר נַעֲשָׂה (עַל־יָדוֹ) וַתִּפָּעֶם רוּחוֹ כִּי־יֵשׁ אֲשֶׁר
אָמְרוּ יוֹחָנָן נֵעוֹר מִן־הַמֵּתִים: 8 וְיֵשׁ אֲשֶׁר אָמְרוּ אֵלִיָּהוּ נִרְאָה וַאֲחֵרִים אָמְרוּ קָם נָבִיא
אֶחָד מִן־הַנְּבִיאִים הַקַּדְמוֹנִים: 9 וַיֹּאמֶר הוֹרְדוֹס הֵן אָנֹכִי נָשָׂאתִי אֶת־רֹאשׁ יוֹחָנָן מֵעָלָיו
וּמִי־זֶה אֲשֶׁר אֲנִי שֹׁמֵעַ עָלָיו כַּדְּבָרִים הָאֵלֶּה וַיְבַקֵּשׁ לִרְאוֹתוֹ:

YAHOSHUA FEEDS THE FIVE THOUSAND

10 וַיָּשׁוּבוּ הַשְּׁלִיחִים וַיְסַפְּרוּ־לוֹ אֶת־כָּל־אֲשֶׁר עָשׂוּ וַיִּקָּחֵם אֵלָיו וַיָּסַר עִמָּהֶם לְבַדָּם אֶל־מָקוֹם
שֹׁמֵם אֲשֶׁר לָעִיר הַנִּקְרָאָה בֵּית־צָיְדָה: 11 וַהֲמוֹן הָעָם יָדְעוּ וַיֵּלְכוּ אַחֲרָיו וַיְקַבְּלֵם וַיְדַבֵּר
אֲלֵיהֶם עַל־מַלְכוּת הָאֱלֹהִים וַיִּרְפָּא אֶת־הַצְּרִיכִים לִרְפוּאָה: 12 וְהַיּוֹם רָפָה לַעֲרֹב וּשְׁנֵים
הֶעָשָׂר נִגְּשׁוּ וַיֹּאמְרוּ אֵלָיו שַׁלַּח־נָא אֶת־הָעָם וְיֵלְכוּ אֶל־הַכְּפָרִים וְהַחֲצֵרִים אֲשֶׁר סְבִיבוֹתֵינוּ
לָלוּן וְלִמְצֹא מָזוֹן כִּי־פֹה בְּמָקוֹם שֹׁמֵם אֲנָחְנוּ: 13 וַיֹּאמֶר אֲלֵיהֶם תְּנוּ־אַתֶּם לָהֶם לֶאֱכֹל
וַיֹּאמְרוּ אֵין לָנוּ כִּי אִם־חֲמֵשֶׁת כִּכְּרוֹת־לֶחֶם וְדָגִים שְׁנַיִם בִּלְתִּי אִם־נֵלֵךְ וְנִקְנֶה־אֹכֶל לְכָל־
הָעָם הַזֶּה: 14 כִּי הָיוּ כַּחֲמֵשֶׁת אַלְפֵי־אִישׁ וַיֹּאמֶר אֶל־תַּלְמִידָיו הוֹשִׁיבוּ אֹתָם שׁוּרוֹת שׁוּרוֹת
חֲמִשִּׁים אִישׁ הַשּׁוּרָה הָאֶחָת: 15 וַיַּעֲשׂוּ־כֵן וַיּוֹשִׁיבוּ אֶת־כֻּלָּם: 16 וַיִּקַּח אֶת־חֲמֵשֶׁת כִּכְּרוֹת
הַלֶּחֶם וְאֶת־שְׁנֵי הַדָּגִים וַיִּשָּׂא עֵינָיו הַשָּׁמַיְמָה וַיְבָרֶךְ עֲלֵיהֶם וַיִּפְרֹס וַיִּתֵּן לְתַלְמִידָיו לָשׂוּם לִפְנֵי
הָעָם: 17 וַיֹּאכְלוּ כֻלָּם וַיִּשְׂבָּעוּ וַיִּשְׂאוּ מִן־הַפְּתוֹתִים הַנּוֹתָרִים לָהֶם מְלֹא שְׁנֵים עָשָׂר סַלִּים:

PETER CONFESSES YAHOSHUA AS THE MESHIAKH

18 וַיְהִי הוּא מִתְפַּלֵּל לְבַדּוֹ וַיֵּאָסְפוּ אֵלָיו תַּלְמִידָיו וַיִּשְׁאַל אֹתָם לֵאמֹר הֲמוֹן הָעָם
מָה־אֹמְרִים לִי מִי־אָנִי: 19 וַיַּעֲנוּ וַיֹּאמְרוּ יוֹחָנָן הַמַּטְבִּיל וְיֵשׁ אֹמְרִים אֵלִיָּהוּ וַאֲחֵרִים
אֹמְרִים קָם נָבִיא אֶחָד מִן־הַנְּבִיאִים הַקַּדְמוֹנִים:

LUKE

56 And her parents were astonished: but he charged them that they should tell no man what was done.

YAHOSHUA SENDS OUT THE TWELVE APOSTLES

9 Then he called his twelve disciples together, and gave them power and authority over all devils, and to cure diseases.

2 And he sent them to preach the kingdom of ELOHIM, and to heal the sick.

3 And he said unto them, Take nothing for your journey, neither staves, nor scrip, neither bread, neither money; neither have two coats apiece.

4 And whatsoever house ye enter into, there abide, and thence depart.

5 And whosoever will not receive you, when ye go out of that city, shake off the very dust from your feet for a testimony against them.

6 And they departed, and went through the towns, preaching the gospel, and healing every where.

HEROD IS PERPLEXED BY YAHOSHUA

7 Now Hordos the tetrarch heard of all that was done by him: and he was perplexed, because that it was said of some, that Yokhanan was risen from the dead;

8 And of some, that EliYAHU had appeared; and of others, that one of the old prophets was risen again.

9 And Hordos said, Yokhanan have I beheaded: but who is this, of whom I hear such things? And he desired to see him.

YAHOSHUA FEEDS THE FIVE THOUSAND

10 And the apostles, when they were returned, told him all that they had done. And he took them, and went aside privately into a desert place belonging to the city called Beth-Tzaidah.

11 And the people, when they knew it, followed him: and he received them, and spake unto them of the kingdom of ELOHIM, and healed them that had need of healing.

12 And when the day began to wear away, then came the twelve, and said unto him, Send the multitude away, that they may go into the towns and country round about, and lodge, and get victuals: for we are here in a desert place.

13 But he said unto them, Give ye them to eat. And they said, We have no more but five loaves and two fishes; except we should go and buy meat for all this people.

14 For they were about five thousand men. And he said to his disciples, Make them sit down by fifties in a company.

15 And they did so, and made them all sit down.

16 Then he took the five loaves and the two fishes, and looking up to heaven, he blessed them, and brake, and gave to the disciples to set before the multitude.

17 And they did eat, and were all filled: and there was taken up of fragments that remained to them twelve baskets.

PETER CONFESSES YAHOSHUA AS THE MESHIAKH

18 And it came to pass, as he was alone praying, his disciples were with him: and he asked them, saying, Whom say the people that I am?

19 They answering said, Yokhanan the Immerser; but some say, EliYAHU; and others say, that one of the old prophets is risen again.

20 וַיֹּאמֶר אֲלֵיהֶם וְאַתֶּם מַה־תֹּאמְרוּ לִי מִי־אָנִי וַיַּעַן כֵּיפָא וַיֹּאמֶר מְשִׁיחַ
הָאֱלֹהִים אָתָּה׃

YAHOSHUA FORETELLS HIS DEATH

21 וְהוּא הֵעִיד בָּם וַיְצַוֵּם לְבִלְתִּי הַגִּיד לְאִישׁ אֶת־הַדָּבָר הַזֶּה׃ 22 וַיֹּאמַר צָרִיךְ בֶּן־הָאָדָם
לַעֲנֹת הַרְבֵּה וְהַזְּקֵנִים וְרָאשֵׁי הַכֹּהֲנִים וְהַסּוֹפְרִים יְמָאֲסֻהוּ וְיֵהָרֵג וּבַיּוֹם הַשְּׁלִישִׁי קוֹם יָקוּם׃

TAKE UP YOUR CROSS AND FOLLOW YAHOSHUA

23 וְאֶל־כֻּלָּם אָמַר אִישׁ כִּי־יַחְפֹּץ לָלֶכֶת אַחֲרַי יְכַחֵשׁ בְּנַפְשׁוֹ וְנָשָׂא אֶת־צְלוּבוֹ יוֹם יוֹם
וְהָלַךְ אַחֲרָי׃ 24 כִּי הֶחָפֵץ לְהַצִּיל אֶת־נַפְשׁוֹ תֹּאבַד נַפְשׁוֹ מִמֶּנּוּ וְהַמְאַבֵּד אֶת־נַפְשׁוֹ
לְמַעֲנִי הוּא יַצִּילֶנָּה׃ 25 כִּי מַה־יּוֹעִיל הָאָדָם שֶׁיִּקְנֶה אֵת כָּל־הָעוֹלָם וְאִבַּד וְהִשְׁחִית
אֶת־נַפְשׁוֹ׃ 26 כִּי הָאִישׁ אֲשֶׁר הָיִיתִי אֲנִי וּדְבָרַי לוֹ לְחֶרְפָּה הוּא יִהְיֶה לְחֶרְפָּה לְבֶן־
הָאָדָם כַּאֲשֶׁר יָבֹא בִּכְבוֹדוֹ וּבִכְבוֹד הָאָב וְהַמַּלְאָכִים הַקְּדוֹשִׁים׃ 27 וּבֶאֱמֶת אֲנִי אֹמֵר
לָכֶם יֵשׁ מִן־הָעֹמְדִים פֹּה אֲשֶׁר לֹא־יִטְעֲמוּ מָוֶת עַד כִּי־יִרְאוּ אֶת־מַלְכוּת הָאֱלֹהִים׃

THE TRANSFIGURATION

28 וַיְהִי כִּשְׁמֹנָה יָמִים אַחֲרֵי הַדְּבָרִים הָאֵלֶּה וַיִּקַּח אֵלָיו אֶת־כֵּיפָא וְאֶת־יוֹחָנָן וְאֶת־
יַעֲקֹב וַיַּעַל אֶל־הָהָר לְהִתְפַּלֵּל שָׁם׃ 29 וַיְהִי בְּהִתְפַּלְלוֹ וַיִּשְׁתַּנּוּ פָּנָיו וּלְבוּשׁוֹ הִלְבִּין
וְהִבְרִיק׃ 30 וְהִנֵּה שְׁנֵי אֲנָשִׁים מְדַבְּרִים אִתּוֹ מֹשֶׁה וְאֵלִיָּהוּ׃ 31 הֵמָּה נִרְאוּ בִּכְבוֹדָם
וְהִגִּידוּ אֶת־אַחֲרִיתוֹ אֲשֶׁר יְמַלְאֶנָּה בִּירוּשָׁלָיִם׃ 32 וְכֵיפָא וַאֲשֶׁר אִתּוֹ נִרְדָּמִים וַיָּקִיצוּ
וַיִּרְאוּ אֶת־כְּבוֹדוֹ וְאֶת־שְׁנֵי הָאֲנָשִׁים הָעֹמְדִים עָלָיו׃ 33 וַיְהִי כְּהִפָּרְדָם מֵעִמּוֹ וַיֹּאמֶר
כֵּיפָא אֶל־יָהוֹשֻׁעַ מוֹרֶה טוֹב לָנוּ לִהְיוֹת פֹּה נַעֲשֶׂה־נָּא שָׁלֹשׁ סֻכּוֹת לְךָ אַחַת וּלְמֹשֶׁה
אַחַת וּלְאֵלִיָּהוּ אַחַת וְלֹא יָדַע מַה־דִּבֵּר׃ 34 עוֹד הוּא מְדַבֵּר כָּזֹאת וְהִנֵּה עָנָן סֹכֵךְ
עֲלֵיהֶם וּכְבוֹאָם בְּתוֹךְ הֶעָנָן וַיֶּחֱרָדוּ׃ 35 וְהִנֵּה קוֹל מִן־הֶעָנָן אֹמֵר זֶה־בְּנִי יְדִידִי אֵלָיו
תִּשְׁמָעוּן׃ 36 וּבְהִשָּׁמַע הַקּוֹל נִמְצָא יָהוֹשֻׁעַ לְבַדּוֹ וְהֵמָּה הֶחֱשׁוּ וְלֹא־הִגִּידוּ דָבָר לְאִישׁ
בַּיָּמִים הָהֵם מִכֹּל אֲשֶׁר רָאוּ׃

YAHOSHUA HEALS A BOY WITH AN UNCLEAN SPIRIT

37 וַיְהִי מִמָּחֳרָת בְּרִדְתָּם מִן־הָהָר וַיֵּצֵא עַם־רַב לִקְרָאתוֹ׃ 38 וְהִנֵּה אִישׁ אֶחָד מִן־
הָעָם זֹעֵק לֵאמֹר אָנָּא רַבִּי פְּנֵה־נָא אֶל־בְּנִי כִּי יָחִיד הוּא לִי׃ 39 וְהִנֵּה כִּי אָחַז בּוֹ רוּחַ
הוּא מְצַעֵק פִּתְאֹם וְהָרוּחַ מְרוֹצֵץ אֹתוֹ בְּהוֹרִיד רִירוֹ וּמַקְשֶׁה לָסוּר מִמֶּנּוּ וִידַכֵּא אֹתוֹ׃
40 וָאֲבַקֵּשׁ מִתַּלְמִידֶיךָ לְגָרְשׁוֹ וְלֹא יָכֹלוּ׃ 41 וַיַּעַן יָהוֹשֻׁעַ וַיֹּאמַר הוֹי דוֹר חֲסַר אֱמוּנָה
וּפְתַלְתֹּל עַד־מָתַי אֶהְיֶה עִמָּכֶם וְאֶשָּׂא אֶתְכֶם הָבֵא אֶת־בִּנְךָ הֵנָּה׃

LUKE

20 He said unto them, But whom say ye that I am? Kepha answering said, The **MESHIAKH** of ELOHIM.

YAHOSHUA FORETELLS HIS DEATH

21 And he straitly charged them, and commanded them to tell no man that thing;
22 Saying, The Son of man must suffer many things, and be rejected of the elders and chief priests and scribes, and be slain, and be raised the third day.

TAKE UP YOUR CROSS AND FOLLOW YAHOSHUA

23 And he said to them all, If any man will come after me, let him deny himself, and take up his cross daily, and follow me.
24 For whosoever will save his life shall lose it: but whosoever will lose his life for my sake, the same shall save it.
25 For what is a man advantaged, if he gain the whole world, and lose himself, or be cast away?
26 For whosoever shall be ashamed of me and of my words, of him shall the Son of man be ashamed, when he shall come in his own glory, and in his Father's, and of the holy angels.
27 But I tell you of a truth, there be some standing here, which shall not taste of death, till they see the kingdom of ELOHIM.

THE TRANSFIGURATION

28 And it came to pass about an eight days after these sayings, he took Kepha and Yokhanan and Ya'aqob, and went up into a mountain to pray.
29 And as he prayed, the fashion of his countenance was altered, and his raiment was white and glistering.
30 And, behold, there talked with him two men, which were Mosheh and EliYAHU:
31 Who appeared in glory, and spake of his decease which he should accomplish at Yerushalem.
32 But Kepha and they that were with him were heavy with sleep: and when they were awake, they saw his glory, and the two men that stood with him.
33 And it came to pass, as they departed from him, Kepha said unto **YAHOSHUA**, Master, it is good for us to be here: and let us make three tabernacles; one for thee, and one for Mosheh, and one for EliYAHU: not knowing what he said.
34 While he thus spake, there came a cloud, and overshadowed them: and they feared as they entered into the cloud.
35 And there came a voice out of the cloud, saying, This is my beloved Son: hear him.
36 And when the voice was past, **YAHOSHUA** was found alone. And they kept it close, and told no man in those days any of those things which they had seen.

YAHOSHUA HEALS A BOY WITH AN UNCLEAN SPIRIT

37 And it came to pass, that on the next day, when they were come down from the hill, much people met him.
38 And, behold, a man of the company cried out, saying, Master, I beseech thee, look upon my son: for he is mine only child.
39 And, lo, a ruakh taketh him, and he suddenly crieth out; and it teareth him that he foameth again, and bruising him hardly departeth from him.
40 And I besought thy disciples to cast him out; and they could not.
41 And **YAHOSHUA** answering said, O faithless and perverse generation, how long shall I be with you, and suffer you? Bring thy son hither.

42 וַיְהִי אַךְ הִקְרִיב לָבוֹא הִפִּילוֹ הַשֵּׁד וַיְרוֹצְצֵהוּ **וִיהוֹשֻׁעַ** גָּעַר בָּרוּחַ הַטָּמֵא וַיְרַפֵּא אֶת־
הַנַּעַר וַיְשִׁיבֵהוּ לְאָבִיו׃

YAHOSHUA AGAIN FORETELLS HIS DEATH

43 וַיִּשְׁתּוֹמְמוּ כֻּלָּם עַל־גְּדֻלַּת הָאֱלֹהִים וַיְהִי בְּתָמְהָם כֻּלָּם עַל־כֹּל אֲשֶׁר עָשָׂה וַיֹּאמֶר
יָהוֹשֻׁעַ אֶל־תַּלְמִידָיו׃ 44 שִׂימוּ אַתֶּם בְּאָזְנֵיכֶם אֶת־הַדְּבָרִים הָאֵלֶּה כִּי עָתִיד בֶּן־הָאָדָם
לְהִמָּסֵר בִּידֵי בְנֵי־אָדָם׃ 45 וְהֵמָּה לֹא הֵבִינוּ אֶת־הַמַּאֲמָר הַזֶּה וַיְהִי נֶעְלָם מִדַּעְתָּם
וַיִּירְאוּ לִשְׁאֹל אֹתוֹ עַל־הַמַּאֲמָר הַזֶּה׃

WHO IS THE GREATEST?

46 וַיַּעַל עַל־לְבָבָם לַחֲשׁוֹב מִי הַגָּדוֹל בָּהֶם׃ 47 וַיֵּדַע **יָהוֹשֻׁעַ** אֶת־מַחֲשֶׁבֶת לִבָּם
וַיִּקַּח יֶלֶד וַיַּעֲמִידֵהוּ אֶצְלוֹ׃ 48 וַיֹּאמֶר אֲלֵיהֶם הַמְקַבֵּל אֶת־הַיֶּלֶד הַזֶּה לִשְׁמִי
אוֹתִי הוּא מְקַבֵּל וְהַמְקַבֵּל אוֹתִי הוּא מְקַבֵּל אֵת אֲשֶׁר שְׁלָחָנִי כִּי הַקָּטֹן בְּכֻלְּכֶם
הוּא יִהְיֶה הַגָּדוֹל׃

ANYONE NOT AGAINST US IS FOR US

49 וַיַּעַן יוֹחָנָן וַיֹּאמַר מוֹרֶה רָאִינוּ אִישׁ מְגָרֵשׁ שֵׁדִים בְּשִׁמְךָ וַנִּכְלָא אוֹתוֹ כִּי אֵינֶנּוּ
הוֹלֵךְ עִמָּנוּ׃ 50 וַיֹּאמֶר **יָהוֹשֻׁעַ** אֵלָיו אַל־תִּכְלָאוּ כִּי כֹל אֲשֶׁר אֵינֶנּוּ לְצָרֵינוּ לָנוּ הוּא׃

A SAMARITAN VILLAGE REJECTS YAHOSHUA

51 וַיְהִי כַּאֲשֶׁר קָרְבוּ יְמֵי הֵעָלוֹתוֹ וַיָּשֶׂם אֶת־פָּנָיו לָלֶכֶת יְרוּשָׁלָיִם׃ 52 וַיִּשְׁלַח
מַלְאָכִים לְפָנָיו וַיֵּלְכוּ וַיָּבֹאוּ אֶל־אֶחָד מִכְּפָרֵי הַשֹּׁמְרוֹנִים לְהָכִין לוֹ׃ 53 וְלֹא קִבְּלֻהוּ
כִּי פָנָיו הֹלְכִים יְרוּשָׁלָיִם׃ 54 וַיִּרְאוּ יַעֲקֹב וְיוֹחָנָן תַּלְמִידָיו וַיֹּאמְרוּ אֲדֹנֵינוּ הֲתִרְצֶה
וְנֹאמַר שֶׁתֵּרֵד אֵשׁ מִן־הַשָּׁמַיִם וְתֹאכְלֵם (כַּאֲשֶׁר עָשָׂה אֵלִיָּהוּ)׃ 55 וַיִּפֶן וַיִּגְעַר־בָּם
(וַיֹּאמַר הֲלֹא יְדַעְתֶּם בְּנֵי רוּחוֹ שֶׁל מִי אַתֶּם׃ 56 כִּי בֶן־הָאָדָם לֹא בָא לְאַבֵּד נַפְשׁוֹת
אָדָם כִּי אִם־לְהוֹשִׁיעַ) וַיֵּלְכוּ לָהֶם אֶל־כְּפָר אַחֵר׃

THE COST OF FOLLOWING YAHOSHUA

57 וַיְהִי בְּלֶכְתָּם בַּדֶּרֶךְ וַיֹּאמֶר אֵלָיו אִישׁ אֲדֹנִי אֵלְכָה אַחֲרֶיךָ אֶל־כָּל־אֲשֶׁר תֵּלֵךְ׃
58 וַיֹּאמֶר אֵלָיו **יָהוֹשֻׁעַ** לַשּׁוּעָלִים יֵשׁ מְאוּרוֹת וּלְעוֹף הַשָּׁמַיִם קִנִּים וּבֶן־הָאָדָם אֵין־
לוֹ מָקוֹם לְהָנִיחַ רֹאשׁוֹ׃ 59 וְאֶל־אִישׁ אַחֵר אָמַר לֵךְ אַחֲרָי וְהוּא אָמַר אֲדֹנִי תֶּן־לִי
וְאֵלְכָה בָּרִאשׁוֹנָה לִקְבֹּר אֶת־אָבִי׃ 60 וַיֹּאמֶר אֵלָיו **יָהוֹשֻׁעַ** הַנַּח לַמֵּתִים לִקְבֹּר
אֶת־מֵתֵיהֶם וְאַתָּה לֵךְ הוֹדַע אֶת־מַלְכוּת הָאֱלֹהִים׃ 61 וַיֹּאמֶר עוֹד אִישׁ אַחֵר אֵלְכָה
אַחֲרֶיךָ אֲדֹנִי רַק הַנִּיחָה־לִּי בָּרִאשׁוֹנָה לְהִפָּטֵר מִבְּנֵי בֵיתִי׃

LUKE

42 And as he was yet a coming, the devil threw him down, and tare him. And **YAHOSHUA** rebuked the unclean ruakh, and healed the child, and delivered him again to his father.

YAHOSHUA AGAIN FORETELLS HIS DEATH

43 And they were all amazed at the mighty power of **ELOHIM**. But while they wondered every one at all things which **YAHOSHUA** did, he said unto his disciples,

44 Let these sayings sink down into your ears: for the Son of man shall be delivered into the hands of men.

45 But they understood not this saying, and it was hid from them, that they perceived it not: and they feared to ask him of that saying.

WHO IS THE GREATEST?

46 Then there arose a reasoning among them, which of them should be greatest.

47 And **YAHOSHUA**, perceiving the thought of their heart, took a child, and set him by him,

48 And said unto them, Whosoever shall receive this child in my name receiveth me: and whosoever shall receive me receiveth him that sent me: for he that is least among you all, the same shall be great.

ANYONE NOT AGAINST US IS FOR US

49 And Yokhanan answered and said, Master, we saw one casting out devils in thy name; and we forbad him, because he followeth not with us.

50 And **YAHOSHUA** said unto him, Forbid him not: for he that is not against us is for us.

A SAMARITAN VILLAGE REJECTS YAHOSHUA

51 And it came to pass, when the time was come that he should be received up, he stedfastly set his face to go to Yerushalem,

52 And sent messengers before his face: and they went, and entered into a village of the Samaritans, to make ready for him.

53 And they did not receive him, because his face was as though he would go to Yerushalem.

54 And when his disciples Ya'aqob and Yokhanan saw this, they said, Adone, wilt thou that we command fire to come down from heaven, and consume them, even as EliYAHU did?

55 But he turned, and rebuked them, and said, Ye know not what manner of ruakh ye are of.

56 For the Son of man is not come to destroy men's lives, but to save them. And they went to another village.

THE COST OF FOLLOWING YAHOSHUA

57 And it came to pass, that, as they went in the way, a certain man said unto him, Adoni, I will follow thee whithersoever thou goest.

58 And **YAHOSHUA** said unto him, Foxes have holes, and birds of the air have nests; but the Son of man hath not where to lay his head.

59 And he said unto another, Follow me. But he said, Adoni, suffer me first to go and bury my father.

60 **YAHOSHUA** said unto him, Let the dead bury their dead: but go thou and preach the kingdom of **ELOHIM**.

61 And another also said, Adoni, I will follow thee; but let me first go bid them farewell, which are at home at my house.

62 וַיֹּאמֶר יָהוֹשֻׁעַ הַשָּׂם יָדוֹ עַל־הַמַּחֲרֵשָׁה וּמַבִּיט אַחֲרָיו לֹא יִכְשַׁר לְמַלְכוּת
הָאֱלֹהִים׃

YAHOSHUA SENDS OUT THE SEVENTY-TWO

י וְאַחֲרֵי הַדְּבָרִים הָאֵלֶּה הִבְדִּיל יָהוֹשֻׁעַ עוֹד שִׁבְעִים אֲחֵרִים וַיִּשְׁלָחֵם לְפָנָיו שְׁנַיִם
שְׁנַיִם אֶל־כָּל־עִיר וּמָקוֹם אֲשֶׁר בִּקֵּשׁ לָבוֹא שָׁמָּה׃ 2 וַיֹּאמֶר לָהֶם הֵן הַקָּצִיר רַב
וְהַפֹּעֲלִים מְעַטִּים לָכֵן הִתְחַנְּנוּ אֶל־אֲדוֹן הַקָּצִיר וְיִשְׁלַח פֹּעֲלִים לִקְצִירוֹ׃ 3 לְכוּ־נָא הִנֵּה
אָנֹכִי שֹׁלֵחַ אֶתְכֶם כְּשִׁלַּח כְּבָשִׂים בֵּין זְאֵבִים׃ 4 אַל־תִּשְׂאוּ כִיס וְלֹא תַרְמִיל וְלֹא נְעָלִים
וְאַל־תִּשְׁאֲלוּ לִשְׁלוֹם־אִישׁ בַּדָּרֶךְ׃ 5 וּלְכָל־בַּיִת אֲשֶׁר תָּבֹאוּ שָׁם אִמְרוּ בָרִאשׁוֹנָה שָׁלוֹם
לַבַּיִת הַזֶּה׃ 6 וְהָיָה כִּי יִהְיֶה־שָּׁם בֶּן־שָׁלוֹם וְנָח עָלָיו שְׁלוֹמְכֶם וְאִם־לֹא אֲלֵיכֶם יָשׁוּב׃ 7
וּבַבַּיִת הַהוּא תֵּשְׁבוּ וְתֹאכְלוּ וְתִשְׁתּוּ מֵאֲשֶׁר יִנָּתֵן לָכֶם כִּי רָאוּי הַפּוֹעֵל לִשְׂכָרוֹ אַל־תִּסְעוּ
מִבַּיִת לְבָיִת׃ 8 וְכָל־עִיר אֲשֶׁר תָּבֹאוּ בָהּ וְקִבְּלוּ אֶתְכֶם אִכְלוּ אֵת־אֲשֶׁר יָשִׂימוּ לִפְנֵיכֶם׃
9 וְרִפְאוּ אֶת־הַחוֹלִים אֲשֶׁר בְּקִרְבָּהּ וְאִמְרוּ לָהֶם קָרְבָה אֲלֵיכֶם מַלְכוּת הָאֱלֹהִים׃ 10
וְכָל־עִיר אֲשֶׁר תָּבֹאוּ בָהּ וְלֹא יְקַבְּלוּ אֶתְכֶם וִיצָאתֶם אֶל־רְחוֹבוֹתֶיהָ וַאֲמַרְתֶּם׃ 11 אַף
אֶת־עֲפַר עִירְכֶם אֲשֶׁר בְּרַגְלֵינוּ נְנַעֲרֵהוּ לָכֶם רַק יָדֹעַ תֵּדְעוּ כִּי קָרְבָה מַלְכוּת הָאֱלֹהִים׃
12 אֹמֵר אֲנִי לָכֶם לִסְדוֹם יֵקַל בַּיּוֹם הַהוּא מִן־הָעִיר הַהִיא׃

WOE TO UNREPENTANT CITIES

13 אוֹי לָךְ כּוֹרָזִין אוֹי לָךְ בֵּית־צָיְדָה כִּי הַגְּבוּרוֹת אֲשֶׁר נַעֲשׂוּ בְקִרְבְּכֶן אִלּוּ נַעֲשׂוּ
בְּצוֹר וּבְצִידוֹן הֲלֹא כְבָר יָשְׁבוּ בְּשַׂק וָאֵפֶר וָשָׁבוּ׃ 14 אָכֵן לְצוֹר וְצִידוֹן יֵקַל בַּדִּין
מִכֶּם׃ 15 וְאַתְּ כְּפַר־נַחוּם אֲשֶׁר עַד־הַשָּׁמַיִם הִתְרוֹמַמְתְּ אֶל־שְׁאוֹל תּוּרָדִי׃ 16
הַשֹּׁמֵעַ אֲלֵיכֶם אֵלַי הוּא שֹׁמֵעַ וְהַבּוֹזֶה אֶתְכֶם אוֹתִי הוּא בוֹזֶה וְהַבּוֹזֶה אוֹתִי הוּא
בוֹזֶה אֶת־אֲשֶׁר שְׁלָחָנִי׃

THE RETURN OF THE SEVENTY-TWO

17 וַיָּשׁוּבוּ הַשִּׁבְעִים בְּשִׂמְחָה וַיֹּאמְרוּ אֲדֹנֵינוּ גַּם־הַשֵּׁדִים נִכְנָעִים תַּחְתֵּינוּ בִּשְׁמֶךָ׃
18 וַיֹּאמֶר אֲלֵיהֶם רָאִיתִי אֶת־הַשָּׂטָן נֹפֵל כַּבָּרָק מִן־הַשָּׁמָיִם׃ 19 הִנֵּה הִשְׁלַטְתִּי
אֶתְכֶם לִדְרֹךְ עַל־נְחָשִׁים וְעַקְרַבִּים וְעַל כָּל־גְּבוּרַת הָאֹיֵב וְכָל־דָּבָר לֹא יַזִּיק לָכֶם׃
20 אַךְ בָּזֹאת אַל־תִּשְׂמְחוּ אֲשֶׁר־נִכְנָעִים תַּחְתֵּיכֶם הָרוּחוֹת כִּי אִם־שִׂמְחוּ עַל אֲשֶׁר־
נִכְתְּבוּ שְׁמוֹתֵיכֶם בַּשָּׁמָיִם׃

LUKE

62 And **YAHOSHUA** said unto him, No man, having put his hand to the plough, and looking back, is fit for the kingdom of ELOHIM.

YAHOSHUA SENDS OUT THE SEVENTY-TWO

10 After these things **YAHOSHUA** appointed other seventy also, and sent them two and two before his face into every city and place, whither he himself would come.

2 Therefore said he unto them, The harvest truly is great, but the labourers are few: pray ye therefore of the Adone of the harvest, that he would send forth labourers into his harvest.

3 Go your ways: behold, I send you forth as lambs among wolves.

4 Carry neither purse, nor scrip, nor shoes: and salute no man by the way.

5 And into whatsoever house ye enter, first say, Shalom be to this house.

6 And if the son of shalom be there, your shalom shall rest upon it: if not, it shall turn to you again.

7 And in the same house remain, eating and drinking such things as they give: for the labourer is worthy of his hire. Go not from house to house.

8 And into whatsoever city ye enter, and they receive you, eat such things as are set before you:

9 And heal the sick that are therein, and say unto them, The kingdom of ELOHIM is come nigh unto you.

10 But into whatsoever city ye enter, and they receive you not, go your ways out into the streets of the same, and say,

11 Even the very dust of your city, which cleaveth on us, we do wipe off against you: notwithstanding be ye sure of this, that the kingdom of ELOHIM is come nigh unto you.

12 But I say unto you, that it shall be more tolerable in that day for Sedom, than for that city.

WOE TO UNREPENTANT CITIES

13 Woe unto thee, Korazin! woe unto thee, Beth-Tzaidah! for if the mighty works had been done in Tzor and Tzidon, which have been done in you, they had a great while ago repented, sitting in sackcloth and ashes.

14 But it shall be more tolerable for Tzor and Tzidon at the judgment, than for you.

15 And thou, Kepar-Nakhum, which art exalted to heaven, shalt be thrust down to hell.

16 He that heareth you heareth me; and he that despiseth you despiseth me; and he that despiseth me despiseth him that sent me.

THE RETURN OF THE SEVENTY-TWO

17 And the seventy returned again with joy, saying, Adone, even the devils are subject unto us through thy name.

18 And he said unto them, I beheld Satan as lightning fall from heaven.

19 Behold, I give unto you power to tread on serpents and scorpions, and over all the power of the enemy: and nothing shall by any means hurt you.

20 Notwithstanding in this rejoice not, that the spirits are subject unto you; but rather rejoice, because your names are written in heaven.

לוּקָס

YAHOSHUA REJOICES IN THE FATHER'S WILL

21 בַּשָּׁעָה הַהִיא עָלַץ **יָהוֹשֻׁעַ בְּרוּחַ הַקֹּדֶשׁ** וַיֹּאמַר אוֹדְךָ אָבִי אֲדוֹן הַשָּׁמַיִם וְהָאָרֶץ
כִּי הִסְתַּרְתָּ אֶת־אֵלֶּה מִן־הַחֲכָמִים וְהַנְּבוֹנִים וְגִלִּיתָם לָעֹלָלִים הֵן אָבִי כִּי־כֵן הָיָה
רָצוֹן מִלְּפָנֶיךָ׃ 22 הַכֹּל נִמְסַר בְּיָדִי מֵאֵת אָבִי וְאֵין אִישׁ יֹדֵעַ מִי הוּא הַבֵּן זוּלָתִי
הָאָב וּמִי הוּא הָאָב אֵין אִישׁ יֹדֵעַ זוּלָתִי הַבֵּן וְהוּא אֲשֶׁר חָפֵץ בּוֹ הַבֵּן לְגַלּוֹתוֹ לוֹ׃
23 וַיִּפֶן אֶל־תַּלְמִידָיו לְבַדָּם וַיֹּאמַר אַשְׁרֵי הָעֵינַיִם הָרֹאוֹת אֵת אֲשֶׁר אַתֶּם רֹאִים׃
24 כִּי אֹמֵר אֲנִי לָכֶם נְבִיאִים וּמְלָכִים רַבִּים חָשְׁקוּ לִרְאוֹת אֵת אֲשֶׁר אַתֶּם רֹאִים
וְלֹא רָאוּ וְלִשְׁמֹעַ אֵת אֲשֶׁר אַתֶּם שֹׁמְעִים וְלֹא שָׁמֵעוּ׃

THE PARABLE OF THE GOOD SAMARITAN

25 וְהִנֵּה חָכָם אֶחָד קָם לְנַסּוֹתוֹ וַיֹּאמַר מוֹרֶה מָה־אֶעֱשֶׂה וְאִירַשׁ חַיֵּי עוֹלָם׃
26 וַיֹּאמֶר אֵלָיו מַה־כָּתוּב בַּתּוֹרָה אֵיךְ אַתָּה קוֹרֵא׃ 27 וַיַּעַן וַיֹּאמַר וְאָהַבְתָּ אֵת
יָהוָה אֱלֹהֶיךָ בְּכָל־לְבָבְךָ וּבְכָל־נַפְשְׁךָ וּבְכָל־מְאֹדֶךָ וּבְכָל־מַדָּעֶךָ וְאֶת־רֵעֲךָ כָּמוֹךָ׃
28 וַיֹּאמֶר אֵלָיו כֵּן הֱשִׁיבוֹתָ עֲשֵׂה־זֹּאת וֶחְיֵה׃ 29 וְהוּא חָפֵץ לְהִצְטַדֵּק וַיֹּאמֶר
אֶל־**יָהוֹשֻׁעַ** וּמִי הוּא רֵעִי׃ 30 וַיַּעַן **יָהוֹשֻׁעַ** וַיֹּאמַר אִישׁ אֶחָד יָרַד מִירוּשָׁלַיִם לִירִיחוֹ
וְנָפַל בִּידֵי שֹׁדְדִים וְהֵם הִפְשִׁיטֻהוּ וְגַם־פְּצָעֻהוּ וַיַּעַזְבוּ אוֹתוֹ וְהוּא עוֹמֵד בֵּין־מָוֶת
לַחַיִּים וַיֵּלְכוּ לָהֶם׃ 31 וַיִּקֶר מִקְרֵהוּ כֹּהֵן אֶחָד יָרַד בַּדֶּרֶךְ הַהוּא וַיַּרְא אֹתוֹ וַיַּעֲבֹר
מֵעָלָיו׃ 32 וְכֵן גַּם־אִישׁ לֵוִי נִקְרָה בַּמָּקוֹם וַיִּגַּשׁ וַיַּרְא אֹתוֹ וַיַּעֲבֹר מֵעָלָיו׃ 33 וְהִנֵּה
שֹׁמְרוֹנִי הֹלֵךְ בַּדֶּרֶךְ וַיָּבֹא עָלָיו וַיַּרְא אֹתוֹ וַיֶּהֱמוּ מֵעָיו׃ 34 וַיִּגַּשׁ אֵלָיו וַיַּחֲבֹשׁ אֶת־
פְּצָעָיו וַיְסוּכֵם בְּשֶׁמֶן וָיָיִן וַיַּרְכִּיבֵהוּ עַל־בְּהֶמְתּוֹ וַיּוֹלִיכֵהוּ אֶל־הַמָּלוֹן וַיְכַלְכְּלֵהוּ׃ 35
וְלַמָּחֳרָת בְּנָסְעוֹ הוֹצִיא שְׁנֵי דִינָרִים וַיִּתְּנֵם לְבַעַל הַמָּלוֹן וַיֹּאמַר כַּלְכֵּל אוֹתוֹ וְאֵת
אֲשֶׁר תּוֹסִיף עוֹד לְהוֹצִיא עָלָיו אֲנִי בְשׁוּבִי אֲשַׁלְּמֶנּוּ לָךְ׃ 36 וְעַתָּה מִי מִן־הַשְּׁלשָׁה
הָיָה בְעֵינֶיךָ רֵעַ לַנֹּפֵל בִּידֵי הַשֹּׁדְדִים׃ 37 וַיֹּאמֶר הָעֹשֶׂה עִמּוֹ אֶת־הֶחָסֶד וַיֹּאמֶר
אֵלָיו **יָהוֹשֻׁעַ** לֵךְ וַעֲשֵׂה־כֵּן גַּם־אָתָּה׃

MARTHA AND MARY

38 וַיְהִי בְנָסְעָם וַיָּבֹא אֶל־כְּפַר אֶחָד וְאִשָּׁה אַחַת וּשְׁמָהּ מָרְתָא אָסְפָה אוֹתוֹ אֶל־
בֵּיתָהּ׃ 39 וְלָהּ אָחוֹת וּשְׁמָהּ מִרְיָם אֲשֶׁר יָשְׁבָה לְרַגְלֵי **יָהוֹשֻׁעַ** לִשְׁמֹעַ אֶל־דְּבָרוֹ׃
40 וּמָרְתָא יָגְעָה בְּרֹב שֵׁרוּתָהּ וַתִּגַּשׁ וַתֹּאמֶר הֲלֹא תָשִׂים עַל־לִבְּךָ אֲדֹנִי אֲשֶׁר
אֲחוֹתִי עֲזָבַתְנִי לְשָׁרֵת לְבַדִּי אֱמָר־נָא אֵלֶיהָ וְתִתְמָךְ־בִּי׃

LUKE

YAHOSHUA REJOICES IN THE FATHER'S WILL

21 In that hour **YAHOSHUA** rejoiced in **RUAKH** , and said, I thank thee, O Father, Adone of heaven and earth, that thou hast hid these things from the wise and prudent, and hast revealed them unto babes: even so, Father; for so it seemed good in thy sight.

22 All things are delivered to me of my Father: and no man knoweth who the Son is, but the Father; and who the Father is, but the Son, and he to whom the Son will reveal him.

23 And he turned him unto his disciples, and said privately, Blessed are the eyes which see the things that ye see:

24 For I tell you, that many prophets and kings have desired to see those things which ye see, and have not seen them; and to hear those things which ye hear, and have not heard them.

THE PARABLE OF THE GOOD SAMARITAN

25 And, behold, a certain lawyer stood up, and tempted him, saying, Master, what shall I do to inherit eternal life?

26 He said unto him, What is written in the Torah? how readest thou?

27 And he answering said, "Thou shalt love **YAHOWAH** thy **ELOHIM** with all thine heart, and with all thy soul, and with all thy might" and "thy neighbour as thyself."

28 And he said unto him, Thou hast answered right: this do, and thou shalt live.

29 But he, willing to justify himself, said unto **YAHOSHUA**, And who is my neighbour?

30 And **YAHOSHUA** answering said, A certain man went down from Yerushalem to Yerikho, and fell among thieves, which stripped him of his raiment, and wounded him, and departed, leaving him half dead.

31 And by chance there came down a certain priest that way: and when he saw him, he passed by on the other side.

32 And likewise a Lewy'im, when he was at the place, came and looked on him, and passed by on the other side.

33 But a certain Samaritan, as he journeyed, came where he was: and when he saw him, he had compassion on him,

34 And went to him, and bound up his wounds, pouring in oil and wine, and set him on his own beast, and brought him to an inn, and took care of him.

35 And on the morrow when he departed, he took out two pence, and gave them to the host, and said unto him, Take care of him; and whatsoever thou spendest more, when I come again, I will repay thee.

36 Which now of these three, thinkest thou, was neighbour unto him that fell among the thieves?

37 And he said, He that shewed mercy on him. Then said **YAHOSHUA** unto him, Go, and do thou likewise.

MARTHA AND MARY

38 Now it came to pass, as they went, that he entered into a certain village: and a certain woman named Martha received him into her house.

39 And she had a sister called Miryam, which also sat at **YAHOSHUA'S** feet, and heard his word.

40 But Martha was cumbered about much serving, and came to him, and said, Adoni, dost thou not care that my sister hath left me to serve alone? bid her therefore that she help me.

41 וַיַּעַן יָהוֹשֻׁעַ וַיֹּאמֶר לָהּ מָרְתָא מָרְתָא אַתְּ דֹּאֶגֶת וּמְבֹהֶלֶת לִדְבָרִים הַרְבֵּה:
42 וְאֵין צֹרֶךְ אֶלָּא בְּאֶחָד וּמִרְיָם בָּחֲרָה בַּחֵלֶק הַטּוֹב אֲשֶׁר לֹא־יֻקַּח מִמֶּנָּה:

ADONAI'S PRAYER

יא וַיְהִי הוּא מִתְפַּלֵּל בְּמָקוֹם אֶחָד וּכְכַלֹּתוֹ וַיֹּאמֶר אֵלָיו אֶחָד מִתַּלְמִידָיו אֲדֹנִי
לַמְּדֵנוּ לְהִתְפַּלֵּל כַּאֲשֶׁר לִמֵּד גַּם־יוֹחָנָן אֶת־תַּלְמִידָיו: 2 וַיֹּאמֶר אֲלֵיהֶם כִּי
תִתְפַּלֲלוּ אִמְרוּ אָבִינוּ (שֶׁבַּשָּׁמַיִם) יִתְקַדֵּשׁ שְׁמֶךָ תָּבוֹא מַלְכוּתֶךָ (יֵעָשֶׂה רְצוֹנְךָ כְּמוֹ
בַשָּׁמַיִם כֵּן בָּאָרֶץ): 3 אֶת־לֶחֶם חֻקֵּנוּ תֶּן־לָנוּ יוֹם יוֹם: 4 וּמְחַל־נָא עַל־חַטֹּאתֵנוּ כִּי
מֹחְלִים גַּם־אֲנַחְנוּ לְכֹל הַחַיָּב לָנוּ וְאַל־תְּבִיאֵנוּ לִידֵי נִסָּיוֹן (כִּי אִם־הַצִּילֵנוּ מִן־הָרָע): 5
וַיֹּאמֶר אֲלֵיהֶם מִי בָכֶם אֲשֶׁר־לוֹ אֹהֵב וְהָלַךְ וּבָא אֵלָיו בַּחֲצוֹת הַלַּיְלָה וְאָמַר אֵלָיו יְדִידִי
הַלְוֵנִי שְׁלֹשֶׁת כִּכְּרוֹת־לָחֶם: 6 כִּי־אֹהֲבִי בָּא אֵלַי מִן־הַדֶּרֶךְ וְלִי אֵין־כֹּל לָשׂוּם לְפָנָיו: 7
וְהוּא מִבַּיִת יַעֲנֶה וְיֹאמַר אַל־תּוֹגִיעֵנִי כִּי־כְבָר נִסְגְּרָה הַדֶּלֶת וִילָדַי שׁוֹכְבִים עִמָּדִי בַּמִּטָּה
לֹא־אוּכַל לָקוּם וְלָתֶת לָךְ: 8 אֹמֵר אֲנִי לָכֶם גַּם כִּי לֹא־יָקוּם לָתֶת־לוֹ עַל־הֱיוֹתוֹ אֹהֲבוֹ
יָקוּם בַּעֲבוּר עַזּוּת פָּנָיו וְיִתֶּן־לוֹ כְּכָל־צָרְכּוֹ: 9 וְגַם־אֲנִי אֹמֵר לָכֶם שַׁאֲלוּ וְיִנָּתֵן לָכֶם
דִּרְשׁוּ וְתִמְצָאוּ דִּפְקוּ וְיִפָּתַח לָכֶם: 10 כִּי כָל־הַשֹּׁאֵל יְקַבֵּל וְהַדֹּרֵשׁ יִמְצָא וְהַדֹּפֵק יִפָּתַח־
לוֹ: 11 וּמִי בָכֶם הָאָב אֲשֶׁר יִשְׁאַל מִמֶּנּוּ בְּנוֹ לֶחֶם וְנָתַן־לוֹ אָבֶן וְאִם־דָּג הֲיִתֶּן־לוֹ נָחָשׁ
תַּחַת הַדָּג: 12 אוֹ כִּי־יִשְׁאָלֶנּוּ בֵיצָה הֲיִתֶּן־לוֹ עַקְרָב: 13 הֵן־אַתֶּם הָרָעִים יֹדְעִים לָתֵת
מַתָּנוֹת טֹבוֹת לִבְנֵיכֶם אַף־כִּי הָאָב מִן־הַשָּׁמַיִם יִתֵּן אֶת־**רוּחַ הַקֹּדֶשׁ** לַשֹּׁאֲלִים מֵאִתּוֹ:

YAHOSHUA AND BEELZEBUB

14 וַיְהִי הַיּוֹם וַיְגָרֶשׁ שֵׁד וְהוּא אִלֵּם וַיְהִי כַּאֲשֶׁר יָצָא הַשֵּׁד וַיְדַבֵּר הָאִלֵּם וַיִּתְמְהוּ
הָעָם: 15 וְיֵשׁ מֵהֶם אֲשֶׁר אָמְרוּ בְּבַעַל־זְבוּל שַׂר הַשֵּׁדִים הוּא מְגָרֵשׁ אֶת־הַשֵּׁדִים:
16 וְיֵשׁ אֲשֶׁר נִסּוּהוּ וַיִּשְׁאֲלוּ מִמֶּנּוּ אוֹת מִן־הַשָּׁמָיִם: 17 וְהוּא יָדַע אֶת־מַחְשְׁבוֹתָם
וַיֹּאמֶר אֲלֵיהֶם כָּל־מַמְלָכָה הַנֶּחֱלָקָה עַל־עַצְמָהּ תֶּחֱרָב וּבַיִת עַל־בַּיִת יִפֹּל: 18
וְגַם־הַשָּׂטָן אִם־נֶחֱלַק עַל־עַצְמוֹ אֵיכָכָה תִּכּוֹן מַמְלַכְתּוֹ כִּי אֲמַרְתֶּם שֶׁבְּבַעַל־זְבוּל
מְגָרֵשׁ אֲנִי אֶת־הַשֵּׁדִים: 19 וְאִם־אֲנִי מְגָרֵשׁ אֶת־הַשֵּׁדִים בְּבַעַל־זְבוּל בְּנֵיכֶם בְּמִי
הֵם מְגָרְשִׁים אֹתָם עַל־כֵּן הֵמָּה יִהְיוּ שֹׁפְטֵיכֶם: 20 וְאִם־בְּאֶצְבַּע אֱלֹהִים מְגָרֵשׁ
אֲנִי אֶת־הַשֵּׁדִים הִנֵּה הִגִּיעָה אֲלֵיכֶם מַלְכוּת הָאֱלֹהִים: 21 כְּשֶׁהַגִּבּוֹר שֹׁמֵר אֶת־
חֲצֵרוֹ וְנִשְׁקוֹ עָלָיו שָׁלוֹם יִהְיֶה רְכוּשׁוֹ:

LUKE

41 And **YAHOSHUA** answered and said unto her, Martha, Martha, thou art careful and troubled about many things:

42 But one thing is needful: and Miryam hath chosen that good part, which shall not be taken away from her.

ADONAI'S PRAYER

11 And it came to pass, that, as he was praying in a certain place, when he ceased, one of his disciples said unto him, Adone, teach us to pray, as Yokhanan also taught his disciples.

2 And he said unto them, When ye pray, say, Our Father which art in heaven, Hallowed be thy name. Thy kingdom come. Thy will be done, as in heaven, so also in earth.

3 Give us day by day our daily bread.

4 And forgive us our sins; for we also forgive every one that is indebted to us. And lead us not into temptation; but deliver us from the Evil One.

5 And he said unto them, Which of you shall have a friend, and shall go unto him at midnight, and say unto him, Friend, lend me three loaves;

6 For a friend of mine in his journey is come to me, and I have nothing to set before him?

7 And he from within shall answer and say, Trouble me not: the door is now shut, and my children are with me in bed; I cannot rise and give thee.

8 I say unto you, Though he will not rise and give him, because he is his friend, yet because of his importunity he will rise and give him as many as he needeth.

9 And I say unto you, Ask, and it shall be given you; seek, and ye shall find; knock, and it shall be opened unto you.

10 For every one that asketh receiveth; and he that seeketh findeth; and to him that knocketh it shall be opened.

11 If a son shall ask bread of any of you that is a father, will he give him a stone? or if he ask a fish, will he for a fish give him a serpent?

12 Or if he shall ask an egg, will he offer him a scorpion?

13 If ye then, being evil, know how to give good gifts unto your children: how much more shall your heavenly Father give the **RUAKH HA' QODESH** to them that ask him?

YAHOSHUA AND BEELZEBUB

14 And he was casting out a devil, and it was dumb. And it came to pass, when the devil was gone out, the dumb spake; and the people wondered.

15 But some of them said, He casteth out devils through Baal-Zebub the chief of the devils.

16 And others, tempting him, sought of him a sign from heaven.

17 But he, knowing their thoughts, said unto them, Every kingdom divided against itself is brought to desolation; and a house divided against a house falleth.

18 If Satan also be divided against himself, how shall his kingdom stand? because ye say that I cast out devils through Baal-Zebub.

19 And if I by Baal-Zebub cast out devils, by whom do your sons cast them out? therefore shall they be your judges.

20 But if I with the finger of ELOHIM cast out devils, no doubt the kingdom of ELOHIM is come upon you.

21 When a strong man armed keepeth his palace, his goods are in shalom:

22 וְאִם־יָבוֹא עָלָיו חָזָק מִמֶּנּוּ וּתְקָפוֹ יִשָּׂא מִמֶּנּוּ אֶת־נִשְׁקוֹ אֲשֶׁר בָּטַח־בּוֹ וְאֶת־
מַלְקֹחוֹ יְחַלֵּק׃ 23 כֹּל אֲשֶׁר אֵינֶנּוּ אִתִּי הוּא לְנֶגְדִּי וַאֲשֶׁר אֵינֶנּוּ מְכַנֵּס אִתִּי הוּא
מְפַזֵּר׃

RETURN OF AN UNCLEAN SPIRIT

24 הָרוּחַ הַטְּמֵאָה אַחֲרֵי צֵאתָהּ מִן־הָאָדָם תְּשׁוֹטֵט בִּמְקֹמוֹת צִיָּה לְבַקֶּשׁ־לָהּ מָנוֹחַ
וְלֹא תִמְצָא אָז תֹּאמַר אָשׁוּבָה־נָּא אֶל־בֵּיתִי אֲשֶׁר יָצָאתִי מִשָּׁם׃ 25 וּבְבוֹאָהּ תִּמְצָא
אֹתוֹ מְטֻאטָא וּמְהֻדָּר׃ 26 וְאַחַר תֵּלֵךְ וְלָקְחָה שֶׁבַע רוּחוֹת אֲחֵרוֹת רָעוֹת מִמֶּנָּה וּבָאוּ
וְשָׁכְנוּ שָׁם וְהָיְתָה אַחֲרִית הָאָדָם הַהוּא רָעָה מֵרֵאשִׁיתוֹ׃

TRUE BLESSEDNESS

27 וַיְהִי כְּדַבְּרוֹ אֶת־הַדְּבָרִים הָאֵלֶּה וְאִשָּׁה אַחַת מִן־הָעָם נָשְׂאָה אֶת־קוֹלָהּ וַתֹּאמֶר
אֵלָיו אַשְׁרֵי הַבֶּטֶן אֲשֶׁר נְשָׂאַתְךָ וְאַשְׁרֵי הַשָּׁדַיִם אֲשֶׁר יָנָקְתָּ׃ 28 וְהוּא אָמַר וְאַף כִּי־
אַשְׁרֵי הַשֹּׁמְעִים וְהַשֹּׁמְרִים אֵת דְּבַר הָאֱלֹהִים׃

THE SIGN OF JONAH

29 וּבְהִקָּבֵץ עַם־רָב וַיִּפְתַּח פִּיו וַיֹּאמַר הַדּוֹר הַזֶּה דּוֹר רָע הוּא אוֹת הוּא מְבַקֵּשׁ וְאוֹת
לֹא יִנָּתֶן־לוֹ בִּלְתִּי אִם־אוֹת יוֹנָה (הַנָּבִיא)׃ 30 כִּי כַּאֲשֶׁר הָיָה יוֹנָה לְאַנְשֵׁי נִינְוֵה לְאוֹת
כֵּן יִהְיֶה גַּם־בֶּן־הָאָדָם לַדּוֹר הַזֶּה׃ 31 מַלְכַּת תֵּימָן תַּעֲמֹד לַמִּשְׁפָּט עִם־אַנְשֵׁי הַדּוֹר
הַזֶּה וְהִרְשִׁיעָה אוֹתָם כִּי בָאָה מִקְצוֹת הָאָרֶץ לִשְׁמֹעַ אֶת־חָכְמַת שְׁלֹמֹה וְהִנֵּה יֶשׁ־פֹּה
גָּדוֹל מִשְּׁלֹמֹה׃ 32 אַנְשֵׁי נִינְוֵה יַעַמְדוּ לַמִּשְׁפָּט עִם־הַדּוֹר הַזֶּה וְהִרְשִׁיעֻהוּ כִּי הֵם שָׁבוּ
בִּקְרִיאַת יוֹנָה וְהִנֵּה יֶשׁ־פֹּה גָּדוֹל מִיּוֹנָה׃

THE LIGHT IN YOU

33 אֵין מַדְלִיק־נֵר לָשׂוּם בַּסֵּתֶר אוֹ־תַחַת הָאֵיפָה כִּי יְשִׂמֵהוּ עַל הַמְּנוֹרָה לְמַעַן יִרְאוּ בָּאֵי
הַבַּיִת אֶת־אוֹרוֹ׃ 34 נֵר הַגּוּף הוּא הָעָיִן לָכֵן עֵינְךָ כִּי־תִהְיֶה תְמִימָה גַּם כָּל־גּוּפְךָ יֵאוֹר
וּבִהְיוֹתָהּ רָעָה וְחָשַׁךְ גַּם־גּוּפֶךָ׃ 35 עַל־כֵּן הִשָּׁמֶר־לְךָ פֶּן־יֶחְשַׁךְ הָאוֹר אֲשֶׁר בְּקִרְבֶּךָ׃ 36
וְהִנֵּה אִם־גּוּפְךָ כֻּלּוֹ אוֹר וְאֵין בּוֹ כָּל־דְּבַר־חֹשֶׁךְ אָז יֵאוֹר כֻּלּוֹ כְּאִלּוּ יָאִיר לְךָ הַנֵּר בִּבְרַק נָגְהוֹ׃

WOES TO THE PHARISEES AND LAWYERS

37 וַיְהִי בְדַבְּרוֹ וַיְבַקֵּשׁ מִמֶּנּוּ פָּרוּשׁ אֶחָד לֶאֱכֹל אִתּוֹ לָחֶם וַיָּבֹא הַבַּיְתָה וַיֵּסֶב׃ 38 וַיַּרְא
הַפָּרוּשׁ וַיִּתְמַהּ אֲשֶׁר לֹא־נָטַל יָדָיו רִאשׁוֹנָה לִפְנֵי הַסְּעוּדָה׃ 39 וַיֹּאמֶר אֵלָיו **יָהוֹשֻׁעַ** הֵן
עַתָּה הַפְּרוּשִׁים מְטַהֲרִים אַתֶּם אֶת־הַכּוֹס וְהַקְּעָרָה מִחוּץ וְקִרְבְּכֶם מָלֵא גָּזֵל וָרֶשַׁע׃ 40
הַכְּסִילִים הֲלֹא עֹשֵׂה חוּצוֹ שֶׁל דָּבָר גַּם־עָשָׂה אֶת־תּוֹכוֹ׃

LUKE

22 But when a stronger than he shall come upon him, and overcome him, he taketh from him all his armour wherein he trusted, and divideth his spoils.

23 He that is not with me is against me: and he that gathereth not with me scattereth.

RETURN OF AN UNCLEAN SPIRIT

24 When the unclean ruakh is gone out of a man, he walketh through dry places, seeking rest; and finding none, he saith, I will return unto my house whence I came out.

25 And when he cometh, he findeth it swept and garnished.

26 Then goeth he, and taketh to him seven other spirits more wicked than himself; and they enter in, and dwell there: and the last state of that man is worse than the first.

TRUE BLESSEDNESS

27 And it came to pass, as he spake these things, a certain woman of the company lifted up her voice, and said unto him, Blessed is the womb that bare thee, and the paps which thou hast sucked.

28 But he said, Yea rather, blessed are they that hear the word of ELOHIM, and keep it.

THE SIGN OF JONAH

29 And when the people were gathered thick together, he began to say, This is an evil generation: they seek a sign; and there shall no sign be given it, but the sign of Yonah the prophet.

30 For as Yonah was a sign unto the Ninevites, so shall also the Son of man be to this generation.

31 The queen of the south shall rise up in the judgment with the men of this generation, and condemn them: for she came from the utmost parts of the earth to hear the wisdom of Shelomoh; and, behold, a greater than Shelomoh is here.

32 The men of Ninweh shall rise up in the judgment with this generation, and shall condemn it: for they repented at the preaching of Yonah; and, behold, a greater than Yonah is here.

THE LIGHT IN YOU

33 No man, when he hath lighted a candle, putteth it in a secret place, neither under a bushel, but on a Menorah, that they which come in may see the light.

34 The light of the body is the eye: therefore when thine eye is single, thy whole body also is full of light; but when thine eye is evil, thy body also is full of darkness.

35 Take heed therefore that the light which is in thee be not darkness.

36 If thy whole body therefore be full of light, having no part dark, the whole shall be full of light, as when the bright shining of a candle doth give thee light.

WOES TO THE PHARISEES AND LAWYERS

37 And as he spake, a certain Parush besought him to dine with him: and he went in, and sat down to meat.

38 And when the Parush saw it, he marvelled that he had not first washed before dinner.

39 And **YAHOSHUA** said unto him, Now do ye Perushim make clean the outside of the cup and the platter; but your inward part is full of ravening and wickedness.

40 Ye fools, did not he that made that which is without make that which is within also?

41 אֲבָל־תְּנוּ לִצְדָקָה אֵת אֲשֶׁר־בָּם וְהִנֵּה הַכֹּל טָהוֹר לָכֶם׃ 42 אוֹי לָכֶם הַפְּרוּשִׁים
הַמְעַשְּׂרִים אֶת־הַמִּנְתָּא וְאֶת־הַפִּיגַם וְאֵת כָּל־הַיָּרָק וּמַנִּיחִים אֶת־הַמִּשְׁפָּט וְאֵת אַהֲבַת
אֱלֹהִים וַעֲלֵיכֶם לַעֲשׂוֹת אֶת־אֵלֶּה וְלֹא לְהַנִּיחַ גַּם אֶת־אֵלֶּה׃ 43 אוֹי לָכֶם הַפְּרוּשִׁים
כִּי תְאֵהֲבוּ לָשֶׁבֶת רִאשֹׁנִים בְּבָתֵּי כְנֵסִיּוֹת וְשֶׁיִּשְׁאֲלוּ בִשְׁלוֹמְכֶם בַּשְּׁוָקִים׃ 44 אוֹי
לָכֶם (הַסּוֹפְרִים וְהַפְּרוּשִׁים הַחֲנֵפִים) כִּי אַתֶּם כַּקְּבָרִים אֲשֶׁר אֵינָם נִכָּרִים וּבְנֵי הָאָדָם
מִתְהַלְּכִים עֲלֵיהֶם וְלֹא יָדָעוּ׃ 45 וַיַּעַן אֶחָד מֵחַכְמֵי הַתּוֹרָה וַיֹּאמֶר אֵלָיו רַבִּי בִּדְבָרֶיךָ
אֵלֶּה תְּחָרֵף גַּם־אֹתָנוּ׃ 46 וַיֹּאמֶר אוֹי לָכֶם חַכְמֵי הַתּוֹרָה גַּם אַתֶּם כִּי עֹמְסִים אַתֶּם עַל־
בְּנֵי הָאָדָם מַשָּׂאוֹת כְּבֵדִים מִסְּבֹל וְאַתֶּם בְּעַצְמְכֶם אֵינְכֶם נֹגְעִים בַּמַּשָּׂאוֹת גַּם־בְּאַחַת
מֵאֶצְבְּעוֹתֵיכֶם׃ 47 אוֹי לָכֶם כִּי־בוֹנִים אַתֶּם נְפָשׁוֹת עַל־קִבְרוֹת הַנְּבִיאִים וַאֲבוֹתֵיכֶם
הָרְגוּ אוֹתָם׃ 48 וּבְכֵן עֵדִים אַתֶּם וְרוֹצִים בְּמַעֲשֵׂי אֲבוֹתֵיכֶם כִּי הֵמָּה הָרְגוּ אוֹתָם וְאַתֶּם
בּוֹנִים אֶת־קִבְרֵיהֶם׃ 49 בַּעֲבוּר זֹאת גַּם־אָמְרָה חָכְמַת הָאֱלֹהִים אֶשְׁלַח אֲלֵיהֶם נְבִיאִים
וּשְׁלִיחִים וּמֵהֶם יַהַרְגוּ וְיִרְדֹּפוּ׃ 50 לְמַעַן יִדָּרֵשׁ מִן־הַדּוֹר הַזֶּה דַּם כָּל־הַנְּבִיאִים אֲשֶׁר
נִשְׁפַּךְ לְמִן־הִוָּסֵד הָאָרֶץ׃ 51 מִדַּם־הֶבֶל עַד־דַּם זְכַרְיָהוּ אֲשֶׁר נֶהֱרַג בֵּין הַמִּזְבֵּחַ וְלַבָּיִת
אָכֵן אֹמֵר אֲנִי לָכֶם דָּרוֹשׁ יִדָּרֵשׁ מִן־הַדּוֹר הַזֶּה׃ 52 אוֹי לָכֶם חַכְמֵי הַתּוֹרָה כִּי־הֲסִירֹתֶם
אֶת־מַפְתֵּחַ הַדָּעַת אַתֶּם לֹא־בָאתֶם וְאֶת־הַבָּאִים מְנַעְתֶּם׃ 53 וַיְהִי כְּדַבְּרוֹ לָהֶם אֶת־
הַדְּבָרִים הָאֵלֶּה וַיָּחֵלּוּ הַסּוֹפְרִים וְהַפְּרוּשִׁים לִצְרֹר אוֹתוֹ מְאֹד וּלְהַקְשׁוֹת לוֹ דְּבָרִים
הַרְבֵּה׃ 54 וַיֶּאֶרְבוּ לוֹ לִלְכֹּד דָּבָר מִפִּיהוּ לְמַעַן יִמְצְאוּ עָלָיו עֲלִילֹת דְּבָרִים׃

BEWARE OF THE LEAVEN OF THE PHARISEES

יב וַיְהִי עַד־כֹּה וְעַד־כֹּה בְּהִתְאַסֵּף רִבֲבוֹת עָם עַד כִּי־לָחֲצוּ אִישׁ אֶת־רֵעֵהוּ
וַיָּחֶל לְדַבֵּר אֶל־תַּלְמִידָיו לֵאמֹר בָּרִאשׁוֹנָה הִשָּׁמְרוּ לְנַפְשֹׁתֵיכֶם מִשְּׂאוֹר
הַפְּרוּשִׁים שֶׁהוּא הַחֲנֻפָּה׃ 2 וְאֵין דָּבָר מְכֻסֶּה אֲשֶׁר לֹא יִגָּלֶה וְלֹא סָתוּם אֲשֶׁר לֹא
יִוָּדֵעַ׃ 3 לָכֵן כָּל־אֲשֶׁר דִּבַּרְתֶּם בַּחֹשֶׁךְ בָּאוֹר יִשָּׁמֵעַ וְאֶת־אֲשֶׁר לְחַשְׁתֶּם בַּחֲדָרִים
קָרֹא יִקָּרֵא מֵעַל־הַגַּגּוֹת׃

HAVE NO FEAR

4 וַאֲנִי אֹמֵר לָכֶם יְדִידַי אַל־תִּירְאוּ מִן־הַמְמִיתִים אֶת־הַגּוּף וְאַחֲרֵי־כֵן אֵין־לְאֵל יָדָם
לְהָרַע עוֹד׃ 5 אֲבָל אוֹרֶה אֶתְכֶם אֵת אֲשֶׁר תִּירָאוּ יְראוּ אֶת־אֲשֶׁר בְּיָדוֹ לְהָמִית וְאַחַר
לְהַשְׁלִיךְ אֶל־גֵּיהִנֹּם אָכֵן אֲנִי אֹמֵר לָכֶם אוֹתוֹ תִּירָאוּן׃

LUKE

41 But rather give alms of such things as ye have; and, behold, all things are clean unto you.

42 But woe unto you, Perushim! for ye tithe mint and rue and all manner of herbs, and pass over judgment and the love of ELOHIM: these ought ye to have done, and not to leave the other undone.

43 Woe unto you, Perushim! for ye love the uppermost seats in the Congregations, and greetings in the markets.

44 Woe unto you, scribes and Perushim, hypocrites! for ye are as graves which appear not, and the men that walk over them are not aware of them.

45 Then answered one of the lawyers, and said unto him, Master, thus saying thou reproachest us also.

46 And he said, Woe unto you also, ye lawyers! for ye lade men with burdens grievous to be borne, and ye yourselves touch not the burdens with one of your fingers.

47 Woe unto you! for ye build the sepulchres of the prophets, and your fathers killed them.

48 Truly ye bear witness that ye allow the deeds of your fathers: for they indeed killed them, and ye build their sepulchres.

49 Therefore also said the wisdom of ELOHIM, I will send them prophets and apostles, and some of them they shall slay and persecute:

50 That the blood of all the prophets, which was shed from the foundation of the world, may be required of this generation;

51 From the blood of Hebel unto the blood of ZekarYAH, which perished between the altar and the temple: verily I say unto you, It shall be required of this generation.

52 Woe unto you, lawyers! for ye have taken away the key of knowledge: ye entered not in yourselves, and them that were entering in ye hindered.

53 And as he said these things unto them, the scribes and the Perushim began to urge him vehemently, and to provoke him to speak of many things:

54 Laying wait for him, and seeking to catch something out of his mouth, that they might accuse him.

BEWARE OF THE LEAVEN OF THE PHARISEES

12 In the mean time, when there were gathered together an innumerable multitude of people, insomuch that they trode one upon another, he began to say unto his disciples first of all, Beware ye of the leaven of the Perushim, which is hypocrisy.

2 For there is nothing covered, that shall not be revealed; neither hid, that shall not be known.

3 Therefore whatsoever ye have spoken in darkness shall be heard in the light; and that which ye have spoken in the ear in closets shall be proclaimed upon the housetops.

HAVE NO FEAR

4 And I say unto you my friends, Be not afraid of them that kill the body, and after that have no more that they can do.

5 But I will forewarn you whom ye shall fear: Fear him, which after he hath killed hath power to cast into hell; yea, I say unto you, Fear him.

6 הֲלֹא תִמָּכַרְנָה חָמֵשׁ צִפֳּרִים בִּשְׁנֵי אִסָּרִים וְאֵין־אַחַת מֵהֶן נִשְׁכַּחַת לִפְנֵי הָאֱלֹהִים׃ 7
וְאַתֶּם גַּם־שַׂעֲרוֹת רָאשְׁכֶם נִמְנוֹת כֻּלָּן לָכֵן אַל־תִּירָאוּ יְקַרְתֶּם מִצִּפֳּרִים רַבּוֹת׃

ACKNOWLEDGE MESHIAKH BEFORE MEN

8 וַאֲנִי אֹמֵר לָכֶם כֹּל אֲשֶׁר יוֹדֶה בִּי לִפְנֵי הָאָדָם גַּם בֶּן־הָאָדָם יוֹדֶה בּוֹ לִפְנֵי מַלְאֲכֵי
אֱלֹהִים׃ 9 וְהַמְכַחֵשׁ בִּי לִפְנֵי הָאָדָם הוּא יְכֻחַשׁ לִפְנֵי מַלְאֲכֵי אֱלֹהִים׃ 10 וְכֹל אֲשֶׁר
יְדַבֵּר חֶרְפָּה עַל־בֶּן־הָאָדָם יִסָּלַח לוֹ וְהַמְגַדֵּף אֶת־**רוּחַ הַקֹּדֶשׁ** לֹא יִסָּלַח לוֹ׃ 11 וְכַאֲשֶׁר
יְבִיאוּ אֶתְכֶם אֶל־בָּתֵּי כְנֵסִיּוֹת וְלִפְנֵי הָרָשֻׁיּוֹת וְהַשַּׁלִּיטִים אַל־תִּדְאֲגוּ אֵיךְ תִּצְטַדְּקוּ
וּבַמֶּה תִּצְטַדְּקוּ וּמַה־תְּדַבֵּרוּ׃ 12 כִּי־**רוּחַ הַקֹּדֶשׁ** הוּא יוֹרֶה אֶתְכֶם בַּשָּׁעָה הַהִיא אֶת־
הַנָּכוֹן לְדַבֵּר׃

THE PARABLE OF THE RICH FOOL

13 וַיֹּאמֶר אֵלָיו אֶחָד מִן־הָעָם רַבִּי אֱמָר־נָא אֶל־אָחִי וְיַחֲלֹק אִתִּי אֶת־הַיְרֻשָּׁה׃ 14
וַיֹּאמֶר אֵלָיו בֶּן־אָדָם מִי שָׂמַנִי עֲלֵיכֶם לְשֹׁפֵט וּלְמְחַלֵּק׃ 15 וַיֹּאמֶר אֲלֵיהֶם רְאוּ וְהִשָּׁמְרוּ
לָכֶם מִבְּצֹעַ בָּצַע כִּי חַיֵּי הָאָדָם אֵינָם תְּלוּיִם בְּהַרְבּוֹת קִנְיָנָיו׃ 16 וַיִּשָּׂא מְשָׁלוֹ וַיֹּאמֶר
אֲלֵיהֶם לֵאמֹר שְׂדֵה אִישׁ עָשִׁיר אֶחָד עָשָׂה תְּבוּאָה הַרְבֵּה׃ 17 וַיִּתְחַשֵּׁב בְּלִבּוֹ לֵאמֹר
מָה־אֶעֱשֶׂה כִּי אֵין־לִי מָקוֹם לֶאֱסֹף אֶת־תְּבוּאָתִי׃ 18 וַיֹּאמֶר אֶת־זֹאת אֶעֱשֶׂה הָרֹס
אֲסָמַי וּבָנֹה גְּדוֹלִים מֵהֶם וְאֶכְנְסָה שָׁמָּה אֶת־כָּל־יְבוּלִי וְטוּבִי׃ 19 וְאֹמַר לְנַפְשִׁי נַפְשִׁי
יֶשׁ־לָךְ טוֹבָה הַרְבֵּה לְשָׁנִים רַבּוֹת הִנָּפְשִׁי אִכְלִי שְׁתִי וְשִׂישִׂי׃ 20 וְהָאֱלֹהִים אָמַר לוֹ
אַתָּה הַכְּסִיל בְּעֶצֶם הַלַּיְלָה הַזֶּה יִדְרְשׁוּ מִמְּךָ אֶת־נַפְשֶׁךָ וַאֲשֶׁר הֲכִינוֹתָ לְּךָ לְמִי יִהְיֶה׃
21 זֶה חֵלֶק הָאֹצֵר לוֹ אֹצָרוֹת וְלֹא יַעְשִׁיר בֵּאלֹהִים׃

DO NOT BE ANXIOUS

22 וַיֹּאמֶר אֶל־תַּלְמִידָיו לָכֵן אֲנִי אֹמֵר לָכֶם אַל־תִּדְאֲגוּ לְנַפְשְׁכֶם מַה־תֹּאכְלוּ וְלֹא
לְגוּפְכֶם מַה־תִּלְבָּשׁוּ׃ 23 הַנֶּפֶשׁ יְקָרָה הִיא מִן־הַמָּזוֹן וְהַגּוּף יָקָר מִן־הַמַּלְבּוּשׁ׃ 24
הִתְבּוֹנְנוּ אֶל־הָעֹרְבִים אֲשֶׁר לֹא יִזְרְעוּ וְלֹא יִקְצֹרוּ וְגַם־אֵין לָהֶם מְגוּרָה וְאוֹצָר וְהָאֱלֹהִים
מְכַלְכֵּל אוֹתָם וּמַה־יְקָרִים אַתֶּם מִן־הָעוֹף׃ 25 וּמִי־זֶה מִכֶּם אֲשֶׁר בְּדַאֲגָתוֹ יוּכַל לְהוֹסִיף
אַמָּה אַחַת עַל־קוֹמָתוֹ׃ 26 וְעַתָּה הֵן־מְעַט מִזְעָר לַעֲשׂוֹת לֹא תוּכָלוּ וְלַיּוֹתֵר מַה־תִּדְאָגוּ׃
27 הִתְבּוֹנְנוּ אֶל־הַשּׁוֹשַׁנִּים הַצֹּמְחוֹת וְאֵינָן טֹווֹת וְאֵינָן אֹרְגוֹת וַאֲנִי אֹמֵר לָכֶם גַּם־שְׁלֹמֹה
בְּכָל־הֲדָרוֹ לֹא־הָיָה לָבוּשׁ כְּאַחַת מֵהֵנָּה׃ 28 וְאִם־כָּכָה יַלְבִּישׁ אֱלֹהִים אֶת־חֲצִיר הַשָּׂדֶה
אֲשֶׁר הַיּוֹם יֶשְׁנוֹ וּמָחָר יֻשְׁלַךְ לְתוֹךְ הַתַּנּוּר אַף כִּי־אֶתְכֶם קְטַנֵּי אֱמוּנָה׃

LUKE

6 Are not five sparrows sold for two farthings, and not one of them is forgotten before ELOHIM?

7 But even the very hairs of your head are all numbered. Fear not therefore: ye are of more value than many sparrows.

ACKNOWLEDGE MESHIAKH BEFORE MEN

8 Also I say unto you, Whosoever shall confess me before men, him shall the Son of man also confess before the angels of ELOHIM:

9 But he that denieth me before men shall be denied before the angels of ELOHIM.

10 And whosoever shall speak a word against the Son of man, it shall be forgiven him: but unto him that blasphemeth against the **RUAKH HA' QODESH** it shall not be forgiven.

11 And when they bring you unto the Congregations, and unto magistrates, and powers, take ye no thought how or what thing ye shall answer, or what ye shall say:

12 For the **RUAKH HA' QODESH** shall teach you in the same hour what ye ought to say.

THE PARABLE OF THE RICH FOOL

13 And one of the company said unto him, Master, speak to my brother, that he divide the inheritance with me.

14 And he said unto him, Man, who made me a judge or a divider over you?

15 And he said unto them, Take heed, and beware of covetousness: for a man's life consisteth not in the abundance of the things which he possesseth.

16 And he spake a parable unto them, saying, The ground of a certain rich man brought forth plentifully:

17 And he thought within himself, saying, What shall I do, because I have no room where to bestow my fruits?

18 And he said, This will I do: I will pull down my barns, and build greater; and there will I bestow all my fruits and my goods.

19 And I will say to my soul, Soul, thou hast much goods laid up for many years; take thine ease, eat, drink, and be merry.

20 But ELOHIM said unto him, Thou fool, this night thy soul shall be required of thee: then whose shall those things be, which thou hast provided?

21 So is he that layeth up treasure for himself, and is not rich toward ELOHIM.

DO NOT BE ANXIOUS

22 And he said unto his disciples, Therefore I say unto you, Take no thought for your life, what ye shall eat; neither for the body, what ye shall put on.

23 The life is more than meat, and the body is more than raiment.

24 Consider the ravens: for they neither sow nor reap; which neither have storehouse nor barn; and ELOHIM feedeth them: how much more are ye better than the fowls?

25 And which of you with taking thought can add to his stature one cubit?

26 If ye then be not able to do that thing which is least, why take ye thought for the rest?

27 Consider the lilies how they grow: they toil not, they spin not; and yet I say unto you, that Shelomoh in all his glory was not arrayed like one of these.

28 If then ELOHIM so clothe the grass, which is to day in the field, and to morrow is cast into the oven; how much more will he clothe you, O ye of little faith?

29 גַּם־אַתֶּם אַל־תִּדְרְשׁוּ מַה־תֹּאכְלוּ וּמַה־תִּשְׁתּוּ וְאַל־תְּהַלְּכוּ בִּגְדֹלוֹת: 30 כִּי אֶת־כָּל־
אֵלֶּה מְבַקְשִׁים גּוֹיֵי הָאָרֶץ וַאֲבִיכֶם הוּא יוֹדֵעַ כִּי־צְרִיכִים אַתֶּם לָאֵלֶּה: 31 אַךְ דִּרְשׁוּ
אֶת־מַלְכוּת הָאֱלֹהִים וְנוֹסַף לָכֶם כָּל־אֵלֶּה: 32 אַל־תִּירָא הָעֵדֶר הַקָּטָן כִּי רָצָה
אֲבִיכֶם לָתֵת לָכֶם אֵת הַמַּלְכוּת: 33 מִכְרוּ אֶת־אֲשֶׁר לָכֶם וּתְנוּ צְדָקָה עֲשׂוּ לָכֶם
כִּיסִים אֲשֶׁר לֹא יִבְלוּ וְאוֹצָר בַּשָּׁמַיִם אֲשֶׁר לֹא יִגָּרַע לְעוֹלָם אֲשֶׁר גַּנָּב לֹא־יִקְרַב
אֵלָיו וְסָס לֹא יֹאכְלֶהוּ: 34 כִּי־בִמְקוֹם אוֹצַרְכֶם שָׁם יִהְיֶה גַּם־לְבַבְכֶם:

YOU MUST BE READY

35 מָתְנֵיכֶם יִהְיוּ חֲגוּרִים וְהַנֵּרוֹת דֹּלְקִים: 36 וְאַתֶּם הֱיוּ דֹמִים לַאֲנָשִׁים הַמְחַכִּים
לַאֲדֹנֵיהֶם מָתַי יָשׁוּב מִן־הַחֲתֻנָּה וְכַאֲשֶׁר יָבוֹא וְדָפַק יִפְתְּחוּ־לוֹ כְּרָגַע: 37 אַשְׁרֵי
הָעֲבָדִים הָהֵם אֲשֶׁר הָאָדוֹן בְּבוֹאוֹ יִמְצָאֵם שֹׁקְדִים אָמֵן אֹמֵר אֲנִי לָכֶם כִּי יִתְאַזֵּר
וְיוֹשִׁיבֵם וְהָלַךְ וְשֵׁרֵת אוֹתָם: 38 וְאִם־יָבוֹא בָּאַשְׁמֻרָה הַשֵּׁנִית אוֹ בָּאַשְׁמֻרָה
הַשְּׁלִישִׁית וְיִמְצָא כֵן אַשְׁרֵי הָעֲבָדִים הָהֵם: 39 וְזֹאת דְּעוּ כִּי אִלּוּ יָדַע בַּעַל הַבַּיִת
בְּאֵי־זוֹ שָׁעָה יָבוֹא הַגַּנָּב כִּי־עַתָּה שָׁקַד וְלֹא־נָתַן לַחְתֹּר אֶת־בֵּיתוֹ: 40 לָכֵן גַּם־אַתֶּם
הֱיוּ נְכוֹנִים כִּי בְשָׁעָה אֲשֶׁר לֹא פִלַּלְתֶּם יָבוֹא בֶּן־הָאָדָם: 41 וַיֹּאמֶר כֵּיפָא אֲדֹנֵינוּ
הֲלָנוּ אַתָּה אֹמֵר אֶת־הַמָּשָׁל הַזֶּה אִם־גַּם לְכָל־אָדָם: 42 וַיֹּאמֶר **יָהוֹשֻׁעַ** מִי־הוּא
אֵפוֹא הַסֹּכֵן הַנֶּאֱמָן וְהַנָּבוֹן אֲשֶׁר יַפְקִידֵהוּ הָאָדוֹן עַל־עֲבָדָיו לָתֵת אֶת־אֲרֻחָתָם
בְּעִתּוֹ: 43 אַשְׁרֵי הָעֶבֶד הַהוּא אֲשֶׁר יָבֹא אֲדֹנָיו וְיִמְצָאֵהוּ עֹשֶׂה כֵּן: 44 אֱמֶת אַגִּיד
לָכֶם כִּי עַל־כֹּל אֲשֶׁר־יֶשׁ־לוֹ יַפְקִידֵהוּ: 45 וְהָעֶבֶד הַהוּא אִם־יֹאמַר בְּלִבּוֹ מְאַחֵר
אֲדֹנִי לָבוֹא וְהֵחֵל לְהַכּוֹת אֶת־הָעֲבָדִים וְאֶת־הַשְּׁפָחוֹת וְלֶאֱכֹל וְלִשְׁתּוֹת וְלִשְׁכֹּר:
46 בּוֹא יָבוֹא אֲדֹנֵי הָעֶבֶד הַהוּא בְּיוֹם לֹא־יְצַפֶּה וּבְשָׁעָה לֹא יֵדָע וְיִשַׁסֵּף אוֹתוֹ
וְשָׂם אֶת־חֶלְקוֹ עִם־הַסּוֹרְרִים: 47 וְהָעֶבֶד הַהוּא אֲשֶׁר יָדַע אֶת־רְצוֹן אֲדֹנָיו וְלֹא
הֵכִין וְלֹא־עָשָׂה כִרְצוֹנוֹ יֻכֶּה מַכּוֹת רַבּוֹת: 48 וַאֲשֶׁר לֹא־יָדַע וְעָשָׂה דְבָרִים אֲשֶׁר
הוּא חַיָּב עֲלֵיהֶם מַכּוֹת לֹא־יֻכֶּה כִּי אִם־מְעָט כִּי כָל־אִישׁ אֲשֶׁר נִתַּן־לוֹ הַרְבֵּה
דָּרוֹשׁ יִדָּרֵשׁ מִמֶּנּוּ הַרְבֵּה וַאֲשֶׁר הִפְקִידוּ בְיָדוֹ הַרְבֵּה יִשְׁאֲלוּ מֵאִתּוֹ יוֹתֵר:

NOT SHALOM, BUT DIVISION

49 אֲנִי בָאתִי לְשַׁלַּח אֵשׁ בָּאָרֶץ וּמֶה־חָפַצְתִּי כִּי כְבָר בָּעָרָה: 50 וְיֵשׁ לִי לְהִטָּבֵל
טְבִילָה אֶחָת וּמַה־יֵּצַר לִי עַד כִּי־תְכֻלֶּה: 51 הַאֹמְרִים אַתֶּם שֶׁבָּאתִי לָתֵת שָׁלוֹם
בָּאָרֶץ אֲנִי אֹמֵר לָכֶם לֹא כִּי אִם־מַחֲלֹקֶת:

LUKE

29 And seek not ye what ye shall eat, or what ye shall drink, neither be ye of doubtful mind.

30 For all these things do the nations of the world seek after: and your Father knoweth that ye have need of these things.

31 But rather seek ye the kingdom of ELOHIM; and all these things shall be added unto you.

32 Fear not, little flock; for it is your Father's good pleasure to give you the kingdom.

33 Sell that ye have, and give alms; provide yourselves bags which wax not old, a treasure in the heavens that faileth not, where no thief approacheth, neither moth corrupteth.

34 For where your treasure is, there will your heart be also.

YOU MUST BE READY

35 Let your loins be girded about, and your lights burning;

36 And ye yourselves like unto men that wait for their Adon, when he will return from the wedding; that when he cometh and knocketh, they may open unto him immediately.

37 Blessed are those servants, whom the Adon when he cometh shall find watching: verily I say unto you, that he shall gird himself, and make them to sit down to meat, and will come forth and serve them.

38 And if he shall come in the second watch, or come in the third watch, and find them so, blessed are those servants.

39 And this know, that if the goodman of the house had known what hour the thief would come, he would have watched, and not have suffered his house to be broken through.

40 Be ye therefore ready also: for the Son of man cometh at an hour when ye think not.

41 Then Kepha said unto him, Adone, speakest thou this parable unto us, or even to all?

42 And **YAHOSHUA** said, Who then is that faithful and wise steward, whom his Adon shall make ruler over his household, to give them their portion of meat in due season?

43 Blessed is that servant, whom his Adon when he cometh shall find so doing.

44 Of a truth I say unto you, that he will make him ruler over all that he hath.

45 But and if that servant say in his heart, My Adon delayeth his coming; and shall begin to beat the menservants and maidens, and to eat and drink, and to be drunken;

46 The Adon of that servant will come in a day when he looketh not for him, and at an hour when he is not aware, and will cut him in sunder, and will appoint him his portion with the unbelievers.

47 And that servant, which knew his Adon's will, and prepared not himself, neither did according to his will, shall be beaten with many stripes.

48 But he that knew not, and did commit things worthy of stripes, shall be beaten with few stripes. For unto whomsoever much is given, of him shall be much required: and to whom men have committed much, of him they will ask the more.

NOT SHALOM, BUT DIVISION

49 I am come to send fire on the earth; and what will I, if it be already kindled?

50 But I have a immersion to be immersed with; and how am I straitened till it be accomplished!

51 Suppose ye that I am come to give shalom on earth? I tell you, Nay; but rather division:

52 כִּי מֵעַתָּה חֲמִשָּׁה בְּבַיִת אֶחָד יֵחָלֵקוּ שְׁלֹשָׁה עַל־שְׁנַיִם וּשְׁנַיִם עַל־שְׁלֹשָׁה: 53
הָאָב יֵחָלֵק עַל־הַבֵּן וְהַבֵּן עַל־הָאָב הָאֵם עַל־הַבַּת וְהַבַּת עַל־הָאֵם הֶחָמוֹת עַל־
הַכַּלָּה וְהַכַּלָּה עַל־הֶחָמוֹת:

INTERPRETING THE TIME

54 וַיֹּאמֶר גַּם אֶל־הֲמוֹן הָעָם כִּרְאֹתְכֶם אֶת־הֶעָב עֹלֶה בַּמַּעֲרָב וַאֲמַרְתֶּם גֶּשֶׁם בָּא וְכֵן
יִהְיֶה: 55 וְאִם־נָשְׁבָה רוּחַ הַנֶּגֶב תֹּאמְרוּ הִנֵּה חֹם בָּא וְגַם יָבוֹא: 56 הַחֲנֵפִים יֹדְעִים
אַתֶּם לִבְחֹן אֶת־פְּנֵי הָאָרֶץ וְהַשָּׁמַיִם וְאֶת־הָעֵת הַזֹּאת אֵיךְ לֹא תִבְחֲנוּ אֹתָהּ:

SETTLE WITH YOUR ACCUSER

57 מַדּוּעַ מֵעַצְמְכֶם אֵינְכֶם דָּנִים דִּין אֱמֶת: 58 כִּי בְּלֶכְתְּךָ אֶל־הַשַּׂר עִם־אִישׁ רִיבֶךָ
הִשְׁתַּדֵּל לְהִנָּצֵל מִמֶּנּוּ בְּעוֹדְךָ בַּדֶּרֶךְ פֶּן־יִסְחַב אוֹתְךָ אֶל־הַשֹּׁפֵט וְהַשֹּׁפֵט יִמְסָרְךָ אֶל־
הַשּׁוֹטֵר וְהַשּׁוֹטֵר יַשְׁלִיכְךָ אֶל־בֵּית הַכֶּלֶא: 59 וַאֲנִי אֹמֵר לְךָ לֹא תֵצֵא מִשָּׁם עַד אִם־
שִׁלַּמְתָּ גַּם אֶת־הַפְּרוּטָה הָאַחֲרוֹנָה:

REPENT OR PERISH

יג וַיָּבֹאוּ אֲנָשִׁים בָּעֵת הַהִיא וַיַּגִּידוּ לוֹ אֶת־דְּבַר הַגְּלִילִים אֲשֶׁר עֵרַב פִּילָטוֹס דָּמָם
עִם־זִבְחֵיהֶם: 2 וַיַּעַן יָהוֹשֻׁעַ וַיֹּאמֶר אֲלֵיהֶם הַאֹמְרִים אַתֶּם שֶׁהַגְּלִילִים הָאֵלֶּה
הָיוּ חַטָּאִים מִכָּל־אַנְשֵׁי הַגָּלִיל כִּי מְצָאָם כַּדָּבָר הַזֶּה: 3 לֹא כִּי־אֹמֵר אֲנִי לָכֶם אִם־לֹא
תָשׁוּבוּ גַּם־אַתֶּם כֻּלְּכֶם תֹּאבֵדוּ: 4 אוֹ שְׁמֹנָה הֶעָשָׂר הָהֵם אֲשֶׁר נָפַל עֲלֵיהֶם הַמִּגְדָּל
בַּשִּׁלֹחַ וַיְמִיתֵם הַאֹמְרִים אַתֶּם שֶׁהָיוּ אֲשֵׁמִים מִכָּל־הָאֲנָשִׁים הַיֹּשְׁבִים בִּירוּשָׁלָיִם: 5 לֹא
כִּי־אֹמֵר אֲנִי לָכֶם אִם־לֹא תָשׁוּבוּ גַּם־אַתֶּם כֻּלְּכֶם תֹּאבֵדוּ:

THE PARABLE OF THE BARREN FIG TREE

6 וַיִּשָּׂא מְשָׁלוֹ וַיֹּאמַר אִישׁ אֶחָד הָיְתָה־לּוֹ תְּאֵנָה נְטוּעָה בְּכַרְמוֹ וַיָּבֹא לְבַקֶּשׁ־בָּהּ
פְּרִי וְלֹא מָצָא: 7 וַיֹּאמֶר אֶל־הַכֹּרֵם הִנֵּה־זֶה שָׁלֹשׁ שָׁנִים אָנֹכִי בָא לְבַקֵּשׁ פְּרִי בַּתְּאֵנָה
הַזֹּאת וְלֹא מָצָאתִי כְּרֹת אוֹתָהּ לָמָּה־זֶּה תַשְׁחִית אֶת הָאֲדָמָה: 8 וַיַּעַן וַיֹּאמֶר אֵלָיו אֲדֹנִי
הַנִּיחָה אֹתָהּ עוֹד הַשָּׁנָה הַזֹּאת עַד אֲשֶׁר־עֲזַקְתִּיהָ וְשַׂמְתִּי דֹמֶן לָהּ: 9 אוּלַי תַּעֲשֶׂה פֶּרִי
וְאִם־לֹא תַעֲשֶׂה וְכָרַתָּ אֹתָהּ בַּשָּׁנָה הָאַחֶרֶת:

A WOMAN WITH A DISABLING SPIRIT

10 וַיְהִי הוּא מְלַמֵּד בְּיוֹם **הַשַּׁבָּת** בְּבֵית כְּנֶסֶת אֶחָד: 11 וְהִנֵּה אִשָּׁה אֲשֶׁר בָּהּ רוּחַ־
חֳלִי כִּשְׁמֹנֶה עֶשְׂרֵה שָׁנָה וְהִיא כְפוּפָה וְלֹא יָכְלָה לָקוּם קוֹמָה זְקוּפָה:

LUKE

52 For from henceforth there shall be five in one house divided, three against two, and two against three.
53 The father shall be divided against the son, and the son against the father; the mother against the daughter, and the daughter against the mother; the mother in law against her daughter in law, and the daughter in law against her mother in law.

INTERPRETING THE TIME

54 And he said also to the people, When ye see a cloud rise out of the west, straightway ye say, There cometh a shower; and so it is.
55 And when ye see the south wind blow, ye say, There will be heat; and it cometh to pass.
56 Ye hypocrites, ye can discern the face of the sky and of the earth; but how is it that ye do not discern this time?

SETTLE WITH YOUR ACCUSER

57 Yea, and why even of yourselves judge ye not what is right?
58 When thou goest with thine adversary to the magistrate, as thou art in the way, give diligence that thou mayest be delivered from him; lest he hale thee to the judge, and the judge deliver thee to the officer, and the officer cast thee into prison.
59 I tell thee, thou shalt not depart thence, till thou hast paid the very last mite.

REPENT OR PERISH

13 There were present at that season some that told him of the Galilaeans, whose blood Pilatos had mingled with their sacrifices.
2 And **YAHOSHUA** answering said unto them, Suppose ye that these Galilaeans were sinners above all the Galilaeans, because they suffered such things?
3 I tell you, Nay: but, except ye repent, ye shall all likewise perish.
4 Or those eighteen, upon whom the tower in **Shiloakh (Siloah/Siloam)** fell, and slew them, think ye that they were sinners above all men that dwelt in Yerushalem?
5 I tell you, Nay: but, except ye repent, ye shall all likewise perish.

THE PARABLE OF THE BARREN FIG TREE

6 He spake also this parable; A certain man had a fig tree planted in his vineyard; and he came and sought fruit thereon, and found none.
7 Then said he unto the dresser of his vineyard, Behold, these three years I come seeking fruit on this fig tree, and find none: cut it down; why cumbereth it the ground?
8 And he answering said unto him, Adoni, let it alone this year also, till I shall dig about it, and dung it:
9 And if it bear fruit, well: and if not, then after that thou shalt cut it down.

A WOMAN WITH A DISABLING SPIRIT

10 And he was teaching in one of the Congregations on the **Shabbat**.
11 And, behold, there was a woman which had a ruakh of infirmity eighteen years, and was bowed together, and could in no wise lift up herself.

12 וַיַּרְא **יָהוֹשֻׁעַ** וַיִּקְרָא אֵלֶיהָ וַיֹּאמֶר לָהּ אִשָּׁה הֶחָלְצִי מֵחָלְיֵךְ: 13 וַיָּשֶׂם יָדָיו עָלֶיהָ
וּכְרֶגַע קָמָה וְתִתְעוֹדֵד וַתְּשַׁבַּח אֶת־הָאֱלֹהִים: 14 וַיִּכְעַס רֹאשׁ הַכְּנֵסֶת עַל־אֲשֶׁר רִפָּא
יָהוֹשֻׁעַ בַּשַּׁבָּת וַיַּעַן וַיֹּאמֶר אֶל־הָעָם שֵׁשֶׁת יָמִים הֵם אֲשֶׁר תֵּעָשֶׂה בָהֶם מְלָאכָה בָּאֵלֶּה
בֹּאוּ וְהֵרָפְאוּ וְלֹא בְּיוֹם **הַשַּׁבָּת:** 15 וַיַּעַן **יָהוֹשֻׁעַ** וַיֹּאמֶר אֵלָיו הֶחָנֵף הֲלֹא יַתִּיר אִישׁ מִכֶּם
בַּשַּׁבָּת אֶת־שׁוֹרוֹ אוֹ אֶת־חֲמֹרוֹ מִן־הָאֵבוּס וְיוֹלִיכֵהוּ לְהַשְׁקֹתוֹ: 16 וְזֹאת אֲשֶׁר הִיא
בַּת־אַבְרָהָם וַאֲשֶׁר הַשָּׂטָן אֲסָרָהּ זֶה שְׁמֹנֶה עֶשְׂרֵה שָׁנָה הֲלֹא תֻתַּר מִמּוֹסְרוֹתֶיהָ בְּיוֹם
הַשַּׁבָּת: 17 וַיְהִי כְּאָמְרוֹ אֶת־הַדְּבָרִים הָאֵלֶּה נִכְלְמוּ כָּל־מִתְקוֹמְמָיו וַיִּשְׂמַח כָּל־הָעָם
עַל־כָּל־הַנִּפְלָאוֹת הַנַּעֲשׂוֹת עַל־יָדוֹ:

THE MUSTARD SEED AND THE LEAVEN

18 וַיֹּאמַר לְמָה דוֹמָה מַלְכוּת הָאֱלֹהִים וְאֶל־מָה אֲמַשִּׁילֶנָּה: 19 דּוֹמָה הִיא לְגַרְגַּר
שֶׁל־חַרְדָּל אֲשֶׁר לְקָחוֹ אִישׁ וַיְשִׂימֵהוּ בְגַנּוֹ וַיִּצְמַח וַיְהִי לְעֵץ גָּדוֹל וְעוֹף הַשָּׁמַיִם יְקַנֵּן
בַּעֲנָפָיו: 20 וַיֹּאמֶר עוֹד אֶל־מָה אֲדַמֶּה אֵת מַלְכוּת הָאֱלֹהִים: 21 דּוֹמָה הִיא לִשְׂאֹר
אֲשֶׁר לְקָחַתּוּ אִשָּׁה וַתִּטְמְנֵהוּ בִּשְׁלֹשׁ סְאִים קֶמַח עַד אֲשֶׁר־יֶחְמַץ כֻּלּוֹ:

THE NARROW DOOR

22 וַיַּעֲבֹר בֶּעָרִים וּבַכְּפָרִים עָבוֹר וְלַמֵּד וַיֵּלֶךְ לְדַרְכּוֹ לָבוֹא יְרוּשָׁלָיִם: 23 וַיִּשְׁאָלֵהוּ
אִישׁ לֵאמֹר אֲדֹנֵינוּ הַמְעַט הֵם הַנּוֹשָׁעִים: 24 וַיֹּאמֶר אֲלֵיהֶם הִתְאַמְּצוּ לָבוֹא בַּפֶּתַח
הַצָּר כִּי־אֹמֵר אֲנִי לָכֶם רַבִּים יְבַקְשׁוּ לָבוֹא וְלֹא יוּכָלוּ: 25 מִיּוֹם אֲשֶׁר יָקוּם בַּעַל הַבַּיִת
וְסָגַר אֶת־הַדָּלֶת וְתָחֵלּוּ לַעֲמֹד בַּחוּץ וְלִדְפֹּק עַל־הַדֶּלֶת לֵאמֹר אֲדֹנֵינוּ פְּתַח־לָנוּ וְעָנָה
וְאָמַר אֲלֵיכֶם אֵינֶנִּי יוֹדֵעַ אֶתְכֶם מֵאַיִן אַתֶּם: 26 אָז תָּחֵלּוּ לֵאמֹר הֲלֹא אָכַלְנוּ וְשָׁתִינוּ
לְפָנֶיךָ וּבִרְחֹבוֹתֵינוּ לִמַּדְתָּ: 27 וְיֹאמַר אֲנִי אֹמֵר לָכֶם אֵינֶנִּי יוֹדֵעַ אֶתְכֶם מֵאַיִן אַתֶּם סוּרוּ
מִמֶּנִּי כָּל־פֹּעֲלֵי הָאָוֶן: 28 וְשָׁם תִּהְיֶה הַיְלָלָה וַחֲרֹק הַשִּׁנָּיִם כַּאֲשֶׁר תִּרְאוּ אֶת־אַבְרָהָם
וְיִצְחָק וְיַעֲקֹב וְאֶת־כָּל־הַנְּבִיאִים בְּמַלְכוּת הָאֱלֹהִים וְאַתֶּם מְגֹרָשִׁים הַחוּצָה: 29 וְיָבֹאוּ
מִמִּזְרָח וּמִמַּעֲרָב וּמִצָּפוֹן וּמִדָּרוֹם וְיָסֵבּוּ בְּמַלְכוּת הָאֱלֹהִים: 30 וְהִנֵּה יֵשׁ אַחֲרוֹנִים
אֲשֶׁר יִהְיוּ רִאשֹׁנִים וְרִאשֹׁנִים אֲשֶׁר יִהְיוּ אַחֲרֹנִים:

LAMENT OVER JERUSALEM

31 בַּיּוֹם הַהוּא נִגְּשׁוּ מִן־הַפְּרוּשִׁים וַיֹּאמְרוּ אֵלָיו צֵא וְלֵךְ מִזֶּה כִּי הוֹרְדוֹס מְבַקֵּשׁ
לְהָרְגֶךָ: 32 וַיֹּאמֶר אֲלֵיהֶם לְכוּ וְאִמְרוּ אֶל־הַשּׁוּעָל הַזֶּה הִנְנִי מְגָרֵשׁ שֵׁדִים וּפֹעֵל
רְפוּאוֹת הַיּוֹם וּמָחָר וּבַיּוֹם הַשְּׁלִישִׁי אָבֹא עַד־קִצִּי:

LUKE

12 And when **YAHOSHUA** saw her, he called her to him, and said unto her, Woman, thou art loosed from thine infirmity.

13 And he laid his hands on her: and immediately she was made straight, and glorified ELOHIM.

14 And the ruler of the Congregation answered with indignation, because that **YAHOSHUA** had healed on the **Shabbat** day, and said unto the people, There are six days in which men ought to work: in them therefore come and be healed, and not on the **Shabbat** day.

15 **YAHOSHUA** then answered him, and said, Thou hypocrite, doth not each one of you on the **Shabbat** loose his ox or his ass from the stall, and lead him away to watering?

16 And ought not this woman, being a daughter of Abraham, whom Satan hath bound, lo, these eighteen years, be loosed from this bond on the **Shabbat** day?

17 And when he had said these things, all his adversaries were ashamed: and all the people rejoiced for all the glorious things that were done by him.

THE MUSTARD SEED AND THE LEAVEN

18 Then said he, Unto what is the kingdom of ELOHIM like? and whereunto shall I resemble it?

19 It is like a grain of mustard seed, which a man took, and cast into his garden; and it grew, and waxed a great tree; and the fowls of the air lodged in the branches of it.

20 And again he said, Whereunto shall I liken the kingdom of ELOHIM?

21 It is like leaven, which a woman took and hid in three measures of meal, till the whole was leavened.

THE NARROW DOOR

22 And he went through the cities and villages, teaching, and journeying toward Yerushalem.

23 Then said one unto him, Are there few that be saved? And he said unto them,

24 Strive to enter in at the strait gate: for many, I say unto you, will seek to enter in, and shall not be able.

25 When once the master of the house is risen up, and hath shut to the door, and ye begin to stand without, and to knock at the door, saying, Adone, Adone, open unto us; and he shall answer and say unto you, I know you not whence ye are:

26 Then shall ye begin to say, We have eaten and drunk in thy presence, and thou hast taught in our streets.

27 But he shall say, I tell you, I know you not whence ye are; depart from me, all ye workers of iniquity.

28 There shall be weeping and gnashing of teeth, when ye shall see Abraham, and Yitzkhaq, and Ya'aqob, and all the prophets, in the kingdom of ELOHIM, and you yourselves thrust out.

29 And they shall come from the east, and from the west, and from the north, and from the south, and shall sit down in the kingdom of ELOHIM.

30 And, behold, there are last which shall be first, and there are first which shall be last.

LAMENT OVER JERUSALEM

31 The same day there came certain of the Perushim, saying unto him, Get thee out, and depart hence: for Hordos will kill thee.

32 And he said unto them, Go ye, and tell that fox, Behold, I cast out devils, and I do cures to day and to morrow, and the third day I shall be perfected.

33 אֲבָל הָלוֹךְ אֵלֵךְ הַיּוֹם וּמָחָר וּמִמָּחֳרָתוֹ כִּי לֹא־יִתָּכֵן אֲשֶׁר יֹאבַד נָבִיא מִחוּץ
לִירוּשָׁלָיִם׃ 34 יְרוּשָׁלַיִם יְרוּשָׁלַיִם הַהֹרֶגֶת אֶת־הַנְּבִיאִים וְהַסֹּקֶלֶת אֶת־הַנִּשְׁלָחִים אֵלֶיהָ
כַּמֶּה פְּעָמִים חָפַצְתִּי לְקַבֵּץ אֶת־בָּנַיִךְ כַּאֲשֶׁר תְּקַבֵּץ הַתַּרְנְגֹלֶת אֶת־אֶפְרוֹחֶיהָ תַּחַת
כְּנָפֶיהָ וְאַתֶּם לֹא אֲבִיתֶם׃ 35 הִנֵּה בֵיתְכֶם יֵעָזֵב לָכֶם (שָׁמֵם) וַאֲנִי אֹמֵר לָכֶם כִּי־רָאֹה
לֹא תִרְאוּנִי עַד־בּוֹא הָעֵת אֲשֶׁר תֹּאמְרוּ בָּרוּךְ הַבָּא בְּשֵׁם **יָהוָֹה**׃

<u>HEALING OF A MAN ON THE SABBATH</u>

יד וַיְהִי בְּבֹאוֹ **בַּשַּׁבָּת** אֶל־בֵּית אֶחָד מֵרָאשֵׁי הַפְּרוּשִׁים לֶאֱכֹל לָחֶם וְהֵמָּה אֹרְבִים
לוֹ׃ 2 וְהִנֵּה אִישׁ אֶחָד לְפָנָיו אֲשֶׁר גּוּפוֹ צָבָה מִמָּיִם׃ 3 וַיַּעַן **יָהוֹשֻׁעַ** וַיֹּאמֶר אֶל־
הַחֲכָמִים וְאֶל־הַפְּרוּשִׁים לֵאמֹר הֲמֻתָּר לְרַפֹּא **בַּשַּׁבָּת** אִם־לֹא וַיַּחֲרִישׁוּ׃ 4 וַיֹּאחֶז־בּוֹ
וַיִּרְפָּאֵהוּ וַיְשַׁלְּחֵהוּ׃ 5 וַיַּעַן וַיֹּאמֶר אֲלֵיהֶם מִי בָכֶם הָאִישׁ אֲשֶׁר חֲמֹרוֹ אוֹ שׁוֹרוֹ יִפּוֹל
אֶל־הַבְּאֵר וְלֹא־יְמַהֵר לְהַעֲלוֹתוֹ בְּיוֹם **הַשַּׁבָּת**׃ 6 וְלֹא יָדְעוּ לְהָשִׁיב דָּבָר׃

<u>THE PARABLE OF THE WEDDING FEAST</u>

7 וַיִּשָּׂא מְשָׁלוֹ אֶל־הַקְּרוּאִים בִּרְאוֹתוֹ אֶת־אֲשֶׁר בָּחֲרוּ לָהֶם לָשֶׁבֶת בְּרֹאשׁ וַיֹּאמֶר
אֲלֵיהֶם׃ 8 כִּי־יִקָּרֵא אֹתְךָ אִישׁ אֶל־הַחֲתֻנָּה אַל־תָּסֵב בְּרֹאשׁ פֶּן־יִקָּרֵא שָׁמָּה אִישׁ נִכְבָּד
מִמֶּךָּ׃ 9 וּבָא הַקֹּרֵא לְךָ וְלוֹ וְאָמַר אֵלֶיךָ פַּנֵּה מָקוֹם לָזֶה וְאָז תָּקוּם בִּכְלִמָּה לָשֶׁבֶת
בַּמָּקוֹם הָאַחֲרוֹן׃ 10 וְכִי תִקָּרֵא לֵךְ וְהָסֵב בַּמָּקוֹם הָאַחֲרוֹן לְמַעַן יָבֹא הַקֹּרֵא לְךָ וְאָמַר
אֵלֶיךָ אֲהוּבִי עֲלֵה לְמַעְלָה מִזֶּה וְהָיָה־לְּךָ כָבוֹד לִפְנֵי הַמְסֻבִּים עִמָּךְ׃ 11 כִּי כָּל־הַמְרוֹמֵם
עַצְמוֹ יֻשְׁפַּל וְהַמַּשְׁפִּיל אֶת עַצְמוֹ יְרוֹמָם׃

<u>THE PARABLE OF THE GREAT BANQUET</u>

12 וְגַם אֶל־הָאִישׁ אֲשֶׁר קָרָא לוֹ אָמַר כִּי תַעֲשֶׂה סְעוּדַת צָהֳרַיִם אוֹ סְעוּדַת עֶרֶב אַל־
תִּקְרָא לְאֹהֲבֶיךָ וּלְאַחֶיךָ וְלִקְרוֹבֶיךָ וְלִשְׁכֵנֶיךָ הָעֲשִׁירִים פֶּן־יִקְרְאוּךָ גַּם־הֵמָּה וְהָיָה לְךָ
לְשִׁלּוּם׃ 13 אֲבָל כִּי־תַעֲשֶׂה מִשְׁתֶּה קְרָא הָעֲנִיִּים וְהַנִּדְכָּאִים וְהַפִּסְחִים וְהַעִוְרִים׃ 14
וְאַשְׁרֶיךָ בַּאֲשֶׁר אֵין־לָהֶם לְשַׁלֶּם־לָךְ כִּי יְשֻׁלַּם לְךָ בִּתְחִיַּת הַצַּדִּיקִים׃ 15 וַיִּשְׁמַע אֶחָד
מִן־הַמְסֻבִּים אֶת־הַדָּבָר הַזֶּה וַיֹּאמֶר אֵלָיו אַשְׁרֵי הָאֹכֵל לֶחֶם בְּמַלְכוּת הָאֱלֹהִים׃ 16
וְהוּא אָמַר אֵלָיו אִישׁ אֶחָד עָשָׂה סְעוּדָה גְדוֹלָה וַיִּקְרָא לָרַבִּים׃ 17 וַיִּשְׁלַח אֶת־עַבְדּוֹ
לְעֵת הַסְּעוּדָה אֶל־הַקְּרוּאִים לֵאמֹר בֹּאוּ כִּי־הַכֹּל מוּכָן׃ 18 וַיָּחֵלּוּ כֻלָּם יַחְדָּו לְהִתְנַצֵּל
וַיֹּאמֶר אֵלָיו הָרִאשׁוֹן שָׂדֶה קָנִיתִי וַהֲלֹא אֵצֵא לִרְאֹתוֹ אֲבַקֵּשׁ מִמְּךָ נַקֵּנִי׃

LUKE

33 Nevertheless I must walk to day, and to morrow, and the day following: for it cannot be that a prophet perish out of Yerushalem.
34 O Yerushalem, Yerushalem, which killest the prophets, and stonest them that are sent unto thee; how often would I have gathered thy children together, as a hen doth gather her brood under her wings, and ye would not!
35 Behold, your house is left unto you desolate: and verily I say unto you, Ye shall not see me, until the time come when ye shall say, "Blessed be he that cometh in the name of **YAHOWAH**."

HEALING OF A MAN ON THE SABBATH

14 And it came to pass, as he went into the house of one of the chief Perushim to eat bread on the **Shabbat** day, that they watched him.
2 And, behold, there was a certain man before him which had the dropsy.
3 And **YAHOSHUA** answering spake unto the lawyers and Perushim, saying, Is it lawful to heal on the **Shabbat** day?
4 And they held their shalom. And he took him, and healed him, and let him go;
5 And answered them, saying, Which of you shall have an ass or an ox fallen into a pit, and will not straightway pull him out on the **Shabbat** day?
6 And they could not answer him again to these things.

THE PARABLE OF THE WEDDING FEAST

7 And he put forth a parable to those which were bidden, when he marked how they chose out the chief rooms; saying unto them,
8 When thou art bidden of any man to a wedding, sit not down in the highest room; lest a more honourable man than thou be bidden of him;
9 And he that bade thee and him come and say to thee, Give this man place; and thou begin with shame to take the lowest room.
10 But when thou art bidden, go and sit down in the lowest room; that when he that bade thee cometh, he may say unto thee, Friend, go up higher: then shalt thou have worship in the presence of them that sit at meat with thee.
11 For whosoever exalteth himself shall be abased; and he that humbleth himself shall be exalted.

THE PARABLE OF THE GREAT BANQUET

12 Then said he also to him that bade him, When thou makest a dinner or a supper, call not thy friends, nor thy brethren, neither thy kinsmen, nor thy rich neighbours; lest they also bid thee again, and a recompence be made thee.
13 But when thou makest a feast, call the poor, the maimed, the lame, the blind:
14 And thou shalt be blessed; for they cannot recompense thee: for thou shalt be recompensed at the resurrection of the just.
15 And when one of them that sat at meat with him heard these things, he said unto him, Blessed is he that shall eat bread in the kingdom of ELOHIM.
16 Then said he unto him, A certain man made a great supper, and bade many:
17 And sent his servant at supper time to say to them that were bidden, Come; for all things are now ready.
18 And they all with one consent began to make excuse. The first said unto him, I have bought a piece of ground, and I must needs go and see it: I pray thee have me excused.

19 וְאַחֵר אָמַר חֲמֵשֶׁת צִמְדֵי־בָקָר קָנִיתִי וַאֲנִי הֹלֵךְ לִבְחֹן אוֹתָם אֲבַקֶּשׁ מִמְּךָ נַקֵּנִי:
20 וְאַחֵר אָמַר אִשָּׁה לָקַחְתִּי וּבִגְלַל הַדָּבָר הַזֶּה לֹא אוּכַל לָבוֹא: 21 וַיָּבֹא הָעֶבֶד וַיַּגֵּד
אֶת־הַדְּבָרִים הָאֵלֶּה לַאדֹנָיו וַיִּקְצֹף בַּעַל הַבַּיִת וַיֹּאמֶר אֶל־עַבְדּוֹ מַהֵר צֵא אֶל־רְחֹבוֹת
הָעִיר וְאֶל־חוּצוֹתֶיהָ וְהָבֵא הֵנָּה אֶת־הָעֲנִיִּים וְאֶת־הַנִּדְכָּאִים וְאֶת־הַעִוְרִים וְאֶת־
הַפִּסְחִים: 22 וַיֹּאמֶר הָעֶבֶד אֲדֹנִי כַּאֲשֶׁר צִוִּיתָ כֵּן נַעֲשָׂה וְיֶשׁ־עוֹד מָקוֹם: 23 וַיֹּאמֶר
הָאָדוֹן אֶל־הָעֶבֶד צֵא אֶל־הַדְּרָכִים וְאֶל־הַגְּדֵרוֹת וּפְצַר בָּהֶם לָבוֹא לְמַעַן יִמָּלֵא בֵיתִי:
24 כִּי אֲנִי אֹמֵר לָכֶם אֵין אֶחָד מִן־הָאֲנָשִׁים הַקְּרוּאִים הָהֵם אֲשֶׁר יִטְעַם סְעוּדָתִי:

THE COST OF DISCIPLESHIP

25 וַהֲמוֹן עַם־רָב הֹלְכִים אִתּוֹ וַיִּפֶן וַיֹּאמֶר אֲלֵיהֶם: 26 אִישׁ כִּי־יָבוֹא אֵלַי וְלֹא
יִשְׂנָא אֶת־אָבִיו וְאֶת־אִמּוֹ וְאֶת־אִשְׁתּוֹ וְאֶת־בָּנָיו וְאֶת־אֶחָיו וְאֶת־אַחְיֹתָיו וְאַף גַּם־
אֶת־נַפְשׁוֹ לֹא יוּכַל לִהְיוֹת תַּלְמִידִי: 27 וַאֲשֶׁר לֹא יִשָּׂא אֶת־צְלוּבוֹ וּבָא אַחֲרַי לֹא
יוּכַל לִהְיוֹת תַּלְמִידִי: 28 כִּי מִי מִכֶּם הֶחָפֵץ לִבְנוֹת מִגְדָּל לֹא יֵשֵׁב רִאשׁוֹנָה וִיחַשֵּׁב
אֶת־הַהוֹצָאוֹת אִם־הַשֵּׂג תַּשִּׂיג יָדוֹ לְהַשְׁלִימוֹ: 29 פֶּן־יְיַסֵּד וְלֹא־יוּכַל לְכַלֹּתוֹ וְהָיָה
כָּל־רֹאָיו יָקוּמוּ וְלָעֲגוּ־לוֹ לֵאמֹר: 30 הָאִישׁ הַזֶּה הֵחֵל לִבְנוֹת וְלֹא יָכֹל לְכַלּוֹת: 31
אוֹ מִי־הוּא הַמֶּלֶךְ הַקָּם לְהִתְגָּרוֹת מִלְחָמָה בְּמֶלֶךְ אַחֵר וְלֹא יֵשֵׁב בָּרִאשׁוֹנָה וְיִתְיָעֵץ
אִם־יוּכַל לַעֲרֹךְ בַּעֲשֶׂרֶת אֲלָפִים לִקְרַאת הַבָּא עָלָיו בְּעֶשְׂרִים אָלֶף: 32 וְאִם־לֹא
יוּכַל וְשָׁלַח אֵלָיו מַלְאָכִים בְּעוֹדֶנּוּ מֵרָחוֹק לְבַקֵּשׁ שָׁלוֹם: 33 וְכֵן כָּל־אִישׁ מִכֶּם
אֲשֶׁר לֹא־יַעֲזֹב כָּל־קִנְיָנָיו לֹא יוּכַל לִהְיוֹת תַּלְמִידִי:

SALT WITHOUT TASTE IS WORTHLESS

34 טוֹב הַמֶּלַח וְאִם הַמֶּלַח הָיָה תָפֵל בַּמֶּה יְתֻקָּן: 35 גַּם לָאֲדָמָה גַּם לַדֹּמֶן לֹא יִצְלַח
הַחוּצָה יַשְׁלִיכֻהוּ מִי אֲשֶׁר אָזְנַיִם לוֹ לִשְׁמֹעַ יִשְׁמָע:

THE PARABLE OF THE LOST SHEEP

טו וַיְהִי בִּקְרֹב אֵלָיו כָּל־הַמּוֹכְסִים וְהַחַטָּאִים לִשְׁמֹעַ אוֹתוֹ: 2 וַיִּלֹּונוּ
הַפְּרוּשִׁים וְהַסּוֹפְרִים לֵאמֹר הָאִישׁ הַזֶּה מְקַבֵּל אֶת־הַחַטָּאִים וְאֹכֵל
אִתָּם: 3 וַיִּשָּׂא אֶת־הַמָּשָׁל הַזֶּה וַיֹּאמַר אֲלֵיהֶם: 4 מִי בָכֶם הָאִישׁ אֲשֶׁר־לוֹ מֵאָה
כְבָשִׂים וְאָבַד לוֹ אֶחָד מֵהֶם וְלֹא יִטּוֹשׁ אֶת־הַתִּשְׁעִים וְתִשְׁעָה בַּמִּדְבָּר וְהָלַךְ
אַחֲרֵי הָאֹבֵד עַד כִּי־יִמְצָאֵהוּ: 5 וְהָיָה כְּמָצְאוֹ אֹתוֹ יְשִׂימֶנּוּ עַל־כְּתֵפָיו בְּשִׂמְחָה:

LUKE

19 And another said, I have bought five yoke of oxen, and I go to prove them: I pray thee have me excused.

20 And another said, I have married a wife, and therefore I cannot come.

21 So that servant came, and shewed his Adon these things. Then the master of the house being angry said to his servant, Go out quickly into the streets and lanes of the city, and bring in hither the poor, and the maimed, and the halt, and the blind.

22 And the servant said, Adoni, it is done as thou hast commanded, and yet there is room.

23 And the Adon said unto the servant, Go out into the highways and hedges, and compel them to come in, that my house may be filled.

24 For I say unto you, That none of those men which were bidden shall taste of my supper.

THE COST OF DISCIPLESHIP

25 And there went great multitudes with him: and he turned, and said unto them,

26 If any man come to me, and hate not his father, and mother, and wife, and children, and brethren, and sisters, yea, and his own life also, he cannot be my disciple.

27 And whosoever doth not bear his cross, and come after me, cannot be my disciple.

28 For which of you, intending to build a tower, sitteth not down first, and counteth the cost, whether he have sufficient to finish it?

29 Lest haply, after he hath laid the foundation, and is not able to finish it, all that behold it begin to mock him,

30 Saying, This man began to build, and was not able to finish.

31 Or what king, going to make war against another king, sitteth not down first, and consulteth whether he be able with ten thousand to meet him that cometh against him with twenty thousand?

32 Or else, while the other is yet a great way off, he sendeth an ambassage, and desireth conditions of shalom.

33 So likewise, whosoever he be of you that forsaketh not all that he hath, he cannot be my disciple.

SALT WITHOUT TASTE IS WORTHLESS

34 Salt is good: but if the salt have lost his savour, wherewith shall it be seasoned?

35 It is neither fit for the land, nor yet for the dunghill; but men cast it out. He that hath ears to hear, let him hear.

THE PARABLE OF THE LOST SHEEP

15 Then drew near unto him all the publicans and sinners for to hear him.

2 And the Perushim and scribes murmured, saying, This man receiveth sinners, and eateth with them.

3 And he spake this parable unto them, saying,

4 What man of you, having an hundred sheep, if he lose one of them, doth not leave the ninety and nine in the wilderness, and go after that which is lost, until he find it?

5 And when he hath found it, he layeth it on his shoulders, rejoicing.

6 וּבָא אֶל־בֵּיתוֹ וְקָרָא לְאֹהֲבָיו וְלִשְׁכֵנָיו יַחַד לֵאמֹר שִׂמְחוּ אִתִּי כִּי מָצָאתִי אֶת־שֵׂיִי
הָאֹבֵד׃ 7 אֹמֵר אֲנִי לָכֶם כֵּן שִׂמְחָה תִּהְיֶה בַּשָּׁמַיִם עַל־חוֹטֵא אֶחָד אֲשֶׁר שָׁב יוֹתֵר מֵעַל־
תִּשְׁעִים וְתִשְׁעָה צַדִּיקִים אֲשֶׁר לֹא־יִצְטָרְכוּ לִתְשׁוּבָה׃

THE PARABLE OF THE LOST COIN

8 אוֹ מִי הָאִשָּׁה אֲשֶׁר־לָהּ עֲשָׂרָה דַרְכְּמוֹנִים וְאָבַד לָהּ דַּרְכְּמוֹן אֶחָד וְלֹא־תַדְלִיק נֵר
וּתְטַאטֵא אֶת־הַבַּיִת וּתְחַפֵּשׂ הֵיטֵב עַד כִּי־תִמְצָאֵהוּ׃ 9 וְהָיָה כְּמָצְאָהּ אוֹתוֹ תִּקְרָא
לְרֵעוֹתֶיהָ וְלִשְׁכֵנוֹתֶיהָ לֵאמֹר שְׂמַחְנָה אִתִּי כִּי מָצָאתִי אֵת הַדַּרְכְּמוֹן אֲשֶׁר אָבַד לִי׃
10 כֵּן אֲנִי אֹמֵר לָכֶם תִּהְיֶה שִׂמְחָה לִפְנֵי מַלְאֲכֵי אֱלֹהִים עַל־חוֹטֵא אֶחָד אֲשֶׁר־שָׁב
מֵחַטָּאתוֹ׃

THE PARABLE OF THE PRODIGAL SON

11 וַיֹּאמַר אִישׁ אֶחָד הָיוּ לוֹ שְׁנֵי בָנִים׃ 12 וַיֹּאמֶר הַצָּעִיר אֶל־אָבִיו אָבִי תְּנָה־לִּי אֶת־
חֵלֶק הַנְּכָסִים אֲשֶׁר יִפֹּל לִי וַיְחַלֵּק לָהֶם אֶת־הַנַּחֲלָה׃ 13 וַיְהִי מִקֵּץ יָמִים וַיֶּאֱסֹף הַבֵּן
הַצָּעִיר אֶת־הַכֹּל וַיֵּלֶךְ אֶל־אֶרֶץ רְחוֹקָה וַיְהִי זוֹלֵל וְסֹבֵא וַיְפַזֵּר שָׁם אֶת־רְכֻשׁוֹ׃ 14 וְאַחֲרֵי
כַּלּוֹתוֹ אֶת־הַכֹּל הָיָה רָעָב חָזָק בָּאָרֶץ הַהִיא וַיָּחֶל לִהְיוֹת חֲסַר־לָחֶם׃ 15 וַיֵּלֶךְ וַיִּדְבַּק
בְּאֶחָד מִבְּנֵי הַמְּדִינָה בָּאָרֶץ הַהִיא וַיִּשְׁלַח אוֹתוֹ אֶל־שְׂדוֹתָיו לִרְעוֹת חֲזִירִים׃ 16 וַיִּתְאָו
לְמַלֵּא בִטְנוֹ מֵהֶחָרוּבִים אֲשֶׁר יֹאכְלוּ הַחֲזִירִים וְאֵין נֹתֵן לוֹ׃ 17 וַיָּשֶׁב אֶל־לִבּוֹ וַיֹּאמַר
מָה־רַבּוּ שְׂכִירֵי אָבִי אֲשֶׁר יֵשׁ לָהֶם לֶאֱכֹל דַּיָּם וְהוֹתֵר וַאֲנִי אֹבֵד בָּרָעָב׃ 18 אָקוּמָה־נָּא
וְאֵלְכָה אֶל־אָבִי וְאֹמַר אֵלָיו אָבִי חָטָאתִי גַּם לַשָּׁמַיִם גַּם לְפָנֶיךָ׃ 19 וְנִקַלֹּתִי מֵהִקָּרֵא עוֹד
בְּנֶךָ שִׂימֵנִי כְּאַחַד שְׂכִירֶיךָ׃ 20 וַיָּקָם וַיָּבֹא אֶל־אָבִיו עוֹדֶנּוּ מֵרָחוֹק וְאָבִיו רָאָהוּ וַיֶּהֱמוּ
מֵעָיו וַיָּרָץ וַיִּפֹּל עַל־צַוָּארָיו וַיִּשָּׁקֵהוּ׃ 21 וַיֹּאמֶר אֵלָיו הַבֵּן אָבִי חָטָאתִי גַּם לַשָּׁמַיִם גַּם
לְפָנֶיךָ וַאֲנִי נִקַלֹּתִי מֵהִקָּרֵא עוֹד בְּנֶךָ׃ 22 וַיֹּאמֶר הָאָב אֶל־עֲבָדָיו הָבִיאוּ אֶת־הַשִּׂמְלָה
הַיָּפָה וְהַלְבִּישֻׁהוּ וּתְנוּ טַבַּעַת עַל־יָדוֹ וּנְעָלִים בְּרַגְלָיו׃ 23 וְהָבִיאוּ עֵגֶל הַמַּרְבֵּק וְטִבְחוּ
אֹתוֹ וְנֹאכְלָה וְנִשְׂמָח׃ 24 כִּי זֶה־בְּנִי הָיָה מֵת וַיֶּחִי וְאֹבֵד וַיִּמָּצֵא וַיָּחֵלּוּ לִשְׂמֹחַ׃ 25 וּבְנוֹ
הַגָּדוֹל בַּשָּׂדֶה וַיְהִי בְשׁוּבוֹ כַּאֲשֶׁר קָרַב אֶל־הַבַּיִת וַיִּשְׁמַע קוֹל זִמְרָה וּמְחֹלוֹת׃ 26 וַיִּקְרָא
אֶל־אַחַד הַנְּעָרִים וַיִּשְׁאַל לָדַעַת מַה־הַדָּבָר׃ 27 וַיֹּאמֶר אֵלָיו כִּי־בָא אָחִיךָ וַיִּטְבַּח אָבִיךָ
עֵגֶל הַמַּרְבֵּק עַל־אֲשֶׁר שָׁב אֵלָיו בְּשָׁלוֹם׃ 28 וַיִּחַר לוֹ וַיְמָאֵן לָבוֹא הַבָּיְתָה וַיֵּצֵא אָבִיו
וַיְדַבֵּר עַל־לִבּוֹ׃ 29 וַיַּעַן וַיֹּאמֶר אֶל־אָבִיו הִנֵּה זֶה שָׁנִים רַבּוֹת אָנֹכִי עֹבֵד אֹתְךָ וּמִיָּמַי לֹא
עָבַרְתִּי אֶת־מִצְוָתֶךָ וְאַתָּה מִיָּמַי לֹא־נָתַתָּ לִּי גְּדִי לְמַעַן אָשִׂישׂ עִם־רֵעָי׃

LUKE

6 And when he cometh home, he calleth together his friends and neighbours, saying unto them, Rejoice with me; for I have found my sheep which was lost.

7 I say unto you, that likewise joy shall be in heaven over one sinner that repenteth, more than over ninety and nine just persons, which need no repentance.

THE PARABLE OF THE LOST COIN

8 Either what woman having ten pieces of silver, if she lose one piece, doth not light a candle, and sweep the house, and seek diligently till she find it?

9 And when she hath found it, she calleth her friends and her neighbours together, saying, Rejoice with me; for I have found the piece which I had lost.

10 Likewise, I say unto you, there is joy in the presence of the angels of ELOHIM over one sinner that repenteth.

THE PARABLE OF THE PRODIGAL SON

11 And he said, A certain man had two sons:

12 And the younger of them said to his father, Father, give me the portion of goods that falleth to me. And he divided unto them his living.

13 And not many days after the younger son gathered all together, and took his journey into a far country, and there wasted his substance with riotous living.

14 And when he had spent all, there arose a mighty famine in that land; and he began to be in want.

15 And he went and joined himself to a citizen of that country; and he sent him into his fields to feed swine.

16 And he would fain have filled his belly with the husks that the swine did eat: and no man gave unto him.

17 And when he came to himself, he said, How many hired servants of my father's have bread enough and to spare, and I perish with hunger!

18 I will arise and go to my father, and will say unto him, Father, I have sinned against heaven, and before thee,

19 And am no more worthy to be called thy son: make me as one of thy hired servants.

20 And he arose, and came to his father. But when he was yet a great way off, his father saw him, and had compassion, and ran, and fell on his neck, and kissed him.

21 And the son said unto him, Father, I have sinned against heaven, and in thy sight, and am no more worthy to be called thy son.

22 But the father said to his servants, Bring forth the best robe, and put it on him; and put a ring on his hand, and shoes on his feet:

23 And bring hither the fatted calf, and kill it; and let us eat, and be merry:

24 For this my son was dead, and is alive again; he was lost, and is found. And they began to be merry.

25 Now his elder son was in the field: and as he came and drew nigh to the house, he heard musick and dancing.

26 And he called one of the servants, and asked what these things meant.

27 And he said unto him, Thy brother is come; and thy father hath killed the fatted calf, because he hath received him safe and sound.

28 And he was angry, and would not go in: therefore came his father out, and intreated him.

29 And he answering said to his father, Lo, these many years do I serve thee, neither transgressed I at any time thy commandment: and yet thou never gavest me a kid, that I might make merry with my friends:

30 וְעַתָּה בָּא בִנְךָ־זֶה אֲשֶׁר בִּלַּע אֶת־נַחֲלָתְךָ עִם־הַזֹּנוֹת וַתִּזְבַּח־לוֹ אֶת־עֵגֶל הַמַּרְבֵּק:
31 וַיֹּאמֶר אֵלָיו בְּנִי אַתָּה תָּמִיד עִמָּדִי וְכֹל אֲשֶׁר־לִי לְךָ הוּא: 32 אֲבָל אָחִיךָ הִנֵּה רָאוּי
לָשׂוּשׂ וְלִשְׂמֹחַ עָלָיו כִּי הָיָה מֵת וַיֶּחִי וְאֹבֵד וַיִּמָּצֵא:

THE PARABLE OF THE DISHONEST MANAGER

טז וְגַם אֶל־תַּלְמִידָיו אָמַר אִישׁ עָשִׁיר הָיָה וְלוֹ סֹכֵן עַל־בֵּיתוֹ וַיַּלְשִׁינֻהוּ אֵלָיו כִּי־
מְפַזֵּר הוּא אֶת־קִנְיָנָיו: 2 וַיִּקְרָא אֵלָיו וַיֹּאמַר מַה־זֹּאת שָׁמַעְתִּי עָלֶיךָ תֵּן חֶשְׁבּוֹן
פְּקֻדָּתְךָ כִּי לֹא תוּכַל לִהְיוֹת עוֹד סֹכֵן לִי: 3 וַיֹּאמֶר הַסֹּכֵן בְּלִבּוֹ מָה אֶעֱשֶׂה כִּי־יִקַּח אֲדֹנִי
מִמֶּנִּי אֶת הַפְּקֻדָּה לַעֲדֹר לֹא־אוּכַל וְלַחֲזוֹר עַל־הַפְּתָחִים אֲנִי בוֹשׁ: 4 יָדַעְתִּי מָה אֶעֱשֶׂה
לְמַעַן יַאַסְפוּנִי אֶל־בָּתֵּיהֶם בְּעֵת אִם הוּסַרְתִּי מִפְּקֻדָּתִי: 5 וַיִּקְרָא אֶל־כָּל־אֶחָד מֵהָאֲנָשִׁים
אֲשֶׁר־נָשָׁה בָהֶם אֲדֹנָיו וַיֹּאמֶר אֶל־הָרִאשׁוֹן כַּמָּה אַתָּה חַיָּב לַאדֹנִי: 6 וַיֹּאמֶר מֵאָה־בַת
שֶׁמֶן וַיֹּאמֶר אֵלָיו קַח אֶת־שְׁטָרְךָ וּמַהֵר שֵׁב וְכָתַבְתָּ חֲמִשִּׁים: 7 וְאֶל־אַחֵר אָמַר כַּמָּה
אַתָּה חַיָּב וַיֹּאמַר מְאַת כֹּר חִטִּים וַיֹּאמֶר קַח אֶת־שְׁטָרְךָ וּכְתֹב שְׁמֹנִים: 8 וַיְשַׁבַּח הָאָדוֹן
אֶת־סֹכֵן הָעַוְלָה עַל־אֲשֶׁר הֶעֱרִים לַעֲשׂוֹת כִּי בְנֵי הָעוֹלָם הַזֶּה עֲרוּמִים הֵם בְּדוֹרָם מִבְּנֵי
הָאוֹר: 9 וְגַם־אֲנִי אֹמֵר לָכֶם קְנוּ לָכֶם אֹהֲבִים בְּמָמוֹנָהּ שֶׁל־עַוְלָה לְמַעַן יַאַסְפוּ אֶתְכֶם
בְּעֵת כְּלֹתוֹ אֶל־מִשְׁכְּנוֹת עוֹלָם: 10 הַנֶּאֱמָן בִּמְעַט מִזְעָר נֶאֱמָן גַּם־בְּהַרְבֵּה וְהַמְעַוֵּל בִּמְעַט
מִזְעָר מְעַוֵּל גַּם־בְּהַרְבֵּה: 11 לָכֵן אִם־בְּמָמוֹנָהּ שֶׁל־עַוְלָה לֹא הֱיִיתֶם נֶאֱמָנִים אֵת הָאֲמִתִּי
מִי יַפְקִידֶנּוּ בְּיֶדְכֶם: 12 וְאִם־בַּדָּבָר אֲשֶׁר לַאֲחֵרִים לֹא הֱיִיתֶם נֶאֱמָנִים אֵת אֲשֶׁר לָכֶם מִי
יִתֵּן לָכֶם: 13 אֵין עֶבֶד יָכֹל לַעֲבֹד שְׁנֵי אֲדֹנִים כִּי יִשְׂנָא אֶת־הָאֶחָד וְיֶאֱהַב אֶת־הָאַחֵר אוֹ
יִדְבַּק בְּאֶחָד וְאֶת־הָאַחֵר יִבְזֶה לֹא תוּכְלוּ עֲבֹד אֶת־הָאֱלֹהִים וְאֵת הַמָּמוֹן:

THE LAW AND THE KINGDOM OF ELOHIM

14 וַיִּשְׁמְעוּ כָּל־הַדְּבָרִים הָאֵלֶּה גַּם־הַפְּרוּשִׁים אֲשֶׁר הֵם אֹהֲבֵי כֶסֶף וַיַּלְעִיגוּ לוֹ: 15
וַיֹּאמֶר אֲלֵיהֶם אַתֶּם הֵם הַמִּצְטַדְּקִים לִפְנֵי הָאָדָם וֵאלֹהִים יוֹדֵעַ אֶת־לְבַבְכֶם כִּי הַגָּבֹהַּ
בָּאָדָם תּוֹעֵבָה הוּא לִפְנֵי הָאֱלֹהִים: 16 הַתּוֹרָה וְהַנְּבִיאִים נִתְּנוּ עַד־יוֹחָנָן וּמִן־אָז וָהָלְאָה
בְּשׂוֹרַת מַלְכוּת הָאֱלֹהִים וְכָל־אִישׁ בְּיָד חֲזָקָה יָבוֹא בָהּ: 17 אֲבָל נָקֵל לַשָּׁמַיִם וְלָאָרֶץ
לַעֲבֹר מֵאֲשֶׁר יִפֹּל קוֹץ אֶחָד מִן־הַתּוֹרָה:

DIVORCE AND REMARRIAGE

18 כָּל־הַמְשַׁלֵּחַ אֶת־אִשְׁתּוֹ וְנָשָׂא אַחֶרֶת נֹאֵף הוּא וְכָל־הַנֹּשֵׂא אֶת־הַגְּרוּשָׁה
מֵאִישָׁהּ נֹאֵף הוּא:

LUKE

30 But as soon as this thy son was come, which hath devoured thy living with harlots, thou hast killed for him the fatted calf.

31 And he said unto him, Son, thou art ever with me, and all that I have is thine.

32 It was meet that we should make merry, and be glad: for this thy brother was dead, and is alive again; and was lost, and is found.

THE PARABLE OF THE DISHONEST MANAGER

16 And he said also unto his disciples, There was a certain rich man, which had a steward; and the same was accused unto him that he had wasted his goods.

2 And he called him, and said unto him, How is it that I hear this of thee? give an account of thy stewardship; for thou mayest be no longer steward.

3 Then the steward said within himself, What shall I do? for Adoni taketh away from me the stewardship: I cannot dig; to beg I am ashamed.

4 I am resolved what to do, that, when I am put out of the stewardship, they may receive me into their houses.

5 So he called every one of his Adon's debtors unto him, and said unto the first, How much owest thou unto Adoni?

6 And he said, An hundred measures of oil. And he said unto him, Take thy bill, and sit down quickly, and write fifty.

7 Then said he to another, And how much owest thou? And he said, An hundred measures of wheat. And he said unto him, Take thy bill, and write fourscore.

8 And the Adon commended the unjust steward, because he had done wisely: for the children of this world are in their generation wiser than the children of light.

9 And I say unto you, Make to yourselves friends of the mammon of unrighteousness; that, when ye fail, they may receive you into everlasting habitations.

10 He that is faithful in that which is least is faithful also in much: and he that is unjust in the least is unjust also in much.

11 If therefore ye have not been faithful in the unrighteous mammon, who will commit to your trust the true riches?

12 And if ye have not been faithful in that which is another man's, who shall give you that which is your own?

13 No servant can serve two masters: for either he will hate the one, and love the other; or else he will hold to the one, and despise the other. Ye cannot serve ELOHIM and mammon.

THE LAW AND THE KINGDOM OF ELOHIM

14 And the Perushim also, who were covetous, heard all these things: and they derided him.

15 And he said unto them, Ye are they which justify yourselves before men; but ELOHIM knoweth your hearts: for that which is highly esteemed among men is abomination in the sight of ELOHIM.

16 The Torah and the prophets were until Yokhanan: since that time the kingdom of ELOHIM is preached, and every man presseth into it.

17 And it is easier for heaven and earth to pass, than one tittle of the Torah to fail.

DIVORCE AND REMARRIAGE

18 Whosoever putteth away his wife, and marrieth another, committeth adultery: and whosoever marrieth her that is put away from her husband committeth adultery.

THE RICH MAN AND LAZARUS

19 אִישׁ עָשִׁיר הָיָה וְהוּא לָבוּשׁ אַרְגָּמָן וָשֵׁשׁ וַיִּתְעַנֵּג וַיִּשְׂמַח יוֹם יוֹם: 20 וְאִישׁ
אֶבְיוֹן וּשְׁמוֹ **אֶלְעָזָר** מֻשְׁכָּב פֶּתַח שַׁעַר בֵּיתוֹ וְהוּא מָלֵא אֲבַעְבֻּעוֹת: 21 וַיִּתְאָו לִשְׂבֹּעַ
מִן־הַפֵּרוּרִים הַנֹּפְלִים מֵעַל שֻׁלְחַן הֶעָשִׁיר וְגַם הַכְּלָבִים בָּאוּ וַיָּלֹקּוּ אֲבַעְבֻּעוֹתָיו: 22
וַיְהִי כַּאֲשֶׁר מֵת הָאֶבְיוֹן וַיִּשָּׂאוּהוּ הַמַּלְאָכִים אֶל־חֵיק אַבְרָהָם וְגַם־הֶעָשִׁיר מֵת
וַיִּקָּבַר: 23 וַיְהִי בִשְׁאוֹל וּכְאֵבוֹ גָּדוֹל מְאֹד וַיִּשָּׂא אֶת־עֵינָיו וַיַּרְא אֶת־אַבְרָהָם
מֵרָחוֹק וְאֶת־אֶלְעָזָר בְּחֵיקוֹ: 24 וַיִּצְעַק וַיֹּאמֶר אָבִי אַבְרָהָם חָנֵּנִי וּשְׁלַח־נָא אֶת־
אֶלְעָזָר וְיִטְבֹּל אֶת־רֹאשׁ אֶצְבָּעוֹ בַּמַּיִם לְקָרֵר אֶת־לְשׁוֹנִי כִּי נֶעֱצַבְתִּי בַּמּוֹקֵד הַזֶּה:
25 וַיֹּאמֶר אַבְרָהָם בְּנִי זְכֹר כִּי־אַתָּה לָקַחְתָּ טוּבְךָ בְּחַיֶּיךָ וְאֶלְעָזָר לָקַח אֶת־הָרָעוֹת
וְעַתָּה הוּא יְנֻחַם וְאַתָּה בְמַעֲצֵבָה: 26 וְלֹא עוֹד אֶלָּא שֶׁגֵּיא גָדוֹל מַפְרִיד בֵּינֵינוּ
וּבֵינֵיכֶם אֲשֶׁר לֹא־יוּכְלוּ לַעֲבוֹר הַחֲפֵצִים לָלֶכֶת מִפֹּה אֲלֵיכֶם וְגַם לֹא יַעַבְרוּ מִשָּׁם
אֵלֵינוּ: 27 וַיֹּאמֶר אִם־כֵּן אָבִי שֹׁאֵל אֲנִי מֵאִתְּךָ לִשְׁלֹחַ אֹתוֹ אֶל־בֵּית אָבִי: 28 כִּי
חֲמִשָּׁה אַחִים לִי וְיָעֵד בָּהֶם פֶּן־יָבֹאוּ גַם־הֵם אֶל־מְקוֹם הַמַּעֲצֵבָה הַזֶּה: 29 וַיֹּאמֶר
אַבְרָהָם יֵשׁ לָהֶם מֹשֶׁה וְהַנְּבִיאִים אֲלֵיהֶם יִשְׁמָעוּן: 30 וַיֹּאמֶר לֹא־כֵן אַבְרָהָם אָבִי
כִּי אִם־יָבֹא אֲלֵיהֶם אֶחָד מִן־הַמֵּתִים אָז יָשׁוּבוּ: 31 וַיֹּאמֶר אֵלָיו אִם־לֹא יִשְׁמְעוּ
אֶל־מֹשֶׁה וְאֶל־הַנְּבִיאִים גַּם כִּי־יָקוּם אֶחָד מִן־הַמֵּתִים לֹא יַאֲמִינוּ:

TEMPTATIONS TO SIN

יז וַיֹּאמֶר אֶל־תַּלְמִידָיו אִי אֶפְשַׁר שֶׁלֹּא־יָבֹאוּ הַמִּכְשֹׁלִים אֲבָל אוֹי לָאִישׁ אֲשֶׁר עַל־
יָדוֹ יָבֹאוּ: 2 נוֹחַ לוֹ שֶׁיִּתָּלֶה פֶּלַח־רֶכֶב בְּצַוָּארוֹ וְיֻשְׁלַךְ אֶל־הַיָּם מֵאֲשֶׁר יַכְשִׁיל
אֶת־אֶחָד מֵהַקְּטַנִּים הָאֵלֶּה: 3 הִשָּׁמְרוּ לְנַפְשׁוֹתֵיכֶם כִּי־יֶחֱטָא לְךָ אָחִיךָ הוֹכַח לוֹ וְאִם־
יִנָּחֵם מְחֹל לוֹ: 4 וְכִי־יֶחֱטָא לְךָ שֶׁבַע פְּעָמִים בַּיּוֹם וְשָׁב אֵלֶיךָ שֶׁבַע פְּעָמִים בַּיּוֹם וְאָמַר
נִחָמְתִּי וּמָחַלְתָּ לוֹ:

INCREASE OUR FAITH

5 וַיֹּאמְרוּ הַשְּׁלִיחִים אֶל־הָאָדוֹן הוֹסֵף לָנוּ אֱמוּנָה: 6 וַיֹּאמֶר לוּ־הָיְתָה לָכֶם אֱמוּנָה
כְּגַרְגַּר הַחַרְדָּל אָז תֹּאמְרוּ אֶל־הַשִּׁקְמָה הַזֹּאת הֵעָקְרִי וְהִשָּׁתְלִי בְּתוֹךְ הַיָּם וְתִשְׁמַע לָכֶם:

UNWORTHY SERVANTS

7 מִי בָכֶם אֲשֶׁר לוֹ עֶבֶד חֹרֵשׁ אוֹ רֹעֶה אֲשֶׁר יָבֹא מִן־הַשָּׂדֶה וְאָמַר אֵלָיו מַהֵר
גְּשָׁה־הֵנָּה וְהָסֵב:

LUKE

THE RICH MAN AND LAZARUS

19 There was a certain rich man, which was clothed in purple and fine linen, and fared sumptuously every day:

20 And there was a certain beggar named **Eleazar (Lazarus)**, which was laid at his gate, full of sores,

21 And desiring to be fed with the crumbs which fell from the rich man's table: moreover the dogs came and licked his sores.

22 And it came to pass, that the beggar died, and was carried by the angels into Abraham's bosom: the rich man also died, and was buried;

23 And in hell he lift up his eyes, being in torments, and seeth Abraham afar off, and Eleazar in his bosom.

24 And he cried and said, Father Abraham, have mercy on me, and send Eleazar, that he may dip the tip of his finger in water, and cool my tongue; for I am tormented in this flame.

25 But Abraham said, Son, remember that thou in thy lifetime receivedst thy good things, and likewise Eleazar evil things: but now he is comforted, and thou art tormented.

26 And beside all this, between us and you there is a great gulf fixed: so that they which would pass from hence to you cannot; neither can they pass to us, that would come from thence.

27 Then he said, I pray thee therefore, father, that thou wouldest send him to my father's house:

28 For I have five brethren; that he may testify unto them, lest they also come into this place of torment.

29 Abraham saith unto him, They have Mosheh and the prophets; let them hear them.

30 And he said, Nay, father Abraham: but if one went unto them from the dead, they will repent.

31 And he said unto him, If they hear not Mosheh and the prophets, neither will they be persuaded, though one rose from the dead.

TEMPTATIONS TO SIN

17 Then said he unto the disciples, It is impossible but that offences will come: but woe unto him, through whom they come!

2 It were better for him that a millstone were hanged about his neck, and he cast into the sea, than that he should offend one of these little ones.

3 Take heed to yourselves: If thy brother trespass against thee, rebuke him; and if he repent, forgive him.

4 And if he trespass against thee seven times in a day, and seven times in a day turn again to thee, saying, I repent; thou shalt forgive him.

INCREASE OUR FAITH

5 And the apostles said unto Adone, Increase our faith.

6 And he said, If ye had faith as a grain of mustard seed, ye might say unto this sycamine tree, Be thou plucked up by the root, and be thou planted in the sea; and it should obey you.

UNWORTHY SERVANTS

7 But which of you, having a servant plowing or feeding cattle, will say unto him by and by, when he is come from the field, Go and sit down to meat?

8 הֲלֹא יֹאמַר אֵלָיו הָכֵן לִי אֲרוּחַת הָעֶרֶב וַחֲגֹר מָתְנֶיךָ וְשָׁרֵתֵנִי עַד אִם־כִּלִּיתִי לֶאֱכֹל
וְלִשְׁתּוֹת וְאָכַלְתָּ וְשָׁתִיתָ גַּם־אָתָּה: 9 הֲגַם יוֹדֶה לָעֶבֶד עַל־אֲשֶׁר עָשָׂה מִצְוָתוֹ אָמַרְתִּי
לֹא: 10 כֵּן גַּם־אַתֶּם אַחֲרֵי עֲשׂוֹתְכֶם אֵת כָּל־אֲשֶׁר צֻוֵּיתֶם אִמְרוּ אֲנַחְנוּ עֲבָדִים אֵין־
מוֹעִיל בָּם כִּי רַק אֶת־הַמֻּטָּל עָלֵינוּ עָשִׂינוּ:

YAHOSHUA CLEANSES TEN LEPERS

11 וַיְהִי בְּלֶכְתּוֹ יְרוּשָׁלַיִם וְהוּא עֹבֵר בֵּין שֹׁמְרוֹן וְהַגָּלִיל: 12 וַיָּבֹא אֶל־כְּפָר
אֶחָד וְהִנֵּה לִקְרָאתוֹ עֲשָׂרָה אֲנָשִׁים מְצֹרָעִים וַיַּעַמְדוּ מֵרָחוֹק: 13 וַיִּשְׂאוּ אֶת־
קוֹלָם וַיִּקְרָאוּ **יָהוֹשֻׁעַ** מוֹרֶה חָנֵּנוּ: 14 וַיַּרְא אוֹתָם וַיֹּאמֶר אֲלֵיהֶם לְכוּ וְהֵרָאוּ
אֶל־הַכֹּהֲנִים וַיְהִי בְּלֶכְתָּם וַיִּטְהָרוּ: 15 וְאֶחָד מֵהֶם בִּרְאֹתוֹ כִּי נִרְפָּא וַיָּשָׁב וַיְשַׁבַּח
אֶת־הָאֱלֹהִים קוֹל גָּדוֹל: 16 וַיִּפֹּל עַל־פָּנָיו לְרַגְלָיו וַיּוֹדֶה לוֹ וְהוּא שֹׁמְרוֹנִי: 17
וַיַּעַן **יָהוֹשֻׁעַ** וַיֹּאמַר הֲלֹא הָעֲשָׂרָה טֹהָרוּ וְאַיֵּה הַתִּשְׁעָה: 18 הֲכִי לֹא־נִמְצָא מִי
שֶׁיָּשׁוּב לָתֵת כָּבוֹד לֵאלֹהִים זוּלָתִי הַנָּכְרִי הַזֶּה: 19 וַיֹּאמֶר אֵלָיו קוּם וָלֵךְ אֱמוּנָתְךָ
הוֹשִׁיעָה לָּךְ:

THE COMING OF THE KINGDOM

20 וַיִּשְׁאָלֻהוּ הַפְּרוּשִׁים לֵאמֹר מָתַי תָּבוֹא מַלְכוּת הָאֱלֹהִים וַיַּעַן וַיֹּאמֶר אֲלֵיהֶם
מַלְכוּת הָאֱלֹהִים לֹא תָבוֹא בְּמַרְאֵה עֵינָיִם: 21 וְלֹא יֹאמְרוּ הִנֵּה־פֹה אוֹ הִנֵּה־שָׁם כִּי
מַלְכוּת הָאֱלֹהִים הִנֵּה בְּקִרְבְּכֶם: 22 וַיֹּאמֶר אֶל־הַתַּלְמִידִים יָמִים בָּאִים וְהִתְאַוִּיתֶם
לִרְאוֹת יוֹם אֶחָד כִּימֵי בֶן־הָאָדָם וְלֹא תִרְאוּ: 23 וְאִם־יֹאמְרוּ אֲלֵיכֶם הִנֵּה־שָׁם הִנֵּה־
פֹה אַל־תֵּלֵכוּ וְאַל־תָּרוּצוּ אַחֲרֵיהֶם: 24 כִּי כַבָּרָק אֲשֶׁר יִבְרַק מִקְצֵה הַשָּׁמַיִם וְיָאִיר
עַד־קְצֵה הַשָּׁמַיִם כֵּן־יִהְיֶה בֶן־הָאָדָם בְּיוֹמוֹ: 25 אַךְ בָּרִאשׁוֹנָה עָלָיו לִסְבֹּל הַרְבֵּה
וְלִהְיוֹת נִמְאָס בַּדּוֹר הַזֶּה: 26 וְכַאֲשֶׁר הָיָה בִּימֵי נֹחַ כֵּן יִהְיֶה בִּימֵי בֶן־הָאָדָם: 27
הֵמָּה אָכְלוּ וְשָׁתוּ נָשְׂאוּ נָשִׁים וְהָיוּ לַאֲנָשִׁים עַד־הַיּוֹם אֲשֶׁר־בָּא נֹחַ אֶל־הַתֵּבָה וַיָּבֹא
הַמַּבּוּל וַיַּשְׁחֵת אֶת־כֻּלָּם: 28 וְכַאֲשֶׁר הָיָה בִּימֵי לוֹט אָכֹל וְשָׁתֹה קָנֹה וּמָכֹר נָטֹעַ
וּבָנֹה: 29 וַיְהִי בַּיּוֹם אֲשֶׁר־יָצָא לוֹט מִסְּדוֹם וַיַּמְטֵר אֵשׁ וְגָפְרִית מִן־הַשָּׁמַיִם וַיַּשְׁחֵת
אֶת־כֻּלָּם: 30 כֵּן יִהְיֶה בַּיּוֹם אֲשֶׁר יִגָּלֶה בֶן־הָאָדָם: 31 אִישׁ כִּי יִהְיֶה בַּיּוֹם הַהוּא עַל־
הַגָּג וְכֵלָיו בַּבַּיִת אַל־יֵרֵד לָשֵׂאת אֹתָם וְאִישׁ אֲשֶׁר בַּשָּׂדֶה אַל־יָשֹׁב לְאָחוֹר: 32 זִכְרוּ
אֶת־אֵשֶׁת לוֹט: 33 הֶחָפֵץ לְמַלֵּט אֶת־נַפְשׁוֹ יְאַבְּדֶנָּה וַאֲשֶׁר יְאַבֵּד אֹתָהּ יְחַיֶּהָ: 34 אֲנִי
אֹמֵר לָכֶם בַּלַּיְלָה הַהוּא יִהְיוּ שְׁנַיִם בְּמִטָּה אֶחָת וְיֵאָסֵף אֶחָד וְאֶחָד יֵעָזֵב:

LUKE

8 And will not rather say unto him, Make ready wherewith I may sup, and gird thyself, and serve me, till I have eaten and drunken; and afterward thou shalt eat and drink?

9 Doth he thank that servant because he did the things that were commanded him? I trow not.

10 So likewise ye, when ye shall have done all those things which are commanded you, say, We are unprofitable servants: we have done that which was our duty to do.

YAHOSHUA CLEANSES TEN LEPERS

11 And it came to pass, as he went to Yerushalem, that he passed through the midst of Shomron and Galilah.

12 And as he entered into a certain village, there met him ten men that were lepers, which stood afar off:

13 And they lifted up their voices, and said, **YAHOSHUA**, Master, have mercy on us.

14 And when he saw them, he said unto them, Go shew yourselves unto the priests. And it came to pass, that, as they went, they were cleansed.

15 And one of them, when he saw that he was healed, turned back, and with a loud voice glorified ELOHIM,

16 And fell down on his face at his feet, giving him thanks: and he was a Samaritan.

17 And **YAHOSHUA** answering said, Were there not ten cleansed? but where are the nine?

18 There are not found that returned to give glory to ELOHIM, save this stranger.

19 And he said unto him, Arise, go thy way: thy faith hath made thee whole.

THE COMING OF THE KINGDOM

20 And when he was demanded of the Perushim, when the kingdom of ELOHIM should come, he answered them and said, The kingdom of ELOHIM cometh not with observation:

21 Neither shall they say, Lo here! or, lo there! for, behold, the kingdom of ELOHIM is within you.

22 And he said unto the disciples, The days will come, when ye shall desire to see one of the days of the Son of man, and ye shall not see it.

23 And they shall say to you, See here; or, see there: go not after them, nor follow them.

24 For as the lightning, that lighteneth out of the one part under heaven, shineth unto the other part under heaven; so shall also the Son of man be in his day.

25 But first must he suffer many things, and be rejected of this generation.

26 And as it was in the days of Noakh, so shall it be also in the days of the Son of man.

27 They did eat, they drank, they married wives, they were given in marriage, until the day that Noakh entered into the ark, and the flood came, and destroyed them all.

28 Likewise also as it was in the days of Lot; they did eat, they drank, they bought, they sold, they planted, they builded;

29 But the same day that Lot went out of Sedom it rained fire and brimstone from heaven, and destroyed them all.

30 Even thus shall it be in the day when the Son of man is revealed.

31 In that day, he which shall be upon the housetop, and his stuff in the house, let him not come down to take it away: and he that is in the field, let him likewise not return back.

32 Remember Lot's wife.

33 Whosoever shall seek to save his life shall lose it; and whosoever shall lose his life shall preserve it.

34 I tell you, in that night there shall be two men in one bed; the one shall be taken, and the other shall be left.

35 שְׁתַּיִם תִּהְיֶינָה טֹחֲנוֹת יָחַד אַחַת תֵּאָסֵף וְאַחַת תֵּעָזֵב: 36 שְׁנַיִם יִהְיוּ בַשָּׂדֶה
וְנֶאֱסַף אֶחָד וְאֶחָד יֵעָזֵב: 37 וַיַּעֲנוּ וַיֹּאמְרוּ אֵלָיו אֵיפֹה תִהְיֶה זֹאת אֲדֹנֵינוּ וַיֹּאמֶר
אֲלֵיהֶם בַּאֲשֶׁר הַפֶּגֶר שָׁם יִקָּבְצוּ הַנְּשָׁרִים:

THE PARABLE OF THE PERSISTENT WIDOW

יח וְגַם־מָשָׁל דִּבֶּר אֲלֵיהֶם לְהִתְפַּלֵּל תָּמִיד וְלֹא לְהִתְרַפּוֹת: 2 וַיֹּאמַר שׁוֹפֵט הָיָה
בְּעִיר אֶחָת אֲשֶׁר לֹא יָרֵא אֶת־הָאֱלֹהִים וְלֹא־נָשָׂא פְּנֵי אָדָם: 3 וְאַלְמָנָה הָיְתָה
בָּעִיר הַהִיא וַתָּבֹא אֵלָיו לֵאמֹר דִּינָה אֶת־דִּינִי מִמְּרִיבִי: 4 וַיְמָאֵן יוֹם וָיוֹם וּמִקֵּץ יָמִים
אָמַר בְּנַפְשׁוֹ גַּם־כִּי לֹא אִירָא אֶת־הָאֱלֹהִים וְלֹא־אֶשָּׂא פָנִים לְאָדָם: 5 אֶעֱשֶׂה אֶת־
מִשְׁפַּט הָאַלְמָנָה הַזֹּאת עַל־הַלְאוֹתָהּ אֹתִי פֶּן־תָּבוֹא תָמִיד וְדִכְּאַתְנִי בְּמִלִּים: 6 וַיֹּאמֶר
הָאָדוֹן שִׁמְעוּ אֶת־אֲשֶׁר אֹמֵר דַּיַּן הָעַוְלָה: 7 וְהָאֱלֹהִים הַהוּא לֹא יַעֲשֶׂה מִשְׁפַּט בְּחִירָיו
הַקֹּרְאִים אֵלָיו יוֹמָם וָלָיְלָה וַאֲלֵיהֶם יִתְאַפָּק: 8 אֲנִי אֹמֵר לָכֶם כִּי־עָשׂוֹ יַעֲשֶׂה אֶת־
מִשְׁפָּטָם בִּמְהֵרָה אַךְ בֶּן־הָאָדָם בְּבֹאוֹ הֲיִמְצָא אֱמוּנָה בָּאָרֶץ:

THE PHARISEE AND THE TAX COLLECTOR

9 וַיּוֹסֶף וַיִּשָּׂא מְשָׁלוֹ אֶל־אֲנָשִׁים בֹּטְחִים בְּנַפְשָׁם כִּי צַדִּיקִים הֵמָּה וַאֲחֵרִים נִבְזִים
בְּעֵינֵיהֶם וַיֹּאמַר: 10 שְׁנֵי אֲנָשִׁים עָלוּ אֶל־הַמִּקְדָּשׁ לְהִתְפַּלֵּל אֶחָד פָּרוּשׁ וְאֶחָד מוֹכֵס:
11 וַיַּעֲמֹד הַפָּרוּשׁ לְבַדּוֹ וַיִּתְפַּלֵּל לֵאמֹר אוֹדְךָ אֱלֹהִים עַל כִּי אֵינֶנִּי כְּיֶתֶר הָאָדָם הַגֹּזְלִים
וְהָעֹשְׁקִים וְהַנֹּאֲפִים וְגַם־לֹא כַּמֹּכֵס הַזֶּה: 12 אֲנִי צָם פַּעֲמַיִם בַּשָּׁבוּעַ אֲנִי מְעַשֵּׂר אֵת
כָּל־אֲשֶׁר אֲנִי קֹנֶה: 13 וְהַמּוֹכֵס עָמַד מֵרָחוֹק וְלֹא אָבָה לָשֵׂאת אֶת־עֵינָיו הַשָּׁמַיְמָה
וְתוֹפֵף עַל־לִבּוֹ וַיֹּאמַר אֱלֹהִים סְלַח־לִי אֲנִי הַחוֹטֵא: 14 אֲנִי אֹמֵר לָכֶם כִּי־יָרַד זֶה לְבֵיתוֹ
נִצְדָּק מִזֶּה כִּי כָּל־הַמֵּרִים נַפְשׁוֹ יֻשְׁפַּל וַאֲשֶׁר יַשְׁפִּילָהּ יְרוֹמָם:

LET THE CHILDREN COME TO ME

15 וַיָּבִיאוּ אֵלָיו גַּם אֶת־הַיְלָדִים לְמַעַן יִגַּע בָּהֶם וַיִּרְאוּ הַתַּלְמִידִים וַיִּגְעֲרוּ בָם: 16
וַיִּקְרָא אֹתָם יָהוֹשֻׁעַ אֵלָיו וַיֹּאמַר הַנִּיחוּ לַיְלָדִים לָבוֹא אֵלַי וְאַל־תִּמְנָעוּם כִּי לְאֵלֶּה
מַלְכוּת הָאֱלֹהִים: 17 אָמֵן אֹמֵר אֲנִי לָכֶם כֹּל אֲשֶׁר לֹא יְקַבֵּל אֶת־מַלְכוּת הָאֱלֹהִים כַּיָּלֶד
הוּא לֹא־יָבֹא בָהּ:

THE RICH RULER

18 וַיִּשְׁאָלֵהוּ קָצִין אֶחָד לֵאמֹר רַבִּי הַטּוֹב מָה־אֶעֱשֶׂה וְאִירַשׁ חַיֵּי עוֹלָם: 19 וַיֹּאמֶר
אֵלָיו יָהוֹשֻׁעַ מַדּוּעַ קָרָאתָ לִּי טוֹב אֵין טוֹב כִּי אִם־אֶחָד וְהוּא הָאֱלֹהִים:

LUKE

35 Two women shall be grinding together; the one shall be taken, and the other left.
36 Two men shall be in the field; the one shall be taken, and the other left.
37 And they answered and said unto him, Where, Adone? And he said unto them, Wheresoever the body is, thither will the eagles be gathered together.

THE PARABLE OF THE PERSISTENT WIDOW

18 And he spake a parable unto them to this end, that men ought always to pray, and not to faint;
2 Saying, There was in a city a judge, which feared not ELOHIM, neither regarded man:
3 And there was a widow in that city; and she came unto him, saying, Avenge me of mine adversary.
4 And he would not for a while: but afterward he said within himself, Though I fear not ELOHIM, nor regard man;
5 Yet because this widow troubleth me, I will avenge her, lest by her continual coming she weary me.
6 And the Adone said, Hear what the unjust judge saith.
7 And shall not ELOHIM avenge his own elect, which cry day and night unto him, though he bear long with them?
8 I tell you that he will avenge them speedily. Nevertheless when the Son of man cometh, shall he find faith on the earth?

THE PHARISEE AND THE TAX COLLECTOR

9 And he spake this parable unto certain which trusted in themselves that they were righteous, and despised others:
10 Two men went up into the temple to pray; the one a Parush, and the other a publican.
11 The Parush stood and prayed thus with himself, ELOHIM, I thank thee, that I am not as other men are, extortioners, unjust, adulterers, or even as this publican.
12 I fast twice in the week, I give tithes of all that I possess.
13 And the publican, standing afar off, would not lift up so much as his eyes unto heaven, but smote upon his breast, saying, ELOHIM be merciful to me a sinner.
14 I tell you, this man went down to his house justified rather than the other: for every one that exalteth himself shall be abased; and he that humbleth himself shall be exalted.

LET THE CHILDREN COME TO ME

15 And they brought unto him also infants, that he would touch them: but when his disciples saw it, they rebuked them.
16 But **YAHOSHUA** called them unto him, and said, Suffer little children to come unto me, and forbid them not: for of such is the kingdom of ELOHIM.
17 Verily I say unto you, Whosoever shall not receive the kingdom of ELOHIM as a little child shall in no wise enter therein.

THE RICH RULER

18 And a certain ruler asked him, saying, Good Master, what shall I do to inherit eternal life?
19 And **YAHOSHUA** said unto him, Why callest thou me good? none is good, save one, that is, ELOHIM.

20 אֶת־הַמִּצְוֹת אַתָּה יוֹדֵעַ לֹא תִנְאָף לֹא תִרְצָח לֹא תִגְנֹב לֹא־תַעֲנֶה עֵד שָׁקֶר כַּבֵּד
אֶת־אָבִיךָ וְאֶת־אִמֶּךָ׃ 21 וַיֹּאמַר אֶת־כָּל־אֵלֶּה שָׁמַרְתִּי מִנְּעוּרָי׃ 22 וַיִּשְׁמַע **יָהוֹשֻׁעַ**
וַיֹּאמֶר עוֹד אַחַת חָסַרְתָּ מְכֹר אֶת־כֹּל אֲשֶׁר־לְךָ וְחַלֵּק לָעֲנִיִּים וִיהִי לְךָ אוֹצָר בַּשָּׁמָיִם
וּבוֹא וְלֵךְ אַחֲרָי׃ 23 וַיְהִי כְּשָׁמְעוֹ אֶת־זֹאת וַיֵּעָצֵב מְאֹד כִּי־עֹשֶׁר גָּדוֹל הָיָה לוֹ׃ 24
וַיַּרְא **יָהוֹשֻׁעַ** כִּי נֶעֱצַב וַיֹּאמַר כַּמָּה יִקְשֶׁה לְבַעֲלֵי נְכָסִים לָבוֹא אֶל־מַלְכוּת הָאֱלֹהִים׃
25 כִּי נָקֵל לַגָּמָל עֲבֹר בְּתוֹךְ־נֶקֶב הַמַּחַט מִבּוֹא עָשִׁיר אֶל־מַלְכוּת הָאֱלֹהִים׃ 26
וַיֹּאמְרוּ הַשֹּׁמְעִים וּמִי יוּכַל לְהִוָּשֵׁעַ׃ 27 וַיֹּאמֶר אֲשֶׁר יִפָּלֵא מִבְּנֵי אָדָם לֹא יִפָּלֵא
מֵאֱלֹהִים׃ 28 וַיֹּאמֶר כֵּיפָא הֵן אֲנַחְנוּ עָזַבְנוּ אֶת־הַכֹּל וַנֵּלֶךְ אַחֲרֶיךָ׃ 29 וַיֹּאמֶר
אֲלֵיהֶם אָמֵן אֹמֵר אֲנִי לָכֶם אֵין אִישׁ אֲשֶׁר עָזַב אֶת־בֵּיתוֹ אוֹ אֶת־אֲבוֹתָיו אוֹ אֶת־
אֶחָיו אוֹ אֶת־אִשְׁתּוֹ אוֹ אֶת־בָּנָיו לְמַעַן מַלְכוּת הָאֱלֹהִים׃ 30 וְלֹא־יִקַּח תַּחְתֵּיהֶם
כִּפְלֵי כִפְלַיִם בָּעוֹלָם הַזֶּה וְלָעוֹלָם הַבָּא חַיֵּי עוֹלָם׃

YAHOSHUA FORETELLS HIS DEATH A THIRD TIME

31 וַיִּקַּח אֵלָיו אֶת־שְׁנֵים הֶעָשָׂר וַיֹּאמֶר לָהֶם הִנְנוּ עֹלִים יְרוּשָׁלָיְמָה וְכָל־הַכָּתוּב בִּידֵי
הַנְּבִיאִים עַל בֶּן־הָאָדָם יִמָּלֵא׃ 32 כִּי יִמָּסֵר לַגּוֹיִם וְהֵתֵלּוּ בוֹ וְהִתְעַלְּלוּ וְיָרְקוּ בְפָנָיו׃ 33
וְהִכּוּהוּ בַּשּׁוֹטִים וֶהֱמִיתוּהוּ וּבַיּוֹם הַשְּׁלִישִׁי קוֹם יָקוּם׃ 34 וְהֵם לֹא הֵבִינוּ דָבָר מִכָּל־
אֵלֶּה וַיְהִי הַדָּבָר הַזֶּה נֶעְלָם מֵהֶם וְלֹא יָדְעוּ אֶת־אֲשֶׁר דִּבֶּר אֲלֵיהֶם׃

YAHOSHUA HEALS A BLIND BEGGAR

35 וַיְהִי בְּקָרְבוֹ אֶל־יְרִיחוֹ וְהִנֵּה־אִישׁ עִוֵּר יֹשֵׁב עַל־יַד הַדֶּרֶךְ לִשְׁאֹל צְדָקָה׃ 36 וַיִּשְׁמַע
אֶת־קוֹל הָעָם הָעֹבֵר וַיִּדְרֹשׁ לָדַעַת מַה־הוּא׃ 37 וַיַּגִּידוּ לוֹ כִּי־**יָהוֹשֻׁעַ** הַנָּצְרִי עוֹבֵר׃ 38
וַיִּזְעַק לֵאמֹר **יָהוֹשֻׁעַ** בֶּן־דָּוִד חָנֵּנִי׃ 39 וְהַהֹלְכִים לְפָנָיו גָּעֲרוּ־בוֹ לְהַחֲשֹׁתוֹ וְהוּא הִרְבָּה
עוֹד לִזְעֹק **יָהוֹשֻׁעַ** בֶּן־דָּוִד חָנֵּנִי׃ 40 וַיַּעֲמֹד **יָהוֹשֻׁעַ** וַיְצַו לַהֲבִיאוֹ אֵלָיו וַיְהִי כַּאֲשֶׁר קָרַב
וַיִּשְׁאָלֵהוּ ׃ 41 לֵאמֹר מַה־תִּרְצֶה שֶׁאֶעֱשֶׂה־לָּךְ וַיֹּאמֶר אֲדֹנִי אֲשֶׁר תִּפָּקַחְנָה עֵינָי׃ 42
וַיֹּאמֶר אֵלָיו תִּפָּקַחְנָה עֵינֶיךָ אֱמוּנָתְךָ הוֹשִׁיעָה לָּךְ׃ 43 וּפִתְאֹם נִפְקְחוּ עֵינָיו וַיֵּלֶךְ אַחֲרָיו
הָלֹךְ וְשַׁבֵּחַ אֶת־הָאֱלֹהִים וְכָל־הָעָם רָאוּ וַיּוֹדוּ לֵאלֹהִים׃

YAHOSHUA AND ZACCHAEUS

יט וַיָּבוֹא **יָהוֹשֻׁעַ** וַיַּעֲבֹר בִּירִיחוֹ׃ 2 וְהִנֵּה־אִישׁ **זַכַּי** שְׁמוֹ וְהוּא מֵרָאשֵׁי
הַמּוֹכְסִים וְעָשִׁיר׃

LUKE

20 Thou knowest the commandments, "Thou shalt not commit adultery, Thou shalt not murder, Thou shalt not steal, Thou shalt not bear false witness, Honour thy father and thy mother."

21 And he said, All these have I kept from my youth up.

22 Now when **YAHOSHUA** heard these things, he said unto him, Yet lackest thou one thing: sell all that thou hast, and distribute unto the poor, and thou shalt have treasure in heaven: and come, follow me.

23 And when he heard this, he was very sorrowful: for he was very rich.

24 And when **YAHOSHUA** saw that he was very sorrowful, he said, How hardly shall they that have riches enter into the kingdom of ELOHIM!

25 For it is easier for a rope to go through a needle's eye, than for a rich man to enter into the kingdom of ELOHIM.

26 And they that heard it said, Who then can be saved?

27 And he said, The things which are impossible with men are possible with ELOHIM.

28 Then Kepha said, Lo, we have left all, and followed thee.

29 And he said unto them, Verily I say unto you, There is no man that hath left house, or parents, or brethren, or wife, or children, for the kingdom of ELOHIM'S sake,

30 Who shall not receive manifold more in this present time, and in the world to come life everlasting.

YAHOSHUA FORETELLS HIS DEATH A THIRD TIME

31 Then he took unto him the twelve, and said unto them, Behold, we go up to Yerushalem, and all things that are written by the prophets concerning the Son of man shall be accomplished.

32 For he shall be delivered unto the Gentiles, and shall be mocked, and spitefully entreated, and spitted on:

33 And they shall scourge him, and put him to death: and the third day he shall rise again.

34 And they understood none of these things: and this saying was hid from them, neither knew they the things which were spoken.

YAHOSHUA HEALS A BLIND BEGGAR

35 And it came to pass, that as he was come nigh unto Yerikho, a certain blind man sat by the way side begging:

36 And hearing the multitude pass by, he asked what it meant.

37 And they told him, that **YAHOSHUA** of Netzareth passeth by.

38 And he cried, saying, **YAHOSHUA**, thou Son of Dawid, have mercy on me.

39 And they which went before rebuked him, that he should hold his shalom: but he cried so much the more, Thou Son of Dawid, have mercy on me.

40 And **YAHOSHUA** stood, and commanded him to be brought unto him: and when he was come near, he asked him,

41 Saying, What wilt thou that I shall do unto thee? And he said, Adoni, that I may receive my sight.

42 And **YAHOSHUA** said unto him, Receive thy sight: thy faith hath saved thee.

43 And immediately he received his sight, and followed him, glorifying ELOHIM: and all the people, when they saw it, gave praise unto ELOHIM.

YAHOSHUA AND ZACCHAEUS

19 And **YAHOSHUA** entered and passed through Yerikho.

2 And, behold, there was a man named **Zakai (Zacchaeus)**, which was the chief among the publicans, and he was rich.

3 וַיְבַקֵּשׁ לִרְאוֹת אֶת־יָהוֹשֻׁעַ מִי הוּא וְלֹא יָכֹל מִפְּנֵי הָעָם כִּי־שְׁפַל קוֹמָה הָיָה: 4
וַיְקַדֵּם וַיָּרָץ וַיַּעַל עַל־שִׁקְמָה אַחַת לְמַעַן רְאוֹת אֹתוֹ כִּי־שָׁם דַּרְכּוֹ אֲשֶׁר יַעֲבָר־בָּהּ:
5 וַיְהִי כַּאֲשֶׁר בָּא יָהוֹשֻׁעַ אֶל־הַמָּקוֹם הַהוּא וַיִּשָּׂא אֶת־עֵינָיו וַיִּרְאֵהוּ וַיֹּאמֶר אֵלָיו
זַכַּי רֵד מַהֵר כִּי־הַיּוֹם אֵשֵׁב בְּבֵיתֶךָ: 6 וַיְמַהֵר וַיֵּרֶד וַיַּאַסְפֵהוּ בְּשִׂמְחָה: 7 וַיִּלֹּנוּ כָל־
הָרֹאִים לֵאמֹר בָּא לָלוּן בְּבֵית אִישׁ חוֹטֵא: 8 וַיַּעֲמֹד זַכַּי וַיֹּאמֶר אֶל־יָהוֹשֻׁעַ הִנְנִי אֲדֹנִי
אֶת־מַחֲצִית נְכָסַי אֲנִי נֹתֵן לָעֲנִיִּים וְאִם־עָשַׁקְתִּי אִישׁ אָשִׁיב לוֹ אַרְבַּעְתָּיִם: 9 וַיֹּאמֶר
אֵלָיו יָהוֹשֻׁעַ הַיּוֹם הָיְתָה תְשׁוּעָה לַבַּיִת הַזֶּה בַּאֲשֶׁר בֶּן־אַבְרָהָם גַּם־הוּא: 10 כִּי בָא
בֶּן־הָאָדָם לְבַקֵּשׁ וּלְהוֹשִׁיעַ אֶת־הָאֹבֵד:

THE PARABLE OF THE TEN MINAS

11 וַיְהִי כְּשָׁמְעָם אֶת־זֹאת וַיֹּסֶף וַיְדַבֵּר מָשָׁל כִּי קָרֵב לִירוּשָׁלַיִם וְהֵמָּה חשְׁבִים
אֲשֶׁר בִּמְהֵרָה תִגָּלֶה מַלְכוּת הָאֱלֹהִים: 12 וַיֹּאמֶר אִישׁ אֶחָד מִן־הָאֲצִילִים הָלַךְ
אֶל־אֶרֶץ רְחוֹקָה לָקַחַת־לוֹ מַמְלָכָה וְלָשׁוּב: 13 וַיִּקְרָא אֶל־עֲשָׂרָה מֵעֲבָדָיו וַיִּתֵּן
לָהֶם עֲשָׂרָה מָנִים וַיֹּאמֶר לָהֶם סַחֲרוּ בָהֶם עַד בֹּאִי: 14 וּבְנֵי עִירוֹ שֹׂנְאִים אוֹתוֹ
וַיִּשְׁלְחוּ מַלְאָכִים אַחֲרָיו לֵאמֹר מָאַסְנוּ אוֹתוֹ הָאִישׁ מִמְּלֹךְ עָלֵינוּ: 15 וַיְהִי אַחֲרֵי
קַחְתּוֹ אֶת־הַמַּמְלָכָה וַיָּשֹׁב וַיְצַו לִקְרֹא אֶת־הָעֲבָדִים הָהֵם אֲשֶׁר נָתַן לָהֶם אֶת־
הַכֶּסֶף לְמַעַן יֵדַע מָה־הִרְוִיחַ כָּל־אֶחָד בְּמִסְחָרוֹ: 16 וַיָּבֹא הָרִאשׁוֹן וַיֹּאמַר אֲדֹנִי
מָנֶה שֶׁלְּךָ הֵבִיא עֲשֶׂרֶת מָנִים: 17 וַיֹּאמֶר אֵלָיו הֱטִיבֹתָ לַעֲשׂוֹת הָעֶבֶד הַטּוֹב
תַּחַת אֲשֶׁר הָיִיתָ נֶאֱמָן בִּמְעַט מִזְעָר הֱיֵה שַׁלִּיט עַל־עֶשֶׂר עָרִים: 18 וַיָּבֹא הַשֵּׁנִי
וַיֹּאמַר אֲדֹנִי מָנֶה שֶׁלְּךָ עָשָׂה חֲמֵשֶׁת מָנִים: 19 וַיֹּאמֶר גַּם־לָזֶה אַף־אַתָּה הֱיֵה
עַל־חָמֵשׁ עָרִים: 20 וַיָּבֹא הָאַחֵר וַיֹּאמַר הֵא־לְךָ מָנֶה שֶׁלְּךָ אֲשֶׁר־הָיָה אֶצְלִי צָרוּר
בְּסוּדָר: 21 מִיִּרְאָתִי אֹתְךָ כִּי אִישׁ קָשֶׁה אָתָּה לֹקֵחַ אֶת־אֲשֶׁר לֹא הִנַּחְתָּ וְקֹצֵר
אֶת־אֲשֶׁר לֹא זָרָעְתָּ: 22 וַיֹּאמֶר אֵלָיו עַל־פִּיךָ אֶשְׁפָּטְךָ הָעֶבֶד הָרָע אַתָּה יָדַעְתָּ
כִּי־אֲנִי אִישׁ קָשֶׁה לֹקֵחַ אֶת־אֲשֶׁר לֹא הִנַּחְתִּי וְקוֹצֵר אֶת־אֲשֶׁר לֹא זָרָעְתִּי: 23
וְלָמָּה לֹא־נָתַתָּ אֶת־כַּסְפִּי לַשֻּׁלְחָנִי וַאֲנִי בְּבוֹאִי הָיִיתִי תּוֹבֵעַ אוֹתוֹ בְּמַרְבִּית: 24
וַיֹּאמֶר אֶל־הָעֹמְדִים שָׁם שְׂאוּ מִמֶּנּוּ אֶת־הַמָּנֶה וּתְנוּ אֶל־אֲשֶׁר־לוֹ עֲשֶׂרֶת הַמָּנִים:
25 וַיֹּאמְרוּ אֵלָיו אֲדֹנֵינוּ יֶשׁ־לוֹ עֲשֶׂרֶת מָנִים: 26 הֵן אֲנִי אֹמֵר לָכֶם כִּי כָל־אִישׁ
שֶׁיֶּשׁ־לוֹ יִנָּתֶן לוֹ וַאֲשֶׁר אֵין לוֹ יֻקַּח מִמֶּנּוּ גַּם אֶת־אֲשֶׁר־לוֹ: 27 אֲבָל אֶת־אֹיְבַי
הָהֵם אֲשֶׁר מְאָסוּנִי מִמְּלֹךְ עֲלֵיהֶם הָבִיאוּ אֹתָם הֵנָּה וְהִרְגוּ אֹתָם לְפָנָי:

LUKE

3 And he sought to see **YAHOSHUA** who he was; and could not for the press, because he was little of stature.

4 And he ran before, and climbed up into a sycomore tree to see him: for he was to pass that way.

5 And when **YAHOSHUA** came to the place, he looked up, and saw him, and said unto him, Zakai, make haste, and come down; for to day I must abide at thy house.

6 And he made haste, and came down, and received him joyfully.

7 And when they saw it, they all murmured, saying, That he was gone to be guest with a man that is a sinner.

8 And Zakai stood, and said unto **YAHOSHUA**; Behold, Adoni, the half of my goods I give to the poor; and if I have taken any thing from any man by false accusation, I restore him fourfold.

9 And **YAHOSHUA** said unto him, This day is salvation come to this house, forsomuch as he also is a son of Abraham.

10 For the Son of man is come to seek and to save that which was lost.

THE PARABLE OF THE TEN MINAS

11 And as they heard these things, he added and spake a parable, because he was nigh to Yerushalem, and because they thought that the kingdom of ELOHIM should immediately appear.

12 He said therefore, A certain nobleman went into a far country to receive for himself a kingdom, and to return.

13 And he called his ten servants, and delivered them ten pounds, and said unto them, Occupy till I come.

14 But his citizens hated him, and sent a message after him, saying, We will not have this man to reign over us.

15 And it came to pass, that when he was returned, having received the kingdom, then he commanded these servants to be called unto him, to whom he had given the money, that he might know how much every man had gained by trading.

16 Then came the first, saying, Adoni, thy pound hath gained ten pounds.

17 And he said unto him, Well, thou good servant: because thou hast been faithful in a very little, have thou authority over ten cities.

18 And the second came, saying, Adoni, thy pound hath gained five pounds.

19 And he said likewise to him, Be thou also over five cities.

20 And another came, saying, Adoni, behold, here is thy pound, which I have kept laid up in a napkin:

21 For I feared thee, because thou art an austere man: thou takest up that thou layedst not down, and reapest that thou didst not sow.

22 And he saith unto him, Out of thine own mouth will I judge thee, thou wicked servant. Thou knewest that I was an austere man, taking up that I laid not down, and reaping that I did not sow:

23 Wherefore then gavest not thou my money into the bank, that at my coming I might have required mine own with usury?

24 And he said unto them that stood by, Take from him the pound, and give it to him that hath ten pounds.

25 (And they said unto him, Adone, he hath ten pounds.)

26 For I say unto you, That unto every one which hath shall be given; and from him that hath not, even that he hath shall be taken away from him.

27 But those mine enemies, which would not that I should reign over them, bring hither, and slay them before me.

THE TRIUMPHAL ENTRY

28 וַיְכַל לְדַבֵּר הַדְּבָרִים הָאֵלֶּה וַיַּעֲבֹר לִפְנֵיהֶם וַיַּעַל יְרוּשָׁלָיִם׃ 29 וַיְהִי בְקָרְבוֹ אֶל־
בֵּית־פַּגֵּי וּבֵית־הִינִי אֶל־הַר הַנִּקְרָא הַר הַזֵּיתִים וַיִּשְׁלַח שְׁנַיִם מִתַּלְמִידָיו׃ 30 לֵאמֹר
לְכוּ אֶל־הַכְּפָר אֲשֶׁר מִמּוּלֵנוּ וְהָיָה בְּבוֹאֲכֶם שָׁמָּה וּמְצָאתֶם עַיִר אָסוּר אֲשֶׁר מִיָּמָיו
לֹא־רָכַב עָלָיו אָדָם הַתִּירוּ אֹתוֹ וְהָבִיאוּ׃ 31 וְכִי־יֹאמַר אֲלֵיכֶם אִישׁ לָמָּה תַתִּירֻהוּ
כֹּה תֹאמְרוּ אֵלָיו יַעַן כִּי הָאָדוֹן צָרִיךְ לוֹ׃ 32 וַיֵּלְכוּ הַשְּׁלוּחִים וַיִּמְצְאוּ כַּאֲשֶׁר דִּבֶּר
אֲלֵיהֶם׃ 33 וַיַּתִּירוּ אֶת־הָעַיִר וַיֹּאמֶר אֲלֵיהֶם בְּעָלָיו לָמָּה זֶּה אַתֶּם מַתִּירִים אֶת־
הָעָיִר׃ 34 וַיֹּאמְרוּ הָאָדוֹן צָרִיךְ לוֹ׃ 35 וַיְבִיאֻהוּ אֶל־יָהוֹשֻׁעַ וַיַּשְׁלִיכוּ אֶת־בִּגְדֵיהֶם
עַל־הָעַיִר וַיַּרְכִּיבוּ עָלָיו אֶת־יָהוֹשֻׁעַ׃ 36 וּבְלֶכְתּוֹ הִצִּיעוּ אֶת־בִּגְדֵיהֶם עַל־הַדָּרֶךְ׃
37 וַיִּקְרַב אֶל־מוֹרַד הַר הַזֵּיתִים וַיָּחֵלּוּ כָּל־הֲמוֹן הַתַּלְמִידִים לְשַׁבֵּחַ אֶת־הָאֱלֹהִים
בְּשִׂמְחָה וּבְקוֹל גָּדוֹל עַל כָּל־הַגְּבוּרוֹת אֲשֶׁר רָאוּ׃ 38 לֵאמֹר בָּרוּךְ הַמֶּלֶךְ הַבָּא
בְּשֵׁם יָהוָה שָׁלוֹם בַּשָּׁמַיִם וְכָבוֹד בַּמְּרוֹמִים׃ 39 וַאֲנָשִׁים מִן הַפְּרוּשִׁים אֲשֶׁר בְּתוֹךְ
הָעָם אָמְרוּ אֵלָיו רַבִּי גְּעַר בְּתַלְמִידֶיךָ׃ 40 וַיַּעַן וַיֹּאמַר אֲנִי אֹמֵר לָכֶם אִם־אֵלֶּה
יֶחֱשׁוּ הָאֲבָנִים תִּזְעָקְנָה׃

YAHOSHUA WEEPS OVER JERUSALEM

41 וַיְהִי כַּאֲשֶׁר קָרַב וַיַּרְא אֶת־הָעִיר וַיֵּבְךְּ עָלֶיהָ׃ 42 וַיֹּאמַר לוּ יָדַעַתְּ גַּם־אַתְּ בְּעוֹד
יוֹמֵךְ הַזֶּה אֶת־דֶּרֶךְ שְׁלוֹמֵךְ וְעַתָּה נִסְתַּר מֵעֵינָיִךְ׃ 43 כִּי הִנֵּה יָמִים בָּאִים עָלַיִךְ וְשָׁפְכוּ
אֹיְבַיִךְ סוֹלְלָה סְבִיבָיִךְ וְהִקִּיפוּךְ וְצָרוּ עָלַיִךְ מִכָּל־עֲבָרָיִךְ׃ 44 וְהָרְסוּ עַד־לָאָרֶץ אוֹתָךְ
וְאֶת־בָּנַיִךְ בְּקִרְבֵּךְ וְלֹא־יַשְׁאִירוּ בָךְ אֶבֶן עַל־אָבֶן עֵקֶב אֲשֶׁר־לֹא יָדַעַתְּ עֵת פְּקֻדָּתֵךְ׃

YAHOSHUA CLEANSES THE TEMPLE

45 וַיָּבֹא אֶל־הַמִּקְדָּשׁ וַיָּחֶל לְגָרֵשׁ מִשָּׁם אֵת הַמֹּכְרִים וְאֵת הַקּוֹנִים בּוֹ׃ 46 וַיֹּאמֶר
אֲלֵיהֶם הֵן כָּתוּב בֵּיתִי בֵּית־תְּפִלָּה וְאַתֶּם עֲשִׂיתֶם אוֹתוֹ מְעָרַת פָּרִיצִים׃ 47 וַיְהִי מְלַמֵּד
בַּמִּקְדָּשׁ יוֹם יוֹם וְרָאשֵׁי הַכֹּהֲנִים וְהַסּוֹפְרִים וְגַם־רָאשֵׁי הָעָם בִּקְשׁוּ לְאַבְּדוֹ׃ 48 וְלֹא
מָצְאוּ מַה־לַּעֲשׂוֹת כִּי כָל־הָעָם דָּבְקוּ אַחֲרָיו לִשְׁמֹעַ אֹתוֹ׃

THE AUTHORITY OF YAHOSHUA CHALLENGED

כ וַיְהִי הַיּוֹם וְהוּא מְלַמֵּד אֶת־הָעָם בַּמִּקְדָּשׁ וּמְבַשֵּׂר וַיִּגְּשׁוּ הַכֹּהֲנִים וְהַסּוֹפְרִים
עִם־הַזְּקֵנִים׃ 2 וַיֹּאמְרוּ אֵלָיו אֱמָר־נָא לָנוּ בְּאֵי־זוֹ רְשׁוּת אַתָּה עֹשֶׂה אֶת־אֵלֶּה
וּמִי הוּא הַנֹּתֵן לְךָ אֶת־הָרְשׁוּת הַזֹּאת׃

LUKE

THE TRIUMPHAL ENTRY

28 And when he had thus spoken, he went before, ascending up to Yerushalem.

29 And it came to pass, when he was come nigh to Beth-Pagay and Beth-Hini, at the mount called the mount of Olives, he sent two of his disciples,

30 Saying, Go ye into the village over against you; in the which at your entering ye shall find a colt tied, whereon yet never man sat: loose him, and bring him hither.

31 And if any man ask you, Why do ye loose him? thus shall ye say unto him, Because our Adone hath need of him.

32 And they that were sent went their way, and found even as he had said unto them.

33 And as they were loosing the colt, the owners thereof said unto them, Why loose ye the colt?

34 And they said, our Adone hath need of him.

35 And they brought him to **YAHOSHUA**: and they cast their garments upon the colt, and they set **YAHOSHUA** thereon.

36 And as he went, they spread their clothes in the way.

37 And when he was come nigh, even now at the descent of the mount of Olives, the whole multitude of the disciples began to rejoice and praise ELOHIM with a loud voice for all the mighty works that they had seen;

38 Saying, "Blessed be he that cometh in the name of **YAHOWAH**": shalom in heaven, and glory in the highest.

39 And some of the Perushim from among the multitude said unto him, Master, rebuke thy disciples.

40 And he answered and said unto them, I tell you that, if these should hold their shalom, the stones would immediately cry out.

YAHOSHUA WEEPS OVER JERUSALEM

41 And when he was come near, he beheld the city, and wept over it,

42 Saying, If thou hadst known, even thou, at least in this thy day, the things which belong unto thy shalom! but now they are hid from thine eyes.

43 For the days shall come upon thee, that thine enemies shall cast a trench about thee, and compass thee round, and keep thee in on every side,

44 And shall lay thee even with the ground, and thy children within thee; and they shall not leave in thee one stone upon another; because thou knewest not the time of thy visitation.

YAHOSHUA CLEANSES THE TEMPLE

45 And he went into the temple, and began to cast out them that sold therein, and them that bought;

46 Saying unto them, It is written, "Mine house shall be called an house of prayer" but ye have made it "a den of robbers."

47 And he taught daily in the temple. But the chief priests and the scribes and the chief of the people sought to destroy him,

48 And could not find what they might do: for all the people were very attentive to hear him.

THE AUTHORITY OF YAHOSHUA CHALLENGED

20 And it came to pass, that on one of those days, as he taught the people in the temple, and preached the gospel, the chief priests and the scribes came upon him with the elders,

2 And spake unto him, saying, Tell us, by what authority doest thou these things? or who is he that gave thee this authority?

3 וַיַּעַן וַיֹּאמֶר אֲלֵיהֶם אַף־אֲנִי אֶשְׁאָלְכֶם דָּבָר וְאִמְרוּ לִי: 4 טְבִילַת יוֹחָנָן הֲמִשָּׁמַיִם
הָיְתָה אִם־מִבְּנֵי אָדָם: 5 וַיִּוָּעֲצוּ יַחְדָּו לֵאמֹר אִם־נֹאמַר מִן־הַשָּׁמַיִם וְאָמַר לָמָּה זֶּה לֹא
הֶאֱמַנְתֶּם בּוֹ: 6 וְאִם־נֹאמַר מִבְּנֵי אָדָם וּסְקָלֻנוּ כָּל־הָעָם כִּי־בָרוּר לָהֶם שֶׁיּוֹחָנָן נָבִיא
הָיָה: 7 וַיַּעֲנוּ לֹא יָדַעְנוּ מֵאָיִן: 8 וַיֹּאמֶר יָהוֹשֻׁעַ אֲלֵיהֶם גַּם־אֲנִי לֹא אֹמַר לָכֶם בְּאֵי־זוֹ
רְשׁוּת אֲנִי עֹשֶׂה אֵלֶּה:

THE PARABLE OF THE WICKED TENANTS

9 וַיַּעַן וַיְדַבֵּר אֶל־הָעָם אֶת־הַמָּשָׁל הַזֶּה אִישׁ אֶחָד נָטַע כֶּרֶם וַיִּתְּנֵהוּ בְּיַד
כֹּרְמִים וַיֵּלֶךְ בְּדֶרֶךְ מֶרְחוֹק לְיָמִים רַבִּים: 10 וְלַמּוֹעֵד שָׁלַח עֶבֶד אֶל־הַכֹּרְמִים
לָתֶת־לוֹ מִפְּרִי הַכָּרֶם וְהַכֹּרְמִים הִכֻּהוּ וַיְשַׁלְּחֻהוּ רֵיקָם: 11 וַיֹּסֶף שְׁלֹחַ עֶבֶד
אַחֵר וַיַּכּוּ גַּם־אֹתוֹ וַיְבַזֻּהוּ וַיְשַׁלְּחֻהוּ רֵיקָם: 12 וַיֹּסֶף לִשְׁלֹחַ שְׁלִישִׁי וְגַם־אֹתוֹ
פָּצְעוּ וַיְגָרְשֻׁהוּ וַיִּדְחָפֻהוּ חוּצָה: 13 וַיֹּאמֶר בַּעַל־הַכֶּרֶם מָה־אֶעֱשֶׂה אֶשְׁלְחָה
אֶת־בְּנִי אֶת־יְדִידִי אוּלַי יִרְאוּ אֹתוֹ וְיִירְאוּ מִפָּנָיו: 14 וְכִרְאוֹת אֹתוֹ הַכֹּרְמִים
נוֹעֲצוּ יַחְדָּו לֵאמֹר זֶה הוּא הַיּוֹרֵשׁ לְכוּ וְנַהַרְגֵהוּ וּתְהִי־לָנוּ הַיְרֻשָּׁה: 15 וַיְגָרֲשׁוּ
אוֹתוֹ אֶל־מִחוּץ לַכֶּרֶם וַיַּהַרְגֻהוּ וְעַתָּה מַה־יַּעֲשֶׂה לָהֶם בַּעַל־הַכָּרֶם: 16 יָבוֹא
וִיאַבֵּד אֶת־הַכֹּרְמִים הָהֵם וְיִתֵּן אֶת־הַכֶּרֶם לַאֲחֵרִים וַיְהִי כְּשָׁמְעָם וַיֹּאמְרוּ
חָלִילָה: 17 וַיַּבֵּט־בָּם וַיֹּאמַר וּמָה הוּא זֶה הַכָּתוּב אֶבֶן מָאֲסוּ הַבּוֹנִים הָיְתָה
לְרֹאשׁ פִּנָּה:

PAYING TAXES TO CAESAR

18 כֹּל הַנֹּפֵל עַל־הָאֶבֶן הַהִיא יִשָּׁבֵר וְאֵת אֲשֶׁר תִּפֹּל עָלָיו תִּשְׁחָקֵהוּ: 19 וַיְבַקְשׁוּ
רָאשֵׁי הַכֹּהֲנִים וְהַסּוֹפְרִים לִשְׁלֹחַ־יָדָם בּוֹ בָּעֵת הַהִיא וַיִּירְאוּ מִפְּנֵי הָעָם כִּי יָדְעוּ
אֲשֶׁר עֲלֵיהֶם דִּבֶּר אֶת־הַמָּשָׁל הַזֶּה: 20 וַיֶּאֶרְבוּ־לוֹ וַיִּשְׁלְחוּ מְאָרְבִים מִתְחַפְּשִׂים
כְּהֹלְכֵי תֹם לְמַעַן יִלְכְּדוּ אוֹתוֹ בְּדָבָר לְהַסְגִּירוֹ אֶל־הַשְּׂרָרָה וּבְיַד הַהֶגְמוֹן: 21
וַיִּשְׁאָלֻהוּ לֵאמֹר רַבִּי יָדַעְנוּ כִּי נְכוֹנָה תְּדַבֵּר וּתְלַמֵּד וְלֹא־תִשָּׂא פָנִים כִּי בֶאֱמֶת
מוֹרֶה אַתָּה אֶת־דֶּרֶךְ אֱלֹהִים: 22 הֲמֻתָּר לָנוּ לָתֶת־מַס לְקֵיסָר אִם־לֹא: 23 וַיֵּדַע
אֶת־נִכְלֵיהֶם וַיֹּאמֶר לָהֶם מַה־תְּנַסּוּנִי: 24 הַרְאוּנִי דִינָר הַצּוּרָה וְהַמִּכְתָּב אֲשֶׁר
עָלָיו שֶׁל־מִי הֵם וַיַּעֲנוּ וַיֹּאמְרוּ שֶׁל־קֵיסָר: 25 וַיֹּאמֶר אֲלֵיהֶם לָכֵן תְּנוּ לְקֵיסַר
אֶת־אֲשֶׁר לְקֵיסָר וְלֵאלֹהִים אֶת־אֲשֶׁר לֵאלֹהִים: 26 וְלֹא יָכְלוּ לְלָכְדוֹ בְדָבָר לִפְנֵי
הָעָם וַיִּתְמְהוּ עַל־מַעֲנֵהוּ וַיַּחֲרִישׁוּ:

LUKE

3 And he answered and said unto them, I will also ask you one thing; and answer me:
4 The immersion of Yokhanan, was it from heaven, or of men?
5 And they reasoned with themselves, saying, If we shall say, From heaven; he will say, Why then believed ye him not?
6 But and if we say, Of men; all the people will stone us: for they be persuaded that Yokhanan was a prophet.
7 And they answered, that they could not tell whence it was.
8 And **YAHOSHUA** said unto them, Neither tell I you by what authority I do these things.

THE PARABLE OF THE WICKED TENANTS

9 Then began he to speak to the people this parable; A certain man planted a vineyard, and let it forth to husbandmen, and went into a far country for a long time.
10 And at the season he sent a servant to the husbandmen, that they should give him of the fruit of the vineyard: but the husbandmen beat him, and sent him away empty.
11 And again he sent another servant: and they beat him also, and entreated him shamefully, and sent him away empty.
12 And again he sent a third: and they wounded him also, and cast him out.
13 Then said the Adon of the vineyard, What shall I do? I will send my beloved son: it may be they will reverence him when they see him.
14 But when the husbandmen saw him, they reasoned among themselves, saying, This is the heir: come, let us kill him, that the inheritance may be our's.
15 So they cast him out of the vineyard, and killed him. What therefore shall the Adon of the vineyard do unto them?
16 He shall come and destroy these husbandmen, and shall give the vineyard to others. And when they heard it, they said, ELOHIM forbid.
17 And he beheld them, and said, What is this then that is written, "The stone which the builders refused is become the head stone of the corner?"

PAYING TAXES TO CAESAR

18 Whosoever shall fall upon that stone shall be broken; but on whomsoever it shall fall, it will grind him to powder.
19 And the chief priests and the scribes the same hour sought to lay hands on him; and they feared the people: for they perceived that he had spoken this parable against them.
20 And they watched him, and sent forth spies, which should feign themselves just men, that they might take hold of his words, that so they might deliver him unto the power and authority of the governor.
21 And they asked him, saying, Master, we know that thou sayest and teachest rightly, neither acceptest thou the person of any, but teachest the way of ELOHIM truly:
22 Is it lawful for us to give tribute unto Qeasar, or no?
23 But he perceived their craftiness, and said unto them, Why tempt ye me?
24 Shew me a penny. Whose image and superscription hath it? They answered and said, Qeasar's.
25 And he said unto them, Render therefore unto Qeasar the things which be Qeasar's, and unto ELOHIM the things which be ELOHIM'S.
26 And they could not take hold of his words before the people: and they marvelled at his answer, and held their shalom.

SADDUCEES ASK ABOUT THE RESURRECTION

27 וַיִּקְרְבוּ אֲנָשִׁים מִן־הַצְּדוּקִים הָאֹמְרִים אֵין תְּחִיַּת הַמֵּתִים וַיִּשְׁאָלֻהוּ לֵאמֹר: 28 מוֹרֶה
מֹשֶׁה כָּתַב לָנוּ כִּי יָמוּת אָח בַּעַל אִשָּׁה וּבָנִים אֵין־לוֹ וְלָקַח אָחִיו אֶת־אִשְׁתּוֹ וְהֵקִים זֶרַע
לְאָחִיו: 29 וְהִנֵּה הָיוּ שִׁבְעָה אַחִים וְהָרִאשׁוֹן לָקַח אִשָּׁה וַיָּמָת וּבָנִים אֵין לוֹ: 30 וַיִּקַּח
אֹתָהּ הַשֵּׁנִי וַיָּמָת גַּם־הוּא לֹא־בָנִים: 31 וַיִּקַּח אֹתָהּ הַשְּׁלִישִׁי וְכַדָּבָר הַזֶּה עָשׂוּ אַף־
הַשִּׁבְעָה וְלֹא־הִנִּיחוּ בָנִים וַיָּמוּתוּ: 32 וּבָאַחֲרוֹנָה מֵתָה גַּם־הָאִשָּׁה: 33 וְהִנֵּה בִּתְחִיַּת
הַמֵּתִים לְמִי מֵהֶם תִּהְיֶה לְאִשָּׁה כִּי־הָיְתָה לְשִׁבְעָה לְאִשָּׁה: 34 וַיַּעַן **יָהוֹשֻׁעַ** וַיֹּאמֶר
אֲלֵיהֶם בְּנֵי הָעוֹלָם הַזֶּה יִשְׂאוּ נָשִׁים וְתִנָּשֶׂאנָה: 35 וְהַזֹּכִים לָעוֹלָם הַבָּא וְלִתְחִיַּת
הַמֵּתִים לֹא־יִשְׂאוּ נָשִׁים וְלֹא תִנָּשֶׂאנָה: 36 כִּי לֹא־יוּכְלוּ לָמוּת עוֹד כִּי שָׁוִים הֵם
לַמַּלְאָכִים וּבְנֵי אֱלֹהִים הֵמָּה בִּהְיוֹתָם בְּנֵי הַתְּקוּמָה: 37 וְגַם־מֹשֶׁה רָמַז בַּסְּנֶה שֶׁיָּקוּמוּ
הַמֵּתִים בְּקָרְאוֹ אֶת־**יָהוָֹה** אֱלֹהֵי אַבְרָהָם אֱלֹהֵי יִצְחָק וֵאלֹהֵי יַעֲקֹב: 38 וְהָאֱלֹהִים
לֹא אֱלֹהֵי הַמֵּתִים הוּא כִּי אִם־אֱלֹהֵי הַחַיִּים כִּי כֻלָּם חַיִּים לוֹ: 39 וַיַּעֲנוּ אֲנָשִׁים מִן־
הַסּוֹפְרִים רַבִּי יָפֶה דִּבַּרְתָּ: 40 וְלֹא־מָצְאוּ עוֹד אֶת־לִבָּם לִשְׁאֹל אוֹתוֹ דָּבָר:

WHOSE SON IS THE MESHIAKH?

41 וַיֹּאמֶר אֲלֵיהֶם אֵיךְ יֹאמְרוּ **לַמָּשִׁיחַ** שֶׁהוּא בֶּן־דָּוִד: 42 וְדָוִד בְּעַצְמוֹ אָמַר בְּסֵפֶר
תְּהִלִּים נְאֻם־**יָהוָֹה** לַאדֹנִי שֵׁב לִימִינִי: 43 עַד־אָשִׁית אֹיְבֶיךָ הֲדֹם לְרַגְלֶיךָ: 44 הִנֵּה דָוִד
קֹרֵא לוֹ אָדוֹן וְאֵיךְ הוּא בְּנוֹ:

BEWARE OF THE SCRIBES

45 וַיֹּאמֶר אֶל־תַּלְמִידָיו בְּאָזְנֵי כָּל־הָעָם: 46 הִזָּהֲרוּ מִן־הַסּוֹפְרִים הַחֲפֵצִים לְהִתְהַלֵּךְ
עֲטוּפֵי טַלִּית וְאֹהֲבִים שֶׁיִּשְׁאֲלוּ בִשְׁלוֹמָם בַּשְּׁוָקִים וְלָשֶׁבֶת רִאשֹׁנִים בְּבָתֵּי כְנֵסִיּוֹת
וּלְהָסֵב רִאשֹׁנִים בַּסְּעוּדוֹת: 47 הַבֹּלְעִים אֶת־בָּתֵּי הָאַלְמָנוֹת וּמַאֲרִיכִים בִּתְפִלָּתָם
לְמַרְאֵה עֵינָיִם הֵמָּה מִשְׁפָּט גָּדוֹל יֶתֶר מְאֹד יִשָּׁפֵטוּ:

THE WIDOW'S OFFERING

כא וַיַּבֵּט וַיַּרְא אֶת־הָעֲשִׁירִים מְשִׂימִים אֶת־נִדְבוֹתָם בַּאֲרוֹן הָאוֹצָר: 2 וַיַּרְא
גַּם־אַלְמָנָה עֲנִיָּה נֹתֶנֶת בּוֹ שְׁתֵּי פְרוּטוֹת: 3 וַיֹּאמַר אֱמֶת אַגִּיד לָכֶם כִּי
הָאַלְמָנָה הָעֲנִיָּה הַזֹּאת נָתְנָה יוֹתֵר מִכֻּלָּם: 4 כִּי כָל־אֵלֶּה הִתְנַדְּבוּ לֵאלֹהִים מֵהָעֹדֶף
שֶׁלָּהֶם וְהִיא מִמַּחְסוֹרָהּ נָתְנָה אֶת־כָּל־אֲשֶׁר הָיָה לָהּ לְמִחְיָה:

LUKE

SADDUCEES ASK ABOUT THE RESURRECTION

27 Then came to him certain of the Tzaduqim, which deny that there is any resurrection; and they asked him, children, that his brother should take his wife, and raise up seed unto his brother.

28 Saying, Master, Mosheh wrote unto us, If any man's brother die, having a wife, and he die without

29 There were therefore seven brethren: and the first took a wife, and died without children.

30 And the second took her to wife, and he died childless.

31 And the third took her; and in like manner the seven also: and they left no children, and died.

32 Last of all the woman died also.

33 Therefore in the resurrection whose wife of them is she? for seven had her to wife.

34 And **YAHOSHUA** answering said unto them, The children of this world marry, and are given in marriage:

35 But they which shall be accounted worthy to obtain that world, and the resurrection from the dead, neither marry, nor are given in marriage:

36 Neither can they die any more: for they are equal unto the angels; and are the children of ELOHIM, being the children of the resurrection.

37 Now that the dead are raised, even Mosheh shewed at the bush, when he calleth **YAHOWAH** the ELOHIM of Abraham, and the ELOHIM of Yitzkhaq, and the ELOHIM of Ya'aqob.

38 For he is not a ELOHIM of the dead, but of the living: for all live unto him.

39 Then certain of the scribes answering said, Master, thou hast well said.

40 And after that they durst not ask him any question at all.

WHOSE SON IS THE MESHIAKH?

41 And he said unto them, How say they that **MESHIAKH** is Dawid's son?

42 And Dawid himself saith in the book of Psalms, "**YAHOWAH** said unto Adoni, Sit thou at my right hand

43 Until I make thine enemies thy footstool."

44 Dawid therefore calleth him Adoni, how is he then his son?

BEWARE OF THE SCRIBES

45 Then in the audience of all the people he said unto his disciples,

46 Beware of the scribes, which desire to walk in long robes, and love greetings in the markets, and the highest seats in the Congregations, and the chief rooms at feasts;

47 Which devour widows' houses, and for a shew make long prayers: the same shall receive greater damnation.

THE WIDOW'S OFFERING

21 And he looked up, and saw the rich men casting their gifts into the treasury.

2 And he saw also a certain poor widow casting in thither two mites.

3 And he said, Of a truth I say unto you, that this poor widow hath cast in more than they all:

4 For all these have of their abundance cast in unto the offerings of ELOHIM: but she of her penury hath cast in all the living that she had.

YAHOSHUA FORETELLS DESTRUCTION OF THE TEMPLE

5 וַיְהִי בְּאָמְרָם לַמִּקְדָּשׁ שֶׁהוּא מְהֻדָּר בַּאֲבָנִים יָפוֹת וּבְמַתָּנוֹת וַיֹּאמַר: 6 אֵת אֲשֶׁר
אַתֶּם רֹאִים הִנֵּה יָמִים בָּאִים וְלֹא תִשָּׁאֵר אֶבֶן עַל־אֶבֶן אֲשֶׁר לֹא תִתְפָּרָק: 7 וַיִּשְׁאָלֻהוּ
לֵאמֹר רַבִּי מָתַי אֵפוֹא תִּהְיֶה זֹאת וּמַה הוּא הָאוֹת לְעֵת הֱיוֹתָהּ: 8 וַיֹּאמֶר רְאוּ פֶּן־יַתְעוּ
אֶתְכֶם כִּי רַבִּים יָבֹאוּ בִּשְׁמִי וְאָמְרוּ אֲנִי מָשִׁיחַ וְהָעֵת קְרוֹבָה וְאַתֶּם אַל־תֵּלְכוּ אַחֲרֵיהֶם:
9 וּבְשָׁמְעֲכֶם מִלְחָמוֹת וּמְהוּמוֹת אַל־תֵּחָתּוּ כִּי הָיוֹ תִהְיֶה־זֹּאת לָרִאשׁוֹנָה אַךְ־עוֹד
קֵץ לַמּוֹעֵד:

YAHOSHUA FORETELLS WARS AND PERSECUTION

10 וַיֹּסֶף דַּבֵּר אֲלֵיהֶם לֵאמֹר גּוֹי עַל־גּוֹי יָקוּם וּמַמְלָכָה עַל־מַמְלָכָה: 11 וְהָיָה רַעַשׁ
גָּדוֹל כֹּה וָכֹה וְרָעָב וָדֶבֶר וְגַם־מוֹרָאִים וְאֹתוֹת גְּדֹלוֹת מִן־הַשָּׁמָיִם: 12 וְלִפְנֵי כָל־
אֵלֶּה יִשְׁלְחוּ בָכֶם אֶת־יְדֵיהֶם וְיִרְדְּפוּ וְיִמְסְרוּ אֶתְכֶם לְבָתֵּי כְנֵסִיּוֹת וְאֶל־בָּתֵּי כְלָאִים
וְתוּבְאוּ לִפְנֵי מְלָכִים וּנְגִידִים לְמַעַן שְׁמִי: 13 וְהָיְתָה־זֹּאת לָכֶם לְעֵדוּת: 14 עַל־כֵּן
שִׂימוּ בִלְבַבְכֶם לְבִלְתִּי הֱיוֹת דֹּאֲגִים בַּמֶּה תִּצְטַדָּקוּ: 15 כִּי אָנֹכִי נֹתֵן לָכֶם פֶּה וְחָכְמָה
אֲשֶׁר לֹא־יוּכְלוּ לַעֲמֹד לְפָנֶיהָ וּלְדַבֵּר נֶגְדָּהּ כָּל־מִתְקוֹמְמֵיכֶם: 16 וְגַם־תִּמָּסְרוּ עַל־
יְדֵי יוֹלְדֵיכֶם וַאֲחֵיכֶם וּקְרוֹבֵיכֶם וְרֵעֵיכֶם וְהֵמִיתוּ מִכֶּם: 17 וִהְיִיתֶם שְׂנוּאִים לְכָל־
אָדָם לְמַעַן שְׁמִי: 18 אַךְ לֹא־יִפֹּל מִשַּׂעֲרַת רֹאשְׁכֶם אָרְצָה: 19 בְּתוֹחַלְתְּכֶם קְנוּ
לָכֶם אֵת נַפְשֹׁתֵיכֶם:

YAHOSHUA FORETELLS DESTRUCTION OF JERUSALEM

20 וְכַאֲשֶׁר תִּרְאוּ מַחֲנוֹת סוֹבְבִים אֶת־יְרוּשָׁלָיִם יָדֹעַ תֵּדְעוּ כִּי קָרַב חָרְבָּנָהּ: 21 אָז
יָנוּסוּ אַנְשֵׁי יְהוּדָה אֶל־הֶהָרִים וַאֲשֶׁר הֵם בְּתוֹכָהּ יֵצְאוּ וַאֲשֶׁר־בַּפְּרָזוֹת אַל־יָבוֹאוּ בָהּ:
22 כִּי־יְמֵי נָקָם הֵמָּה לְמַלֹּאת כָּל־הַכָּתוּב: 23 וְאוֹי לֶהָרוֹת וְלַמֵּינִיקוֹת בַּיָּמִים הָהֵם כִּי
תִהְיֶה צָרָה גְדוֹלָה בָּאָרֶץ וְקֶצֶף עַל־הָעָם הַזֶּה: 24 וְנָפְלוּ לְפִי־חֶרֶב וְהָגְלוּ אֶל־כָּל־הַגּוֹיִם
וְהָיְתָה יְרוּשָׁלַיִם מִרְמָס לַגּוֹיִם עַד אֲשֶׁר־יִמָּלְאוּ עִתּוֹת הַגּוֹיִם:

THE COMING OF THE SON OF MAN

25 וְהָיוּ אֹתוֹת בַּשֶּׁמֶשׁ וּבַיָּרֵחַ וּבַכּוֹכָבִים וְעַל־הָאָרֶץ מְצוּקָה לַגּוֹיִם וּמְבוּכָה
מֵהֶמְיַת הַיָּם וּמִשְׁבָּרָיו: 26 וְיִמּוֹגוּ בְּנֵי־הָאָדָם מֵאֵימָה וּמֵחֶרְדַּת הַבָּאוֹת עַל־
כָּל־הָאָרֶץ כִּי־חֲיָלֵי הַשָּׁמַיִם יִתְמוֹטָטוּ: 27 וְאָז יִרְאוּ אֶת־בֶּן־הָאָדָם בָּא בֶעָנָן
בִּגְבוּרָה וּבְכָבוֹד רָב:

LUKE

YAHOSHUA FORETELLS DESTRUCTION OF THE TEMPLE

5 And as some spake of the temple, how it was adorned with goodly stones and gifts, he said,

6 As for these things which ye behold, the days will come, in the which there shall not be left one stone upon another, that shall not be thrown down.

7 And they asked him, saying, Master, but when shall these things be? and what sign will there be when these things shall come to pass?

8 And he said, Take heed that ye be not deceived: for many shall come in my name, saying, I am **MESHIAKH**; and the time draweth near: go ye not therefore after them.

9 But when ye shall hear of wars and commotions, be not terrified: for these things must first come to pass; but the end is not by and by.

YAHOSHUA FORETELLS WARS AND PERSECUTION

10 Then said he unto them, Nation shall rise against nation, and kingdom against kingdom:

11 And great earthquakes shall be in divers places, and famines, and pestilences; and fearful sights and great signs shall there be from heaven.

12 But before all these, they shall lay their hands on you, and persecute you, delivering you up to the Congregations, and into prisons, being brought before kings and rulers for my name's sake.

13 And it shall turn to you for a testimony.

14 Settle it therefore in your hearts, not to meditate before what ye shall answer:

15 For I will give you a mouth and wisdom, which all your adversaries shall not be able to gainsay nor resist.

16 And ye shall be betrayed both by parents, and brethren, and kinsfolks, and friends; and some of you shall they cause to be put to death.

17 And ye shall be hated of all men for my name's sake.

18 But there shall not an hair of your head perish.

19 In your patience possess ye your souls.

YAHOSHUA FORETELLS DESTRUCTION OF JERUSALEM

20 And when ye shall see Yerushalem compassed with armies, then know that the desolation thereof is nigh.

21 Then let them which are in Yehudah flee to the mountains; and let them which are in the midst of it depart out; and let not them that are in the countries enter thereinto.

22 For these be the days of vengeance, that all things which are written may be fulfilled.

23 But woe unto them that are with child, and to them that give suck, in those days! for there shall be great distress in the land, and wrath upon this people.

24 And they shall fall by the edge of the sword, and shall be led away captive into all nations: and Yerushalem shall be trodden down of the Gentiles, until the times of the Gentiles be fulfilled.

THE COMING OF THE SON OF MAN

25 And there shall be signs in the sun, and in the moon, and in the stars; and upon the earth distress of nations, with perplexity; the sea and the waves roaring;

26 Men's hearts failing them for fear, and for looking after those things which are coming on the earth: for the powers of heaven shall be shaken.

27 And then shall they see the Son of man coming in a cloud with power and great glory.

28 וּכְהָחֵל הַדְּבָרִים הָאֵלֶּה לָבוֹא הִתְעוֹדֲדוּ וּשְׂאוּ רָאשֵׁיכֶם כִּי־קָרְבָה גְאֻלַּתְכֶם׃

THE LESSON OF THE FIG TREE

29 וַיְדַבֵּר אֲלֵיהֶם בְּמָשָׁל לֵאמֹר רְאוּ אֶת־הַתְּאֵנָה וְאֵת כָּל־הָעֵצִים׃ 30 כִּי־תִרְאוּ
אֹתָם מוֹצִיאִים אֶת־פִּרְחָם הֲלֹא יְדַעְתֶּם כִּי קָרַב הַקָּיִץ׃ 31 כֵּן גַּם־אַתֶּם בִּהְיוֹת אֵלֶּה
לְנֶגְדְּכֶם דְּעוּ כִּי קְרוֹבָה מַלְכוּת הָאֱלֹהִים׃ 32 אָמֵן אֹמֵר אֲנִי לָכֶם לֹא יַעֲבֹר הַדּוֹר
הַזֶּה עַד כִּי־יִהְיוּ כָּל־אֵלֶּה׃ 33 הַשָּׁמַיִם וְהָאָרֶץ יַעֲבֹרוּ וּדְבָרַי לֹא יַעֲבֹרוּן׃

WATCH YOURSELVES

34 רַק הִשָּׁמְרוּ לָכֶם פֶּן־יִכְבַּד לְבַבְכֶם בְּמִשְׁתֶּה וּבְשִׁכָּרוֹן וּבְדַאֲגוֹת הַמִּחְיָה וּבָא
עֲלֵיכֶם הַיּוֹם הַהוּא פִּתְאֹם׃ 35 כִּי כְמוֹ־פַח יָבוֹא עַל כָּל־הַיֹּשְׁבִים עַל־פְּנֵי כָל־
הָאָרֶץ׃ 36 לָכֵן שִׁקְדוּ בְּכָל־עֵת וְהִתְפַּלְּלוּ לְמַעַן תַּעַצְרוּ־כֹחַ לְהִמָּלֵט מִכָּל־אֵלֶּה
הָעֲתִידוֹת לָבוֹא וְהִתְיַצַּבְתֶּם לִפְנֵי בֶן־הָאָדָם׃ 37 וַיְהִי מְלַמֵּד יוֹמָם בַּמִּקְדָּשׁ וּבַלַּיְלָה
יָצָא אֶל־הָהָר הוּא הַר הַזֵּיתִים לָלוּן׃ 38 וְכָל־הָעָם הִשְׁכִּימוּ לָבוֹא אֵלָיו בַּמִּקְדָּשׁ
לִשְׁמֹעַ אוֹתוֹ׃

THE PLOT TO KILL YAHOSHUA

כב וַיִּקְרַב חַג **הַמַּצּוֹת** הוּא חַג **הַפָּסַח׃** 2 וְרָאשֵׁי הַכֹּהֲנִים וְהַסּוֹפְרִים מְבַקְשִׁים
אֵיךְ יַהַרְגֻהוּ כִּי יָרְאוּ מִפְּנֵי הָעָם׃

JUDAS TO BETRAY YAHOSHUA

3 וְהַשָּׂטָן נִכְנַס בִּיהוּדָה הַנִּקְרָא אִישׁ־קְרִיּוֹת וְהוּא אֶחָד מִשְּׁנֵים הֶעָשָׂר׃ 4 וַיֵּלֶךְ וַיִּוָּעַץ
עִם־רָאשֵׁי הַכֹּהֲנִים וְהַשָּׂרִים אֵיךְ יִמְסְרֶנּוּ בְּיָדָם׃ 5 וַיִּשְׂמָחוּ וַיֵּאֹתוּ לָתֶת־לוֹ כָּסֶף׃ 6
וַיִּבְטַח אֹתָם וַיְבַקֵּשׁ תּוֹאֲנָה לְמָסְרוֹ אֲלֵיהֶם בְּסֵתֶר וְלֹא־בִפְנֵי הֶהָמוֹן׃

THE PASSOVER WITH THE DISCIPLES

7 וַיָּבֹא יוֹם הַמַּצּוֹת אֲשֶׁר יִזָּבַח־בּוֹ **הַפָּסַח׃** 8 וַיִּשְׁלַח אֶת־כֵּיפָא וְאֶת־יוֹחָנָן לֵאמֹר לְכוּ
וְהָכִינוּ לָנוּ אֶת־**הַפֶּסַח** וְנֹאכֵלָה׃ 9 וַיֹּאמְרוּ אֵלָיו אֵיפֹה תַחְפֹּץ וְנָכִין אוֹתוֹ׃ 10 וַיֹּאמֶר
אֲלֵיהֶם הִנֵּה אַתֶּם בָּאִים הָעִירָה וּפָגַע אֶתְכֶם אִישׁ נֹשֵׂא צַפַּחַת מַיִם לְכוּ אַחֲרָיו אֶל־
הַבַּיִת אֲשֶׁר יָבוֹא בוֹ׃ 11 וַאֲמַרְתֶּם אֶל־בַּעַל הַבָּיִת כֹּה אָמַר־לְךָ הָרַב אַיֵּה הַמָּלוֹן אֲשֶׁר
אֹכְלָה־שָּׁם אֶת־הַפֶּסַח עִם־תַּלְמִידָי׃ 12 וְהוּא יַרְאֶה אֶתְכֶם עֲלִיָּה גְדוֹלָה מֻצָּעָה שָׁם
תָּכִינוּ׃ 13 וַיֵּלְכוּ וַיִּמְצְאוּ כַּאֲשֶׁר דִּבֶּר אֲלֵיהֶם וַיָּכִינוּ אֶת־**הַפָּסַח׃**

LUKE

28 And when these things begin to come to pass, then look up, and lift up your heads; for your redemption draweth nigh.

THE LESSON OF THE FIG TREE

29 And he spake to them a parable; Behold the fig tree, and all the trees;
30 When they now shoot forth, ye see and know of your own selves that summer is now nigh at hand.
31 So likewise ye, when ye see these things come to pass, know ye that the kingdom of ELOHIM is nigh at hand.
32 Verily I say unto you, This generation shall not pass away, till all be fulfilled.
33 Heaven and earth shall pass away: but my words shall not pass away.

WATCH YOURSELVES

34 And take heed to yourselves, lest at any time your hearts be overcharged with surfeiting, and drunkenness, and cares of this life, and so that day come upon you unawares.
35 For as a snare shall it come on all them that dwell on the face of the whole earth.
36 Watch ye therefore, and pray always, that ye may be accounted worthy to escape all these things that shall come to pass, and to stand before the Son of man.
37 And in the day time he was teaching in the temple; and at night he went out, and abode in the mount that is called the mount of Olives.
38 And all the people came early in the morning to him in the temple, for to hear him.

THE PLOT TO KILL YAHOSHUA

22 Now **The Feast of Matzot** drew nigh, which is called **Pesakh**.
2 And the chief priests and scribes sought how they might kill him; for they feared the people.

JUDAS TO BETRAY YAHOSHUA

3 Then entered Satan into Yehudah surnamed Ishqeriot, being of the number of the twelve.
4 And he went his way, and communed with the chief priests and captains, how he might betray him unto them.
5 And they were glad, and covenanted to give him money.
6 And he promised, and sought opportunity to betray him unto them in the absence of the multitude.

THE PASSOVER WITH THE DISCIPLES

7 Then came the day of unleavened bread, when the **Pesakh** must be killed.
8 And he sent Kepha and Yokhanan, saying, Go and prepare us the **Pesakh**, that we may eat.
9 And they said unto him, Where wilt thou that we prepare?
10 And he said unto them, Behold, when ye are entered into the city, there shall a man meet you, bearing a pitcher of water; follow him into the house where he entereth in.
11 And ye shall say unto the goodman of the house, The Master saith unto thee, Where is the guestchamber, where I shall eat the **Pesakh** with my disciples?
12 And he shall shew you a large upper room furnished: there make ready.
13 And they went, and found as he had said unto them: and they made ready the **Pesakh**.

INSTITUTION OF ADONAI'S SUPPER

14 וַיְהִי כַּאֲשֶׁר הִגִּיעָה הַשָּׁעָה וַיָּסֶב הוּא וּשְׁנֵים־עָשָׂר הַשְּׁלִיחִים אִתּוֹ׃ 15 וַיֹּאמֶר
אֲלֵיהֶם נִכְסֹף נִכְסַפְתִּי לֶאֱכֹל אִתְּכֶם אֶת־**הַפֶּסַח** הַזֶּה לִפְנֵי עֱנוּתִי׃ 16 כִּי־אֹמֵר אֲנִי
לָכֶם לֹא אֹכַל אוֹתוֹ עוֹד עַד כִּי־יִמָּלֵא בְּמַלְכוּת הָאֱלֹהִים׃ 17 וַיִּקַּח אֶת־הַכּוֹס וַיְבָרֶךְ
וַיֹּאמֶר קְחוּ אֹתָהּ וְחַלְּקוּ׃ 18 כִּי־אֹמֵר אֲנִי לָכֶם שָׁתֹה לֹא אֶשְׁתֶּה מֵעַתָּה מִפְּרִי
הַגָּפֶן עַד כִּי־תָבוֹא מַלְכוּת הָאֱלֹהִים׃
19 וַיִּקַּח אֶת־הַלֶּחֶם וַיְבָרֶךְ וַיִּבְצַע וַיִּתֵּן לָהֶם וַיֹּאמַר זֶה גוּפִי הַנִּתָּן בַּעַדְכֶם זֹאת עֲשׂוּ
לְזִכְרִי׃ 20 וְכֵן גַּם־אֶת־הַכּוֹס אַחַר הַסְּעוּדָה לֵאמֹר זוֹ הַכּוֹס הִיא הַבְּרִית הַחֲדָשָׁה בְּדָמִי
הַנִּשְׁפָּךְ בַּעַדְכֶם׃ 21 אַךְ הִנֵּה יַד־הַמֹּסֵר אוֹתִי אִתִּי עַל־הַשֻּׁלְחָן׃ 22 כִּי הֵן בֶּן־הָאָדָם
הֹלֵךְ כַּאֲשֶׁר נֶחֱרָץ עָלָיו אֲבָל אוֹי לָאִישׁ הַהוּא אֲשֶׁר עַל־יָדוֹ יִמָּסֵר׃ 23 וְהֵם הֵחֵלּוּ לַחְקֹר
אִישׁ אֶת־רֵעֵהוּ מִי־הוּא זֶה מֵהֶם אֲשֶׁר יַעֲשֶׂה־זֹּאת׃

WHO IS THE GREATEST?

24 וְגַם־מְרִיבָה הָיְתָה בֵינֵיהֶם מִי יֵחָשֵׁב הַגָּדוֹל בָּהֶם׃ 25 וַיֹּאמֶר אֲלֵיהֶם מַלְכֵי הַגּוֹיִם
רֹדִים בָּהֶם וְשַׁלִּיטֵיהֶם עֹשֵׂי חֶסֶד יִקָּרֵא לָהֶם׃ 26 וְאַתֶּם לֹא־כֵן כִּי הַגָּדוֹל בָּכֶם יִהְיֶה
כַּצָּעִיר וְהַמַּנְהִיג כִּמְשָׁרֵת׃ 27 כִּי מִי הַגָּדוֹל הַמֵּסֵב אוֹ הַמְשָׁרֵת הֲלֹא הַמֵּסֵב וַאֲנִי הִנְנִי
בְתוֹכְכֶם כְּמוֹ הַמְשָׁרֵת׃ 28 וְאַתֶּם הֵם הָעֹמְדִים עִמִּי עַד־עַתָּה בְּנִסְיוֹנֹתָי׃ 29 לָכֵן אֲנִי
מַנְחִיל אֶתְכֶם הַמַּלְכוּת כַּאֲשֶׁר הִנְחִילַנִי אָבִי׃ 30 לְמַעַן תֹּאכְלוּ וְתִשְׁתּוּ עַל־שֻׁלְחָנִי
בְּמַלְכוּתִי וִישַׁבְתֶּם עַל־כִּסְאוֹת לִשְׁפֹּט אֶת־שְׁנֵים עָשָׂר שִׁבְטֵי יִשְׂרָאֵל׃

YAHOSHUA FORETELLS PETER'S DENIAL

31 וַיֹּאמֶר **יָהוֹשֻׁעַ** אֵלָיו שִׁמְעוֹן הִנֵּה שָׁאַל לוֹ הַשָּׂטָן לִזְרוֹת אֶתְכֶם כַּחִטִּים׃
32 וַאֲנִי הִתְפַּלַּלְתִּי בַעַדְךָ אֲשֶׁר לֹא־תִכְלֶה אֱמוּנָתֶךָ וְאַתָּה כַּאֲשֶׁר תָּשׁוּב בִּתְשׁוּבָה חַזֵּק
אֶת־אָחֶיךָ׃ 33 וַיֹּאמֶר אֵלָיו אֲדֹנִי הִנְנִי נָכוֹן לָלֶכֶת אִתְּךָ גַּם לְבֵית הָאֲסוּרִים גַּם לַמָּוֶת׃
34 וַיֹּאמַר אֲנִי אֹמֵר לְךָ כֵּיפָא לֹא־יִקְרָא תַרְנְגֹל הַיּוֹם עַד כִּי־כִחַשְׁתָּ בִּי שָׁלֹשׁ פְּעָמִים
לֵאמֹר לֹא יְדַעְתִּיו׃

SCRIPTURE MUST BE FULFILLED IN YAHOSHUA

35 וַיֹּאמֶר אֲלֵיהֶם כַּאֲשֶׁר שְׁלַחְתִּי אֶתְכֶם בְּלִי־כִיס וְתַרְמִיל וּנְעָלִים הַחֲסַרְתֶּם דָּבָר
וַיֹּאמְרוּ לֹא חָסַרְנוּ כֹּל׃ 36 וַיֹּאמֶר אֲלֵיהֶם אָכֵן עַתָּה אֲשֶׁר־לוֹ כִיס יִשָּׂאֵהוּ וְכֵן גַּם־אֶת־
הַתַּרְמִיל וַאֲשֶׁר אֵין־לוֹ הוּא יִמְכֹּר אֶת־בִּגְדוֹ וְיִקְנֶה חָרֶב׃ 37 כִּי־אֹמֵר אֲנִי לָכֶם שֶׁצָּרִיךְ
עוֹד שֶׁיִּמָּלֵא בִי הַכָּתוּב הַזֶּה וְאֶת־פֹּשְׁעִים נִמְנָה כִּי גַם־הַכָּתוּב עָלַי בָּא עַד־קִצּוֹ׃

LUKE

INSTITUTION OF ADONAI'S SUPPER

14 And when the hour was come, he sat down, and the twelve apostles with him.

15 And he said unto them, With desire I have desired to eat this **Pesakh** with you before I suffer:

16 For I say unto you, I will not any more eat thereof, until it be fulfilled in the kingdom of ELOHIM.

17 And he took the cup, and gave thanks, and said, Take this, and divide it among yourselves:

18 For I say unto you, I will not drink of the fruit of the vine, until the kingdom of ELOHIM shall come.

19 And he took bread, and gave thanks, and brake it, and gave unto them, saying, This is my body which is given for you: this do in remembrance of me.

20 Likewise also the cup after supper, saying, This cup is the new covenant in my blood, which is shed for you.

21 But, behold, the hand of him that betrayeth me is with me on the table.

22 And truly the Son of man goeth, as it was determined: but woe unto that man by whom he is betrayed!

23 And they began to enquire among themselves, which of them it was that should do this thing.

WHO IS THE GREATEST?

24 And there was also a strife among them, which of them should be accounted the greatest.

25 And he said unto them, The kings of the Gentiles exercise lordship over them; and they that exercise authority upon them are called benefactors.

26 But ye shall not be so: but he that is greatest among you, let him be as the younger; and he that is chief, as he that doth serve.

27 For whether is greater, he that sitteth at meat, or he that serveth? is not he that sitteth at meat? but I am among you as he that serveth.

28 Ye are they which have continued with me in my temptations.

29 And I appoint unto you a kingdom, as my Father hath appointed unto me;

30 That ye may eat and drink at my table in my kingdom, and sit on thrones judging the twelve tribes of Yisra'EL.

YAHOSHUA FORETELLS PETER'S DENIAL

31 And **YAHOSHUA** said to Shimon: Shimon, behold, Satan hath desired to have you, that he may sift you as wheat:

32 But I have prayed for thee, that thy faith fail not: and when thou art converted, strengthen thy brethren.

33 And he said unto him, Adoni, I am ready to go with thee, both into prison, and to death.

34 And he said, I tell thee, Kepha, the cock shall not crow this day, before that thou shalt thrice deny that thou knowest me.

SCRIPTURE MUST BE FULFILLED IN YAHOSHUA

35 And he said unto them, When I sent you without purse, and scrip, and shoes, lacked ye any thing? And they said, Nothing.

36 Then said he unto them, But now, he that hath a purse, let him take it, and likewise his scrip: and he that hath no sword, let him sell his garment, and buy one.

37 For I say unto you, that this that is written must yet be accomplished in me, "And he was numbered with the transgressors" for the things concerning me have an end.

38 וַיֹּאמְרוּ אֲדֹנֵינוּ הִנֵּה־פֹה שְׁתֵּי חֲרָבוֹת וַיֹּאמֶר אֲלֵיהֶם דָּי׃

YAHOSHUA PRAYS ON THE MOUNT OF OLIVES

39 וַיֵּצֵא וַיֵּלֶךְ כְּיוֹם בְּיוֹם אֶל־הַר הַזֵּיתִים וַיֵּלְכוּ אַחֲרָיו גַּם־תַּלְמִידָיו׃ 40 וַיָּבֹא אֶל־
הַמָּקוֹם וַיֹּאמֶר אֲלֵיהֶם הִתְפַּלְלוּ שֶׁלֹּא תָבֹאוּ לִידֵי נִסָּיוֹן׃ 41 וְהוּא נִפְרַד מֵהֶם הַרְחֵק
כְּקֶלַע אֶבֶן וַיִּכְרַע עַל־בִּרְכָּיו וַיִּתְפַּלֵּל׃ 42 לֵאמֹר אָבִי אִם־תִּרְצֶה לְהַעֲבִיר מֵעָלַי אֶת־
הַכּוֹס הַזֹּאת אַךְ אַל־יְהִי כִּרְצוֹנִי כִּי אִם־כִּרְצוֹנֶךָ׃ 43 וַיֵּרָא אֵלָיו מַלְאָךְ מִן־הַשָּׁמַיִם
וַיְחַזְּקֵהוּ׃ 44 וְחֶבְלֵי־מָוֶת בָּאוּ עָלָיו וַיּוֹסֶף לְהִתְפַּלֵּל בְּחָזְקָה וַתְּהִי זֵעָתוֹ כְּנִטְפֵי דָם יֹרְדִים
לָאָרֶץ׃ 45 וַיָּקָם מֵהִתְפַּלֵּל וַיָּבֹא אֶל־הַתַּלְמִידִים וַיַּרְא וְהִנָּם יְשֵׁנִים מִיָּגוֹן׃ 46 וַיֹּאמֶר
אֲלֵיהֶם לָמָּה תִישָׁנוּ קוּמוּ וְהִתְפַּלְלוּ שֶׁלֹּא תָבֹאוּ לִידֵי נִסָּיוֹן׃

BETRAYAL AND ARREST OF YAHOSHUA

47 עוֹדֶנּוּ מְדַבֵּר וְהִנֵּה הֲמוֹן עָם וְאֶחָד מִשְּׁנֵים הֶעָשָׂר הַנִּקְרָא יְהוּדָה הֹלֵךְ לִפְנֵיהֶם
וַיִּקְרַב אֶל־**יָהוֹשֻׁעַ** לְנַשֶּׁק־לוֹ׃ 48 וַיֹּאמֶר אֵלָיו **יָהוֹשֻׁעַ** יְהוּדָה הֲבִנְשִׁיקָה אַתָּה מוֹסֵר
אֶת־בֶּן־הָאָדָם׃ 49 וְהָאֲנָשִׁים אֲשֶׁר אִתּוֹ רָאוּ אֵת אֲשֶׁר יִהְיֶה וַיֹּאמְרוּ אֵלָיו אֲדֹנֵינוּ הֲנַכֶּה
בֶחָרֶב׃ 50 וַיַּךְ אֶחָד מֵהֶם אֶת־עֶבֶד הַכֹּהֵן הַגָּדוֹל וַיְקַצֵּץ אֶת־אָזְנוֹ הַיְמָנִית׃ 51 וַיַּעַן
יָהוֹשֻׁעַ וַיֹּאמֶר רַב עַתָּה הֶרְפּוּ וַיִּגַּע בְּאָזְנוֹ וַיִּרְפָּאֵהוּ׃ 52 וַיֹּאמֶר **יָהוֹשֻׁעַ** אֶל רָאשֵׁי
הַכֹּהֲנִים וְשָׂרֵי הַמִּקְדָּשׁ וְהַזְּקֵנִים אֲשֶׁר בָּאוּ עָלָיו לֵאמֹר כְּצֵאת עַל־פָּרִיץ יְצָאתֶם עָלַי
בַּחֲרָבוֹת וּבְמַקְלוֹת׃ 53 וְאָנֹכִי הָיִיתִי עִמָּכֶם בַּמִּקְדָּשׁ יוֹם יוֹם וְלֹא־שְׁלַחְתֶּם יֶדְכֶם בִּי
וְאוּלָם זֹאת שְׁעַתְכֶם וְזֶה שִׁלְטוֹן הַחֹשֶׁךְ׃

PETER DENIES YAHOSHUA

54 וַיִּתְפְּשׂוּ אוֹתוֹ וַיּוֹלִיכֻהוּ וַיְבִיאֻהוּ בֵּית הַכֹּהֵן הַגָּדוֹל וְכֵיפָא הֹלֵךְ אַחֲרָיו מֵרָחוֹק׃ 55
וַיְהִי כִּי־בִעֲרוּ אֵשׁ בְּתוֹךְ הֶחָצֵר וַיֵּשְׁבוּ יַחְדָּו וַיֵּשֶׁב גַּם־כֵּיפָא בְּתוֹכָם׃ 56 וַתִּרְאֵהוּ שִׁפְחָה
אַחַת יוֹשֵׁב נֶגֶד הָאוּר וַתַּבֶּט־בּוֹ וַתֹּאמֶר גַּם־זֶה הָיָה עִמּוֹ׃ 57 וַיְכַחֶשׁ־בּוֹ וַיֹּאמַר אִשָּׁה
לֹא יְדַעְתִּיו׃ 58 וְעוֹד מְעַט וַיִּרְאֵהוּ אִישׁ אַחֵר וַיֹּאמַר גַּם־אַתָּה מֵהֶם וַיֹּאמֶר כֵּיפָא בֶּן־
אָדָם לֹא מֵהֶם אָנֹכִי׃ 59 וְאַחֲרֵי עֲבֹר כְּשָׁעָה אַחַת טָעַן אִישׁ אַחֵר לֵאמֹר אָמְנָם גַּם־זֶה
הָיָה עִמּוֹ כִּי־גְלִילִי גַּם־הוּא׃ 60 וַיֹּאמֶר כֵּיפָא בֶּן־אָדָם לֹא יָדַעְתִּי מָה אַתָּה אֹמֵר וְעוֹדֶנּוּ
מְדַבֵּר וְהַתַּרְנְגוֹל קָרָא׃ 61 וַיִּפֶן **יָהוֹשֻׁעַ** וַיַּבֵּט אֶל־כֵּיפָא וַיִּזְכֹּר כֵּיפָא אֶת־דְּבַר הָאָדוֹן
אֲשֶׁר דִּבֶּר אֵלָיו לֵאמֹר בְּטֶרֶם יִקְרָא הַתַּרְנְגֹל תְּכַחֶשׁ־בִּי שָׁלֹשׁ פְּעָמִים׃ 62 וַיֵּצֵא פֶּטְרוֹס
הַחוּצָה וַיְמָרֵר בִּבְכִי׃

LUKE

38 And they said, Adone, behold, here are two swords. And he said unto them, It is enough.

YAHOSHUA PRAYS ON THE MOUNT OF OLIVES

39 And he came out, and went, as he was wont, to the mount of Olives; and his disciples also followed him.

40 And when he was at the place, he said unto them, Pray that ye enter not into temptation.

41 And he was withdrawn from them about a stone's cast, and kneeled down, and prayed,

42 Saying, Father, if thou be willing, remove this cup from me: nevertheless not my will, but thine, be done.

43 And there appeared an angel unto him from heaven, strengthening him.

44 And being in an agony he prayed more earnestly: and his sweat was as it were great drops of blood falling down to the ground.

45 And when he rose up from prayer, and was come to his disciples, he found them sleeping for sorrow,

46 And said unto them, Why sleep ye? rise and pray, lest ye enter into temptation.

BETRAYAL AND ARREST OF YAHOSHUA

47 And while he yet spake, behold a multitude, and he that was called Yehudah, one of the twelve, went before them, and drew near unto **YAHOSHUA** to kiss him.

48 But **YAHOSHUA** said unto him, Yehudah, betrayest thou the Son of man with a kiss?

49 When they which were about him saw what would follow, they said unto him, Adone, shall we smite with the sword?

50 And one of them smote the servant of the high priest, and cut off his right ear.

51 And **YAHOSHUA** answered and said, Suffer ye thus far. And he touched his ear, and healed him.

52 Then **YAHOSHUA** said unto the chief priests, and captains of the temple, and the elders, which were come to him, Be ye come out, as against a thief, with swords and staves?

53 When I was daily with you in the temple, ye stretched forth no hands against me: but this is your hour, and the power of darkness.

PETER DENIES YAHOSHUA

54 Then took they him, and led him, and brought him into the high priest's house. And Kepha followed afar off.

55 And when they had kindled a fire in the midst of the hall, and were set down together, Kepha sat down among them.

56 But a certain maid beheld him as he sat by the fire, and earnestly looked upon him, and said, This man was also with him.

57 And he denied him, saying, Woman, I know him not.

58 And after a little while another saw him, and said, Thou art also of them. And Kepha said, Man, I am not.

59 And about the space of one hour after another confidently affirmed, saying, Of a truth this fellow also was with him: for he is a Galilaean.

60 And Kepha said, Man, I know not what thou sayest. And immediately, while he yet spake, the cock crew.

61 And **YAHOSHUA** turned, and looked upon Kepha. And Kepha remembered the word of our Adone, how he had said unto him, Before the cock crow, thou shalt deny me thrice.

62 And Kepha went out, and wept bitterly.

YAHOSHUA IS MOCKED

63 וְהָאֲנָשִׁים אֲשֶׁר אָחֲזוּ אֶת־**יָהוֹשֻׁעַ** הִתְעַלְּלוּ בוֹ וַיַּכֻּהוּ: 64 וַיְחַפּוּ אֶת־רֹאשׁוֹ
וַיַּכֻּהוּ עַל־פָּנָיו וַיִּשְׁאָלֻהוּ לֵאמֹר הִנָּבֵא מִי הוּא הַמַּכֶּה אוֹתָךְ: 65 וְעוֹד גִּדּוּפִים
אֲחֵרִים הִרְבּוּ עָלָיו:

YAHOSHUA BEFORE THE COUNCIL

66 וּבִהְיוֹת הַבֹּקֶר נִקְהֲלוּ זִקְנֵי הָעָם וְרָאשֵׁי הַכֹּהֲנִים וְהַסּוֹפְרִים וַיַּעֲלֻהוּ לִפְנֵי סַנְהֶדְרִין
שֶׁלָּהֶם וַיֹּאמְרוּ : 67 אִם **הַמָּשִׁיחַ** אַתָּה הַגֶּד־לָנוּ וַיֹּאמֶר אֲלֵיהֶם אִם־אַגִּיד לָכֶם לֹא
תַאֲמִינוּ: 68 וְאִם־אֶשְׁאַל לֹא־תָשִׁיבוּ דָבָר וְלֹא תְשַׁלְּחוּנִי: 69 אֲבָל מֵעַתָּה יִהְיֶה בֶן־
הָאָדָם יֹשֵׁב לִימִין גְּבוּרַת הָאֱלֹהִים: 70 וַיֹּאמְרוּ כֻלָּם הַאַתָּה אֵפוֹא הוּא בֶּן־הָאֱלֹהִים
וַיֹּאמֶר אֲלֵיהֶם אַתֶּם אֲמַרְתֶּם כִּי־אֲנִי הוּא: 71 וַיֹּאמְרוּ מַה־לָּנוּ עוֹד לְבַקֵּשׁ עֵדִים הֲלֹא
בְאָזְנֵינוּ שְׁמַעֲנוּהָ מִפִּיו:

YAHOSHUA BEFORE PILATE

כג וַיָּקָם כָּל־קְהָלָם וַיּוֹלִיכֻהוּ אֶל־פִּילָטוֹס: 2 וַיָּחֵלּוּ לְדַבֵּר עָלָיו שִׂטְנָה לֵאמֹר אֶת־
זֶה מָצָאנוּ מֵסִית אֶת־הָעָם וּמֹנֵעַ אוֹתוֹ מִתֵּת מַס לְקֵיסַר בְּאָמְרוֹ כִּי הוּא מֶלֶךְ
הַמָּשִׁיחַ: 3 וַיִּשְׁאָלֵהוּ פִּילָטוֹס לֵאמֹר הַאַתָּה מֶלֶךְ הַיְּהוּדִים וַיַּעַן וַיֹּאמֶר אַתָּה אָמָרְתָּ: 4
וַיֹּאמֶר פִּילָטוֹס אֶל־רָאשֵׁי הַכֹּהֲנִים וְאֶל־הֲמוֹן הָעָם לֹא־מָצָאתִי אַשְׁמָה בָּאִישׁ הַזֶּה: 5
וְהֵם הִתְאַמְּצוּ לְדַבֵּר מַדִּיחַ הוּא אֶת־הָעָם בְּלַמְּדוֹ בְּכָל־יְהוּדָה הָחֵל מִן־הַגָּלִיל וְעַד־הֵנָּה:

YAHOSHUA BEFORE HEROD

6 וַיְהִי כִּשְׁמֹעַ פִּילָטוֹס אֶת־שֵׁם הַגָּלִיל וַיִּשְׁאַל אִם־הוּא אִישׁ גְּלִילִי: 7 וְכַאֲשֶׁר יָדַע
כִּי־מִמֶּמְשֶׁלֶת הוֹרְדוֹס הוּא שְׁלָחוֹ אֶל־הוֹרְדוֹס אֲשֶׁר הָיָה גַם־הוּא בִּירוּשָׁלַיִם בַּיָּמִים
הָאֵלֶּה: 8 וַיִּשְׂמַח הוֹרְדוֹס עַד־מְאֹד כִּרְאוֹתוֹ אֶת־**יָהוֹשֻׁעַ** כִּי מִיָּמִים רַבִּים הִתְאַוָּה לִרְאֹת
אֹתוֹ כִּי־שָׁמַע אֶת־שָׁמְעוֹ וַיְקַו לִרְאֹת אוֹת אֲשֶׁר יַעֲשֶׂה: 9 וַיֶּרֶב לִשְׁאֹל אוֹתוֹ וְהוּא לֹא־
הֵשִׁיב אֹתוֹ דָּבָר: 10 וַיַּעַמְדוּ רָאשֵׁי הַכֹּהֲנִים וְהַסּוֹפְרִים וַיִּתְחַזְּקוּ לְדַבֵּר עָלָיו שִׂטְנָה:
11 וַיִּבֶז אֹתוֹ הוֹרְדוֹס הוּא וְצִבְאוֹתָיו וַיְהָתֶל־בּוֹ וַיַּלְבֵּשׁ אוֹתוֹ בֶּגֶד זְהוֹרִית וַיִּשְׁלָחֵהוּ
אֶל־פִּילָטוֹס: 12 בַּיּוֹם הַהוּא נַעֲשׂוּ פִּילָטוֹס וְהוֹרְדוֹס אֹהֲבִים זֶה לָזֶה כִּי לְפָנִים אֵיבָה
בֵּינֵיהֶם: 13 וַיִּקְרָא פִּילָטוֹס אֶת־רָאשֵׁי הַכֹּהֲנִים וְאֶת־הַשָּׂרִים וְאֶת־הָעָם: 14 וַיֹּאמֶר
אֲלֵיהֶם הֲבֵאתֶם לְפָנַי אֶת־הָאִישׁ הַזֶּה כְּמֵסִית אֶת־הָעָם וְהִנֵּה אָנֹכִי חֲקַרְתִּיו לְעֵינֵיכֶם
וְלֹא מָצָאתִי בָּאִישׁ הַזֶּה כָּל־אַשְׁמָה מִן־הַדְּבָרִים אֲשֶׁר אַתֶּם טוֹעֲנִים אֹתוֹ:

LUKE

YAHOSHUA IS MOCKED

63 And the men that held **YAHOSHUA** mocked him, and smote him.

64 And when they had blindfolded him, they struck him on the face, and asked him, saying, Prophesy, who is it that smote thee?

65 And many other things blasphemously spake they against him.

YAHOSHUA BEFORE THE COUNCIL

66 And as soon as it was day, the elders of the people and the chief priests and the scribes came together, and led him into their council, saying,

67 Art thou the **MESHIAKH**? tell us. And he said unto them, If I tell you, ye will not believe:

68 And if I also ask you, ye will not answer me, nor let me go.

69 Hereafter shall the Son of man sit on the right hand of the power of ELOHIM.

70 Then said they all, Art thou then the Son of ELOHIM? And he said unto them, Ye say that I am.

71 And they said, What need we any further witness? for we ourselves have heard of his own mouth.

YAHOSHUA BEFORE PILATE

23 And the whole multitude of them arose, and led him unto Pilatos .

2 And they began to accuse him, saying, We found this fellow perverting the nation, and forbidding to give tribute to Qeasar, saying that he himself is **MESHIAKH** a King.

3 And Pilatos asked him, saying, Art thou the King of the Yehudim? And he answered him and said, Thou sayest it.

4 Then said Pilatos to the chief priests and to the people, I find no fault in this man.

5 And they were the more fierce, saying, He stirreth up the people, teaching throughout all Jewry, beginning from Galilah to this place.

YAHOSHUA BEFORE HEROD

6 When Pilatos heard of Galilah, he asked whether the man were a Galilaean.

7 And as soon as he knew that he belonged unto Hordos's jurisdiction, he sent him to Hordos, who himself also was at Yerushalem at that time.

8 And when Hordos saw **YAHOSHUA**, he was exceeding glad: for he was desirous to see him of a long season, because he had heard many things of him; and he hoped to have seen some miracle done by him.

9 Then he questioned with him in many words; but he answered him nothing.

10 And the chief priests and scribes stood and vehemently accused him.

11 And Hordos with his men of war set him at nought, and mocked him, and arrayed him in a gorgeous robe, and sent him again to Pilatos.

12 And the same day Pilatos and Hordos were made friends together: for before they were at enmity between themselves.

13 And Pilatos , when he had called together the chief priests and the rulers and the people,

14 Said unto them, Ye have brought this man unto me, as one that perverteth the people: and, behold, I, having examined him before you, have found no fault in this man touching those things whereof ye accuse him:

15 וְגַם־הוֹרְדוֹס לֹא מָצָא כִּי הֱשִׁיבוֹ אֵלֵינוּ וְהִנֵּה אֵין־חֵטְא מָוֶת לָאִישׁ הַזֶּה: 16 עַל־כֵּן
אֲיַסְּרֶנּוּ וְאַתִּירֶנּוּ: 17 וְלוֹ הָיָה לְהַתִּיר לָהֶם חָבוּשׁ אֶחָד בִּימֵי הֶחָג:

PILATE DELIVERS YAHOSHUA TO BE CRUCIFIED

18 וַיִּצְעֲקוּ כָּל־הֲמוֹנָם וַיֹּאמְרוּ הָסֵר אֶת־זֶה וְהַתֵּר לָנוּ אֵת בַּר־אַבָּא: 19 וְהוּא
הָיָה אָסוּר בֵּית הַכֶּלֶא עַל־דְּבַר מֶרֶד אֲשֶׁר־נִהְיָה בָעִיר וְעַל־רָצַח: 20 וַיֹּסֶף פִּילָטוֹס
וַיְדַבֵּר אֲלֵיהֶם כִּי חָפֵץ לְהַתִּיר אֶת־**יָהוֹשֻׁעַ**: 21 וְהֵמָּה קָרְאוּ לֵאמֹר הַצְלֵב אוֹתוֹ הַצְלֵב:
22 וַיֹּאמֶר אֲלֵיהֶם פַּעַם שְׁלִישִׁית מֶה עָשָׂה זֶה רָעָה כָּל־מִשְׁפַּט מָוֶת לֹא־מָצָאתִי בוֹ
עַל־כֵּן אֲיַסְּרֶנּוּ וְאַתִּירֶנּוּ: 23 וַיִּפְצְרוּ בוֹ בְּקוֹל גָּדוֹל וַיְבַקְשׁוּ אֲשֶׁר יִצָּלֵב וַיֶּחֱזַק קוֹלָם וְקוֹל
רָאשֵׁי הַכֹּהֲנִים: 24 וַיִּגְזֹר פִּילָטוֹס אֲשֶׁר תֵּעָשֶׂה בַּקָּשָׁתָם: 25 וַיַּתֵּר לָהֶם אֶת־הַנָּתוּן
בְּבֵית הָאֲסוּרִים עַל־דְּבַר־מֶרֶד וָרֶצַח אֵת אֲשֶׁר שָׁאָלוּ וְאֶת־**יָהוֹשֻׁעַ** נָתַן לָהֶם לַעֲשׂוֹת בּוֹ
כִּרְצוֹנָם:

THE CRUCIFIXION

26 וְכַאֲשֶׁר הוֹלִיכֻהוּ מִשָּׁם וַיַּחֲזִיקוּ בְּאִישׁ אֶחָד הַבָּא מִן־הַשָּׂדֶה וּשְׁמוֹ שִׁמְעוֹן אִישׁ
קוּרִינִי וַיָּשִׂימוּ עָלָיו אֶת־הַצְּלוּב לָשֵׂאת אַחֲרֵי **יָהוֹשֻׁעַ**: 27 וַיֵּלְכוּ אַחֲרָיו הֲמוֹן עַם־רָב
וַהֲמוֹן נָשִׁים וְהֵנָּה סֹפְדוֹת וּמְקוֹנְנוֹת עָלָיו: 28 וַיִּפֶן **יָהוֹשֻׁעַ** וַיֹּאמֶר אֲלֵיהֶן בְּנוֹת יְרוּשָׁלַיִם
אַל־תִּבְכֶּינָה עָלַי כִּי־עַל־נַפְשְׁכֶן בְּכֶינָה וְעַל־בְּנֵיכֶן: 29 כִּי הִנֵּה יָמִים בָּאִים וְאָמְרוּ אַשְׁרֵי
הָעֲקָרוֹת וְאַשְׁרֵי הַמֵּעַיִם אֲשֶׁר לֹא יָלָדוּ וְאַשְׁרֵי הַשָּׁדַיִם אֲשֶׁר לֹא הֵינִיקוּ: 30 אָז יֹאמְרוּ
אֶל־הֶהָרִים נִפְלוּ עָלֵינוּ וְאֶל־הַגְּבָעוֹת כַּסּוּנוּ: 31 כִּי אִם־כָּכָה יַעֲשׂוּ בָּעֵץ הַלָּח מַה־יֵּעָשֶׂה
בַּיָּבֵשׁ: 32 וְגַם־שְׁנַיִם אֲחֵרִים אַנְשֵׁי רֶשַׁע מוּצָאִים לַמָּוֶת אִתּוֹ: 33 וַיְהִי כַּאֲשֶׁר בָּאוּ
אֶל־הַמָּקוֹם הַנִּקְרָא גֻּלְגָּלְתָּא וַיִּצְלְבוּ אֹתוֹ שָׁם וְאֶת־אַנְשֵׁי הָרֶשַׁע אֶחָד מִימִינוֹ וְאֶחָד
מִשְּׂמֹאלוֹ: 34 וַיֹּאמֶר **יָהוֹשֻׁעַ** אָבִי סְלַח לָהֶם כִּי אֵינָם יֹדְעִים מָה הֵם עֹשִׂים וַיְחַלְּקוּ
בְּגָדָיו לָהֶם וַיַּפִּילוּ גוֹרָל: 35 וְהָעָם עֹמֵד וְרֹאֶה וַיַּלְעִיגוּ־לוֹ הַשָּׂרִים לֵאמֹר אֶת־אֲחֵרִים
הוֹשִׁיעַ יוֹשַׁע־נָא נַפְשׁוֹ אִם־הוּא **הַמָּשִׁיחַ** בְּחִיר הָאֱלֹהִים: 36 וַיְהָתֵלּוּ בוֹ אַנְשֵׁי הַצָּבָא
וַיִּגְּשׁוּ וַיָּבִיאוּ לוֹ חֹמֶץ: 37 וַיֹּאמְרוּ אִם־אַתָּה הוּא מֶלֶךְ הַיְּהוּדִים הוֹשַׁע נַפְשֶׁךָ: 38
וְגַם־מִכְתָּב הָיָה מִמַּעַל לוֹ בִּכְתָב יְוָנִי וְרוֹמִי וְעִבְרִי זֶה הוּא מֶלֶךְ הַיְּהוּדִים: 39 וְאֶחָד
מֵאַנְשֵׁי הָרֶשַׁע הַתְּלוּיִם גִּדֵּף אֹתוֹ לֵאמֹר הֲלֹא אַתָּה **הַמָּשִׁיחַ** הוֹשַׁע עַצְמְךָ וְאֹתָנוּ: 40
וַיַּעַן הָאַחֵר וַיִּגְעַר־בּוֹ לֵאמֹר הֲלֹא תִירָא אֶת־הָאֱלֹהִים כִּי עָנְשׁוֹ עָנְשֶׁךָ: 41 וְהִנֵּה אֲנַחְנוּ
כַּמִּשְׁפָּט כִּי לָקַחְנוּ כִּגְמוּל יָדֵינוּ וְהָאִישׁ הַזֶּה לֹא־עָשָׂה מְאוּמָה רָע:

LUKE

15 No, nor yet Hordos: for I sent you to him; and, lo, nothing worthy of death is done unto him.
16 I will therefore chastise him, and release him.
17 (For of necessity he must release one unto them at the feast.)

PILATE DELIVERS YAHOSHUA TO BE CRUCIFIED

18 And they cried out all at once, saying, Away with this man, and release unto us Bar-Abba:
19 (Who for a certain sedition made in the city, and for murder, was cast into prison.)
20 Pilatos therefore, willing to release **YAHOSHUA**, spake again to them.
21 But they cried, saying, Crucify him, crucify him.
22 And he said unto them the third time, Why, what evil hath he done? I have found no cause of death in him: I will therefore chastise him, and let him go.
23 And they were instant with loud voices, requiring that he might be crucified. And the voices of them and of the chief priests prevailed.
24 And Pilatos gave sentence that it should be as they required.
25 And he released unto them him that for sedition and murder was cast into prison, whom they had desired; but he delivered **YAHOSHUA** to their will.

THE CRUCIFIXION

26 And as they led him away, they laid hold upon one Shimon, a Cyrenian, coming out of the country, and on him they laid the cross, that he might bear it after **YAHOSHUA**.
27 And there followed him a great company of people, and of women, which also bewailed and lamented him.
28 But **YAHOSHUA** turning unto them said, Daughters of Yerushalem, weep not for me, but weep for yourselves, and for your children.
29 For, behold, the days are coming, in the which they shall say, Blessed are the barren, and the wombs that never bare, and the paps which never gave suck.
30 "And they shall say to the mountains, Cover us; and to the hills, Fall on us."
31 For if they do these things in a green tree, what shall be done in the dry?
32 And there were also two other, malefactors, led with him to be put to death.
33 And when they were come to the place, which is called Gulgoleth, there they crucified him, and the malefactors, one on the right hand, and the other on the left.
34 Then said **YAHOSHUA**, Father, forgive them; for they know not what they do. And they parted his raiment, and cast lots.
35 And the people stood beholding. And the rulers also with them derided him, saying, He saved others; let him save himself, if he be **MESHIAKH**, the chosen of ELOHIM.
36 And the soldiers also mocked him, coming to him, and offering him vinegar,
37 And saying, If thou be the king of the Yehudim, save thyself.
38 And a superscription also was written over him in letters of Greek, and Latin, and Hebrew, THIS IS THE KING OF THE YEHUDIM.
39 And one of the malefactors which were hanged railed on him, saying, If thou be **MESHIAKH**, save thyself and us.
40 But the other answering rebuked him, saying, Dost not thou fear ELOHIM, seeing thou art in the same condemnation?
41 And we indeed justly; for we receive the due reward of our deeds: but this man hath done nothing amiss.

42 וַיֹּאמֶר אֶל־**יָהוֹשֻׁעַ** זָכְרֵנִי־נָא אֲדֹנִי בְּבֹאֲךָ בְּמַלְכוּתֶךָ: 43 וַיֹּאמֶר **יָהוֹשֻׁעַ** אֵלָיו אָמֵן
אֹמֵר אֲנִי לְךָ כִּי הַיּוֹם תִּהְיֶה עִמָּדִי בְּגַן־עֵדֶן:

THE DEATH OF YAHOSHUA

44 וַיְהִי כַּשָּׁעָה הַשִּׁשִּׁית וְהִנֵּה־חֹשֶׁךְ עַל־כָּל־הָאָרֶץ עַד הַשָּׁעָה הַתְּשִׁיעִית:
45 וַיֶּחְשַׁךְ הַשָּׁמֶשׁ וּפָרֹכֶת הַהֵיכָל נִקְרְעָה לִשְׁנַיִם קְרָעִים: 46 וַיִּקְרָא **יָהוֹשֻׁעַ** בְּקוֹל
גָּדוֹל וַיֹּאמֶר אָבִי בְּיָדְךָ אַפְקִיד **רוּחִי** וַיְהִי כְּכַלּוֹתוֹ לְדַבֵּר וַיִּפַּח נַפְשׁוֹ: 47 וַיַּרְא שַׂר־
הַמֵּאָה אֵת אֲשֶׁר נִהְיָתָה וַיִּתֵּן כָּבוֹד לֵאלֹהִים וַיֹּאמַר אָכֵן הָאִישׁ הַזֶּה צַדִּיק הָיָה: 48
וְכָל־הֲמוֹן הָעָם אֲשֶׁר הִתְאַסְּפוּ לִרְאוֹת הַמַּרְאֶה הַזֶּה בְּהַבִּיטָם אֶל־כָּל־אֲשֶׁר נַעֲשָׂה
תּוֹפְפוּ עַל־לִבָּם וַיָּשׁוּבוּ: 49 וְכָל־מְיֻדָּעָיו עָמְדוּ מֵרָחוֹק וְגַם־הַנָּשִׁים אֲשֶׁר הָלְכוּ אִתּוֹ
מִן־הַגָּלִיל וְעֵינֵיהֶן רֹאוֹת אֶת־אֵלֶּה:

YAHOSHUA IS BURIED

50 וְהִנֵּה־אִישׁ וּשְׁמוֹ יוֹסֵף וְהוּא מִן־הַיֹּעֲצִים אִישׁ טוֹב וְצַדִּיק מִן־הָרָמָתַיִם עִיר הַיְּהוּדִים:
51 אֲשֶׁר לֹא־נָטָה אַחֲרֵי עֲצָתָם וּפָעֳלָם וְהוּא מְחַכֶּה לְמַלְכוּת הָאֱלֹהִים: 52 וַיִּגַּשׁ אֶל־
פִּילָטוֹס וַיִּשְׁאַל מִמֶּנּוּ אֵת גְּוִיַּת **יָהוֹשֻׁעַ**: 53 וַיּוֹרֶד אֹתָהּ וַיַּכְרְכֶהָ בִּסְדִינִים וַיְשִׂימֶהָ בְּקֶבֶר
חָצוּב בַּסֶּלַע אֲשֶׁר עֲדֶן לֹא הוּשַׂם־בּוֹ אָדָם: 54 וְהַיּוֹם עֶרֶב שַׁבָּת **וְהַשַּׁבָּת** הִגִּיעָה: 55
וּמִן־הַנָּשִׁים אֲשֶׁר בָּאוּ אִתּוֹ מִן־הַגָּלִיל הָלְכוּ אַחֲרָיו וַתִּרְאֶינָה אֶת־הַקֶּבֶר וְאֵת אֲשֶׁר
הוּשַׂם־בּוֹ גְּוִיָּתוֹ: 56 וַתָּשֹׁבְנָה וַיָּכִינוּ סַמִּים וּמִרְקָחוֹת **וּבַשַּׁבָּת** שָׁבְתוּ כַּמִּצְוָה:

THE RESURRECTION

כד וּבְאֶחָד בַּשַּׁבָּת לִפְנֵי עֲלוֹת הַשַּׁחַר בָּאוּ אֶל־הַקֶּבֶר וַתְּבִיאֶינָה אֶת־הַסַּמִּים
אֲשֶׁר הֵכִינוּ וְעִמָּהֶן נָשִׁים אֲחֵרוֹת: 2 וַתִּרְאֶינָה וְהִנֵּה הָאֶבֶן גְּלוּלָה מִן־
הַקָּבֶר: 3 וַתָּבֹאנָה אֶל־תּוֹכוֹ וְלֹא מָצְאוּ אֶת־גְּוִיַּת הָאָדוֹן **יָהוֹשֻׁעַ**: 4 וַיְהִי הֵנָּה
נְבֻכוֹת עַל־הַדָּבָר הַזֶּה וְהִנֵּה שְׁנֵי אֲנָשִׁים עָמְדוּ עֲלֵיהֶן וּלְבוּשֵׁיהֶם מַזְהִירִים: 5 וַיִּפֹּל
פַּחַד עֲלֵיהֶן וַתִּשְׁתַּחֲוֶינָה פְּנֵיהֶן אָרְצָה וַיֹּאמְרוּ אֲלֵיהֶן מַה־תְּבַקֵּשְׁנָה אֶת־הַחַי בֵּין
הַמֵּתִים: 6 אֵינֶנּוּ פֹּה כִּי קָם זְכֹרְנָה אֵת אֲשֶׁר־דִּבֶּר אֲלֵיכֶן בְּעוֹדֶנּוּ בַּגָּלִיל לֵאמֹר:
7 כִּי צָרִיךְ בֶּן־הָאָדָם לְהִמָּסֵר לִידֵי אֲנָשִׁים חַטָּאִים וּלְהִצָּלֵב וּבַיּוֹם הַשְּׁלִישִׁי קוֹם
יָקוּם: 8 וַתִּזְכֹּרְנָה אֶת־דְּבָרָיו: 9 וַתָּשֹׁבְנָה מִן־הַקָּבֶר וַתַּגֵּדְנָה אֵת כָּל־הַדְּבָרִים
הָאֵלֶּה לְעַשְׁתֵּי הֶעָשָׂר וּלְכָל־הַנִּשְׁאָרִים:

LUKE

42 And he said unto **YAHOSHUA**, Adoni, remember me when thou comest into thy kingdom.

43 And **YAHOSHUA** said unto him, Verily I say unto thee today, thou shalt be with me in paradise.

THE DEATH OF YAHOSHUA

44 And it was about the sixth hour, and there was a darkness over all the earth until the ninth hour.

45 And the sun was darkened, and the veil of the temple was rent in the midst.

46 And when **YAHOSHUA** had cried with a loud voice, he said, Father, "Into thine hand I commit my **RUAKH**" and having said thus, he breathed out his soul.

47 Now when the centurion saw what was done, he glorified ELOHIM, saying, Certainly this was a righteous man.

48 And all the people that came together to that sight, beholding the things which were done, smote their breasts, and returned.

49 And all his acquaintance, and the women that followed him from Galilah, stood afar off, beholding these things.

YAHOSHUA IS BURIED

50 And, behold, there was a man named Yoseph, a counsellor; and he was a good man, and a just:

51 (The same had not consented to the counsel and deed of them;) he was of Arimathea, a city of the Yehudim: who also himself waited for the kingdom of ELOHIM.

52 This man went unto Pilatos , and begged the body of **YAHOSHUA**.

53 And he took it down, and wrapped it in linen, and laid it in a sepulchre that was hewn in stone, wherein never man before was laid.

54 And that day was the preparation, and the **Shabbat** drew on.

55 And the women also, which came with him from Galilah, followed after, and beheld the sepulchre, and how his body was laid.

56 And they returned, and prepared spices and ointments; and rested the **Shabbat** day according to the commandment.

THE RESURRECTION

24 Now upon the first day of the week, very early in the morning, they came unto the sepulchre, bringing the spices which they had prepared, and certain others with them.

2 And they found the stone rolled away from the sepulchre.

3 And they entered in, and found not the body of **YAHOSHUA**.

4 And it came to pass, as they were much perplexed thereabout, behold, two men stood by them in shining garments:

5 And as they were afraid, and bowed down their faces to the earth, they said unto them, Why seek ye the living among the dead?

6 He is not here, but is risen: remember how he spake unto you when he was yet in Galilah,

7 Saying, The Son of man must be delivered into the hands of sinful men, and be crucified, and the third day rise again.

8 And they remembered his words,

9 And returned from the sepulchre, and told all these things unto the eleven, and to all the rest.

לוּקָס

10 וְאֵלֶּה הֵן אֲשֶׁר הִגִּידוּ אֶל־הַשְּׁלִיחִים אֶת־הַדְּבָרִים הָאֵלֶּה מִרְיָם הַמַּגְדָּלִית וְיוֹחָנָה
וּמִרְיָם אֵם יַעֲקֹב וְהָאֲחֵרוֹת׃ 11 וְדִבְרֵיהֶן הָיוּ כְּדִבְרֵי־רִיק בְּעֵינֵיהֶם וְלֹא הֶאֱמִינוּ לָהֶן׃
12 וַיָּקָם כֵּיפָא וַיָּרָץ אֶל־הַקֶּבֶר וַיַּשְׁקֵף וְלֹא־רָאָה כִּי אִם־הַתַּכְרִיכִים מֻנָּחִים שָׁם וַיָּשָׁב
לִמְקוֹמוֹ מִשְׁתּוֹמֵם עַל־אֲשֶׁר נִהְיָה׃

ON THE ROAD TO EMMAUS

13 וְהִנֵּה שְׁנַיִם מֵהֶם הָיוּ הֹלְכִים בְּעֶצֶם הַיּוֹם הַזֶּה אֶל־כְּפָר אֶחָד הָרָחֵק מִירוּשָׁלַיִם
כְּשִׁשִּׁים רִיס וּשְׁמוֹ עַמָּאוּס׃ 14 וְהֵם נִדְבְּרוּ אִישׁ אֶל־רֵעֵהוּ עַל־כָּל־הַקֹּרוֹת הָאֵלֶּה׃
15 וַיְהִי הֵם מְדַבְּרִים וּמִתְוַכְּחִים יַחַד וְהִנֵּה **יָהוֹשֻׁעַ** עַצְמוֹ נִגַּשׁ וַיֵּלֶךְ אִתָּם׃ 16
וְעֵינֵיהֶם אֲחוּזוֹת וְלֹא יַכִּירֻהוּ׃ 17 וַיֹּאמֶר אֲלֵיהֶם מָה הַדְּבָרִים הָאֵלֶּה אֲשֶׁר אַתֶּם
נֹשְׂאִים וְנֹתְנִים בָּהֶם יַחְדָּו בַּדָּרֶךְ וַיַּעַמְדוּ וּפְנֵיהֶם זֹעֲפִים׃ 18 וַיַּעַן אֶחָד מֵהֶם וּשְׁמוֹ
קְלֵיוֹפָס וַיֹּאמֶר אֵלָיו הַאַתָּה לְבַדְּךָ גָּר בִּירוּשָׁלַיִם וְלֹא יָדַעְתָּ אֶת־אֲשֶׁר נַעֲשָׂה בְתוֹכָהּ
בַּיָּמִים הָאֵלֶּה׃ 19 וַיֹּאמֶר אֲלֵיהֶם וּמָה הִיא וַיַּגִּידוּ אֵלָיו מַעֲשֵׂה **יָהוֹשֻׁעַ** הַנָּצְרִי אֲשֶׁר
הָיָה אִישׁ נָבִיא גִּבּוֹר בְּפֹעַל וּבְאֹמֶר לִפְנֵי הָאֱלֹהִים וְלִפְנֵי כָּל־הָעָם׃ 20 וְכֹהֲנֵינוּ
הַגְּדוֹלִים וּזְקֵנֵינוּ הִסְגִּירֻהוּ לְמִשְׁפַּט־מָוֶת וַיִּצְלְבֻהוּ׃ 21 וַאֲנַחְנוּ קִוִּינוּ כִּי זֶה־הוּא
הֶעָתִיד לִגְאֹל אֶת־יִשְׂרָאֵל וְעַתָּה זֶה שְׁלֹשֶׁת יָמִים הַיּוֹם מֵאָז נַעֲשׂוּ אֵלֶּה׃ 22 אֶלָּא
שֶׁגַּם־נָשִׁים מִקִּרְבֵּנוּ הֶחֱרִידֻנוּ אֲשֶׁר־קִדְּמוּ בַבֹּקֶר לָבֹא אֶל־הַקָּבֶר׃ 23 וְלֹא מָצְאוּ
אֶת־גְּוִיָּתוֹ וַתָּבֹאנָה וַתַּגֵּדְנָה כִּי רָאוּ גַּם־מַרְאֵה מַלְאָכִים הָאֹמְרִים כִּי־הוּא חָי׃ 24
וַיֵּלְכוּ אֲנָשִׁים מִשֶּׁלָּנוּ אֶל־הַקָּבֶר וַיִּמְצְאוּ כַּאֲשֶׁר אָמְרוּ הַנָּשִׁים וְאוֹתוֹ לֹא רָאוּ׃
25 וַיֹּאמֶר אֲלֵיהֶם הוֹי חַסְרֵי דַעַת וְכִבְדֵי לֵב מֵהַאֲמִין בְּכֹל אֲשֶׁר־דִּבְּרוּ הַנְּבִיאִים׃
26 הֲלֹא עַל־**הַמָּשִׁיחַ** הָיָה לִסְבֹּל אֶת־כָּל־זֹאת וּלְהִכָּנֵס בִּכְבוֹדוֹ׃ 27 וַיָּחֶל מִמֹּשֶׁה
וּמִכָּל־הַנְּבִיאִים וַיְבָאֵר לָהֶם אֶת־כָּל־הַכְּתוּבִים הַנֶּאֱמָרִים עָלָיו׃ 28 וַיִּקְרְבוּ אֶל־
הַכְּפָר אֲשֶׁר־הֵם הֹלְכִים שָׁמָּה וַיָּשֶׂם פָּנָיו וַיְהִי כְּהֹלֵךְ לוֹ לְדַרְכּוֹ׃ 29 וַיִּפְצְרוּ־בוֹ
לֵאמֹר שְׁבָה אִתָּנוּ כִּי עֶת־עֶרֶב הִגִּיעַ וְנָטָה הַיּוֹם וַיָּבֹא הַבַּיְתָה לָשֶׁבֶת אִתָּם׃ 30 וַיְהִי
כַּאֲשֶׁר הֵסֵב עִמָּהֶם וַיִּקַּח אֶת־הַלֶּחֶם וַיְבָרֶךְ וַיִּבְצַע וַיִּתֵּן לָהֶם׃ 31 וַתִּפָּקַחְנָה עֵינֵיהֶם
וַיַּכִּירֻהוּ וְהוּא חָמַק עָבַר מֵעֵינֵיהֶם׃ 32 וַיֹּאמְרוּ אִישׁ אֶל־רֵעֵהוּ הֲלֹא בֹעֵר הָיָה
לְבָבֵנוּ בְּקִרְבֵּנוּ בְּדַבְּרוֹ אֵלֵינוּ בַּדֶּרֶךְ וַיְפַתֶּר־לָנוּ אֵת הַכְּתוּבִים׃ 33 וַיָּקוּמוּ בַּשָּׁעָה
הַהִיא וַיָּשׁוּבוּ יְרוּשָׁלַיִם וַיִּמְצְאוּ אֶת־עַשְׁתֵּי הֶעָשָׂר וְאֶת־אֲשֶׁר אִתָּם וְהֵם נִקְהָלִים
יָחַד׃ 34 וְאֹמְרִים אָכֵן קָם הָאָדוֹן מִן־הַמֵּתִים וְנִרְאָה אֶל־שִׁמְעוֹן׃

LUKE

10 It was Miryam Magdaliyth , and Yokhanan, and Miryam the mother of Ya'aqob, and other women that were with them, which told these things unto the apostles.
11 And their words seemed to them as idle tales, and they believed them not.
12 Then arose Kepha, and ran unto the sepulchre; and stooping down, he beheld the linen clothes laid by themselves, and departed, wondering in himself at that which was come to pass.

ON THE ROAD TO EMMAUS

13 And, behold, two of them went that same day to a village called Ama'os, which was from Yerushalem about threescore furlongs.
14 And they talked together of all these things which had happened.
15 And it came to pass, that, while they communed together and reasoned, **YAHOSHUA** himself drew near, and went with them.
16 But their eyes were holden that they should not know him.
17 And he said unto them, What manner of communications are these that ye have one to another, as ye walk, and are sad?
18 And the one of them, whose name was Qliopas, answering said unto him, Art thou only a stranger in Yerushalem, and hast not known the things which are come to pass there in these days?
19 And he said unto them, What things? And they said unto him, Concerning **YAHOSHUA** of Netzareth, which was a prophet mighty in deed and word before ELOHIM and all the people:
20 And how the chief priests and our rulers delivered him to be condemned to death, and have crucified him.
21 But we trusted that it had been he which should have redeemed Yisra'EL: and beside all this, to day is the third day since these things were done.
22 Yea, and certain women also of our company made us astonished, which were early at the sepulchre;
23 And when they found not his body, they came, saying, that they had also seen a vision of angels, which said that he was alive.
24 And certain of them which were with us went to the sepulchre, and found it even so as the women had said: but him they saw not.
25 Then he said unto them, O fools, and slow of heart to believe all that the prophets have spoken:
26 Ought not **MESHIAKH** to have suffered these things, and to enter into his glory?
27 And beginning at Mosheh and all the prophets, he expounded unto them in all the scriptures the things concerning himself.
28 And they drew nigh unto the village, whither they went: and he made as though he would have gone further.
29 But they constrained him, saying, Abide with us: for it is toward evening, and the day is far spent. And he went in to tarry with them.
30 And it came to pass, as he sat at meat with them, he took bread, and blessed it, and brake, and gave to them.
31 And their eyes were opened, and they knew him; and he vanished out of their sight.
32 And they said one to another, Did not our heart burn within us, while he talked with us by the way, and while he opened to us the scriptures?
33 And they rose up the same hour, and returned to Yerushalem, and found the eleven gathered together, and them that were with them,
34 Saying, Our Adone is risen indeed, and hath appeared to Shimon.

35 וַיְסַפְּרוּ גַם־הֵם אֵת אֲשֶׁר קָרָם בַּדָּרֶךְ וְאֵת אֲשֶׁר הִכִּירֻהוּ בִּבְצִיעַת הַלָּחֶם׃

YAHOSHUA APPEARS TO HIS DISCIPLES

36 עוֹדָם מְדַבְּרִים כַּדְּבָרִים הָאֵלֶּה **וִיהוֹשֻׁעַ** עַצְמוֹ עָמַד בְּתוֹכָם וַיֹּאמֶר אֲלֵיהֶם
שָׁלוֹם לָכֶם׃ 37 וְהֵמָּה חַתּוּ וְנִבְעָתוּ וַיַּחְשְׁבוּ כִּי־רוּחַ הֵם רֹאִים׃ 38 וַיֹּאמֶר אֲלֵיהֶם
מַה־לָּכֶם כִּי תִבָּהֵלוּ וְלָמָּה תַעֲלֶינָה מַחֲשָׁבוֹת בִּלְבַבְכֶם׃ 39 רְאוּ אֶת־יָדַי וְאֶת־רַגְלַי כִּי
אָנֹכִי הוּא מַשְׁשׁוּנִי וּרְאוּ כִּי רוּחַ אֵין לוֹ בָּשָׂר וַעֲצָמוֹת כַּאֲשֶׁר אַתֶּם רֹאִים בִּי׃ 40 וַיְהִי
כַּאֲשֶׁר דִּבֶּר אֶת־הַדְּבָרִים הָאֵלֶּה הֶרְאָה אֹתָם אֵת יָדָיו וְאֵת רַגְלָיו׃ 41 וְהֵם עוֹד לֹא
הֶאֱמִינוּ מִשִּׂמְחָה וַיִּתְמָהוּ וַיֹּאמֶר אֲלֵיהֶם הֲיֵשׁ־לָכֶם פֹּה אֹכֶל׃ 42 וַיִּתְּנוּ לוֹ חֲתִיכַת דָּג
צָלוּי (וּמְעַט צוּף דְּבָשׁ)׃ 43 וַיִּקַּח וַיֹּאכַל לְעֵינֵיהֶם׃ 44 וַיֹּאמֶר אֲלֵיהֶם אֵלֶּה הֵם הַדְּבָרִים
אֲשֶׁר דִּבַּרְתִּי אֲלֵיכֶם בְּעוֹד הֱיוֹתִי עִמָּכֶם כִּי הִמָּלֵא יִמָּלֵא כָּל־הַכָּתוּב עָלַי בְּתוֹרַת מֹשֶׁה
וּבַנְּבִיאִים וּבַתְּהִלִּים׃ 45 אָז פָּתַח אֶת־לִבָּם לְהָבִין אֶת־הַכְּתוּבִים׃ 46 וַיֹּאמֶר אֲלֵיהֶם
כֵּן כָּתוּב וְכֵן נִגְזָר אֲשֶׁר יְעֻנֶּה **הַמָּשִׁיחַ** וְיָקוּם מִן־הַמֵּתִים בַּיּוֹם הַשְּׁלִישִׁי׃ 47 וַאֲשֶׁר
תִּקָּרֵא בִשְׁמוֹ תְּשׁוּבָה וּסְלִיחַת הַחֲטָאִים בְּכָל־הַגּוֹיִם הָחֵל מִירוּשָׁלָיִם׃ 48 וְאַתֶּם עֵדֵי
הַדְּבָרִים הָאֵלֶּה׃ 49 וְהִנְנִי שׁוֹלֵחַ לָכֶם אֵת הַבְטָחַת אָבִי וְאַתֶּם שְׁבוּ בָּעִיר יְרוּשָׁלַיִם עַד
כִּי־תִלְבְּשׁוּ עֹז מִמָּרוֹם׃

THE ASCENSION

50 וַיּוֹצִיאֵם אֶל־מִחוּץ לָעִיר עַד־בֵּית הִינִי וַיִּשָּׂא אֶת־יָדָיו וַיְבָרְכֵם׃ 51 וַיְהִי בְּבָרְכוֹ
אֹתָם וַיִּפָּרֵד מֵעֲלֵיהֶם וַיִּנָּשֵׂא הַשָּׁמָיְמָה׃ 52 וְהֵם הִשְׁתַּחֲווּ־לוֹ וַיָּשׁוּבוּ לִירוּשָׁלַיִם בְּשִׂמְחָה
גְדוֹלָה׃ 53 וַיִּהְיוּ תָמִיד בַּמִּקְדָּשׁ מְהַלְלִים וּמְבָרְכִים אֶת־הָאֱלֹהִים אָמֵן׃

LUKE

35 And they told what things were done in the way, and how he was known of them in breaking of bread.

YAHOSHUA APPEARS TO HIS DISCIPLES

36 And as they thus spake, **YAHOSHUA** himself stood in the midst of them, and saith unto them, Shalom be unto you.

37 But they were terrified and affrighted, and supposed that they had seen a ruakh.

38 And he said unto them, Why are ye troubled? and why do thoughts arise in your hearts?

39 Behold my hands and my feet, that it is I myself: handle me, and see; for a ruakh hath not flesh and bones, as ye see me have.

40 And when he had thus spoken, he shewed them his hands and his feet.

41 And while they yet believed not for joy, and wondered, he said unto them, Have ye here any meat?

42 And they gave him a piece of a broiled fish, and of an honeycomb.

43 And he took it, and did eat before them.

44 And he said unto them, These are the words which I spake unto you, while I was yet with you, that all things must be fulfilled, which were written in the Torah of Mosheh, and in the prophets, and in the psalms, concerning me.

45 Then opened he their understanding, that they might understand the scriptures,

46 And said unto them, Thus it is written, and thus it behoved **MESHIAKH** to suffer, and to rise from the dead the third day:

47 And that repentance and remission of sins should be preached in his name among all nations, beginning at Yerushalem.

48 And ye are witnesses of these things.

49 And, behold, I send the promise of my Father upon you: but tarry ye in the city of Yerushalem, until ye be endued with power from on high.

THE ASCENSION

50 And he led them out as far as to Beth-Hini, and he lifted up his hands, and blessed them.

51 And it came to pass, while he blessed them, he was parted from them, and carried up into heaven.

52 And they worshipped him, and returned to Yerushalem with great joy.

53 And were continually in the temple, praising and blessing ELOHIM. Amen.

את YAHOWAH'S NAME REVEALED

YAHOWAH is The NAME of THE MOST HIGH ELOHIM (GOD) given to the Children of Israel. It is pronounced YA-HO-WAH. His Name means:

HE WAS – HE IS – HE WILL BE
OR
"ETERNAL ONE"

The full revelation of His Set Apart Name is given in the book of Revelation. "Revelation" means to: reveal. Besides revealing His physical appearance (hair like pure wool and feet and skin like unto burnt brass - Rev 1:14-15), The Most High also reveals the mystery of His Name: HE WAS - HE IS -HE WILL BE.

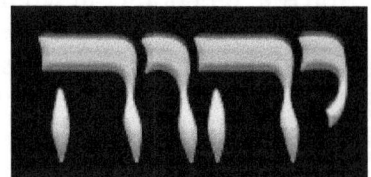

יהוה

Revelations 1:4

> "Yokhanan to the seven Assemblies which are in Asia: Grace be unto you, and shalom, from him WHICH IS, AND WHICH WAS AND WHICH IS TO COME..."

This Scripture reveals YAHOWAH'S Eternal Nature of simultaneously existing within The Past, Present and Future. YAHOWAH'S Name is derived from the Hebrew verb: HAYAH (Strongs H1961).

HAYAH = הָיָה

HAYAH in Hebrew means: "He Was" (past tense). To say "He Is" (present tense) in Hebrew is the word: HOWEH

HOWEH = הֹוֶה

Finally, to say "He Will Be" (future tense) in Hebrew is the word: YIHYEH

YIYEH = יִהְיֶה

YAHOWAH'S NAME REVEALED
When The Past, The Present and The Future Are ONE...

When The Eternal Nature of The Most High (Past, Present and Future) are united we have:

YAHOWAH (HAYAH, HOWEH, YIHYEH)

יְהֹוָה = הָיָה + הֹוֶה + יִהְיֶה

This Devine Mystery is Revealed 3 More Times...

REVELATION 1:8
"I am Aleph and Taw, saith YAHOWAH, WHICH IS, AND WHICH WAS AND WHICH IS TO COME, the Almighty."

REVELATION 4:8
"And the four beasts had each of them six wings about him; and they were full of eyes within: and they rest not day and night, saying, Holy, holy, holy, **YAHOWAH ELOHIM** Almighty, WHICH WAS, AND IS, AND IS TO COME."

REVELATION 11:17
"Saying, We give thee thanks, O **YAHOWAH** ELOHIM Almighty, WHICH ART, AND WAST, AND ART TO COME; because thou hast taken to thee thy great power, and hast reigned.."

Only by understanding the HEBREW language can we receive the full revelation to unlock the SCRIPTURES and the true meaning of YAHOWAH'S NAME!

263   The Testament of YASHUA

DOES HEBREW HAVE VOWELS?

What do the Scriptures say?

> "And out of the throne proceeded lightnings and thunderings and VOICES: and there were seven lamps of fire burning before the throne, which are THE SEVEN RUKHOTH (Spirits) of ELOHIM." - Revelation 4:5

To understand whether or not Hebrew has vowels we first must understand what a vowel is. A vowel is any sound that originates from the throat. Place your hand on your throat and pronounce a-e-i-o-u. You should feel your throat vibrate. That is a vowel that you feel. Vowels are vibrations and vibrations are a manifestation of the Spirit.

vi·bra·tion
noun: vibration; plural noun: vibrations
informal
a person's emotional state, the atmosphere of a place, or the associations of an object, as communicated to and felt by others.

spir·it
noun: spirit; plural noun: spirits
the nonphysical part of a person that is the seat of emotions and character; the soul.

There are 7 principle vowels in Hebrew. They are listed in the accompanying chart. Some of these vowels have slight variations in their length (including whether or not they are long or short vowel sounds) and variations in how they are written but the principle sound remains the same.

A consonant is a sound that originates from the mouth. Letters like b, c, d, f etc. are sounds that all originate from inside of the mouth. Try pronouncing the word "book". The "b" sound in "book" comes from the mouth and not the throat. That is the difference between a vowel and a consonant. The Hebrew language always had vowels. A true speaker of Hebrew does not have to rely on written vowel symbols in order to pronounce them. The written symbols were developed to assist those who are not familiar with the language. Now that you know what a vowel is, it is impossible for Paleo Hebrew, biblical Hebrew or ancient Hebrew not to have vowels. It would be contrary to Scripture:

Revelation 4:5 And out of the throne proceeded lightnings and THUNDERINGS and VOICES: and there were seven lamps of fire burning before the throne, which are THE SEVEN RUKHOTH (Spirits) of ELOHIM.

THE 7 HEBREW VOWELS

VOICES + THUNDERINGS = SPIRITS
SPIRITS = VIBES/VIBRATIONS
VIBES/VIBRATIONS = VOWELS

Scripture tells us that even the written word has 7 vowels (7 Spirits).

Revelation 3:1 And unto the angel of the Assembly in Sarddis WRITE; These things saith he that hath THE SEVEN RUKHOTH (Spirits) of ELOHIM.

Spirits are vibrations, vibrations are vowels. Hebrew was, is and always will be a language of vowels.

The 7 Vibrations (Vowels) of The 7 Spirits of YAH			
1. אָ	Qametz	a as in father	Qametz variations: ַ ֲ ֳ
2. אֵ	Tzere	e as in hey	Tzere variations: אֵי
3. וֹ	Holem Waw	o as in slow	Holem variations: אֹ
4. אֶ	Segol	e as in let	Segol variations: אֶי ֱ
5. אִ	Hireq	i as in win	
6. וּ	Shureq	u as in blue	Shureq variations: אֻ
7. אִי	Hireq Yod	i as in magazine	

יוֹחָנָן

THE WORD BECAME FLESH

א בְּרֵאשִׁית הָיָה הַדָּבָר וְהַדָּבָר הָיָה אֵת הָאֱלֹהִים וֵאלֹהִים הָיָה הַדָּבָר:
2 הוּא הָיָה בְרֵאשִׁית אֵת הָאֱלֹהִים: 3 הַכֹּל נִהְיָה עַל־יָדוֹ וּמִבַּלְעָדָיו
לֹא נִהְיָה כָּל־אֲשֶׁר נִהְיָה: 4 בּוֹ הָיוּ חַיִּים וְהַחַיִּים הָיוּ אוֹר לִבְנֵי הָאָדָם: 5
וְהָאוֹר הֵאִיר בַּחֹשֶׁךְ וְהַחֹשֶׁךְ לֹא הִשִּׂיגוֹ: 6 וַיְהִי אִישׁ שָׁלוּחַ מֵאֵת הָאֱלֹהִים
וּשְׁמוֹ יוֹחָנָן: 7 הוּא בָא לְעֵדוּת לְהָעִיד עַל־הָאוֹר לְמַעַן יַאֲמִינוּ כֻלָּם עַל־יָדוֹ:
8 הוּא לֹא־הָיָה הָאוֹר כִּי אִם־לְהָעִיד עַל־הָאוֹר: 9 הָאוֹר הָאֲמִתִּי הַמֵּאִיר לְכָל־
אָדָם אֲשֶׁר בָּא אֶל־הָעוֹלָם: 10 בָּעוֹלָם הָיָה וְעַל־יָדוֹ נִהְיָה הָעוֹלָם וְהָעוֹלָם
לֹא יְדָעוֹ: 11 הוּא בָא בְּשֶׁלּוֹ וַאֲשֶׁר־הֵמָּה לוֹ לֹא קִבְּלֻהוּ: 12 וְהַמְקַבְּלִים אֹתוֹ
הַמַּאֲמִינִים בִּשְׁמוֹ נָתַן־עֹז לָמוֹ לִהְיוֹת בָּנִים לֵאלֹהִים: 13 אֲשֶׁר לֹא מִדָּם וְלֹא
מֵחֵפֶץ הַבָּשָׂר אַף לֹא־מֵחֵפֶץ גֶּבֶר נוֹלָדוּ כִּי אִם־מֵאֱלֹהִים: 14 וְהַדָּבָר נִהְיָה
בָשָׂר וַיִּשְׁכֹּן בְּתוֹכֵנוּ וַנֶּחֱזֶה כְבוֹדוֹ כִּכְבוֹד בֵּן יָחִיד לְאָבִיו רַב־חֶסֶד וֶאֱמֶת:
15 וְיוֹחָנָן הֵעִיד עָלָיו וַיִּקְרָא לֵאמֹר הִנֵּה זֶה הוּא אֲשֶׁר אָמַרְתִּי הַבָּא אַחֲרַי
הָיָה לְפָנַי כִּי קֹדֶם־לִי הָיָה: 16 וּמִמְּלוֹאוֹ לָקַחְנוּ כֻלָּנוּ חֶסֶד עַל־חָסֶד: 17 כִּי
הַתּוֹרָה נִתְּנָה בְּיַד־מֹשֶׁה וְהַחֶסֶד וְהָאֱמֶת בָּאוּ עַל־יְדֵי **יָהוֹשֻׁעַ הַמָּשִׁיחַ**: 18
אֵת הָאֱלֹהִים לֹא־רָאָה אִישׁ מֵעוֹלָם הַבֵּן הַיָּחִיד אֲשֶׁר בְּחֵיק הָאָב הוּא הוֹדִיעַ:

THE TESTIMONY OF JOHN THE BAPTIST

19 וְזֹאת עֵדוּת יוֹחָנָן בִּשְׁלֹחַ הַיְּהוּדִים כֹּהֲנִים וּלְוִיִּם מִירוּשָׁלַיִם לִשְׁאֹל
אֹתוֹ מִי אָתָּה: 20 וְהוּא הוֹדָה וְלֹא כִחֵשׁ וַיּוֹדֶה לֵאמֹר לֹא **הַמָּשִׁיחַ** אָנִי:)
21 וַיֹּאמְרוּ אֵלָיו וּמִי אָתָּה הַאֵלִיָּהוּ אָתָּה וַיֹּאמֶר אֵינֶנִּי הַאַתָּה הַנָּבִיא וַיַּעַן
לֹא: 22 וַיֹּאמְרוּ אֵלָיו מִי־זֶה אָתָּה לְמַעַן נָשִׁיב אֶת־שֹׁלְחֵינוּ דָּבָר מַה־תֹּאמַר
לְנַפְשֶׁךָ: 23 וַיֹּאמֶר אֲנִי קוֹל קוֹרֵא בַּמִּדְבָּר פַּנּוּ דֶּרֶךְ **יָהוָֹה** כַּאֲשֶׁר אָמַר יְשַׁעְיָהוּ
הַנָּבִיא: 24 וְהַשְּׁלוּחִים בָּאוּ מִן־הַפְּרוּשִׁים: 25 וַיִּשְׁאָלֻהוּ וַיֹּאמְרוּ אֵלָיו מַדּוּעַ
אֵפוֹא מַטְבִּיל אָתָּה אִם־אֵינְךָ **הַמָּשִׁיחַ** וְלֹא אֵלִיָּהוּ וְלֹא הַנָּבִיא: 26 וַיַּעַן אֹתָם
יוֹחָנָן וַיֹּאמֶר אָנֹכִי מַטְבִּיל בַּמָּיִם וּבְתוֹכְכֶם עוֹמֵד אֲשֶׁר לֹא יְדַעְתֶּם אֹתוֹ: 27
הוּא הַבָּא אַחֲרַי אֲשֶׁר הָיָה לְפָנַי וַאֲנִי נְקַלֹּתִי מֵהַתִּיר שְׂרוֹךְ נְעָלָיו: 28 וְזֹאת
הָיְתָה בְּבֵית אֲנְיָה מֵעֵבֶר לַיַּרְדֵּן אֲשֶׁר יוֹחָנָן מַטְבִּיל שָׁם:

JOHN

THE WORD BECAME FLESH

1 In the beginning was the Word, and the Word was with ELOHIM, and the Word was ELOHIM.

2 The same was in the beginning with ELOHIM.

3 All things were made by him; and without him was not any thing made that was made.

4 In him was life; and the life was the light of men.

5 And the light shineth in darkness; and the darkness comprehended it not.

6 There was a man sent from ELOHIM, whose name was Yokhanan.

7 The same came for a witness, to bear witness of the Light, that all men through him might believe.

8 He was not that Light, but was sent to bear witness of that Light.

9 That was the true Light, which lighteth every man that cometh into the world.

10 He was in the world, and the world was made by him, and the world knew him not.

11 He came unto his own, and his own received him not.

12 But as many as received him, to them gave he power to become the sons of ELOHIM, even to them that believe on his name:

13 Which were born, not of blood, nor of the will of the flesh, nor of the will of man, but of ELOHIM.

14 And the Word was made flesh, and dwelt among us, (and we beheld his glory, the glory as of the only begotten of the Father,) full of grace and truth.

15 Yokhanan bare witness of him, and cried, saying, This was he of whom I spake, He that cometh after me is preferred before me: for he was before me.

16 And of his fulness have all we received, and grace for grace.

17 For the Torah was given by Mosheh, but grace and truth came by **YAHOSHUA HA' MESHIAKH**.

18 No man hath seen ELOHIM at any time; the only begotten Son, which is in the bosom of the Father, he hath declared him.

THE TESTIMONY OF JOHN THE BAPTIST

19 And this is the record of Yokhanan, when the Yehudim sent priests and Lewy'im from Yerushalem to ask him, Who art thou?

20 And he confessed, and denied not; but confessed, I am not the **MESHIAKH**.

21 And they asked him, What then? Art thou EliYAHU? And he saith, I am not. Art thou that prophet? And he answered, No.

22 Then said they unto him, Who art thou? that we may give an answer to them that sent us. What sayest thou of thyself?

23 He said, I am "The voice of him that crieth in the wilderness, Prepare ye the way of **YAHOWAH**, make straight in the desert a highway for our ELOHIM." as said the prophet YeshaYAHU.

24 And they which were sent were of the Perushim.

25 And they asked him, and said unto him, Why immerse thou then, if thou be not that **MESHIAKH**, nor EliYAHU, neither that prophet?

26 Yokhanan answered them, saying, I immerse with water: but there standeth one among you, whom ye know not;

27 He it is, who coming after me is preferred before me, whose shoe's latchet I am not worthy to unloose.

28 These things were done in Bethanyah beyond Yarden, where Yokhanan was immersing.

יוֹחָנָן

BEHOLD, THE LAMB OF GOD

29 וַיְהִי מִמָּחֳרָת וַיַּרְא יוֹחָנָן אֶת־**יָהוֹשֻׁעַ** בָּא אֵלָיו וַיֹּאמַר הִנֵּה שֵׂה הָאֱלֹהִים הַנֹּשֵׂא
חַטַּאת הָעוֹלָם׃ 30 זֶה הוּא אֲשֶׁר אָמַרְתִּי אַחֲרַי יָבֹא אִישׁ אֲשֶׁר הָיָה לְפָנַי כִּי קֹדֶם־לִי
הָיָה׃ 31 וַאֲנִי לֹא יְדַעְתִּיו כִּי אִם־בַּעֲבוּר יִגָּלֶה בְיִשְׂרָאֵל בָּאתִי אֲנִי לִטְבֹּל בַּמָּיִם׃ 32
וַיָּעַד יוֹחָנָן וַיֹּאמַר חָזִיתִי **הָרוּחַ** כִּדְמוּת יוֹנָה יֹרֶדֶת מִשָּׁמַיִם וַתָּנַח עָלָיו׃ 33 וַאֲנִי לֹא
יְדַעְתִּיו וְהַשֹּׁלֵחַ אֹתִי לִטְבֹּל בַּמַּיִם הוּא אָמַר אֵלַי אֵת אֲשֶׁר־תִּרְאֶה **הָרוּחַ** יֹרֶדֶת וְנָחָה
עָלָיו הִנֵּה זֶה הוּא אֲשֶׁר יִטְבֹּל **בְּרוּחַ** הַקֹּדֶשׁ׃ 34 וַאֲנִי רָאִיתִי וָאָעִידָה כִּי זֶה הוּא בֶּן־
הָאֱלֹהִים׃

YAHOSHUA CALLS THE FIRST DISCIPLES

35 וַיְהִי מִמָּחֳרָת וַיֹּסֶף יוֹחָנָן וַיַּעֲמֹד וְעִמּוֹ שְׁנַיִם מִתַּלְמִידָיו׃ 36 וַיַּבֵּט אֶל־**יָהוֹשֻׁעַ** וְהוּא
מִתְהַלֵּךְ וַיֹּאמַר הִנֵּה שֵׂה הָאֱלֹהִים׃ 37 וּשְׁנֵי תַלְמִידָיו שָׁמְעוּ אֶת־דְּבָרוֹ וַיֵּלְכוּ אַחֲרֵי
יָהוֹשֻׁעַ׃ 38 וַיִּפֶן **יָהוֹשֻׁעַ** אַחֲרָיו וַיַּרְא אֹתָם הֹלְכִים אַחֲרָיו וַיֹּאמֶר אֲלֵיהֶם מַה־תְּבַקֵּשׁוּ
וַיֹּאמְרוּ אֵלָיו רַבִּי אֵיפֹה תָלִין׃ 39 וַיֹּאמֶר אֲלֵיהֶם בֹּאוּ וּרְאוּ וַיָּבֹאוּ וַיִּרְאוּ אֶת־מְקוֹם
מְלוֹנוֹ וַיֵּשְׁבוּ עִמּוֹ בַּיּוֹם הַהוּא וְהָעֵת כַּשָּׁעָה הָעֲשִׂירִית׃ 40 וְאַנְדְּרַי אֲחִי שִׁמְעוֹן כֵּיפָע
הָיָה אֶחָד מִן־הַשְּׁנַיִם אֲשֶׁר שָׁמְעוּ מֵאֵת יוֹחָנָן וַיֵּלְכוּ אַחֲרָיו׃ 41 הוּא מָצָא רִאשׁוֹנָה אֵת
שִׁמְעוֹן אָחִיו וַיֹּאמֶר אֵלָיו מָצָאנוּ אֶת־**הַמָּשִׁיחַ**׃ 42 וַיְבִיאֵהוּ אֶל־**יָהוֹשֻׁעַ** וַיְהִי כְּהַבִּיט
אֵלָיו **יָהוֹשֻׁעַ** וַיֹּאמַר שִׁמְעוֹן בֶּן־יוֹחָנָן לְךָ יִקָּרֵא כֵּיפָא וְהוּא בִיוָנִית אָבֶן׃

YAHOSHUA CALLS PHILIP AND NATHANAEL

43 וַיְהִי מִמָּחֳרָת וַיּוֹאֶל **יָהוֹשֻׁעַ** לָצֵאת הַגָּלִילָה וַיִּמְצָא אֶת־פִּילִפּוֹס וַיֹּאמֶר אֵלָיו לֵךְ אַחֲרָי׃
44 וּפִילִפּוֹס מִבֵּית־צָיְדָה עִיר אַנְדְּרַי וְכֵיפָע׃ 45 וַיִּפְגַּע פִּילִפּוֹס אֶת־נְתַנְאֵל וַיֹּאמֶר אֵלָיו
מָצָאנוּ אֵת אֲשֶׁר כָּתַב מֹשֶׁה בְּסֵפֶר הַתּוֹרָה וְהַנְּבִיאִים אֶת־**יָהוֹשֻׁעַ** בֶּן־יוֹסֵף מִנְּצָרֶת׃
46 וַיֹּאמֶר אֵלָיו נְתַנְאֵל הֲמִנְּצֶרֶת יֵצֵא טוֹב וַיֹּאמֶר אֵלָיו בֹּא וּרְאֵה׃ 47 וַיַּרְא **יָהוֹשֻׁעַ**
אֶת־נְתַנְאֵל בָּא לִקְרָאתוֹ וַיֹּאמֶר עָלָיו הִנֵּה בֶאֱמֶת בֶּן־יִשְׂרָאֵל אֲשֶׁר אֵין־בּוֹ רְמִיָּה׃ 48
וַיֹּאמֶר אֵלָיו נְתַנְאֵל אֵיךְ יְדַעְתָּנִי וַיַּעַן **יָהוֹשֻׁעַ** וַיֹּאמֶר לוֹ בְּטֶרֶם קָרָא לְךָ פִּילִפּוֹס וְאַתָּה
תַּחַת הַתְּאֵנָה אָנֹכִי רְאִיתִיךָ׃ 49 וַיַּעַן נְתַנְאֵל וַיֹּאמֶר אֵלָיו רַבִּי אַתָּה בֶּן־אֱלֹהִים אַתָּה
הוּא מֶלֶךְ יִשְׂרָאֵל׃ 50 וַיַּעַן **יָהוֹשֻׁעַ** וַיֹּאמֶר אֵלָיו יַעַן אֲשֶׁר הִגַּדְתִּי לְךָ כִּי־תַחַת הַתְּאֵנָה
רְאִיתִיךָ הֶאֱמַנְתָּ הִנֵּה גְּדֹלוֹת מֵאֵלֶּה תִרְאֶה׃ 51 וַיֹּאמֶר אֵלָיו אָמֵן אָמֵן אֲנִי אֹמֵר לָכֶם
מֵעַתָּה תִרְאוּ הַשָּׁמַיִם נִפְתָּחִים וּמַלְאֲכֵי אֱלֹהִים עֹלִים וְיֹרְדִים עַל בֶּן־הָאָדָם׃

JOHN

BEHOLD, THE LAMB OF GOD

29 The next day Yokhanan seeth **YAHOSHUA** coming unto him, and saith, Behold the Lamb of ELOHIM, which taketh away the sin of the world.

30 This is he of whom I said, After me cometh a man which is preferred before me: for he was before me.

31 And I knew him not: but that he should be made manifest to Yisra'EL, therefore am I come immersing with water.

32 And Yokhanan bare record, saying, I saw the **RUAKH** descending from heaven like a dove, and it abode upon him.

33 And I knew him not: but he that sent me to immerse with water, the same said unto me, Upon whom thou shalt see the **RUAKH** descending, and remaining on him, the same is he which baptizeth with the **RUAKH HA' QODESH**.

34 And I saw, and bare record that this is the Son of ELOHIM.

YAHOSHUA CALLS THE FIRST DISCIPLES

35 Again the next day after Yokhanan stood, and two of his disciples;

36 And looking upon **YAHOSHUA** as he walked, he saith, Behold the Lamb of ELOHIM!

37 And the two disciples heard him speak, and they followed **YAHOSHUA**.

38 Then **YAHOSHUA** turned, and saw them following, and saith unto them, What seek ye? They said unto him, Rabbi, (which is to say, being interpreted, Master,) where dwellest thou?

39 He saith unto them, Come and see. They came and saw where he dwelt, and abode with him that day: for it was about the tenth hour.

40 One of the two which heard Yokhanan speak, and followed him, was Andre, Shimon Kepha's brother.

41 He first findeth his own brother Shimon, and saith unto him, We have found the **MESHIAKH**.

42 And he brought him to **YAHOSHUA**. And when **YAHOSHUA** beheld him, he said, Thou art Shimon the son of Yonah: thou shalt be called Kepha, which is by interpretation, A stone.

YAHOSHUA CALLS PHILIP AND NATHANAEL

43 The day following **YAHOSHUA** would go forth into Galilah, and findeth Philipos, and saith unto him, Follow me.

44 Now Philipos was of Beth-Tzaidah, the city of Andre and Kepha.

45 Philipos findeth Nathan'EL, and saith unto him, We have found him, of whom Mosheh in the Torah, and the prophets, did write, **YAHOSHUA** of Netzareth, the son of Yoseph.

46 And Nathan'EL said unto him, Can there any good thing come out of Netzareth? Philipos saith unto him, Come and see.

47 **YAHOSHUA** saw Nathan'EL coming to him, and saith of him, Behold an Yisra'ELi indeed, in whom is no guile!

48 Nathan'EL saith unto him, Whence knowest thou me? **YAHOSHUA** answered and said unto him, Before that Philipos called thee, when thou wast under the fig tree, I saw thee.

49 Nathan'EL answered and saith unto him, Rabbi, thou art the Son of ELOHIM; thou art the King of Yisra'EL.

50 **YAHOSHUA** answered and said unto him, Because I said unto thee, I saw thee under the fig tree, believest thou? thou shalt see greater things than these.

51 And he saith unto him, Verily, verily, I say unto you, Hereafter ye shall see heaven open, and "The angels of ELOHIM ascending and descending" upon the Son of man.

יוֹחָנָן

THE WEDDING AT CANA

ב וּבַיּוֹם הַשְּׁלִישִׁי הָיְתָה חֲתֻנָּה **בְּקָנָה** אֲשֶׁר בַּגָּלִיל וְשָׁם אֵם **יָהוֹשֻׁעַ**: 2 **וַיהוֹ**
שֻׁעַ וְתַלְמִידָיו גַּם־הֵם הָיוּ מִן־הַקְּרוּאִים אֶל־הַחֲתֻנָּה: 3 וַיְהִי כַּאֲשֶׁר כָּלָה
הַיַּיִן וַתֹּאמֶר אֵם **יָהוֹשֻׁעַ** אֵלָיו אֵין לָהֶם יָיִן: 4 וַיֹּאמֶר אֵלֶיהָ **יָהוֹשֻׁעַ** מַה־לִּי וָלָךְ אִשָּׁה
עִתִּי עֲדַיִן לֹא־בָאָה: 5 וַתֹּאמֶר אִמּוֹ אֶל־הַמְשָׁרְתִים כָּל־אֲשֶׁר יֹאמַר לָכֶם תַּעֲשׂוּ: 6
וְשָׁם שִׁשָּׁה כַדֵּי־אֶבֶן עֲרוּכִים כְּמִשְׁפַּט הַיְּהוּדִים לְטָהֳרָתָם שְׁתַּיִם אוֹ־שָׁלֹשׁ בַּתִּים
יָכִיל כָּל־אֶחָד: 7 וַיֹּאמֶר אֲלֵיהֶם **יָהוֹשֻׁעַ** מַלְאוּ הַכַּדִּים מָיִם וַיְמַלְאוּם עַד־לְמָעְלָה:
8 וַיֹּאמֶר שַׁאֲבוּ־נָא וְהָבִיאוּ אֶל־רַב הַמְסִבָּה וַיָּבִיאוּ: 9 וַיִּטְעַם רֹאשׁ הַמְסִבָּה אֶת־
הַמַּיִם אֲשֶׁר נֶהֶפְכוּ לְיַיִן וְלֹא יָדַע מֵאַיִן הוּא וְהַמְשָׁרְתִים אֲשֶׁר־שָׁאֲבוּ אֶת־הַמַּיִם
יָדָעוּ וַיִּקְרָא רֹאשׁ־הַמְסִבָּה אֶל־הֶחָתָן: 10 וַיֹּאמֶר אֵלָיו כָּל־אִישׁ יִתֵּן בָּרִאשׁוֹנָה
אֶת־הַיַּיִן הַטּוֹב וְאַחֲרֵי שְׁתוֹתָם לִרְוָיָה יִתֵּן לָהֶם אֶת־הַגָּרוּעַ וְאַתָּה צָפַנְתָּ הַיַּיִן הַטּוֹב
עַד־עָתָּה: 11 זֹאת רֵאשִׁית הָאֹתוֹת אֲשֶׁר עָשָׂה **יָהוֹשֻׁעַ** בְּקָנָה אֲשֶׁר בְּאֶרֶץ הַגָּלִיל
וַיְגַל אֶת־כְּבוֹדוֹ וַיַּאֲמִינוּ בוֹ תַּלְמִידָיו: 12 וַיְהִי אַחֲרֵי־כֵן וַיֵּרֶד אֶל־כְּפַר־נַחוּם הוּא
וְאִמּוֹ וְאֶחָיו וְתַלְמִידָיו וְלֹא אָרְכוּ לָהֶם שָׁם הַיָּמִים:

YAHOSHUA CLEANSES THE TEMPLE

13 וַיִּקְרְבוּ יְמֵי חַג־**הַפֶּסַח** אֲשֶׁר לַיְּהוּדִים וַיַּעַל **יָהוֹשֻׁעַ** יְרוּשָׁלָיִם: 14 וַיִּמְצָא בַמִּקְדָּשׁ
מֹכְרֵי בָקָר וָצֹאן וּבְנֵי יוֹנָה וּפֹרְטֵי הַכֶּסֶף יֹשְׁבִים שָׁם: 15 וַיִּקַּח חֲבָלִים וַיְעַבְּתֵם לְשׁוֹט
וַיְגָרֶשׁ כֻּלָּם מִן־הַמִּקְדָּשׁ וְאֵת הַצֹּאן וְאֵת הַבָּקָר וַיְפַזֵּר אֶת־מְעוֹת הַשֻּׁלְחָנִים וַיַּהֲפֹךְ
שֻׁלְחֲנֹתֵיהֶם: 16 וְאֶל־מֹכְרֵי הַיּוֹנִים אָמַר הוֹצִיאוּ אֵלֶּה מִזֶּה וְאַל־תַּעֲשׂוּ אֶת־בֵּית אָבִי
לְבֵית מִסְחָר: 17 וַיִּזְכְּרוּ תַלְמִידָיו אֶת־הַכָּתוּב כִּי־קִנְאַת בֵּיתְךָ אֲכָלָתְנִי: 18 וַיַּעֲנוּ
הַיְּהוּדִים וַיֹּאמְרוּ אֵלָיו אֵי־זוֹ אוֹת תַּרְאֵנוּ שֶׁתַּעֲשֶׂה כָזֹאת: 19 וַיַּעַן **יָהוֹשֻׁעַ** וַיֹּאמֶר
אֲלֵיהֶם הִרְסוּ אֶת־הַהֵיכָל הַזֶּה וּבִשְׁלֹשָׁה יָמִים אֲקִימֶנּוּ: 20 וַיֹּאמְרוּ הַיְּהוּדִים הִנֵּה
אַרְבָּעִים וָשֵׁשׁ שָׁנָה נִבְנָה הַהֵיכָל הַזֶּה וְאַתָּה בִּשְׁלֹשָׁה יָמִים תְּקִימֶנּוּ:) 21 וְהוּא דִּבֶּר
עַל־הֵיכַל גְּוִיָּתוֹ:) 22 וְאַחֲרֵי קוּמוֹ מִן־הַמֵּתִים זָכְרוּ תַלְמִידָיו כִּי־זֹאת אָמַר לָהֶם וַיַּאֲמִינוּ
בַכָּתוּב וּבַדָּבָר אֲשֶׁר־דִּבֶּר **יָהוֹשֻׁעַ**:

YAHOSHUA KNOWS WHAT IS IN MAN

23 וַיְהִי בִּהְיֹתוֹ בִירוּשָׁלַיִם בְּחַג־הַפֶּסַח וַיַּאֲמִינוּ רַבִּים בִּשְׁמוֹ כִּי רָאוּ הָאֹתוֹת
אֲשֶׁר עָשָׂה:

JOHN

THE WEDDING AT CANA

2 And the third day there was a marriage in **Qanah (Cana)** of Galilah; and the mother of **YAHOSHUA** was there:

2 And both **YAHOSHUA** was called, and his disciples, to the marriage.

3 And when they wanted wine, the mother of **YAHOSHUA** saith unto him, They have no wine.

4 **YAHOSHUA** saith unto her, Woman, what have I to do with thee? mine hour is not yet come.

5 His mother saith unto the servants, Whatsoever he saith unto you, do it.

6 And there were set there six waterpots of stone, after the manner of the purifying of the Yehudim, containing two or three firkins apiece.

7 **YAHOSHUA** saith unto them, Fill the waterpots with water. And they filled them up to the brim.

8 And he saith unto them, Draw out now, and bear unto the governor of the feast. And they bare it.

9 When the ruler of the feast had tasted the water that was made wine, and knew not whence it was: (but the servants which drew the water knew;) the governor of the feast called the bridegroom,

10 And saith unto him, Every man at the beginning doth set forth good wine; and when men have well drunk, then that which is worse: but thou hast kept the good wine until now.

11 This beginning of miracles did **YAHOSHUA** in Qanah of Galilah, and manifested forth his glory; and his disciples believed on him.

12 After this he went down to Kepar-Nakhum, he, and his mother, and his brethren, and his disciples: and they continued there not many days.

YAHOSHUA CLEANSES THE TEMPLE

13 And the Yehudim's **Pesakh** was at hand, and **YAHOSHUA** went up to Yerushalem,

14 And found in the temple those that sold oxen and sheep and doves, and the changers of money sitting:

15 And when he had made a scourge of small cords, he drove them all out of the temple, and the sheep, and the oxen; and poured out the changers' money, and overthrew the tables;

16 And said unto them that sold doves, Take these things hence; make not my Father's house an house of merchandise.

17 And his disciples remembered that it was written, "For the zeal of thine house hath eaten me up."

18 Then answered the Yehudim and said unto him, What sign shewest thou unto us, seeing that thou doest these things?

19 **YAHOSHUA** answered and said unto them, Destroy this temple, and in three days I will raise it up.

20 Then said the Yehudim, Forty and six years was this temple in building, and wilt thou rear it up in three days?

21 But he spake of the temple of his body.

22 When therefore he was risen from the dead, his disciples remembered that he had said this unto them; and they believed the scripture, and the word which **YAHOSHUA** had said.

YAHOSHUA KNOWS WHAT IS IN MAN

23 Now when he was in Yerushalem at the **Pesakh**, in the feast day, many believed in his name, when they saw the miracles which he did.

24 וְהוּא **יָהוֹשֻׁעַ** לֹא הֶאֱמִין לָהֶם עַל־אֲשֶׁר יָדַע אֶת־כֻּלָּם: 25 וְלֹא הִצְטָרֵךְ לְעֵדוּת
אִישׁ עַל־הָאָדָם כִּי הוּא יָדַע מַה־בְּקֶרֶב הָאָדָם:

YOU MUST BE BORN AGAIN

ג וּבַפְּרוּשִׁים אִישׁ **נַקְדִּימוֹן** שְׁמוֹ קְצִין הַיְּהוּדִים: 2 וַיָּבֹא אֶל־**יָהוֹשֻׁעַ** לַיְלָה וַיֹּאמֶר
אֵלָיו רַבִּי יָדַעְנוּ כִּי אַתָּה מוֹרֶה מֵאֵת אֱלֹהִים בָּאתָ כִּי לֹא־יוּכַל אִישׁ לַעֲשׂוֹת
הָאֹתוֹת אֲשֶׁר אַתָּה עֹשֶׂה בִּלְתִּי אִם־הָאֱלֹהִים עִמּוֹ: 3 וַיַּעַן **יָהוֹשֻׁעַ** וַיֹּאמֶר אֵלָיו אָמֵן
אָמֵן אֲנִי אֹמֵר לָךְ אִם־לֹא יִוָּלֵד אִישׁ מִלְמַעְלָה לֹא־יוּכַל לִרְאוֹת אֶת־מַלְכוּת הָאֱלֹהִים:
4 וַיֹּאמֶר אֵלָיו נַקְדִּימוֹן אֵיךְ יִוָּלֵד אָדָם וְהוּא זָקֵן הֲיוּכַל לָשׁוּב אֶל־בֶּטֶן אִמּוֹ וְיִוָּלֵד: 5
וַיַּעַן **יָהוֹשֻׁעַ** אָמֵן אָמֵן אֲנִי אֹמֵר לָךְ אִם־לֹא יִוָּלֵד אִישׁ מִן־הַמַּיִם **וְהָרוּחַ** לֹא־יוּכַל לָבוֹא
אֶל־מַלְכוּת הָאֱלֹהִים: 6 הַנּוֹלָד מִן־הַבָּשָׂר בָּשָׂר הוּא וְהַנּוֹלָד מִן־**הָרוּחַ רוּחַ** הוּא: 7
אַל־תִּתְמַהּ עַל־אָמְרִי לָךְ כִּי עֲלֵיכֶם לְהִוָּלֵד מִלְמָעְלָה: 8 **הָרוּחַ** בַּאֲשֶׁר יַחְפֹּץ שָׁם הוּא
נֹשֵׁב וְאַתָּה תִּשְׁמַע אֶת־קוֹלוֹ וְלֹא תֵדַע מֵאַיִן בָּא וְאָנָה הוּא הוֹלֵךְ כֵּן כָּל־הַנּוֹלָד מִן־
הָרוּחַ: 9 וַיַּעַן נַקְדִּימוֹן וַיֹּאמֶר אֵלָיו אֵיכָה תִהְיֶה כָּזֹאת: 10 וַיַּעַן **יָהוֹשֻׁעַ** וַיֹּאמֶר אֵלָיו רַב
בְּיִשְׂרָאֵל אַתָּה וְזֹאת לֹא יָדָעְתָּ: 11 אָמֵן אָמֵן אֲנִי אֹמֵר לָךְ כִּי אֵת אֲשֶׁר־יָדַעְנוּ נְדַבֵּר
וְאֵת אֲשֶׁר־רָאִינוּ נָעִיד וְאַתֶּם לֹא תְקַבְּלוּ עֵדוּתֵנוּ: 12 אִם הִגַּדְתִּי לָכֶם עִנְיְנֵי הָאָרֶץ
וְאֵינְכֶם מַאֲמִינִים אֵיךְ תַּאֲמִינוּ בְּהַגִּידִי לָכֶם עִנְיְנֵי הַשָּׁמָיִם: 13 וְאִישׁ לֹא־עָלָה הַשָּׁמַיְמָה
בִּלְתִּי אִם־אֲשֶׁר יָרַד מִן־הַשָּׁמַיִם בֶּן־הָאָדָם אֲשֶׁר הוּא בַּשָּׁמָיִם: 14 וְכַאֲשֶׁר הִגְבִּיהַּ מֹשֶׁה
אֶת־הַנָּחָשׁ בַּמִּדְבָּר כֵּן צָרִיךְ בֶּן־הָאָדָם לְהִנָּשֵׂא: 15 לְמַעַן אֲשֶׁר לֹא יֹאבַד כָּל־הַמַּאֲמִין
בּוֹ כִּי אִם־יִחְיֶה חַיֵּי עוֹלָם:

FOR ELOHIM SO LOVED THE WORLD

16 כִּי־אַהֲבָה רַבָּה אָהַב הָאֱלֹהִים אֶת־הָעוֹלָם עַד־אֲשֶׁר נָתַן אֶת־בְּנוֹ אֶת־יְחִידוֹ לְמַעַן
אֲשֶׁר לֹא־יֹאבַד כָּל־הַמַּאֲמִין בּוֹ כִּי אִם־יִחְיֶה חַיֵּי עוֹלָם: 17 כִּי הָאֱלֹהִים לֹא־שָׁלַח
אֶת־בְּנוֹ בָּעוֹלָם לָדִין אֶת־הָעוֹלָם כִּי אִם־לְמַעַן יִוָּשַׁע בּוֹ הָעוֹלָם: 18 הַמַּאֲמִין בּוֹ לֹא
יִדּוֹן וַאֲשֶׁר לֹא־יַאֲמִין בּוֹ כְּבָר נָדוֹן כִּי לֹא־הֶאֱמִין בְּשֵׁם בֶּן־הָאֱלֹהִים הַיָּחִיד: 19 וְזֶה
הוּא הַדִּין כִּי הָאוֹר בָּא אֶל־הָעוֹלָם וּבְנֵי הָאָדָם אָהֲבוּ הַחֹשֶׁךְ יוֹתֵר מִן־הָאוֹר כִּי רָעִים
מַעֲשֵׂיהֶם: 20 כִּי כָל־פֹּעֵל עַוְלָה שֹׂנֵא אֶת־הָאוֹר וְלֹא יָבֹא לָאוֹר פֶּן־יִוָּכַח עַל־מַעֲשָׂיו:)
21 אֲבָל עֹשֵׂה הָאֱמֶת יָבֹא לָאוֹר לְמַעַן יִגָּלוּ מַעֲשָׂיו כִּי נַעֲשׂוּ בֵּאלֹהִים:)

JOHN

24 But **YAHOSHUA** did not commit himself unto them, because he knew all men,
25 And needed not that any should testify of man: for he knew what was in man.

YOU MUST BE BORN AGAIN

3 There was a man of the Perushim, named **Naqdimon (Nicodemus)**, a ruler of the Yehudim:
2 The same came to **YAHOSHUA** by night, and said unto him, Rabbi, we know that thou art a teacher come from ELOHIM: for no man can do these miracles that thou doest, except ELOHIM be with him.
3 **YAHOSHUA** answered and said unto him, Verily, verily, I say unto thee, Except a man be born again, he cannot see the kingdom of ELOHIM.
4 Naqdimon saith unto him, How can a man be born when he is old? can he enter the second time into his mother's womb, and be born?
5 **YAHOSHUA** answered, Verily, verily, I say unto thee, Except a man be born of water and of the **RUAKH**, he cannot enter into the kingdom of ELOHIM.
6 That which is born of the flesh is flesh; and that which is born of the **RUAKH** is **RUAKH**.
7 Marvel not that I said unto thee, Ye must be born again.
8 The wind bloweth where it listeth, and thou hearest the sound thereof, but canst not tell whence it cometh, and whither it goeth: so is every one that is born of the **RUAKH**.
9 Naqdimon answered and said unto him, How can these things be?
10 **YAHOSHUA** answered and said unto him, Art thou a master of Yisra'EL, and knowest not these things?
11 Verily, verily, I say unto thee, We speak that we do know, and testify that we have seen; and ye receive not our witness.
12 If I have told you earthly things, and ye believe not, how shall ye believe, if I tell you of heavenly things?
13 And no man hath ascended up to heaven, but he that came down from heaven, even the Son of man which is in heaven.
14 And as Mosheh lifted up the serpent in the wilderness, even so must the Son of man be lifted up:
15 That whosoever believeth in him should not perish, but have eternal life.

FOR ELOHIM SO LOVED THE WORLD

16 For ELOHIM so loved the world, that he gave his only begotten Son, that whosoever believeth in him should not perish, but have everlasting life.
17 For ELOHIM sent not his Son into the world to condemn the world; but that the world through him might be saved.
18 He that believeth on him is not condemned: but he that believeth not is condemned already, because he hath not believed in the name of the only begotten Son of ELOHIM.
19 And this is the condemnation, that light is come into the world, and men loved darkness rather than light, because their deeds were evil.
20 For every one that doeth evil hateth the light, neither cometh to the light, lest his deeds should be reproved.
21 But he that doeth truth cometh to the light, that his deeds may be made manifest, that they are wrought in ELOHIM.

יוֹחָנָן

JOHN THE BAPTIST EXALTS MESHIAKH

22 וַיְהִי אַחֲרֵי הַדְּבָרִים הָאֵלֶּה וַיָּבֹא **יָהוֹשֻׁעַ** וְתַלְמִידָיו אֶל־אֶרֶץ יְהוּדָה וַיֵּשֶׁב־שָׁם
עִמָּהֶם וַיִּטְבֹּל: 23 וְגַם יוֹחָנָן הָיָה טֹבֵל בְּעֵינוֹן קָרוֹב לְשָׁלֵם כִּי־שָׁם הָיוּ מַיִם לָרֹב
וַיָּבֹאוּ וַיִּטָּבֵלוּ: 24 כִּי עוֹד לֹא־נִתַּן יוֹחָנָן אֶל־בֵּית הַסֹּהַר: 25 וַתְּהִי מַחֲלֹקֶת בֵּין
תַּלְמִידֵי יוֹחָנָן וּבֵין יְהוּדִי עַל־דְּבַר הַטָּהֳרָה: 26 וַיָּבֹאוּ אֶל־יוֹחָנָן וַיֹּאמְרוּ אֵלָיו רַבִּי
הָאִישׁ אֲשֶׁר הָיָה עִמְּךָ בְּעֵבֶר הַיַּרְדֵּן וַאֲשֶׁר הַעִידֹתָ לּוֹ הִנּוֹ טֹבֵל וְכֻלָּם בָּאִים אֵלָיו:
27 וַיַּעַן יוֹחָנָן וַיֹּאמַר לֹא־יוּכַל אִישׁ לָקַחַת דָּבָר בִּלְתִּי אִם־נִתַּן־לוֹ מִן־הַשָּׁמָיִם: 28
וְאַתֶּם עֵדַי אֲשֶׁר אָמַרְתִּי אֵינֶנִּי **הַמָּשִׁיחַ** רַק־שָׁלוּחַ אֲנִי לְפָנָיו: 29 אֲשֶׁר־לוֹ הַכַּלָּה
הוּא הֶחָתָן וְרֵעַ הֶחָתָן הָעֹמֵד וְשֹׁמֵעַ אֹתוֹ שָׂמוֹחַ יִשְׂמַח לְקוֹל הֶחָתָן הִנֵּה שִׂמְחָתִי
זֹאת עַתָּה שְׁלֵמָה: 30 הוּא יִגְדַּל הָלוֹךְ וְגָדֵל וַאֲנִי אֶחְסַר הָלוֹךְ וְחָסוֹר: 31 הַבָּא
מִמַּעַל נַעֲלֶה עַל־כֹּל וַאֲשֶׁר מֵאֶרֶץ מֵאֶרֶץ הוּא וּמֵאֶרֶץ יְדַבֵּר הַבָּא מִשָּׁמַיִם נַעֲלֶה
עַל־כֹּל: 32 וְאֵת אֲשֶׁר רָאָה וְשָׁמַע אֹתוֹ יָעִיד וְאֵין מְקַבֵּל עֵדוּתוֹ: 33 וַאֲשֶׁר קִבֵּל
עֵדוּתוֹ הוּא חָתוֹם חָתַם כִּי הָאֱלֹהִים אֱמֶת: 34 כִּי אֲשֶׁר שְׁלָחוֹ אֱלֹהִים הוּא יְדַבֵּר
דִּבְרֵי אֱלֹהִים כִּי־לֹא בַמִּדָּה נֹתֵן אֱלֹהִים אֶת־**הָרוּחַ**: 35 הָאָב אֹהֵב אֶת־בְּנוֹ וְאֶת־כֹּל
נָתַן בְּיָדוֹ: 36 כָּל־הַמַּאֲמִין בַּבֵּן יֶשׁ־לוֹ חַיֵּי עוֹלָם וַאֲשֶׁר לֹא יַאֲמִין בַּבֵּן לֹא יִרְאֶה
חַיִּים כִּי אִם־חֲרוֹן אַף אֱלֹהִים יִשְׁכֹּן עָלָיו:

YAHOSHUA AND THE WOMAN OF SAMARIA

ד וַיְהִי כַּאֲשֶׁר נוֹדַע לָאָדוֹן כִּי שָׁמְעוּ הַפְּרוּשִׁים אֲשֶׁר **יָהוֹשֻׁעַ** הֶעֱמִיד וְגַם הִטְבִּיל
תַּלְמִידִים הַרְבֵּה מִיּוֹחָנָן: 2 וְאוּלָם **יָהוֹשֻׁעַ** הוּא לֹא הִטְבִּיל כִּי אִם־תַּלְמִידָיו: 3
וַיֵּצֵא מֵאֶרֶץ יְהוּדָה וַיֵּלֶךְ שֵׁנִית הַגָּלִילָה: 4 וַיְהִי לַעֲבֹר דֶּרֶךְ אֶרֶץ שֹׁמְרוֹן: 5 וַיָּבֹא לְעִיר
מֵעָרֵי שֹׁמְרוֹן וּשְׁמָהּ סוּכַר מִמּוּל חֶלְקַת הַשָּׂדֶה אֲשֶׁר־נָתַן יַעֲקֹב לְיוֹסֵף בְּנוֹ: 6 וְשָׁם
בְּאֵר יַעֲקֹב **וִיהוֹשֻׁעַ** הָיָה עָיֵף מִן־הַדֶּרֶךְ וַיֵּשֶׁב־לוֹ עַל־הַבְּאֵר וְהָעֵת כַּשָּׁעָה הַשִּׁשִּׁית:
7 וַתָּבֹא אִשָּׁה שֹׁמְרוֹנִית לִשְׁאָב־מָיִם וַיֹּאמֶר אֵלֶיהָ **יָהוֹשֻׁעַ** תְּנִי־נָא לִי לִשְׁתּוֹת: 8
כִּי תַּלְמִידָיו הָלְכוּ הָעִירָה לִקְנוֹת אֹכֶל: 9 וַתֹּאמֶר אֵלָיו הָאִשָּׁה הַשֹּׁמְרוֹנִית הֵן יְהוּדִי
אַתָּה וְאֵיכָכָה תִּשְׁאַל מִמֶּנִּי לִשְׁתּוֹת וְאָנֹכִי אִשָּׁה שֹׁמְרוֹנִית כִּי־לֹא יִתְעָרְבוּ הַיְּהוּדִים
עִם־הַשֹּׁמְרוֹנִים: 10 וַיַּעַן **יָהוֹשֻׁעַ** וַיֹּאמֶר אֵלֶיהָ לוּ יָדַעַתְּ אֶת־מַתַּת הָאֱלֹהִים וּמִי זֶה
הָאֹמֵר אֵלַיִךְ תְּנִי־נָא לִי לִשְׁתּוֹת כִּי עַתָּה שָׁאַלְתְּ מִמֶּנּוּ וְנָתַן לָךְ מַיִם חַיִּים:

JOHN

JOHN THE BAPTIST EXALTS MESHIAKH

22 After these things came **YAHOSHUA** and his disciples into the land of Yehudah; and there he tarried with them, and immersed.

23 And Yokhanan also was immersing in Enon near to Shalem, because there was much water there: and they came, and were immersed.

24 For Yokhanan was not yet cast into prison.

25 Then there arose a question between some of Yokhanan's disciples and the Yehudim about purifying.

26 And they came unto Yokhanan, and said unto him, Rabbi, he that was with thee beyond Yarden, to whom thou barest witness, behold, the same baptizeth, and all men come to him.

27 Yokhanan answered and said, A man can receive nothing, except it be given him from heaven.

28 Ye yourselves bear me witness, that I said, I am not the **MESHIAKH**, but that I am sent before him.

29 He that hath the bride is the bridegroom: but the friend of the bridegroom, which standeth and heareth him, rejoiceth greatly because of the bridegroom's voice: this my joy therefore is fulfilled.

30 He must increase, but I must decrease.

31 He that cometh from above is above all: he that is of the earth is earthly, and speaketh of the earth: he that cometh from heaven is above all.

32 And what he hath seen and heard, that he testifieth; and no man receiveth his testimony.

33 He that hath received his testimony hath set to his seal that ELOHIM is true.

34 For he whom ELOHIM hath sent speaketh the words of ELOHIM: for ELOHIM giveth not the **RUAKH** by measure unto him.

35 The Father loveth the Son, and hath given all things into his hand.

36 He that believeth on the Son hath everlasting life: and he that obeys not the Son shall not see life; but the wrath of ELOHIM abideth on him.

YAHOSHUA AND THE WOMAN OF SAMARIA

4 When therefore **YAHOSHUA** knew how the Perushim had heard that he made and immersed more disciples than Yokhanan,

2 (Though **YAHOSHUA** himself immersed not, but his disciples,)

3 He left Yehudah, and departed again into Galilah.

4 And he must needs go through Shomron.

5 Then cometh he to a city of Shomron, which is called Shekar, near to the parcel of ground that Ya'aqob gave to his son Yoseph.

6 Now Ya'aqob's well was there. **YAHOSHUA** therefore, being wearied with his journey, sat thus on the well: and it was about the sixth hour.

7 There cometh a woman of Shomron to draw water: **YAHOSHUA** saith unto her, Give me to drink.

8 (For his disciples were gone away unto the city to buy meat.)

9 Then saith the woman of Shomron unto him, How is it that thou, being a Yehudi, askest drink of me, which am a woman of Shomron? for the Yehudim have no dealings with the Samaritans.

10 **YAHOSHUA** answered and said unto her, If thou knewest the gift of ELOHIM, and who it is that saith to thee, Give me to drink; thou wouldest have asked of him, and he would have given thee living water.

11 וַתֹּאמֶר אֵלָיו הָאִשָּׁה אֲדֹנִי כְּלִי אֵין־לְךָ לִשְׁאָב־בּוֹ וְהַבְּאֵר עֲמֻקָּה וּמֵאַיִן לְךָ מַיִם
חַיִּים: 12 הֲגָדוֹל אַתָּה מִיַּעֲקֹב אָבִינוּ אֲשֶׁר נָתַן־לָנוּ אֶת־הַבְּאֵר הַזֹּאת וַיֵּשְׁתְּ מִמֶּנָּה הוּא
וּבָנָיו וּבְעִירוֹ: 13 וַיַּעַן **יָהוֹשֻׁעַ** וַיֹּאמֶר אֵלֶיהָ כָּל־הַשֹּׁתֶה מִן־הַמַּיִם הָאֵלֶּה יָשׁוּב וְיִצְמָא:
14 וַאֲשֶׁר יִשְׁתֶּה מִן־הַמַּיִם אֲשֶׁר אָנֹכִי נֹתֵן לוֹ לֹא יִצְמָא לְעוֹלָם כִּי הַמַּיִם אֲשֶׁר אֶתֶּן־לוֹ
יִהְיוּ בְקִרְבּוֹ לִמְקוֹר מַיִם נֹבְעִים לְחַיֵּי הָעוֹלָם: 15 וַתֹּאמֶר אֵלָיו הָאִשָּׁה אֲדֹנִי תְּנָה־לִּי
הַמַּיִם הָהֵם לְמַעַן אֲשֶׁר לֹא־אֶצְמָא עוֹד וְלֹא אוֹסִיף לָבוֹא הֵנָּה לִשְׁאֹב: 16 וַיֹּאמֶר אֵלֶיהָ
יָהוֹשֻׁעַ לְכִי וְקִרְאִי לְאִישֵׁךְ וְשׁוּבִי הֲלוֹם: 17 וַתַּעַן הָאִשָּׁה וַתֹּאמֶר אֵין לִי אִישׁ וַיֹּאמֶר
אֵלֶיהָ **יָהוֹשֻׁעַ** כֵּן דִּבַּרְתְּ אֵין לִי אִישׁ: 18 כִּי בְעָלִים חֲמִשָּׁה הָיוּ לָךְ וַאֲשֶׁר עַתָּה לָךְ אֵינֶנּוּ
בַּעְלֵךְ לָכֵן אֱמֶת הַדָּבָר אֲשֶׁר דִּבַּרְתְּ: 19 וַתֹּאמֶר אֵלָיו הָאִשָּׁה אֲדֹנִי רֹאָה אָנֹכִי כִּי נָבִיא
אָתָּה: 20 אֲבוֹתֵינוּ הִשְׁתַּחֲווּ בָּהָר הַזֶּה וְאַתֶּם אֹמְרִים יְרוּשָׁלַיִם הִיא הַמָּקוֹם הַנִּבְחָר
לְהִשְׁתַּחֲוֹת שָׁמָּה:) 21 וַיֹּאמֶר אֵלֶיהָ **יָהוֹשֻׁעַ** אִשָּׁה הַאֲמִינִי לִי כִּי תָבוֹא שָׁעָה אֲשֶׁר לֹא
תִשְׁתַּחֲווּ לָאָב בָּהָר הַזֶּה וְלֹא בִּירוּשָׁלָיִם:) 22 אַתֶּם מִשְׁתַּחֲוִים אֶל־אֲשֶׁר לֹא יְדַעְתֶּם
וַאֲנַחְנוּ מִשְׁתַּחֲוִים אֶל־אֲשֶׁר יָדָעְנוּ כִּי הַיְשׁוּעָה מִן־הַיְּהוּדִים הִיא: 23 אוּלָם תָּבוֹא שָׁעָה
וְעַתָּה הִיא אֲשֶׁר עֹבְדֵי אֵל הָאֲמִתִּים יִשְׁתַּחֲווּ לָאָב **בְּרוּחַ** וּבֶאֱמֶת כִּי בְּמִשְׁתַּחֲוִים כָּאֵלֶּה
חָפֵץ הָאָב: 24 הָאֱלֹהִים **רוּחַ** הוּא וְהַמִּשְׁתַּחֲוִים לוֹ צְרִיכִים לְהִשְׁתַּחֲוֹת **בְּרוּחַ** וּבֶאֱמֶת:
25 וַתֹּאמֶר אֵלָיו הָאִשָּׁה יָדַעְתִּי כִּי־יָבֹא **הַמָּשִׁיחַ** אֲשֶׁר יִקָּרֵא לוֹ כְּרִיסְטוֹס הוּא יָבוֹא
וְיַגִּיד לָנוּ אֶת־כֹּל: 26 וַיֹּאמֶר אֵלֶיהָ **יָהוֹשֻׁעַ** אֲנִי הַמְדַבֵּר אֵלַיִךְ אֲנִי הוּא: 27 עוֹד הוּא
מְדַבֵּר כָּזֹאת וְתַלְמִידָיו בָּאוּ וַיִּתְמְהוּ עַל־דַּבְּרוֹ עִם־אִשָּׁה וְאִישׁ לֹא אָמַר־לוֹ מַה־תִּשְׁאַל
אוֹ מַה־תְּדַבֵּר עִמָּהּ: 28 וְהָאִשָּׁה עָזְבָה אֶת־כַּדָּהּ וַתֵּלֶךְ הָעִירָה וַתֹּאמֶר אֶל־הָאֲנָשִׁים:
29 בֹּאוּ וּרְאוּ אִישׁ אֲשֶׁר הִגִּיד לִי כָּל־אֲשֶׁר עָשִׂיתִי אוּלַי זֶה הוּא **הַמָּשִׁיחַ**: 30 וַיֵּצְאוּ
מִן־הָעִיר וַיָּבֹאוּ אֵלָיו: 31 הֵמָּה טֶרֶם יָבֹאוּ וְתַלְמִידָיו בִּקְשׁוּ מִמֶּנּוּ לֵאמֹר אֱכָל־נָא אֲדֹנִי:
32 וַיֹּאמֶר אֲלֵיהֶם יֶשׁ־לִי אֹכֶל לֶאֱכֹל אֲשֶׁר אַתֶּם לֹא יְדַעְתֶּם: 33 וַיֹּאמְרוּ הַתַּלְמִידִים
אִישׁ אֶל־רֵעֵהוּ הֲכִי הֵבִיא לוֹ אִישׁ לֶאֱכֹל: 34 וַיֹּאמֶר אֲלֵיהֶם **יָהוֹשֻׁעַ** מַאֲכָלִי עֲשׂוֹת
רְצוֹן שֹׁלְחִי וּלְהַשְׁלִים מַעֲשֵׂהוּ: 35 הֲלֹא אַתֶּם תֹּאמְרוּ עוֹד אַרְבָּעָה חֳדָשִׁים וְהַקָּצִיר
בָּא הִנֵּה אֲנִי אֹמֵר לָכֶם שְׂאוּ עֵינֵיכֶם וּרְאוּ בַּשָּׂדוֹת כִּי־כְבָר הִלְבִּינוּ לַקָּצִיר: 36 וְהַקּוֹצֵר
יִקַּח שְׂכָרוֹ וְיֶאֱסֹף תְּבוּאָה לְחַיֵּי עוֹלָם לְמַעַן יִשְׂמְחוּ יַחְדָּו גַּם הַזֹּרֵעַ גַּם הַקּוֹצֵר: 37 כִּי
בָּזֹאת יֵאָמֵן הַמָּשָׁל כִּי זֶה זֹרֵעַ וְאַחֵר יִקְצֹר: 38 אָנֹכִי שָׁלַחְתִּי אֶתְכֶם לִקְצֹר אֶת־אֲשֶׁר
לֹא עֲמַלְתֶּם בּוֹ וַאֲחֵרִים עָמְלוּ וְאַתֶּם נִכְנַסְתֶּם בַּעֲמָלָם:

JOHN

11 The woman saith unto him, ADONE, thou hast nothing to draw with, and the well is deep: from whence then hast thou that living water?
12 Art thou greater than our father Ya'aqob, which gave us the well, and drank thereof himself, and his children, and his cattle?
13 **YAHOSHUA** answered and said unto her, Whosoever drinketh of this water shall thirst again:
14 But whosoever drinketh of the water that I shall give him shall never thirst; but the water that I shall give him shall be in him a well of water springing up into everlasting life.
15 The woman saith unto him, ADONE, give me this water, that I thirst not, neither come hither to draw.
16 **YAHOSHUA** saith unto her, Go, call thy husband, and come hither.
17 The woman answered and said, I have no husband. **YAHOSHUA** said unto her, Thou hast well said, I have no husband:
18 For thou hast had five husbands; and he whom thou now hast is not thy husband: in that saidst thou truly.
19 The woman saith unto him, ADONE, I perceive that thou art a prophet.
20 Our fathers worshipped in this mountain; and ye say, that in Yerushalem is the place where men ought to worship.
21 **YAHOSHUA** saith unto her, Woman, believe me, the hour cometh, when ye shall neither in this mountain, nor yet at Yerushalem, worship the Father.
22 Ye worship ye know not what: we know what we worship: for salvation is of the Yehudim.
23 But the hour cometh, and now is, when the true worshippers shall worship the Father in **RUAKH** and in truth: for the Father seeketh such to worship him.
24 ELOHIM is **RUAKH**: and they that worship him must worship him in **RUAKH** and in truth.
25 The woman saith unto him, I know that **MESHIAKH** cometh, which is called **MESSIAH**: when he is come, he will tell us all things.
26 **YAHOSHUA** saith unto her, I that speak unto thee am he.
27 And upon this came his disciples, and marvelled that he talked with the woman: yet no man said, What seekest thou? or, Why talkest thou with her?
28 The woman then left her waterpot, and went her way into the city, and saith to the men,
29 Come, see a man, which told me all things that ever I did: is not this the **MESHIAKH**?
30 Then they went out of the city, and came unto him.
31 In the mean while his disciples prayed him, saying, Master, eat.
32 But he said unto them, I have meat to eat that ye know not of.
33 Therefore said the disciples one to another, Hath any man brought him ought to eat?
34 **YAHOSHUA** saith unto them, My meat is to do the will of him that sent me, and to finish his work.
35 Say not ye, There are yet four months, and then cometh harvest? behold, I say unto you, Lift up your eyes, and look on the fields; for they are white already to harvest.
36 And he that reapeth receiveth wages, and gathereth fruit unto life eternal: that both he that soweth and he that reapeth may rejoice together.
37 And herein is that saying true, One soweth, and another reapeth.
38 I sent you to reap that whereon ye bestowed no labour: other men laboured, and ye are entered into their labours.

39 וְשֹׁמְרֹנִים רַבִּים מִן־הָעִיר הַהִיא הֶאֱמִינוּ בוֹ עַל־דְּבַר הָאִשָּׁה אֲשֶׁר הֵעִידָה לֵאמֹר
הוּא הִגִּיד לִי אֶת־כָּל־אֲשֶׁר עָשִׂיתִי: 40 וַיְהִי כַּאֲשֶׁר בָּאוּ אֵלָיו הַשֹּׁמְרֹנִים וַיִּשְׁאֲלוּ מִמֶּנּוּ
לָשֶׁבֶת אִתָּם וַיֵּשֶׁב שָׁם יוֹמָיִם: 41 וְעוֹד רַבִּים מֵהֵמָּה הֶאֱמִינוּ בוֹ בַּעֲבוּר דְּבָרוֹ: 42
וַיֹּאמְרוּ אֶל־הָאִשָּׁה מֵעַתָּה לֹא־בִגְלַל מַאֲמָרֵךְ נַאֲמִין כִּי בְאָזְנֵינוּ שָׁמַעְנוּ וַנֵּדַע כִּי־אָמְנָם
זֶה הוּא (**הַמָּשִׁיחַ**) מוֹשִׁיעַ הָעוֹלָם: 43 וַיְהִי מִקֵּץ שְׁנֵי הַיָּמִים וַיֵּצֵא מִשָּׁם לָלֶכֶת הַגָּלִילָה:
44 כִּי הוּא **יָהוֹשֻׁעַ** עַצְמוֹ הֵעִיד אֲשֶׁר אֵין כָּבוֹד לַנָּבִיא בְּאֶרֶץ מוֹלַדְתּוֹ: 45 וַיְהִי הוּא
בָא אֶרֶץ הַגָּלִיל וַיַּאַסְפֻהוּ אַנְשֵׁי הַגָּלִיל כִּי רָאוּ אֵת כָּל־אֲשֶׁר עָשָׂה בִירוּשָׁלַיִם בִּימֵי הֶחָג
כִּי גַם־הֵמָּה עָלוּ לָחֹג אֶת־הֶחָג:

YAHOSHUA HEALS AN OFFICIAL’S SON

46 וַיָּבֹא **יָהוֹשֻׁעַ** עוֹד הַפַּעַם אֶל־קָנָה אֲשֶׁר בַּגָּלִיל אֶל־מְקוֹם אֲשֶׁר שָׂם הַמַּיִם לְיָיִן וַיְהִי
אִישׁ מֵעַבְדֵי הַמֶּלֶךְ וּבְנוֹ חֹלֶה בִּכְפַר־נַחוּם: 47 וַיְהִי כְּשָׁמְעוֹ כִּי־בָא **יָהוֹשֻׁעַ** מִיהוּדָה
לְאֶרֶץ הַגָּלִיל וַיֵּלֶךְ אֵלָיו וַיִּשְׁאַל מֵאִתּוֹ לָרֶדֶת וּלְרַפֵּא אֶת־בְּנוֹ כִּי נָטָה לָמוּת: 48 וַיֹּאמֶר
אֵלָיו **יָהוֹשֻׁעַ** אִם־לֹא תִרְאוּ אֹתוֹת וּמוֹפְתִים לֹא תַאֲמִינוּ: 49 וַיֹּאמֶר אֵלַיו הָאִישׁ אֲשֶׁר
מֵעַבְדֵי הַמֶּלֶךְ אֲדֹנִי רְדָה־נָּא בְּטֶרֶם יָמוּת בְּנִי: 50 וַיֹּאמֶר אֵלָיו **יָהוֹשֻׁעַ** לֵךְ בִּנְךָ חָי
וְהָאִישׁ הֶאֱמִין לַדָּבָר אֲשֶׁר־דִּבֶּר אֵלָיו **יָהוֹשֻׁעַ** וַיֵּלַךְ: 51 וַיְהִי בְרִדְתּוֹ וַיִּפְגְּעוּ־בוֹ עֲבָדָיו
וַיְבַשְּׂרוּ אֹתוֹ כִּי־חַי בְּנוֹ: 52 וַיִּדְרשׁ מֵאִתָּם אֶת־הַשָּׁעָה אֲשֶׁר רָוַח לוֹ וַיֹּאמְרוּ אֵלָיו תְּמוֹל
בַּשָּׁעָה הַשְּׁבִיעִית רָפְתָה מִמֶּנּוּ הַקַּדַּחַת: 53 וַיֵּדַע אָבִיהוּ כִּי הָיְתָה הַשָּׁעָה אֲשֶׁר אָמַר־
לוֹ **יָהוֹשֻׁעַ** בִּנְךָ חָי וַיַּאֲמֵן הוּא וְכָל־בֵּיתוֹ: 54 זֶה הָאוֹת הַשֵּׁנִי אֲשֶׁר עָשָׂה **יָהוֹשֻׁעַ** בְּבֹאוֹ
מִיהוּדָה לְאֶרֶץ הַגָּלִיל:

THE HEALING AT THE POOL ON THE SABBATH

ה אַחַר הַדְּבָרִים הָאֵלֶּה הָיָה חַג לַיְּהוּדִים וַיַּעַל **יָהוֹשֻׁעַ** יְרוּשָׁלָיִם: 2 וּבִירוּשָׁלַיִם
בְּרֵכָה עַל־יַד שַׁעַר הַצֹּאן אֲשֶׁר יִקְרְאוּ לָהּ בִּלְשׁוֹן עִבְרִית **בֵּית־חַסְדָּא** וְלָהּ
חֲמִשָּׁה אֻלַמִּים: 3 שָׁמָּה שָׁכְבוּ חוֹלִים וְעִוְרִים וּפִסְחִים וִיבֵשֵׁי־כֹחַ לָרֹב (וְהֵמָּה מְיַחֲלִים
לִתְנוּעַת הַמָּיִם: 4 כִּי מַלְאָךְ יָרַד בְּמוֹעֲדוֹ אֶל־הַבְּרֵכָה וַיִּרְעַשׁ אֶת־מֵימֶיהָ וְהָיָה הַיֹּרֵד
רִאשׁוֹן אֶל־תּוֹכָהּ אַחֲרֵי הִתְגָּעֲשׁוּ הַמַּיִם הוּא נִרְפָּא מִכָּל־מַחֲלָה אֲשֶׁר דָּבְקָה בּוֹ): 5
וְשָׁם אִישׁ אֶחָד וְהוּא בְחָלְיוֹ שְׁלֹשִׁים וּשְׁמֹנֶה שָׁנָה: 6 וַיַּרְא אֹתוֹ **יָהוֹשֻׁעַ** שֹׁכֵב וַיֵּדַע כִּי
אָרְכוּ־לוֹ יְמֵי חָלְיוֹ וַיֹּאמֶר אֵלָיו הֲתַחְפֹּץ לְהֵרָפֵא:

JOHN

39 And many of the Samaritans of that city believed on him for the saying of the woman, which testified, He told me all that ever I did.

40 So when the Samaritans were come unto him, they besought him that he would tarry with them: and he abode there two days.

41 And many more believed because of his own word;

42 And said unto the woman, Now we believe, not because of thy saying: for we have heard him ourselves, and know that this is indeed the **MESHIAKH**, the Saviour of the world.

43 Now after two days he departed thence, and went into Galilah.

44 For **YAHOSHUA** himself testified, that a prophet hath no honour in his own country.

45 Then when he was come into Galilah, the Galilaeans received him, having seen all the things that he did at Yerushalem at the feast: for they also went unto the feast.

YAHOSHUA HEALS AN OFFICIAL'S SON

46 So **YAHOSHUA** came again into Qanah of Galilah, where he made the water wine. And there was a certain nobleman, whose son was sick at Kepar-Nakhum.

47 When he heard that **YAHOSHUA** was come out of Yehudah into Galilah, he went unto him, and besought him that he would come down, and heal his son: for he was at the point of death.

48 Then said **YAHOSHUA** unto him, Except ye see signs and wonders, ye will not believe.

49 The nobleman saith unto him, Adone, come down ere my child die.

50 **YAHOSHUA** saith unto him, Go thy way; thy son liveth. And the man believed the word that **YAHOSHUA** had spoken unto him, and he went his way.

51 And as he was now going down, his servants met him, and told him, saying, Thy son liveth.

52 Then enquired he of them the hour when he began to amend. And they said unto him, Yesterday at the seventh hour the fever left him.

53 So the father knew that it was at the same hour, in the which **YAHOSHUA** said unto him, Thy son liveth: and himself believed, and his whole house.

54 This is again the second miracle that **YAHOSHUA** did, when he was come out of Yehudah into Galilah.

THE HEALING AT THE POOL ON THE SABBATH

5 After this there was a feast of the Yehudim; and **YAHOSHUA** went up to Yerushalem.

2 Now there is at Yerushalem by the sheep market a pool, which is called in the Hebrew tongue **Beth-Khasda (Bethesda)**, having five porches.

3 In these lay a great multitude of impotent folk, of blind, halt, withered, waiting for the moving of the water.

4 For an angel went down at a certain season into the pool, and troubled the water: whosoever then first after the troubling of the water stepped in was made whole of whatsoever disease he had.

5 And a certain man was there, which had an infirmity thirty and eight years.

6 When **YAHOSHUA** saw him lie, and knew that he had been now a long time in that case, he saith unto him, Wilt thou be made whole?

7 וַיַּעַן הַחוֹלֶה אֲדֹנִי אֵין־אִישׁ אִתִּי לְהַשְׁלִיכֵנִי אֶל־הַבְּרֵכָה בְּהֵרָעֵשׁ הַמַּיִם וּבְטֶרֶם
אָבֹא וְיָרַד אַחֵר לְפָנָי: 8 וַיֹּאמֶר אֵלָיו **יָהוֹשֻׁעַ** קוּם שָׂא אֶת־מִשְׁכָּבְךָ וְהִתְהַלֵּךְ: 9 וּכְרֶגַע
שָׁב הָאִישׁ לְאֵיתָנוֹ וַיִּשָּׂא אֶת־מִשְׁכָּבוֹ וַיִּתְהַלָּךְ וְהַיּוֹם הַהוּא יוֹם **הַשַּׁבָּת:** 10 וַיֹּאמְרוּ
הַיְּהוּדִים אֶל־הָאִישׁ הַנִּרְפָּא **שַׁבָּת** הַיּוֹם אָסוּר לְךָ לָשֵׂאת אֶת־מִשְׁכָּבֶךָ: 11 וַיַּעַן אֹתָם
לֵאמֹר הָאִישׁ אֲשֶׁר הֶחֱלִימַנִי הוּא אָמַר אֵלַי שָׂא אֶת־מִשְׁכָּבְךָ וְהִתְהַלֵּךְ: 12 וַיִּשְׁאָלֻהוּ
מִי זֶה הָאִישׁ אֲשֶׁר אָמַר לְךָ שָׂא אֶת־מִשְׁכָּבְךָ וְהִתְהַלֵּךְ: 13 וְהַנִּרְפָּא לֹא יָדַע מִי הוּא כִּי
סָר **יָהוֹשֻׁעַ** וַיֵּלֶךְ־לוֹ כִּי הָיָה הָמוֹן רַב בַּמָּקוֹם הַהוּא: 14 וַיְהִי אַחֲרֵי־כֵן וַיִּמְצָאֵהוּ
יָהוֹשֻׁעַ בְּבֵית הַמִּקְדָּשׁ וַיֹּאמֶר אֵלָיו הִנֵּה נִרְפָּא־לָךְ אַל־תּוֹסִיף לַחֲטֹא פֶּן־תְּאֻנֶּה אֵלֶיךָ
רָעָה גְּדוֹלָה מִזֹּאת: 15 וַיֵּלֶךְ הָאִישׁ וַיַּגֵּד לַיְּהוּדִים כִּי־**יָהוֹשֻׁעַ** הוּא אֲשֶׁר רְפָאוֹ: 16 וְעַל־
כֵּן רָדְפוּ הַיְּהוּדִים אֶת־**יָהוֹשֻׁעַ** (וַיְבַקְשׁוּ הֲמִיתוֹ) כִּי־עָשָׂה אֵלֶּה **בַּשַּׁבָּת:** 17 וַיַּעַן אֹתָם
יָהוֹשֻׁעַ אָבִי פֹּעֵל פְּעֻלָּתוֹ עַד־עָתָּה וְגַם־אָנֹכִי פֹּעֵל:

YAHOSHUA IS EQUAL WITH GOD

18 אָז יוֹסִיפוּ הַיְּהוּדִים לְבַקֵּשׁ אֶת־נַפְשׁוֹ כִּי מִלְּבַד אֲשֶׁר חִלֵּל אֶת־**הַשַּׁבָּת** גַּם אָמַר כִּי
הָאֱלֹהִים הוּא אָבִיו וַיְדַמֶּה לֵאלֹהִים:

THE AUTHORITY OF THE SON

19 וַיַּעַן **יָהוֹשֻׁעַ** וַיֹּאמֶר אֲלֵיהֶם אָמֵן אָמֵן אֲנִי אֹמֵר לָכֶם לֹא־יוּכַל הַבֵּן לַעֲשׂוֹת
דָּבָר מִנַּפְשׁוֹ בִּלְתִּי אֵת אֲשֶׁר־יִרְאֶה אֶת־אָבִיו עֹשֶׂה כִּי אֶת־אֲשֶׁר עֹשֶׂה הוּא גַּם־הַבֵּן
יַעֲשֶׂה כָּמֹהוּ: 20 כִּי הָאָב אֹהֵב אֶת־הַבֵּן וּמוֹרֶה אֹתוֹ כֹּל אֲשֶׁר יַעֲשֶׂה וְעוֹד מַעֲשִׂים
גְּדוֹלִים מֵאֵלֶּה יוֹרֵהוּ לְמַעַן תִּתַּמָּהוּ:) 21 כִּי כַּאֲשֶׁר הָאָב יָעִיר וְיחַיֶּה אֶת־הַמֵּתִים
כֵּן גַּם־הַבֵּן יְחַיֶּה אֶת־אֲשֶׁר יֶחְפָּץ:) 22 כִּי הָאָב לֹא־יָדִין אִישׁ כִּי אִם־נָתַן הַמִּשְׁפָּט
כֻּלּוֹ בְּיַד הַבֵּן לְמַעַן יְכַבְּדוּ כֻלָּם אֶת־הַבֵּן כַּאֲשֶׁר יְכַבְּדוּ אֶת־הָאָב: 23 מִי אֲשֶׁר
לֹא־יְכַבֵּד אֶת־הַבֵּן גַּם אֶת־הָאָב אֲשֶׁר שְׁלָחוֹ אֵינֶנּוּ מְכַבֵּד: 24 אָמֵן אָמֵן אֲנִי אֹמֵר
לָכֶם הַשֹּׁמֵעַ דְּבָרַי וּמַאֲמִין לְשֹׁלְחִי יֶשׁ־לוֹ חַיֵּי עוֹלָם וְלֹא יָבֹא בַּמִּשְׁפָּט כִּי־עָבַר
מִמָּוֶת לַחַיִּים: 25 אָמֵן אָמֵן אֲנִי אֹמֵר לָכֶם כִּי־תָבוֹא שָׁעָה וְעַתָּה הִיא אֲשֶׁר יִשְׁמְעוּ
הַמֵּתִים אֶת־קוֹל בֶּן־הָאֱלֹהִים וְהַשֹּׁמְעִים חָיֹה יִחְיוּ: 26 כִּי כַּאֲשֶׁר לָאָב יֵשׁ חַיִּים
בְּעַצְמוֹ כֵּן נָתַן גַּם־לַבֵּן לִהְיוֹת־לוֹ חַיִּים בְּעַצְמוֹ: 27 וְאַף־שִׁלְטָן נָתַן לוֹ לַעֲשׂוֹת
מִשְׁפָּט כִּי בֶן־אָדָם הוּא: 28 אַל־תִּתְמְהוּ עַל־זֹאת כִּי הִנֵּה בָאָה שָׁעָה וְיִשְׁמְעוּ כָּל־
שֹׁכְנֵי קֶבֶר אֶת־קוֹלוֹ: 29 וְעָלוּ עֹשֵׂי הַטּוֹב לָקוּם לַחַיִּים וְעֹשֵׂי הָרַע לָקוּם לַדִּין:

JOHN

7 The impotent man answered him, Adone, I have no man, when the water is troubled, to put me into the pool: but while I am coming, another steppeth down before me.

8 **YAHOSHUA** saith unto him, Rise, take up thy bed, and walk.

9 And immediately the man was made whole, and took up his bed, and walked: and on the same day was the **Shabbat**.

10 The Yehudim therefore said unto him that was cured, It is the **Shabbat** day: it is not lawful for thee to carry thy bed.

11 He answered them, He that made me whole, the same said unto me, Take up thy bed, and walk.

12 Then asked they him, What man is that which said unto thee, Take up thy bed, and walk?

13 And he that was healed wist not who it was: for **YAHOSHUA** had conveyed himself away, a multitude being in that place.

14 Afterward **YAHOSHUA** findeth him in the temple, and said unto him, Behold, thou art made whole: sin no more, lest a worse thing come unto thee.

15 The man departed, and told the Yehudim that it was **YAHOSHUA**, which had made him whole.

16 And therefore did the Yehudim persecute **YAHOSHUA**, and sought to slay him, because he had done these things on the **Shabbat** day.

17 But **YAHOSHUA** answered them, My Father worketh hitherto, and I work.

YAHOSHUA IS EQUAL WITH GOD

18 Therefore the Yehudim sought the more to kill him, because he not only had broken the **Shabbat**, but said also that ELOHIM was his Father, making himself equal with ELOHIM.

THE AUTHORITY OF THE SON

19 Then answered **YAHOSHUA** and said unto them, Verily, verily, I say unto you, The Son can do nothing of himself, but what he seeth the Father do: for what things soever he doeth, these also doeth the Son likewise.

20 For the Father loveth the Son, and sheweth him all things that himself doeth: and he will shew him greater works than these, that ye may marvel.

21 For as the Father raiseth up the dead, and quickeneth them; even so the Son quickeneth whom he will.

22 For the Father judgeth no man, but hath committed all judgment unto the Son:

23 That all men should honour the Son, even as they honour the Father. He that honoureth not the Son honoureth not the Father which hath sent him.

24 Verily, verily, I say unto you, He that heareth my word, and believeth on him that sent me, hath everlasting life, and shall not come into condemnation; but is passed from death unto life.

25 Verily, verily, I say unto you, The hour is coming, and now is, when the dead shall hear the voice of the Son of ELOHIM: and they that hear shall live.

26 For as the Father hath life in himself; so hath he given to the Son to have life in himself;

27 And hath given him authority to execute judgment also, because he is the Son of man.

28 Marvel not at this: for the hour is coming, in the which all that are in the graves shall hear his voice,

29 And shall come forth; they that have done good, unto the resurrection of life; and they that have done evil, unto the resurrection of damnation.

WITNESSES TO YAHOSHUA

30 לֹא אוּכַל לַעֲשׂוֹת דָּבָר מִנַּפְשִׁי כַּאֲשֶׁר אֶשְׁמַע כֵּן אֶשְׁפֹּט וּמִשְׁפָּטִי צֶדֶק כִּי לֹא אֲבַקֵּשׁ
רְצוֹנִי כִּי אִם־רְצוֹן הָאָב אֲשֶׁר שְׁלָחָנִי׃ 31 אִם־אָנֹכִי מֵעִיד עָלָי עֵדוּתִי לֹא נֶאֱמָנָה׃ 32
יֵשׁ אַחֵר הַמֵּעִיד עָלָי וְיָדַעְתִּי כִּי נֶאֱמָנָה עֵדוּתוֹ אֲשֶׁר־הוּא מֵעִיד עָלָי׃ 33 אַתֶּם שְׁלַחְתֶּם
אֶל־יוֹחָנָן וְהוּא הֵעִיד עֵדוּת אֱמֶת׃ 34 וַאֲנִי לֹא אֶקַּח לִי עֵדוּת מֵאָדָם אַךְ אָמַרְתִּי זֹאת
לְמַעַן תִּוָּשֵׁעוּן׃ 35 הוּא הָיָה הַנֵּר הַדֹּלֵק וְהַמֵּאִיר וְאַתֶּם רְצִיתֶם לָשׂוּשׂ כְּשָׁעָה לְאוֹרוֹ׃
36 וְלִי עֵדוּת גְּדוֹלָה מֵעֵדוּת יוֹחָנָן הַמַּעֲשִׂים אֲשֶׁר נָתַן־לִי אָבִי לְהַשְׁלִימָם הַמַּעֲשִׂים
הָאֵלֶּה אֲשֶׁר־אֲנִי עֹשֶׂה מְעִידִים עָלַי כִּי הָאָב שְׁלָחָנִי׃ 37 וְהָאָב אֲשֶׁר שְׁלָחַנִי הוּא מֵעִיד
עָלָי וְאַתֶּם אֶת־קוֹלוֹ לֹא־שְׁמַעְתֶּם מֵעוֹלָם וּתְמוּנָתוֹ לֹא רְאִיתֶם׃ 38 וּדְבָרוֹ אֵינֶנּוּ שֹׁכֵן
בְּקִרְבְּכֶם כִּי אֵינְכֶם מַאֲמִינִים לִשְׁלוּחוֹ׃ 39 דִּרְשׁוּ בַכְּתָבִים אֲשֶׁר תֹּאמְרוּ שֶׁיֵּשׁ לָכֶם חַיֵּי
עוֹלָם בָּהֶם וְהֵמָּה הַמְעִידִים עָלָי׃ 40 וְאַתֶּם אֵינְכֶם רוֹצִים לָבוֹא אֵלַי לִהְיוֹת לָכֶם חַיִּים׃
41 לֹא־אֶקַּח כָּבוֹד מִבְּנֵי אָדָם׃ 42 אָכֵן יָדַעְתִּי אֶתְכֶם כִּי אֵין־אַהֲבַת אֱלֹהִים בְּקִרְבְּכֶם׃
43 אֲנִי הִנֵּה בָאתִי בְּשֵׁם אָבִי לֹא קִבַּלְתֶּם אֹתִי וְאִם־יָבֹא אַחֵר בְּשֵׁם עַצְמוֹ אֹתוֹ תְקַבֵּלוּ׃
44 אֵיךְ תּוּכְלוּ לְהַאֲמִין אַתֶּם הַלֹּקְחִים כָּבוֹד אִישׁ מֵאֵת רֵעֵהוּ וְאֶת־הַכָּבוֹד אֲשֶׁר מֵאֵת־
הָאֱלֹהִים הַיָּחִיד לֹא תְבַקֵּשׁוּ׃ 45 אַל־תַּחְשְׁבוּ כִּי אָנֹכִי אֶטְעֹן עֲלֵיכֶם לִפְנֵי אָבִי מֹשֶׁה
אֲשֶׁר־לוֹ תְּיַחֲלוּ הוּא הַטֹּעֵן עֲלֵיכֶם׃ 46 כִּי לוּ תַאֲמִינוּ לְמֹשֶׁה גַּם־לִי תַאֲמִינוּ כִּי הוּא
כָּתַב עָלָי׃ 47 וְאִם־לִכְתָבָיו אֵינְכֶם מַאֲמִינִים אֵיךְ תַּאֲמִינוּ לִדְבָרָי׃

YAHOSHUA FEEDS THE FIVE THOUSAND

ו
וַיְהִי אַחֲרֵי־כֵן וַיֵּצֵא **יָהוֹשֻׁעַ** אֶל־עֵבֶר יָם־הַגָּלִיל אֲשֶׁר **לְטִיבֶרְיָה**׃ 2 וַיֵּלְכוּ אַחֲרָיו
הֲמוֹן עַם־רָב כִּי רָאוּ אוֹתֹתָיו אֲשֶׁר עָשָׂה עִם־הַחוֹלִים׃ 3 וַיַּעַל **יָהוֹשֻׁעַ** עַל־הָהָר
וַיֵּשֶׁב־שָׁם הוּא וְתַלְמִידָיו׃ 4 וִימֵי **הַפֶּסַח** חַג הַיְּהוּדִים קָרְבוּ לָבוֹא׃ 5 וַיִּשָּׂא **יָהוֹשֻׁעַ**
אֶת־עֵינָיו וַיַּרְא עַם־רַב בָּא אֵלָיו וַיֹּאמֶר אֶל־פִּילִפּוֹס מֵאַיִן נִקְנֶה־לָהֶם לֶחֶם לֶאֱכֹל׃ 6
וְאַךְ לְנַסּוֹת אֹתוֹ דִּבֶּר־זֹאת כִּי הוּא יָדַע אֶת־אֲשֶׁר יַעֲשֶׂה׃ 7 וַיַּעַן אֹתוֹ פִּילִפּוֹס לֶחֶם
בְּמָאתַיִם דִּינָר לֹא־יִמְצָא לָקַחַת לָהֶם אִישׁ אִישׁ מְעָט׃ 8 וַיֹּאמֶר אֵלָיו אֶחָד מִתַּלְמִידָיו
וְהוּא אַנְדְּרַי אֲחִי שִׁמְעוֹן כֵּיפָע׃ 9 הִנֵּה אִתָּנוּ נַעַר אֲשֶׁר־לוֹ חָמֵשׁ כִּכְּרוֹת־לֶחֶם שְׂעֹרִים
וּשְׁנֵי דָגִים אַךְ מָה־אֵלֶּה לְעַם־רַב כָּזֶה׃ 10 וַיֹּאמֶר **יָהוֹשֻׁעַ** צַוּוּ אֶת־הָעָם לָשֶׁבֶת אַרְצָה
וְיֶרֶק דֶּשֶׁא לָרֹב הָיָה בַּמָּקוֹם הַהוּא וַיֵּשְׁבוּ לָאָרֶץ כַּחֲמֵשֶׁת אֲלָפִים אִישׁ בְּמִסְפָּר׃

JOHN
WITNESSES TO YAHOSHUA

30 I can of mine own self do nothing: as I hear, I judge: and my judgment is just; because I seek not mine own will, but the will of the Father which hath sent me.

31 If I bear witness of myself, my witness is not true.

32 There is another that beareth witness of me; and I know that the witness which he witnesseth of me is true.

33 Ye sent unto Yokhanan, and he bare witness unto the truth.

34 But I receive not testimony from man: but these things I say, that ye might be saved.

35 He was a burning and a shining light: and ye were willing for a season to rejoice in his light.

36 But I have greater witness than that of Yokhanan: for the works which the Father hath given me to finish, the same works that I do, bear witness of me, that the Father hath sent me.

37 And the Father himself, which hath sent me, hath borne witness of me. Ye have neither heard his voice at any time, nor seen his shape.

38 And ye have not his word abiding in you: for whom he hath sent, him ye believe not.

39 Search the scriptures; for in them ye think ye have eternal life: and they are they which testify of me.

40 And ye will not come to me, that ye might have life.

41 I receive not honour from men.

42 But I know you, that ye have not the love of ELOHIM in you.

43 I am come in my Father's name, and ye receive me not: if another shall come in his own name, him ye will receive.

44 How can ye believe, which receive honour one of another, and seek not the honour that cometh from ELOHIM only?

45 Do not think that I will accuse you to the Father: there is one that accuseth you, even Mosheh, in whom ye trust.

46 For had ye believed Mosheh, ye would have believed me: for he wrote of me.

47 But if ye believe not his writings, how shall ye believe my words?

YAHOSHUA FEEDS THE FIVE THOUSAND

6 After these things **YAHOSHUA** went over the sea of Galilah, which is the sea of Teberyah (Tiberias).

2 And a great multitude followed him, because they saw his miracles which he did on them that were diseased.

3 And **YAHOSHUA** went up into a mountain, and there he sat with his disciples.

4 And the **Pesakh**, a feast of the Yehudim, was nigh.

5 When **YAHOSHUA** then lifted up his eyes, and saw a great company come unto him, he saith unto Philipos, Whence shall we buy bread, that these may eat?

6 And this he said to prove him: for he himself knew what he would do.

7 Philipos answered him, Two hundred pennyworth of bread is not sufficient for them, that every one of them may take a little.

8 One of his disciples, Andre, Shimon Kepha's brother, saith unto him,

9 There is a lad here, which hath five barley loaves, and two small fishes: but what are they among so many?

10 And **YAHOSHUA** said, Make the men sit down. Now there was much grass in the place. So the men sat down, in number about five thousand.

11 וַיִּקַּח **יָהוֹשֻׁעַ** אֶת־כִּכְּרוֹת הַלֶּחֶם וַיְבָרֶךְ וַיִּתֵּן לְתַלְמִידָיו וְהַתַּלְמִידִים נָתְנוּ
לַמְסֻבִּים וְכָכָה גַּם מִן־הַדָּגִים כְּאַוַּת נַפְשָׁם: 12 וַיְהִי כַּאֲשֶׁר שָׂבְעוּ וַיֹּאמֶר אֶל־
תַּלְמִידָיו אִסְפוּ אֶת־פְּתוֹתֵי הַלֶּחֶם אֲשֶׁר נוֹתָרוּ לְמַעַן אֲשֶׁר לֹא־יֹאבַד מְאוּמָה: 13
וַיַּאַסְפוּ וַיְמַלְאוּ שְׁנֵים־עָשָׂר סַלִּים מִפְּתוֹתֵי חֲמֵשׁ כִּכְּרוֹת־לֶחֶם הַשְּׂעֹרִים הַנּוֹתָרִים
לָאֹכְלֵיהֶם: 14 וַיְהִי כִּרְאוֹת הָאֲנָשִׁים אֶת־הָאוֹת הַזֶּה אֲשֶׁר עָשָׂה **יָהוֹשֻׁעַ** וַיֹּאמְרוּ
הִנֵּה־זֶה הוּא בֶּאֱמֶת הַנָּבִיא הַבָּא לָעוֹלָם: 15 וַיֵּדַע **יָהוֹשֻׁעַ** כִּי־יָבֹאוּ וְיִתְפְּשׂוּ בוֹ
לְהַמְלִיכוֹ וַיִּמָּלֵט עוֹד הַפַּעַם אֶל־הָהָר הוּא לְבַדּוֹ:

YAHOSHUA WALKS ON WATER

16 וַיְהִי בָעֶרֶב וַיֵּרְדוּ תַלְמִידָיו אֶל־הַיָּם וַיָּבֹאוּ בָאֳנִיָּה וַיַּעַבְרוּ אֶל־עֵבֶר הַיָּם אֶל־
כְּפַר־נַחוּם: 17 וַיְכַס אֹתָם הַחֹשֶׁךְ **וִיהוֹשֻׁעַ** לֹא־בָא אֲלֵיהֶם: 18 וַיִּסָּעֵר הַיָּם כִּי־רוּחַ
גְּדוֹלָה הָיְתָה: 19 וְהֵם חָתְרוּ בְּמִשּׁוֹטֵיהֶם כְּעֶשְׂרִים וְחָמֵשׁ אוֹ שְׁלֹשִׁים רִיס וַיִּרְאוּ
אֶת־**יָהוֹשֻׁעַ** מְהַלֵּךְ עַל־הַיָּם הָלוֹךְ וְקָרֵב אֶל־הָאֳנִיָּה וַיִּירָאוּ: 20 וַיֹּאמֶר אֲלֵיהֶם אֲנִי
הוּא אַל־תִּירָאוּ: 21 וַיּוֹאִילוּ לָקַחַת אֹתוֹ אֶל־תּוֹךְ הָאֳנִיָּה וּכְרֶגַע הִגִּיעָה הָאֳנִיָּה
לָאָרֶץ אֲשֶׁר הֵם הֹלְכִים שָׁמָּה:

I AM THE BREAD OF LIFE

22 וַיְהִי מִמָּחֳרָת וַיַּרְא הֲמוֹן הָעָם הָעֹמֵד מֵעֵבֶר לַיָּם כִּי אֵין שָׁם אֳנִיָּה כִּי
אִם־אַחַת אֲשֶׁר יָרְדוּ־בָהּ תַּלְמִידָיו וְכִי **יָהוֹשֻׁעַ** לֹא־יָרַד עִם־תַּלְמִידָיו בָּאֳנִיָּה אַךְ
תַּלְמִידָיו לְבַדָּם נָסְעוּ מִזֶּה: 23 וָאֳנִיּוֹת אֲחֵרוֹת בָּאוֹת מִטְּבֶרְיָה קָרְבוּ אֶל הַמָּקוֹם
אֲשֶׁר אָכְלוּ־שָׁם אֶת־הַלֶּחֶם בְּבִרְכַּת **יָהוֹשֻׁעַ**: 24 וַיְהִי כִּרְאוֹת הֲמוֹן הָעָם כִּי אֵין
יָהוֹשֻׁעַ שָׁם אַף־לֹא תַלְמִידָיו וַיֵּרְדוּ גַם־הֵם בָּאֳנִיּוֹת וַיָּבֹאוּ אֶל־כְּפַר־נַחוּם לְבַקֵּשׁ
אֶת־**יָהוֹשֻׁעַ**: 25 וַיִּמְצְאוּ אֹתוֹ מֵעֵבֶר הַיָּם וַיֹּאמְרוּ אֵלָיו רַבִּי מָתַי בָּאתָ הֲלֹם: 26
וַיַּעַן אֹתָם **יָהוֹשֻׁעַ** וַיֹּאמַר אָמֵן אָמֵן אֲנִי אֹמֵר לָכֶם לֹא עַל־רְאוֹתְכֶם אֶת־הָאֹתוֹת
תְּבַקְשׁוּנִי כִּי עַל־אֲשֶׁר אֲכַלְתֶּם מִן־הַלֶּחֶם וַתִּשְׂבָּעוּ: 27 אַל־תַּעַמְלוּ בַּמַּאֲכָל
הָאֹבֵד כִּי אִם־בַּמַּאֲכָל הַקַּיָּם לְחַיֵּי עוֹלָם אֲשֶׁר בֶּן־הָאָדָם יִתְּנֶנּוּ לָכֶם כִּי־אֹתוֹ חָתַם
אָבִיו הָאֱלֹהִים בְּחוֹתָמוֹ: 28 וַיֹּאמְרוּ אֵלָיו מַה־נַּעֲשֶׂה לִפְעֹל פְּעֻלּוֹת אֱלֹהִים: 29
וַיַּעַן **יָהוֹשֻׁעַ** וַיֹּאמֶר אֲלֵיהֶם זֹאת פְּעֻלַּת אֱלֹהִים אֲשֶׁר־תַּאֲמִינוּ בְּמִי שֶׁהוּא שְׁלָחוֹ:
30 וַיֹּאמְרוּ אֵלָיו מָה־הָאוֹת אֲשֶׁר תַּעֲשֶׂה לְמַעַן נִרְאֶה וְנַאֲמִין בָּךְ מַה־תִּפְעָל: 31
אֲבוֹתֵינוּ אָכְלוּ אֶת־הַמָּן בַּמִּדְבָּר כַּכָּתוּב לֶחֶם מִן־הַשָּׁמַיִם נָתַן־לָמוֹ לֶאֱכֹל:

JOHN

11 And **YAHOSHUA** took the loaves; and when he had given thanks, he distributed to the disciples, and the disciples to them that were set down; and likewise of the fishes as much as they would.
12 When they were filled, he said unto his disciples, Gather up the fragments that remain, that nothing be lost.
13 Therefore they gathered them together, and filled twelve baskets with the fragments of the five barley loaves, which remained over and above unto them that had eaten.
14 Then those men, when they had seen the miracle that **YAHOSHUA** did, said, This is of a truth that prophet that should come into the world.
15 When **YAHOSHUA** therefore perceived that they would come and take him by force, to make him a king, he departed again into a mountain himself alone.

YAHOSHUA WALKS ON WATER

16 And when even was now come, his disciples went down unto the sea,
17 And entered into a ship, and went over the sea toward Kepar-Nakhum. And it was now dark, and **YAHOSHUA** was not come to them.
18 And the sea arose by reason of a great wind that blew.
19 So when they had rowed about five and twenty or thirty furlongs, they see **YAHOSHUA** walking on the sea, and drawing nigh unto the ship: and they were afraid.
20 But he saith unto them, It is I; be not afraid.
21 Then they willingly received him into the ship: and immediately the ship was at the land whither they went.

I AM THE BREAD OF LIFE

22 The day following, when the people which stood on the other side of the sea saw that there was none other boat there, save that one whereinto his disciples were entered, and that **YAHOSHUA** went not with his disciples into the boat, but that his disciples were gone away alone;
23 (Howbeit there came other boats from Teberyah nigh unto the place where they did eat bread, after that **YAHOSHUA** had given thanks:)
24 When the people therefore saw that **YAHOSHUA** was not there, neither his disciples, they also took shipping, and came to Kepar-Nakhum, seeking for **YAHOSHUA**.
25 And when they had found him on the other side of the sea, they said unto him, Rabbi, when camest thou hither?
26 **YAHOSHUA** answered them and said, Verily, verily, I say unto you, Ye seek me, not because ye saw the miracles, but because ye did eat of the loaves, and were filled.
27 Labour not for the meat which perisheth, but for that meat which endureth unto everlasting life, which the Son of man shall give unto you: for him hath ELOHIM the Father sealed.
28 Then said they unto him, What shall we do, that we might work the works of ELOHIM?
29 **YAHOSHUA** answered and said unto them, This is the work of ELOHIM, that ye believe on him whom he hath sent.
30 They said therefore unto him, What sign shewest thou then, that we may see, and believe thee? what dost thou work?
31 Our fathers did eat manna in the desert; as it is written, He gave them bread from heaven to eat.

32 וַיֹּאמֶר אֲלֵיהֶם יָהוֹשֻׁעַ אָמֵן אָמֵן אֲנִי אֹמֵר לָכֶם לֹא מֹשֶׁה נָתַן לָכֶם אֶת־
הַלֶּחֶם מִן־הַשָּׁמָיִם כִּי־אָבִי נֹתֵן לָכֶם אֶת־הַלֶּחֶם מִן־הַשָּׁמַיִם הָאֲמִתִּי׃ 33 כִּי־
לֶחֶם אֱלֹהִים הוּא הַיֹּרֵד מִן־הַשָּׁמַיִם וְנֹתֵן חַיִּים לָעוֹלָם׃ 34 וַיֹּאמְרוּ אֵלָיו אֲדֹנִי
תְּנָה־לָּנוּ תָמִיד אֶת־הַלֶּחֶם הַזֶּה׃ 35 וַיֹּאמֶר לָהֶם יָהוֹשֻׁעַ אָנֹכִי הוּא לֶחֶם הַחַיִּים
כָּל־הַבָּא אֵלַי לֹא יִרְעָב וְהַמַּאֲמִין בִּי לֹא יִצְמָא עוֹד׃ 36 וַאֲנִי הִנֵּה אָמַרְתִּי
לָכֶם כִּי גַּם־חֲזִיתֶם אֹתִי וְלֹא תַאֲמִינוּ׃ 37 כֹּל אֲשֶׁר יִתְּנֶנּוּ־לִי אָבִי יָבוֹא אֵלָי
וְהַבָּא אֵלַי לֹא אֶהְדֳּפֶנּוּ הַחוּצָה׃ 38 כִּי לֹא יָרַדְתִּי מִן־הַשָּׁמַיִם לַעֲשׂוֹת רְצוֹנִי
כִּי אִם־רְצוֹן שֹׁלְחִי׃ 39 וְזֶה רְצוֹן הָאָב אֲשֶׁר שְׁלָחָנִי אֲשֶׁר כָּל־הַנִּתָּן לִי לֹא־
יֹאבַד לִי כִּי אִם־אֲקִימֶנּוּ בַּיּוֹם הָאַחֲרוֹן׃ 40 וְזֶה רְצוֹן שֹׁלְחִי אֲשֶׁר כָּל־הָרֹאֶה
אֶת־הַבֵּן וּמַאֲמִין בּוֹ יִהְיוּ־לוֹ חַיֵּי עוֹלָם וַאֲנִי אֲקִימֶנּוּ בַּיּוֹם הָאַחֲרוֹן׃ 41 וַיִּלֹּנוּ
עָלָיו הַיְּהוּדִים כִּי־אָמַר אָנֹכִי הוּא הַלֶּחֶם הַיֹּרֵד מִן־הַשָּׁמָיִם׃ 42 וַיֹּאמְרוּ הֲלֹא
זֶה הוּא יָהוֹשֻׁעַ בֶּן־יוֹסֵף אֲשֶׁר־אֲנַחְנוּ יֹדְעִים אֶת־אָבִיו וְאֶת־אִמּוֹ וְאֵיךְ יֹאמַר
מִן־הַשָּׁמַיִם בָּאתִי׃ 43 וַיַּעַן יָהוֹשֻׁעַ וַיֹּאמֶר אֲלֵיהֶם אַל־תְּהִי תְלוּנָּה בֵּינֵיכֶם׃ 44
לֹא־יוּכַל אִישׁ לָבוֹא אֵלַי בִּלְתִּי אִם־יִמְשְׁכֵהוּ אָבִי אֲשֶׁר שְׁלָחָנִי וַאֲנִי אֲקִימֶנּוּ
בַּיּוֹם הָאַחֲרוֹן׃ 45 הֲלֹא כָתוּב בַּנְּבִיאִים וְכָל־בָּנַיִךְ לִמּוּדֵי יָהוָֹה לָכֵן כֹּל אֲשֶׁר
שָׁמַע מִן־הָאָב וְלָמַד יָבֹא אֵלָי׃ 46 לֹא שֶׁרָאָה אָדָם אֶת־הָאָב בִּלְתִּי הַבָּא
מֵאֵת הָאֱלֹהִים הוּא רָאָה אֶת־הָאֱלֹהִים׃ 47 אָמֵן אָמֵן אֲנִי אֹמֵר לָכֶם הַמַּאֲמִין
בִּי לוֹ חַיֵּי עוֹלָם׃ 48 אָנֹכִי הוּא לֶחֶם הַחַיִּים׃ 49 אֲבוֹתֵיכֶם אָכְלוּ אֶת־הַמָּן
בַּמִּדְבָּר וַיָּמֻתוּ׃ 50 זֶה הוּא הַלֶּחֶם הַיֹּרֵד מִן־הַשָּׁמָיִם לְמַעַן יֹאכַל־אִישׁ מִמֶּנּוּ
וְלֹא יָמוּת׃ 51 אָנֹכִי הַלֶּחֶם הַחַי הַיֹּרֵד מִן־הַשָּׁמַיִם אִישׁ כִּי־יֹאכַל מִן־הַלֶּחֶם
הַזֶּה יִחְיֶה לְעוֹלָם וְהַלֶּחֶם אֲשֶׁר אֶתְּנֶנּוּ הוּא בְשָׂרִי אֲשֶׁר אֶתֵּן בְּעַד חַיֵּי הָעוֹלָם׃
52 וַיִּתְוַכְּחוּ הַיְּהוּדִים אִישׁ עִם־רֵעֵהוּ לֵאמֹר אֵיכָה יוּכַל זֶה לָתֶת־לָנוּ אֶת־בְּשָׂרוֹ
לֶאֱכֹל׃ 53 וַיֹּאמֶר אֲלֵיהֶם יָהוֹשֻׁעַ אָמֵן אָמֵן אֲנִי אֹמֵר לָכֶם אִם־לֹא תֹאכְלוּ
אֶת־בְּשַׂר בֶּן־הָאָדָם וּשְׁתִיתֶם אֶת־דָּמוֹ אֵין־לָכֶם חַיִּים בְּקִרְבְּכֶם׃ 54 הָאֹכֵל
אֶת־בְּשָׂרִי וְהַשֹּׁתֶה אֶת־דָּמִי יֶשׁ־לוֹ חַיֵּי עוֹלָם וַאֲנִי אֲקִימֶנּוּ בַּיּוֹם הָאַחֲרוֹן׃ 55
כִּי בְשָׂרִי בֶּאֱמֶת הוּא אֹכֶל וְדָמִי בֶּאֱמֶת הוּא שִׁקּוּי׃ 56 הָאֹכֵל אֶת־בְּשָׂרִי וְשֹׁתֶה
אֶת־דָּמִי הוּא יָלִין בִּי וַאֲנִי בוֹ׃ 57 כַּאֲשֶׁר שְׁלָחַנִי הָאָב הַחַי וְאָנֹכִי חַי בִּגְלַל אָבִי
כֵּן הָאֹכֵל אֹתִי גַּם־הוּא יִחְיֶה בִּגְלָלִי׃

JOHN

32 Then **YAHOSHUA** said unto them, Verily, verily, I say unto you, Mosheh gave you not that bread from heaven; but my Father giveth you the true bread from heaven.

33 For the bread of ELOHIM is he which cometh down from heaven, and giveth life unto the world.

34 Then said they unto him, Adone, evermore give us this bread.

35 And **YAHOSHUA** said unto them, I am the bread of life: he that cometh to me shall never hunger; and he that believeth on me shall never thirst.

36 But I said unto you, That ye also have seen me, and believe not.

37 All that the Father giveth me shall come to me; and him that cometh to me I will in no wise cast out.

38 For I came down from heaven, not to do mine own will, but the will of him that sent me.

39 And this is the Father's will which hath sent me, that of all which he hath given me I should lose nothing, but should raise it up again at the last day.

40 And this is the will of him that sent me, that every one which seeth the Son, and believeth on him, may have everlasting life: and I will raise him up at the last day.

41 The Yehudim then murmured at him, because he said, I am the bread which came down from heaven.

42 And they said, Is not this **YAHOSHUA**, the son of Yoseph, whose father and mother we know? how is it then that he saith, I came down from heaven?

43 **YAHOSHUA** therefore answered and said unto them, Murmur not among yourselves.

44 No man can come to me, except the Father which hath sent me draw him: and I will raise him up at the last day.

45 It is written in the prophets, "And all thy children shall be taught of **YAHOWAH**." Every man therefore that hath heard, and hath learned of the Father, cometh unto me.

46 Not that any man hath seen the Father, save he which is of ELOHIM, he hath seen the Father.

47 Verily, verily, I say unto you, He that believeth on me hath everlasting life.

48 I am that bread of life.

49 Your fathers did eat manna in the wilderness, and are dead.

50 This is the bread which cometh down from heaven, that a man may eat thereof, and not die.

51 I am the living bread which came down from heaven: if any man eat of this bread, he shall live for ever: and the bread that I will give is my flesh, which I will give for the life of the world.

52 The Yehudim therefore strove among themselves, saying, How can this man give us his flesh to eat?

53 Then **YAHOSHUA** said unto them, Verily, verily, I say unto you, Except ye eat the flesh of the Son of man, and drink his blood, ye have no life in you.

54 Whoso eateth my flesh, and drinketh my blood, hath eternal life; and I will raise him up at the last day.

55 For my flesh is meat indeed, and my blood is drink indeed.

56 He that eateth my flesh, and drinketh my blood, dwelleth in me, and I in him.

57 As the living Father hath sent me, and I live by the Father: so he that eateth me, even he shall live by me.

58 הוּא הַלֶּחֶם הַיֹּרֵד מִן־הַשָּׁמַיִם לֹא כַּאֲשֶׁר אָכְלוּ אֲבוֹתֵיכֶם אֶת־הַמָּן וַיָּמֻתוּ
הָאֹכֵל אֶת־הַלֶּחֶם הַזֶּה יִחְיֶה לְעוֹלָם: 59 כַּדְּבָרִים הָאֵלֶּה דִּבֶּר בְּבֵית כְּנֶסֶת בְּלַמְּדוֹ
בִּכְפַר־נַחוּם:

THE WORDS OF ETERNAL LIFE

60 וְרַבִּים מִתַּלְמִידָיו כְּשָׁמְעָם אָמְרוּ קָשֶׁה הַדָּבָר הַזֶּה מִי יוּכַל לִשְׁמֹעַ אֹתוֹ: 61 וַיָּבֶן
יָהוֹשֻׁעַ בְּלִבּוֹ כִּי תַלְמִידָיו מַלִּינִים עַל־זֹאת וַיֹּאמֶר אֲלֵיהֶם הֶהָיְתָה זֹּאת לָכֶם לְמִכְשׁוֹל:
62 וְאַף כִּי־תִרְאוּ אֶת־בֶּן־הָאָדָם עֹלֶה אֶל־אֲשֶׁר הָיָה־שָׁם לְפָנִים: 63 **הָרוּחַ** הוּא הַנֹּתֵן
חַיִּים וְהַבָּשָׂר אֵין־בּוֹ מוֹעִיל הַדְּבָרִים אֲשֶׁר אֲנִי דִבַּרְתִּי אֲלֵיכֶם **רוּחַ** הֵמָּה וְחַיִּים: 64 אַךְ־
יֵשׁ בָּכֶם אֲנָשִׁים אֲשֶׁר לֹא יַאֲמִינוּ כִּי **יָהוֹשֻׁעַ** יָדַע מֵרֹאשׁ מִי הֵם אֲשֶׁר אֵינָם מַאֲמִינִים
וּמִי הַמּוֹסֵר אֹתוֹ: 65 וַיֹּאמַר עַל־כֵּן אָמַרְתִּי לָכֶם כִּי לֹא־יוּכַל אִישׁ לָבוֹא אֵלַי בִּלְתִּי אִם־
נִתַּן־לוֹ מֵאֵת אָבִי: 66 מִן־הָעֵת הַהִיא רַבִּים מִתַּלְמִידָיו נָסֹגוּ אָחוֹר וְלֹא יָסְפוּ לְהִתְהַלֵּךְ
אִתּוֹ: 67 וַיֹּאמֶר **יָהוֹשֻׁעַ** אֶל־שְׁנֵים הֶעָשָׂר הֲיֵשׁ אֶת־נַפְשְׁכֶם גַּם־אַתֶּם לָסוּר מֵאַחֲרָי:
68 וַיַּעַן אֹתוֹ שִׁמְעוֹן כֵּיפָא אֲדֹנִי אֶל־מִי נֵלֵךְ דִּבְרֵי חַיֵּי עוֹלָם עִמָּךְ: 69 וַאֲנַחְנוּ הֶאֱמַנּוּ
וְגַם־יָדַעְנוּ כִּי אַתָּה הוּא **הַמָּשִׁיחַ** בֶּן־אֵל חָי: 70 וַיֹּאמֶר אֲלֵיהֶם **יָהוֹשֻׁעַ** הֲלֹא בָחַרְתִּי
אֲנִי בָכֶם שְׁנֵים הֶעָשָׂר וְאֶחָד מִכֶּם שָׂטָן הוּא: 71 וְזֹאת דִּבֶּר עַל־יְהוּדָה בֶּן־שִׁמְעוֹן אִישׁ
קְרִיּוֹת אֲשֶׁר יִמְסְרֶנּוּ וְהוּא אֶחָד מִשְּׁנֵים הֶעָשָׂר:

YAHOSHUA AT THE FEAST OF BOOTHS

ז אַחַר הַדְּבָרִים הָאֵלֶּה הָלַךְ **יָהוֹשֻׁעַ** בְּאֶרֶץ הַגָּלִיל הָלוֹךְ וְעָבוֹר כִּי לֹא חָפֵץ לְהִתְהַלֵּךְ
בִּיהוּדָה עַל־אֲשֶׁר בִּקְשׁוּ הַיְּהוּדִים לַהֲמִיתוֹ: 2 וַיִּקְרַב חַג הַיְּהוּדִים חַג **הַפֶּסַח:** 3 וַיֹּאמְרוּ
אֵלָיו אֶחָיו קוּם וְלֵךְ מִזֶּה אַרְצָה יְהוּדָה לְמַעַן יִרְאוּ גַם־תַּלְמִידֶיךָ אֶת־הַמַּעֲשִׂים אֲשֶׁר־אַתָּה
עֹשֶׂה: 4 כִּי לֹא־יַעֲשֶׂה אִישׁ דָּבָר בַּסֵּתֶר וְהוּא חָפֵץ לְהִוָּדַע אִם־עֹשֶׂה אַתָּה כָּאֵלֶּה הֵרָאֵה אֶל־
הָעוֹלָם: 5 כִּי־אֶחָיו גַּם־הֵם לֹא הֶאֱמִינוּ בוֹ: 6 וַיֹּאמֶר אֲלֵיהֶם **יָהוֹשֻׁעַ** עִתִּי לֹא־בָאָה עַד־עָתָּה
וְעִתְּכֶם תָּמִיד נְכוֹנָה: 7 לֹא־יוּכַל הָעוֹלָם לִשְׂנוֹא אֶתְכֶם וְאֹתִי יִשְׂנָא בַּאֲשֶׁר אֲנִי מֵעִיד עָלָיו
כִּי רָעִים מַעֲלָלָיו: 8 עֲלוּ אַתֶּם לָחֹג אֶת־הֶחָג אֲנִי לֹא אֶעֱלֶה אֶל־הֶחַג הַזֶּה כִּי עִתִּי לֹא מָלְאָה
עַד־עָתָּה: 9 כָּזֹאת דִּבֵּר וַיֵּשֶׁב בַּגָּלִיל: 10 וַיְהִי כַּאֲשֶׁר עָלוּ אֶחָיו לָרֶגֶל וַיַּעַל גַּם־הוּא לֹא בְגָלוּי
כִּי אִם־כְּמִסְתַּתֵּר: 11 וְהַיְּהוּדִים בִּקְשֻׁהוּ בֶחָג וַיֹּאמְרוּ אַיּוֹ: 12 וַתְּהִי תְלוּנָה רַבָּה עַל־אֹדוֹתָיו
בְּתוֹךְ הָעָם אֵלֶּה אָמְרוּ טוֹב הוּא וְאֵלֶּה אָמְרוּ לֹא כִּי־מַתְעֶה הוּא אֶת־הָעָם:

JOHN

58 This is that bread which came down from heaven: not as your fathers did eat manna, and are dead: he that eateth of this bread shall live for ever.
59 These things said he in the Congregation, as he taught in Kepar-Nakhum.

THE WORDS OF ETERNAL LIFE

60 Many therefore of his disciples, when they had heard this, said, This is an hard saying; who can hear it?
61 When **YAHOSHUA** knew in himself that his disciples murmured at it, he said unto them, Doth this offend you?
62 What and if ye shall see the Son of man ascend up where he was before?
63 It is the **RUAKH** that quickeneth; the flesh profiteth nothing: the words that I speak unto you, they are **RUAKH**, and they are life.
64 But there are some of you that believe not. For **YAHOSHUA** knew from the beginning who they were that believed not, and who should betray him.
65 And he said, Therefore said I unto you, that no man can come unto me, except it were given unto him of my Father.
66 From that time many of his disciples went back, and walked no more with him.
67 Then said **YAHOSHUA** unto the twelve, Will ye also go away?
68 Then Shimon Kepha answered him, Adoni, to whom shall we go? thou hast the words of eternal life.
69 And we believe and are sure that thou art that **MESHIAKH**, the Son of the living ELOHIM.
70 **YAHOSHUA** answered them, Have not I chosen you twelve, and one of you is a devil?
71 He spake of Yehudah Ishqeriot the son of Shimon: for he it was that should betray him, being one of the twelve.

YAHOSHUA AT THE FEAST OF BOOTHS

7 After these things **YAHOSHUA** walked in Galilah: for he would not walk in Yehudah, because the Yehudim sought to kill him.
2 Now the Yehudim'ss feast of **Pesakh** was at hand.
3 His brethren therefore said unto him, Depart hence, and go into Yehudah, that thy disciples also may see the works that thou doest.
4 For there is no man that doeth any thing in secret, and he himself seeketh to be known openly. If thou do these things, shew thyself to the world.
5 For neither did his brethren believe in him.
6 Then **YAHOSHUA** said unto them, My time is not yet come: but your time is alway ready.
7 The world cannot hate you; but me it hateth, because I testify of it, that the works thereof are evil.
8 Go ye up unto this feast: I go not up yet unto this feast; for my time is not yet full come.
9 When he had said these words unto them, he abode still in Galilah.
10 But when his brethren were gone up, then went he also up unto the feast, not openly, but as it were in secret.
11 Then the Yehudim sought him at the feast, and said, Where is he?
12 And there was much murmuring among the people concerning him: for some said, He is a good man: others said, Nay; but he deceiveth the people.

13 אַךְ אֵין־אִישׁ מְדַבֵּר עָלָיו בָּרַבִּים מִפְּנֵי יִרְאַת הַיְּהוּדִים: 14 וַיְהִי בַּחֲצִי יְמֵי הֶחָג **וִיהוֹשֻׁעַ**
עָלָה אֶל־הַמִּקְדָּשׁ וַיְלַמֵּד: 15 וַיִּתְמְהוּ הַיְּהוּדִים וַיֹּאמְרוּ בַּמֶּה יָדַע זֶה סֵפֶר וְהוּא לֹא לָמָד:
16 וַיַּעַן אֹתָם **יָהוֹשֻׁעַ** וַיֹּאמַר לִקְחִי לֹא־שֶׁלִּי הוּא כִּי אִם שֶׁל־שֹׁלְחִי: 17 הֶחָפֵץ לַעֲשׂוֹת
רְצוֹנוֹ יֵדַע לִקְחִי אִם־מֵאֵת אֱלֹהִים הוּא אוֹ מִנַּפְשִׁי אֲדַבֵּר: 18 הַמְדַבֵּר מִנַּפְשׁוֹ כְּבוֹד עַצְמוֹ
יְבַקֵּשׁ וְהַמְבַקֵּשׁ כְּבוֹד שֹׁלְחוֹ נֶאֱמָן הוּא וְאֵין עַוְלָתָה בּוֹ: 19 הֲלֹא מֹשֶׁה נָתַן לָכֶם אֶת־הַתּוֹרָה
וְאֵין־אִישׁ מִכֶּם עֹשֶׂה הַתּוֹרָה מַדּוּעַ תְּבַקְשׁוּ לְהָרְגֵנִי: 20 וַיַּעַן הָעָם וַיֹּאמַר שֵׁד בָּךְ מִי מְבַקֵּשׁ
לְהָרְגֶךָ: 21 וַיַּעַן **יָהוֹשֻׁעַ** וַיֹּאמֶר לָהֶם מַעֲשֶׂה אֶחָד עָשִׂיתִי וְכֻלְּכֶם עָלָיו תִּתְמָהוּ: 22 מֹשֶׁה
נָתַן לָכֶם הַמִּילָה אַךְ לֹא מִמֹּשֶׁה הִיא כִּי אִם־מִן־הָאָבוֹת וּבְיוֹם **הַשַּׁבָּת** תָּמוֹלוּ כָל־זָכָר: 23
וְעַתָּה אִם־תִּמּוֹל עָרְלַת אָדָם **בַּשַּׁבָּת** לְמַעַן אֲשֶׁר לֹא־תוּפַר תּוֹרַת מֹשֶׁה מַה־תִּקְצְפוּ עָלַי כִּי
רִפֵּאתִי הָאִישׁ כֻּלּוֹ **בַּשַּׁבָּת**: 24 אַל־תִּשְׁפְּטוּ לְמַרְאֵה עָיִן כִּי אִם־מִשְׁפַּט־צֶדֶק שְׁפֹטוּ:

CAN THIS BE THE MESHIAKH?

25 וַיֹּאמְרוּ אֲנָשִׁים מִיּשְׁבֵי יְרוּשָׁלָיִם הֲלֹא זֶה הוּא אֲשֶׁר בִּקְשׁוּ לְהָרְגוֹ: 26 וְהִנֵּה הוּא
דֹּבֵר בָּרַבִּים וְלֹא יִגְעֲרוּ בוֹ הַאַף אָמְנָם יָדְעוּ רָאשֵׁינוּ כִּי־בֶאֱמֶת זֶה הוּא **הַמָּשִׁיחַ**: 27
אַךְ הֲלֹא יָדַעְנוּ זֶה מֵאַיִן הוּא **וְהַמָּשִׁיחַ** כִּי יָבוֹא לֹא־יֵדַע אִישׁ אֵי־מִזֶּה הוּא: 28 אָז קָרָא
יָהוֹשֻׁעַ בַּמִּקְדָּשׁ וַיְלַמֵּד וַיֹּאמֶר הֵן יְדַעְתֶּם אֹתִי אַף־יְדַעְתֶּם מֵאַיִן אָנִי וּמִנַּפְשִׁי לֹא־בָאתִי
אָכֵן יֵשׁ נֶאֱמָן אֲשֶׁר שְׁלָחַנִי וְאֹתוֹ לֹא יְדַעְתֶּם: 29 וַאֲנִי יְדַעְתִּיו כִּי מֵאִתּוֹ אָנִי וְהוּא
שְׁלָחָנִי: 30 וַיְבַקְשׁוּ לְתָפְשׂוֹ וְאִישׁ לֹא־שָׁלַח יָד בּוֹ כִּי לֹא־בָא עִתּוֹ: 31 וְרַבִּים מִן־הָעָם
הֶאֱמִינוּ בוֹ וַיֹּאמְרוּ אִם־יָבֹא **הַמָּשִׁיחַ** הֲגַם יַעֲשֶׂה אֹתוֹת הַרְבֵּה מֵאֲשֶׁר עָשָׂה זֶה:

OFFICERS SENT TO ARREST YAHOSHUA

32 וְהַפְּרוּשִׁים שָׁמְעוּ אֶת־הָעָם מִתְלַחֲשִׁים עָלָיו כָּזֹאת וַיִּשְׁלְחוּ הַפְּרוּשִׁים וְרָאשֵׁי
הַכֹּהֲנִים מְשָׁרְתִים לְתָפְשׂוֹ: 33 וַיֹּאמֶר אֲלֵיהֶם **יָהוֹשֻׁעַ** אַךְ־מְעַט עוֹדֶנִּי עִמָּכֶם וְהָלַכְתִּי
אֶל־אֲשֶׁר שְׁלָחָנִי: 34 תְּשַׁחֲרֻנִי וְלֹא תִמְצָאֻנִי וּבַאֲשֶׁר אֲנִי שָׁם אַתֶּם לֹא תוּכְלוּ לָבוֹא:
35 וַיֹּאמְרוּ הַיְּהוּדִים אִישׁ אֶל־רֵעֵהוּ אָנָה יֵלֵךְ זֶה וַאֲנַחְנוּ לֹא נִמְצָאֵהוּ הֲיֵלֵךְ אֶל־הַנְּפוֹצִים
בֵּין הַיְּוָנִים וִילַמֵּד אַנְשֵׁי יָוָן: 36 מָה הַדָּבָר הַזֶּה אֲשֶׁר אָמַר תְּשַׁחֲרֻנִי וְלֹא תִמְצָאֻנִי
וּבַאֲשֶׁר אֲנִי שָׁם אַתֶּם לֹא תוּכְלוּ לָבוֹא:

RIVERS OF LIVING WATER

37 וַיְהִי בַּיּוֹם הָאַחֲרוֹן הַגָּדוֹל בֶּחָג וַיַּעֲמֹד **יָהוֹשֻׁעַ** וַיִּקְרָא לֵאמֹר אִישׁ כִּי יִצְמָא יָבֹא־
נָא אֵלַי וְיִשְׁתֶּה: 38 הַמַּאֲמִין בִּי כִּדְבַר הַכָּתוּב מִבִּטְנוֹ יִנְהֲרוּ נַהֲרֵי מַיִם חַיִּים:

JOHN

13 Howbeit no man spake openly of him for fear of the Yehudim.

14 Now about the midst of the feast **YAHOSHUA** went up into the temple, and taught.

15 And the Yehudim marvelled, saying, How knoweth this man letters, having never learned?

16 **YAHOSHUA** answered them, and said, My doctrine is not mine, but his that sent me.

17 If any man will do his will, he shall know of the doctrine, whether it be of **ELOHIM**, or whether I speak of myself.

18 He that speaketh of himself seeketh his own glory: but he that seeketh his glory that sent him, the same is true, and no unrighteousness is in him.

19 Did not Mosheh give you the Torah, and yet none of you keepeth the Torah? Why go ye about to kill me?

20 The people answered and said, Thou hast a devil: who goeth about to kill thee?

21 **YAHOSHUA** answered and said unto them, I have done one work, and ye all marvel.

22 Mosheh therefore gave unto you circumcision; (not because it is of Mosheh, but of the fathers;) and ye on the **Shabbat** day circumcise a man.

23 If a man on the **Shabbat** day receive circumcision, that the Torah of Mosheh should not be broken; are ye angry at me, because I have made a man every whit whole on the **Shabbat** day?

24 Judge not according to the appearance, but judge righteous judgment.

CAN THIS BE THE MESHIAKH?

25 Then said some of them of Yerushalem, Is not this he, whom they seek to kill?

26 But, lo, he speaketh boldly, and they say nothing unto him. Do the rulers know indeed that this is the very **MESHIAKH**?

27 Howbeit we know this man whence he is: but when **MESHIAKH** cometh, no man knoweth whence he is.

28 Then cried **YAHOSHUA** in the temple as he taught, saying, Ye both know me, and ye know whence I am: and I am not come of myself, but he that sent me is true, whom ye know not.

29 But I know him: for I am from him, and he hath sent me.

30 Then they sought to take him: but no man laid hands on him, because his hour was not yet come.

31 And many of the people believed on him, and said, When **MESHIAKH** cometh, will he do more miracles than these which this man hath done?

OFFICERS SENT TO ARREST YAHOSHUA

32 The Perushim heard that the people murmured such things concerning him; and the Perushim and the chief priests sent officers to take him.

33 Then said **YAHOSHUA** unto them, Yet a little while am I with you, and then I go unto him that sent me.

34 Ye shall seek me, and shall not find me: and where I am, thither ye cannot come.

35 Then said the Yehudim among themselves, Whither will he go, that we shall not find him? will he go unto the dispersed among the Gentiles, and teach the Gentiles?

36 What manner of saying is this that he said, Ye shall seek me, and shall not find me: and where I am, thither ye cannot come?

RIVERS OF LIVING WATER

37 In the last day, that great day of the feast, **YAHOSHUA** stood and cried, saying, If any man thirst, let him come unto me, and drink.

38 He that believeth on me, as the scripture hath said, out of his belly shall flow rivers of living water.

39 וְזֹאת אָמַר עַל־הָרוּחַ אֲשֶׁר יִקָּחֻהוּ הַמַּאֲמִינִים בּוֹ כִּי לֹא־נִתַּן **רוּחַ הַקֹּדֶשׁ** בְּטֶרֶם
נִתְפָּאֵר **יָהוֹשֻׁעַ**:

DIVISION AMONG THE PEOPLE

40 וְרַבִּים מֵהֲמוֹן הָעָם כְּשָׁמְעָם אֶת־הַדָּבָר הַזֶּה אָמְרוּ אָכֵן זֶה הוּא הַנָּבִיא: 41
וְיֵשׁ אֲשֶׁר אָמְרוּ זֶה הוּא **הַמָּשִׁיחַ** וַאֲחֵרִים אָמְרוּ הֲמִן־הַגָּלִיל יָבֹא **הַמָּשִׁיחַ**: 42 הֲלֹא
הַכָּתוּב אֹמֵר כִּי מִזֶּרַע דָּוִד וּמִכְּפַר בֵּית־לֶחֶם מְקוֹם דָּוִד יֵצֵא **הַמָּשִׁיחַ**: 43 וַתְּהִי מַחֲלֹקֶת
בֵּין הָעָם עַל־אֹדוֹתָיו: 44 וּמִקְצָתָם רָצוּ לְתָפְשׂוֹ וְאִישׁ לֹא־שָׁלַח יָד בּוֹ: 45 וַיָּשׁוּבוּ
הַמְשָׁרְתִים אֶל־רָאשֵׁי הַכֹּהֲנִים וְהַפְּרוּשִׁים וְהֵם אָמְרוּ אֲלֵיהֶם מַדּוּעַ לֹא־הֲבֵאתֶם אֹתוֹ:
46 וַיַּעֲנוּ הַמְשָׁרְתִים מֵעוֹלָם לֹא־דִבֶּר אִישׁ כָּאִישׁ הַזֶּה: 47 וַיֹּאמְרוּ אֲלֵיהֶם הַפְּרוּשִׁים
הֲכִי נִדַּחְתֶּם גַּם־אַתֶּם: 48 הֲגַם־הֶאֱמִין בּוֹ אִישׁ מִן־הַשָּׂרִים אוֹ מִן־הַפְּרוּשִׁים: 49 רַק
הֶהָמוֹן הַזֶּה אֲשֶׁר אֵינָם יֹדְעִים אֶת־הַתּוֹרָה אֲרוּרִים הֵמָּה: 50 וַיֹּאמֶר אֲלֵיהֶם נַקְדִּימוֹן
אֲשֶׁר־בָּא אֵלָיו **יָהוֹשֻׁעַ** בַּלָּיְלָה וְהוּא הָיָה אֶחָד מֵהֶם: 51 הֲכִי תִשְׁפֹּט תּוֹרָתֵנוּ אִישׁ
בְּטֶרֶם תַּחְקְרֵהוּ לָדַעַת אֶת־אֲשֶׁר עָשָׂה: 52 וַיַּעֲנוּ וַיֹּאמְרוּ אֵלָיו הֲגַם־אַתָּה מִן־הַגָּלִיל
דְּרֹשׁ־נָא וּרְאֵה כִּי לֹא־קָם נָבִיא מִן־הַגָּלִיל: 53 וַיֵּלְכוּ אִישׁ אִישׁ לְבֵיתוֹ:

THE WOMAN CAUGHT IN ADULTERY

ח **וִיהוֹשֻׁעַ** הָלַךְ אֶל־הַר הַזֵּיתִים: 2 וַיְהִי בַבֹּקֶר וַיָּבֹא עוֹד אֶל־הַמִּקְדָּשׁ
וְכָל־הָעָם בָּאוּ אֵלָיו וַיֵּשֶׁב וַיְלַמְּדֵם: 3 וַיָּבִיאוּ הַסּוֹפְרִים וְהַפְּרוּשִׁים
לְפָנָיו אִשָּׁה אֲשֶׁר נִתְפְּשָׂה וְהִיא נֹאָפֶת וַיַּעֲמִידוּהָ בַּתָּוֶךְ: 4 וַיֹּאמְרוּ אֵלָיו רַבִּי
הָאִשָּׁה הַזֹּאת נִתְפְּשָׂה עַל מַעֲשֵׂה נִאוּפָהּ: 5 וּמֹשֶׁה צִוָּנוּ בַתּוֹרָה לִסְקֹל נָשִׁים
כָּאֵלֶּה וְאַתָּה מַה־תֹּאמַר: 6 וְהֵם לְנַסּוֹת אֹתוֹ דִּבְּרוּ־זֹאת לִמְצֹא עָלָיו שִׂטְנָה
וַיִּתְכּוֹפֵף **יָהוֹשֻׁעַ** לְמַטָּה וַיְתָו בְּאֶצְבָּעוֹ עַל־הַקַּרְקָע: 7 וַיְהִי כַּאֲשֶׁר הוֹסִיפוּ לִשְׁאֹל
אֹתוֹ וַיִּשָּׂא אֶת־עֵינָיו וַיֹּאמֶר אֲלֵיהֶם מִי בָכֶם חַף מִפֶּשַׁע הוּא יַדֶּה־בָּהּ אֶבֶן
בָּרִאשׁוֹנָה: 8 וַיִּתְכּוֹפֵף שֵׁנִית לְמָטָּה וַיְתָו עַל־הַקַּרְקַע: 9 הֵם שָׁמְעוּ וְלִבָּם נֹקְפָם
וַיֵּצְאוּ אֶחָד אֶחָד הָחֵל מִן־הַזְּקֵנִים וְעַד הָאַחֲרוֹנִים וַיִּוָּתֵר **יָהוֹשֻׁעַ** לְבַדּוֹ וְהָאִשָּׁה
עֹמֶדֶת בַּתָּוֶךְ: 10 וַיִּשָּׂא **יָהוֹשֻׁעַ** אֶת־עֵינָיו וַיַּרְא כִּי־אֵין אִישׁ בִּלְתִּי הָאִשָּׁה לְבַדָּהּ
וַיֹּאמֶר אֵלֶיהָ אִשָּׁה אֵיפֹה שֹׂטְנַיִךְ הֲהִרְשִׁיעָךְ אִישׁ: 11 וַתֹּאמֶר לֹא אֶחָד אֲדֹנִי
וַיֹּאמֶר לָכֵן גַּם־אֲנִי לֹא אַרְשִׁיעֵךְ לְכִי לְדַרְכֵּךְ וְאַל תֶּחֶטְאִי עוֹד:

JOHN

39 (But this spake he of the **RUAKH**, which they that believe on him should receive: for the **RUAKH HA' QODESH** was not yet given; because that **YAHOSHUA** was not yet glorified.)

DIVISION AMONG THE PEOPLE

40 Many of the people therefore, when they heard this saying, said, Of a truth this is the Prophet.
41 Others said, This is the **MESHIAKH**. But some said, Shall **MESHIAKH** come out of Galilah?
42 Hath not the scripture said, That **MESHIAKH** cometh of the seed of Dawid, and out of the town of Bethlekhem, where Dawid was?
43 So there was a division among the people because of him.
44 And some of them would have taken him; but no man laid hands on him.
45 Then came the officers to the chief priests and Perushim; and they said unto them, Why have ye not brought him?
46 The officers answered, Never man spake like this man.
47 Then answered them the Perushim, Are ye also deceived?
48 Have any of the rulers or of the Perushim believed on him?
49 But this people who knoweth not the Torah are cursed.
50 Naqdimon saith unto them, (he that came to **YAHOSHUA** by night, being one of them,)
51 Doth our Torah judge any man, before it hear him, and know what he doeth?
52 They answered and said unto him, Art thou also of Galilah? Search, and look: for out of Galilah ariseth no prophet.
53 And every man went unto his own house.

THE WOMAN CAUGHT IN ADULTERY

8 **YAHOSHUA** went unto the mount of Olives.
2 And early in the morning he came again into the temple, and all the people came unto him; and he sat down, and taught them.
3 And the scribes and Perushim brought unto him a woman taken in adultery; and when they had set her in the midst,
4 They say unto him, Master, this woman was taken in adultery, in the very act.
5 Now Mosheh in the Torah commanded us, that such should be stoned: but what sayest thou?
6 This they said, tempting him, that they might have to accuse him. But **YAHOSHUA** stooped down, and with his finger wrote on the ground, as though he heard them not.
7 So when they continued asking him, he lifted up himself, and said unto them, He that is without sin among you, let him first cast a stone at her.
8 And again he stooped down, and wrote on the ground.
9 And they which heard it, they went out one by one, beginning at the eldest, even unto the last: and **YAHOSHUA** was left alone, and the woman standing in the midst.
10 When **YAHOSHUA** had lifted up himself, and saw none but the woman, he said unto her, Woman, where are those thine accusers? hath no man condemned thee?
11 She said, No man, Adone. And **YAHOSHUA** said unto her, Neither do I condemn thee: go, and sin no more.

I AM THE LIGHT OF THE WORLD

12 וַיֹּסֶף **יָהוֹשֻׁעַ** וַיְדַבֵּר אֲלֵיהֶם לֵאמֹר אֲנִי אוֹר הָעוֹלָם כָּל־הַהֹלֵךְ אַחֲרַי לֹא יִתְהַלֵּךְ
בַּחֲשֵׁכָה כִּי־אוֹר הַחַיִּים יִהְיֶה־לּוֹ׃ 13 וַיֹּאמְרוּ הַפְּרוּשִׁים עַל־נַפְשְׁךָ אַתָּה מֵעִיד עֵדוּתְךָ
אֵינֶנָּה נֶאֱמָנָה׃ 14 וַיַּעַן **יָהוֹשֻׁעַ** וַיֹּאמֶר אֲלֵיהֶם אַף אִם־אָעִיד עַל־נַפְשִׁי עֵדוּתִי אֱמֶת יַעַן
אֲשֶׁר־יָדַעְתִּי מֵאַיִן בָּאתִי וְאָנָה אֲנִי הֹלֵךְ וְאַתֶּם לֹא יְדַעְתֶּם מֵאַיִן בָּאתִי וְאָנָה אֵלֵךְ׃ 15
אַתֶּם לְפִי הַבָּשָׂר תִּשְׁפֹּטוּ וַאֲנִי לֹא אֶשְׁפֹּט אִישׁ׃ 16 וְכִי אֶשְׁפֹּט אָנֹכִי מִשְׁפָּטִי אֱמֶת
כִּי לֹא לְבַדִּי אָנִי כִּי אִם־אֲנִי וְהָאָב אֲשֶׁר שְׁלָחָנִי׃ 17 וְגַם בְּתוֹרַתְכֶם כָּתוּב כִּי עֵדוּת
שְׁנֵי אֲנָשִׁים נֶאֱמָנָה הִיא׃ 18 אֲנִי הוּא הַמֵּעִיד עָלַי וְגַם־הָאָב אֲשֶׁר שְׁלָחַנִי יְעִידֵנִי׃ 19
וַיֹּאמְרוּ אֵלָיו אָבִיךָ אַיּוֹ וַיַּעַן **יָהוֹשֻׁעַ** גַּם־אֹתִי גַּם אֶת־אָבִי לֹא יְדַעְתֶּם וְלוּ יְדַעְתֶּם אֹתִי
כִּי עַתָּה גַּם אֶת־אָבִי יְדַעְתֶּם׃ 20 כַּדְּבָרִים הָאֵלֶּה דִּבֶּר **יָהוֹשֻׁעַ** בְּבֵית הָאוֹצָר בְּלַמְּדוֹ
בַּמִּקְדָּשׁ וְלֹא־תְפָשׂוּ אִישׁ כִּי לֹא־בָא עִתּוֹ׃ 21 וַיּוֹסֶף **יָהוֹשֻׁעַ** וַיֹּאמֶר אֲלֵיהֶם אֲנִי הֹלֵךְ
מִזֶּה וּתְבַקְשׁוּנִי וּבְחַטַּאתְכֶם תָּמוּתוּ אֶל־אֲשֶׁר אֲנִי הֹלֵךְ שָׁמָּה אַתֶּם לֹא־תוּכְלוּ לָבוֹא׃
22 וַיֹּאמְרוּ הַיְּהוּדִים הֲיְאַבֵּד עַצְמוֹ כִּי אָמַר אֶל־אֲשֶׁר אֲנִי הוֹלֵךְ שָׁמָּה אַתֶּם לֹא־תוּכְלוּ
לָבוֹא׃ 23 וַיֹּאמֶר אֲלֵיהֶם אַתֶּם הִנְּכֶם מִן־הַתַּחְתּוֹנִים וַאֲנִי מִן־הָעֶלְיוֹנִים אַתֶּם מִן־הָעוֹלָם
הַזֶּה וַאֲנִי אֵינֶנִּי מִן־הָעוֹלָם הַזֶּה׃ 24 לָכֵן אָמַרְתִּי לָכֶם כִּי תָמוּתוּ בַּחֲטָאֵיכֶם כִּי אִם־לֹא
תַאֲמִינוּ כִּי־אֲנִי הוּא בַּחֲטָאֵיכֶם תָּמוּתוּ׃ 25 וַיֹּאמְרוּ אֵלָיו מִי־זֶה אָתָּה וַיֹּאמֶר אֲלֵיהֶם
יָהוֹשֻׁעַ אֲשֶׁר גַּם מֵרֹאשׁ דִּבַּרְתִּי לָכֶם׃ 26 רַבּוֹת עִמִּי לְדַבֵּר וְלִשְׁפֹּט עֲלֵיכֶם אָכֵן שֹׁלְחִי
נֶאֱמָן הוּא וַאֲשֶׁר שָׁמַעְתִּי מִמֶּנּוּ אֹתוֹ אֲדַבֵּר אֶל־הָעוֹלָם׃ 27 וְהֵם לֹא הֵבִינוּ כִּי עַל־הָאָב
אָמַר אֲלֵיהֶם׃ 28 אָז אָמַר לָהֶם **יָהוֹשֻׁעַ** בְּעֵת תְּנַשְּׂאוּ אֶת־בֶּן־הָאָדָם וִידַעְתֶּם כִּי־אֲנִי
הוּא וְכִי אֵינֶנִּי עֹשֶׂה דָבָר מִנַּפְשִׁי כִּי אִם־כַּאֲשֶׁר לִמְּדַנִי אָבִי אֵלֶּה אֲדַבֵּר׃ 29 וַאֲשֶׁר שָׁלַח
אֹתִי הוּא עִמָּדִי הָאָב לֹא עֲזָבַנִי לְבָדָד כִּי אֶת־הַטּוֹב בְּעֵינָיו אֲנִי עֹשֶׂה תָּמִיד׃ 30 וַיְהִי
בְּדַבְּרוֹ זֹאת וַיַּאֲמִינוּ בוֹ רַבִּים׃

THE TRUTH WILL SET YOU FREE

31 וַיֹּאמֶר **יָהוֹשֻׁעַ** אֶל־הַיְּהוּדִים הַמַּאֲמִינִים בּוֹ אִם־תַּעַמְדוּ בִדְבָרִי בֶּאֱמֶת תַּלְמִידִים
אַתֶּם לִי׃ 32 וִידַעְתֶּם אֶת הָאֱמֶת וְהָאֱמֶת תּוֹצִיאֲכֶם לְחֵרוּת׃ 33 וַיַּעֲנוּ אֹתוֹ זֶרַע
אַבְרָהָם אֲנַחְנוּ וּמִיָּמֵינוּ לֹא־הָיִינוּ לְאִישׁ לַעֲבָדִים וְאֵיכָה תֹּאמַר בְּנֵי חוֹרִין תִּהְיוּ׃
34 וַיַּעַן אֹתָם **יָהוֹשֻׁעַ** אָמֵן אָמֵן אֲנִי אֹמֵר לָכֶם כָּל־עֹשֶׂה חֵטְא עֶבֶד הוּא לַחֵטְא׃
35 וְהָעֶבֶד לֹא־יִשְׁכֹּן בַּבַּיִת לְעוֹלָם הַבֵּן יִשְׁכֹּן לְעוֹלָם׃

JOHN

I AM THE LIGHT OF THE WORLD

12 Then spake **YAHOSHUA** again unto them, saying, I am the light of the world: he that followeth me shall not walk in darkness, but shall have the light of life.

13 The Perushim therefore said unto him, Thou bearest record of thyself; thy record is not true.

14 **YAHOSHUA** answered and said unto them, Though I bear record of myself, yet my record is true: for I know whence I came, and whither I go; but ye cannot tell whence I come, and whither I go.

15 Ye judge after the flesh; I judge no man.

16 And yet if I judge, my judgment is true: for I am not alone, but I and the Father that sent me.

17 It is also written in your Torah, that the testimony of two men is true.

18 I am one that bear witness of myself, and the Father that sent me beareth witness of me.

19 Then said they unto him, Where is thy Father? **YAHOSHUA** answered, Ye neither know me, nor my Father: if ye had known me, ye should have known my Father also.

20 These words spake **YAHOSHUA** in the treasury, as he taught in the temple: and no man laid hands on him; for his hour was not yet come.

21 Then said **YAHOSHUA** again unto them, I go my way, and ye shall seek me, and shall die in your sins: whither I go, ye cannot come.

22 Then said the Yehudim, Will he kill himself? because he saith, Whither I go, ye cannot come.

23 And he said unto them, Ye are from beneath; I am from above: ye are of this world; I am not of this world.

24 I said therefore unto you, that ye shall die in your sins: for if ye believe not that I am he, ye shall die in your sins.

25 Then said they unto him, Who art thou? And **YAHOSHUA** saith unto them, Even the same that I said unto you from the beginning.

26 I have many things to say and to judge of you: but he that sent me is true; and I speak to the world those things which I have heard of him.

27 They understood not that he spake to them of the Father.

28 Then said **YAHOSHUA** unto them, When ye have lifted up the Son of man, then shall ye know that I am he, and that I do nothing of myself; but as my Father hath taught me, I speak these things.

29 And he that sent me is with me: the Father hath not left me alone; for I do always those things that please him.

30 As he spake these words, many believed on him.

THE TRUTH WILL SET YOU FREE

31 Then said **YAHOSHUA** to those Yehudim which believed on him, If ye continue in my word, then are ye my disciples indeed;

32 And ye shall know the truth, and the truth shall make you free.

33 They answered him, We be Abraham's seed, and were never in bondage to any man: how sayest thou, Ye shall be made free?

34 **YAHOSHUA** answered them, Verily, verily, I say unto you, Whosoever committeth sin is the servant of sin.

35 And the servant abideth not in the house for ever: but the Son abideth ever.

36 לָכֵן אִם־הַבֵּן יַעֲשֶׂה אֶתְכֶם בְּנֵי חוֹרִין חָפְשִׁים בֶּאֱמֶת תִּהְיוּ׃ 37 יָדַעְתִּי כִּי־זֶרַע
אַבְרָהָם אַתֶּם אֲבָל אַתֶּם מְבַקְשִׁים לַהֲמִיתֵנִי כִּי דְבָרִי לֹא־יִכֹּן בְּתוֹכְכֶם׃ 38 אֲנִי
מְדַבֵּר אֵת אֲשֶׁר רָאִיתִי אֵצֶל אָבִי וְאַתֶּם עֹשִׂים אֵת אֲשֶׁר רְאִיתֶם אֵצֶל אֲבִיכֶם׃

YOU ARE OF YOUR FATHER THE DEVIL

39 וַיַּעֲנוּ וַיֹּאמְרוּ אֵלָיו אָבִינוּ הוּא אַבְרָהָם וַיֹּאמֶר אֲלֵיהֶם **יָהוֹשֻׁעַ** לוּ הֱיִיתֶם בְּנֵי
אַבְרָהָם כְּמַעֲשֵׂי אַבְרָהָם עֲשִׂיתֶם׃ 40 וְעַתָּה אַתֶּם מְבַקְשִׁים לַהֲמִיתֵנִי אֲנִי הָאִישׁ
אֲשֶׁר דִּבַּרְתִּי אֲלֵיכֶם הָאֱמֶת אֲשֶׁר שָׁמַעְתִּי מֵעִם הָאֱלֹהִים אַבְרָהָם לֹא עָשָׂה כָּזֹאת׃
41 אֶת־מַעֲשֵׂי אֲבִיכֶם אַתֶּם עֹשִׂים וַיֹּאמְרוּ אֵלָיו לֹא יַלְדֵי זְנוּנִים אֲנַחְנוּ יֶשׁ־לָנוּ אָב
אֶחָד הוּא הָאֱלֹהִים׃ 42 וַיֹּאמֶר אֲלֵיהֶם **יָהוֹשֻׁעַ** לוּ הָיָה אֱלֹהִים אֲבִיכֶם כִּי־עַתָּה
אֲהַבְתֶּם אֹתִי כִּי אָנֹכִי יָצָאתִי וּבָאתִי מֵאֵת הָאֱלֹהִים הֵן־לֹא־מִמֶּנִּי בָאתִי אַךְ־הוּא
שְׁלָחָנִי׃ 43 מַדּוּעַ לֹא תֵדְעוּ לְשׁוֹנִי יַעַן אֲשֶׁר לֹא־תוּכְלוּן לִשְׁמֹעַ אֶת־דְּבָרִי׃ 44 אַתֶּם
מֵאֵת אֲבִיכֶם הַשָּׂטָן וְלַעֲשׂוֹת אֶת־תַּאֲוֹת אֲבִיכֶם חֲפַצְתֶּם הוּא רֹצֵחַ הָיָה מֵרֹאשׁ
וּבָאֱמֶת לֹא עָמָד כִּי אֱמֶת אֵין־בּוֹ מִדֵּי דַבְּרוֹ שֶׁקֶר יְדַבֵּר מִלִּבּוֹ כִּי־מְשַׁקֵּר הוּא וַאֲבִי
הַשָּׁקֶר׃ 45 וַאֲנִי יַעַן דַּבְּרִי הָאֱמֶת לֹא תַאֲמִינוּ לִי׃ 46 מִי בָכֶם עַל־עָוֹן יוֹכִיחֵנִי וְאִם־
אֱמֶת דִּבַּרְתִּי מַדּוּעַ לֹא־תַאֲמִינוּ לִי׃ 47 אֲשֶׁר מֵאֵת הָאֱלֹהִים הוּא יִשְׁמַע אֶת־דִּבְרֵי
הָאֱלֹהִים וְאַתֶּם לֹא שְׁמַעְתֶּם בַּאֲשֶׁר אֵינְכֶם מֵאֵת הָאֱלֹהִים׃

BEFORE ABRAHAM WAS, I AM

48 אָז יַעֲנוּ הַיְּהוּדִים וַיֹּאמְרוּ אֵלָיו הֲלֹא הֵטַבְנוּ אֲשֶׁר דִּבַּרְנוּ כִּי שֹׁמְרוֹנִי אַתָּה וְשֵׁד בָּךְ׃
49 וַיַּעַן **יָהוֹשֻׁעַ** שֵׁד אֵין־בִּי רַק אֶת־אָבִי אֲנִי מְכַבֵּד וְאַתֶּם תְּבְזוּנִי׃ 50 אָכֵן לֹא אֶדְרֹשׁ
אֶת־כְּבוֹדִי יֵשׁ אֶחָד אֲשֶׁר יִדְרֹשׁ וְיִשְׁפֹּט׃ 51 אָמֵן אָמֵן אֲנִי אֹמֵר לָכֶם אִם־יִשְׁמֹר אִישׁ
אֶת־דְּבָרִי לֹא יִרְאֶה־מָּוֶת לָנֶצַח׃ 52 וַיֹּאמְרוּ אֵלָיו הַיְּהוּדִים עַתָּה יָדַעְנוּ כִּי־שֵׁד בָּךְ הֵן
אַבְרָהָם וְהַנְּבִיאִים מֵתוּ וְאַתָּה אָמַרְתָּ אִם־יִשְׁמֹר אִישׁ אֶת־דְּבָרִי לֹא יִטְעַם־מָוֶת לָנֶצַח׃
53 הֲגָדוֹל אַתָּה מֵאַבְרָהָם אָבִינוּ אֲשֶׁר מֵת גַּם־הַנְּבִיאִים מֵתוּ מַה־תַּעֲשֶׂה עַצְמֶךָ׃ 54
וַיַּעַן **יָהוֹשֻׁעַ** אִם־אֲנִי מְכַבֵּד אֶת־נַפְשִׁי כְּבוֹדִי מֵאָיִן אָבִי הוּא הַמְכַבֵּד אֹתִי אֲשֶׁר תֹּאמְרוּ
לוֹ הוּא אֱלֹהֵינוּ׃ 55 וְלֹא יְדַעְתֶּם אֹתוֹ וַאֲנִי יָדַעְתִּי וְאִם־אָמַרְתִּי אֵינֶנִּי יֹדֵעַ אֹתוֹ אֶהְיֶה
מְשַׁקֵּר כְּמוֹכֶם אֲבָל יְדַעְתִּיו וְאֶת־דְּבָרוֹ שָׁמָרְתִּי׃ 56 אַבְרָהָם אֲבִיכֶם שָׂשׂ לִרְאוֹת אֶת־
יוֹמִי וַיַּרְא וַיִּשְׂמָח׃ 57 וַיֹּאמְרוּ אֵלָיו הַיְּהוּדִים לֹא בֶן־חֲמִשִּׁים שָׁנָה אַתָּה וְאֶת־אַבְרָהָם
רָאִיתָ׃ 58 וַיֹּאמֶר אֲלֵיהֶם **יָהוֹשֻׁעַ** אָמֵן אָמֵן אֲנִי אֹמֵר לָכֶם בְּטֶרֶם הֱיוֹת אַבְרָהָם אֲנִי הָיִיתִי׃

JOHN

36 If the Son therefore shall make you free, ye shall be free indeed.

37 I know that ye are Abraham's seed; but ye seek to kill me, because my word hath no place in you.

38 I speak that which I have seen with my Father: and ye do that which ye have seen with your father.

YOU ARE OF YOUR FATHER THE DEVIL

39 They answered and said unto him, Abraham is our father. **YAHOSHUA** saith unto them, If ye were Abraham's children, ye would do the works of Abraham.

40 But now ye seek to kill me, a man that hath told you the truth, which I have heard of ELOHIM: this did not Abraham.

41 Ye do the deeds of your father. Then said they to him, We be not born of fornication; we have one Father, even ELOHIM.

42 **YAHOSHUA** said unto them, If ELOHIM were your Father, ye would love me: for I proceeded forth and came from ELOHIM; neither came I of myself, but he sent me.

43 Why do ye not understand my speech? even because ye cannot hear my word.

44 Ye are of your father the devil, and the lusts of your father ye will do. He was a murderer from the beginning, and abode not in the truth, because there is no truth in him. When he speaketh a lie, he speaketh of his own: for he is a liar, and the father of it.

45 And because I tell you the truth, ye believe me not.

46 Which of you convinceth me of sin? And if I say the truth, why do ye not believe me?

47 He that is of ELOHIM heareth ELOHIM'S words: ye therefore hear them not, because ye are not of ELOHIM.

BEFORE ABRAHAM WAS, I AM

48 Then answered the Yehudim, and said unto him, Say we not well that thou art a Samaritan, and hast a devil?

49 **YAHOSHUA** answered, I have not a devil; but I honour my Father, and ye do dishonour me.

50 And I seek not mine own glory: there is one that seeketh and judgeth.

51 Verily, verily, I say unto you, If a man keep my saying, he shall never see death.

52 Then said the Yehudim unto him, Now we know that thou hast a devil. Abraham is dead, and the prophets; and thou sayest, If a man keep my saying, he shall never taste of death.

53 Art thou greater than our father Abraham, which is dead? and the prophets are dead: whom makest thou thyself?

54 **YAHOSHUA** answered, If I honour myself, my honour is nothing: it is my Father that honoureth me; of whom ye say, that he is your ELOHIM:

55 Yet ye have not known him; but I know him: and if I should say, I know him not, I shall be a liar like unto you: but I know him, and keep his saying.

56 Your father Abraham rejoiced to see my day: and he saw it, and was glad.

57 Then said the Yehudim unto him, Thou art not yet fifty years old, and hast thou seen Abraham?

58 **YAHOSHUA** said unto them, Verily, verily, I say unto you, Before Abraham was, I am.

59 אָז יָרִימוּ אֲבָנִים לִרְגּם אֹתוֹ וִי**הוֹשֻׁעַ** הִתְעַלָּם וַיֵּצֵא מִן־הַמִּקְדָּשׁ וַיַּעֲבֹר בְּתוֹכָם עָבוֹר
וְחָלוֹף׃

HEALS A MAN BORN BLIND

ט וַיְהִי בְּעָבְרוֹ **יָהוֹשֻׁעַ** וַיַּרְא אִישׁ וְהוּא עִוֵּר מִיּוֹם הִוָּלְדוֹ׃ 2 וַיִּשְׁאֲלוּ אֹתוֹ תַּלְמִידָיו
לֵאמֹר רַבִּי מִי הַחֹטֵא הוּא אוֹ יֹלְדָיו כִּי נוֹלַד עִוֵּר׃ 3 וַיַּעַן **יָהוֹשֻׁעַ** לֹא הוּא חָטָא
וְלֹא יוֹלְדָיו אַךְ לְמַעַן יִגָּלוּ־בוֹ מַעַלְלֵי־אֵל׃ 4 עָלַי לַעֲשׂוֹת מַעֲשֵׂי שֹׁלְחִי בְּעוֹד יוֹם יָבוֹא
הַלַּיְלָה אֲשֶׁר־בּוֹ לֹא־יָכֹל אִישׁ לַעֲשׂוֹת׃ 5 בְּעוֹדֶנִּי בָּעוֹלָם אוֹר הָעוֹלָם אָנִי׃ 6 וַיְהִי כְּדַבְּרוֹ
זֹאת וַיָּרֶק עַל־הָאָרֶץ וַיַּעַשׂ טִיט מִן־הָרוֹק וַיִּמְרַח אֶת־הַטִּיט עַל־עֵינֵי הָעִוֵּר׃ 7 וַיֹּאמֶר אֵלָיו
לֵךְ וּרְחַץ בִּבְרֵכַת הַשִּׁלֹחַ הוּא שָׁלוּחַ וַיֵּלֶךְ וַיִּרְחַץ וַיָּבֹא וְעֵינָיו רֹאוֹת׃ 8 וַיֹּאמְרוּ שְׁכֵנָיו וַאֲשֶׁר
רָאוּ אֹתוֹ לְפָנִים כִּי־עִוֵּר הוּא הֲלֹא הוּא הַיֹּשֵׁב וְשֹׁאֵל צְדָקָה׃ 9 אֵלֶּה אָמְרוּ כִּי־זֶה הוּא
וְאֵלֶּה אָמְרוּ אַךְ־דּוֹמֶה לּוֹ וְהוּא אָמַר אֲנִי הוּא׃ 10 וַיֹּאמְרוּ אֵלָיו וְאֵיךְ נִפְקְחוּ עֵינֶיךָ׃ 11
וַיַּעַן וַיֹּאמַר אִישׁ אֲשֶׁר־נִקְרָא שְׁמוֹ **יָהוֹשֻׁעַ** עָשָׂה טִיט וַיִּמְרַח עַל־עֵינַי וַיֹּאמֶר אֵלַי לֵךְ וּרְחַץ
בִּבְרֵכַת הַשִּׁלֹחַ וָאֵלֵךְ וָאֶרְחַץ וַתִּפָּקַחְנָה עֵינָי׃ 12 וַיֹּאמְרוּ אֵלָיו וְאַיּוֹ וַיֹּאמֶר לֹא יָדָעְתִּי׃
13 וַיָּבִיאוּ אֶת־הָאִישׁ אֲשֶׁר הָיָה עִוֵּר לִפְנֵי אֶל־הַפְּרוּשִׁים׃ 14 וְהַיּוֹם אֲשֶׁר עָשָׂה־בוֹ **יָהוֹ**
שֻׁעַ אֶת־הַטִּיט וַיִּפְקַח אֶת־עֵינָיו הָיָה יוֹם **הַשַּׁבָּת**׃ 15 וַיּוֹסִיפוּ לִשְׁאֹל אֹתוֹ גַּם־הַפְּרוּשִׁים
אֵיךְ נִפְקְחוּ עֵינָיו וַיֹּאמֶר אֲלֵיהֶם טִיט שָׂם עַל־עֵינַי וָאֶרְחַץ וְהִנְנִי רֹאֶה׃ 16 וַיֹּאמְרוּ מִקְצָת
הַפְּרוּשִׁים זֶה הָאִישׁ לֹא מֵאֵת אֱלֹהִים הוּא כִּי לֹא־יִשְׁמֹר אֶת־**הַשַּׁבָּת** וַאֲחֵרִים אָמְרוּ אֵיכָה
יוּכַל אִישׁ חֹטֵא לַעֲשׂוֹת אֹתוֹת כָּאֵלֶּה וַתְּהִי־מַחֲלֹקֶת בֵּינֵיהֶם׃ 17 וַיּוֹסִיפוּ וַיֹּאמְרוּ אֶל־
הָעִוֵּר וְאַתָּה מַה־תֹּאמַר לוֹ כִּי פָקַח עֵינֶיךָ וַיֹּאמֶר נָבִיא הוּא׃ 18 וְלֹא־הֶאֱמִינוּ הַיְּהוּדִים כִּי
עִוֵּר הָיָה וְאֹרוּ עֵינָיו עַד־אֲשֶׁר קָרְאוּ אֶל־יוֹלְדֵי הַנִּרְפָּא׃ 19 וַיִּשְׁאֲלוּ אֹתָם לֵאמֹר הֲזֶה בִנְכֶם
אֲשֶׁר אֲמַרְתֶּם נוֹלַד עִוֵּר וְאֵיכָה הוּא רֹאֶה עָתָּה׃ 20 וַיַּעֲנוּ אֹתָם יוֹלְדָיו וַיֹּאמְרוּ יָדַעְנוּ כִּי
זֶה הוּא בְּנֵנוּ וְכִי נוֹלַד עִוֵּר׃ 21 אֲבָל לֹא יָדַעְנוּ אֵיךְ הוּא רֹאֶה עַתָּה וְלֹא יָדַעְנוּ מִי פָקַח
אֶת־עֵינָיו הֲלֹא בֶן־דַּעַת הוּא שַׁאֲלוּ אֶת־פִּיהוּ וְהוּא יַגִּיד מֶה־הָיָה לוֹ׃ 22 כָּזֹאת דִּבְּרוּ
יוֹלְדָיו מִיִּרְאָתָם אֶת־הַיְּהוּדִים כִּי הַיְּהוּדִים כְּבָר נוֹעֲצוּ לְנַדּוֹת אֶת־כָּל־אֲשֶׁר יוֹדֶה כִּי הוּא
הַמָּשִׁיחַ׃ 23 עַל־כֵּן אָמְרוּ יוֹלְדָיו בֶּן־דַּעַת הוּא שַׁאֲלוּ אֶת־פִּיהוּ׃ 24 וַיִּקְרְאוּ שֵׁנִית לָאִישׁ
אֲשֶׁר הָיָה עִוֵּר וַיֹּאמְרוּ אֵלָיו תֵּן כָּבוֹד לֵאלֹהִים אֲנַחְנוּ יָדַעְנוּ כִּי־הָאִישׁ הַזֶּה חֹטֵא הוּא׃
25 וַיַּעַן וַיֹּאמַר אִם־חֹטֵא הָאִישׁ לֹא יָדָעְתִּי אַחַת יָדַעְתִּי כִּי עִוֵּר הָיִיתִי וְעַתָּה הִנְנִי רֹאֶה׃

JOHN

59 Then took they up stones to cast at him: but **YAHOSHUA** hid himself, and went out of the temple, going through the midst of them, and so passed by.

HEALS A MAN BORN BLIND

9 And as **YAHOSHUA** passed by, he saw a man which was blind from his birth.

2 And his disciples asked him, saying, Master, who did sin, this man, or his parents, that he was born blind?

3 **YAHOSHUA** answered, Neither hath this man sinned, nor his parents: but that the works of ELOHIM should be made manifest in him.

4 I must work the works of him that sent me, while it is day: the night cometh, when no man can work.

5 As long as I am in the world, I am the light of the world.

6 When he had thus spoken, he spat on the ground, and made clay of the spittle, and he anointed the eyes of the blind man with the clay,

7 And said unto him, Go, wash in the pool of Siloam, (which is by interpretation, Sent.) He went his way therefore, and washed, and came seeing.

8 The neighbours therefore, and they which before had seen him that he was blind, said, Is not this he that sat and begged?

9 Some said, This is he: others said, He is like him: but he said, I am he.

10 Therefore said they unto him, How were thine eyes opened?

11 He answered and said, A man that is called **YAHOSHUA** made clay, and anointed mine eyes, and said unto me, Go to the pool of Siloam, and wash: and I went and washed, and I received sight.

12 Then said they unto him, Where is he? He said, I know not.

13 They brought to the Perushim him that aforetime was blind.

14 And it was the **Shabbat** day when **YAHOSHUA** made the clay, and opened his eyes.

15 Then again the Perushim also asked him how he had received his sight. He said unto them, He put clay upon mine eyes, and I washed, and do see.

16 Therefore said some of the Perushim, This man is not of ELOHIM, because he keepeth not the **Shabbat** day. Others said, How can a man that is a sinner do such miracles? And there was a division among them.

17 They say unto the blind man again, What sayest thou of him, that he hath opened thine eyes? He said, He is a prophet.

18 But the Yehudim did not believe concerning him, that he had been blind, and received his sight, until they called the parents of him that had received his sight.

19 And they asked them, saying, Is this your son, who ye say was born blind? how then doth he now see?

20 His parents answered them and said, We know that this is our son, and that he was born blind:

21 But by what means he now seeth, we know not; or who hath opened his eyes, we know not: he is of age; ask him: he shall speak for himself.

22 These words spake his parents, because they feared the Yehudim: for the Yehudim had agreed already, that if any man did confess that he was **MESHIAKH**, he should be put out of the Congregation.

23 Therefore said his parents, He is of age; ask him.

24 Then again called they the man that was blind, and said unto him, Give ELOHIM the praise: we know that this man is a sinner.

25 He answered and said, Whether he be a sinner or no, I know not: one thing I know, that, whereas I was blind, now I see.

26 וַיֹּאמְרוּ אֵלָיו עוֹד מֶה־עָשָׂה לְךָ אֵיךְ פָּקַח עֵינֶיךָ: 27 וַיַּעַן אֹתָם כְּבָר אָמַרְתִּי לָכֶם
הֲלֹא שְׁמַעְתֶּם וּמַה־לָּכֶם לִשְׁמֹעַ שֵׁנִית הֲתַחְפְּצוּ גַם־אַתֶּם לִהְיוֹת תַּלְמִידָיו: 28 וַיְחָרְפוּ
אֹתוֹ וַיֹּאמְרוּ אַתָּה תַלְמִידוֹ וַאֲנַחְנוּ תַּלְמִידָיו שֶׁל־מֹשֶׁה: 29 אֲנַחְנוּ יוֹדְעִים כִּי אֶל־
מֹשֶׁה דִּבֶּר הָאֱלֹהִים וְאֶת־זֶה לֹא יָדַעְנוּ מֵאַיִן הוּא: 30 וַיַּעַן הָאִישׁ וַיֹּאמֶר אֲלֵיהֶם דָּבָר
נִפְלָא הוּא אֲשֶׁר אַתֶּם לֹא יְדַעְתֶּם מֵאַיִן הוּא וְהוּא פָּקַח אֶת־עֵינָי: 31 וְהִנֵּה יָדַעְנוּ כִּי
אֶת־הַחַטָּאִים לֹא־יִשְׁמַע אֵל כִּי אִם־אֶת־יְרֵא אֱלֹהִים וְעֹשֶׂה רְצוֹנוֹ אֹתוֹ יִשְׁמָע: 32
מֵעוֹלָם לֹא נִשְׁמַע אֲשֶׁר־פָּקַח אִישׁ עֵינֵי עִוֵּר מֵרָחֶם: 33 לוּלֵא הָיָה זֶה מֵאֵת אֱלֹהִים
לֹא הָיָה יָכֹל לַעֲשׂוֹת מְאוּמָה: 34 וַיַּעֲנוּ וַיֹּאמְרוּ אֵלָיו הֵן בַּחֲטָאִים נוֹלַדְתָּ כֻּלְּךָ וְאַתָּה
תְלַמְּדֵנוּ וַיֶּהְדְּפֻהוּ הַחוּצָה: 35 וַיִּשְׁמַע **יָהוֹשֻׁעַ** כִּי הֲדָפֻהוּ הַחוּצָה וַיִּפְגְּשֵׁהוּ וַיֹּאמֶר
אֵלָיו הֲתַאֲמִין בְּבֶן־הָאָדָם: 36 וַיַּעַן וַיֹּאמַר מִי הוּא־זֶה אֲדֹנִי וְאַאֲמִין בּוֹ: 37 וַיֹּאמֶר
אֵלָיו **יָהוֹשֻׁעַ** הֵן־רָאִיתָ אֹתוֹ וְהַמְדַבֵּר אֵלֶיךָ הִנֵּה זֶה הוּא: 38 וַיֹּאמֶר אֲנִי מַאֲמִין
אֲדֹנִי וַיִּשְׁתַּחוּ לוֹ: 39 וַיֹּאמֶר **יָהוֹשֻׁעַ** אֲנִי בָאתִי לָעוֹלָם הַזֶּה לָדִין לְמַעַן יִרְאוּ הָעִוְרִים
וְהָרֹאִים יִהְיוּ לְעִוְרִים: 40 וַאֲשֶׁר הָיוּ עִמּוֹ מִן־הַפְּרוּשִׁים שָׁמְעוּ דְבָרָיו וַיֹּאמְרוּ אֵלָיו
הֲגַם אֲנַחְנוּ עִוְרִים: 41 וַיֹּאמֶר אֲלֵיהֶם לוּ הֱיִיתֶם עִוְרִים לֹא־הָיָה בָכֶם חֵטְא וְעַתָּה
אֲמַרְתֶּם פִּקְחִים אֲנַחְנוּ וְתַעֲמֹד חַטַּאתְכֶם:

I AM THE GOOD SHEPHERD

י אָמֵן אָמֵן אֲנִי אֹמֵר לָכֶם אִישׁ אֲשֶׁר לֹא־יָבוֹא דֶּרֶךְ הַשַּׁעַר אֶל־מִכְלָא הַצֹּאן
כִּי אִם־יַעֲלֶה בְּדֶרֶךְ אַחֵר גַּנָּב הוּא וּפָרִיץ: 2 וַאֲשֶׁר יָבוֹא דֶּרֶךְ הַשַּׁעַר הוּא
רֹעֵה הַצֹּאן: 3 לוֹ יִפְתַּח שֹׁמֵר הַפֶּתַח וְהַצֹּאן אֶת־קֹלוֹ תִּשְׁמַעְנָה וְהוּא לְצֹאנוֹ
בְּשֵׁם יִקְרָא וְיוֹצִיאֵם: 4 וְאַחֲרֵי הוֹצִיאוֹ אֶת־צֹאנוֹ יַעֲבֹר לִפְנֵיהֶן וְהַצֹּאן הֹלְכוֹת
אַחֲרָיו כִּי יָדְעוּ אֶת־קוֹלוֹ: 5 וְאַחֲרֵי זָר לֹא תֵלַכְנָה כִּי אִם תִּבְרַחְנָה מִפָּנָיו אֶת־קוֹל
הַזָּרִים לֹא יָדָעוּ: 6 הַמָּשָׁל הַזֶּה דִּבֶּר **יָהוֹשֻׁעַ** בְּאָזְנֵיהֶם וְהֵמָּה לֹא יָדְעוּ מָה הַדָּבָר
אֲשֶׁר דִּבֶּר אֲלֵיהֶם: 7 וַיּוֹסֶף **יָהוֹשֻׁעַ** וַיְדַבֵּר אֲלֵיהֶם אָמֵן אָמֵן אֲנִי אֹמֵר לָכֶם אֲנִי
הוּא פֶּתַח הַצֹּאן: 8 כֹּל אֲשֶׁר בָּאוּ לְפָנַי גַּנָּבִים הֵמָּה וּפָרִיצִים וְהַצֹּאן לֹא־שָׁמְעוּ
לְקוֹלָם: 9 אָנֹכִי הַפָּתַח אִישׁ כִּי־יָבוֹא בִי יִוָּשֵׁעַ וּבְצֵאתוֹ וּבְבוֹאוֹ יִמְצָא מִרְעֶה:
10 הַגַּנָּב לֹא יָבוֹא כִּי אִם־לִגְנוֹב וְלַהֲרוֹג וּלְאַבֵּד וַאֲנִי בָאתִי לְהָבִיא לָהֶם חַיִּים
וּמְלֹא סִפְקָם: 11 אָנֹכִי הוּא הָרֹעֶה הַטּוֹב הָרֹעֶה הַטּוֹב יִתֵּן אֶת־נַפְשׁוֹ בְּעַד צֹאנוֹ:

JOHN

26 Then said they to him again, What did he to thee? how opened he thine eyes?

27 He answered them, I have told you already, and ye did not hear: wherefore would ye hear it again? will ye also be his disciples?

28 Then they reviled him, and said, Thou art his disciple; but we are Mosheh's disciples.

29 We know that ELOHIM spake unto Mosheh: as for this fellow, we know not from whence he is.

30 The man answered and said unto them, Why herein is a marvellous thing, that ye know not from whence he is, and yet he hath opened mine eyes.

31 Now we know that ELOHIM heareth not sinners: but if any man be a worshipper of ELOHIM, and doeth his will, him he heareth.

32 Since the world began was it not heard that any man opened the eyes of one that was born blind.

33 If this man were not of ELOHIM, he could do nothing.

34 They answered and said unto him, Thou wast altogether born in sins, and dost thou teach us? And they cast him out.

35 **YAHOSHUA** heard that they had cast him out; and when he had found him, he said unto him, Dost thou believe on the Son of ELOHIM?

36 He answered and said, Who is he, Adoni, that I might believe on him?

37 And **YAHOSHUA** said unto him, Thou hast both seen him, and it is he that talketh with thee.

38 And he said, Adoni, I believe. And he worshipped him.

39 And **YAHOSHUA** said, For judgment I am come into this world, that they which see not might see; and that they which see might be made blind.

40 And some of the Perushim which were with him heard these words, and said unto him, Are we blind also?

41 **YAHOSHUA** said unto them, If ye were blind, ye should have no sin: but now ye say, We see; therefore your sin remaineth.

I AM THE GOOD SHEPHERD

10 Verily, verily, I say unto you, He that entereth not by the door into the sheepfold, but climbeth up some other way, the same is a thief and a robber.

2 But he that entereth in by the door is the shepherd of the sheep.

3 To him the porter openeth; and the sheep hear his voice: and he calleth his own sheep by name, and leadeth them out.

4 And when he putteth forth his own sheep, he goeth before them, and the sheep follow him: for they know his voice.

5 And a stranger will they not follow, but will flee from him: for they know not the voice of strangers.

6 This parable spake **YAHOSHUA** unto them: but they understood not what things they were which he spake unto them.

7 Then said **YAHOSHUA** unto them again, Verily, verily, I say unto you, I am the door of the sheep.

8 All that ever came before me are thieves and robbers: but the sheep did not hear them.

9 I am the door: by me if any man enter in, he shall be saved, and shall go in and out, and find pasture.

10 The thief cometh not, but for to steal, and to kill, and to destroy: I am come that they might have life, and that they might have it more abundantly.

11 I am the good shepherd: the good shepherd giveth his life for the sheep.

12 וְהַשָּׂכִיר אֲשֶׁר לֹא רֹעֶה הוּא וְהַצֹּאן לֹא־צֹאנוֹ הוּא יִרְאֶה כִּי־בָא הַזְּאֵב וְעָזַב
אֶת־הַצֹּאן וָנָס וְהַזְּאֵב יַחְטֹף וְהֵפִיץ אֶת־הַצֹּאן׃ 13 הַשָּׂכִיר יָנוּס כִּי שָׂכִיר הוּא וְלֹא
יִדְאַג לַצֹּאן׃ 14 אֲנִי הָרֹעֶה הַטּוֹב וְיָדַעְתִּי אֵת אֲשֶׁר־לִי וְנוֹדַעְתִּי לַאֲשֶׁר לִי׃ 15 כַּאֲשֶׁר
הָאָב יֹדֵעַ אֹתִי וַאֲנִי יָדַעְתִּי אֶת־הָאָב וְאֶת־נַפְשִׁי אֶתֵּן בְּעַד הַצֹּאן׃ 16 וְצֹאן אֲחֵרוֹת יֶשׁ־
לִי אֲשֶׁר אֵינָן מִן־הַמִּכְלָה הַזֹּאת וְעָלַי לְנַהֵל גַּם־אֹתָן וְתִשְׁמַעְנָה קוֹלִי וְהָיָה עֵדֶר אֶחָד
וְרֹעֶה אֶחָד׃ 17 עַל־כֵּן אֹהֵב אֹתִי אָבִי כִּי אֶת־נַפְשִׁי אֶתֵּן לְמַעַן אָשׁוּב וְאֶקָּחֶהָ׃ 18 וְאִישׁ
לֹא יִקָּחֶנָּה מֵאִתִּי כִּי אִם־אֲנִי מֵעַצְמִי אֶתְּנֶנָּה יֶשׁ־בְּיָדִי לָתֵת אֹתָהּ וּבְיָדִי לָשׁוּב לְקַחְתָּהּ
הַמִּצְוָה הַזֹּאת קִבַּלְתִּי מֵעִם אָבִי׃ 19 וַתְּהִי מַחֲלֹקֶת גַּם־בַּפַּעַם הַזֹּאת בֵּין הַיְּהוּדִים עַל־
הַדְּבָרִים הָאֵלֶּה׃ 20 וַיֹּאמְרוּ רַבִּים מֵהֶם שֵׁד בּוֹ וּמְשֻׁגָּע הוּא לָמָּה תִשְׁמְעוּ אֵלָיו׃ 21
וַאֲחֵרִים אָמְרוּ דְּבָרָיו אֵינָם כְּדִבְרֵי אִישׁ אֲשֶׁר שֵׁד בּוֹ הֲיוּכַל שֵׁד לִפְקֹחַ עֵינֵי עִוְרִים׃

<u>I AND THE FATHER ARE ONE</u>

22 וַיְהִי **חֲנֻכָּה** בִּירוּשָׁלָיִם וְהָעֵת סְתָיו׃ 23 **וִיהוֹשֻׁעַ** מִתְהַלֵּךְ בַּמִּקְדָּשׁ בְּאוּלָם שֶׁל־
שְׁלֹמֹה׃ 24 וַיָּסֹבּוּ אֹתוֹ הַיְּהוּדִים וַיֹּאמְרוּ אֵלָיו עַד־אָנָה תְּתְלֶה אֶת־נַפְשֵׁנוּ אִם־**הַמָּשִׁיחַ**
אַתָּה אֱמָר־נָא וְנִשְׁמְעָה בְאָזְנֵינוּ׃ 25 וַיַּעַן אֹתָם **יְהוֹשֻׁעַ** הֵן הִגַּדְתִּי אֲלֵיכֶם וְלֹא הֶאֱמַנְתֶּם
בִּי הַמַּעֲשִׂים אֲשֶׁר־אֲנִי עֹשֶׂה בְּשֵׁם אָבִי הֵם יָעִידוּ עָלָי׃ 26 וְאַתֶּם לֹא תַאֲמִינוּ כִּי לֹא
מִצֹּאנִי אַתֶּם כַּאֲשֶׁר אָמַרְתִּי לָכֶם׃ 27 צֹאנִי תִּשְׁמַעְנָה אֶת־קוֹלִי וַאֲנִי יְדַעְתִּין וְאַחֲרַי
תֵּלַכְנָה׃ 28 וַאֲנִי אֶתֵּן לָהֶן חַיֵּי עוֹלָם וְלֹא תֹאבַדְנָה לָנֶצַח וְאִישׁ לֹא־יַחֲטֹף אֶתְהֶן מִיָּדִי׃
29 הָאָב אֲשֶׁר נְתָנָן לִי גָּדוֹל הוּא עַל־כֹּל וְאִישׁ לֹא־יַחֲטֹף אֶתְהֶן מִיַּד הָאָב׃ 30 אֲנִי
וְאָבִי אֶחָד אֲנָחְנוּ׃ 31 אָז יָרִימוּ הַיְּהוּדִים אֲבָנִים כְּפַעַם־בְּפַעַם לְסָקְלוֹ׃ 32 וַיַּעַן
אֹתָם **יְהוֹשֻׁעַ** מַעֲשִׂים טוֹבִים רַבִּים הֶרְאֵיתִי אֶתְכֶם מֵאֵת אָבִי מַה הַמַּעֲשֶׂה אֲשֶׁר עָלָיו
תִּסְקְלֻנִי׃ 33 וַיַּעֲנוּ הַיְּהוּדִים אֹתוֹ לֵאמֹר עַל־מַעֲשֶׂה טוֹב לֹא נִסְקֹל אֹתָךְ כִּי אִם־עַל־
גַּדֶּפְךָ אֶת־אֱלֹהִים וְעַל־אֲשֶׁר אָדָם אַתָּה וַתַּעַשׂ עַצְמְךָ אֱלֹהִים׃ 34 וַיַּעַן אֹתָם **יְהוֹשֻׁעַ**
הֲלֹא כָתוּב בְּתוֹרַתְכֶם אֲנִי אָמַרְתִּי אֱלֹהִים אַתֶּם׃ 35 הֵן יִקָּרֵא אֱלֹהִים לְמִי שֶׁהָיָה דְּבַר
הָאֱלֹהִים אֲלֵיהֶם וְהַכָּתוּב לֹא־יוּפָר׃ 36 וְאֵיךְ תֹּאמְרוּ לַאֲשֶׁר קִדְּשׁוֹ הָאָב וַיִּשְׁלָחֵהוּ
לָעוֹלָם מְגַדֵּף אָתָּה יַעַן אָמַרְתִּי בֶּן־אֱלֹהִים אָנִי׃ 37 אִם־לֹא אֶעֱשֶׂה אֶת־מַעֲשֵׂי אָבִי
אַל־תַּאֲמִינוּ לִי׃ 38 וְאִם־עֹשֶׂה אֲנִי גַּם אִם לֹא־תַאֲמִינוּ לִי הַאֲמִינוּ לְמַעֲשָׂי לְמַעַן
תֵּדְעוּ וְתַאֲמִינוּ כִּי־בִי הָאָב וַאֲנִי בוֹ׃ 39 אָז יָשׁוּבוּ וִיבַקְשׁוּ לְתָפְשׂוֹ וַיִּמָּלֵט מִיָּדָם׃ 40
וַיֵּלֶךְ וַיָּשָׁב אֶל־עֵבֶר הַיַּרְדֵּן אֶל־הַמָּקוֹם אֲשֶׁר הִטְבִּיל־שָׁם יוֹחָנָן בַּתְּחִלָּה וַיֵּשֶׁב שָׁם׃

JOHN

12 But he that is an hireling, and not the shepherd, whose own the sheep are not, seeth the wolf coming, and leaveth the sheep, and fleeth: and the wolf catcheth them, and scattereth the sheep.

13 The hireling fleeth, because he is an hireling, and careth not for the sheep.

14 I am the good shepherd, and know my sheep, and am known of mine.

15 As the Father knoweth me, even so know I the Father: and I lay down my life for the sheep.

16 And other sheep I have, which are not of this fold: them also I must bring, and they shall hear my voice; and there shall be one fold, and one shepherd.

17 Therefore doth my Father love me, because I lay down my life, that I might take it again.

18 No man taketh it from me, but I lay it down of myself. I have power to lay it down, and I have power to take it again. This commandment have I received of my Father.

19 There was a division therefore again among the Yehudim for these sayings.

20 And many of them said, He hath a devil, and is mad; why hear ye him?

21 Others said, These are not the words of him that hath a devil. Can a devil open the eyes of the blind?

I AND THE FATHER ARE ONE

22 And it was at Yerushalem **The Feast of Khanukkah**, and it was winter.

23 And **YAHOSHUA** walked in the temple in Shelomoh's porch.

24 Then came the Yehudim round about him, and said unto him, How long dost thou make us to doubt? If thou be the **MESHIAKH**, tell us plainly.

25 **YAHOSHUA** answered them, I told you, and ye believed not: the works that I do in my Father's name, they bear witness of me.

26 But ye believe not, because ye are not of my sheep, as I said unto you.

27 My sheep hear my voice, and I know them, and they follow me:

28 And I give unto them eternal life; and they shall never perish, neither shall any man pluck them out of my hand.

29 My Father, which gave them me, is greater than all; and no man is able to pluck them out of my Father's hand.

30 I and my Father are one.

31 Then the Yehudim took up stones again to stone him.

32 **YAHOSHUA** answered them, Many good works have I shewed you from my Father; for which of those works do ye stone me?

33 The Yehudim answered him, saying, For a good work we stone thee not; but for blasphemy; and because that thou, being a man, makest thyself ELOHIM.

34 **YAHOSHUA** answered them, Is it not written in your Torah, "I have said, Ye are elohim?"

35 If he called them elohim, unto whom the word of ELOHIM came, and the scripture cannot be broken;

36 Say ye of him, whom the Father hath sanctified, and sent into the world, Thou blasphemest; because I said, I am the Son of ELOHIM?

37 If I do not the works of my Father, believe me not.

38 But if I do, though ye believe not me, believe the works: that ye may know, and believe, that the Father is in me, and I in him.

39 Therefore they sought again to take him: but he escaped out of their hand,

40 And went away again beyond Yarden into the place where Yokhanan at first immersed; and there he abode.

41 וַיָּבֹאוּ אֵלָיו רַבִּים וַיֹּאמְרוּ הִנֵּה יוֹחָנָן לֹא־עָשָׂה אוֹת אֲבָל כָּל־אֲשֶׁר דִּבֶּר יוֹחָנָן עַל־
הָאִישׁ הַזֶּה אֱמֶת הוּא: 42 וַיַּאֲמִינוּ בוֹ רַבִּים בַּמָּקוֹם הַהוּא:

THE DEATH OF LAZARUS

יא וַיְהִי אִישׁ חוֹלֶה וְהוּא אֶלְעָזָר מִבֵּית־הִינִי כְּפַר מִרְיָם וּמָרְתָא אֲחוֹתָהּ:
2 הִיא מִרְיָם אֲשֶׁר אֶת־**יָהוֹשֻׁעַ** בְּמִרְקַחַת וַתְּנַגֵּב אֶת־רַגְלָיו בְּשַׂעֲרוֹתֶיהָ
וְאֶלְעָזָר אָחִיהָ הוּא חָלָה: 3 וַתִּשְׁלַחְנָה אַחְיוֹתָיו אֵלָיו לֵאמֹר אֲדֹנִי הִנֵּה אֲשֶׁר
אָהַבְתָּ חֹלֶה הוּא: 4 וַיִּשְׁמַע **יָהוֹשֻׁעַ** וַיֹּאמַר הַמַּחֲלָה הַזֹּאת לֹא לַמָּוֶת הִיא כִּי
אִם־לִכְבוֹד הָאֱלֹהִים לְמַעַן יִכָּבֶד־בָּהּ בֶּן־הָאֱלֹהִים: 5 **וִיהוֹשֻׁעַ** אָהֵב אֶת מָרְתָא
וְאֶת־אֲחוֹתָהּ וְאֶת־אֶלְעָזָר : 6 וּכְשָׁמְעוּ כִּי חָלָה וַיִּתְמַהְמָהּ וַיֵּשֶׁב יוֹמַיִם בַּמָּקוֹם
אֲשֶׁר־הוּא שָׁם: 7 וּמֵאַחֲרֵי־כֵן אָמַר לְתַלְמִידָיו לְכוּ וְנָשׁוּבָה אֶל־אֶרֶץ יְהוּדָה: 8
וַיֹּאמְרוּ אֵלָיו תַּלְמִידָיו רַבִּי עַתָּה זֶה בִּקְשׁוּ הַיְּהוּדִים לְסָקְלְךָ וְאַתָּה תָּשׁוּב שָׁמָּה:
9 וַיַּעַן **יָהוֹשֻׁעַ** הֲלֹא שְׁתֵּים־עֶשְׂרֵה שָׁעוֹת לַיּוֹם אִישׁ כִּי־יֵלֵךְ בַּיּוֹם לֹא יִכָּשֵׁל כִּי
יִרְאֶה אוֹר הָעוֹלָם הַזֶּה: 10 וְהַהֹלֵךְ בַּלַּיְלָה יִכָּשֵׁל כִּי הָאוֹר אֵינֶנּוּ בוֹ: 11 וְאַחֲרֵי
דַבְּרוֹ כָּזֹאת אָמַר אֲלֵיהֶם אֶלְעָזָר יְדִידֵנוּ יָשֵׁן הוּא וְאָנֹכִי הֹלֵךְ לְמַעַן אֲעִירֶנּוּ: 12
וַיֹּאמְרוּ תַּלְמִידָיו אֲדֹנִי אִם־יָשֵׁן הוּא יִרָפֵא לוֹ: 13 **וִיהוֹשֻׁעַ** דִּבֶּר עַל־מוֹתוֹ וְהֵמָּה
חָשְׁבוּ כִּי עַל־מְנוּחַת הַשֵּׁנָה דִּבֵּר: 14 אָז אָמַר **יָהוֹשֻׁעַ** אֲלֵיהֶם מְפוֹרָשׁ אֶלְעָזָר
מֵת: 15 וְשָׂמֵחַ אֲנִי בִּגְלַלְכֶם כִּי לֹא־הָיִיתִי שָׁם לְמַעַן תַּאֲמִינוּ וְעַתָּה נִסְעָה וְנֵלְכָה
אֵלָיו: 16 וַיֹּאמֶר תּוֹמָא הַנִּקְרָא דִידוּמוֹס אֶל־הַתַּלְמִידִים חֲבֵרָיו נֵלְכָה גַם־אֲנַחְנוּ
לְמַעַן נָמוּת עִמּוֹ:

I AM THE RESURRECTION AND THE LIFE

17 וַיָּבֹא **יָהוֹשֻׁעַ** וַיִּמְצָאֵהוּ זֶה אַרְבָּעָה יָמִים שֹׁכֵב בַּקָּבֶר: 18 וּבֵית־הִינִי קָרוֹב
לִירוּשָׁלַיִם כְּדֶרֶךְ חֲמֵשׁ עֶשְׂרֵה רִיס: 19 וְרַבִּים מִן־הַיְּהוּדִים בָּאוּ בֵּית־מָרְתָא
וּמִרְיָם לְנַחֵם אֹתָהֶן עַל־אֲחִיהֶן: 20 וַיְהִי כִּשְׁמֹעַ מָרְתָא כִּי בָא **יָהוֹשֻׁעַ** וַתֵּצֵא
לִקְרָאתוֹ וּמִרְיָם יוֹשֶׁבֶת בַּבָּיִת: 21 וַתֹּאמֶר מָרְתָא אֶל־**יָהוֹשֻׁעַ** אֲדֹנִי לוּ הָיִיתָ פֹּה
כִּי־אָז לֹא־מֵת אָחִי: 22 וְגַם־עַתָּה יָדַעְתִּי כִּי כָל־אֲשֶׁר תִּשְׁאַל מֵאֵת אֱלֹהִים יִתֵּן
לְךָ אֱלֹהִים: 23 וַיֹּאמֶר אֵלֶיהָ **יָהוֹשֻׁעַ** אָחִיךְ קוֹם יָקוּם: 24 וַתֹּאמֶר אֵלָיו מָרְתָא
יָדַעְתִּי כִּי יָקוּם בַּתְּקוּמָה בַּיּוֹם הָאַחֲרוֹן:

JOHN

41 And many resorted unto him, and said, Yokhanan did no miracle: but all things that Yokhanan spake of this man were true.
42 And many believed on him there.

THE DEATH OF LAZARUS

11 Now a certain man was sick, named Eleazar, of Beth-Hini, the town of Miryam and her sister Martha.
2 (It was that Miryam which anointed **YAHOSHUA** with ointment, and wiped his feet with her hair, whose brother Eleazar was sick.)
3 Therefore his sisters sent unto him, saying, Adone, behold, he whom thou lovest is sick.
4 When **YAHOSHUA** heard that, he said, This sickness is not unto death, but for the glory of ELOHIM, that the Son of ELOHIM might be glorified thereby.
5 Now **YAHOSHUA** loved Martha, and her sister, and Eleazar.
6 When he had heard therefore that he was sick, he abode two days still in the same place where he was.
7 Then after that saith he to his disciples, Let us go into Yehudah again.
8 His disciples say unto him, Master, the Yehudim of late sought to stone thee; and goest thou thither again?
9 **YAHOSHUA** answered, Are there not twelve hours in the day? If any man walk in the day, he stumbleth not, because he seeth the light of this world.
10 But if a man walk in the night, he stumbleth, because there is no light in him.
11 These things said he: and after that he saith unto them, Our friend Eleazar sleepeth; but I go, that I may awake him out of sleep.
12 Then said his disciples, Adone, if he sleep, he shall do well.
13 Howbeit **YAHOSHUA** spake of his death: but they thought that he had spoken of taking of rest in sleep.
14 Then said **YAHOSHUA** unto them plainly, Eleazar is dead.
15 And I am glad for your sakes that I was not there, to the intent ye may believe; nevertheless let us go unto him.
16 Then said Tho'ma, which is called Didymos, unto his fellowdisciples, Let us also go, that we may die with him.

I AM THE RESURRECTION AND THE LIFE

17 Then when **YAHOSHUA** came, he found that he had lain in the grave four days already.
18 Now Beth-Hini was nigh unto Yerushalem, about fifteen furlongs off:
19 And many of the Yehudim came to Martha and Miryam, to comfort them concerning their brother.
20 Then Martha, as soon as she heard that **YAHOSHUA** was coming, went and met him: but Miryam sat still in the house.
21 Then said Martha unto **YAHOSHUA**, Adone, if thou hadst been here, my brother had not died.
22 But I know, that even now, whatsoever thou wilt ask of ELOHIM, ELOHIM will give it thee.
23 **YAHOSHUA** saith unto her, Thy brother shall rise again.
24 Martha saith unto him, I know that he shall rise again in the resurrection at the last day.

25 וַיֹּאמֶר אֵלֶיהָ **יָהוֹשֻׁעַ** אָנֹכִי הַתְּקוּמָה וְהַחַיִּים הַמַּאֲמִין בִּי יִחְיֶה גַּם כִּי־יָמוּת:
26 וְכָל־הַחַי אֲשֶׁר יַאֲמִין־בִּי לֹא־יָמוּת לְעוֹלָם הֲתַאֲמִינִי לַדָּבָר הַזֶּה: 27 וַתֹּאמֶר
אֵלָיו כֵּן אֲדֹנִי הֶאֱמַנְתִּי כִּי־אַתָּה **הַמָּשִׁיחַ** בֶּן־הָאֱלֹהִים הַבָּא לָעוֹלָם:

YAHOSHUA WEEPS

28 זֹאת דִּבְּרָה וְהָלְכָה וְקָרְאָה לְמִרְיָם אֲחוֹתָהּ בַּסֵּתֶר לֵאמֹר הִנֵּה הַמּוֹרֶה פֹּה וְהוּא קֹרֵא
לָךְ: 29 הִיא שַׁמְעָה וַתָּקָם וַתָּבֹא אֵלָיו: 30 **וִיהוֹשֻׁעַ** טֶרֶם יָבֹא אֶל־הַכְּפָר כִּי־עוֹדֶנּוּ עֹמֵד
בַּמָּקוֹם אֲשֶׁר פְּגָשַׁתּוּ־שָׁם מָרְתָא: 31 וְהַיְּהוּדִים אֲשֶׁר־בָּאוּ אֶל־בֵּיתָהּ לְנַחֲמָהּ כִּרְאוֹתָם
אֶת־מִרְיָם כִּי־קָמָה פִּתְאֹם וַתֵּצֵא הָלְכוּ אַחֲרֶיהָ כִּי אָמְרוּ הָלְכָה אֶל־הַקֶּבֶר לִבְכּוֹת שָׁמָּה:
32 וַתָּבֹא מִרְיָם אֶל־הַמָּקוֹם אֲשֶׁר **יָהוֹשֻׁעַ** עֹמֵד שָׁם וַתֵּרֶא אֹתוֹ וַתִּפֹּל לְרַגְלָיו וַתֹּאמֶר לוֹ
אֲדֹנִי לוּ הָיִיתָ פֹּה כִּי־אָז לֹא־מֵת אָחִי: 33 וַיְהִי כִּרְאוֹת **יָהוֹשֻׁעַ** אֹתָהּ בֹּכִיָּה וְגַם־הַיְּהוּדִים
אֲשֶׁר־בָּאוּ אִתָּהּ בֹּכִים וַתִּזְעַם רוּחוֹ וַיְהִי מַרְעִיד: 34 וַיֹּאמֶר אֵיפֹה הִנַּחְתֶּם אֹתוֹ וַיֹּאמְרוּ
אֵלָיו אֲדֹנִי בֹּא וּרְאֵה: 35 וַיֵּבְךְּ **יָהוֹשֻׁעַ**: 36 וַיֹּאמְרוּ הַיְּהוּדִים הִנֵּה מָה רַבָּה הָאַהֲבָה אֲשֶׁר
אֲהֵבוֹ: 37 וְיֵשׁ אֲשֶׁר אָמְרוּ הַפֹּקֵחַ עֵינֵי הָעִוֵּר הֲלֹא גַּם־יָכֹל לַחֲשֹׂךְ אֹתוֹ מִמָּוֶת:

YAHOSHUA RAISES LAZARUS

38 וַיּוֹסֶף עוֹד **יָהוֹשֻׁעַ** לְהִזָּעֵם בְּרוּחוֹ וַיָּבֹא אֶל־הַקָּבֶר וְהוּא מְעָרָה וְאֶבֶן עַל־מְבוֹאָהּ:
39 וַיֹּאמֶר **יָהוֹשֻׁעַ** שְׂאוּ אֶת־הָאֶבֶן מֵעָלֶיהָ וַתֹּאמֶר אֵלָיו מָרְתָא אֲחוֹת הַמֵּת אֲדֹנִי הִנֵּה
כְּבָר בָּאַשׁ כִּי־אַרְבָּעָה יָמִים לוֹ: 40 וַיֹּאמֶר אֵלֶיהָ **יָהוֹשֻׁעַ** הֲלֹא אָמַרְתִּי לָךְ כִּי אִם־
תַּאֲמִינִי תֶּחֱזִי אֶת־כְּבוֹד הָאֱלֹהִים: 41 וַיִּשְׂאוּ אֶת־הָאֶבֶן אֲשֶׁר הַמֵּת הוּשַּׂם שָׁם **וִיהוֹשֻׁעַ**
נָשָׂא אֶת־עֵינָיו לַמָּרוֹם וַיֹּאמַר אוֹדְךָ אָבִי כִּי עֲנִיתָנִי: 42 וַאֲנִי יָדַעְתִּי כִּי תַעֲנֵנִי תָּמִיד
וְאוּלָם בַּעֲבוּר הָעָם הַזֶּה אֲשֶׁר סְבִיבוֹתַי דִּבַּרְתִּי לְמַעַן יַאֲמִינוּ בִי כִּי אַתָּה שְׁלַחְתָּנִי: 43
וַיְהִי כְּכַלּוֹתוֹ לְדַבֵּר וַיִּקְרָא בְּקוֹל גָּדוֹל אֶלְעָזָר קוּם צֵא: 44 וַיֵּצֵא הַמֵּת וְיָדָיו וְרַגְלָיו
כְּרוּכֹת בְּתַכְרִיכִין וּפָנָיו לוּטִים בְּסוּדָר וַיֹּאמֶר אֲלֵיהֶם **יָהוֹשֻׁעַ** הַתִּירוּ אֹתוֹ וְיֵלֵךְ לְדַרְכּוֹ:

THE PLOT TO KILL YAHOSHUA

45 וְרַבִּים מִן־הַיְּהוּדִים אֲשֶׁר בָּאוּ אֶל־מִרְיָם בִּרְאוֹתָם אֶת־אֲשֶׁר עָשָׂה **יָהוֹשֻׁעַ** הֶאֱמִינוּ
בוֹ: 46 וְיֵשׁ אֲשֶׁר הָלְכוּ אֶל־הַפְּרוּשִׁים וַיַּגִּידוּ לָהֶם אֶת־אֲשֶׁר עָשָׂה **יָהוֹשֻׁעַ**: 47 אָז
יַקְהִילוּ רָאשֵׁי הַכֹּהֲנִים וְהַפְּרוּשִׁים אֶת־סַנְהֶדְרִין וַיֹּאמְרוּ מַה־נַּעֲשֶׂה כִּי הָאִישׁ הַלָּזֶה
עֹשֶׂה אֹתוֹת הַרְבֵּה: 48 אִם־לֹא נִכְלָאֵהוּ כֻּלָּם יַאֲמִינוּ בוֹ וּבָאוּ הָרוֹמִיִּים וְלָקְחוּ גַּם
אֶת־אַדְמָתֵנוּ וְגַם אֶת־עַמֵּנוּ:

JOHN

25 **YAHOSHUA** said unto her, I am the resurrection, and the life: he that believeth in me, though he were dead, yet shall he live:

26 And whosoever liveth and believeth in me shall never die. Believest thou this?

27 She saith unto him, Yea, Adoni: I believe that thou art the **MESHIAKH**, the Son of **ELOHIM**, which should come into the world.

YAHOSHUA WEEPS

28 And when she had so said, she went her way, and called Miryam her sister secretly, saying, The Master is come, and calleth for thee.

29 As soon as she heard that, she arose quickly, and came unto him.

30 Now **YAHOSHUA** was not yet come into the town, but was in that place where Martha met him.

31 The Yehudim then which were with her in the house, and comforted her, when they saw Miryam, that she rose up hastily and went out, followed her, saying, She goeth unto the grave to weep there.

32 Then when Miryam was come where **YAHOSHUA** was, and saw him, she fell down at his feet, saying unto him, Adoni, if thou hadst been here, my brother had not died.

33 When **YAHOSHUA** therefore saw her weeping, and the Yehudim also weeping which came with her, he groaned in the **RUAKH**, and was troubled,

34 And said, Where have ye laid him? They said unto him, Adone, come and see.

35 **YAHOSHUA** wept.

36 Then said the Yehudim, Behold how he loved him!

37 And some of them said, Could not this man, which opened the eyes of the blind, have caused that even this man should not have died?

YAHOSHUA RAISES LAZARUS

38 **YAHOSHUA** therefore again groaning in himself cometh to the grave. It was a cave, and a stone lay upon it.

39 **YAHOSHUA** said, Take ye away the stone. Martha, the sister of him that was dead, saith unto him, Adoni, by this time he stinketh: for he hath been dead four days.

40 **YAHOSHUA** saith unto her, Said I not unto thee, that, if thou wouldest believe, thou shouldest see the glory of **ELOHIM**?

41 Then they took away the stone from the place where the dead was laid. And **YAHOSHUA** lifted up his eyes, and said, Father, I thank thee that thou hast heard me.

42 And I knew that thou hearest me always: but because of the people which stand by I said it, that they may believe that thou hast sent me.

43 And when he thus had spoken, he cried with a loud voice, Eleazar, come forth.

44 And he that was dead came forth, bound hand and foot with graveclothes: and his face was bound about with a napkin. **YAHOSHUA** saith unto them, Loose him, and let him go.

THE PLOT TO KILL YAHOSHUA

45 Then many of the Yehudim which came to Miryam, and had seen the things which **YAHOSHUA** did, believed on him.

46 But some of them went their ways to the Perushim, and told them what things **YAHOSHUA** had done.

47 Then gathered the chief priests and the Perushim a council, and said, What do we? for this man doeth many miracles.

48 If we let him thus alone, all men will believe on him: and the Romans shall come and take away both our place and nation.

49 וַיֹּאמֶר אֲלֵיהֶם אֶחָד מֵהֶם וְהוּא קַיָּפָא הַכֹּהֵן הַגָּדוֹל בַּשָּׁנָה הַהִיא אַתֶּם לֹא־תֵדְעוּ
דָבָר: 50 אַף לֹא־תִתְבּוֹנְנוּ כִּי טוֹב לָנוּ מוּת אִישׁ אֶחָד בְּעַד הַגּוֹי מֵאֲבֹד הָעָם כֻּלּוֹ:
51 וְלֹא מִלִּבּוֹ דִּבֶּר הַדָּבָר הַזֶּה כִּי הָיָה הַכֹּהֵן הַגָּדוֹל בַּשָּׁנָה הַהִיא וַיִּנָּבֵא אֲשֶׁר יָמוּת
יָהוֹשֻׁעַ בְּעַד הָעָם: 52 וְלֹא־בְעַד הָעָם לְבַדּוֹ כִּי גַם־לְקַבֵּץ אֶת־בְּנֵי הָאֱלֹהִים הַמְפֻזָּרִים
וְהָיוּ לַאֲחָדִים: 53 וַיִּוָּעֲצוּ יַחְדָּו לַהֲמִיתוֹ מֵהַיּוֹם הַהוּא וָהָלְאָה: 54 עַל־כֵּן לֹא־הִתְהַלֵּךְ
יָהוֹשֻׁעַ עוֹד בְּתוֹךְ הַיְּהוּדִים לְעֵינֵי הָעָם כִּי אִם־סָר מִשָּׁם אֶל־הָאָרֶץ הַקְּרוֹבָה לַמִּדְבָּר
אֶל־עִיר עֶפְרַיִם וַיָּגָר־שָׁם עִם־תַּלְמִידָיו: 55 וַיִּקְרְבוּ יְמֵי **הַפֶּסַח** לַיְּהוּדִים וְעַם־רַב עָלוּ
מִן־הָאָרֶץ יְרוּשָׁלַיְמָה לִפְנֵי **הַפֶּסַח** לְהִתְקַדֵּשׁ: 56 וַיְבַקְשׁוּ אֶת־**יָהוֹשֻׁעַ** וַיְהִי הֵם עֹמְדִים
בְּבֵית הַמִּקְדָּשׁ וַיְדַבְּרוּ אִישׁ אֶל־רֵעֵהוּ מַה־תֹּאמְרוּ הֲכִי יָבוֹא אֶל־הֶחָג: 57 וְרָאשֵׁי
הַכֹּהֲנִים וְהַפְּרוּשִׁים גָּזְרוּ גְזֵרָה אֲשֶׁר אִם־יֵדַע אִישׁ אֶת־מְקוֹמוֹ יוֹדִיעֶנּוּ לְמַעַן יִתְפְּשֻׂהוּ:

MARY ANOINTS YAHOSHUA AT BETHANY

יב וְשֵׁשֶׁת יָמִים לִפְנֵי חַג־**הַפֶּסַח** בָּא **יָהוֹשֻׁעַ** לְבֵית הִינִי מְקוֹם אֶלְעָזָר אֲשֶׁר הֵעִיר
מֵעִם הַמֵּתִים: 2 וַיַּעֲשׂוּ־לוֹ שָׁם מִשְׁתֶּה בָּעֶרֶב וּמָרְתָא מְשָׁרֶתֶת וְאֶלְעָזָר אֶחָד
מִן־הַמְסֻבִּים אִתּוֹ: 3 וַתִּקַּח מִרְיָם מִרְקַחַת נֵרְדְּ זַךְ וְיָקָר מְאֹד לִטְרָא אַחַת מִשְׁקָלָהּ
וַתָּסֶךְ אֶת־רַגְלֵי **יָהוֹשֻׁעַ** וַתְּגַנֵּב אֶת־רַגְלָיו בְּשַׂעֲרוֹתֶיהָ וְהַבַּיִת יִמָּלֵא רֵיחַ הַמִּרְקַחַת: 4
וַיֹּאמֶר אֶחָד מִתַּלְמִידָיו הוּא יְהוּדָה בֶּן־שִׁמְעוֹן אִישׁ קְרִיּוֹת אֲשֶׁר יִמְסֹר אֹתוֹ: 5 מַדּוּעַ
לֹא־נִמְכְּרָה הַמִּרְקַחַת בִּשְׁלֹשׁ מֵאוֹת דִּינָר וְנִתַּן לָעֲנִיִּים: 6 וְהוּא לֹא־דִבֶּר זֹאת מֵחֶמְלָתוֹ
עַל־הָעֲנִיִּים כִּי גַנָּב הָיָה וְכִיס הַכֶּסֶף בְּיָדוֹ וְנָשָׂא מֵאֲשֶׁר יָשִׂימוּ בוֹ: 7 וַיֹּאמֶר **יָהוֹשֻׁעַ**
הַנִּיחָה־לָּהּ לְיוֹם קְבוּרָתִי צְפָנָה זֹּאת: 8 כִּי הָעֲנִיִּים תָּמִיד עִמָּכֶם וַאֲנִי אֵינֶנִּי תָּמִיד עִמָּכֶם:

THE PLOT TO KILL LAZARUS

9 וַיִּשְׁמְעוּ עַם־רַב בִּיהוּדָה כִּי־הוּא שָׁם וַיָּבֹאוּ לֹא־בַעֲבוּר **יָהוֹשֻׁעַ** לְבַדּוֹ כִּי גַם־לִרְאוֹת
אֶת־אֶלְעָזָר אֲשֶׁר הֱעִירוֹ מֵעִם הַמֵּתִים: 10 וְרָאשֵׁי הַכֹּהֲנִים הִתְיָעֲצוּ לַהֲרֹג אֶת־אֶלְעָזָר
: 11 כִּי בִגְלָלוֹ בָּאוּ שָׁמָּה רַבִּים מִן־הַיְּהוּדִים וַיַּאֲמִינוּ **בְּיָהוֹשֻׁעַ**:

THE TRIUMPHAL ENTRY

12 וַיְהִי מִמָּחֳרָת כִּשְׁמוֹעַ הֶהָמוֹן רָב אֲשֶׁר בָּאוּ לָחֹג הֶחָג כִּי־יָבֹא **יָהוֹשֻׁעַ** יְרוּשָׁלָיִם: 13
וַיִּקְחוּ בְיָדָם כַּפּוֹת תְּמָרִים וַיֵּצְאוּ לִקְרָאתוֹ וַיָּרִיעוּ לֵאמֹר הוֹשַׁע־נָא בָּרוּךְ הַבָּא בְּשֵׁם
יָהוָֹה מֶלֶךְ יִשְׂרָאֵל: 14 וַיִּמְצָא **יָהוֹשֻׁעַ** עַיִר אֶחָד וַיִּרְכַּב עָלָיו כַּכָּתוּב:

JOHN

49 And one of them, named Qayapha, being the high priest that same year, said unto them, Ye know nothing at all,

50 Nor consider that it is expedient for us, that one man should die for the people, and that the whole nation perish not.

51 And this spake he not of himself: but being high priest that year, he prophesied that **YAHOSHUA** should die for that nation;

52 And not for that nation only, but that also he should gather together in one the children of **ELOHIM** that were scattered abroad.

53 Then from that day forth they took counsel together for to put him to death.

54 **YAHOSHUA** therefore walked no more openly among the Yehudim; but went thence unto a country near to the wilderness, into a city called Ephrayim, and there continued with his disciples.

55 And the Yehudim's **Pesakh** was nigh at hand: and many went out of the country up to Yerushalem before the **Pesakh**, to purify themselves.

56 Then sought they for **YAHOSHUA**, and spake among themselves, as they stood in the temple, What think ye, that he will not come to the feast?

57 Now both the chief priests and the Perushim had given a commandment, that, if any man knew where he were, he should shew it, that they might take him.

MARY ANOINTS YAHOSHUA AT BETHANY

12 Then **YAHOSHUA** six days before the **Pesakh** came to Beth-Hini, where Eleazar was which had been dead, whom he raised from the dead.

2 There they made him a supper; and Martha served: but Eleazar was one of them that sat at the table with him.

3 Then took Miryam a pound of ointment of spikenard, very costly, and anointed the feet of **YAHOSHUA**, and wiped his feet with her hair: and the house was filled with the odour of the ointment.

4 Then saith one of his disciples, Yehudah Ishqeriot, Shimon's son, which should betray him,

5 Why was not this ointment sold for three hundred pence, and given to the poor?

6 This he said, not that he cared for the poor; but because he was a thief, and had the bag, and bare what was put therein.

7 Then said **YAHOSHUA**, Let her alone: against the day of my burying hath she kept this.

8 For the poor always ye have with you; but me ye have not always.

THE PLOT TO KILL LAZARUS

9 Much people of the Yehudim therefore knew that he was there: and they came not for **YAHOSHUA'S** sake only, but that they might see Eleazar also, whom he had raised from the dead.

10 But the chief priests consulted that they might put Eleazar also to death;

11 Because that by reason of him many of the Yehudim went away, and believed on **YAHOSHUA**.

THE TRIUMPHAL ENTRY

12 On the next day much people that were come to the feast, when they heard that **YAHOSHUA** was coming to Yerushalem,

13 Took branches of palm trees, and went forth to meet him, and cried, Hoshana: Blessed is the King of Yisra'EL "that cometh in the name of **YAHOWAH**."

14 And **YAHOSHUA**, when he had found a young ass, sat thereon; as it is written,

15 אַל־תִּירְאִי בַּת־צִיּוֹן הִנֵּה מַלְכֵּךְ יָבוֹא לָךְ רֹכֵב עַל־עַיִר בֶּן־אֲתֹנוֹת: 16 וְתַלְמִידָיו
לֹא־הֵבִינוּ בָּרִאשׁוֹנָה כָּל־זֹאת אַךְ אַחֲרֵי אֲשֶׁר נִתְפָּאַר **יָהוֹשֻׁעַ** זָכְרוּ כִּי־כֵן כָּתוּב עָלָיו
וְכֵן גַּם־עָשׂוּ לוֹ: 17 וַיָּעִידוּ הָרַבִּים אֲשֶׁר הָיוּ אֶצְלוֹ בְּקָרְאוֹ אֶל־אֶלְעָזָר לָצֵאת מִן־הַקָּבֶר
וַיָּעַר אֹתוֹ מֵעִם הַמֵּתִים: 18 עַל־כֵּן הֲמוֹן הָעָם יָצָא לִקְרָאתוֹ כִּי שָׁמְעוּ אֲשֶׁר עָשָׂה אֶת־
הָאוֹת הַזֶּה: 19 וְהַפְּרוּשִׁים דִּבְּרוּ אִישׁ אֶת־אָחִיו לֵאמֹר הַרְאִיתֶם כִּי הוֹעֵיל לֹא תוֹעִילוּ
הִנֵּה כָל־הָעוֹלָם נִמְשַׁךְ אַחֲרָיו:

SOME GREEKS SEEK YAHOSHUA

20 וּבְתוֹךְ הָעֹלִים לְהִשְׁתַּחֲוֹת בֶּחָג אֲנָשִׁים יְוָנִים: 21 וַיִּקְרְבוּ אֶל־פִּילִפּוֹס אִישׁ בֵּית־
צַיְדָה אֲשֶׁר בְּאֶרֶץ הַגָּלִיל וַיִּשְׁאֲלוּ מִמֶּנּוּ לֵאמֹר אֲדֹנִי חָפַצְנוּ לִרְאוֹת אֶת־**יָהוֹשֻׁעַ**: 22
וַיָּבֹא פִילִפּוֹס וַיַּגֵּד אֶל־אַנְדְּרַי וְאַנְדְּרַי וּפִילִפּוֹס הִגִּידוּ אֶל־**יָהוֹשֻׁעַ**: 23 וַיַּעַן אוֹתָם **יָהוֹשֻׁעַ**
וַיֹּאמַר בָּאָה הַשָּׁעָה שֶׁיִּפֹּאַר בֶּן־הָאָדָם: 24 אָמֵן אָמֵן אֲנִי אֹמֵר לָכֶם אִם לֹא־תִפֹּל הַחִטָּה
אֶל־תּוֹךְ הָאֲדָמָה וּמֵתָה תִּשָּׁאֵר לְבַדָּהּ וְכַאֲשֶׁר מֵתָה תַּעֲשֶׂה פְּרִי הַרְבֵּה: 25 הָאֹהֵב
אֶת־נַפְשׁוֹ יְאַבְּדֶנָּה וְהַשֹּׂנֵא אֶת־נַפְשׁוֹ בָּעוֹלָם הַזֶּה יִנְצְרֶהָ לְחַיֵּי נֶצַח: 26 וְאִישׁ כִּי חָפֵץ
לְשָׁרְתֵנִי יֵלֵךְ אַחֲרָי וּבַאֲשֶׁר אֶהְיֶה שָׁם יִהְיֶה גַּם־מְשָׁרְתִי וַאֲשֶׁר יְשָׁרְתֵנִי יְכַבְּדֶנּוּ אָבִי:

THE SON OF MAN MUST BE LIFTED UP

27 עַתָּה נִבְהֲלָה נַפְשִׁי וּמָה אֹמַר הַצִּילֵנִי אָבִי מִן־הַשָּׁעָה הַזֹּאת אַךְ עַל־כֵּן הִגַּעְתִּי
לַשָּׁעָה הַזֹּאת: 28 אָבִי פָּאֵר אֶת־שְׁמֶךָ וַיֵּצֵא קוֹל מִן־הַשָּׁמַיִם אֹמֵר פֵּאַרְתִּי וַאֲפָאֵר עוֹד:
29 וְהָעָם הָעֹמְדִים שָׁמָּה שָׁמְעוּ וַיֹּאמְרוּ רַעַם נִשְׁמָע וַאֲחֵרִים אָמְרוּ מַלְאָךְ דִּבֶּר אִתּוֹ:
30 וַיַּעַן **יָהוֹשֻׁעַ** וַיֹּאמַר לֹא הָיָה הַקּוֹל הַזֶּה לְמַעֲנִי כִּי אִם־לְמַעַנְכֶם: 31 עַתָּה הָעוֹלָם
הַזֶּה נִדּוֹן עַתָּה יֻשְׁלַךְ שַׂר הָעוֹלָם הַזֶּה חוּצָה: 32 וַאֲנִי בְּהִנָּשְׂאִי מֵעַל־הָאָרֶץ אֶמְשֹׁךְ כֻּלָּם
אֵלָי: 33 וְזֹאת דִּבֶּר לִרְמוֹז אֵי־זֶה הַמָּוֶת אֲשֶׁר יָמוּת: 34 וַיַּעֲנוּ אֹתוֹ הָעָם וַיֹּאמְרוּ אֲנַחְנוּ
שָׁמַעְנוּ מִן הַתּוֹרָה כִּי **הַמָּשִׁיחַ** יִכּוֹן לְעוֹלָם וְאֵיךְ אָמַרְתָּ בֶּן־הָאָדָם צָרִיךְ לְהִנָּשֵׂא וּמִי בֶּן־
הָאָדָם הַהוּא: 35 וַיֹּאמֶר אֲלֵיהֶם **יָהוֹשֻׁעַ** אַךְ־לְמִצְעָר יִהְיֶה הָאוֹר עִמָּכֶם הִתְהַלְּכוּ בְּעוֹד
לָכֶם הָאוֹר פֶּן־יְשׁוּפְכֶם חֹשֶׁךְ וְהַהֹלֵךְ בַּחֹשֶׁךְ לֹא יֵדַע אָנָה הוּא הֹלֵךְ:

THE UNBELIEF OF THE PEOPLE

36 בְּעוֹד לָכֶם הָאוֹר הַאֲמִינוּ בָאוֹר לְמַעַן תִּהְיוּ בְּנֵי הָאוֹר אֶת־הַדְּבָרִים הָאֵלֶּה
דִּבֶּר **יָהוֹשֻׁעַ** וַיֵּלֶךְ וַיִּסָּתֵר מִפְּנֵיהֶם: 37 רַבִּים הָאֹתוֹת אֲשֶׁר עָשָׂה לְעֵינֵיהֶם וּבְכָל־
זֹאת לֹא הֶאֱמִינוּ בוֹ:

JOHN

15 "Rejoice greatly, O daughter of Tzion; thy King cometh unto thee:upon a colt the foal of an ass."

16 These things understood not his disciples at the first: but when **YAHOSHUA** was glorified, then remembered they that these things were written of him, and that they had done these things unto him.

17 The people therefore that was with him when he called Eleazar out of his grave, and raised him from the dead, bare record.

18 For this cause the people also met him, for that they heard that he had done this miracle.

19 The Perushim therefore said among themselves, Perceive ye how ye prevail nothing? behold, the world is gone after him.

SOME GREEKS SEEK YAHOSHUA

20 And there were certain Greeks among them that came up to worship at the feast:

21 The same came therefore to Philipos, which was of Beth-Tzaidah of Galilah, and desired him, saying, Adone, we would see **YAHOSHUA**.

22 Philipos cometh and telleth Andre: and again Andre and Philipos tell **YAHOSHUA**.

23 And **YAHOSHUA** answered them, saying, The hour is come, that the Son of man should be glorified.

24 Verily, verily, I say unto you, Except a corn of wheat fall into the ground and die, it abideth alone: but if it die, it bringeth forth much fruit.

25 He that loveth his life shall lose it; and he that hateth his life in this world shall keep it unto life eternal.

26 If any man serve me, let him follow me; and where I am, there shall also my servant be: if any man serve me, him will my Father honour.

THE SON OF MAN MUST BE LIFTED UP

27 Now is my soul troubled; and what shall I say? Father, save me from this hour: but for this cause came I unto this hour.

28 Father, glorify thy name. Then came there a voice from heaven, saying, I have both glorified it, and will glorify it again.

29 The people therefore, that stood by, and heard it, said that it thundered: others said, An angel spake to him.

30 **YAHOSHUA** answered and said, This voice came not because of me, but for your sakes.

31 Now is the judgment of this world: now shall the prince of this world be cast out.

32 And I, if I be lifted up from the earth, will draw all men unto me.

33 This he said, signifying what death he should die.

34 The people answered him, We have heard out of the Torah that **MESHIAKH** abideth for ever: and how sayest thou, The Son of man must be lifted up? who is this Son of man?

35 Then **YAHOSHUA** said unto them, Yet a little while is the light with you. Walk while ye have the light, lest darkness come upon you: for he that walketh in darkness knoweth not whither he goeth.

THE UNBELIEF OF THE PEOPLE

36 While ye have light, believe in the light, that ye may be the children of light. These things spake **YAHOSHUA**, and departed, and did hide himself from them.

37 But though he had done so many miracles before them, yet they believed not on him:

38 לְמַלֹּאת דְּבַר יְשַׁעְיָהוּ הַנָּבִיא אֲשֶׁר אָמָר **יָהוָֹה** מִי הֶאֱמִין לִשְׁמֻעָתֵנוּ וּזְרוֹעַ **יָהוָֹה**
עַל־מִי נִגְלָתָה׃ 39 עַל־כֵּן לֹא יָכְלוּ לְהַאֲמִין כִּי עוֹד אָמַר יְשַׁעְיָהוּ׃ 40 הֵשַׁע עֵינֵיהֶם
וְהִשְׁמִין לְבָבָם פֶּן־יִרְאוּ בְּעֵינֵיהֶם וּלְבָבָם יָבִין וָשָׁבוּ וְרָפָאתִי לָהֶם׃ 41 כָּזֹאת דִּבֶּר
יְשַׁעְיָהוּ בִּרְאוֹתוֹ אֶת־תִּפְאַרְתּוֹ וַיִּנָּבֵא עָלָיו׃ 42 אוּלָם גַּם מִן־הַשָּׂרִים הֶאֱמִינוּ־בוֹ רַבִּים
אַךְ בִּגְלַל הַפְּרוּשִׁים לֹא הוֹדוּ לְמַעַן אֲשֶׁר־לֹא יְנֻדּוּ׃ 43 כִּי כְּבוֹד אֲנָשִׁים חָבִיב עֲלֵיהֶם
מִכְּבוֹד הָאֱלֹהִים׃

YAHOSHUA CAME TO SAVE THE WORLD

44 וַיִּקְרָא **יָהוֹשֻׁעַ** וַיֹּאמַר הַמַּאֲמִין בִּי לֹא־בִי הוּא מַאֲמִין כִּי אִם־בַּשֹּׁלֵחַ אֹתִי׃ 45
וְהָרֹאֶה אֹתִי הוּא רֹאֶה אֶת־שֹׁלְחִי׃ 46 אֲנִי בָאתִי אֶל־הָעוֹלָם לִהְיוֹת אוֹר לְמַעַן כָּל־
הַמַּאֲמִין בִּי לֹא יֵשֵׁב בַּחֹשֶׁךְ׃ 47 וְהַשֹּׁמֵעַ אֶת־דְּבָרַי וְלֹא יִשְׁמְרֵם אֲנִי לֹא אֶשְׁפֹּט אֹתוֹ
כִּי לֹא־בָאתִי לִשְׁפֹּט אֶת־הָעוֹלָם כִּי אִם־לְהוֹשִׁיעַ אֶת־הָעוֹלָם׃ 48 וְאִישׁ אֲשֶׁר יִבְזֵנִי וְלֹא
יִקַּח אֲמָרַי יֵשׁ אֶחָד אֲשֶׁר־יָדִין אֹתוֹ הַדָּבָר אֲשֶׁר דִּבַּרְתִּי הוּא יָדִין אֹתוֹ בַּיּוֹם הָאַחֲרוֹן׃
49 כִּי אֲנִי לֹא מִלִּבִּי דִּבַּרְתִּי כִּי אִם־אָבִי הַשֹּׁלֵחַ אֹתִי הוּא צִוַּנִי אֶת־אֲשֶׁר אֹמַר וְאֶת־
אֲשֶׁר אֹמַר וְאֶת־אֲשֶׁר אֲדַבֵּר׃ 50 וַאֲנִי יָדַעְתִּי כִּי מִצְוָתוֹ חַיֵּי עוֹלָם לָכֵן כָּל־אֲשֶׁר אֲדַבֵּר
כַּאֲשֶׁר אָמַר אֵלַי אָבִי כֵּן אֲנִי מְדַבֵּר׃

YAHOSHUA WASHES THE DISCIPLES' FEET

יג וְלִפְנֵי חַג **הַפֶּסַח** כְּשֶׁיָּדַע **יָהוֹשֻׁעַ** כִּי בָאָה שַׁעְתּוֹ לַעֲבֹר מִן־הָעוֹלָם הַזֶּה אֶל־אָבִיו
כַּאֲשֶׁר אָהַב אֶת בְּחִירָיו אֲשֶׁר בָּעוֹלָם כֵּן אֲהֵבָם עַד־הַקֵּץ׃ 2 וַיְהִי בִּסְעוּדַת הָעֶרֶב
וְהַשָּׂטָן נָתַן בְּלֵב יְהוּדָה בֶן־שִׁמְעוֹן אִישׁ קְרִיּוֹת לְמָסְרוֹ׃ 3 וַיֵּדַע **יָהוֹשֻׁעַ** כִּי נָתַן אָבִיו אֶת־
הַכֹּל בְּיָדוֹ וְכִי מֵאֵת אֱלֹהִים בָּא וְאֶל־אֱלֹהִים יָשׁוּב׃ 4 וַיָּקָם מֵעַל הַשֻּׁלְחָן וַיִּפְשַׁט אֶת־
בְּגָדָיו וַיִּקַּח מִטְפַּחַת וַיִּתְחַגְּרֶהָ׃ 5 וְאַחַר יָצַק מַיִם בַּכִּיּוֹר וַיָּחֶל לִרְחֹץ אֶת־רַגְלֵי תַלְמִידָיו
וּלְנַגֵּב בַּמִּטְפַּחַת אֲשֶׁר־הוּא חָגוּר בָּהּ׃ 6 וַיִּגַּשׁ אֶל־שִׁמְעוֹן כֵּיפָא וְהוּא אָמַר אֵלָיו אֲדֹנִי
הַאַתָּה תִּרְחַץ אֶת־רַגְלָי׃ 7 וַיַּעַן **יָהוֹשֻׁעַ** וַיֹּאמֶר אֵלָיו אֵת אֲשֶׁר אֲנִי עֹשֶׂה אֵינְךָ יֹדֵעַ כָּעֵת
וְאַחֲרֵי־כֵן תֵּדָע׃ 8 וַיֹּאמֶר אֵלָיו כֵּיפָא לֹא־תִרְחַץ אֶת־רַגְלַי לְעוֹלָם וַיַּעַן אֹתוֹ **יָהוֹשֻׁעַ**
אִם־לֹא אֶרְחַץ אֹתְךָ אֵין לְךָ חֵלֶק עִמִּי׃ 9 וַיֹּאמֶר אֵלָיו שִׁמְעוֹן כֵּיפָא אֲדֹנִי לֹא אֶת־רַגְלַי
לְבַד כִּי גַּם אֶת־יָדַי וְאֶת־רֹאשִׁי׃ 10 וַיֹּאמֶר אֵלָיו **יָהוֹשֻׁעַ** הַמֻּרְחָץ אֵין־לוֹ לִרְחֹץ עוֹד כִּי
אִם־אֶת־רַגְלָיו כִּי כֻלּוֹ טָהוֹר הוּא וְאַתֶּם טְהוֹרִים אַךְ לֹא כֻלְּכֶם׃

JOHN

38 That the saying of YeshaYAHU the prophet might be fulfilled, which he spake, ADONAI, "Who hath believed our report? and to whom is the arm of **YAHOWAH** revealed?"

39 Therefore they could not believe, because that YeshaYAHU said again,

40 "Hear ye indeed, but understand not; and see ye indeed, but perceive not; and understand with their heart, and convert, and be healed."

41 These things said YeshaYAHU, when he saw his glory, and spake of him.

42 Nevertheless among the chief rulers also many believed on him; but because of the Perushim they did not confess him, lest they should be put out of the Congregation:

43 For they loved the praise of men more than the praise of ELOHIM.

YAHOSHUA CAME TO SAVE THE WORLD

44 **YAHOSHUA** cried and said, He that believeth on me, believeth not on me, but on him that sent me.

45 And he that seeth me seeth him that sent me.

46 I am come a light into the world, that whosoever believeth on me should not abide in darkness.

47 And if any man hear my words, and believe not, I judge him not: for I came not to judge the world, but to save the world.

48 He that rejecteth me, and receiveth not my words, hath one that judgeth him: the word that I have spoken, the same shall judge him in the last day.

49 For I have not spoken of myself; but the Father which sent me, he gave me a commandment, what I should say, and what I should speak.

50 And I know that his commandment is life everlasting: whatsoever I speak therefore, even as the Father said unto me, so I speak.

YAHOSHUA WASHES THE DISCIPLES' FEET

13 Now before the feast of the **Pesakh**, when **YAHOSHUA** knew that his hour was come that he should depart out of this world unto the Father, having loved his own which were in the world, he loved them unto the end.

2 And supper being ended, the devil having now put into the heart of Yehudah Ishqeriot, Shimon's son, to betray him;

3 **YAHOSHUA** knowing that the Father had given all things into his hands, and that he was come from ELOHIM, and went to ELOHIM;

4 He riseth from supper, and laid aside his garments; and took a towel, and girded himself.

5 After that he poureth water into a bason, and began to wash the disciples' feet, and to wipe them with the towel wherewith he was girded.

6 Then cometh he to Shimon Kepha: and Kepha saith unto him, Adoni, dost thou wash my feet?

7 **YAHOSHUA** answered and said unto him, What I do thou knowest not now; but thou shalt know hereafter.

8 Kepha saith unto him, Thou shalt never wash my feet. **YAHOSHUA** answered him, If I wash thee not, thou hast no part with me.

9 Shimon Kepha saith unto him, Adoni, not my feet only, but also my hands and my head.

10 **YAHOSHUA** saith to him, He that is washed needeth not save to wash his feet, but is clean every whit: and ye are clean, but not all.

11 כִּי יָדַע מִי יִמְסְרֵיהוּ עַל־כֵּן אָמַר לֹא כֻלְּכֶם טְהוֹרִים׃ 12 וַיְהִי אַחֲרֵי אֲשֶׁר־רָחַץ
אֶת רַגְלֵיהֶם וַיִּלְבַּשׁ אֶת־בְּגָדָיו וַיָּשָׁב לְהָסֵב וַיֹּאמֶר אֲלֵיהֶם הַיְדַעְתֶּם מָה הַדָּבָר אֲשֶׁר
עָשִׂיתִי לָכֶם׃ 13 אַתֶּם קֹרְאִים־לִי מוֹרֶה וְאָדוֹן וְהֵיטַבְתֶּם אֲשֶׁר דִּבַּרְתֶּם כִּי־אֲנִי הוּא׃ 14
לָכֵן אִם־אֲנִי הַמּוֹרֶה וְהָאָדוֹן רָחַצְתִּי אֶת־רַגְלֵיכֶם גַּם־אַתֶּם חַיָּבִים לִרְחֹץ אִישׁ אֶת־רַגְלֵי
אָחִיו׃ 15 כִּי מוֹפֵת נָתַתִּי לָכֶם לְמַעַן תַּעֲשׂוּ גַּם־אַתֶּם כַּאֲשֶׁר עָשִׂיתִי לָכֶם׃ 16 אָמֵן אָמֵן
אֲנִי אֹמֵר לָכֶם אֵין הָעֶבֶד גָּדוֹל מֵאֲדֹנָיו וְאֵין הַשָּׁלִיחַ גָּדוֹל מִשֹּׁלְחוֹ׃ 17 אִם־יְדַעְתֶּם זֹאת
אַשְׁרֵיכֶם בַּעֲשׂוֹתְכֶם כֵּן׃ 18 לֹא עַל־כֻּלְּכֶם דִּבַּרְתִּי יוֹדֵעַ אֲנִי אֶת־אֲשֶׁר בָּחַרְתִּי בָהֶם אַךְ
לְמַעַן יִמָּלֵא הַכָּתוּב אוֹכֵל לַחְמִי הִגְדִּיל עָלַי עָקֵב׃ 19 מֵעַתָּה אֲנִי אֹמֵר לָכֶם בְּטֶרֶם
הֱיוֹתָהּ לְמַעַן תַּבֹּא וְהֶאֱמַנְתֶּם כִּי אֲנִי הוּא׃ 20 אָמֵן אָמֵן אֲנִי אֹמֵר לָכֶם כִּי כָל־הַמְקַבֵּל
אֵת אֲשֶׁר אֶשְׁלָחֵהוּ אֹתִי מְקַבֵּל וְהַמְקַבֵּל אֹתִי מְקַבֵּל אֶת־שֹׁלְחִי׃

ONE OF YOU WILL BETRAY ME

21 וַיְהִי כְּכַלּוֹת **יְהוֹשֻׁעַ** לְדַבֵּר הַדְּבָרִים הָאֵלֶּה וַיִּבָּהֵל בְּרוּחוֹ וַיָּעַד וַיֹּאמֶר אָמֵן אָמֵן אֲנִי
אֹמֵר לָכֶם כִּי אֶחָד מִכֶּם יִמְסְרֵנִי׃ 22 וַיַּבִּיטוּ תַלְמִידָיו וַיִּתְמְהוּ אִישׁ אֶל־רֵעֵהוּ כִּי נָבוֹכוּ
וְלֹא יָדְעוּ עַל־מִי דִבֵּר׃ 23 וְאֶחָד מִתַּלְמִידָיו אֲשֶׁר **יְהוֹשֻׁעַ** אֲהֵבוֹ מֵסֵב עַל־חֵיק
יְהוֹשֻׁעַ׃ 24 וַיִּרְמָז־לוֹ שִׁמְעוֹן כֵּיפָא לִדְרֹשׁ מִי־הוּא זֶה אֲשֶׁר דִּבֶּר עָלָיו׃ 25 וַיִּפֹּל עַל־לֵב
יְהוֹשֻׁעַ וַיֹּאמֶר אֵלָיו אֲדֹנִי מִי הוּא׃ 26 וַיַּעַן **יְהוֹשֻׁעַ** הִנֵּה זֶה הוּא אֲשֶׁר־אֶטְבֹּל פְּרוּסָתִי
לְתִתָּהּ לוֹ וַיִּטְבֹּל אֶת־פְּרוּסָתוֹ וַיִּתֵּן אֶל־יְהוּדָה בֶּן־שִׁמְעוֹן אִישׁ קְרִיּוֹת׃ 27 וְאַחֲרֵי בִלְעוֹ
בָּא הַשָּׂטָן אֶל־קִרְבּוֹ וַיֹּאמֶר אֵלָיו **יְהוֹשֻׁעַ** אֵת אֲשֶׁר־תַּעֲשֶׂה עֲשֵׂה מְהֵרָה׃ 28 וּמִן־
הַמְסִבִּים לֹא־יָדַע אִישׁ עַל־מֶה דִּבֶּר אֵלָיו כָּזֹאת׃ 29 כִּי יֵשׁ אֲשֶׁר חָשְׁבוּ כִּי־אָמַר אֵלָיו
יְהוֹשֻׁעַ קְנֵה־לָנוּ צָרְכֵי הֶחָג אוֹ לָתֵת לָאֶבְיוֹנִים יַעַן אֲשֶׁר כִּיס הַכֶּסֶף בְּיַד יְהוּדָה׃ 30
וְהוּא בְּקַחְתּוֹ אֶת־פְּרוּסַת הַלֶּחֶם מִהֵר לָצֵאת הַחוּצָה וְלַיְלָה הָיָה׃

A NEW COMMANDMENT

31 הוּא יָצָא **וִיהוֹשֻׁעַ** אָמַר עַתָּה נִתְפָּאַר בֶּן־הָאָדָם וְהָאֱלֹהִים נִתְפָּאַר בּוֹ׃ 32
הֵן הָאֱלֹהִים נִתְפָּאַר בּוֹ וְגַם יְפָאֲרֶנּוּ הָאֱלֹהִים בְּעַצְמוֹ וּבִמְהֵרָה יְפָאֲרֵהוּ׃ 33
בָּנַי עוֹד־מְעַט מִזְעָר אֶהְיֶה עִמָּכֶם אַתֶּם תְּבַקְשׁוּנִי וְכַאֲשֶׁר אָמַרְתִּי אֶל־הַיְּהוּדִים כִּי
אֶל־אֲשֶׁר אֲנִי הוֹלֵךְ לֹא תוּכְלוּ לָבוֹא שָׁמָּה כֵּן אֲנִי אֹמֵר אֲלֵיכֶם עָתָּה׃ 34 מִצְוָה חֲדָשָׁה
אֲנִי נֹתֵן לָכֶם אֲשֶׁר תְּאֵהֲבוּ אִטשׁ אֶת־אָחִיו כַּאֲשֶׁר אָהַבְתִּי אֶתְכֶם כֵּן גַּם־אַתֶּם אִישׁ
אֶת־אָחִיו תְּאֶהָבוּן׃ 35 בָּזֹאת יֵדְעוּ כֻלָּם כִּי תַלְמִידִים אַתֶּם לִי תִּשְׁכֹּן אַהֲבָה בֵּינֵיכֶם׃

JOHN

11 For he knew who should betray him; therefore said he, Ye are not all clean.
12 So after he had washed their feet, and had taken his garments, and was set down again, he said unto them, Know ye what I have done to you?
13 Ye call me Master and Adone: and ye say well; for so I am.
14 If I then, your Adone and Master, have washed your feet; ye also ought to wash one another's feet.
15 For I have given you an example, that ye should do as I have done to you.
16 Verily, verily, I say unto you, The servant is not greater than his Adone; neither he that is sent greater than he that sent him.
17 If ye know these things, happy are ye if ye do them.
18 I speak not of you all: I know whom I have chosen: but that the scripture may be fulfilled, "Yea, mine own familiar friend, in whom I trusted, which did eat of my bread, hath lifted up his heel against me."
19 Now I tell you before it come, that, when it is come to pass, ye may believe that I am he.
20 Verily, verily, I say unto you, He that receiveth whomsoever I send receiveth me; and he that receiveth me receiveth him that sent me.

ONE OF YOU WILL BETRAY ME

21 When **YAHOSHUA** had thus said, he was troubled in **RUAKH**, and testified, and said, Verily, verily, I say unto you, that one of you shall betray me.
22 Then the disciples looked one on another, doubting of whom he spake.
23 Now there was leaning on **YAHOSHUA'S** bosom one of his disciples, whom **YAHOSHUA** loved.
24 Shimon Kepha therefore beckoned to him, that he should ask who it should be of whom he spake.
25 He then lying on **YAHOSHUA'S** breast saith unto him, Adoni, who is it?
26 **YAHOSHUA** answered, He it is, to whom I shall give a sop, when I have dipped it. And when he had dipped the sop, he gave it to Yehudah Ishqeriot, the son of Shimon.
27 And after the sop Satan entered into him. Then said **YAHOSHUA** unto him, That thou doest, do quickly.
28 Now no man at the table knew for what intent he spake this unto him.
29 For some of them thought, because Yehudah had the bag, that **YAHOSHUA** had said unto him, Buy those things that we have need of against the feast; or, that he should give something to the poor.
30 He then having received the sop went immediately out: and it was night.

A NEW COMMANDMENT

31 Therefore, when he was gone out, **YAHOSHUA** said, Now is the Son of man glorified, and ELOHIM is glorified in him.
32 If ELOHIM be glorified in him, ELOHIM shall also glorify him in himself, and shall straightway glorify him.
33 Little children, yet a little while I am with you. Ye shall seek me: and as I said unto the Yehudim, Whither I go, ye cannot come; so now I say to you.
34 A new commandment I give unto you, That ye love one another; as I have loved you, that ye also love one another.
35 By this shall all men know that ye are my disciples, if ye have love one to another.

YAHOSHUA FORETELLS PETER'S DENIAL

36 וַיֹּאמֶר אֵלָיו כֵּיפָע אֲדֹנִי אָנָה תֵלֵךְ וַיַּעַן אֹתוֹ **יָהוֹשֻׁעַ** אֶל־אֲשֶׁר אֲנִי הוֹלֵךְ שָׁמָּה לֹא־
תוּכַל עַתָּה לָלֶכֶת אַחֲרָי וְאַחֲרֵי־כֵן תֵּלֵךְ אַחֲרָי׃ 37 וַיֹּאמֶר אֵלָיו כֵּיפָע מַדּוּעַ לֹא־אוּכַל
עַתָּה לָלֶכֶת אַחֲרֶיךָ הֵן־נַפְשִׁי אֶתֵּן בְּעַד־נַפְשֶׁךָ׃ 38 וַיַּעַן אֹתוֹ **יָהוֹשֻׁעַ** הֲתִתֵּן נַפְשְׁךָ בְּעַד
נַפְשִׁי אָמֵן אָמֵן אֲנִי אֹמֵר בְּטֶרֶם יִקְרָא הַתַּרְנְגֹל תְּכַחֵשׁ בִּי שָׁלֹשׁ פְּעָמִים׃

I AM THE WAY, AND THE TRUTH, AND THE LIFE

יד אַל־יִבָּהֵל לְבַבְכֶם הַאֲמִינוּ בֵּאלֹהִים וְגַם בִּי הַאֲמִינוּ׃ 2 בְּבֵית אָבִי מְדוֹרוֹת רַבִּים
וְאִם־לֹא כֵן הָיִיתִי אוֹמֵר לָכֶם הִנְנִי הֹלֵךְ לְהָכִין לָכֶם מָקוֹם׃ 3 וְהָיָה כִּי־הָלַכְתִּי
וַהֲכִינוֹתִי לָכֶם מָקוֹם שׁוֹב אָשׁוּב וְלָקַחְתִּי אֶתְכֶם אֵלָי לְמַעַן תִּהְיוּ גַּם־אַתֶּם בַּאֲשֶׁר
אֲנִי שָׁם׃ 4 וִידַעְתֶּם אָנָה אֲנִי הוֹלֵךְ וְאֶת־הַדֶּרֶךְ יְדַעְתֶּם׃ 5 וַיֹּאמֶר אֵלָיו תּוֹמָא אֲדֹנִי
לֹא יָדַעְנוּ אָנָה אַתָּה הֹלֵךְ וְאֵיכָכָה נֵדַע אֶת־הַדָּרֶךְ׃ 6 וַיֹּאמֶר אֵלָיו **יָהוֹשֻׁעַ** אָנֹכִי הַדֶּרֶךְ
וְהָאֱמֶת וְהַחַיִּים לֹא־יָבֹא אִישׁ אֶל־הָאָב בִּלְתִּי עַל־יָדִי׃ 7 לוּ־יְדַעְתֶּם אֹתִי גַּם אֶת־אָבִי
יְדַעְתֶּם וּמֵעַתָּה יְדַעְתֶּם אֹתוֹ וְגַם רְאִיתֶם אֹתוֹ׃ 8 וַיֹּאמֶר אֵלָיו פִּילִפּוֹס אֲדֹנִי הַרְאֵנוּ נָא
אֶת־הָאָב וְדַי לָנוּ׃ 9 וַיֹּאמֶר אֵלָיו **יָהוֹשֻׁעַ** זֶה כַּמָּה יָמִים אָנֹכִי אִתְּכֶם וְאַתָּה פִּילִפּוֹס
הֲטֶרֶם תֵּדָעֵנִי הָרֹאֶה אֹתִי רָאָה אֶת־הָאָב וְלָמָּה־זֶּה תֹּאמַר הַרְאֵנוּ אֶת־הָאָב׃ 10 הַאֵינְךָ
מַאֲמִין כִּי אָנֹכִי בְּאָבִי וְאָבִי בִּי הַדְּבָרִים אֲשֶׁר אֲדַבֵּר אֲלֵיכֶם לֹא־מִנַּפְשִׁי אָנֹכִי דֹבֵר כִּי
אָבִי הַשֹּׁכֵן בְּקִרְבִּי הוּא עֹשֶׂה אֶת־הַמַּעֲשִׂים׃ 11 הַאֲמִינוּ לִי כִּי־אָנֹכִי בְּאָבִי וְאָבִי בִּי
וְאִם־לֹא הַאֲמִינוּ לִי בִּגְלַל הַמַּעֲשִׂים׃ 12 אָמֵן אָמֵן אֲנִי אֹמֵר לָכֶם הַמַּאֲמִין בִּי יַעֲשֶׂה
גַּם־הוּא אֶת־הַמַּעֲשִׂים אֲשֶׁר אָנֹכִי עֹשֶׂה וּגְדֹלוֹת מֵאֵלֶּה יַעֲשֶׂה אֶל־אָבִי׃ 13 וְכָל־אֲשֶׁר
תִּשְׁאֲלוּ בִּשְׁמִי אֶעֱשֶׂנּוּ יְכֻבַּד הָאָב בִּבְנוֹ׃ 14 כִּי־תִשְׁאֲלוּ דָבָר בִּשְׁמִי אֲנִי אֶעֱשֶׂנּוּ׃

YAHOSHUA PROMISES THE RUAKH HA' QODESH

15 אִם־אֲהַבְתֶּם אֹתִי אֶת־מִצְוֹתַי תִּשְׁמֹרוּ׃ 16 וַאֲנִי אֶשְׁאֲלָה מֵאָבִי וְהוּא יִתֵּן לָכֶם
מְנַחֵם אַחֵר אֲשֶׁר־יִשְׁכֹּן אִתְּכֶם לָנֶצַח׃ 17 אֶת־**רוּחַ** הָאֱמֶת אֲשֶׁר לֹא־יָכֹל הָעוֹלָם לְהַשִּׂיגוֹ
בַּאֲשֶׁר לֹא יִרְאֵהוּ וְלֹא יֵדָעֵהוּ וְאַתֶּם יְדַעְתֶּם אֹתוֹ כִּי־הוּא שֹׁכֵן אִתְּכֶם וְיִהְיֶה בְּקִרְבְּכֶם׃
18 לֹא אֶעֱזָבְכֶם יְתוֹמִים אָבוֹאָה אֲלֵיכֶם׃ 19 עוֹד מְעַט וְהָעוֹלָם לֹא יוֹסִיף לִרְאוֹת אֹתִי
וְאַתֶּם תִּרְאוּנִי כִּי חַי אֲנִי וְגַם־אַתֶּם חָיֹה תִחְיוּ׃ 20 וְהָיָה בַּיּוֹם הַהוּא יָדוֹעַ תֵּדְעוּ כִּי־אֲנִי
בְּאָבִי וְאַתֶּם בִּי וַאֲנִי בָּכֶם׃

JOHN

YAHOSHUA FORETELLS PETER'S DENIAL

36 Shimon Kepha said unto him, Adone, whither goest thou? **YAHOSHUA** answered him, Whither I go, thou canst not follow me now; but thou shalt follow me afterwards.

37 Kepha said unto him, Adoni, why cannot I follow thee now? I will lay down my life for thy sake.

38 **YAHOSHUA** answered him, Wilt thou lay down thy life for my sake? Verily, verily, I say unto thee, The cock shall not crow, till thou hast denied me thrice.

I AM THE WAY, AND THE TRUTH, AND THE LIFE

14 Let not your heart be troubled: ye believe in ELOHIM, believe also in me.

2 In my Father's house are many mansions: if it were not so, I would have told you. I go to prepare a place for you.

3 And if I go and prepare a place for you, I will come again, and receive you unto myself; that where I am, there ye may be also.

4 And whither I go ye know, and the way ye know.

5 Tho'ma saith unto him, Adone, we know not whither thou goest; and how can we know the way?

6 **YAHOSHUA** saith unto him, I am the way, the truth, and the life: no man cometh unto the Father, but by me.

7 If ye had known me, ye should have known my Father also: and from henceforth ye know him, and have seen him.

8 Philipos saith unto him, Adone, shew us the Father, and it sufficeth us.

9 **YAHOSHUA** saith unto him, Have I been so long time with you, and yet hast thou not known me, Philipos? he that hath seen me hath seen the Father; and how sayest thou then, Shew us the Father?

10 Believest thou not that I am in the Father, and the Father in me? the words that I speak unto you I speak not of myself: but the Father that dwelleth in me, he doeth the works.

11 Believe me that I am in the Father, and the Father in me: or else believe me for the very works' sake.

12 Verily, verily, I say unto you, He that believeth on me, the works that I do shall he do also; and greater works than these shall he do; because I go unto my Father.

13 And whatsoever ye shall ask in my name, that will I do, that the Father may be glorified in the Son.

14 If ye shall ask any thing in my name, I will do it.

YAHOSHUA PROMISES THE RUAKH HA' QODESH

15 If ye love me, keep my commandments.

16 And I will pray the Father, and he shall give you another Comforter, that he may abide with you for ever;

17 Even the **RUAKH** of Truth; whom the world cannot receive, because it seeth him not, neither knoweth him: but ye know him; for he dwelleth with you, and shall be in you.

18 I will not leave you comfortless: I will come to you.

19 Yet a little while, and the world seeth me no more; but ye see me: because I live, ye shall live also.

20 At that day ye shall know that I am in my Father, and ye in me, and I in you.

21 מִי אֲשֶׁר מִצְוֹתַי אִתּוֹ וַיִּשְׁמֹר אֹתָן הוּא אֲשֶׁר אָהֵב אֹתִי וְאֹהֲבִי אָהוּב לְאָבִי וַאֲנִי
אֹהֲבֵהוּ וְאֵלָיו אֶתְוַדָּע׃ 22 וַיֹּאמֶר אֵלָיו יְהוּדָה וְהוּא לֹא אִישׁ קְרִיּוֹת אֲדֹנִי מַה־לְּךָ כִּי
תַחְפֹּץ לְהִתְוַדַּע אֵלֵינוּ וְלֹא לָעוֹלָם׃ 23 וַיַּעַן **יָהוֹשֻׁעַ** וַיֹּאמֶר אֵלָיו אִישׁ כִּי יֶאֱהָבַנִי יִשְׁמֹר
אֶת־דְּבָרִי וְאָבִי יֶאֱהַב אֹתוֹ וְנָבוֹאָה אֵלָיו וְנָשִׂים מְעוֹנָתֵנוּ אֶצְלוֹ׃ 24 וַאֲשֶׁר לֹא יֶאֱהָבַנִי
הוּא לֹא יִשְׁמֹר אֶת־דְּבָרַי וְהַדָּבָר אֲשֶׁר שְׁמַעְתֶּם לֹא־שֶׁלִּי הוּא כִּי אִם־שֶׁל־אָבִי אֲשֶׁר
שְׁלָחָנִי׃ 25 אֶת־אֵלֶּה דִּבַּרְתִּי אֲלֵיכֶם בְּעוֹד הֱיוֹתִי עִמָּכֶם׃ 26 וְהַמְנַחֵם **רוּחַ הַקֹּדֶשׁ**
אֲשֶׁר־יִשְׁלַח אָבִי בִּשְׁמִי הוּא יְלַמֶּדְכֶם אֶת־כֹּל וְיַזְכִּיר אֶת־כֹּל אֲשֶׁר־הִגַּדְתִּי לָכֶם׃ 27
שָׁלוֹם אַנִּיחַ לָכֶם אֶת־שְׁלוֹמִי אֶתֵּן לָכֶם לֹא כַּאֲשֶׁר יִתֵּן הָעוֹלָם אָנֹכִי נֹתֵן לָכֶם אַל־
יִבָּהֵל לְבַבְכֶם וְאַל־יֵחָת׃ 28 הֲלֹא שְׁמַעְתֶּם כִּי אָמַרְתִּי אֲלֵיכֶם אֵלֵךְ וְאָשׁוּבָה אֲלֵיכֶם לוּ
אֲהַבְתֶּם אֹתִי כִּי־עַתָּה תִשְׂמְחוּ בְּהַגִּידִי לָכֶם כִּי־הֹלֵךְ אֲנִי אֶל־הָאָב כִּי אָבִי גָּדוֹל מִמֶּנִּי׃
29 וְעַתָּה הִנֵּה הִגַּדְתִּי זֹאת לָכֶם בְּטֶרֶם הֱיוֹתָהּ לְמַעַן תָּבֹא וְתַאֲמִינוּ׃ 30 לֹא־אַרְבֶּה עוֹד
אֲמָרִים עִמָּכֶם כִּי הִנֵּה בָא שַׂר הָעוֹלָם הַזֶּה וּבִי אֵין־לוֹ כֹל׃ 31 אַךְ לְמַעַן יֵדַע הָעוֹלָם כִּי
אֹהֵב אֲנִי אֶת־אָבִי וְכַאֲשֶׁר צִוַּנִי אָבִי כֵּן אֶעֱשֶׂה קוּמוּ וְנֵלְכָה מִזֶּה׃

I AM THE TRUE VINE

טו אָנֹכִי הַגֶּפֶן הָאֲמִתִּית וְאָבִי הוּא הַכֹּרֵם׃ 2 כָּל־שָׂרִיג בִּי אֲשֶׁר אֵינֶנּוּ עֹשֶׂה־פְּרִי
יְסִירֶנּוּ וַאֲשֶׁר יַעֲשֶׂה פְּרִי יְטַהֲרֶנּוּ לְהַרְבּוֹת אֶת־פִּרְיוֹ׃ 3 אַתֶּם כְּבָר מְטֹהָרִים
בַּעֲבוּר דְּבָרִי אֲשֶׁר דִּבַּרְתִּי אֲלֵיכֶם׃ 4 עִמְדוּ־בִי וַאֲנִי בָכֶם כַּאֲשֶׁר הַשָּׂרִיג בַּל־יַעֲשֶׂה
פְּרִי מֵאֵלָיו אִם־לֹא יַעֲמֹד בַּגֶּפֶן כֵּן גַּם־אַתֶּם אִם־לֹא תַעַמְדוּ בִי׃ 5 אָנֹכִי הוּא הַגֶּפֶן
וְאַתֶּם הַשָּׂרִיגִים הָעֹמֵד בִּי וַאֲנִי בוֹ הוּא יַעֲשֶׂה־פְּרִי לָרֹב כִּי בִלְעָדַי לֹא תוּכְלוּן עֲשׂוֹת
דָּבָר׃ 6 אִישׁ אֲשֶׁר לֹא יַעֲמֹד בִּי הָשְׁלַךְ הַחוּצָה כַּשָּׂרִיג וַיִּיבַשׁ וִילְקְטוּם וַיַּשְׁלִיכוּם
אֶל־תּוֹךְ הָאֵשׁ וְהָיָה לְבָעֵר׃ 7 אִם־תַּעַמְדוּ בִי וּדְבָרַי יִהְיוּ בָכֶם כְּכָל־מַה־שֶּׁחֲפַצְתֶּם אָז
תִּשְׁאֲלוּ וְיֵעָשֶׂה לָכֶם׃ 8 בְּזֹאת נִכְבַּד אָבִי בַּעֲשׂוֹתְכֶם פְּרִי לָרֹב וִהְיִיתֶם לִי לְתַלְמִידִים׃
9 כַּאֲשֶׁר אֲהֵבַנִי אָבִי אָהַבְתִּי אֶתְכֶם גַּם־אָנִי וְאַתֶּם עִמְדוּ בְאַהֲבָתִי׃ 10 אִם־תִּשְׁמְרוּ
אֶת־מִצְוֹתַי תַּעַמְדוּ בְּאַהֲבָתִי כַּאֲשֶׁר שָׁמַרְתִּי גַּם־אֲנִי אֶת־מִצְוֹת אָבִי וְעָמַדְתִּי בְּאַהֲבָתוֹ׃
11 אֶת־אֵלֶּה דִּבַּרְתִּי אֲלֵיכֶם בַּעֲבוּר תִּשְׁכֹּן שִׂמְחָתִי בָכֶם וְתִהְיֶה שִׂמְחַתְכֶם שְׁלֵמָה׃ 12
הִנֵּה־זֹאת מִצְוָתִי אֲשֶׁר תֶּאֱהָבוּן אִישׁ אֶת־אָחִיו כַּאֲשֶׁר אֲהַבְתִּיכֶם׃ 13 אֵין אַהֲבָה רַבָּה
מֵאַהֲבַת הַנֹּתֵן נַפְשׁוֹ בְּעַד יְדִידָיו׃

JOHN

21 He that hath my commandments, and keepeth them, he it is that loveth me: and he that loveth me shall be loved of my Father, and I will love him, and will manifest myself to him.

22 Yehudah saith unto him, not Ishqeriot, Adoni, how is it that thou wilt manifest thyself unto us, and not unto the world?

23 **YAHOSHUA** answered and said unto him, If a man love me, he will keep my words: and my Father will love him, and we will come unto him, and make our abode with him.

24 He that loveth me not keepeth not my sayings: and the word which ye hear is not mine, but the Father's which sent me.

25 These things have I spoken unto you, being yet present with you.

26 But the Comforter, which is the **RUAKH HA' QODESH**, whom the Father will send in my name, he shall teach you all things, and bring all things to your remembrance, whatsoever I have said unto you.

27 Shalom I leave with you, my shalom I give unto you: not as the world giveth, give I unto you. Let not your heart be troubled, neither let it be afraid.

28 Ye have heard how I said unto you, I go away, and come again unto you. If ye loved me, ye would rejoice, because I said, I go unto the Father: for my Father is greater than I.

29 And now I have told you before it come to pass, that, when it is come to pass, ye might believe.

30 Hereafter I will not talk much with you: for the prince of this world cometh, and hath nothing in me.

31 But that the world may know that I love the Father; and as the Father gave me commandment, even so I do. Arise, let us go hence.

I AM THE TRUE VINE

15 I am the true vine, and my Father is the husbandman.

2 Every branch in me that beareth not fruit he taketh away: and every branch that beareth fruit, he purgeth it, that it may bring forth more fruit.

3 Now ye are clean through the word which I have spoken unto you.

4 Abide in me, and I in you. As the branch cannot bear fruit of itself, except it abide in the vine; no more can ye, except ye abide in me.

5 I am the vine, ye are the branches: He that abideth in me, and I in him, the same bringeth forth much fruit: for without me ye can do nothing.

6 If a man abide not in me, he is cast forth as a branch, and is withered; and men gather them, and cast them into the fire, and they are burned.

7 If ye abide in me, and my words abide in you, ye shall ask what ye will, and it shall be done unto you.

8 Herein is my Father glorified, that ye bear much fruit; so shall ye be my disciples.

9 As the Father hath loved me, so have I loved you: continue ye in my love.

10 If ye keep my commandments, ye shall abide in my love; even as I have kept my Father's commandments, and abide in his love.

11 These things have I spoken unto you, that my joy might remain in you, and that your joy might be full.

12 This is my commandment, That ye love one another, as I have loved you.

13 Greater love hath no man than this, that a man lay down his life for his friends.

14 וְאַתֶּם אִם־תַּעֲשׂוּ אֵת אֲשֶׁר־אֲנִי מְצַוֶּה אֶתְכֶם יְדִידַי אַתֶּם: 15 לֹא־אֶקְרָא לָכֶם עוֹד
עֲבָדִים כִּי הָעֶבֶד אֵינֶנּוּ יֹדֵעַ אֶת־אֲשֶׁר יַעֲשֶׂה אֲדֹנָיו וְאָמַרְתִּי יְדִידַי אַתֶּם כִּי כָל־אֲשֶׁר
שָׁמַעְתִּי מֵאֵת אָבִי הוֹדַעְתִּי אֶתְכֶם: 16 לֹא אַתֶּם בְּחַרְתֶּם בִּי כִּי אִם־אָנֹכִי בָּחַרְתִּי בָכֶם
וְהִפְקַדְתִּי אֶתְכֶם לָלֶכֶת וְלַעֲשׂוֹת פֶּרִי וּפֶרְיְכֶם יָקוּם וְהָיָה כֹּל אֲשֶׁר תִּשְׁאֲלוּ מֵאָבִי בִּשְׁמִי
יִתֵּן לָכֶם: 17 אֶת־אֵלֶּה אָנֹכִי מְצַוֶּה אֶתְכֶם לְמַעַן תֶּאֱהָבוּן אִישׁ אֶת־אָחִיו:

THE HATRED OF THE WORLD

18 אִם־הָעוֹלָם שֹׂנֵא אֶתְכֶם דְּעוּ כִּי אֹתִי שָׂנֵא רִאשׁוֹנָה: 19 אִלּוּ מִן־הָעוֹלָם הֱיִיתֶם הָיָה
הָעוֹלָם אֹהֵב אֵת אֲשֶׁר־לוֹ וְיַעַן כִּי־אֵינְכֶם מִן־הָעוֹלָם כִּי אִם־בָּחַרְתִּי אֶתְכֶם מִן־הָעוֹלָם
לָכֵן הָעוֹלָם יִשְׂנָא אֶתְכֶם: 20 זִכְרוּ אֶת־דְּבָרִי אֲשֶׁר דִּבַּרְתִּי אֲלֵיכֶם לֵאמֹר לֹא גָדוֹל
הָעֶבֶד מֵאֲדֹנָיו אִם־רָדְפוּ אֹתִי גַּם־אֶתְכֶם יִרְדֹּפוּ אִם־שָׁמְרוּ אֶת־דְּבָרִי גַּם אֶת־דְּבַרְכֶם
יִשְׁמֹרוּ: 21 אֲבָל כָּל־זֹאת יַעֲשׂוּ לָכֶם בַּעֲבוּר שְׁמִי כִּי לֹא־יָדְעוּ אֶת־שֹׁלְחִי: 22 לוּלֵא
בָאתִי וְדִבַּרְתִּי אֲלֵיכֶם לֹא־הָיָה בָהֶם חֵטְא וְעַתָּה לֹא יוּכְלוּן לְהִתְנַצֵּל עַל־חַטֹּאתָם:
23 הַשֹּׂנֵא אֹתִי יִשְׂנָא גַּם־אֶת־אָבִי: 24 לוּלֵא עָשִׂיתִי בְתוֹכָם אֶת־הַמַּעֲשִׂים אֲשֶׁר לֹא
עָשָׂה אִישׁ אַחֵר לֹא־הָיָה בָהֶם חֵטְא וְעַתָּה רָאוּ וַיִּשְׂנְאוּ גַּם־אֹתִי גַּם־אֶת־אָבִי: 25 אַךְ
לְמַלֹּאת דְּבַר־הַכָּתוּב בְּתוֹרָתָם שִׂנְאַת חִנָּם שְׂנֵאוּנִי: 26 וּבְבוֹא הַמְנַחֵם אֲשֶׁר אֶשְׁלַח
לָכֶם מֵאֵת אָבִי **רוּחַ** הָאֱמֶת הַיּוֹצֵא מֵאֵת אָבִי הוּא יָעִיד עָלָי: 27 וְגַם־אַתֶּם תָּעִידוּ כִּי
מֵרֹאשׁ הֱיִיתֶם עִמָּדִי:

THE WORK OF THE RUAKH HA' QODESH

טז אֶת אֵלֶּה דִּבַּרְתִּי אֲלֵיכֶם לְמַעַן לֹא תִכָּשֵׁלוּ: 2 הִנֵּה יְנַדּוּ אֶתְכֶם וְאַף בָּאָה
שָׁעָה אֲשֶׁר כָּל־הֹרֵג אֶתְכֶם יְדַמֶּה לַעֲשׂוֹת עֲבוֹדָה לֵאלֹהִים: 3 וְאֶת־אֵלֶּה
יַעֲשׂוּ לָכֶם יַעַן גַּם־אֶת־אָבִי וְגַם־אֹתִי לֹא יָדָעוּ: 4 אֲבָל הִגַּדְתִּי לָכֶם אֶת־אֵלֶּה לְמַעַן
אֲשֶׁר־תִּזְכְּרוּ בְּבֹא הַשָּׁעָה כִּי אָנֹכִי דִבַּרְתִּי אֲלֵיכֶם וּמֵרֹאשׁ לֹא־דִבַּרְתִּי אֲלֵיכֶם כָּאֵלֶּה
כִּי הָיִיתִי עִמָּכֶם: 5 וְעַתָּה הֹלֵךְ אָנֹכִי אֶל־שֹׁלְחִי וְלֹא יִשְׁאָלֵנִי אִישׁ מִכֶּם אָנָה תֵלֵךְ: 6
וְעַצֶּבֶת מָלְאָה לְבַבְכֶם עַל־דַּבְּרִי אֶת־אֵלֶּה אֲלֵיכֶם: 7 אוּלָם אֱמֶת אַגִּיד לָכֶם כִּי לֶכְתִּי
אַךְ־טוֹב לָכֶם כִּי אִם־לֹא אֵלֵךְ לֹא־יָבֹא אֲלֵיכֶם הַמְנַחֵם וְאִם־הָלַכְתִּי אֶשְׁלָחֵהוּ אֲלֵיכֶם:
8 וְהָיָה כִּי־יָבֹא וְהוֹכִיחַ אֶת־הָעוֹלָם עַל־דְּבַר הַחֵטְא וְהַצֶּדֶק וְהַמִּשְׁפָּט: 9 עַל־הַחֵטְא
כִּי לֹא־הֶאֱמִינוּ בִּי:

JOHN

14 Ye are my friends, if ye do whatsoever I command you.

15 Henceforth I call you not servants; for the servant knoweth not what his Adone doeth: but I have called you friends; for all things that I have heard of my Father I have made known unto you.

16 Ye have not chosen me, but I have chosen you, and ordained you, that ye should go and bring forth fruit, and that your fruit should remain: that whatsoever ye shall ask of the Father in my name, he may give it you.

17 These things I command you, that ye love one another.

THE HATRED OF THE WORLD

18 If the world hate you, ye know that it hated me before it hated you.

19 If ye were of the world, the world would love his own: but because ye are not of the world, but I have chosen you out of the world, therefore the world hateth you.

20 Remember the word that I said unto you, The servant is not greater than his Adone. If they have persecuted me, they will also persecute you; if they have kept my saying, they will keep your's also.

21 But all these things will they do unto you for my name's sake, because they know not him that sent me.

22 If I had not come and spoken unto them, they had not had sin: but now they have no cloke for their sin.

23 He that hateth me hateth my Father also.

24 If I had not done among them the works which none other man did, they had not had sin: but now have they both seen and hated both me and my Father.

25 But this cometh to pass, that the word might be fulfilled that is written in their Torah, "They that hate me without a cause."

26 But when the Comforter is come, whom I will send unto you from the Father, even the **RUAKH** of Truth, which proceedeth from the Father, he shall testify of me:

27 And ye also shall bear witness, because ye have been with me from the beginning.

THE WORK OF THE RUAKH HA' QODESH

16 These things have I spoken unto you, that ye should not be offended.

2 They shall put you out of the Congregations: yea, the time cometh, that whosoever killeth you will think that he doeth ELOHIM service.

3 And these things will they do unto you, because they have not known the Father, nor me.

4 But these things have I told you, that when the time shall come, ye may remember that I told you of them. And these things I said not unto you at the beginning, because I was with you.

5 But now I go my way to him that sent me; and none of you asketh me, Whither goest thou?

6 But because I have said these things unto you, sorrow hath filled your heart.

7 Nevertheless I tell you the truth; It is expedient for you that I go away: for if I go not away, the Comforter will not come unto you; but if I depart, I will send him unto you.

8 And when he is come, he will reprove the world of sin, and of righteousness, and of judgment:

9 Of sin, because they believe not on me;

10 וְעַל־הַצֶּדֶק כִּי אֵלֵךְ אֶל־אָבִי וְלֹא תוֹסִיפוּ לִרְאוֹת אֹתִי׃ 11 וְעַל־הַמִּשְׁפָּט כִּי נִדּוֹן
שַׂר הָעוֹלָם הַזֶּה׃ 12 עוֹד רַבּוֹת לִי לְהַגִּיד לָכֶם אַךְ לֹא־תוּכְלוּן שְׂאֵת עָתָּה׃ 13 וְרוּחַ
הָאֱמֶת בְּבֹאוֹ הוּא יַדְרִיךְ אֶתְכֶם אֶל־הָאֱמֶת כֻּלָּהּ כִּי לֹא יְדַבֵּר מֵעַצְמוֹ כִּי אִם־אֲשֶׁר
יִשְׁמַע יְדַבֵּר וְהָאֹתִיּוֹת יַגִּיד לָכֶם׃ 14 הוּא יְפָאֲרֵנִי כִּי מִשֶּׁלִּי יִקַּח וְיַגִּיד לָכֶם׃ 15 כֹּל אֲשֶׁר
לְאָבִי לִי הוּא עַל־כֵּן אָמַרְתִּי כִּי מִשֶּׁלִּי יִקַּח וְיַגִּיד לָכֶם׃

YOUR SORROW WILL TURN INTO JOY

16 הֵן־מְעַט וְלֹא תִרְאוּנִי וְעוֹד־מְעַט וְתֶחֱזוּנִי (כִּי־אֲנִי הֹלֵךְ אֶל־אָבִי)׃ 17 וּמִקְצָת
תַּלְמִידָיו נִדְבְּרוּ אִישׁ אֶל־אָחִיו לֵאמֹר מָה אָמְרוֹ אֵלֵינוּ הֵן־מְעַט וְלֹא תִרְאוּנִי וְעוֹד־
מְעַט וְתֶחֱזוּנִי וְאָמְרוֹ אֲנִי הֹלֵךְ אֶל־אָבִי׃ 18 וַיֹּאמְרוּ מָה אָמְרוֹ מְעָט לֹא יָדַעְנוּ מַה־
דִּבֵּר׃ 19 וַיֵּדַע יָהוֹשֻׁעַ כִּי עִם־לְבָבָם לִשְׁאֹל אֹתוֹ וַיֹּאמֶר אֲלֵיהֶם הַעַל הַדָּבָר הַזֶּה
תִּדְרְשׁוּ זֶה אֶת־זֶה כִּי אָמַרְתִּי הֵן־מְעַט וְלֹא תִרְאוּנִי וְעוֹד־מְעַט וְתֶחֱזוּנִי׃ 20 אָמֵן
אָמֵן אֲנִי אֹמֵר לָכֶם כִּי אַתֶּם תִּבְכּוּ וּתְיֵלִילוּ וְהָעוֹלָם יִשְׂמָח הֵן־אַתֶּם תֵּעָצְבוּ אָכֵן
עָצְבְּכֶם יֵהָפֵךְ לְשָׂשׂוֹן׃ 21 הָאִשָּׁה כִּי תַקְרִיב לָלֶדֶת עֶצֶב לָהּ כִּי מָלְאוּ יָמֶיהָ וְאַחֲרֵי
לִדְתָּהּ אֶת־הַיֶּלֶד לֹא־תִזְכֹּר עוֹד אֶת־עִצְּבוֹנָהּ וְהִיא שְׂמֵחָה כִּי־אָדָם נוֹלַד לָעוֹלָם׃
22 וְגַם־אַתֶּם כָּעֵת תִּתְעַצָּבוּ וַאֲנִי אָשׁוּב אֶרְאֶה אֶתְכֶם וְשָׂשׂ לִבְּכֶם וְאֵין־מֵסִיר
שִׂמְחַתְכֶם מִכֶּם׃ 23 וּבַיּוֹם הַהוּא לֹא תִשְׁאָלוּנִי דָּבָר אָמֵן אָמֵן אֲנִי אֹמֵר לָכֶם כִּי
כָּל־אֲשֶׁר תִּשְׁאֲלוּ מֵאֵת אָבִי בִּשְׁמִי יִתֵּן לָכֶם׃ 24 עַד־עַתָּה לֹא־שְׁאֶלְתֶּם דָּבָר בִּשְׁמִי
שַׁאֲלוּ וְתִקְחוּ לְמַעַן תִּמָּלֵא שִׂמְחַתְכֶם׃

I HAVE OVERCOME THE WORLD

25 אֶת־אֵלֶּה דִּבַּרְתִּי אֲלֵיכֶם בִּמְשָׁלִים וְהִנֵּה שָׁעָה בָאָה וְלֹא אֲדַבֵּר עוֹד אֲלֵיכֶם
בִּמְשָׁלִים כִּי אִם־בָּרוּר אֲדַבֵּר לָכֶם עַל־דְּבַר אָבִי׃ 26 בַּיּוֹם הַהוּא תִּשְׁאֲלוּ בִשְׁמִי
וְאֵינֶנִּי אֹמֵר לָכֶם אֲשֶׁר אֲנִי אַעְתִּיר לְאָבִי בַּעַדְכֶם׃ 27 כִּי־אָבִי גַּם־הוּא אֹהֵב אֶתְכֶם
עֵקֶב אֲשֶׁר אֲהַבְתּוּנִי וְהֶאֱמַנְתֶּם כִּי־מֵאֵת אֱלֹהִים יָצָאתִי׃ 28 מֵאֵת הָאָב יָצָאתִי
וָאָבֹא לָעוֹלָם אָשׁוּבָה אָסוּר מִן־הָעוֹלָם וְאֵלֵךְ אֶל־אָבִי׃ 29 וַיֹּאמְרוּ אֵלָיו תַּלְמִידָיו
הִנֵּה כָעֵת בָּרוּר תְּמַלֵּל וְלֹא תִמְשֹׁל מָשָׁל׃ 30 עַתָּה יָדַעְנוּ כִּי־כֹל יָדַעְתָּ וְלֹא תִצְטָרֵךְ
אֲשֶׁר יִשְׁאָלְךָ אִישׁ בָּזֹאת נַאֲמִין כִּי מֵאֵת אֱלֹהִים יָצָאתָ׃ 31 וַיַּעַן יָהוֹשֻׁעַ וַיֹּאמֶר
אֲלֵיהֶם עַתָּה תַאֲמִינוּ׃ 32 הִנֵּה שָׁעָה בָאָה וְעַתָּה זֶה הִגִּיעָה וּנְפֹצוֹתֶם אִישׁ לְבֵיתוֹ
וְאֹתִי תַעַזְבוּ לְבַדִּי וְאֵינֶנִּי לְבַדִּי כִּי אָבִי עִמָּדִי׃

JOHN

10 Of righteousness, because I go to my Father, and ye see me no more;
11 Of judgment, because the prince of this world is judged.
12 I have yet many things to say unto you, but ye cannot bear them now.

13 Howbeit when he, the **RUAKH** of Truth, is come, he will guide you into all truth: for he shall not speak of himself; but whatsoever he shall hear, that shall he speak: and he will shew you things to come.
14 He shall glorify me: for he shall receive of mine, and shall shew it unto you.
15 All things that the Father hath are mine: therefore said I, that he shall take of mine, and shall shew it unto you.

YOUR SORROW WILL TURN INTO JOY

16 A little while, and ye shall not see me: and again, a little while, and ye shall see me, because I go to the Father.
17 Then said some of his disciples among themselves, What is this that he saith unto us, A little while, and ye shall not see me: and again, a little while, and ye shall see me: and, Because I go to the Father?
18 They said therefore, What is this that he saith, A little while? we cannot tell what he saith.
19 Now **YAHOSHUA** knew that they were desirous to ask him, and said unto them, Do ye enquire among yourselves of that I said, A little while, and ye shall not see me: and again, a little while, and ye shall see me?
20 Verily, verily, I say unto you, That ye shall weep and lament, but the world shall rejoice: and ye shall be sorrowful, but your sorrow shall be turned into joy.
21 A woman when she is in travail hath sorrow, because her hour is come: but as soon as she is delivered of the child, she remembereth no more the anguish, for joy that a man is born into the world.
22 And ye now therefore have sorrow: but I will see you again, and your heart shall rejoice, and your joy no man taketh from you.
23 And in that day ye shall ask me nothing. Verily, verily, I say unto you, Whatsoever ye shall ask the Father in my name, he will give it you.
24 Hitherto have ye asked nothing in my name: ask, and ye shall receive, that your joy may be full.

I HAVE OVERCOME THE WORLD

25 These things have I spoken unto you in proverbs: but the time cometh, when I shall no more speak unto you in proverbs, but I shall shew you plainly of the Father.
26 At that day ye shall ask in my name: and I say not unto you, that I will pray the Father for you:
27 For the Father himself loveth you, because ye have loved me, and have believed that I came out from ELOHIM.
28 I came forth from the Father, and am come into the world: again, I leave the world, and go to the Father.
29 His disciples said unto him, Lo, now speakest thou plainly, and speakest no proverb.
30 Now are we sure that thou knowest all things, and needest not that any man should ask thee: by this we believe that thou camest forth from ELOHIM.
31 **YAHOSHUA** answered them, Do ye now believe?
32 Behold, the hour cometh, yea, is now come, that ye shall be scattered, every man to his own, and shall leave me alone: and yet I am not alone, because the Father is with me.

33 אֶת־אֵלֶּה דִּבַּרְתִּי אֲלֵיכֶם לְמַעַן יִהְיֶה־לָּכֶם שָׁלוֹם בִּי צָרָה לָכֶם בָּעוֹלָם אַךְ־
יַאֲמֵץ לְבַבְכֶם אֲנִי נִצַּחְתִּי אֶת־הָעוֹלָם:

THE HIGH PRIESTLY PRAYER

יז אֶת־אֵלֶּה דִּבֶּר **יָהוֹשֻׁעַ** וַיִּשָּׂא עֵינָיו הַשָּׁמַיְמָה וַיֹּאמַר אָבִי הִנֵּה־בָאָה הַשָּׁעָה
פָּאֵר אֶת־בִּנְךָ לְמַעַן יְפָאֶרְךָ גַּם־בְּנֶךָ: 2 כַּאֲשֶׁר נָתַתָּ לוֹ הַשָּׁלְטָן עַל־כָּל־בָּשָׂר
לְמַעַן יִתֵּן חַיֵּי עוֹלָם לְכֹל אֲשֶׁר־נָתַתָּ לוֹ: 3 וְאֵלֶּה הֵם חַיֵּי הָעוֹלָם לָדַעַת אֹתְךָ כִּי
אַתָּה הָאֱלֹהִים לְבַדֶּךָ וְאֶת־**יָהוֹשֻׁעַ הַמָּשִׁיחַ** אֲשֶׁר שָׁלָחְתָּ: 4 אֲנִי פֵּאַרְתִּיךָ בָּאָרֶץ
כִּלִּיתִי מְלַאכְתְּךָ אֲשֶׁר צִוִּיתַנִי לַעֲשׂוֹת: 5 וְעַתָּה פַּאֲרֵנִי אַתָּה אָבִי עִמְּךָ בַּכָּבוֹד אֲשֶׁר
הָיָה־לִּי עִמְּךָ טֶרֶם הֱיוֹת הָעוֹלָם: 6 אֶת שִׁמְךָ הוֹדַעְתִּי לִבְנֵי הָאָדָם אֲשֶׁר נָתַתָּ לִּי
מִתּוֹךְ הָעוֹלָם לְךָ הָיוּ וְלִי נְתַתָּם וְאֶת־דְּבָרְךָ נָצָרוּ: 7 וְעַתָּה יָדְעוּ כִּי־כֹל אֲשֶׁר
נָתַתָּ לִּי מֵעִמְּךָ הוּא: 8 כִּי הַדְּבָרִים אֲשֶׁר נָתַתָּ לִּי נָתַתִּי לָהֶם וְהֵם קִבְּלוּם וַיַּכִּירוּ
בֶּאֱמֶת כִּי מֵעִמָּךְ יָצָאתִי וַיַּאֲמִינוּ כִּי אַתָּה שְׁלַחְתָּנִי: 9 אֲנִי בַּעֲדָם אַעְתִּיר לָךְ לֹא
בְּעַד הָעוֹלָם אַעְתִּיר כִּי אִם־בְּעַד אֵלֶּה אֲשֶׁר נָתַתָּ לִּי כִּי־לְךָ הֵמָּה: 10 וְכָל־אֲשֶׁר
לִי לְךָ הוּא וְשֶׁלְּךָ שֶׁלִּי וְנִתְפָּאַרְתִּי בָּהֶם: 11 וַאֲנִי אֵינֶנִּי עוֹד בָּעוֹלָם וְהֵם בָּעוֹלָם
הֵמָּה וַאֲנִי בָּא אֵלֶיךָ אָבִי הַקָּדוֹשׁ נְצֹר אֹתָם בְּשִׁמְךָ אֶת־אֲשֶׁר נָתַתָּ לִּי לְמַעַן יִהְיוּ
אֶחָד כָּמֹנוּ: 12 בִּהְיוֹתִי עִמָּהֶם בָּעוֹלָם אֲנִי נָצַרְתִּי אֹתָם בְּשִׁמֶךָ אֶת־אֲשֶׁר נְתַתָּם לִּי
שָׁמַרְתִּי וְלֹא־אָבַד מֵהֶם אִישׁ זוּלָתִי בֶּן־הָאֲבַדּוֹן לְמַלֹּאת דְּבַר הַכָּתוּב: 13 וְעַתָּה
הִנְנִי בָא אֵלֶיךָ וְאֶת־אֵלֶּה אֲנִי מְדַבֵּר בָּעוֹלָם לְמַעַן תִּמָּלֵא לָהֶם שִׂמְחָתִי בְּקִרְבָּם: 14
אֲנִי נָתַתִּי לָהֶם אֶת־דְּבָרְךָ וְהָעוֹלָם שָׂנֵא אֹתָם יַעַן כִּי לֹא מִן־הָעוֹלָם הֵם כַּאֲשֶׁר גַּם־
אָנֹכִי לֹא מִן־הָעוֹלָם אָנִי: 15 וְלֹא אַעְתִּיר לְךָ אֲשֶׁר תִּקָּחֵם מִן־הָעוֹלָם רַק שֶׁתִּצְּרֵם
מִן־הָרָע: 16 לֹא מִן־הָעוֹלָם הֵם כַּאֲשֶׁר גַּם־אָנֹכִי אֵינֶנִּי מִן־הָעוֹלָם: 17 קַדֵּשׁ אֹתָם
בַּאֲמִתֶּךָ דְּבָרְךָ אֱמֶת: 18 כַּאֲשֶׁר אַתָּה שָׁלַחְתָּ אֹתִי אֶל־הָעוֹלָם כֵּן גַּם־אֲנִי שְׁלַחְתִּי
אֹתָם אֶל־הָעוֹלָם: 19 וַאֲנִי מַקְדִּישׁ אֶת־נַפְשִׁי בַּעֲדָם לְמַעַן יִהְיוּ גַם־הֵם מְקֻדָּשִׁים
בֶּאֱמֶת: 20 אוּלָם לֹא לְבַד בְּעַד־אֵלֶּה אָנֹכִי מַעְתִּיר לָךְ כִּי אִם־גַּם־בְּעַד הַמַּאֲמִינִים
בִּי עַל־פִּי דְבָרָם: 21 לְמַעַן יִהְיוּ כֻלָּם אֶחָד כַּאֲשֶׁר אַתָּה אָבִי בִּי אַתָּה וַאֲנִי בָךְ וְהָיוּ
גַם־הֵמָּה בָּנוּ כְּאֶחָד לְמַעַן יַאֲמִין הָעוֹלָם כִּי אַתָּה שְׁלַחְתָּנִי: 22 וַאֲנִי נָתַתִּי לָהֶם
אֶת־הַכָּבוֹד אֲשֶׁר נָתַתָּ לִּי לְמַעַן יִהְיוּ אֶחָד כַּאֲשֶׁר אֲנַחְנוּ אֶחָד:

JOHN

33 These things I have spoken unto you, that in me ye might have shalom. In the world ye shall have tribulation: but be of good cheer; I have overcome the world.

THE HIGH PRIESTLY PRAYER

17 These words spake **YAHOSHUA**, and lifted up his eyes to heaven, and said, Father, the hour is come; glorify thy Son, that thy Son also may glorify thee:

2 As thou hast given him power over all flesh, that he should give eternal life to as many as thou hast given him.

3 And this is life eternal, that they might know thee the only true ELOHIM, and **YAHOSHUA HA' MESHIAKH**, whom thou hast sent.

4 I have glorified thee on the earth: I have finished the work which thou gavest me to do.

5 And now, O Father, glorify thou me with thine own self with the glory which I had with thee before the world was.

6 I have manifested thy name unto the men which thou gavest me out of the world: thine they were, and thou gavest them me; and they have kept thy word.

7 Now they have known that all things whatsoever thou hast given me are of thee.

8 For I have given unto them the words which thou gavest me; and they have received them, and have known surely that I came out from thee, and they have believed that thou didst send me.

9 I pray for them: I pray not for the world, but for them which thou hast given me; for they are thine.

10 And all mine are thine, and thine are mine; and I am glorified in them.

11 And now I am no more in the world, but these are in the world, and I come to thee. Holy Father, keep through thine own name those whom thou hast given me, that they may be one, as we are.

12 While I was with them in the world, I kept them in thy name: those that thou gavest me I have kept, and none of them is lost, but the son of Abaddon; that the scripture might be fulfilled.

13 And now come I to thee; and these things I speak in the world, that they might have my joy fulfilled in themselves.

14 I have given them thy word; and the world hath hated them, because they are not of the world, even as I am not of the world.

15 I pray not that thou shouldest take them out of the world, but that thou shouldest keep them from the Evil One.

16 They are not of the world, even as I am not of the world.

17 Sanctify them through thy truth: thy word is truth.

18 As thou hast sent me into the world, even so have I also sent them into the world.

19 And for their sakes I sanctify myself, that they also might be sanctified through the truth.

20 Neither pray I for these alone, but for them also which shall believe on me through their word;

21 That they all may be one; as thou, Father, art in me, and I in thee, that they also may be one in us: that the world may believe that thou hast sent me.

22 And the glory which thou gavest me I have given them; that they may be one, even as we are one:

23 אֲנִי בָהֶם וְאַתָּה בִי לְמַעַן יִהְיוּ מֻשְׁלָמִים לְאֶחָד וּלְמַעַן יֵדַע הָעוֹלָם כִּי אַתָּה
שְׁלַחְתָּנִי וְאָהַבְתָּ אֹתָם כַּאֲשֶׁר אֲהַבְתָּנִי: 24 אָבִי אֲשֶׁר נְתַתָּם לִי רְצוֹנִי שֶׁיִּהְיוּ עִמָּדִי
בַּאֲשֶׁר אֶהְיֶה אָנִי לְמַעַן יֶחֱזוּ בִּכְבוֹדִי אֲשֶׁר נָתַתָּ לִּי כִּי אֲהַבְתַּנִי לִפְנֵי מוֹסְדוֹת עוֹלָם:
25 אָבִי הַצַּדִּיק הֵן הָעוֹלָם לֹא יְדָעֲךָ וַאֲנִי יְדַעְתִּיךָ וְאֵלֶּה הִכִּירוּ אֲשֶׁר אַתָּה שְׁלַחְתָּנִי:
26 וַאֲנִי הוֹדַעְתִּים אֶת־שִׁמְךָ וְאוֹסִיף לְהוֹדִיעָם לְמַעַן תִּהְיֶה־בָּם הָאַהֲבָה אֲשֶׁר אֲהַבְתָּנִי
וְגַם אֲנִי אֶהְיֶה בָהֶם:

BETRAYAL AND ARREST OF YAHOSHUA

יח וַיְהִי כְּכַלּוֹת **יָהוֹשֻׁעַ** לְדַבֵּר אֶת־הַדְּבָרִים הָאֵלֶּה וַיֵּצֵא הַחוּצָה עִם־תַּלְמִידָיו אֶל־
עֵבֶר לְנַחַל **קִדְרוֹן** וְשָׁם הָיָה גַן וַיָּבֹא בוֹ הוּא וְתַלְמִידָיו: 2 וְגַם־יְהוּדָה מוֹסְרוֹ
יָדַע אֶת־הַמָּקוֹם כִּי־פְעָמִים רַבּוֹת נוֹעַד שָׁמָּה **יָהוֹשֻׁעַ** עִם־תַּלְמִידָיו: 3 וַיִּקַּח יְהוּדָה אֶת־
הַגְּדוּד וּמְשָׁרְתִים מֵאֵת רָאשֵׁי הַכֹּהֲנִים וְהַפְּרוּשִׁים וַיָּבֹא שָׁמָּה בְּנֵרוֹת וּבְלַפִּידִים וּבִכְלֵי־
נָשֶׁק: 4 **וִיהוֹשֻׁעַ** יָדַע אֵת כָּל־אֲשֶׁר יָבֹא עָלָיו וַיֵּצֵא וַיֹּאמֶר אֲלֵיהֶם אֶת־מִי תְבַקֵּשׁוּ: 5
וַיַּעֲנוּ וַיֹּאמְרוּ אֶת־**יָהוֹשֻׁעַ** הַנָּצְרִי וַיֹּאמֶר אֲלֵיהֶם **יָהוֹשֻׁעַ** אֲנִי הוּא וְגַם־יְהוּדָה מוֹסְרוֹ
עָמַד אֶצְלָם: 6 וַיְהִי בְּאָמְרוֹ **יָהוֹשֻׁעַ** אֲלֵיהֶם אֲנִי הוּא וַיִּסֹּגוּ אָחוֹר וַיִּפְּלוּ אָרְצָה: 7 וַיֹּסֶף
וַיֹּאמֶר אֲלֵיהֶם אֶת־מִי תְבַקֵּשׁוּ וַיֹּאמְרוּ אֶת־**יָהוֹשֻׁעַ** הַנָּצְרִי: 8 וַיַּעַן **יָהוֹשֻׁעַ** וַיֹּאמֶר הֲלֹא
אָמַרְתִּי לָכֶם אֲנִי הוּא לָכֵן אִם־אֹתִי תְבַקְשׁוּ הַנִּיחוּ לָאֵלֶּה וְיֵלֵכוּ: 9 לְמַלֹּאת הַדָּבָר אֲשֶׁר
דִּבֵּר אֲשֶׁר נְתַתָּם לִי מֵאֵלֶּה לֹא־אָבַד לִי אַף־אֶחָד: 10 וּלְשִׁמְעוֹן כֵּיפָא חֶרֶב וַיִּשְׁלְפָהּ
וַיַּךְ אֶת־עֶבֶד הַכֹּהֵן הַגָּדוֹל וַיְקַצֵּץ אֶת־אָזְנוֹ הַיְמָנִית וְשֵׁם הָעֶבֶד מַלְכוֹס: 11 וַיֹּאמֶר **יָה**
וֹשֻׁעַ אֶל־כֵּיפָא הָשֵׁב חַרְבְּךָ אֶל־נְדָנָהּ הֲלֹא־אֶשְׁתֶּה אֶת־הַכּוֹס אֲשֶׁר נָתַן־לִי אָבִי:

YAHOSHUA FACES ANNAS AND CAIAPHAS

12 אָז תָּפְשׂוּ הַגְּדוּד וְשַׂר הָאֶלֶף וּמְשָׁרְתֵי הַיְּהוּדִים אֶת־**יָהוֹשֻׁעַ** וַיַּאַסְרֻהוּ: 13 וַיּוֹלִיכֻהוּ
בָרִאשׁוֹנָה אֶל־חָנָן כִּי הוּא הָיָה חוֹתֵן קַיָּפָא אֲשֶׁר שִׁמֵּשׁ בִּכְהֻנָּה גְדוֹלָה בַּשָּׁנָה הַהִיא: 14
הוּא קַיָּפָא אֲשֶׁר יָעַץ אֶת־הַיְּהוּדִים לֵאמֹר טוֹב אֲשֶׁר אִישׁ־אֶחָד יֹאבַד בְּעַד כָּל־הָעָם:

PETER DENIES YAHOSHUA

15 וְשִׁמְעוֹן כֵּיפָא וְתַלְמִיד אַחֵר הָלְכוּ אַחֲרֵי **יָהוֹשֻׁעַ** וְהַתַּלְמִיד הַהוּא הָיָה נוֹדָע לַכֹּהֵן
הַגָּדוֹל וַיָּבֹא עִם־**יָהוֹשֻׁעַ** לַחֲצַר הַכֹּהֵן הַגָּדוֹל: 16 וְכֵיפָא עָמַד מִחוּץ לַשָּׁעַר וַיֵּצֵא הַתַּלְמִיד
הָאַחֵר הַנּוֹדָע לַכֹּהֵן הַגָּדוֹל וַיְדַבֵּר אֶל־הַשֹּׁעֶרֶת וַיָּבֵא אֶת־כֵּיפָא הַבָּיְתָה:

JOHN

23 I in them, and thou in me, that they may be made perfect in one; and that the world may know that thou hast sent me, and hast loved them, as thou hast loved me.

24 Father, I will that they also, whom thou hast given me, be with me where I am; that they may behold my glory, which thou hast given me: for thou lovedst me before the foundation of the world.

25 O righteous Father, the world hath not known thee: but I have known thee, and these have known that thou hast sent me.

26 And I have declared unto them thy name, and will declare it: that the love wherewith thou hast loved me may be in them, and I in them.

BETRAYAL AND ARREST OF YAHOSHUA

18 When **YAHOSHUA** had spoken these words, he went forth with his disciples over the brook **Qidron (Cedron)**, where was a garden, into the which he entered, and his disciples.

2 And Yehudah also, which betrayed him, knew the place: for **YAHOSHUA** ofttimes resorted thither with his disciples.

3 Yehudah then, having received a band of men and officers from the chief priests and Perushim, cometh thither with lanterns and torches and weapons.

4 **YAHOSHUA** therefore, knowing all things that should come upon him, went forth, and said unto them, Whom seek ye?

5 They answered him, **YAHOSHUA** of Netzareth. **YAHOSHUA** saith unto them, I am he. And Yehudah also, which betrayed him, stood with them.

6 As soon then as he had said unto them, I am he, they went backward, and fell to the ground.

7 Then asked he them again, Whom seek ye? And they said, **YAHOSHUA** of Netzareth.

8 **YAHOSHUA** answered, I have told you that I am he: if therefore ye seek me, let these go their way:

9 That the saying might be fulfilled, which he spake, Of them which thou gavest me have I lost none.

10 Then Shimon Kepha having a sword drew it, and smote the high priest's servant, and cut off his right ear. The servant's name was Melek.

11 Then said **YAHOSHUA** unto Kepha, Put up thy sword into the sheath: the cup which my Father hath given me, shall I not drink it?

YAHOSHUA FACES ANNAS AND CAIAPHAS

12 Then the band and the captain and officers of the Yehudim took **YAHOSHUA**, and bound him,

13 And led him away to KhananYAH first; for he was father in law to Qayapha, which was the high priest that same year.

14 Now Qayapha was he, which gave counsel to the Yehudim, that it was expedient that one man should die for the people.

PETER DENIES YAHOSHUA

15 And Shimon Kepha followed **YAHOSHUA**, and so did another disciple: that disciple was known unto the high priest, and went in with **YAHOSHUA** into the palace of the high priest.

16 But Kepha stood at the door without. Then went out that other disciple, which was known unto the high priest, and spake unto her that kept the door, and brought in Kepha.

17 וַתֹּאמֶר הָאָמָה הַשֹּׁעֶרֶת אֶל־כֵּיפָע הֲלֹא גַם־אַתָּה מִתַּלְמִידֵי הָאִישׁ הַזֶּה וַיֹּאמֶר לֹא:
18 וְהָעֲבָדִים וְהַמְשָׁרְתִים הִדְלִיקוּ אֵשׁ גֶּחָלִים מִפְּנֵי הַקֹּר וַיַּעַמְדוּ וַיִּתְחַמָּמוּ וְגַם־כֵּיפָע
עֹמֵד עִמָּם וּמִתְחַמֵּם:

THE HIGH PRIEST QUESTIONS YAHOSHUA

19 וַיִּשְׁאַל הַכֹּהֵן הַגָּדוֹל אֶת־**יָהוֹשֻׁעַ** עַל־תַּלְמִידָיו וְעַל־לִקְחוֹ: 20 וַיַּעַן **יָהוֹשֻׁעַ** וַיֹּאמֶר
אֵלָיו אָנֹכִי דִּבַּרְתִּי בְּאָזְנֵי כָל־הָעוֹלָם וְתָמִיד לִמַּדְתִּי בְּבֵית כְּנֶסֶת וּבְבֵית הַמִּקְדָּשׁ אֲשֶׁר
כָּל־הַיְּהוּדִים נִקְהָלִים שָׁמָּה וְלֹא־דִבַּרְתִּי דָבָר בַּסָּתֶר: 21 וּמַה־תִּשְׁאַל אֹתִי שְׁאַל־נָא
אֶת־הַשֹּׁמְעִים מַה־שֶּׁדִּבַּרְתִּי אֲלֵיהֶם הִנָּם יוֹדְעִים אֶת־אֲשֶׁר אָמָרְתִּי: 22 וַיְהִי כְּדַבְּרוֹ
הַדְּבָרִים הָאֵלֶּה וַיַּךְ אַחַד הַמְשָׁרְתִים הָעֹמֵד שָׁמָּה אֶת־**יָהוֹשֻׁעַ** עַל־הַלְּחִי וַיֹּאמַר הֲכָזֹאת
תַּעֲנֶה אֶת־הַכֹּהֵן הַגָּדוֹל: 23 וַיַּעַן אוֹתוֹ **יָהוֹשֻׁעַ** אִם־רָעָה דִבַּרְתִּי הַגֵּד רָעָתִי וְאִם־טוֹב
מַדּוּעַ תַּכֶּה לְחָיָי: 24 וַיִּשְׁלָחֵהוּ חָנָן אָסוּר בַּאֲזִיקִים אֶל־קַיָּפָא הַכֹּהֵן הַגָּדוֹל:

PETER DENIES YAHOSHUA AGAIN

25 וְשִׁמְעוֹן כֵּיפָע עֹמֵד וּמִתְחַמֵּם וַיֹּאמְרוּ אֵלָיו הֲלֹא גַם־אַתָּה מִתַּלְמִידָיו וַיְכַחֵשׁ וַיֹּאמֶר
לֹא: 26 וַיֹּאמֶר אִישׁ מֵעַבְדֵי הַכֹּהֵן הַגָּדוֹל וְהוּא מוֹדַע לַאֲשֶׁר קִצֵּץ כֵּיפָע אֶת־אָזְנוֹ הֲלֹא
רְאִיתִיךָ עִמּוֹ בַּגָּן: 27 וַיֹּסֶף כֵּיפָע וַיְכַחֵשׁ וּפִתְאֹם קָרָא הַתַּרְנְגוֹל:

YAHOSHUA BEFORE PILATE

28 וַיְהִי בַּבֹּקֶר הַשְׁכֵּם וַיּוֹלִיכוּ אֶת־**יָהוֹשֻׁעַ** מִבֵּית קַיָּפָא אֶל־בֵּית הַמִּשְׁפָּט וְהֵמָּה לֹא
נִכְנְסוּ שָׁמָּה לְמַעַן אֲשֶׁר לֹא־יִטַּמְּאוּ כִּי אִם־יֹאכְלוּ אֶת־**הַפָּסַח:** 29 וַיֵּצֵא פִּילָטוֹס אֲלֵיהֶם
וַיֹּאמַר מַה־תַּאֲשִׁימוּ אֶת־הָאִישׁ הַזֶּה: 30 וַיַּעֲנוּ וַיֹּאמְרוּ אֵלָיו לוּלֵא הָיָה זֶה עֹשֶׂה רָע
כִּי עַתָּה לֹא הִסְגַּרְנֻהוּ אֵלֶיךָ: 31 וַיֹּאמֶר אֲלֵיהֶם פִּילָטוֹס קְחוּ אֹתוֹ אַתֶּם וְשִׁפְטֻהוּ
כְּתוֹרַתְכֶם וַיֹּאמְרוּ אֵלָיו הַיְּהוּדִים אֵין־לָנוּ רְשׁוּת לְהָמִית אִישׁ: 32 לְמַלֹּאת דְּבַר **יָהוֹשֻׁעַ**
אֲשֶׁר דִּבֵּר לִרְמֹז אֵי־זוֹ מִיתָה סוֹפוֹ לָמוּת:

MY KINGDOM IS NOT OF THIS WORLD

33 וַיָּשָׁב פִּילָטוֹס אֶל־בֵּית הַמִּשְׁפָּט וַיִּקְרָא אֶל־**יָהוֹשֻׁעַ** וַיֹּאמֶר אֵלָיו הַאַתָּה הוּא מֶלֶךְ
הַיְּהוּדִים: 34 וַיַּעַן אֹתוֹ **יָהוֹשֻׁעַ** לֵאמֹר הֲמִלִּבְּךָ תְּדַבֵּר זֹאת אוֹ אֲחֵרִים הִגִּידוּ־לְךָ עָלָי: 35
וַיֹּאמֶר פִּילָטוֹס הֲכִי אָנֹכִי יְהוּדִי הֲלֹא עַמְּךָ וְרָאשֵׁי הַכֹּהֲנִים הִסְגִּירוּךָ אֵלַי מֶה עָשִׂיתָ: 36
וַיַּעַן **יָהוֹשֻׁעַ** וַיֹּאמֶר מַלְכוּתִי אֵינֶנָּה מִן־הָעוֹלָם הַזֶּה לוּ־הָיְתָה מַלְכוּתִי מִן־הָעוֹלָם הַזֶּה כִּי
אָז נִלְחֲמוּ לִי מְשָׁרְתַי לְבִלְתִּי הִמָּסֵר בְּיַד הַיְּהוּדִים אֲבָל עַתָּה מַלְכוּתִי אֵינֶנָּה מִפֹּה:

JOHN

17 Then saith the damsel that kept the door unto Kepha, Art not thou also one of this man's disciples? He saith, I am not.

18 And the servants and officers stood there, who had made a fire of coals; for it was cold: and they warmed themselves: and Kepha stood with them, and warmed himself.

THE HIGH PRIEST QUESTIONS YAHOSHUA

19 The high priest then asked **YAHOSHUA** of his disciples, and of his doctrine.

20 **YAHOSHUA** answered him, I spake openly to the world; I ever taught in the Congregation, and in the temple, whither the Yehudim always resort; and in secret have I said nothing.

21 Why askest thou me? ask them which heard me, what I have said unto them: behold, they know what I said.

22 And when he had thus spoken, one of the officers which stood by struck **YAHOSHUA** with the palm of his hand, saying, Answerest thou the high priest so?

23 **YAHOSHUA** answered him, If I have spoken evil, bear witness of the evil: but if well, why smitest thou me?

24 Now KhananYAH had sent him bound unto Qayapha the high priest.

PETER DENIES YAHOSHUA AGAIN

25 And Shimon Kepha stood and warmed himself. They said therefore unto him, Art not thou also one of his disciples? He denied it, and said, I am not.

26 One of the servants of the high priest, being his kinsman whose ear Kepha cut off, saith, Did not I see thee in the garden with him?

27 Kepha then denied again: and immediately the cock crew.

YAHOSHUA BEFORE PILATE

28 Then led they **YAHOSHUA** from Qayapha unto the hall of judgment: and it was early; and they themselves went not into the judgment hall, lest they should be defiled; but that they might eat the **Pesakh.**

29 Pilatos then went out unto them, and said, What accusation bring ye against this man?

30 They answered and said unto him, If he were not a malefactor, we would not have delivered him up unto thee.

31 Then said Pilatos unto them, Take ye him, and judge him according to your Torah. The Yehudim therefore said unto him, It is not lawful for us to put any man to death:

32 That the saying of **YAHOSHUA** might be fulfilled, which he spake, signifying what death he should die.

MY KINGDOM IS NOT OF THIS WORLD

33 Then Pilatos entered into the judgment hall again, and called **YAHOSHUA**, and said unto him, Art thou the King of the Yehudim?

34 **YAHOSHUA** answered him, Sayest thou this thing of thyself, or did others tell it thee of me?

35 Pilatos answered, Am I a Yehudi? Thine own nation and the chief priests have delivered thee unto me: what hast thou done?

36 **YAHOSHUA** answered, My kingdom is not of this world: if my kingdom were of this world, then would my servants fight, that I should not be delivered to the Yehudim: but now is my kingdom not from hence.

37 וַיֹּאמֶר אֵלָיו פִּילָטוֹס אִם־כֵּן אֵפוֹא מֶלֶךְ אָתָּה וַיַּעַן **יָהוֹשֻׁעַ** לֵאמֹר אַתָּה אָמַרְתָּ
כִּי־מֶלֶךְ אָנֹכִי לָזֹאת נוֹלַדְתִּי וְלָזֹאת בָּאתִי בָעוֹלָם לְהָעִיד לָאֱמֶת כָּל־אֲשֶׁר הוּא מִן־
הָאֱמֶת יִשְׁמַע בְּקוֹלִי: 38 וַיֹּאמֶר אֵלָיו פִּילָטוֹס מָה הִיא הָאֱמֶת וְאַחֲרֵי דַבְּרוֹ זֹאת יָצָא
שֵׁנִית אֶל־הַיְּהוּדִים וַיֹּאמֶר אֲלֵיהֶם אֲנִי לֹא־מָצָאתִי בוֹ כָּל־עָוֹן: 39 הֵן מִנְהַג הוּא לָכֶם
שֶׁאֲשַׁלַּח לָכֶם אִישׁ אֶחָד חָפְשִׁי **בַּפָּסַח** רְצוֹנְכֶם שֶׁאֲשַׁלַּח לָכֶם אֶת־מֶלֶךְ הַיְּהוּדִים: 40
וַיּוֹסִיפוּ וַיִּצְעֲקוּ לֵאמֹר לֹא אֶת־הָאִישׁ הַזֶּה אֶלָּא אֶת־בַּר־אַבָּא וּבַר־אַבָּא הָיָה שֹׁדֵד:

YAHOSHUA DELIVERED TO BE CRUCIFIED

יט

אָז לָקַח פִּילָטוֹס אֶת־**יָהוֹשֻׁעַ** וַיְיַסְּרֵהוּ בַּשּׁוֹטִים: 2 וַיְשָׂרְגוּ אַנְשֵׁי הַצָּבָא עֲטֶרֶת
קֹצִים וַיָּשִׂימוּ עַל־רֹאשׁוֹ וַיַּעֲטֻהוּ לְבוּשׁ אַרְגָּמָן: 3 וַיֹּאמְרוּ שָׁלוֹם לְךָ מֶלֶךְ
הַיְּהוּדִים וַיַּכֻּהוּ עַל־הַלֶּחִי: 4 וַיֵּצֵא פִּילָטוֹס עוֹד הַחוּצָה וַיֹּאמֶר אֲלֵיהֶם הִנְנִי מוֹצִיא אֹתוֹ
אֲלֵיכֶם לְמַעַן תֵּדְעוּ כִּי לֹא־מָצָאתִי בוֹ כָּל־עָוֹן: 5 **וִיהוֹשֻׁעַ** יָצָא הַחוּץ וְעָלָיו עֲטֶרֶת הַקֹּצִים
וּלְבוּשׁ הָאַרְגָּמָן וַיֹּאמֶר אֲלֵיהֶם פִּילָטוֹס הִנֵּה הָאָדָם: 6 וַיְהִי כַּאֲשֶׁר רָאֻהוּ רָאשֵׁי הַכֹּהֲנִים
וְהַמְשָׁרְתִים וַיִּצְעֲקוּ לֵאמֹר הַצְלֵב הַצְלֵב וַיֹּאמֶר אֲלֵיהֶם פִּילָטוֹס קָחֻהוּ אַתֶּם וְהַצְלִיבֻהוּ כִּי
אָנֹכִי לֹא־מָצָאתִי בוֹ אַשְׁמָה: 7 וַיַּעֲנוּ הַיְּהוּדִים וַיֹּאמְרוּ תּוֹרָה יֶשׁ־לָנוּ וְעַל־פִּי תוֹרָתֵנוּ חַיַּב־
מִיתָה הוּא כִּי־עָשָׂה עַצְמוֹ בֶּן־אֱלֹהִים: 8 וַיְהִי כִּשְׁמֹעַ פִּילָטוֹס אֶת־הַדָּבָר הַזֶּה וַיֹּאסֶף לִירֹא
עוֹד: 9 וַיָּשָׁב וַיָּבֹא אֶל־בֵּית הַמִּשְׁפָּט וַיֹּאמֶר אֶל־**יָהוֹשֻׁעַ** מֵאַיִן אָתָּה וְלֹא־הֱשִׁיבוֹ **יָהוֹשֻׁעַ**
דָּבָר: 10 וַיֹּאמֶר אֵלָיו פִּילָטוֹס אֵלַי לֹא תְדַבֵּר הֲלֹא יָדַעְתָּ כִּי יֶשׁ־לְאֵל יָדִי לְצָלְבְךָ וְיֶשׁ־
לְאֵל יָדִי לְשַׁלְּחֶךָ: 11 וַיַּעַן **יָהוֹשֻׁעַ** לֵאמֹר לֹא הָיְתָה־לְּךָ רְשׁוּת עָלַי לוּלֵא נִתַּן־לְךָ מִלְמָעְלָה
לָכֵן עֲוֹן הַמַּסְגִּיר אֹתִי אֵלֶיךָ גָּדוֹל מֵעֲוֹנֶךָ: 12 אָז יְבַקֵּשׁ פִּילָטוֹס לְשַׁלְּחוֹ וְהַיְּהוּדִים קָרְאוּ
וַיֹּאמְרוּ אִם־תְּשַׁלַּח אֶת־זֶה אֵינְךָ אֹהֵב לְקֵיסַר כִּי כָל־הָעֹשֶׂה עַצְמוֹ מֶלֶךְ מֹרֵד בְּקֵיסַר
הוּא: 13 וַיְהִי כִּשְׁמֹעַ פִּילָטוֹס אֶת־הַדָּבָר הַזֶּה הוֹצִיא אֶת־**יָהוֹשֻׁעַ** וַיֵּשֶׁב עַל־כִּסֵּא הַמִּשְׁפָּט
בַּמָּקוֹם הַנִּקְרָא רִצְפָּה וּבִלְשׁוֹנָם **גַּבְּתָא**: 14 וְהָעֵת עֶרֶב **פֶּסַח** וְכַשָּׁעָה הַשִּׁשִּׁית וַיֹּאמֶר אֶל־
הַיְּהוּדִים הִנֵּה מַלְכְּכֶם וְהֵם זָעֲקוּ טוֹל טוֹל צְלֹב אֹתוֹ: 15 וַיֹּאמֶר אֲלֵיהֶם פִּילָטוֹס הֲצָלֹב
אֶצְלֹב אֶת־מַלְכְּכֶם וַיַּעֲנוּ רָאשֵׁי הַכֹּהֲנִים אֵין־לָנוּ מֶלֶךְ כִּי אִם־קֵיסָר:

THE CRUCIFIXION

16 אָז מְסָרוֹ אֲלֵיהֶם לְהִצָּלֵב וַיִּקְחוּ אֶת־**יָהוֹשֻׁעַ** וַיּוֹלִיכֻהוּ: 17 וַיִּשָּׂא אֶת־צְלוּבוֹ
וַיֵּצֵא אֶל־הַמָּקוֹם הַנִּקְרָא מְקוֹם הַגֻּלְגֹּלֶת וּבִלְשׁוֹנָם **גָּלְגָּלְתָּא**:

JOHN

37 Pilatos therefore said unto him, Art thou a king then? **YAHOSHUA** answered, Thou sayest that I am a king. To this end was I born, and for this cause came I into the world, that I should bear witness unto the truth. Every one that is of the truth heareth my voice.

38 Pilatos saith unto him, What is truth? And when he had said this, he went out again unto the Yehudim, and saith unto them, I find in him no fault at all.

39 But ye have a custom, that I should release unto you one at the **Pesakh**: will ye therefore that I release unto you the King of the Yehudim?

40 Then cried they all again, saying, Not this man, but Bar-Abba. Now Bar-Abba was a robber.

YAHOSHUA DELIVERED TO BE CRUCIFIED

19 Then Pilatos therefore took **YAHOSHUA**, and scourged him.

2 And the soldiers platted a crown of thorns, and put it on his head, and they put on him a purple robe,

3 And said, Hail, King of the Yehudim! and they smote him with their hands.

4 Pilatos therefore went forth again, and saith unto them, Behold, I bring him forth to you, that ye may know that I find no fault in him.

5 Then came **YAHOSHUA** forth, wearing the crown of thorns, and the purple robe. And Pilatos saith unto them, Behold the man!

6 When the chief priests therefore and officers saw him, they cried out, saying, Crucify him, crucify him. Pilatos saith unto them, Take ye him, and crucify him: for I find no fault in him.

7 The Yehudim answered him, We have a Torah, and by our Torah he ought to die, because he made himself the Son of ELOHIM.

8 When Pilatos therefore heard that saying, he was the more afraid;

9 And went again into the judgment hall, and saith unto **YAHOSHUA**, Whence art thou? But **YAHOSHUA** gave him no answer.

10 Then saith Pilatos unto him, Speakest thou not unto me? knowest thou not that I have power to crucify thee, and have power to release thee?

11 **YAHOSHUA** answered, Thou couldest have no power at all against me, except it were given thee from above: therefore he that delivered me unto thee hath the greater sin.

12 And from thenceforth Pilatos sought to release him: but the Yehudim cried out, saying, If thou let this man go, thou art not Qeasar's friend: whosoever maketh himself a king speaketh against Qeasar.

13 When Pilatos therefore heard that saying, he brought **YAHOSHUA** forth, and sat down in the judgment seat in a place that is called the Pavement, but in the Hebrew, **Gabeta**.

14 And it was the preparation of the **Pesakh**, and about the sixth hour: and he saith unto the Yehudim, Behold your King!

15 But they cried out, Away with him, away with him, crucify him. Pilatos saith unto them, Shall I crucify your King? The chief priests answered, We have no king but Qeasar.

THE CRUCIFIXION

16 Then delivered he him therefore unto them to be crucified. And they took **YAHOSHUA**, and led him away.

17 And he bearing his cross went forth into a place called the place of a skull, which is called in the Hebrew **Galgalta**:

18 וַיִּצְלְבוּ אֹתוֹ שָׁמָּה וּשְׁנֵי אֲנָשִׁים אֲחֵרִים עִמּוֹ מִזֶּה אֶחָד וּמִזֶּה אֶחָד
וִ**יהוֹשֻׁעַ** בַּתָּוֶךְ: 19 וּפִילָטוֹס כָּתַב עַל־לוּחַ וַיָּשֶׂם עַל־הַצְּלוּב וְזֶה־דְּבַר
מִכְתָּבוֹ **יָהוֹשֻׁעַ** הַנָּצְרִי מֶלֶךְ הַיְּהוּדִים: 20 וִיהוּדִים רַבִּים קָרְאוּ אֶת־
הַמִּכְתָּב הַזֶּה כִּי הַמָּקוֹם אֲשֶׁר נִצְלַב־שָׁם **יָהוֹשֻׁעַ** קָרוֹב אֶל־הָעִיר וְהַמִּכְתָּב
כָּתוּב עִבְרִית וִיוָנִית וְרוֹמִית: 21 וַיֹּאמְרוּ רָאשֵׁי כֹּהֲנֵי הַיְּהוּדִים אֶל־פִּילָטוֹס
אַל־נָא תִכְתֹּב מֶלֶךְ הַיְּהוּדִים כִּי אִם־אֲשֶׁר אָמַר אֲנִי מֶלֶךְ הַיְּהוּדִים: 22 וַיַּעַן
פִּילָטוֹס וַיֹּאמַר אֵת־אֲשֶׁר כָּתַבְתִּי כָּתָבְתִּי: 23 וַיְהִי כַּאֲשֶׁר צָלְבוּ אַנְשֵׁי הַצָּבָא
אֶת־**יָהוֹשֻׁעַ** וַיִּקְחוּ אֶת־בְּגָדָיו וַיְחַלְּקוּם לְאַרְבָּעָה חֲלָקִים חֵלֶק לְאִישׁ וְגַם אֶת־
כֻּתָּנְתּוֹ וְהַכֻּתֹּנֶת לֹא־הָיְתָה תְפוּרָה כִּי אִם־מַעֲשֵׂה אֹרֵג מִפִּיהָ וְעַד־קָצֶהָ: 24
וַיֹּאמְרוּ אִישׁ אֶל־אָחִיו אַל־נָא נִקְרָעֶהָ לִקְרָעִים כִּי־נַפִּיל עָלֶיהָ גּוֹרָל לְמִי
תִהְיֶה לְמַלֹּאת דְּבַר הַכָּתוּב יְחַלְּקוּ בְגָדַי לָהֶם וְעַל־לְבוּשִׁי יַפִּילוּ גוֹרָל וַיַּעֲשׂוּ־
כֵן אַנְשֵׁי הַצָּבָא: 25 וְעַל־יַד צְלוּב **יָהוֹשֻׁעַ** עָמְדוּ אִמּוֹ וַאֲחוֹת אִמּוֹ מִרְיָם אֵשֶׁת
קְלוֹפָּס וּמִרְיָם הַמַּגְדָּלִית: 26 וַיַּרְא **יָהוֹשֻׁעַ** אֶת־אִמּוֹ וְאֶת־תַּלְמִידוֹ אֲשֶׁר אָהֵב
עֹמְדִים אֶצְלוֹ וַיֹּאמֶר אֶל־אִמּוֹ אִשָּׁה הִנֵּה בְּנֵךְ: 27 וְאַחַר אָמַר אֶל־תַּלְמִידוֹ
הִנֵּה אִמֶּךָ וּמִן־הַשָּׁעָה הַהִיא אָסַף אֹתָהּ הַתַּלְמִיד אֶל־בֵּיתוֹ:

THE DEATH OF YAHOSHUA

28 וַיְהִי מֵאַחֲרֵי־כֵן כַּאֲשֶׁר יָדַע **יָהוֹשֻׁעַ** כִּי כְבָר נַעֲשָׂה הַכֹּל לְמַעַן יִמָּלֵא הַכָּתוּב כֻּלּוֹ
אָמַר צָמֵאתִי: 29 וְשָׁם־כְּלִי מָלֵא חֹמֶץ וַיִּטְבְּלוּ סְפוֹג בַּחֹמֶץ וַיָּשִׂימוּ עַל־אֵזוֹב וַיַּקְרִיבוּ
אֶל־פִּיו: 30 וַיִּקַּח **יָהוֹשֻׁעַ** אֶת־הַחֹמֶץ וַיֹּאמֶר כָּלָה וַיֵּט אֶת־רֹאשׁוֹ וַתֵּצֵא **רוּחוֹ**:

YAHOSHUA'S SIDE IS PIERCED

31 וְהַיְּהוּדִים אָמְרוּ לֹא יָלִינוּ הַפְּגָרִים עַל־הַצְּלוּב בְּיוֹם **הַשַּׁבָּת** כִּי־עֶרֶב שַׁבָּת הָיָה
וְגָדוֹל יוֹם **הַשַּׁבָּת** הַהוּא וַיִּשְׁאֲלוּ מִן־פִּילָטוֹס לְשַׁבֵּר אֶת־שׁוֹקֵיהֶם וּלְהוֹרִיד אֹתָם:
32 וַיָּבֹאוּ אַנְשֵׁי הַצָּבָא וַיְשַׁבְּרוּ אֶת־שׁוֹקֵי הָאֶחָד וְאֶת־שׁוֹקֵי הַשֵּׁנִי הַנִּצְלָבִים
עִמּוֹ: 33 וַיָּבֹאוּ אֶל־**יָהוֹשֻׁעַ** וַיִּרְאוּ וְהִנֵּה מֵת וְלֹא שִׁבְּרוּ אֶת־שׁוֹקָיו: 34 וְאֶחָד
מֵאַנְשֵׁי הַצָּבָא דְּקָרוֹ בַּחֲנִית בְּצִדּוֹ וַיֵּצֵא דָּם וָמָיִם: 35 וְהָרֹאֶה זֹאת הֵעִיד וְעֵדוּתוֹ
קַיֶּמֶת וְהוּא יוֹדֵעַ כִּי אֱמֶת יַגִּיד לְמַעַן גַּם־אַתֶּם תַּאֲמִינוּ: 36 כִּי זֹאת הָיְתָה
לְמַלֹּאת הַכָּתוּב וְעֶצֶם לֹא־תִשָּׁבְרוּ בוֹ: 37 וְעוֹד כָּתוּב אַחֵר אֹמֵר וְהִבִּיטוּ אֵלָיו
אֵת אֲשֶׁר דָּקָרוּ:

JOHN

18 Where they crucified him, and two other with him, on either side one, and **YAHOSHUA** in the midst.

19 And Pilatos wrote a title, and put it on the cross. And the writing was, **YAHOSHUA** OF NETZARETH THE KING OF THE YEHUDIM.

20 This title then read many of the Yehudim: for the place where **YAHOSHUA** was crucified was nigh to the city: and it was written in Hebrew, and Greek, and Latin.

21 Then said the chief priests of the Yehudim to Pilatos , Write not, The King of the Yehudim; but that he said, I am King of the Yehudim.

22 Pilatos answered, What I have written I have written.

23 Then the soldiers, when they had crucified **YAHOSHUA**, took his garments, and made four parts, to every soldier a part; and also his coat: now the coat was without seam, woven from the top throughout.

24 They said therefore among themselves, Let us not rend it, but cast lots for it, whose it shall be: that the scripture might be fulfilled, which saith, "They part my garments among them, and cast lots upon my vesture." These things therefore the soldiers did.

25 Now there stood by the cross of **YAHOSHUA** his mother, and his mother's sister, Miryam the wife of **Qelophah (Cleophas)**, and Miryam Magdaliyth .

26 When **YAHOSHUA** therefore saw his mother, and the disciple standing by, whom he loved, he saith unto his mother, Woman, behold thy son!

27 Then saith he to the disciple, Behold thy mother! And from that hour that disciple took her unto his own home.

THE DEATH OF YAHOSHUA

28 After this, **YAHOSHUA** knowing that all things were now accomplished, that the scripture might be fulfilled, saith, I thirst.

29 Now there was set a vessel full of vinegar: and they filled a spunge with vinegar, and put it upon hyssop, and put it to his mouth.

30 When **YAHOSHUA** therefore had received the vinegar, he said, It is finished: and he bowed his head, and gave up the **RUAKH**.

YAHOSHUA'S SIDE IS PIERCED

31 The Yehudim therefore, because it was the preparation, that the bodies should not remain upon the cross on the **Shabbat** day, (for that **Shabbat** day was an high day,) besought Pilatos that their legs might be broken, and that they might be taken away.

32 Then came the soldiers, and brake the legs of the first, and of the other which was crucified with him.

33 But when they came to **YAHOSHUA**, and saw that he was dead already, they brake not his legs:

34 But one of the soldiers with a spear pierced his side, and forthwith came there out blood and water.

35 And he that saw it bare record, and his record is true: and he knoweth that he saith true, that ye might believe.

36 For these things were done, that the scripture should be fulfilled, "He keepeth all his bones: not one of them is broken."

37 And again another scripture saith, "And they shall look upon me whom they have pierced."

YAHOSHUA IS BURIED

38 וְאַחַר בָּא יוֹסֵף הָרָמָתִי וְהוּא תַּלְמִיד **יָהוֹשֻׁעַ** בַּסֵּתֶר מִפְּנֵי הַיְּהוּדִים וַיִּשְׁאַל מֵאֵת פִּילָטוֹס
אֲשֶׁר יִתְּנֵהוּ לָשֵׂאת אֶת־גּוּפַת **יָהוֹשֻׁעַ** וַיַּנַּח לוֹ פִּילָטוֹס וַיָּבֹא וַיִּשָּׂא אֶת־גּוּפַת **יָהוֹשֻׁעַ**: 39
וַיָּבֹא גַּם־נַקְדִּימוֹן אֲשֶׁר בָּא־לְפָנִים בַּלַּיְלָה אֶל־**יָהוֹשֻׁעַ** וַיָּבֵא תַּעֲרֹבֶת מֹר־וַאֲהָלוֹת כְּמֵאָה
לִיטְרִין: 40 וַיִּקְחוּ אֶת־גּוּפַת **יָהוֹשֻׁעַ** וַיְחַתְּלוּהָ בְתַכְרִיכִין עִם־הַבְּשָׂמִים כְּמִנְהַג הַיְּהוּדִים
לִקְבֹּר אֶת־מֵתֵיהֶם: 41 וּבַמָּקוֹם אֲשֶׁר נִצְלַב הָיָה גָן וּבַגָּן קֶבֶר חָדָשׁ אֲשֶׁר לֹא־הֻנַּח בּוֹ מֵת
עַד־הֵנָּה: 42 שָׁם שָׂמוּ אֶת־**יָהוֹשֻׁעַ** כִּי־**עֶרֶב שַׁבָּת** הָיָה לַיְּהוּדִים וְהַקֶּבֶר קָרוֹב:

THE RESURRECTION

כ וַיְהִי בְּאֶחָד בַּשְּׁבֻעָה לִפְנוֹת הַבֹּקֶר בְּעוֹד חֹשֶׁךְ וַתָּבֹא מִרְיָם הַמַּגְדָּלִית אֶל־
הַקָּבֶר וַתֵּרֶא וְהִנֵּה־הָאֶבֶן מוּסָרָה מֵעַל הַקָּבֶר: 2 וַתָּרָץ וַתָּבֹא אֶל־שִׁמְעוֹן כֵּיפָע
וְאֶל־הַתַּלְמִיד הָאַחֵר אֲשֶׁר **יָהוֹשֻׁעַ** אֲהֵבוֹ וַתֹּאמֶר אֲלֵיהֶם הִנֵּה נָשְׂאוּ אֶת־הָאָדוֹן מִקִּבְרוֹ
וְלֹא יָדַעְנוּ אֵיפֹה הִנִּיחֻהוּ: 3 וַיֵּצֵא פֶטְרוֹס וְהַתַּלְמִיד הָאַחֵר וַיֵּלְכוּ אֶל־הַקָּבֶר: 4 וַיָּרוּצוּ
שְׁנֵיהֶם יַחְדָּו וַיְמַהֵר הַתַּלְמִיד הָאַחֵר לָרוּץ וַיַּעֲבֹר אֶת־כֵּיפָע וַיָּבֹא רִאשׁוֹנָה אֶל־הַקָּבֶר:
5 וַיַּשְׁקֵף אֶל־תּוֹכוֹ וַיַּרְא אֶת־הַתַּכְרִיכִין מֻנָּחִים וְלֹא נִכְנָס: 6 וַיָּבֹא שִׁמְעוֹן כֵּיפָע אַחֲרָיו
וְהוּא נִכְנַס אֶל־הַקָּבֶר וַיַּרְא אֶת־הַתַּכְרִיכִין מֻנָּחִים: 7 וְהַסּוּדָר אֲשֶׁר הָיְתָה עַל־רֹאשׁוֹ
אֵינֶנָּה מֻנַּחַת אֵצֶל הַתַּכְרִיכִין כִּי אִם־מְקֻפֶּלֶת לְבַדָּהּ בְּמָקוֹם אֶחָד: 8 וְהַתַּלְמִיד הָאַחֵר
אֲשֶׁר בָּא רִאשׁוֹנָה אֶל־הַקָּבֶר גַּם־הוּא נִכְנַס וַיַּרְא וַיַּאֲמֵן: 9 כִּי עֲדֶן לֹא־הֵבִינוּ אֶת־
הַכָּתוּב אֲשֶׁר קוֹם יָקוּם מֵעִם הַמֵּתִים: 10 וַיָּשׁוּבוּ הַתַּלְמִידִים וַיֵּלְכוּ אֶל־בֵּיתָם:

YAHOSHUA APPEARS TO MARY MAGDALENE

11 וּמִרְיָם עָמְדָה מִחוּץ לַקֶּבֶר וְהִיא בוֹכִיָּה וַיְהִי בִבְכוֹתָהּ וַתַּשְׁקֵף אֶל־תּוֹךְ הַקָּבֶר:
12 וַתֵּרֶא שְׁנֵי מַלְאָכִים לְבוּשֵׁי לְבָנִים יֹשְׁבִים בַּמָּקוֹם אֲשֶׁר שָׂמוּ שָׁם אֶת־גּוּפַת
יָהוֹשֻׁעַ אֶחָד מְרַאֲשֹׁתָיו וְאֶחָד מַרְגְּלוֹתָיו: 13 וַיֹּאמְרוּ אֵלֶיהָ אִשָּׁה לָמֶה תִבְכִּי
וַתֹּאמֶר אֲלֵיהֶם כִּי נָשְׂאוּ מִזֶּה אֶת־אֲדֹנִי וְלֹא יָדַעְתִּי אֵיפֹה הִנִּיחֻהוּ: 14 וַיְהִי
כְּכַלּוֹתָהּ לְדַבֵּר זֹאת וַתֵּפֶן אַחֲרֶיהָ וַתֵּרֶא וְהִנֵּה **יָהוֹשֻׁעַ** עֹמֵד וְלֹא יָדְעָה כִּי **יָהוֹשֻׁעַ**
הוּא: 15 וַיֹּאמֶר אֵלֶיהָ **יָהוֹשֻׁעַ** אִשָּׁה לָמֶה תִבְכִּי אֶת־מִי תְבַקֵּשִׁי וְהִיא חֲשָׁבַתְהוּ
לְשֹׁמֵר הַגָּן וַתֹּאמֶר אֵלָיו אֲדֹנִי אִם־אַתָּה נְשָׂאתָ אֹתוֹ מִזֶּה הַגִּידָה־נָּא לִי אֵיפֹה הִנַּחְתּוֹ
וְלָקַחְתִּיו מִשָּׁם: 16 וַיֹּאמֶר אֵלֶיהָ **יָהוֹשֻׁעַ** מִרְיָם וַתֵּפֶן וַתֹּאמֶר אֵלָיו רַבּוּנִי הוּא מוֹרֶה:

JOHN

YAHOSHUA IS BURIED

38 And after this Yoseph of Arimathea, being a disciple of **YAHOSHUA**, but secretly for fear of the Yehudim, besought Pilatos that he might take away the body of **YAHOSHUA**: and Pilatos gave him leave. He came therefore, and took the body of **YAHOSHUA**.

39 And there came also Naqdimon, which at the first came to **YAHOSHUA** by night, and brought a mixture of myrrh and aloes, about an hundred pound weight.

40 Then took they the body of **YAHOSHUA**, and wound it in linen clothes with the spices, as the manner of the Yehudim is to bury.

41 Now in the place where he was crucified there was a garden; and in the garden a new sepulchre, wherein was never man yet laid.

42 There laid they **YAHOSHUA** therefore because it was **Shabbat eve** for the Yehudim; for the sepulchre was nigh at hand.

THE RESURRECTION

20 The first day of the week cometh Miryam Magdaliyth early, when it was yet dark, unto the sepulchre, and seeth the stone taken away from the sepulchre.

2 Then she runneth, and cometh to Shimon Kepha, and to the other disciple, whom **YAHOSHUA** loved, and saith unto them, They have taken away our Adone out of the sepulchre, and we know not where they have laid him.

3 Kepha therefore went forth, and that other disciple, and came to the sepulchre.

4 So they ran both together: and the other disciple did outrun Kepha, and came first to the sepulchre.

5 And he stooping down, and looking in, saw the linen clothes lying; yet went he not in.

6 Then cometh Shimon Kepha following him, and went into the sepulchre, and seeth the linen clothes lie,

7 And the napkin, that was about his head, not lying with the linen clothes, but wrapped together in a place by itself.

8 Then went in also that other disciple, which came first to the sepulchre, and he saw, and believed.

9 For as yet they knew not the scripture, that he must rise again from the dead.

10 Then the disciples went away again unto their own home.

YAHOSHUA APPEARS TO MARY MAGDALENE

11 But Miryam stood without at the sepulchre weeping: and as she wept, she stooped down, and looked into the sepulchre,

12 And seeth two angels in white sitting, the one at the head, and the other at the feet, where the body of **YAHOSHUA** had lain.

13 And they say unto her, Woman, why weepest thou? She saith unto them, Because they have taken away Adoni, and I know not where they have laid him.

14 And when she had thus said, she turned herself back, and saw **YAHOSHUA** standing, and knew not that it was **YAHOSHUA**.

15 **YAHOSHUA** saith unto her, Woman, why weepest thou? whom seekest thou? She, supposing him to be the gardener, saith unto him, Adone, if thou have borne him hence, tell me where thou hast laid him, and I will take him away.

16 **YAHOSHUA** saith unto her, Miryam. She turned herself, and saith unto him, Rabboni; which is to say, Moreh.

17 וַיֹּאמֶר אֵלֶיהָ **יָהוֹשֻׁעַ** אַל־תִּגְּעִי בִי כִּי עוֹד לֹא עָלִיתִי אֶל־אָבִי וּלְכִי־נָא אֶל־אַחַי
וְהַגִּידִי לָהֶם אֲנִי עֹלֶה אֶל־אָבִי וַאֲבִיכֶם וְאֶל־אֱלֹהַי וֵאלֹהֵיכֶם: 18 וַתָּבֹא מִרְיָם הַמַּגְדָּלִית
וַתְּסַפֵּר אֶל־הַתַּלְמִידִים אֵת אֲשֶׁר־רָאֲתָה אֶת־הָאָדוֹן וְכָזֹאת דִּבֶּר אֵלֶיהָ:

YAHOSHUA APPEARS TO THE DISCIPLES

19 וַיְהִי בַּיּוֹם הַהוּא וְהוּא אֶחָד בַּשַּׁבָּת לְעֵת־עֶרֶב כַּאֲשֶׁר נִסְגְּרוּ דַּלְתוֹת הַבַּיִת אֲשֶׁר־
נִקְבְּצוּ שָׁם הַתַּלְמִידִים מִיִּרְאַת הַיְּהוּדִים וַיָּבֹא **יָהוֹשֻׁעַ** וַיַּעֲמֹד בֵּינֵיהֶם וַיֹּאמֶר אֲלֵיהֶם
שָׁלוֹם לָכֶם: 20 וְאַחֲרֵי דַבְּרוֹ זֹאת הֶרְאָם אֶת־יָדָיו וְאֶת־צִדּוֹ וַיִּשְׂמְחוּ הַתַּלְמִידִים
בִּרְאוֹתָם אֶת־הָאָדוֹן: 21 וַיֹּסֶף **יָהוֹשֻׁעַ** וַיֹּאמֶר אֲלֵיהֶם שָׁלוֹם לָכֶם כַּאֲשֶׁר שָׁלַח אֹתִי הָאָב
כֵּן אָנֹכִי שֹׁלֵחַ אֶתְכֶם: 22 וְאַחֲרֵי דַבְּרוֹ זֹאת וַיִּפַּח בָּהֶם וַיֹּאמֶר אֲלֵיהֶם קְחוּ לָכֶם אֶת־
רוּחַ הַקֹּדֶשׁ: 23 וְהָיָה כָּל־אֲשֶׁר תִּסְלְחוּ לְחַטֹּאתָם וְנִסְלַח לָהֶם וַאֲשֶׁר תַּאֲשִׁימוּ יֶאְשָׁמוּ:
24 וְתוֹמָא אֶחָד מִשְּׁנֵים הֶעָשָׂר הַנִּקְרָא דִידוּמוֹס לֹא־הָיָה בְּתוֹכָם כְּבוֹא **יָהוֹשֻׁעַ**: 25
וַיַּגִּידוּ לוֹ הַתַּלְמִידִים הַנִּשְׁאָרִים לֵאמֹר רָאֹה רָאִינוּ אֶת־הָאָדוֹן וַיֹּאמֶר אֲלֵיהֶם אִם־
לֹא אֶרְאֶה בְּיָדָיו אֶת־רֹשֶׁם הַמַּסְמְרוֹת וְאָשִׂים אֶת־אֶצְבָּעִי בִּמְקוֹם הַמַּסְמְרוֹת וְאָשִׂים
אֶת־יָדִי בְּצִדּוֹ לֹא אַאֲמִין: 26 וַיְהִי מִקְצֵה שְׁמֹנַת יָמִים וְתַלְמִידָיו שֵׁנִית בַּבַּיִת וְתוֹמָא
עִמָּהֶם וַיָּבֹא **יָהוֹשֻׁעַ** וְהַדְּלָתוֹת מְסֻגָּרוֹת וַיַּעֲמֹד בֵּינֵיהֶם וַיֹּאמֶר שָׁלוֹם לָכֶם: 27 וְאַחַר
אָמַר אֶל־תּוֹמָא שְׁלַח אֶצְבָּעֲךָ הֵנָּה וּרְאֵה אֶת־יָדַי וּשְׁלַח אֶת־יָדְךָ הֵנָּה וְשִׂים בְּצִדִּי וְאַל־
תְּהִי מְחֻסַּר אֱמוּנָה כִּי אִם־מַאֲמִין: 28 וַיַּעַן תּוֹמָא וַיֹּאמֶר אֵלָיו אֲדֹנִי וֵאלֹהָי: 29 וַיֹּאמֶר
אֵלָיו **יָהוֹשֻׁעַ** יַעַן רָאִיתָ אֹתִי הֶאֱמַנְתָּ אַשְׁרֵי הַמַּאֲמִינִים וְאֵינָם רֹאִים:

THE PURPOSE OF THIS BOOK

30 וְהִנֵּה גַּם־אֹתוֹת אֲחֵרִים רַבִּים עָשָׂה **יָהוֹשֻׁעַ** לְעֵינֵי תַלְמִידָיו אֲשֶׁר לֹא־נִכְתְּבוּ בַּסֵּפֶר
הַזֶּה: 31 וְאֵלֶּה נִכְתְּבוּ לְמַעַן תַּאֲמִינוּ כִּי **יָהוֹשֻׁעַ** הוּא **הַמָּשִׁיחַ** בֶּן־אֱלֹהִים וּלְמַעַן יִהְיוּ
לָכֶם חַיִּים בִּשְׁמוֹ בֶּאֱמוּנַתְכֶם:

APPEARS TO SEVEN DISCIPLES

כא וַיְהִי אַחֲרֵי־כֵן וַיֹּסֶף **יָהוֹשֻׁעַ** לְהֵרָאוֹת אֶל־תַּלְמִידָיו עַל־יָם טִיבֵּרְיָה וְזֶה־דְּבַר
הֵרָאוֹתוֹ אֲלֵיהֶם: 2 שִׁמְעוֹן כֵּיפָא וְתוֹמָא הַנִּקְרָא דִידוּמוֹס וּנְתַנְאֵל מִקָּנָה אֲשֶׁר
בְּאֶרֶץ הַגָּלִיל וּבְנֵי זַבְדִּי וְעוֹד שְׁנַיִם אֲחֵרִים מִתַּלְמִידָיו יָשְׁבוּ יַחְדָּו: 3 וַיֹּאמֶר אֲלֵיהֶם שִׁמְעוֹן כֵּיפָא הִנְנִי
הֹלֵךְ לָדוּג וַיֹּאמְרוּ אֵלָיו גַּם־אֲנַחְנוּ נֵלֵךְ עִמָּךְ וַיֵּצְאוּ וַיֵּרְדוּ בָּאֳנִיָּה וְלֹא לָכְדוּ מְאוּמָה בַּלַּיְלָה הַהוּא:

JOHN

17 **YAHOSHUA** saith unto her, Touch me not; for I am not yet ascended to my Father: but go to my brethren, and say unto them, I ascend unto my Father, and your Father; and to my **ELOHIM**, and your **ELOHIM**.

18 Miryam Magdaliyth came and told the disciples that she had seen our Adone, and that he had spoken these things unto her.

YAHOSHUA APPEARS TO THE DISCIPLES

19 Then the same day at evening, being the first day of the week, when the doors were shut where the disciples were assembled for fear of the Yehudim, came **YAHOSHUA** and stood in the midst, and saith unto them, Shalom be unto you.

20 And when he had so said, he shewed unto them his hands and his side. Then were the disciples glad, when they saw our Adone.

21 Then said **YAHOSHUA** to them again, Shalom be unto you: as my Father hath sent me, even so send I you.

22 And when he had said this, he breathed on them, and saith unto them, Receive ye the **RUAKH HA' QODESH:**

23 Whose soever sins ye remit, they are remitted unto them; and whose soever sins ye retain, they are retained.

24 But Tho'ma, one of the twelve, called Didymos, was not with them when **YAHOSHUA** came.

25 The other disciples therefore said unto him, We have seen our Adone. But he said unto them, Except I shall see in his hands the print of the nails, and put my finger into the print of the nails, and thrust my hand into his side, I will not believe.

26 And after eight days again his disciples were within, and Tho'ma with them: then came **YAHOSHUA**, the doors being shut, and stood in the midst, and said, Shalom be unto you.

27 Then saith he to Tho'ma, Reach hither thy finger, and behold my hands; and reach hither thy hand, and thrust it into my side: and be not faithless, but believing.

28 And Tho'ma answered and said unto him, My **ADONAI** and my **ELOHIM**.

29 **YAHOSHUA** saith unto him, Tho'ma, because thou hast seen me, thou hast believed: blessed are they that have not seen, and yet have believed.

THE PURPOSE OF THIS BOOK

30 And many other signs truly did **YAHOSHUA** in the presence of his disciples, which are not written in this book:

31 But these are written, that ye might believe that **YAHOSHUA** is the **MESHIAKH**, the Son of **ELOHIM**; and that believing ye might have life through his name.

APPEARS TO SEVEN DISCIPLES

21 After these things **YAHOSHUA** shewed himself again to the disciples at the sea of Teberyah; and on this wise shewed he himself.

2 There were together Shimon Kepha, and Tho'ma called Didymos, and Nathan'EL of Qanah in Galilah, and the sons of Zabdi, and two other of his disciples.

3 Shimon Kepha saith unto them, I go a fishing. They say unto him, We also go with thee. They went forth, and entered into a ship immediately; and that night they caught nothing.

4 הַבֹּקֶר אוֹר **וִיהוֹשֻׁעַ** עֹמֵד עַל־שְׂפַת הַיָּם וְהַתַּלְמִידִים לֹא יָדְעוּ כִּי **יָהוֹשֻׁעַ** הוּא: 5
וַיֹּאמֶר אֲלֵיהֶם **יָהוֹשֻׁעַ** בָּנַי הֲיֵשׁ־לָכֶם דָּבָר לֶאֱכֹל וַיֹּאמְרוּ לֹא: 6 וַיֹּאמֶר לָהֶם הַשְׁלִיכוּ
הַמִּכְמֹרֶת מִימִין לָאֳנִיָּה וְתִמְצָאוּ וַיַּשְׁלִיכוּ וְלֹא־יָכְלוּ עוֹד לְמָשְׁכָהּ אֹתָהּ מֵרֹב הַדָּגִים: 7
וַיֹּאמֶר הַתַּלְמִיד הַהוּא אֲשֶׁר **יָהוֹשֻׁעַ** אֲהֵבוֹ אֶל־כֵּיפָא הִנֵּה־הָאָדוֹן וַיְהִי כִּשְׁמֹעַ שִׁמְעוֹן
כֵּיפָא כִּי הוּא הָאָדוֹן וַיַּחְגֹּר אֶת־מְעִילוֹ כִּי עֵירֹם הָיָה וַיִּתְנַפֵּל אֶל־הַיָּם: 8 וְהַתַּלְמִידִים
הַנִּשְׁאָרִים בָּאוּ בַסְּפִינָה כִּי לֹא הִרְחִיקוּ מִן־הַיַּבָּשָׁה כִּי אִם־כְּמָאתַיִם אַמָּה וַיִּמְשְׁכוּ אֶת־
הַמִּכְמֹרֶת עִם־הַדָּגִים: 9 וַיְהִי בַּעֲלוֹתָם אֶל־הַיַּבָּשָׁה וַיִּרְאוּ וְהִנֵּה גַּחֲלֵי־אֵשׁ עֲרוּכִים וְדָגִים
עֲלֵיהֶם וְלֶחֶם לֶאֱכֹל: 10 וַיֹּאמֶר אֲלֵיהֶם **יָהוֹשֻׁעַ** הָבִיאוּ מִן־הַדָּגִים אֲשֶׁר לְכַדְתֶּם עָתָּה:
11 וַיַּעַל שִׁמְעוֹן כֵּיפָא וַיִּמְשֹׁךְ אֶת־הַמִּכְמֹרֶת אֶל־הַיַּבָּשָׁה וְהִיא מְלֵאָה דָּגִים גְּדוֹלִים
מֵאָה וַחֲמִשִּׁים וּשְׁלֹשָׁה וְלֹא נִקְרְעָה הַמִּכְמֹרֶת אַף־כִּי רַבִּים הָיוּ: 12 וַיֹּאמֶר אֲלֵיהֶם
יָהוֹשֻׁעַ בֹּאוּ בִרְוּ־לָחֶם וְאֵין אִישׁ מִן־הַתַּלְמִידִים אֲשֶׁר מְלָאוֹ לִבּוֹ לִשְׁאֹל מִי אָתָּה כִּי
יָדְעוּ אֲשֶׁר הוּא הָאָדוֹן: 13 וַיָּבֹא **יָהוֹשֻׁעַ** וַיִּקַּח אֶת־הַלֶּחֶם וַיִּתֵּן לָהֶם וְאֶת־הַדָּגִים: 14
וְזֹאת הַפַּעַם הַשְּׁלִישִׁית אֲשֶׁר־נִרְאָה **יָהוֹשֻׁעַ** אֶל־תַּלְמִידָיו אַחֲרֵי קוּמוֹ מֵעִם הַמֵּתִים:

YAHOSHUA AND PETER

15 וַיְהִי אַחֲרֵי אָכְלָם וַיֹּאמֶר **יָהוֹשֻׁעַ** אֶל־שִׁמְעוֹן כֵּיפָא שִׁמְעוֹן בֶּן־יוֹנָה הֲתֶאֱהַב אֹתִי יוֹתֵר
מֵאֵלֶּה וַיֹּאמֶר אֵלָיו כֵּן אֲדֹנִי אַתָּה יָדַעְתָּ כִּי אֲהַבְתִּיךָ וַיֹּאמֶר אֵלָיו רְעֵה אֶת־טְלָאָי: 16
וַיֹּאמֶר אֵלָיו עוֹד הַפַּעַם שִׁמְעוֹן בֶּן־יוֹנָה הֲתֶאֱהַב אֹתִי וַיֹּאמֶר אֵלָיו כֵּן אֲדֹנִי אַתָּה יָדַעְתָּ
כִּי אֲהַבְתִּיךָ וַיֹּאמֶר אֵלָיו נְהַג אֶת־צֹאנִי: 17 וַיֹּאמֶר אֵלָיו פַּעַם שְׁלִישִׁית שִׁמְעוֹן בֶּן־יוֹנָה
הֲתֶאֱהַב אֹתִי וַיִּתְעַצֵּב כֵּיפָא כִּי־אָמַר אֵלָיו בַּשְּׁלִישִׁית הֲתֶאֱהַב אֹתִי וַיֹּאמֶר אֵלָיו אֲדֹנִי
אֶת־כֹּל אַתָּה יוֹדֵעַ וְיָדַעְתָּ כִּי אֲהַבְתִּיךָ וַיֹּאמֶר אֵלָיו **יָהוֹשֻׁעַ** רְעֵה אֶת־צֹאנִי: 18 אָמֵן אָמֵן
אֲנִי אֹמֵר לָךְ בִּהְיֹתְךָ צָעִיר לְיָמִים אַתָּה חָגַרְתָּ עַצְמְךָ וַתֵּלֶךְ אֶל־אֲשֶׁר חָפָצְתָּ וְכַאֲשֶׁר תִּזְקַן
וּפָרַשְׂתָּ כַּפֶּיךָ וְאַחֵר יַחֲגָרְךָ וּנְשָׂאֲךָ אֶל־אֲשֶׁר לֹא תֶחְפָּץ: 19 וְכָל־זֹאת דִּבֶּר לִרְמֹז עַל־
מִיתָתוֹ אֲשֶׁר יְכַבֶּד־בָּהּ אֶת־הָאֱלֹהִים וַיְהִי כְּכַלֹּתוֹ לְדַבֵּר וַיֹּאמֶר אֵלָיו לֵךְ אַחֲרָי:

YAHOSHUA AND THE BELOVED APOSTLE

20 וַיִּפֶן כֵּיפָא וַיַּרְא אֶת־הַתַּלְמִיד אֲשֶׁר **יָהוֹשֻׁעַ** אֲהֵבוֹ הֹלֵךְ אַחֲרֵיהֶם וְהוּא אֲשֶׁר
נָפַל עַל־לִבּוֹ בַּסְּעוּדָה וְגַם־אָמַר אֲדֹנִי מִי הוּא־זֶה אֲשֶׁר יִמְסְרֶךָּ: 21 וַיְהִי בִּרְאוֹת
אֹתוֹ כֵּיפָא וַיֹּאמֶר אֶל־**יָהוֹשֻׁעַ** אֲדֹנִי וְזֶה מַה־לּוֹ: 22 וַיֹּאמֶר אֵלָיו **יָהוֹשֻׁעַ** אִם־רְצוֹנִי
שֶׁיִּשָּׁאֵר עַד־בֹּאִי מַה־לָּךְ וְלָזֹאת אַתָּה לֵךְ אַחֲרָי:

JOHN

4 But when the morning was now come, **YAHOSHUA** stood on the shore: but the disciples knew not that it was **YAHOSHUA**.

5 Then **YAHOSHUA** saith unto them, Children, have ye any meat? They answered him, No.

6 And he said unto them, Cast the net on the right side of the ship, and ye shall find. They cast therefore, and now they were not able to draw it for the multitude of fishes.

7 Therefore that disciple whom **YAHOSHUA** loved saith unto Kepha, It is our Adone. Now when Shimon Kepha heard that it was our Adone, he girt his fisher's coat unto him, (for he was naked,) and did cast himself into the sea.

8 And the other disciples came in a little ship; (for they were not far from land, but as it were two hundred cubits,) dragging the net with fishes.

9 As soon then as they were come to land, they saw a fire of coals there, and fish laid thereon, and bread.

10 **YAHOSHUA** saith unto them, Bring of the fish which ye have now caught.

11 Shimon Kepha went up, and drew the net to land full of great fishes, an hundred and fifty and three: and for all there were so many, yet was not the net broken.

12 **YAHOSHUA** saith unto them, Come and dine. And none of the disciples durst ask him, Who art thou? knowing that it was our Adone.

13 **YAHOSHUA** then cometh, and taketh bread, and giveth them, and fish likewise.

14 This is now the third time that **YAHOSHUA** shewed himself to his disciples, after that he was risen from the dead.

YAHOSHUA AND PETER

15 So when they had dined, **YAHOSHUA** saith to Shimon Kepha, Shimon, son of Yonah, lovest thou me more than these? He saith unto him, Yea, Adoni; thou knowest that I love thee. He saith unto him, Feed my lambs.

16 He saith to him again the second time, Shimon, son of Yonah, lovest thou me? He saith unto him, Yea, Adoni; thou knowest that I love thee. He saith unto him, Feed my sheep.

17 He saith unto him the third time, Shimon, son of Yonah, lovest thou me? Kepha was grieved because he said unto him the third time, Lovest thou me? And he said unto him, Adoni, thou knowest all things; thou knowest that I love thee. **YAHOSHUA** saith unto him, Feed my sheep.

18 Verily, verily, I say unto thee, When thou wast young, thou girdedst thyself, and walkedst whither thou wouldest: but when thou shalt be old, thou shalt stretch forth thy hands, and another shall gird thee, and carry thee whither thou wouldest not.

19 This spake he, signifying by what death he should glorify ELOHIM. And when he had spoken this, he saith unto him, Follow me.

YAHOSHUA AND THE BELOVED APOSTLE

20 Then Kepha, turning about, seeth the disciple whom **YAHOSHUA** loved following; which also leaned on his breast at supper, and said, Adoni, which is he that betrayeth thee?

21 Kepha seeing him saith to **YAHOSHUA**, Adoni, and what shall this man do?

22 **YAHOSHUA** saith unto him, If I will that he tarry till I come, what is that to thee? follow thou me.

23 עַל־כֵּן יָצָא הַדָּבָר הַזֶּה בֵּין הָאַחִים שֶׁהַתַּלְמִיד הַהוּא לֹא יָמוּת **וִיהוֹשֻׁעַ** לֹא אָמַר־לוֹ
כִּי לֹא־יָמוּת אֲבָל אָמַר אִם־חֶפְצִי כִּי־יִשָּׁאֵר עַד־בֹּאִי מַה־זֶּה לָּךְ: 24 זֶה הוּא הַתַּלְמִיד
הַמֵּעִיד עַל־אֵלֶּה וַאֲשֶׁר כָּתַב כָּל־זֹאת וְיָדַעְנוּ כִּי עֵדוּתוֹ אֱמֶת: 25 וְיֵשׁ עוֹד מַעֲשִׂים
רַבִּים אֲחֵרִים אֲשֶׁר עָשָׂה **יְהוֹשֻׁעַ** וְאִם־יִכָּתְבוּ כֻּלָּם לְאַחַד אֶחָד אֲדַמֶּה שֶׁגַּם־הָעוֹלָם כֻּלוֹ
לֹא יָכִיל אֶת־הַסְּפָרִים אֲשֶׁר יִכָּתֵבוּ (אָמֵן):

JOHN

23 Then went this saying abroad among the brethren, that that disciple should not die: yet **YAHOSHUA** said not unto him, He shall not die; but, If I will that he tarry till I come, what is that to thee?

24 This is the disciple which testifieth of these things, and wrote these things: and we know that his testimony is true.

25 And there are also many other things which **YAHOSHUA** did, the which, if they should be written every one, I suppose that even the world itself could not contain the books that should be written. Amen.

THE MESSIANIC PROPHECIES

Prophecy	Description	Fulfillment
GENESIS/BERESHIT		
1. Gen 3:15	Seed of a woman (virgin birth)	Gal 4:4-5; Matt 1:18
2. Gen 3:15	He will bruise Satan's head	Heb 2:14; 1 John 3:8
3. Gen 5:24	The bodily ascension to heaven illustrated	Mark 16:19
4. Gen 9:26-27	The ELOHIM of Shem will be the Son of Shem	Luke 3:36
5. Gen 12:3	Seed of Abraham will bless all nations	Gal 3:8; Acts 3:25-26
6. Gen 12:7	The Promise made to Abraham's Seed	Gal 3:16
7. Gen 14:18	A priest after the order of Malki'tzedeq	Heb 6:20
8. Gen 14:18	King of Shalom and Righteousness	Heb 7:2
9. Gen 14:18	The Last Supper foreshadowed	Matt 26:26-29
10. Gen 17:19	Seed of Yitzkhaq (Gen 21:12)	Rom 9:7
11. Gen 22:8	The Lamb of ELOHIM promised	John 1:29
12. Gen 22:18	As Yitzkhaq's seed, will bless all nations	Gal 3:16
13. Gen 26:2-5	The Seed of Yitzkhaq promised as the Redeemer	Heb 11:18
14. Gen 28:12	The Bridge to heaven	John 1:51
15. Gen 28:14	The Seed of Ya'aqob	Luke 3:34
16. Gen 49:10	The time of His coming	Luke 2:1-7; Gal 4:4
17. Gen 49:10	The Seed of Yehudah	Luke 3:33
18. Gen 49:10	Called Shiloh or One Sent	John 17:3
19. Gen 49:10	MESHIAKH to come before Yehudah lost identity	John 11:47-52
20. Gen 49:10	Unto Him shall the obedience of the people be	John 10:16

THE MESSIANIC PROPHECIES

Prophecy	Description	Fulfillment
EXODUS/SHEMOT		
21. Ex 3:13-15	The Great "I AM"	John 4:26; 8:58
22. Ex 12:5	A Lamb without blemish	Heb 9:14; 1 Pet 1:19
23. Ex 12:13	The blood of the Lamb saves from wrath	Rom 5:8
24. Ex 12:21-27	MESHIAKH is our Passover	1 Cor 5:7
25. Ex 12:46	Not a bone of the Lamb to be broken	John 19:31-36
26. Ex 15:2	His exaltation predicted as Yeshua	Acts 7:55-56
27. Ex 15:11	His Character-Holiness	Luke 1:35; Acts 4:27
28. Ex 17:6	The RUAKH and Rock of Yisra'EL	1 Cor 10:4
29. Ex 33:19	His Character-Merciful	Luke 1:72
LEVITICUS/WA'YIQRA		
30. Lev 1:2-9	His sacrifice a sweet smelling savor unto ELOHIM	Eph 5:2
31. Lev 14:11	The leper cleansed-Sign to priesthood	Luke 5:12-14; Acts 6:7
32. Lev 16:15-17	Prefigures MESHIAKH'S once-for-all death	Heb 9:7-14
33. Lev 16:27	Suffering outside the Camp	Matt 27:33; Heb. 13:11-12
34. Lev 17:11	The Blood-the life of the flesh	Matt 26:28; Mark 10:45
35. Lev 17:11	It is the blood that makes atonement	Rom. 3:23-24; 1 John 1:7
36. Lev 23:36-37	The Drink-offering: "If any man thirst"	John 7:37
NUMBERS/BEMIDBAR		
37. Num 9:12	Not a bone of Him broken	John 19:31-36
38. Num 21:9	The serpent on a pole-MESHIAKH lifted up	John 3:14-18; 12:32
39. Num 24:17	Time: "I shall see him, but not now."	John 1:14; Gal 4:4

THE MESSIANIC PROPHECIES

Prophecy	Description	Fulfillment
DEUTERONOMY/DEBARIM		
40. Deut 18:15	"This is of a truth that prophet"	John 6:14
41. Deut 18:15-16	"Had you believed Moshe, you would believe me."	John 5:45-47
42. Deut 18:18	Sent by the Father to speak His word	John 8:28-29
43. Deut 18:19	Whoever will not hear must bear his sin	Acts 3:22-23
44. Deut 21:23	Cursed is he that hangs on a tree	Gal 3:10-13
JOSHUA/YAHOSHUA		
45. Joshua 5:14-15	The Captain of our salvation	Heb 2:10
RUTH/RUTH		
46. Ruth 4:4-10	MESHIAKH, our kinsman, has redeemed us	Eph 1:3-7
SAMUEL/SHEMU'EL		
47. 1 Sam 2:35	A Faithful Priest	Heb. 2:17; 3:1-3, 6; 7:24-25
48. 1 Sam 2:10	Shall be an anointed King to YAHOWAH	Matt 28:18; John 12:15
49. 2 Sam 7:12	Dawid's Seed	Matt 1:1
50. 2 Sam 7:13	His Kingdom is everlasting	2 Pet 1:11
51. 2 Sam 7:14	The Son of ELOHIM	Luke 1:32; Rom 1:3-4
52. 2 Sam 7:16	Dawid's house established forever	Luke 3:31; Rev 22:16
KINGS/MELEKIM		
53. 2 Ki 2:11	The bodily ascension to heaven illustrated	Luke 24:51
CHRONICLES/DIVRAY HA'YAMIM		
54. 1 Chr 17:11	Dawid's Seed	Matt 1:1; 9:27
55. 1 Chr 17:12-13	To reign on Dawid's throne forever	Luke 1:32-33
56. 1 Chr 17:13	"I will be His Father, He... my Son."	Heb 1:5

THE MESSIANIC PROPHECIES

Prophecy	Description	Fulfillment
JOB/I'YOB		
57. Job 9:32-33	Mediator between man and ELOHIM	1 Tim 2:5
58. Job 19:23-27	The Resurrection predicted	John 5:24-29
PSALMS/TEHILIM		
59. Psa 2:1-3	The enmity of kings foreordained	Acts 4:25-28
60. Psa 2:2	To own the title, Anointed (MESHIAKH)	John 1:41; Acts 2:36
61. Psa 2:6	His Character-Holiness	John 8:46; Rev 3:7
62. Psa 2:6	To own the title King	Matt 2:2
63. Psa 2:7	Declared the Beloved Son	Matt 3:17; Rom 1:4
64. Psa 2:7-8	The Crucifixion and Resurrection intimated	Acts 13:29-33
65. Psa 2:8-9	Rule the nations with a rod of iron	Rev 2:27; 12:5; 19:15
66. Psa 2:12	Life comes through faith in Him	John 20:31
67. Psa 8:2	The mouths of babes perfect His praise	Matt 21:16
68. Psa 8:5-6	His humiliation and exaltation	Heb 2:5-9
69. Psa 9:7-10	Judge the world in righteousness	Acts 17:31
70. Psa 16:10	Was not to see corruption	Acts 2:31; 13:35
71. Psa 16:9-11	Was to arise from the dead	John 20:9
72. Psa 17:15	The resurrection predicted	Luke 24:6
73. Psa 18:2-3	The horn of salvation	Luke 1:69-71
74. Psa 22:1	Forsaken because of sins of others	2 Cor 5:21
75. Psa 22:1	"My ELOHIM, my ELOHIM, why have You forsaken me?"	Matt 27:46
76. Psa 22:2	Darkness upon Calvary for three hours	Matt 27:45

THE MESSIANIC PROPHECIES

Prophecy	Description	Fulfillment
77. Psa 22:7	They shoot out the lip and shake the head	Matt 27:39-44
78. Psa 22:8	"He trusted in ELOHIM, let Him deliver Him"	Matt 27:43
79. Psa 22:9-10	Born the Savior	Luke 2:7
80. Psa 22:12-13	They seek His death	John 19:6
81. Psa 22:14	His blood poured out when they pierced His side	John 19:34
82. Psa 22:14-15	Suffered agony on Calvary	Mark 15:34-37
83. Psa 22:15	He thirsted	John 19:28
84. Psa 22:16	They pierced His hands and His feet	John 19:34-37; 20:27
85. Psa 22:17-18	Stripped Him before the stares of men	Luke 23:34-35
86. Psa 22:18	They parted His garments	John 19:23-24
87. Psa 22:20-21	He committed Himself to ELOHIM	Luke 23:46
88. Psa 22:20-21	Satanic power bruising the Redeemer's heel	Heb 2:14
89. Psa 22:22	His Resurrection declared	John 20:17
90. Psa 22:27-28	He shall be the governor of the nations	Col 1:16
91. Psa 22:31	"It is finished"	John 19:30; Heb 10:10-12, 14, 18
92. Psa 23:1	"I am the Good Shepherd"	John 10:11; 1 Pet 2:25
93. Psa 24:3	His exaltation predicted	Acts 1:11; Phil 2:9
94. Psa 30:3	His resurrection predicted	Acts 2:32
95. Psa 31:5	"Into Your hands I commit my spirit"	Luke 23:46
96. Psa 31:11	His acquaintances fled from Him	Mark 14:50
97. Psa 31:13	They took counsel to put Him to death	Matt 27:1; John 11:53
98. Psa 31:14-15	"He trusted in ELOHIM, let Him deliver him"	Matt 27:43
99. Psa 34:20	Not a bone of Him broken	John 19:31-36

THE MESSIANIC PROPHECIES

Prophecy	Description	Fulfillment
100. Psa 35:11	False witnesses rose up against Him	Matt 26:59
101. Psa 35:19	He was hated without a cause	John 15:25
102. Psa 38:11	His friends stood afar off	Luke 23:49
103. Psa 38:12	Enemies try to entangle Him by craft	Mark 14:1; Matt 22:15
104. Psa 38:12-13	Silent before His accusers	Matt 27:12-14
105. Psa 38:20	He went about doing good	Acts 10:38
106. Psa 40:2-5	The joy of His resurrection predicted	John 20:20
107. Psa 40:6-8	His delight-the will of the Father	John 4:34; Heb 10:5-10
108. Psa 40:9	He was to preach the Righteousness in Yisra'EL	Matt 4:17
109. Psa 40:14	Confronted by adversaries in the Garden	John 18:4-6
110. Psa 41:9	Betrayed by a familiar friend	John 13:18
111. Psa 45:2	Words of Grace come from His lips	John 1:17; Luke 4:22
112. Psa 45:6	To own the title, ELOHIM or Elohim	Heb 1:8
113. Psa 45:7	A special anointing by the Holy RUAKH	Matt 3:16; Heb. 1:9
114. Psa 45:7-8	Called the MESHIAKH (MESHIAKH or Anointed)	Luke 2:11
115. Psa 45:17	His name remembered forever	Eph 1:20-21; Heb. 1:8
116. Psa 55:12-14	Betrayed by a friend, not an enemy	John 13:18
117. Psa 55:15	Unrepentant death of the Betrayer	Matt 27:3-5; Acts 1:16-19
118. Psa 68:18	To give gifts to men	Eph 4:7-16
119. Psa 68:18	Ascended into Heaven	Luke 24:51
120. Psa 69:4	Hated without a cause	John 15:25

THE MESSIANIC PROPHECIES

Prophecy	Description	Fulfillment
121. Psa 69:8	A stranger to own brethren	John 1:11; 7:5
122. Psa 69:9	Zealous for YAHOWAH's House	John 2:17
123. Psa 69:14-20	MESHIAKH'S anguish of soul before crucifixion	Matt 26:36-45
124. Psa 69:20	"My soul is exceeding sorrowful"	Matt 26:38
125. Psa 69:21	Given vinegar in thirst	Matt 27:34
126. Psa 69:26	The Savior given and smitten by ELOHIM	John 17:4; 18:11
127. Psa 72:10-11	Great persons were to visit Him	Matt 2:1-11
128. Psa 72:16	The corn of wheat to fall into the Ground	John 12:24-25
129. Psa 72:17	Belief on His name will produce offspring	John 1:12-13
130. Psa 72:17	All nations shall be blessed by Him	Gal 3:8
131. Psa 72:17	All nations shall call Him blessed	John 12:13; Rev 5:8-12
132. Psa 78:1-2	He would teach in parables	Matt 13:34-35
133. Psa 78:2b	To speak the Wisdom of ELOHIM with authority	Matt 7:29
134. Psa 80:17	The Man of ELOHIM's right hand	Mark 14:61-62
135. Psa 88	The Suffering and Reproach of Calvary	Matt 27:26-50
136. Psa 88:8	They stood afar off and watched	Luke 23:49
137. Psa 89:27	Firstborn	Col 1:15-18
138. Psa 89:27	Immanu'EL to be higher than earthly kings	Luke 1:32-33
139. Psa 89:35-37	Dawid's Seed, throne, kingdom endure forever	Luke 1:32-33
140. Psa 89:36-37	His character-Faithfulness	Rev 1:5; 19:11
141. Psa 90:2	He is from everlasting (Micah 5:2)	John 1:1

THE MESSIANIC PROPHECIES

Prophecy	Description	Fulfillment
142. Psa 91:11-12	Identified as Messianic, used to tempt MESHIAKH	Luke 4:10-11
143. Psa 97:9	His exaltation predicted	Acts 1:11; Eph 1:20
144. Psa 100:5	His character-Goodness	Matt 19:16-17
145. Psa 102:1-11	The Suffering and Reproach of Calvary	John 19:16-30
146. Psa 102:25-27	MESHIAKH is the Preexistent Son	Heb 1:10-12
147. Psa 109:25	Ridiculed	Matt 27:39
148. Psa 110:1	Son of Dawid	Matt 22:42-43
149. Psa 110:1	To ascend to the right-hand of the Father	Mark 16:19
150. Psa 110:1	Dawid's son called ADONAI	Matt 22:44-45
151. Psa 110:4	A priest after Malki'tzedeq's order	Heb 6:20
152. Psa 112:4	His character- Compassionate, Gracious, et al	Matt 9:36
153. Psa 118:17-18	Resurrected from the dead	Luke 24:5-7; 1 Cor 15:20
154. Psa 118:22-23	The rejected stone is Head of the corner	Matt 21:42-43
155. Psa 118:26a	The Blessed One presented to Yisra'EL	Matt 21:9
156. Psa 118:26b	To come while Temple standing	Matt 21:12-15
157. Psa 132:11	The Seed of Dawid (the fruit of His Body)	Luke 1:32; Act 2:30
158. Psa 129:3	He was scourged	Matt 27:26
159. Psa 138:1-6	The supremacy of Dawid's Seed amazes kings	Matt 2:2-6
160. Psa 147:3-6	The earthly ministry of MESHIAKH described	Luke 4:18
	PROVERBS/MISHLAY	
161. Prov 1:23	He will send the RUAKH of ELOHIM	John 16:7

THE MESSIANIC PROPHECIES

Prophecy	Description	Fulfillment
162. Prov 8:23	Foreordained from everlasting	Rev 13:8; 1 Pet 1:19-20
SONG OF SOLOMON/SHIR SHELOMOH		
163. Song 5:16	The altogether lovely One	John 1:17
ISAIAH/YESHAYAH		
164. Isa 2:3	He shall teach all nations	John 4:25
165. Isa 2:4	He shall judge among the nations	John 5:22
166. Isa 6:1	When YeshaYAH saw His glory	John 12:40-41
167. Isa 6:8	The One Sent by ELOHIM	John 12:38-45
168. Isa 6:9-10	Parables fall on deaf ears	Matt 13:13-15
169. Isa 6:9-12	Blinded to MESHIAKH and deaf to His words	Acts 28:23-29
170. Isa 7:14	To be born of a virgin	Luke 1:35
171. Isa 7:14	To be Immanu'EL-ELOHIM with us	Matt 1:18-23; 1 Tim 3:16
172. Isa 8:8	Called Immanu'EL	Matt 28:20
173. Isa 8:14	A stone of stumbling, a Rock of offense	1 Pet 2:8
174. Isa 9:1-2	His ministry to begin in Galilee	Matt 4:12-17
175. Isa 9:6	A child born-Humanity	Luke 1:31
176. Isa 9:6	A Son given-Deity	Luke 1:32; John 1:14; 1 Tim 3:16
177. Isa 9:6	Declared to be the Son of ELOHIM with power	Rom 1:3-4
178. Isa 9:6	The Wonderful One, Peleh	Luke 4:22
179. Isa 9:6	The Counselor, Yaatz	Matt 13:54
180. Isa 9:6	The Mighty ELOHIM, El Gibor	1 Cor 1:24; Titus 2:3
181. Isa 9:6	The Everlasting Father, Avi Adth	John 8:58; 10:30
182. Isa 9:6	The Prince of Shalom, Sar Shalom	John 16:33

THE MESSIANIC PROPHECIES

Prophecy	Description	Fulfillment
183. Isa 9:7	To establish an everlasting kingdom	Luke 1:32-33
184. Isa 9:7	His Character-Just	John 5:30
185. Isa 9:7	No end to his Government, Throne, and Shalom	Luke 1:32-33
186. Isa 11:1	Called a Nazarene-the Branch, Netzer	Matt 2:23
187. Isa 11:1	A rod out of Yishai-Son of Yishai	Luke 3:23-32
188. Isa 11:2	Anointed One by the RUAKH	Matt 3:16-17; Acts 10:38
189. Isa 11:2	His Character-Wisdom, Knowledge, et al	Col 2:3
190. Isa 11:3	He would know their thoughts	Luke 6:8; John 2:25
191. Isa 11:4	Judge in righteousness	Acts 17:31
192. Isa 11:4	Judges with the sword of His mouth	Rev 2:16; 19:11, 15
193. Isa 11:5	Character: Righteous & Faithful	Rev 19:11
194. Isa 11:10	The Gentiles seek Him	John 12:18-21
195. Isa 12:2	Called Yeshua (Salvation)	Matt 1:21
196. Isa 22:22	The One given all authority to govern	Rev 3:7
197. Isa 25:8	The Resurrection predicted	1 Cor 15:54
198. Isa 26:19	His power of Resurrection predicted	Matt 27:50-54
199. Isa 28:16	The MESHIAKH is the precious corner stone	Acts 4:11-12
200. Isa 28:16	The Sure Foundation	1 Cor 3:11; Matt 16:18
201. Isa 29:13	He indicated hypocritical obedience to His Word	Matt 15:7-9
202. Isa 29:14	The wise are confounded by the Word	1 Cor 1:18-31
203. Isa 32:2	A Refuge-A man shall be a hiding place	Matt 23:37

THE MESSIANIC PROPHECIES

Prophecy	Description	Fulfillment
204. Isa 35:4	He will come and save you	Matt 1:21
205. Isa 35:5-6	To have a ministry of miracles	Matt 11:2-6
206. Isa 40:3-4	Preceded by forerunner	John 1:23
207. Isa 40:9	"Behold your ELOHIM"	John 1:36; 19:14
208. Isa 40:10	He will come to reward	Rev 22:12
209. Isa 40:11	A shepherd-compassionate life-giver	John 10:10-18
210. Isa 42:1-4	The Servant-as a faithful, patient redeemer	Matt 12:18-21
211. Isa 42:2	Meek and lowly	Matt 11:28-30
212. Isa 42:3	He brings hope for the hopeless	John 4
213. Isa 42:4	The nations shall wait on His teachings	John 12:20-26
214. Isa 42:6	The Light (salvation) of the Gentiles	Luke 2:32
215. Isa 42:1-6	His is a worldwide compassion	Matt 28:19-20
216. Isa 42:7	Blind eyes opened	John 9:25-38
217. Isa 43:11	He is the only Savior	Acts 4:12
218. Isa 44:3	He will send the RUAKH of ELOHIM	John 16:7-13
219. Isa 45:21-25	He is ADONAI and Savior	Phil 3:20; Titus 2:13
220. Isa 45:23	He will be the Judge	John 5:22; Rom 14:11
221. Isa 46:9-10	Declares things not yet done	John 13:19
222. Isa 48:12	The First and the Last	John 1:30; Rev 1:8, 17
223. Isa 48:16-17	He came as a Teacher	John 3:2
224. Isa 49:1	Called from the womb-His humanity	Matt 1:18
225. Isa 49:5	A Servant from the womb	Luke 1:31; Phil 2:7
226. Isa 49:6	He will restore Yisra'EL	Acts 3:19-21; 15:16-17
227. Isa 49:6	He is Salvation for Yisra'EL	Luke 2:29-32

THE MESSIANIC PROPHECIES

Prophecy	Description	Fulfillment
228. Isa 49:6	He is the Light of the Gentiles	John 8:12; Acts 13:47
229. Isa 49:6	He is Salvation unto the ends of the earth	Acts 15:7-18
230. Isa 49:7	He is despised of the Nation	John 1:11; 8:48-49; 19:14-15
231. Isa 50:3	Heaven is clothed in black at His humiliation	Luke 23:44-45
232. Isa 50:4	He is a learned counselor for the weary	Matt 7:29; 11:28-29
233. Isa 50:5	The Servant bound willingly to obedience	Matt 26:39
234. Isa 50:6a	"I gave my back to those who struck Me"	Matt 27:26
235. Isa 50:6b	He was smitten on the cheeks	Matt 26:67
236. Isa 50:6c	He was spat upon	Matt 27:30
237. Isa 52:7	Published good tidings upon mountains	Matt 5:12; 15:29; 28:16
238. Isa 52:13	The Servant exalted	Acts 1:8-11; Eph 1:19-22; Phil 2:5-9
239. Isa 52:14	The Servant shockingly abused	Luke 18:31-34; Matt 26:67-68
240. Isa 52:15	Nations startled by message of the Servant	Luke 18:31-34; Matt 26:67-68
241. Isa 52:15	His blood shed sprinkles nations	Heb 9:13-14; Rev 1:5
242. Isa 53:1	His people would not believe Him	John 12:37-38
243. Isa 53:2	Appearance of an ordinary man	Phil 2:6-8
244. Isa 53:3a	Despised	Luke 4:28-29
245. Isa 53:3b	Rejected	Matt 27:21-23
246. Isa 53:3c	Great sorrow and grief	Matt 26:37-38; Luke 19:41; Heb 4:15
247. Isa 53:3d	Men hide from being associated with Him	Mark 14:50-52

THE MESSIANIC PROPHECIES

Prophecy	Description	Fulfillment
248. Isa 53:4a	He would have a healing ministry	Matt 8:16-17
249. Isa 53:4b	Thought to be cursed by ELOHIM	Matt 26:66; 27:41-43
250. Isa 53:5a	Bears penalty for mankind's iniquities	2 Cor 5:21; Heb 2:9
251. Isa 53:5b	His sacrifice provides peace between man and ELOHIM	Col 1:20
252. Isa 53:5c	His sacrifice would heal man of sin	1 Pet 2:24
253. Isa 53:6a	He would be the sin-bearer for all mankind	1 John 2:2; 4:10
254. Isa 53:6b	ELOHIM's will that He bear sin for all mankind	Gal 1:4
255. Isa 53:7a	Oppressed and afflicted	Matt 27:27-31
256. Isa 53:7b	Silent before his accusers	Matt 27:12-14
257. Isa 53:7c	Sacrificial lamb	John 1:29; 1 Pet 1:18-19
258. Isa 53:8a	Confined and persecuted	Matt 26:47-27:31
259. Isa 53:8b	He would be judged	John 18:13-22
260. Isa 53:8c	Killed	Matt 27:35
261. Isa 53:8d	Dies for the sins of the world	1 John 2:2
262. Isa 53:9a	Buried in a rich man's grave	Matt 27:57
263. Isa 53:9b	Innocent and had done no violence	Luke 23:41; John 18:38
264. Isa 53:9c	No deceit in his mouth	1 Pet 2:22
265. Isa 53:10a	ELOHIM's will that He die for mankind	John 18:11
266. Isa 53:10b	An offering for sin	Matt 20:28; Gal 3:13
267. Isa 53:10c	Resurrected and live forever	Rom 6:9
268. Isa 53:10d	He would prosper	John 17:1-5
269. Isa 53:11a	ELOHIM fully satisfied with His suffering	John 12:27

THE MESSIANIC PROPHECIES

Prophecy	Description	Fulfillment
270. Isa 53:11b	ELOHIM's servant would justify man	Rom 5:8-9, 18-19
271. Isa 53:11c	The sin-bearer for all mankind	Heb 9:28
272. Isa 53:12a	Exalted by ELOHIM because of his sacrifice	Matt 28:18
273. Isa 53:12b	He would give up his life to save mankind	Luke 23:46
274. Isa 53:12c	Numbered with the transgressors	Mark 15:27-28
275. Isa 53:12d	Sin-bearer for all mankind	1 Pet 2:24
276. Isa 53:12e	Intercede to ELOHIM in behalf of mankind	Luke 23:34; Rom 8:34
277. Isa 55:3	Resurrected by ELOHIM	Acts 13:34
278. Isa 55:4a	A witness	John 18:37
279. Isa 55:4b	He is a leader and commander	Heb 2:10
280. Isa 55:5	ELOHIM would glorify Him	Acts 3:13
281. Isa 59:16a	Intercessor between man and ELOHIM	Matt 10:32
282. Isa 59:16b	He would come to provide salvation	John 6:40
283. Isa 59:20	He would come to Tzion as their Redeemer	Luke 2:38
284. Isa 60:1-3	He would show light to the Gentiles	Acts 26:23
285. Isa 61:1a	The RUAKH of ELOHIM upon him	Matt 3:16-17
286. Isa 61:1b	The MESHIAKH would preach the good news	Luke 4:16-21
287. Isa 61:1c	Provide freedom from the bondage of sin	John 8:31-36
288. Isa 61:1-2a	Proclaim a period of grace	Gal 4:4-5
	JEREMIAH/YIRMEYAHU	
289. Jer 23:5-6	Descendant of Dawid	Luke 3:23-31

THE MESSIANIC PROPHECIES

Prophecy	Description	Fulfillment
290. Jer 23:5-6	The MESHIAKH would be both ELOHIM and Man	John 13:13; 1 Tim 3:16
291. Jer 31:22	Born of a virgin	Matt 1:18-20
292. Jer 31:31	The MESHIAKH would be the new covenant	Matt 26:28
293. Jer 33:14-15	Descendant of Dawid	Luke 3:23-31
EZEKIEL/YEKHEZQEL		
294. Ezek 34:23-24	Descendant of Dawid	Matt 1:1
295. Ezek 37:24-25	Descendant of Dawid	Luke 1:31-33
DANIEL/DANIEL		
296. Dan 2:44-45	The Stone that shall break the kingdoms	Matt 21:44
297. Dan 7:13-14a	He would ascend into heaven	Acts 1:9-11
298. Dan 7:13-14b	Highly exalted	Eph 1:20-22
299. Dan 7:13-14c	His dominion would be everlasting	Luke 1:31-33
300. Dan 9:24a	To make an end to sins	Gal 1:3-5
301. Dan 9:24a	To make reconciliation for iniquity	Rom 5:10; 2 Cor 5:18-21
302. Dan 9:24b	He would be holy	Luke 1:35
303. Dan 9:25	His announcement	John 12:12-13
304. Dan 9:26a	Cut off	Matt 16:21; 21:38-39
305. Dan 9:26b	Die for the sins of the world	Heb 2:9
306. Dan 9:26c	Killed before the destruction of the temple	Matt 27:50-51
307. Dan 10:5-6	MESHIAKH in a glorified state	Rev 1:13-16
HOSEA/HOSHEA		
308. Hos 11:1	He would be called out of Egypt	Matt 2:15
309. Hos 13:14	He would defeat death	1 Cor 15:55-57
JOEL/YO'EL		
310. Joel 2:32	Offer salvation to all mankind	Rom 10:9-13

THE MESSIANIC PROPHECIES

Prophecy	Description	Fulfillment
AMOS/AMOS		
311. Amos 8:9	The sun darkened	Matt 27:45
JONAH/YONAH		
312. Jonah 1:17	Death and resurrection of MESHIAKH	Matt 12:40; 16:4
MICAH/MIKAH		
313. Mic 5:2a	Born in Bethlekhem	Matt 2:1-6
314. Mic 5:2b	Ruler in Yisra'EL	Luke 1:33
315. Mic 5:2c	From everlasting	John 8:58
HAGGAI/KHAGGAI		
316. Hag 2:6-9	He would visit the second Temple	Luke 2:27-32
317. Hag 2:23	Descendant of Zerubbabel	Luke 2:27-32
ZECHARIAH/ZEKARYAH		
318. Zech 3:8	ELOHIM's servant	John 17:4
319. Zech 6:12-13	Priest and King	Heb 8:1
320. Zech 9:9a	Greeted with rejoicing in Jerusalem	Matt 21:8-10
321. Zech 9:9b	Beheld as King	John 12:12-13
322. Zech 9:9c	The MESHIAKH would be just	John 5:30
323. Zech 9:9d	The MESHIAKH would bring salvation	Luke 19:10
324. Zech 9:9e	The MESHIAKH would be humble	Matt 11:29
325. Zech 9:9f	Presented to Jerusalem riding on a donkey	Matt 21:6-9
326. Zech 10:4	The cornerstone	Eph 2:20
327. Zech 11:4-6a	At His coming, Yisra'EL to have unfit leaders	Matt 23:1-4
328. Zech 11:4-6b	Rejection causes ELOHIM to remove His protection	Luke 19:41-44
329. Zech 11:4-6c	Rejected in favor of another king	John 19:13-15
330. Zech 11:7	Ministry to "poor," the believing remnant	Matt 9:35-36

THE MESSIANIC PROPHECIES

Prophecy	Description	Fulfillment
331. Zech 11:8a	Unbelief forces MESHIAKH to reject them	Matt 23:33
332. Zech 11:8b	Despised	Matt 27:20
333. Zech 11:9	Stops ministering to those who rejected Him	Matt 13:10-11
334. Zech 11:10-11a	Rejection causes ELOHIM to remove protection	Luke 19:41-44
335. Zech 11:10-11b	The MESHIAKH would be ELOHIM	John 14:7
336. Zech 11:12-13a	Betrayed for thirty pieces of silver	Matt 26:14-15
337. Zech 11:12-13b	Rejected	Matt 26:14-15
338. Zech 11:12-13c	Thirty pieces of silver cast in the house of YAHOWAH	Matt 27:3-5
339. Zech 11:12-13d	The MESHIAKH would be ELOHIM	John 12:45
340. Zech 12:10a	The MESHIAKH's body would be pierced	John 19:34-37
341. Zech 12:10b	The MESHIAKH would be both ELOHIM and man	John 10:30
342. Zech 12:10c	The MESHIAKH would be rejected	John 1:11
343. Zech 13:7a	ELOHIM's will He die for mankind	John 18:11
344. Zech 13:7b	A violent death	Mark 14:27
345. Zech 13:7c	Both ELOHIM and man	John 14:9
346. Zech 13:7d	Yisra'EL scattered as a result of rejecting Him	Matt 26:31-56
347. Zech 14:4	He would return to the Mt. of Olives	Acts 1:11-12
MALACHI/MALAKI		
348. Mal 3:1a	Messenger to prepare the way for MESHIAKH	Mark 1:1-8
349. Mal 3:1b	Sudden appearance at the temple	Mark 11:15-16
350. Mal 3:1c	Messenger of the new covenant	Luke 4:43

THE MESSIANIC PROPHECIES

Prophecy	Description	Fulfillment
351. Mal 4:5	Forerunner in spirit of Elijah	Matt 3:1-3; 11:10-14; 17:11-13
352. Mal 4:6	Forerunner would turn many to righteousness	Luke 1:16-17

הִתְגַּלּוּת

PROLOGUE

א הִתְגַּלּוּת **יְהוֹשֻׁעַ הַמָּשִׁיחַ** אֲשֶׁר נָתַן־לוֹ הָאֱלֹהִים לְהַרְאוֹת אֶת־עֲבָדָיו אֵת אֲשֶׁר־
יִהְיֶה בִּמְהֵרָה וְהוּא הוֹדִיעַ בְּשָׁלְחוֹ בְּיַד־מַלְאָכוֹ לְעַבְדּוֹ לְיוֹחָנָן: 2 אֲשֶׁר הֵעִיד דְּבַר
הָאֱלֹהִים וְעֵדוּת **יְהוֹשֻׁעַ הַמָּשִׁיחַ** וְאֵת־כֹּל אֲשֶׁר רָאָה: 3 אַשְׁרֵי הַקּוֹרֵא וְאַשְׁרֵי הַשֹּׁמְעִים
אֶת־דִּבְרֵי הַנְּבוּאָה וְשֹׁמְרִים אֶת־הַכָּתוּב בָּהּ כִּי קְרוֹבָה הָעֵת:

GREETING TO THE SEVEN ASSEMBLIES

4 יוֹחָנָן לְשֶׁבַע הַקְּהִלּוֹת אֲשֶׁר בְּאַסְיָא חֶסֶד לָכֶם וְשָׁלוֹם מֵאֵת **הַהֹוֶה וְהָיָה וְיִהְיֶה** וּמֵאֵת
שִׁבְעַת **הָרוּחוֹת** אֲשֶׁר לִפְנֵי כִסְאוֹ: 5 וּמֵאֵת־**יְהוֹשֻׁעַ הַמָּשִׁיחַ** הָעֵד הַנֶּאֱמָן וּבְכוֹר הַמֵּתִים
וְעֶלְיוֹן לְמַלְכֵי־אָרֶץ אֲשֶׁר אָהַב אֹתָנוּ וּבְדָמוֹ גְּאָלָנוּ מֵחַטֹּאתֵינוּ: 6 וַיַּעַשׂ אֹתָנוּ מְלָכִים
וְכֹהֲנִים לֵאלֹהִים אָבִיו לוֹ הַכָּבוֹד וְהָעֹז לְעוֹלְמֵי עוֹלָמִים אָמֵן: 7 הִנֵּה הוּא בָא עִם־
הָעֲנָנִים וְרָאֲתָה אֹתוֹ כָּל־עַיִן גַּם־הֵמָּה אֲשֶׁר דְּקָרֻהוּ וְסָפְדוּ עָלָיו כָּל־מִשְׁפְּחוֹת הָאָרֶץ
כֵּן יִהְיֶה אָמֵן: 8 אֲנִי הָאָלֶף וְהַתָּו רֹאשׁ וָסוֹף נְאֻם **יְהֹוָה** אֱלֹהִים **הַהֹוֶה וְהָיָה וְיִהְיֶה** אֱלֹהֵי
צְבָאוֹת:

VISION OF THE SON OF MAN

9 אֲנִי יוֹחָנָן אֲחִיכֶם וְגַם־חָבֵר לָכֶם בְּלַחַץ וּבְמַלְכוּת וּבְסַבְלָנוּת לְמַעַן **יְהוֹשֻׁעַ**
הַמָּשִׁיחַ הָיִיתִי בָאִי אֲשֶׁר־שְׁמוֹ פַּטְמוֹס בַּעֲבוּר דְּבַר הָאֱלֹהִים וּבַעֲבוּר עֵדוּת
יְהוֹשֻׁעַ הַמָּשִׁיחַ: 10 וַתְּהִי עָלַי **רוּחַ** בְּיוֹם הָאָדוֹן וָאֶשְׁמַע אַחֲרַי קוֹל גָּדוֹל כְּקוֹל
שׁוֹפָר: 11 וַיֹּאמֶר אֲנִי הָאָלֶף וַאֲנִי הַתָּו הָרִאשׁוֹן וְהָאַחֲרוֹן וְאֵת אֲשֶׁר אַתָּה רֹאֶה
כְּתֹב עַל־סֵפֶר וּשְׁלָחֵהוּ אֶל־הַקְּהִלּוֹת אֲשֶׁר בְּאַסְיָא **לְאֶפְסוֹס וְלִזְמִירְנָא וּלְפַרְגָּמוֹס**
וּלְתִיאֲטִירָא וּלְסַרְדִּיס וּלְפִילַדֶלְפְיָא וּלְלוּדְקְיָא: 12 וָאֵפֶן לִרְאוֹת אֶת־הַקּוֹל
הַמְדַבֵּר אֵלָי וַיְהִי בִּפְנוֹתִי וָאֵרֶא שֶׁבַע מְנֹרוֹת זָהָב: 13 וּבְתוֹךְ שֶׁבַע הַמְּנֹרוֹת
דְּמוּת בֶּן־אָדָם לָבוּשׁ מְעִיל וְחָגוּר אֵזוֹר זָהָב עַל־לִבּוֹ: 14 וְרֹאשׁוֹ וּשְׂעָרוֹ לְבָנִים
כְּצֶמֶר צַחַר כַּשָּׁלֶג וְעֵינָיו כְּלַבַּת אֵשׁ: 15 וּמַרְגְּלֹתָיו כְּעֵין נְחֹשֶׁת קָלָל צְרוּפוֹת
בַּכּוּר וְקוֹלוֹ כְּקוֹל מַיִם רַבִּים: 16 וּבְיַד־יְמִינוֹ שִׁבְעָה כוֹכָבִים וּמִפִּיו יוֹצֵאת חֶרֶב
פִּיפִיּוֹת חַדָּה וּפָנָיו כַּשֶּׁמֶשׁ הַמֵּאִיר בִּגְבוּרָתוֹ: 17 וָאֵרֶא אוֹתוֹ וָאֶפֹּל לְרַגְלָיו כְּמֵת
וַיָּשֶׁת עָלַי יַד־יְמִינוֹ וַיֹּאמֶר אַל־תִּירָא אֲנִי הָרִאשׁוֹן וְהָאַחֲרוֹן וְהֶחָי: 18 וָאֱהִי הוּא מֵת
וְהִנְנִי חַי לְעוֹלְמֵי עוֹלָמִים (אָמֵן) וּבְיָדִי מַפְתְּחוֹת שְׁאוֹל וָמָוֶת: 19 וְעַתָּה כְּתֹב
אֵת אֲשֶׁר־רָאִיתָ וַאֲשֶׁר־נַעֲשֶׂה עַתָּה וַאֲשֶׁר־עָתִיד לִהְיוֹת אַחֲרֵי־כֵן:

REVELATION
PROLOGUE

1 The Revelation of **YAHOSHUA HA' MESHIAKH**, which ELOHIM gave unto him, to shew unto his servants things which must shortly come to pass; and he sent and signified it by his angel unto his servant Yokhanan:

2 Who bare record of the word of ELOHIM, and of the testimony of **YAHOSHUA HA' MESHIAKH**, and of all things that he saw.

3 Blessed is he that readeth, and they that hear the words of this prophecy, and keep those things which are written therein: for the time is at hand.

GREETING TO THE SEVEN ASSEMBLIES

4 Yokhanan to the seven Assemblies which are in Asia: Grace be unto you, and shalom, from him **WHICH IS, AND WHICH WAS AND WHICH IS TO COME**; and from the seven **RUKHOTH (Spirits)** which are before his throne;

5 And from **YAHOSHUA HA' MESHIAKH**, who is the faithful witness, and the first begotten of the dead, and the prince of the kings of the earth. Unto him that loved us, and washed us from our sins in his own blood,

6 And hath made us kings and priests unto ELOHIM and his Father; to him be glory and dominion for ever and ever. Amen.

7 Behold, he cometh with clouds; and every eye shall see him, and they also which pierced him: and all kindreds of the earth shall wail because of him. Even so, Amen.

8 I am Aleph and Taw, saith **YAHOWAH, WHICH IS, AND WHICH WAS AND WHICH IS TO COME**, the Almighty.

VISION OF THE SON OF MAN

9 I Yokhanan, who also am your brother, and companion in tribulation, and in the kingdom and patience of **YAHOSHUA HA' MESHIAKH**, was in the isle that is called Patmos, for the word of ELOHIM, and for the testimony of **YAHOSHUA HA' MESHIAKH**.

10 I was in the **RUAKH** on ADONAI'S day, and heard behind me a great voice, as of a trumpet,

11 Saying: I am Aleph and Taw, the first and the last: and, What thou seest, write in a book, and send it unto the seven Assemblies; unto **Ephesos**, and unto **Zemirna (Smyrna)**, and unto **Pargemos (Pergamos)**, and unto Thiatira, and unto Sarddis, and unto **Philadelphiya (Philadelphia)**, and unto **Ludqeya (Laodicea)**.

12 And I turned to see the voice that spake with me. And being turned, I saw seven golden candlesticks;

13 And in the midst of the seven candlesticks one like unto the Son of man, clothed with a garment down to the foot, and girt about the paps with a golden girdle.

14 His head and his hairs were white like wool, as white as snow; and his eyes were as a flame of fire;

15 And his feet like unto fine brass, as if they burned in a furnace; and his voice as the sound of many waters.

16 And he had in his right hand seven stars: and out of his mouth went a sharp twoedged sword: and his countenance was as the sun shineth in his strength.

17 And when I saw him, I fell at his feet as dead. And he laid his right hand upon me, saying unto me, Fear not; "I am the first, and the last."

18 "I am he" that liveth, and was dead; and, behold, I am alive for evermore, Amen; and have the keys of hell and of death.

19 Write the things which thou hast seen, and the things which are, and the things which shall be hereafter;

20 אֶת־סוֹד שִׁבְעַת הַכּוֹכָבִים אֲשֶׁר רָאִיתָ בִּימִינִי וְאֶת־שֶׁבַע מְנֹרוֹת הַזָּהָב שִׁבְעַת
הַכּוֹכָבִים הֵם מַלְאֲכֵי שֶׁבַע הַקְּהִלּוֹת וְשֶׁבַע הַמְּנֹרוֹת אֲשֶׁר רָאִיתָ שֶׁבַע קְהִלּוֹת הֵנָּה׃

TO THE ASSEMBLY IN EPHESUS

ב אֶל־מַלְאַךְ קְהַל אֶפְסוֹס כְּתֹב כֹּה אָמַר הָאֹחֵז בִּימִינוֹ שִׁבְעַת הַכּוֹכָבִים הַמִּתְהַלֵּךְ
בְּתוֹךְ שֶׁבַע מְנֹרוֹת הַזָּהָב׃ 2 יָדַעְתִּי אֶת־מַעֲשֶׂיךָ וְאֶת־עֲמָלְךָ וְאֶת־סָבְלֶךָ וַאֲשֶׁר
לֹא־תוּכַל שְׂאֵת אֶת־הָרְשָׁעִים וַתִּבְחַן אֶת־הָאֹמְרִים שְׁלִיחִים אֲנַחְנוּ וְאֵינָם וַתִּמְצָאֵם
דֹּבְרֵי שָׁקֶר׃ 3 וְאַתָּה נָשָׂאתָ הַרְבֵּה וְיֶשׁ־לְךָ סַבְלָנוּת וּלְמַעַן שְׁמִי לֹא יָעָפְתָּ׃ 4 אַךְ יֶשׁ־לִי
עָלֶיךָ כִּי נָטַשְׁתָּ אֶת־אַהֲבָתְךָ הָרִאשׁוֹנָה׃ 5 זָכְרָה אֵפוֹא אֵי־מִזֶּה נָפַלְתָּ וְשׁוּבָה וַעֲשֵׂה
כְּמַעֲשֶׂיךָ הָרִאשֹׁנִים וְאִם־לֹא הִנְנִי בָא עָלֶיךָ מַהֵר וְהָדַפְתִּי מְנוֹרָתְךָ מִמְּקוֹמָהּ אִם־לֹא
תָשׁוּב׃ 6 אֲבָל זֹאת לָךְ אֲשֶׁר שֹׂנֵא אַתָּה אֶת־מַעֲשֵׂי הַנִּיקְלָסִים אֲשֶׁר שְׂנֵאתִים גַּם־אָנִי׃
7 מִי אֲשֶׁר־אֹזֶן לוֹ יִשְׁמַע אֵת אֲשֶׁר **הָרוּחַ** אֹמֵר לַקְּהִלּוֹת הַמְנַצֵּחַ אֶתֶּן־לוֹ לֶאֱכֹל מֵעֵץ
הַחַיִּים אֲשֶׁר בְּתוֹךְ גַּן־אֱלֹהִים׃

TO THE ASSEMBLY IN SMYRNA

8 וְאֶל־מַלְאַךְ קְהַל זְמִירְנָא כְּתֹב כֹּה אָמַר הָרִאשׁוֹן וְהָאַחֲרוֹן אֲשֶׁר־מֵת וַיֶּחִי׃ 9 יָדַעְתִּי
אֶת־מַעֲשֶׂיךָ וְאֶת־צָרָתְךָ וְאֶת־רֵישְׁךָ וְאוּלָם עָשִׁיר אָתָּה וְאֶת־גִּדּוּפֵי הָאֹמְרִים יְהוּדִים
אֲנַחְנוּ וְאֵינָם כִּי אִם־כְּנֵסֶת הַשָּׂטָן׃ 10 אַל־תִּירָא מִפְּנֵי־אֲשֶׁר עָלֶיךָ לִסְבֹּל הִנֵּה עָתִיד
הַמַּלְשִׁין לָתֵת מִכֶּם בַּמִּשְׁמָר לְמַעַן תְּנֻסּוּ וִהְיִיתֶם בַּצָּרָה עֲשֶׂרֶת יָמִים הֱיֵה נֶאֱמָן עַד־
הַמָּוֶת וְנָתַתִּי לְךָ עֲטֶרֶת הַחַיִּים׃ 11 מִי אֲשֶׁר־אֹזֶן לוֹ יִשְׁמַע אֵת אֲשֶׁר **הָרוּחַ** אֹמֵר
לַקְּהִלּוֹת הַמְנַצֵּחַ לֹא יִנָּזֵק בַּמָּוֶת הַשֵּׁנִי׃

TO THE ASSEMBLY IN PERGAMUM

12 וְאֶל־מַלְאַךְ קְהַל פַּרְגְּמוֹס כְּתֹב כֹּה אָמַר אֲשֶׁר־לוֹ חֶרֶב פִּיפִיּוֹת הַחַדָּה׃ 13 יָדַעְתִּי
אֶת־מַעֲשֶׂיךָ וְאֶת־מְקוֹם שִׁבְתְּךָ אֲשֶׁר־שָׁם כִּסֵּא הַשָּׂטָן וַתִּדְבַּק בִּשְׁמִי וְלֹא שִׁקַּרְתָּ
בֶּאֱמוּנָתִי גַּם־בִּימֵי אַנְטִיפַּס עֵדִי הַנֶּאֱמָן אֲשֶׁר נֶהֱרַג אֶצְלְכֶם בִּמְקוֹם מוֹשַׁב הַשָּׂטָן׃ 14
אַךְ־מְעַט יֶשׁ־לִי עָלֶיךָ כִּי־שָׁם עִמְּךָ אֲנָשִׁים דְּבֵקִים בְּלֶקַח בִּלְעָם אֲשֶׁר הוֹרָה אֶת־בָּלָק
לָתֵת מִכְשׁוֹל לִפְנֵי בְּנֵי יִשְׂרָאֵל לֶאֱכֹל מִזִּבְחֵי אֱלִילִים וְלִזְנוֹת׃ 15 כֵּן נִמְצְאוּ גַּם־בְּךָ
אֲנָשִׁים דְּבֵקִים בְּלֶקַח הַנִּיקְלָסִים אֲשֶׁר שָׂנֵאתִי׃ 16 שׁוּבָה וְאִם־לֹא תָשׁוּב אָבוֹא עָלֶיךָ
מְהֵרָה וְנִלְחַמְתִּי בָם בְּחֶרֶב פִּי׃

REVELATION

20 The mystery of the seven stars which thou sawest in my right hand, and the seven golden candlesticks. The seven stars are the angels of the seven Assemblies: and the seven candlesticks which thou sawest are the seven Assemblies.

TO THE ASSEMBLY IN EPHESUS

2 Unto the angel of the Assembly of Ephesos write; These things saith he that holdeth the seven stars in his right hand, who walketh in the midst of the seven golden candlesticks;

2 I know thy works, and thy labour, and thy patience, and how thou canst not bear them which are evil: and thou hast tried them which say they are apostles, and are not, and hast found them liars:

3 And hast borne, and hast patience, and for my name's sake hast laboured, and hast not fainted.

4 Nevertheless I have somewhat against thee, because thou hast left thy first love.

5 Remember therefore from whence thou art fallen, and repent, and do the first works; or else I will come unto thee quickly, and will remove thy candlestick out of his place, except thou repent.

6 But this thou hast, that thou hatest the deeds of the Nicolaitans, which I also hate.

7 He that hath an ear, let him hear what the **RUAKH** saith unto the Assemblies; To him that overcometh will I give to eat of the tree of life, which is in the midst of the paradise of ELOHIM.

TO THE ASSEMBLY IN SMYRNA

8 And unto the angel of the Assembly in Zemirna write; These things saith the first and the last, which was dead, and is alive;

9 I know thy works, and tribulation, and poverty, (but thou art rich) and I know the blasphemy of them which say they are Yehudim, and are not, but are the Congregation of Satan.

10 Fear none of those things which thou shalt suffer: behold, the devil shall cast some of you into prison, that ye may be tried; and ye shall have tribulation ten days: be thou faithful unto death, and I will give thee a crown of life.

11 He that hath an ear, let him hear what the **RUAKH** saith unto the Assemblies; He that overcometh shall not be hurt of the second death.

TO THE ASSEMBLY IN PERGAMUM

12 And to the angel of the Assembly in Pargemos write; These things saith he which hath the sharp sword with two edges;

13 I know thy works, and where thou dwellest, even where Satan's seat is: and thou holdest fast my name, and hast not denied my faith, even in those days wherein Antipas was my faithful martyr, who was slain among you, where Satan dwelleth.

14 But I have a few things against thee, because thou hast there them that hold the doctrine of Bilam, who taught Balaq to cast a stumblingblock before the children of Yisra'EL, to eat things sacrificed unto idols, and to commit fornication.

15 So hast thou also them that hold the doctrine of the Nicolaitans, which thing I hate.

16 Repent; or else I will come unto thee quickly, and will fight against them with the sword of my mouth.

17 מִי אֲשֶׁר־אֹזֶן לוֹ יִשְׁמַע אֵת אֲשֶׁר **הָרוּחַ** אֹמֵר לַקְּהִלּוֹת הַמְנַצֵּחַ אַאֲכִילֶנּוּ מִן־הַמָּן
הַגָּנוּז וְנָתַתִּי לוֹ אֶבֶן לְבָנָה וְעַל־הָאֶבֶן מְפֻתָּח שֵׁם חָדָשׁ אֲשֶׁר לֹא יֵדָעֶנּוּ אִישׁ זוּלָתִי אֲשֶׁר
נִתַּן לוֹ:

<u>TO THE ASSEMBLY IN THYATIRA</u>

18 וְאֶל־מַלְאַךְ קְהַל תִּיאֲטִירָא כְּתֹב כֹּה אָמַר בֶּן־הָאֱלֹהִים אֲשֶׁר עֵינָיו כְּלַבַּת־אֵשׁ
וּמַרְגְּלוֹתָיו כְּעֵין־נְחֹשֶׁת קָלָל: 19 יָדַעְתִּי אֶת־מַעֲשֶׂיךָ וְאַהֲבָתְךָ וֶאֱמוּנָתְךָ וַעֲבוֹדָתְךָ
וְסָבְלֶךָ וַאֲשֶׁר מַעֲשֶׂיךָ הָאַחֲרוֹנִים רַבִּים מִן־הָרִאשׁוֹנִים: 20 אַךְ־מְעַט יֶשׁ־לִי עָלֶיךָ כִּי
תַנִּיחַ לָאִשָּׁה **לְאִיזֶבֶל** הָאֹמֶרֶת נְבִיאָה אָנֹכִי לְלַמֵּד וּלְהַתְעוֹת אֶת־עֲבָדַי לִזְנוֹת וְלֶאֱכֹל
זִבְחֵי אֱלִילִים: 21 וָאֶתֶּן־לָהּ זְמַן לָשׁוּב וְהִיא מֵאֲנָה לָשׁוּב מִתַּזְנוּתֶיהָ: 22 הִנְנִי מַפִּיל
אֹתָהּ לְמִשְׁכָּב וְאֶת־הַמְנָאֲפִים עִמָּהּ בְּצָרָה גְדוֹלָה אִם־לֹא יָשׁוּבוּ מִמַּעֲשֵׂיהֶם: 23
וְהָרַגְתִּי בַמָּוֶת בָּנֶיהָ וְיָדְעוּ כָּל־הַקְּהִלּוֹת כִּי אֲנִי חֹקֵר כְּלָיוֹת וָלֵב וְנָתַתִּי לָכֶם לְאִישׁ כִּפְרִי
מַעֲלָלָיו: 24 וְאַתֶּם שְׁאָר הַנִּמְצָאִים בְּתִיאֲטִירָא כֹּל אֲשֶׁר־אֵין לָהֶם הַלֶּקַח הַהוּא וְלֹא
יָדְעוּ אֶת־עֲמֻקּוֹת הַשָּׂטָן כַּאֲשֶׁר הֵם מִתְהַלְלִים לָכֶם אֲנִי אֹמֵר לֹא־אָשִׂים עֲלֵיכֶם מַשָּׂא
אַחֵר: 25 אֶפֶס מַה־שֶּׁיֵּשׁ לָכֶם בּוֹ הַחֲזִיקוּ עַד־בֹּאִי: 26 וְהַמְנַצֵּחַ וְשֹׁמֵר אֶת־מַעֲשַׂי
עַד־עֵת קֵץ אֶתֶּן־לוֹ שָׁלְטָן עַל־הַגּוֹיִם: 27 וְרָעָם בְּשֵׁבֶט בַּרְזֶל כִּכְלִי יוֹצֵר יְנֻפָּצוּ כַּאֲשֶׁר
קִבַּלְתִּי גַם־אָנֹכִי מֵאֵת אָבִי: 28 וְנָתַתִּי לוֹ כּוֹכַב הַשָּׁחַר: 29 מִי אֲשֶׁר־אֹזֶן לוֹ יִשְׁמַע
אֵת־אֲשֶׁר **הָרוּחַ** אֹמֵר לַקְּהִלּוֹת:

<u>TO THE ASSEMBLY IN SARDIS</u>

ג וְאֶל־מַלְאַךְ קְהַל סַרְדִּיס כְּתֹב כֹּה אָמַר אֲשֶׁר־לוֹ שֶׁבַע **רוּחוֹת** הָאֱלֹהִים וְשִׁבְעַת
הַכּוֹכָבִים יָדַעְתִּי אֶת־מַעֲשֶׂיךָ כִּי־לְךָ שֵׁם כְּאִלּוּ חַי אַתָּה וְהִנְּךָ מֵת: 2 שְׁקֹד וְחַזֵּק
אֶת־הַשְּׁאֵרִית הַקְּרוֹבָה לָמוּת כִּי לֹא־מָצָאתִי מַעֲשֶׂיךָ שְׁלֵמִים לִפְנֵי אֱלֹהָי: 3 זְכוֹר אֵת
אֲשֶׁר־קִבַּלְתָּ וְשָׁמָעְתָּ וְשָׁמְרָה־זֹּאת וְשׁוּבָה וְאִם־לֹא תִשְׁקֹד הִנְנִי בָא עָלֶיךָ כַּגַּנָּב וְלֹא
תֵדַע הַשָּׁעָה אֲשֶׁר אָבֹא עָלֶיךָ: 4 יֶשׁ־לְךָ גַּם־בְּסַרְדִּיס שֵׁמוֹת מְעַט אֲשֶׁר לֹא גֵאֲלוּ אֶת־
מַלְבּוּשֵׁיהֶם וְיִתְהַלְּכוּ אִתִּי לְבֻשֵׁי לְבָנִים כִּי רְאוּיִם הֵם לָזֹאת: 5 הַמְנַצֵּחַ יִלְבַּשׁ בְּגָדִים
לְבָנִים וְלֹא אֶמְחֶה אֶת־שְׁמוֹ מִסֵּפֶר הַחַיִּים וְאוֹדֶה שְׁמוֹ לִפְנֵי אָבִי וְלִפְנֵי מַלְאָכָיו: 6 מִי
אֲשֶׁר־אֹזֶן לוֹ יִשְׁמַע אֵת אֲשֶׁר **הָרוּחַ** אֹמֵר לַקְּהִלּוֹת:

REVELATION

17 He that hath an ear, let him hear what the **RUAKH** saith unto the Assemblies; To him that overcometh will I give to eat of the hidden manna, and will give him a white stone, and in the stone a new name written, which no man knoweth saving he that receiveth it.

TO THE ASSEMBLY IN THYATIRA

18 And unto the angel of the Assembly in Thiatira write; These things saith the Son of ELOHIM, who hath his eyes like unto a flame of fire, and his feet are like fine brass;

19 I know thy works, and charity, and service, and faith, and thy patience, and thy works; and the last to be more than the first.

20 Notwithstanding I have a few things against thee, because thou sufferest that woman **Iyzebel (Jezebel)**, which calleth herself a prophetess, to teach and to seduce my servants to commit fornication, and to eat things sacrificed unto idols.

21 And I gave her space to repent of her fornication; and she repented not.

22 Behold, I will cast her into a bed, and them that commit adultery with her into great tribulation, except they repent of their deeds.

23 And I will kill her children with death; and all the Assemblies shall know that I am he which "Search the heart, I try the reins, even to give every man according to his ways, and according to the fruit of his doings."

24 But unto you I say, and unto the rest in Thiatira, as many as have not this doctrine, and which have not known the depths of Satan, as they speak; I will put upon you none other burden.

25 But that which ye have already hold fast till I come.

26 And he that overcometh, and keepeth my works unto the end, to him will I give power over the nations:

27 "Thou shalt break them with a rod of iron; thou shalt dash them in pieces like a potter's vessel" even as I received of my Father.

28 And I will give him the morning star.

29 He that hath an ear, let him hear what the **RUAKH** saith unto the Assemblies.

TO THE ASSEMBLY IN SARDIS

3 And unto the angel of the Assembly in Sarddis write; These things saith he that hath the seven **RUKHOTH** of ELOHIM, and the seven stars; I know thy works, that thou hast a name that thou livest, and art dead.

2 Be watchful, and strengthen the things which remain, that are ready to die: for I have not found thy works perfect before ELOHIM.

3 Remember therefore how thou hast received and heard, and hold fast, and repent. If therefore thou shalt not watch, I will come on thee as a thief, and thou shalt not know what hour I will come upon thee.

4 Thou hast a few names even in Sarddis which have not defiled their garments; and they shall walk with me in white: for they are worthy.

5 He that overcometh, the same shall be clothed in white raiment; and I will not blot out his name out of the book of life, but I will confess his name before my Father, and before his angels.

6 He that hath an ear, let him hear what the **RUAKH** saith unto the Assemblies.

TO THE ASSEMBLY IN PHILADELPHIA

7 וְאֶל־מַלְאַךְ קְהַל פִילַדֶלְפְיָא כְּתֹב כֹּה אָמַר הַקָּדוֹשׁ הָאֲמִתִּי אֲשֶׁר בְּיָדוֹ מַפְתֵּחַ דָּוִד
הַפֹּתֵחַ וְאֵין סֹגֵר וְסֹגֵר וְאֵין פֹּתֵחַ׃ 8 יָדַעְתִּי אֶת־מַעֲשֶׂיךָ הִנֵּה נָתַתִּי לְפָנֶיךָ שַׁעַר פָּתוּחַ
אֲשֶׁר לֹא־יוּכַל אִישׁ לְסָגְרוֹ כִּי כֹחַ־מְעַט לָךְ וַתִּשְׁמֹר אֶת־דְּבָרִי וְלֹא כִחַשְׁתָּ בִּשְׁמִי׃ 9
הִנְנִי נֹתֵן אֲנָשִׁים מִכְּנֶסֶת הַשָּׂטָן אֲשֶׁר יֹאמְרוּ יְהוּדִים אֲנַחְנוּ וְאֵינָם כִּי־דֹבְרֵי שֶׁקֶר הֵמָּה
הִנְנִי עֹשֶׂה אֲשֶׁר יָבֹאוּ לְהִשְׁתַּחֲוֹת לְרַגְלֶיךָ וְיָדְעוּ כִּי אֲנִי אֲהַבְתִּיךָ׃ 10 יַעַן שָׁמַרְתָּ דְּבַר
סַבְלָנוּתִי אֶשְׁמָרְךָ גַּם־אֲנִי מִשְּׁעַת הַנִּסָּיוֹן הָעֲתִידָה לָבוֹא עַל־תֵּבֵל כֻּלָּהּ לְנַסּוֹת אֶת־יֹשְׁבֵי
הָאָרֶץ׃ 11 הִנְנִי בָא מְהֵרָה הַחֲזֵק בַּאֲשֶׁר לָךְ לְמַעַן לֹא־יִקַּח אִישׁ אֶת־נִזְרֶךָ׃ 12 הַמְנַצֵּחַ
אֶתְּנֶנּוּ לְעַמּוּד בְּהֵיכַל אֱלֹהַי וְלֹא־יֵצֵא עוֹד הַחוּצָה וְכָתַבְתִּי עָלָיו אֶת־שֵׁם אֱלֹהַי וְאֶת־
שֵׁם עִיר אֱלֹהַי יְרוּשָׁלַיִם הַחֲדָשָׁה הַיֹּרֶדֶת מִשָּׁמַיִם מֵעִם־אֱלֹהַי וְאֶת־שְׁמִי הֶחָדָשׁ׃ 13 מִי
אֲשֶׁר־אֹזֶן לוֹ יִשְׁמַע אֵת אֲשֶׁר **הָרוּחַ** אֹמֵר לַקְּהִלּוֹת׃

TO THE ASSEMBLY IN LAODICEA

14 וְאֶל־מַלְאַךְ קְהַל לוּדְקְיָא כְּתֹב כֹּה אָמַר הָאָמֵן הָעֵד הַנֶּאֱמָן וְהָאֲמִתִּי רֵאשִׁית
בְּרִיאַת הָאֱלֹהִים׃ 15 יָדַעְתִּי אֶת־מַעֲשֶׂיךָ כִּי לֹא קַר אַתָּה וְלֹא חָם מִי־יִתֵּן וְהָיִיתָ קַר
אוֹ־חָם׃ 16 כִּי עַתָּה פּוֹשֵׁר אַתָּה וְלֹא קַר וְלֹא חָם עַל־כֵּן אֲקִיאֲךָ מִפִּי׃ 17 כִּי אָמַרְתָּ
אַךְ עָשַׁרְתִּי מָצָאתִי אוֹן לִי וְלֹא חָסַרְתִּי כֹּל וְלֹא יָדַעְתָּ כִּי־אֻמְלַל אַתָּה וְדַוָּי וְעָנִי וְעִוֵּר
וְעֵרֹם׃ 18 אִיעָצְךָ לִקְנוֹת מֵאִתִּי זָהָב צָרוּף בָּאֵשׁ לְמַעַן תַּעֲשִׁיר וּבְגָדִים לְבָנִים לְמַעַן
תִּתְכַּסֶּה בָהֶם וְלֹא תֵרָאֶה בֹּשֶׁת עֶרְוָתְךָ וְקִלּוֹרִית לָתֵת עַל־עֵינֶיךָ לְמַעַן תִּרְאֶה׃ 19 אֲנִי
אֶת־כֹּל אֲשֶׁר אֹהֵב אוֹכִיחַ וַאֲיַסֵּר לָכֵן תִּשְׁקֹד וְתָשׁוּב׃ 20 הִנְנִי עֹמֵד בַּפֶּתַח וְדֹפֵק וְהָיָה
כִּי־יִשְׁמַע אִישׁ לְקוֹלִי וּפָתַח הַפֶּתַח אָבוֹא אֵלָיו וְסָעַדְתִּי עִמּוֹ וְהוּא עִמִּי׃ 21 הַמְנַצֵּחַ
אֶתְּנֶנּוּ לָשֶׁבֶת אִתִּי עַל־כִּסְאִי כַּאֲשֶׁר נִצַּחְתִּי גַּם־אָנֹכִי וָאֵשֵׁב אֶת־אָבִי עַל־כִּסְאוֹ׃ 22 מִי
אֲשֶׁר־אֹזֶן לוֹ יִשְׁמַע אֵת אֲשֶׁר **הָרוּחַ** אֹמֵר לַקְּהִלּוֹת׃

THE THRONE IN HEAVEN

ד
אַחַר הַדְּבָרִים הָאֵלֶּה רָאִיתִי וְהִנֵּה שַׁעַר נִפְתָּח בַּשָּׁמַיִם וְהַקּוֹל הָרִאשׁוֹן אֲשֶׁר
שְׁמַעְתִּיו כְּקוֹל שׁוֹפָר מְדַבֵּר אֵלַי אֹמֵר עֲלֵה הֵנָּה וְאַרְאֲךָ אֵת אֲשֶׁר־הָיֹה יִהְיֶה אַחֲרֵי־
כֵן׃ 2 וּכְרֶגַע הָיִיתִי שָׁם **בָּרוּחַ** וְהִנֵּה כִסֵּא נִרְאָה בַּשָּׁמַיִם וְעַל־הַכִּסֵּא יֹשֵׁב׃ 3 וְהַיֹּשֵׁב
מַרְאֵהוּ כְּמַרְאֵה אֶבֶן יָשְׁפֵה וָאֹדֶם וְקֶשֶׁת סָבִיב לַכִּסֵּא וּמַרְאֶיהָ כְּעֵין בָּרֶקֶת׃

REVELATION

TO THE ASSEMBLY IN PHILADELPHIA

7 And to the angel of the Assembly in Philadelphiya write; These things saith he that is holy, he that is true, he that hath "the key of Dawid; he shall open, and none shall shut; and he shall shut, and none shall open."

8 I know thy works: behold, I have set before thee an open door, and no man can shut it: for thou hast a little strength, and hast kept my word, and hast not denied my name.

9 Behold, I will make them of the Congregation of Satan, which say they are Yehudim, and are not, but do lie; behold, I will make them to come and worship before thy feet, and to know that I have loved thee.

10 Because thou hast kept the word of my patience, I also will keep thee from the hour of temptation, which shall come upon all the world, to try them that dwell upon the earth.

11 Behold, I come quickly: hold that fast which thou hast, that no man take thy crown.

12 Him that overcometh will I make a pillar in the temple of my ELOHIM, and he shall go no more out: and I will write upon him the name of my ELOHIM, and the name of the city of my ELOHIM, which is new Yerushalem, which cometh down out of heaven from my ELOHIM: and I will write upon him my new name.

13 He that hath an ear, let him hear what the **RUAKH** saith unto the Assemblies.

TO THE ASSEMBLY IN LAODICEA

14 And unto the angel of the Assembly of the Laodiceans write; These things saith the Amen, the faithful and true witness, the beginning of the creation of ELOHIM;

15 I know thy works, that thou art neither cold nor hot: I would thou wert cold or hot.

16 So then because thou art lukewarm, and neither cold nor hot, I will spue thee out of my mouth.

17 Because thou sayest, I am rich, and increased with goods, and have need of nothing; and knowest not that thou art wretched, and miserable, and poor, and blind, and naked:

18 I counsel thee to buy of me gold tried in the fire, that thou mayest be rich; and white raiment, that thou mayest be clothed, and that the shame of thy nakedness do not appear; and anoint thine eyes with eyesalve, that thou mayest see.

19 As many as I love, I rebuke and chasten: be zealous therefore, and repent.

20 Behold, I stand at the door, and knock: if any man hear my voice, and open the door, I will come in to him, and will sup with him, and he with me.

21 To him that overcometh will I grant to sit with me in my throne, even as I also overcame, and am set down with my Father in his throne.

22 He that hath an ear, let him hear what the **RUAKH** saith unto the Assemblies.

THE THRONE IN HEAVEN

4 After this I looked, and, behold, a door was opened in heaven: and the first voice which I heard was as it were of a trumpet talking with me; which said, Come up hither, and I will shew thee things which must be hereafter.

2 And immediately I was in the **RUAKH**: and, behold, a throne was set in heaven, and one sat on the throne.

3 And he that sat was to look upon like a jasper and a sardine stone: and there was a rainbow round about the throne, in sight like unto an emerald.

4 וְסָבִיב לַכִּסֵּא אַרְבָּעָה וְעֶשְׂרִים כִּסְאוֹת וְעַל־הַכִּסְאוֹת רָאִיתִי אֵת אַרְבָּעָה וְעֶשְׂרִים
הַזְּקֵנִים יֹשְׁבִים מְלֻבָּשִׁים בְּגָדִים לְבָנִים וַעֲטָרוֹת זָהָב בְּרָאשֵׁיהֶם׃ 5 וּמִן־הַכִּסֵּא יוֹצְאִים
בְּרָקִים וּרְעָמִים וְקוֹלוֹת וְשִׁבְעָה לַפִּידֵי אֵשׁ בֹּעֲרִים לִפְנֵי הַכִּסֵּא וְהֵם שִׁבְעָה **רוּחוֹת**
הָאֱלֹהִים׃ 6 וְלִפְנֵי הַכִּסֵּא יָם זְכוֹכִית כְּעֵין הַקָּרַח וּבְתוֹךְ הַכִּסֵּא וְסָבִיב לַכִּסֵּא אַרְבַּע
חַיּוֹת מְלֵאוֹת עֵינַיִם מִלִּפְנֵיהֶם וּמֵאַחֲרֵיהֶם׃ 7 וּדְמוּת הַחַיָּה הָרִאשׁוֹנָה כְּאַרְיֵה וְהַחַיָּה
הַשֵּׁנִית כְּשׁוֹר וּפְנֵי הַחַיָּה הַשְּׁלִישִׁית כִּפְנֵי אָדָם וּדְמוּת הַחַיָּה הָרְבִיעִית כְּנֶשֶׁר מְעוֹפֵף׃
8 וְאַרְבַּע הַחַיּוֹת שֵׁשׁ כְּנָפַיִם לְאֶחָת וְהֵן מְלֵאוֹת עֵינַיִם מִסָּבִיב וּמִלִּפְנִים
וְאֵין־דֳּמִי לָהֶן יוֹמָם וָלַיְלָה וְאֹמְרוֹת קָדוֹשׁ קָדוֹשׁ קָדוֹשׁ **יָהוָה** אֱלֹהִים צְבָאוֹת **הָיָה וְהֹוֶה**
וְיִהְיֶה׃ 9 וּמִדֵּי־תֵת הַחַיּוֹת כָּבוֹד וְהָדָר וְתוֹדָה לַיֹּשֵׁב עַל־הַכִּסֵּא הַחַי לְעוֹלְמֵי עוֹלָמִים׃
10 וְנָפְלוּ עֶשְׂרִים וְאַרְבָּעָה הַזְּקֵנִים עַל־פְּנֵיהֶם לִפְנֵי הַיֹּשֵׁב עַל־הַכִּסֵּא וְהִשְׁתַּחֲווּ לְחֵי
עוֹלְמֵי עוֹלָמִים וְשָׂמוּ אֶת־עַטְרוֹתֵיהֶם לִפְנֵי הַכִּסֵּא לֵאמֹר׃ 11 לְךָ נָאֶה **יָהוָה** וֵאלֹהֵינוּ
לָשֵׂאת כָּבוֹד וְהָדָר וָעֹז כִּי אַתָּה בָּרָאתָ הַכֹּל וְהַכֹּל בִּרְצוֹנְךָ הָיוּ וְנִבְרָאוּ׃

THE SCROLL AND THE LAMB

ה וָאֵרֶא בִּימִין הַיֹּשֵׁב עַל־הַכִּסֵּא סֵפֶר כָּתוּב פָּנִים וְאָחוֹר וְחָתוּם בְּשִׁבְעָה חֹתָמוֹת׃ 2
וָאֵרֶא מַלְאָךְ אַבִּיר קוֹרֵא בְקוֹל־גָּדוֹל מִי יִזְכֶּה לִפְתֹּחַ הַסֵּפֶר וּלְהַתִּיר אֶת־חוֹתָמָיו׃
3 וְלֹא־יָכֹל אִישׁ לֹא בַשָּׁמַיִם לֹא בָאָרֶץ וְלֹא מִתַּחַת לָאָרֶץ לִפְתֹּחַ אֶת־הַסֵּפֶר וְלֹא
לְהַבִּיט בּוֹ׃ 4 וָאֵבְךְּ בְּכִי גָדוֹל עַל־אֲשֶׁר אֵין אִישׁ זֹכֶה לִפְתֹּחַ אֶת־הַסֵּפֶר וְלִקְרֹא בוֹ וְלֹא
לְהַבִּיט בּוֹ׃ 5 וַיֹּאמֶר אֵלַי אֶחָד מִן־הַזְּקֵנִים אַל־תִּבְכֶּה הִנֵּה נָצַח הָאַרְיֵה אֲשֶׁר הוּא
מִשֵּׁבֶט יְהוּדָה שֹׁרֶשׁ דָּוִד לִפְתֹּחַ אֶת־הַסֵּפֶר וּלְהַתִּיר שִׁבְעַת חוֹתָמָיו׃ 6 וָאֵרֶא וְהִנֵּה
בֵּין הַכִּסֵּא וְאַרְבַּע הַחַיּוֹת וּבֵין הַזְּקֵנִים עֹמֵד שֶׂה וְהוּא כְטָבוּחַ וְלוֹ שֶׁבַע קְרָנַיִם וְשִׁבְעָה
עֵינַיִם אֲשֶׁר הֵם שִׁבְעָה **רוּחוֹת** הָאֱלֹהִים הַשְּׁלוּחִים אֶל־כָּל־הָאָרֶץ׃ 7 וַיָּבֹא וַיִּקַּח אֶת־
הַסֵּפֶר מִימִין הַיֹּשֵׁב עַל־הַכִּסֵּא׃ 8 וַיְהִי בְּקַחְתּוֹ אֶת־הַסֵּפֶר וַיִּפְּלוּ לִפְנֵי הַשֶּׂה אַרְבַּע
הַחַיּוֹת וְעֶשְׂרִים וְאַרְבָּעָה הַזְּקֵנִים וְאִישׁ כִּנּוֹרוֹ בְּיָדוֹ וְקַעֲרוֹת זָהָב מְלֵאֹת קְטֹרֶת אֲשֶׁר־
הֵנָּה תְּפִלּוֹת הַקְּדוֹשִׁים׃ 9 וַיָּשִׁירוּ שִׁיר חָדָשׁ לֵאמֹר לְךָ נָאֶה לָקַחַת אֶת־הַסֵּפֶר וְלִפְתֹּחַ
אֶת־חוֹתָמָיו כִּי אַתָּה נִשְׁחַטְתָּ וּבְדָמְךָ קָנִיתָ לֵאלֹהִים מִכָּל־מִשְׁפָּחָה וְלָשׁוֹן וְכָל־עַם וָגוֹי׃
10 וַתַּעַשׂ אֹתָם מְלָכִים וְכֹהֲנִים לֵאלֹהֵינוּ וְיִמְלְכוּ עַל־הָאָרֶץ׃

REVELATION

4 And round about the throne were four and twenty seats: and upon the seats I saw four and twenty elders sitting, clothed in white raiment; and they had on their heads crowns of gold.

5 And out of the throne proceeded lightnings and thunderings and voices: and there were seven lamps of fire burning before the throne, which are the seven **RUKHOTH** of ELOHIM.

6 And before the throne there was a sea of glass like unto crystal: and in the midst of the throne, and round about the throne, were four beasts full of eyes before and behind.

7 And the first beast was like a lion, and the second beast like a calf, and the third beast had a face as a man, and the fourth beast was like a flying eagle.

8 And the four beasts had each of them six wings about him; and they were full of eyes within: and they rest not day and night, saying, Holy, holy, holy, **YAHOWAH** ELOHIM Almighty, **WHICH WAS, AND IS, AND IS TO COME**.

9 And when those beasts give glory and honour and thanks to him that sat on the throne, who liveth for ever and ever,

10 The four and twenty elders fall down before him that sat on the throne, and worship him that liveth for ever and ever, and cast their crowns before the throne, saying,

11 Thou art worthy, O **YAHOWAH**, to receive glory and honour and power: for thou hast created all things, and for thy pleasure they are and were created.

THE SCROLL AND THE LAMB

5 And I saw in the right hand of him that sat on the throne a book written within and on the backside, sealed with seven seals.

2 And I saw a strong angel proclaiming with a loud voice, Who is worthy to open the book, and to loose the seals thereof?

3 And no man in heaven, nor in earth, neither under the earth, was able to open the book, neither to look thereon.

4 And I wept much, because no man was found worthy to open and to read the book, neither to look thereon.

5 And one of the elders saith unto me, Weep not: behold, the Lion of the tribe of Yehudah, the Root of Dawid, hath prevailed to open the book, and to loose the seven seals thereof.

6 And I beheld, and, lo, in the midst of the throne and of the four beasts, and in the midst of the elders, stood a Lamb as it had been slain, having seven horns and seven eyes, which are the seven **RUKHOTH** of ELOHIM sent forth into all the earth.

7 And he came and took the book out of the right hand of him that sat upon the throne.

8 And when he had taken the book, the four beasts and four and twenty elders fell down before the Lamb, having every one of them harps, and golden vials full of odours, which are the prayers of saints.

9 And they sung a new song, saying, Thou art worthy to take the book, and to open the seals thereof: for thou wast slain, and hast redeemed us to ELOHIM by thy blood out of every kindred, and tongue, and people, and nation;

10 And hast made us unto our ELOHIM kings and priests: and we shall reign on the earth.

11 וָאֵרֶא וָאֶשְׁמַע קוֹל מַלְאָכִים רַבִּים סָבִיב לַכִּסֵּא וְלַחַיּוֹת וְלַזְּקֵנִים וְהֵם רִבּוֹ רְבָבוֹת
וְאַלְפֵי אֲלָפִים׃ 12 קֹרְאִים בְּקוֹל גָּדוֹל נָאֶה לַשֶּׂה הַטָּבוּחַ לָקַחַת עֹז וְעֹשֶׁר וְחָכְמָה וּגְבוּרָה
וְהָדָר וְכָבוֹד וּבְרָכָה׃ 13 וְכָל־בְּרִיָּה אֲשֶׁר בַּשָּׁמַיִם וּבָאָרֶץ וּמִתַּחַת לָאָרֶץ וַאֲשֶׁר עַל־הַיָּם
וְכֹל אֲשֶׁר בָּהֶם אֶת־כֻּלָּם שָׁמַעְתִּי אֹמְרִים לֵאמֹר לַיֹּשֵׁב עַל־הַכִּסֵּא וְלַשֶּׂה הַבְּרָכָה וְהֶהָדָר
וְהַכָּבוֹד וְהָעֹז לְעוֹלְמֵי עוֹלָמִים׃ 14 וַתֹּאמַרְנָה אַרְבַּע הַחַיּוֹת אָמֵן וְעֶשְׂרִים וְאַרְבָּעָה
הַזְּקֵנִים נָפְלוּ עַל־פְּנֵיהֶם וַיִּשְׁתַּחֲווּ לְחֵי עוֹלְמֵי הָעוֹלָמִים׃

THE SEVEN SEALS

ו וָאֵרֶא הַשֶּׂה פֹּתֵחַ אֶחָד מִן־שִׁבְעָה הַחֹתָמוֹת וָאֶשְׁמַע אַחַת מֵאַרְבַּע הַחַיּוֹת
מְדַבֶּרֶת וְקוֹלוֹ כְּקוֹל רַעַם לֵאמֹר בֹּא וּרְאֵה׃ 2 וָאַבִּיט וְהִנֵּה סוּס לָבָן וְהָרֹכֵב
עָלָיו קֶשֶׁת בְּיָדוֹ וַתִּנָּתֶן־לוֹ עֲטָרָה וַיֵּצֵא מְנַצֵּחַ וּלְמַעַן יְנַצֵּחַ׃ 3 וּכְפִתְחוֹ אֶת־הַחוֹתָם
הַשֵּׁנִי וָאֶשְׁמַע אֶת־הַחַיָּה הַשֵּׁנִית אֹמֶרֶת בֹּא וּרְאֵה׃ 4 וַיֵּצֵא סוּס שֵׁנִי וְהוּא אָדֹם
וּלְרֹכְבוֹ נִתַּן לְהַעֲבִיר אֶת־הַשָּׁלוֹם מִן־הָאָרֶץ לְמַעַן יַהַרְגוּ אִישׁ אֶת־אָחִיו וַתִּנָּתֶן־
לוֹ חֶרֶב גְּדוֹלָה׃ 5 וּכְפִתְחוֹ אֶת־הַחוֹתָם הַשְּׁלִישִׁי וָאֶשְׁמַע אֶת־הַחַיָּה הַשְּׁלִישִׁית
אֹמֶרֶת בֹּא וּרְאֵה וָאַבִּיט וְהִנֵּה סוּס שָׁחֹר וּבְיַד רֹכְבוֹ מֹאזְנָיִם׃ 6 וָאֶשְׁמַע קוֹל מִתּוֹךְ
אַרְבַּע הַחַיּוֹת אֹמֵר קַב חִטִּים בְּדִינָר וּשְׁלֹשָׁה קַבִּים שְׂעֹרִים בְּדִינָר וְאֶת־הַשֶּׁמֶן
וְהַיַּיִן אַל־תַּשְׁחֵת׃ 7 וּכְפִתְחוֹ אֶת־הַחוֹתָם הָרְבִיעִי וָאֶשְׁמַע אֶת־הַחַיָּה הָרְבִיעִית
אֹמֶרֶת בֹּא וּרְאֵה׃ 8 וָאֵרֶא וְהִנֵּה סוּס יְרַקְרַק וְהָרֹכֵב עָלָיו שְׁמוֹ מָוֶת וּשְׁאוֹל יוֹצֵאת
לְרַגְלָיו וַיִּנָּתֵן לָהֶם שָׁלְטָן עַל־רְבִיעִית הָאָרֶץ לְהָמִית בַּחֶרֶב וּבָרָעָב וּבַדֶּבֶר וּבְחַיַּת
הָאָרֶץ׃ 9 וּכְפִתְחוֹ הַחוֹתָם הַחֲמִישִׁי וָאֵרֶא מִתַּחַת לַמִּזְבֵּחַ אֶת־נַפְשׁוֹת הַטְּבוּחִים
עַל־דְּבַר הָאֱלֹהִים וְעַל־הָעֵדוּת אֲשֶׁר הָיְתָה בְּפִיהֶם׃ 10 וַיִּזְעֲקוּ בְּקוֹל גָּדוֹל וַיֹּאמְרוּ
יָהֹוָה הַקָּדוֹשׁ וְהָאֲמִתִּי עַד־מָתַי לֹא תִשְׁפֹּט וְלֹא־תִקּוֹם אֶת־דָּמֵינוּ מִיֹּשְׁבֵי הָאָרֶץ׃
11 וַיִּתֵּן לְכָל־אֶחָד מֵהֶם שִׂמְלָה לְבָנָה וַיֵּאָמֵר אֲלֵיהֶם לָנוּחַ עוֹד זְמַן מְעַט עַד־
מְלֹאת מִסְפַּר חַבְרֵיהֶם וַאֲחֵיהֶם שֶׁסּוֹפָם לֵהָרֵג כְּמוֹהֶם׃ 12 וָאֵרֶא בְּפִתְחוֹ אֶת־
הַחוֹתָם הַשִּׁשִּׁי וְהִנֵּה רַעַשׁ גָּדוֹל וַיִּקְדַּר הַשֶּׁמֶשׁ כְּשַׂק שֵׂעָר וְהַיָּרֵחַ נֶהְפַּךְ לְדָם׃ 13
וְכוֹכְבֵי הַשָּׁמַיִם נָפְלוּ אָרְצָה כַּאֲשֶׁר תְּנוֹעַ תְּאֵנָה בְּרוּחַ חֲזָקָה וְהִשְׁלִיכָה פַּגֶּיהָ׃ 14
וְהַשָּׁמַיִם מָשׁוּ כְּסֵפֶר נִגְלָל וְכָל־הַר וָאִי מִמְּקוֹמָם נֶעְתָּקוּ׃

REVELATION

11 And I beheld, and I heard the voice of many angels round about the throne and the beasts and the elders: and the number of them was ten thousand times ten thousand, and thousands of thousands;

12 Saying with a loud voice, Worthy is the Lamb that was slain to receive power, and riches, and wisdom, and strength, and honour, and glory, and blessing.

13 And every creature which is in heaven, and on the earth, and under the earth, and such as are in the sea, and all that are in them, heard I saying, Blessing, and honour, and glory, and power, be unto him that sitteth upon the throne, and unto the Lamb for ever and ever.

14 And the four beasts said, Amen. And the elders fell down and worshipped him.

THE SEVEN SEALS

6 And I saw when the Lamb opened one of the seals, and I heard, as it were the noise of thunder, one of the four beasts saying, Come and see.

2 And I saw, and behold a white horse: and he that sat on him had a bow; and a crown was given unto him: and he went forth conquering, and to conquer.

3 And when he had opened the second seal, I heard the second beast say, Come and see.

4 And there went out another horse that was red: and power was given to him that sat thereon to take shalom from the earth, and that they should kill one another: and there was given unto him a great sword.

5 And when he had opened the third seal, I heard the third beast say, Come and see. And I beheld, and lo a black horse; and he that sat on him had a pair of balances in his hand.

6 And I heard a voice in the midst of the four beasts say, A measure of wheat for a penny, and three measures of barley for a penny; and see thou hurt not the oil and the wine.

7 And when he had opened the fourth seal, I heard the voice of the fourth beast say, Come and see.

8 And I looked, and behold a pale horse: and his name that sat on him was Death, and She'ol followed with him. And power was given unto them over the fourth part of the earth, to kill with sword, and with hunger, and with death, and with the beasts of the earth.

9 And when he had opened the fifth seal, I saw under the altar the souls of them that were slain for the word of ELOHIM, and for the testimony which they held:

10 And they cried with a loud voice, saying, How long, O **YAHOWAH**, holy and true, dost thou not judge and avenge our blood on them that dwell on the earth?

11 And white robes were given unto every one of them; and it was said unto them, that they should rest yet for a little season, until their fellowservants also and their brethren, that should be killed as they were, should be fulfilled.

12 And I beheld when he had opened the sixth seal, and, lo, there was a great earthquake; and the sun became black as sackcloth of hair, and the moon became as blood;

13 And the stars of heaven fell unto the earth, even as a fig tree casteth her untimely figs, when she is shaken of a mighty wind.

14 And the heaven departed as a scroll when it is rolled together; and every mountain and island were moved out of their places.

15 וּמַלְכֵי הָאָרֶץ וְהַנְּגִידִים וְשָׂרֵי הָאֲלָפִים וְהָעֲשִׁירִים וְהַתַּקִּיפִים וְכָל־עֶבֶד וְכָל־בֶּן־חֹרִים
הִתְחַבְּאוּ בַּמְּעָרוֹת וּבְסַלְעֵי הֶהָרִים: 16 וַיֹּאמְרוּ אֶל־הֶהָרִים וְאֶל־הַסְּלָעִים נִפְלוּ עָלֵינוּ
וְכַסּוּנוּ מִפְּנֵי הַיֹּשֵׁב עַל־הַכִּסֵּא וּמִפְּנֵי חֲמַת הַשֶּׂה: 17 כִּי בָא יוֹם אַפּוֹ הַגָּדוֹל וּמִי יַעֲמֹד:

THE 144,000 OF ISRAEL SEALED

ז וְאַחֲרֵי־כֵן רָאִיתִי אַרְבָּעָה מַלְאָכִים עֹמְדִים בְּאַרְבַּע כַּנְפוֹת הָאָרֶץ וַיַּעַצְרוּ בְּאַרְבַּע
רוּחוֹת הָאָרֶץ אֲשֶׁר לֹא־תִשֹּׁב רוּחַ לֹא בָאָרֶץ וְלֹא בַיָּם וְלֹא בְכָל־עֵץ: 2 וָאֵרֶא מַלְאָךְ
אַחֵר עֹלֶה מִמִּזְרַח־שֶׁמֶשׁ וּבְיָדוֹ חֹתֶמֶת אֱלֹהִים חַיִּים וַיִּקְרָא קוֹל גָּדוֹל אֶל־אַרְבָּעָה
הַמַּלְאָכִים אֲשֶׁר־נִתַּן לָהֶם לְחַבֵּל הָאָרֶץ וְהַיָּם לֵאמֹר: 3 אַל־תְּחַבְּלוּ אֶת־הָאָרֶץ וְאֶת־
הַיָּם וְאֶת־הָעֵץ עַד אִם־חָתַמְנוּ אֶת־עַבְדֵי אֱלֹהֵינוּ עַל־מִצְחוֹתָם: 4 וָאֶשְׁמַע מִסְפַּר
הַחֲתוּמִים מֵאָה אֶלֶף וְאַרְבָּעִים וְאַרְבָּעָה אָלֶף וְהֵם חֲתוּמִים מִכָּל־שִׁבְטֵי בְּנֵי יִשְׂרָאֵל: 5
לְשֵׁבֶט יְהוּדָה חֲתוּמִים שְׁנֵים עָשָׂר אָלֶף לְשֵׁבֶט רְאוּבֵן חֲתוּמִים שְׁנֵים עָשָׂר אָלֶף לְשֵׁבֶט
גָּד חֲתוּמִים שְׁנֵים עָשָׂר אָלֶף: 6 לְשֵׁבֶט אָשֵׁר חֲתוּמִים שְׁנֵים עָשָׂר אָלֶף לְשֵׁבֶט נַפְתָּלִי
חֲתוּמִים שְׁנֵים עָשָׂר אָלֶף לְשֵׁבֶט מְנַשֶּׁה חֲתוּמִים שְׁנֵים עָשָׂר אָלֶף: 7 לְשֵׁבֶט שִׁמְעוֹן
חֲתוּמִים שְׁנֵים עָשָׂר אָלֶף לְשֵׁבֶט לֵוִי חֲתוּמִים שְׁנֵים עָשָׂר אָלֶף לְשֵׁבֶט יִשָּׂשכָר חֲתוּמִים
שְׁנֵים עָשָׂר אָלֶף: 8 לְשֵׁבֶט זְבֻלוּן חֲתוּמִים שְׁנֵים עָשָׂר אָלֶף לְשֵׁבֶט יוֹסֵף חֲתוּמִים שְׁנֵים
עָשָׂר אָלֶף לְשֵׁבֶט בִּנְיָמִן חֲתוּמִים שְׁנֵים עָשָׂר אָלֶף:

A GREAT MULTITUDE FROM EVERY NATION

9 אַחֲרֵי־כֵן רָאִיתִי וְהִנֵּה הָמוֹן רַב אֲשֶׁר לֹא־יָכֹל אִישׁ לִמְנוֹתוֹ מִכָּל־הַגּוֹיִם וְהַמִּשְׁפָּחוֹת
וְהָעַמִּים וְהַלְּשֹׁנוֹת וַיַּעַמְדוּ לִפְנֵי הַכִּסֵּא וְלִפְנֵי הַשֶּׂה וְהֵם מְלֻבָּשִׁים שְׂמָלוֹת לְבָנוֹת וְכַפּוֹת
תְּמָרִים בִּידֵיהֶם: 10 וַיִּקְרְאוּ בְקוֹל־גָּדוֹל לֵאמֹר הַיְשׁוּעָה לֵאלֹהֵינוּ הַיֹּשֵׁב עַל־הַכִּסֵּא
וְלַשֶּׂה: 11 וְכָל־הַמַּלְאָכִים עָמְדוּ סָבִיב לַכִּסֵּא וְסָבִיב לַזְּקֵנִים וּלְאַרְבַּע הַחַיּוֹת וַיִּפְּלוּ
עַל־פְּנֵיהֶם לִפְנֵי הַכִּסֵּא וַיִּשְׁתַּחֲווּ לֵאלֹהִים: 12 וַיֹּאמְרוּ אָמֵן הַבְּרָכָה וְהַכָּבוֹד וְהַחָכְמָה
וְהַתּוֹדָה וְהֶהָדָר וְהַכֹּחַ וְהָעֹז לֵאלֹהֵינוּ לְעוֹלְמֵי עוֹלָמִים אָמֵן: 13 וַיַּעַן אֶחָד מִן־הַזְּקֵנִים
וַיֹּאמֶר אֵלַי אֵלֶּה הַמְלֻבָּשִׁים בִּגְדֵי לָבָן מִי הֵמָּה וּמֵאַיִן בָּאוּ: 14 וָאֹמַר אֵלָיו אֲדֹנִי אַתָּה
יָדָעְתָּ וַיֹּאמֶר אֵלַי אֵלֶּה הֵם הַבָּאִים מִן־הַצָּרָה הַגְּדוֹלָה וַיְכַבְּסוּ אֶת־שִׂמְלֹתָם וַיַּלְבִּינוּם
בְּדַם הַשֶּׂה: 15 לָכֵן הִנָּם לִפְנֵי כִּסֵּא־הָאֱלֹהִים וּמְשָׁרֲתִים אוֹתוֹ בְּהֵיכָלוֹ יוֹמָם וָלָיְלָה וְהַיֹּשֵׁב
עַל־הַכִּסֵּא יִתֵּן מִשְׁכָּנוֹ עֲלֵיהֶם: 16 לֹא־יִרְעֲבוּ עוֹד וְלֹא יִצְמָאוּ וְלֹא־יַכֵּם שֶׁמֶשׁ וְשָׁרָב:

REVELATION

15 And the kings of the earth, and the great men, and the rich men, and the chief captains, and the mighty men, and every bondman, and every free man, hid themselves in the dens and in the rocks of the mountains;

16 And said to the mountains and rocks, Fall on us, and hide us from the face of him that sitteth on the throne, and from the wrath of the Lamb:

17 For the great day of his wrath is come; and who shall be able to stand?

THE 144,000 OF ISRAEL SEALED

7 And after these things I saw four angels standing on the four corners of the earth, holding the four winds of the earth, that the wind should not blow on the earth, nor on the sea, nor on any tree.

2 And I saw another angel ascending from the east, having the seal of the living ELOHIM: and he cried with a loud voice to the four angels, to whom it was given to hurt the earth and the sea,

3 Saying, Hurt not the earth, neither the sea, nor the trees, till we have sealed the servants of our ELOHIM in their foreheads.

4 And I heard the number of them which were sealed: and there were sealed an hundred and forty and four thousand of all the tribes of the children of Yisra'EL.

5 Of the tribe of Yehudah were sealed twelve thousand. Of the tribe of Reuben were sealed twelve thousand. Of the tribe of Gad were sealed twelve thousand.

6 Of the tribe of Asher were sealed twelve thousand. Of the tribe of Naphthali were sealed twelve thousand. Of the tribe of Manassheh were sealed twelve thousand.

7 Of the tribe of Shimon were sealed twelve thousand. Of the tribe of Lewi were sealed twelve thousand. Of the tribe of Yissaskar were sealed twelve thousand.

8 Of the tribe of Zebulon were sealed twelve thousand. Of the tribe of Yoseph were sealed twelve thousand. Of the tribe of Benyamin were sealed twelve thousand.

A GREAT MULTITUDE FROM EVERY NATION

9 After this I beheld, and, lo, a great multitude, which no man could number, of all nations, and kindreds, and people, and tongues, stood before the throne, and before the Lamb, clothed with white robes, and palms in their hands;

10 And cried with a loud voice, saying, Salvation to our ELOHIM which sitteth upon the throne, and unto the Lamb.

11 And all the angels stood round about the throne, and about the elders and the four beasts, and fell before the throne on their faces, and worshipped ELOHIM,

12 Saying, Amen: Blessing, and glory, and wisdom, and thanksgiving, and honour, and power, and might, be unto our ELOHIM for ever and ever. Amen.

13 And one of the elders answered, saying unto me, What are these which are arrayed in white robes? and whence came they?

14 And I said unto him, Adon, thou knowest. And he said to me, These are they which came out of great tribulation, and have washed their robes, and made them white in the blood of the Lamb.

15 Therefore are they before the throne of ELOHIM, and serve him day and night in his temple: and he that sitteth on the throne shall dwell among them.

16 "They shall not hunger nor thirst; neither shall the heat nor sun smite them."

17 כִּי הַשֶּׂה אֲשֶׁר בְּתוֹךְ הַכִּסֵּא הוּא יִרְעֵם וְעַל־מַבּוּעֵי מַיִם חַיִּים יְנַהֲלֵם וּמָחָה אֱלֹהִים
כָּל־דִּמְעָה מֵעֵינֵיהֶם׃

THE SEVENTH SEAL AND THE GOLDEN CENSER

ח
וּכְפִתְחוֹ הַחוֹתָם הַשְּׁבִיעִי וַתְּהִי דְמָמָה בַּשָּׁמַיִם כַּחֲצִי שָׁעָה׃ 2 וָאֵרֶא אֶת־שִׁבְעַת
הַמַּלְאָכִים הָעֹמְדִים לִפְנֵי הָאֱלֹהִים וַיִּנָּתְנוּ לָהֶם שִׁבְעָה שׁוֹפָרוֹת׃ 3 וַיָּבֹא מַלְאָךְ
אַחֵר וַיִּגַּשׁ אֶל־הַמִּזְבֵּחַ וּמַחְתַּת זָהָב בְּיָדוֹ וַתִּנָּתֶן־לוֹ קְטֹרֶת הַרְבֵּה לָתֵת עִם־תְּפִלּוֹת כָּל־
הַקְּדֹשִׁים עַל־מִזְבַּח הַזָּהָב אֲשֶׁר לִפְנֵי הַכִּסֵּא׃ 4 וַיַּעַל עֲשַׁן הַקְּטֹרֶת עִם־תְּפִלּוֹת הַקְּדֹשִׁים
מִיַּד הַמַּלְאָךְ לִפְנֵי אֱלֹהִים׃ 5 וַיִּקַּח הַמַּלְאָךְ אֶת־הַמַּחְתָּה וַיְמַלְאֶהָ אֵשׁ מֵעַל־הַמִּזְבֵּחַ
וַיַּשְׁלֵךְ עַל־הָאָרֶץ וַיְהִי קוֹלוֹת וּרְעָמִים וּבְרָקִים וָרָעַשׁ׃

THE SEVEN TRUMPETS

6 וְשִׁבְעָה הַמַּלְאָכִים הָהֵם אֲשֶׁר בְּיָדָם שִׁבְעַת הַשּׁוֹפָרוֹת הִתְעַתְּדוּ לִתְקֹעַ׃ 7 וְהַמַּלְאָךְ
הָרִאשׁוֹן תָּקַע בַּשּׁוֹפָר וַיְהִי־בָרָד וָאֵשׁ בְּלוּלִים בְּדָם וַתֻּשְׁלַךְ אַרְצָה וַתִּשָּׂרֵף שְׁלִישִׁית
הָעֵץ וְכָל־יֶרֶק עֵשֶׂב נִשְׂרָף׃ 8 וְהַמַּלְאָךְ הַשֵּׁנִי תָּקַע בַּשּׁוֹפָר וְהִנֵּה כִּדְמוּת הַר גָּדוֹל בֹּעֵר
בָּאֵשׁ הֻשְׁלַךְ אֶל־תּוֹךְ הַיָּם וַתְּהִי שְׁלִישִׁית הַיָּם לְדָם׃ 9 וַתָּמָת שְׁלִישִׁית כָּל־נֶפֶשׁ חַיָּה
אֲשֶׁר בַּיָּם וּשְׁלִישִׁית הָאֳנִיּוֹת נִשְׁחָתָה׃ 10 וְהַמַּלְאָךְ הַשְּׁלִישִׁי תָּקַע בַּשּׁוֹפָר וַיִּפֹּל מִן־
הַשָּׁמַיִם כּוֹכָב גָּדוֹל בֹּעֵר כַּלַּפִּיד וַיִּפֹּל עַל־שְׁלִישִׁית הַנְּהָרוֹת וְעַל־מַעְיְנוֹת הַמָּיִם׃ 11
וְשֵׁם הַכּוֹכָב נִקְרָא לַעֲנָה וַתְּהִי שְׁלִישִׁית הַמַּיִם לְלַעֲנָה וְרַבִּים מִבְּנֵי אָדָם מֵתוּ מִן־הַמַּיִם
כִּי מָרִים הֵם׃ 12 וְהַמַּלְאָךְ הָרְבִיעִי תָּקַע בַּשּׁוֹפָר וַתֻּכֶּה שְׁלִישִׁית הַשֶּׁמֶשׁ וּשְׁלִישִׁית
הַיָּרֵחַ וּשְׁלִישִׁית הַכּוֹכָבִים לְמַעַן תֶּחְשַׁךְ שְׁלִישִׁיתָם וְהַיּוֹם לֹא יָאִיר שְׁלִישִׁיתוֹ וְאַף לֹא
הַלָּיְלָה׃ 13 וָאֵרֶא וָאֶשְׁמַע נֶשֶׁר אֶחָד מְעוֹפֵף בַּחֲצִי הַשָּׁמָיִם וְהוּא קוֹרֵא קוֹל גָּדוֹל אוֹי
אוֹי אוֹי לְיֹשְׁבֵי הָאָרֶץ מִיֶּתֶר קֹלוֹת הַשּׁוֹפָר אֲשֶׁר שְׁלֹשֶׁת הַמַּלְאָכִים עֲתִידִים לִתְקֹעַ׃

ט
וְהַמַּלְאָךְ הַחֲמִישִׁי תָּקַע בַּשּׁוֹפָר וָאֵרֶא כּוֹכָב נֹפֵל מִן־הַשָּׁמַיִם לָאָרֶץ וְלוֹ נִתַּן מַפְתֵּחַ
בְּאֵר הַתְּהוֹם׃ 2 וַיִּפְתַּח אֶת־בְּאֵר הַתְּהוֹם וַיַּעַל קִיטוֹר מִן־הַבְּאֵר כְּקִיטוֹר כִּבְשָׁן
גָּדוֹל וַיֶּחְשַׁךְ הַשֶּׁמֶשׁ וְהָרָקִיעַ מִקִּיטוֹר הַבְּאֵר׃ 3 וּמִן־הַקִּיטֹר יָצָא אַרְבֶּה עַל־הָאָרֶץ וְשָׁלְטָן
נִתַּן לָהֶם כְּשָׁלְטַן עַקְרַבֵּי הָאָרֶץ׃ 4 וַיֵּאָמֵר לָהֶם אֲשֶׁר לֹא יַשְׁחִיתוּ אֶת־עֵשֶׂב הָאָרֶץ וְלֹא
כָּל־יֶרֶק וְלֹא כָּל־עֵץ כִּי אִם־אֶת־בְּנֵי הָאָדָם אֲשֶׁר אֵין־לָהֶם חוֹתַם הָאֱלֹהִים בְּמִצְחוֹתָם׃

REVELATION

17 For the Lamb which is in the midst of the throne shall feed them, and shall lead them unto living fountains of waters: and ELOHIM shall wipe away all tears from their eyes.

THE SEVENTH SEAL AND THE GOLDEN CENSER

8 And when he had opened the seventh seal, there was silence in heaven about the space of half an hour.

2 And I saw the seven angels which stood before ELOHIM; and to them were given seven trumpets.

3 And another angel came and stood at the altar, having a golden censer; and there was given unto him much incense, that he should offer it with the prayers of all saints upon the golden altar which was before the throne.

4 And the smoke of the incense, which came with the prayers of the saints, ascended up before ELOHIM out of the angel's hand.

5 And the angel took the censer, and filled it with fire of the altar, and cast it into the earth: and there were voices, and thunderings, and lightnings, and an earthquake.

THE SEVEN TRUMPETS

6 And the seven angels which had the seven trumpets prepared themselves to sound.

7 The first angel sounded, and there followed hail and fire mingled with blood, and they were cast upon the earth: and the third part of the earth was burnt up, and the third part of trees was burnt up, and all green grass was burnt up.

8 And the second angel sounded, and as it were a great mountain burning with fire was cast into the sea: and the third part of the sea became blood;

9 And the third part of the creatures which were in the sea, and had life, died; and the third part of the ships were destroyed.

10 And the third angel sounded, and there fell a great star from heaven, burning as it were a lamp, and it fell upon the third part of the rivers, and upon the fountains of waters;

11 And the name of the star is called Wormwood: and the third part of the waters became wormwood; and many men died of the waters, because they were made bitter.

12 And the fourth angel sounded, and the third part of the sun was smitten, and the third part of the moon, and the third part of the stars; so as the third part of them was darkened, and the day shone not for a third part of it, and the night likewise.

13 And I beheld, and heard an eagle flying through the midst of heaven, saying with a loud voice, Woe, woe, woe, to the inhabiters of the earth by reason of the other voices of the trumpet of the three angels, which are yet to sound!

9 And the fifth angel sounded, and I saw a star fall from heaven unto the earth: and to him was given the key of the bottomless pit.

2 And he opened the bottomless pit; and there arose a smoke out of the pit, as the smoke of a great furnace; and the sun and the air were darkened by reason of the smoke of the pit.

3 And there came out of the smoke locusts upon the earth: and unto them was given power, as the scorpions of the earth have power.

4 And it was commanded them that they should not hurt the grass of the earth, neither any green thing, neither any tree; but only those men which have not the seal of ELOHIM in their foreheads.

5 וְלֹא נִתַּן לָהֶם לַהֲמִיתָם רַק לְהַכְאִיבָם חֲמִשָּׁה חֳדָשִׁים וּכְאֵבָם כִּכְאֵב אִישׁ אֲשֶׁר יַכֵּהוּ
הָעַקְרָב׃ 6 וּבַיָּמִים הָהֵם יְבַקְשׁוּ בְנֵי־אָדָם אֶת־הַמָּוֶת וְלֹא יִמְצָאֻהוּ וְיִשְׁאֲלוּ אֶת־נַפְשָׁם
לָמוּת וְהַמָּוֶת יִבְרַח מֵהֶם׃ 7 וַיְהִי מַרְאֵה הָאַרְבֶּה כְּמַרְאֵה סוּסִים עֲרוּכֵי מִלְחָמָה וְעַל־
רָאשֵׁיהֶם כַּעֲטָרוֹת כְּעֵין זָהָב וּפְנֵיהֶם כִּפְנֵי אָדָם׃ 8 וְשֵׂעָר לָהֶם כִּשְׂעַר נָשִׁים וְשִׁנֵּיהֶם
שִׁנֵּי אֲרָיֵה׃ 9 וְשִׁרְיֹנִים לָהֶם כְּשִׁרְיֹנֵי בַרְזֶל וְקוֹל כַּנְפֵיהֶם כְּקוֹל מַרְכְּבוֹת סוּסִים רַבִּים
עֲרוּכִים לַמִּלְחָמָה׃ 10 וּזְנָבוֹת לָהֶם כְּזַנְבוֹת עַקְרַבִּים וַעֲקָצִים בְּזַנְבוֹתָם וְהָשְׁלְטוּ לְעַנּוֹת
אֶת־בְּנֵי הָאָדָם חֲמִשָּׁה חֳדָשִׁים׃ 11 וּמַלְאַךְ הַתְּהוֹם הוּא מֶלֶךְ עֲלֵיהֶם וּשְׁמוֹ אֲבַדּוֹן
בְּעִבְרִית וְאַפּוֹלְיוֹן בִּיוָנִית׃ 12 אוֹי אֶחָד חָלַף הָלַךְ לוֹ וְאוֹי שֵׁנִי וּשְׁלִישִׁי בָּאִים אַחֲרָיו׃
13 וְהַמַּלְאָךְ הַשִּׁשִּׁי תָּקַע בַּשּׁוֹפָר וָאֶשְׁמַע קוֹל אֶחָד מֵאַרְבַּע קַרְנוֹת מִזְבַּח הַזָּהָב
אֲשֶׁר לִפְנֵי אֱלֹהִים׃ 14 וַיֹּאמֶר לַמַּלְאָךְ הַשִּׁשִּׁי אֲשֶׁר הַשּׁוֹפָר בְּיָדוֹ הַתֵּר אֶת־אַרְבָּעָה
הַמַּלְאָכִים הָהֵם הָאֲסוּרִים עַל־הַנָּהָר הַגָּדוֹל נְהַר־פְּרָת׃ 15 וַיֻּתְּרוּ אַרְבָּעָה הַמַּלְאָכִים
אֲשֶׁר הָיוּ נְכוֹנִים לַשָּׁעָה וְלַיּוֹם וְלַחֹדֶשׁ וְלַשָּׁנָה לְהָמִית שְׁלִישִׁית בְּנֵי הָאָדָם׃ 16 וּמִסְפַּר
צִבְאוֹת הַפָּרָשִׁים עֶשְׂרִים אֶלֶף רִבּוֹא וַאֲנִי שָׁמַעְתִּי מִסְפָּרָם׃ 17 וְכֵן רָאִיתִי בַּמַּרְאָה אֶת־
הַסּוּסִים וְרֹכְבֵיהֶם אֲשֶׁר שִׁרְיֹנוֹתֵיהֶם כְּעֵין אֵשׁ וּתְכֵלֶת וְגָפְרִית וְרָאשֵׁי הַסּוּסִים כְּרָאשֵׁי
אֲרָיוֹת וּמִפִּיהֶם יוֹצֵא אֵשׁ וְקִיטוֹר וְגָפְרִית׃ 18 וַתּוּמַת שְׁלִישִׁית בְּנֵי אָדָם בְּשָׁלֹשׁ מַגֵּפוֹת
הָאֵלֶּה בָּאֵשׁ וּבַקִּיטוֹר וּבַגָּפְרִית הַיֹּצְאוֹת מִפִּיהֶם׃ 19 כִּי־כֹחַ הַסּוּסִים בְּפִיהֶם וּבְזַנְבוֹתָם
כִּי זַנְבוֹתָם כַּנְּחָשִׁים וְרָאשִׁים לָהֶם וּבָהֶם יַשְׁחִיתוּ׃ 20 וּשְׁאָר בְּנֵי אָדָם אֲשֶׁר לֹא מֵתוּ
בַּמַּגֵּפוֹת הָאֵלֶּה בְּכָל־זֹאת לֹא־שָׁבוּ מִמַּעֲשֵׂי יְדֵיהֶם מֵהִשְׁתַּחֲוֹת עוֹד לַשֵּׁדִים וְלַעֲצַבֵּי
זָהָב וָכֶסֶף וּנְחֹשֶׁת וְאֶבֶן וָעֵץ אֲשֶׁר לֹא־יִרְאוּ וְלֹא־יִשְׁמְעוּ וְלֹא יְהַלֵּכוּ׃ 21 וְלֹא שָׁבוּ
מִדַּרְכָּם וַיּוֹסִיפוּ לִרְצֹחַ וּלְכַשֵּׁף וְלִזְנוֹת וְלִגְנֹב׃

THE ANGEL AND THE LITTLE SCROLL

י וָאֵרֶא מַלְאָךְ אַחֵר אַבִּיר יֹרֵד מִן הַשָּׁמַיִם וְהוּא עֹטֶה עָנָן וְעַל־רֹאשׁוֹ כְּמַרְאֵה הַקֶּשֶׁת
אֲשֶׁר בֶּעָנָן וּפָנָיו כַּשֶּׁמֶשׁ וְרַגְלָיו כְּעַמּוּדֵי אֵשׁ׃ 2 וּבְיָדוֹ סֵפֶר קָטֹן פָּתוּחַ וַיָּשֶׂם אֶת־רֶגֶל
יְמִינוֹ עַל־הַיָּם וְאֶת־שְׂמֹאלוֹ עַל־הָאָרֶץ׃ 3 וַיִּקְרָא בְּקוֹל גָּדוֹל כַּאֲשֶׁר יִשְׁאַג הָאַרְיֵה וּבְקָרְאוֹ
דִּבְּרוּ שִׁבְעַת הָרְעָמִים בְּקוֹלֹתֵיהֶם׃ 4 וּכְדַבֵּר שִׁבְעַת הָרְעָמִים בְּקוֹלֹתֵיהֶם חָפַצְתִּי לִכְתֹּב
וָאֶשְׁמַע קוֹל מִן־הַשָּׁמַיִם לֵאמֹר חֲתוֹם אֵת אֲשֶׁר־דִּבְּרוּ שִׁבְעַת הָרְעָמִים וְאַל־תִּכְתֹּב
זֹאת׃ 5 וְהַמַּלְאָךְ אֲשֶׁר־רְאִיתִיו עֹמֵד עַל־הַיָּם וְעַל־הָאָרֶץ הֵרִים יְמִינוֹ אֶל־הַשָּׁמָיִם׃

REVELATION

5 And to them it was given that they should not kill them, but that they should be tormented five months: and their torment was as the torment of a scorpion, when he striketh a man.

6 And in those days shall men seek death, and shall not find it; and shall desire to die, and death shall flee from them.

7 And the shapes of the locusts were like unto horses prepared unto battle; and on their heads were as it were crowns like gold, and their faces were as the faces of men.

8 And they had hair as the hair of women, and their teeth were as the teeth of lions.

9 And they had breastplates, as it were breastplates of iron; and the sound of their wings was as the sound of chariots of many horses running to battle.

10 And they had tails like unto scorpions, and there were stings in their tails: and their power was to hurt men five months.

11 And they had a king over them, which is the angel of the bottomless pit, whose name in the Hebrew tongue is Abaddon, but in the Greek tongue hath his name Apollyon.

12 One woe is past; and, behold, there come two woes more hereafter.

13 And the sixth angel sounded, and I heard a voice from the four horns of the golden altar which is before ELOHIM,

14 Saying to the sixth angel which had the trumpet, Loose the four angels which are bound in the great river Perath.

15 And the four angels were loosed, which were prepared for an hour, and a day, and a month, and a year, for to slay the third part of men.

16 And the number of the army of the horsemen were two hundred thousand thousand: and I heard the number of them.

17 And thus I saw the horses in the vision, and them that sat on them, having breastplates of fire, and of jacinth, and brimstone: and the heads of the horses were as the heads of lions; and out of their mouths issued fire and smoke and brimstone.

18 By these three was the third part of men killed, by the fire, and by the smoke, and by the brimstone, which issued out of their mouths.

19 For their power is in their mouth, and in their tails: for their tails were like unto serpents, and had heads, and with them they do hurt.

20 And the rest of the men which were not killed by these plagues yet repented not of the works of their hands, that they should not worship devils, and idols of gold, and silver, and brass, and stone, and of wood: which neither can see, nor hear, nor walk:

21 Neither repented they of their murders, nor of their sorceries, nor of their fornication, nor of their thefts.

THE ANGEL AND THE LITTLE SCROLL

10 And I saw another mighty angel come down from heaven, clothed with a cloud: and a rainbow was upon his head, and his face was as it were the sun, and his feet as pillars of fire:

2 And he had in his hand a little book open: and he set his right foot upon the sea, and his left foot on the earth,

3 And cried with a loud voice, as when a lion roareth: and when he had cried, seven thunders uttered their voices.

4 And when the seven thunders had uttered their voices, I was about to write: and I heard a voice from heaven saying unto me, Seal up those things which the seven thunders uttered, and write them not.

5 And the angel which I saw stand upon the sea and upon the earth lifted up his hand to heaven,

6 וַיִּשָּׁבַע בְּחֵי עוֹלְמֵי הָעוֹלָמִים אֲשֶׁר־בָּרָא אֶת־הַשָּׁמַיִם וְכָל־אֲשֶׁר בָּהֶם וְהָאָרֶץ וְכָל־
אֲשֶׁר בָּהּ וְהַיָּם וְכָל־אֲשֶׁר־בּוֹ שֶׁאֵין עוֹד שָׁהוּת: 7 אֲבָל בִּימֵי קוֹל הַמַּלְאָךְ הַשְּׁבִיעִי בְּעָמְדוֹ
לִתְקוֹעַ וְנִשְׁלַם סוֹד הָאֱלֹהִים כַּאֲשֶׁר בִּשֵּׂר אֶת־עֲבָדָיו הַנְּבִיאִים: 8 וְהַקּוֹל אֲשֶׁר שָׁמַעְתִּי
מִן־הַשָּׁמַיִם דִּבֵּר אֵלַי שֵׁנִית לֵאמֹר לֵךְ וְקַח אֶת־הַסֵּפֶר הַקָּטֹן הַפָּתוּחַ אֲשֶׁר בְּיַד־הַמַּלְאָךְ
הָעֹמֵד עַל־הַיָּם וְעַל־הָאָרֶץ: 9 וָאָבֹא אֶל־הַמַּלְאָךְ וָאֹמַר אֵלָיו תְּנָה־לִּי אֶת־הַסֵּפֶר וַיֹּאמֶר
אֵלַי קַח וֶאֱכֹל אֹתוֹ וְהוּא יֵמַר בְּבִטְנְךָ וּבְפִיךָ יִהְיֶה מָתוֹק כִּדְבָשׁ: 10 וָאֶקַּח אֶת־הַסֵּפֶר
מִיַּד־הַמַּלְאָךְ וָאֹכְלֵהוּ וַיְהִי בְּפִי כִּדְבַשׁ לְמָתוֹק וְאַחֲרֵי אָכְלִי אֹתוֹ וַתְּמַלֵּא בִטְנִי מְרוֹרִים:
11 וַיֹּאמְרוּ אֵלַי עוֹד תָּשׁוּב תִּנָּבֵא עַל־עַמִּים וְגוֹיִם וּלְשֹׁנוֹת וּמְלָכִים רַבִּים:

THE TWO WITNESSES

יא וַיִּנָּתֶן־לִי קָנֶה וְהוּא כְמַטֶּה וַיַּעֲמֹד הַמַּלְאָךְ וַיֹּאמֶר קוּם וּמֹד אֶת־
הֵיכַל אֱלֹהִים וְאֵת הַמִּזְבֵּחַ וְאֵת הַמִּשְׁתַּחֲוִים בּוֹ: 2 וְהֶחָצֵר אֲשֶׁר
מִחוּץ לַהֵיכָל אֹתָהּ נְטֹשׁ וְאַל־תְּמַדֶּנָּה כִּי־לַגּוֹיִם נִתָּנָה וְרָמְסוּ אֶת־עִיר הַקֹּדֶשׁ
אַרְבָּעִים וּשְׁנַיִם חֳדָשִׁים: 3 וְנָתַתִּי לִשְׁנֵי עֵדַי וְנִבְּאוּ יָמִים אֶלֶף וּמָאתַיִם וְשִׁשִּׁים
וְהֵם מִתְכַּסִּים בַּשַּׂקִּים: 4 אֵלֶּה הֵם שְׁנֵי הַזֵּיתִים וּשְׁתֵּי הַמְּנֹרוֹת הָעֹמְדִים לִפְנֵי
אֱלֹהֵי הָאָרֶץ: 5 וְכִי־יְבַקֵּשׁ אִישׁ לְהָרַע לָהֶם אֵשׁ יֹצֵאת מִפִּיהֶם אֹכֶלֶת אֶת־
אֹיְבֵיהֶם וְכֵן כָּל־הַמְבַקֵּשׁ לְהָרַע לָהֶם מוֹת יוּמָת: 6 וְהֵם יֶשׁ־לְאֵל יָדָם לַעֲצֹר
אֶת־הַשָּׁמַיִם וְלֹא־יִהְיֶה מָטָר בִּימֵי נְבוּאָתָם וְיִשְׁלְטוּ עַל־הַמַּיִם לְהָפְכָם לְדָם
וְעַל־הָאָרֶץ לְהַכֹּתָהּ בְּכָל־נֶגַע מִדֵּי יֶחְפָּצוּ: 7 וּבְכַלּוֹתָם עֵדוּתָם הַחַיָּה הָעֹלָה
מִתְּהוֹם תַּעֲשֶׂה עִמָּהֶם מִלְחָמָה וְתוּכַל לָהֶם וַהֲרָגָתַם: 8 וְהָיְתָה נִבְלָתָם בִּרְחוֹב
הָעִיר הַגְּדוֹלָה הַנִּקְרֵאת כְּפִי הָרוּחַ בְּשֵׁם סְדוֹם וּמִצְרַיִם אֲשֶׁר־שָׁם נִצְלַב גַּם־
אֲדֹנֵיהֶם: 9 וְרַבִּים מִן־הָעַמִּים וְהַמִּשְׁפָּחוֹת וְהַלְּשֹׁנוֹת וְהַגּוֹיִם יִרְאוּ אֶת־נִבְלָתָם
יָמִים שְׁלֹשָׁה וָחֵצִי וְלֹא יִתְּנוּ לָשׂוּם אֶת־גְּוִיֹּתָם בַּקְּבָרִים: 10 וְיֹשְׁבֵי הָאָרֶץ
יִשְׂמְחוּ עֲלֵיהֶם וְיַעַלְזוּ וְיִשְׁלְחוּ מָנוֹת אִישׁ לְרֵעֵהוּ כִּי שְׁנֵי הַנְּבִיאִים הָאֵלֶּה
הִכְאִיבוּ אֶת־יֹשְׁבֵי הָאָרֶץ: 11 וַיְהִי אַחֲרֵי יָמִים שְׁלֹשָׁה וָחֵצִי וַתָּבֹא בָהֶם רוּחַ
חַיִּים מֵאֵת הָאֱלֹהִים וַיַּעַמְדוּ עַל־רַגְלֵיהֶם וְאֵימָה גְדוֹלָה נָפְלָה עַל־כָּל־רֹאֵיהֶם:
12 וַיִּשְׁמְעוּ קוֹל גָּדוֹל מִן־הַשָּׁמַיְמָה מְדַבֵּר אֲלֵיהֶם לֵאמֹר עֲלוּ הֵנָּה וַיַּעֲלוּ
בֶּעָנָן הַשָּׁמַיְמָה וְעֵינֵי שֹׂנְאֵיהֶם רֹאוֹת:

REVELATION

6 And sware by him that liveth for ever and ever, who created heaven, and the things that therein are, and the earth, and the things that therein are, and the sea, and the things which are therein, that there should be time no longer:

7 But in the days of the voice of the seventh angel, when he shall begin to sound, the mystery of ELOHIM should be finished, as he hath declared to his servants the prophets.

8 And the voice which I heard from heaven spake unto me again, and said, Go and take the little book which is open in the hand of the angel which standeth upon the sea and upon the earth.

9 And I went unto the angel, and said unto him, Give me the little book. And he said unto me, Take it, and eat it up; and it shall make thy belly bitter, but it shall be in thy mouth sweet as honey.

10 And I took the little book out of the angel's hand, and ate it up; and it was in my mouth sweet as honey: and as soon as I had eaten it, my belly was bitter.

11 And he said unto me, Thou must prophesy again before many peoples, and nations, and tongues, and kings.

THE TWO WITNESSES

11 And there was given me a reed like unto a rod: and the angel stood, saying, Rise, and measure the temple of ELOHIM, and the altar, and them that worship therein.

2 But the court which is without the temple leave out, and measure it not; for it is given unto the Gentiles: and the holy city shall they tread under foot forty and two months.

3 And I will give power unto my two witnesses, and they shall prophesy a thousand two hundred and threescore days, clothed in sackcloth.

4 These are the two olive trees, and the two candlesticks standing before the ELOHIM of the earth.

5 And if any man will hurt them, fire proceedeth out of their mouth, and devoureth their enemies: and if any man will hurt them, he must in this manner be killed.

6 These have power to shut heaven, that it rain not in the days of their prophecy: and have power over waters to turn them to blood, and to smite the earth with all plagues, as often as they will.

7 And when they shall have finished their testimony, the beast that ascendeth out of the bottomless pit shall make war against them, and shall overcome them, and kill them.

8 And their dead bodies shall lie in the street of the great city, which spiritually is called Sedom and Mitzraim, where also our ADONAI was crucified.

9 And they of the people and kindreds and tongues and nations shall see their dead bodies three days and an half, and shall not suffer their dead bodies to be put in graves.

10 And they that dwell upon the earth shall rejoice over them, and make merry, and shall send gifts one to another; because these two prophets tormented them that dwelt on the earth.

11 And after three days and an half the **RUAKH** of life from ELOHIM entered into them, and they stood upon their feet; and great fear fell upon them which saw them.

12 And they heard a great voice from heaven saying unto them, Come up hither. And they ascended up to heaven in a cloud; and their enemies beheld them.

13 וּבַשָּׁעָה הַהִיא הָיָה רַעַשׁ גָּדוֹל וַתִּפֹּל עֲשִׂירִית הָעִיר וְשִׁבְעַת אֲלָפִים בְּנֵי־אָדָם
לְמִסְפַּר שְׁמוֹתָם נֶהֶרְגוּ בָּרָעַשׁ וְהַנִּשְׁאָרִים רְעָדָה אֲחָזָתַם וַיִּתְּנוּ כָבוֹד לֵאלֹהֵי הַשָּׁמָיִם׃
14 אוֹי שֵׁנִי חָלַף הָלַךְ לוֹ וְאוֹי שְׁלִישִׁי מְהֵרָה יָבוֹא׃

THE SEVENTH TRUMPET

15 וְהַמַּלְאָךְ הַשְּׁבִיעִי תָּקַע בַּשּׁוֹפָר וַיְהִי קֹלוֹת גְּדוֹלִים בַּשָּׁמַיִם וַיֹּאמְרוּ הִנֵּה מַמְלֶכֶת
הָעוֹלָם הָיְתָה לַאֲדֹנֵינוּ **וְלִמְשִׁיחוֹ** וְהוּא יִמְלֹךְ לְעוֹלְמֵי עוֹלָמִים׃ 16 וְעֶשְׂרִים וְאַרְבָּעָה הַזְּקֵנִים
הַיֹּשְׁבִים לִפְנֵי הָאֱלֹהִים עַל־כִּסְאוֹתָם נָפְלוּ עַל־פְּנֵיהֶם וַיִּשְׁתַּחֲווּ לֵאלֹהִים׃ 17 וַיֹּאמְרוּ מוֹדִים
אֲנַחְנוּ לְךָ **יְהוָה** אֱלֹהִים צְבָאוֹת **הַהֹוֶה וְהָיָה וְיִהְיֶה** כִּי לָבַשְׁתָּ עֻזְּךָ הַגָּדוֹל וַתִּמְלֹךְ׃ 18 וְהַגּוֹיִם
קָצָפוּ וַיָּבֹא קֶצְפְּךָ וְעֵת לִשְׁפֹּט הַמֵּתִים וְלָתֵת שָׂכָר לַעֲבָדֶיךָ הַנְּבִיאִים וְלַקְּדֹשִׁים וּלְיִרְאֵי
שְׁמֶךָ לְמִקְּטַנָּם וְעַד־גְּדוֹלָם וּלְהַשְׁחִית אֶת־מַשְׁחִיתֵי הָאָרֶץ׃ 19 וַיִּפָּתַח הֵיכַל אֱלֹהִים
בַּשָּׁמַיִם וַיֵּרָא אֲרוֹן בְּרִיתוֹ בְּהֵיכָלוֹ וַיְהִי בְרָקִים וְקֹלוֹת וּרְעָמִים וָרַעַשׁ וּבָרָד כָּבֵד׃

THE WOMAN AND THE DRAGON

יב וְאוֹת גָּדוֹל נִרְאָה בַּשָּׁמַיִם אִשָּׁה אֲשֶׁר־הַשֶּׁמֶשׁ לְבוּשָׁהּ וְהַיָּרֵחַ תַּחַת רַגְלֶיהָ וְעַל־
רֹאשָׁהּ עֲטֶרֶת שְׁנֵים עָשָׂר כּוֹכָבִים׃ 2 וְהִיא הָרָה וַתִּזְעַק בַּחֲבָלֶיהָ וּבְצִירֵי לֶדְתָּהּ׃
3 וַיֵּרָא אוֹת אַחֵר בַּשָּׁמַיִם וְהִנֵּה תַּנִּין גָּדוֹל אָדֹם כָּאֵשׁ וְלוֹ שִׁבְעָה רָאשִׁים וְעֶשֶׂר קְרָנַיִם
וְעַל־רָאשָׁיו שִׁבְעָה כְתָרִים׃ 4 וְסָחַב בִּזְנָבוֹ מִן־הַשָּׁמַיִם שְׁלִישִׁית הַכּוֹכָבִים וַיַּשְׁלִיכֵם
אַרְצָה וַיִּתְיַצֵּב הַתַּנִּין לִפְנֵי הָאִשָּׁה אֲשֶׁר הֶחֱלָה לָלֶדֶת לְמַעַן בַּלַּע אֶת־בְּנָהּ בְּלִדְתָּהּ׃ 5
וַתֵּלֶד בֵּן זָכָר אֲשֶׁר־יִרְעֶה כָל־הַגּוֹיִם בְּשֵׁבֶט בַּרְזֶל וַיִּלָּקַח בְּנָהּ אֶל־הָאֱלֹהִים וְאֶל־כִּסְאוֹ׃
6 וְהָאִשָּׁה בָּרְחָה הַמִּדְבָּרָה אֲשֶׁר־שָׁם הוּכַן־לָהּ מָקוֹם מֵאֵת אֱלֹהִים לְמַעַן יְכַלְכְּלוּהָ שָּׁם
יָמִים אֶלֶף וּמָאתַיִם וְשִׁשִּׁים׃

SATAN THROWN DOWN TO EARTH

7 וַתְּהִי מִלְחָמָה בַּשָּׁמַיִם מִיכָאֵל הוּא וּמַלְאָכָיו נִלְחָמִים בַּתַּנִּין וְהַתַּנִּין נִלְחָם וּמַלְאָכָיו׃ 8
וְלֹא הִתְחַזָּקוּ וְגַם מְקוֹמָם לֹא־נִמְצָא עוֹד בַּשָּׁמָיִם׃ 9 וַיֻּשְׁלַךְ הַתַּנִּין הַגָּדוֹל הַנָּחָשׁ הַקַּדְמוֹנִי
אֲשֶׁר־נִקְרָא שְׁמוֹ מַלְשִׁין וְשָׂטָן הַמַּדִּיחַ תֵּבֵל כֻּלָּהּ הוּא הֻשְׁלַךְ אַרְצָה וּמַלְאָכָיו עִמּוֹ הֻשְׁלָכוּ׃
10 וָאֶשְׁמַע קוֹל גָּדוֹל בַּשָּׁמַיִם וַיֹּאמַר עַתָּה בָּאָה יְשׁוּעַת אֱלֹהֵינוּ וְעֻזּוֹ וּמַלְכוּתוֹ וּמֶמְשֶׁלֶת
מְשִׁיחוֹ כִּי הוּרַד שׂוֹטֵן אַחֵינוּ הָעֹמֵד לְשִׂטְנָם לִפְנֵי אֱלֹהֵינוּ יוֹמָם וָלָיְלָה׃ 11 וְהֵם נִצְּחֻהוּ
בְּדַם־הַשֶּׂה וּבִדְבַר עֵדוּתָם וְלֹא־אָהֲבוּ אֶת־נַפְשָׁם עַד לַמָּוֶת׃

REVELATION

13 And the same hour was there a great earthquake, and the tenth part of the city fell, and in the earthquake were slain of men seven thousand: and the remnant were affrighted, and gave glory to the ELOHIM of heaven.

14 The second woe is past; and, behold, the third woe cometh quickly.

THE SEVENTH TRUMPET

15 And the seventh angel sounded; and there were great voices in heaven, saying, The kingdoms of this world are become the kingdoms of our ADONAI, and of his **MESHIAKH**; and he shall reign for ever and ever.

16 And the four and twenty elders, which sat before ELOHIM on their seats, fell upon their faces, and worshipped ELOHIM,

17 Saying, We give thee thanks, O **YAHOWAH** ELOHIM Almighty, WHICH ART, AND WAST, AND ART TO COME; because thou hast taken to thee thy great power, and hast reigned.

18 And the nations were angry, and thy wrath is come, and the time of the dead, that they should be judged, and that thou shouldest give reward unto thy servants the prophets, and to the saints, and them that fear thy name, small and great; and shouldest destroy them which destroy the earth.

19 And the temple of ELOHIM was opened in heaven, and there was seen in his temple the ark of his covenant: and there were lightnings, and voices, and thunderings, and an earthquake, and great hail.

THE WOMAN AND THE DRAGON

12 And there appeared a great wonder in heaven; a woman clothed with the sun, and the moon under her feet, and upon her head a crown of twelve stars:

2 And she being with child cried, travailing in birth, and pained to be delivered.

3 And there appeared another wonder in heaven; and behold a great red dragon, having seven heads and ten horns, and seven crowns upon his heads.

4 And his tail drew the third part of the stars of heaven, and did cast them to the earth: and the dragon stood before the woman which was ready to be delivered, for to devour her child as soon as it was born.

5 And she brought forth a man child, who was to rule all nations with a rod of iron: and her child was caught up unto ELOHIM, and to his throne.

6 And the woman fled into the wilderness, where she hath there a place prepared of ELOHIM, that they should feed her there a thousand two hundred and threescore days.

SATAN THROWN DOWN TO EARTH

7 And there was war in heaven: Mika'EL and his angels fought against the dragon; and the dragon fought and his angels,

8 And prevailed not; neither was their place found any more in heaven.

9 And the great dragon was cast out, that old serpent, called the Devil, and Satan, which deceiveth the whole world: he was cast out into the earth, and his angels were cast out with him.

10 And I heard a loud voice saying in heaven, Now is come salvation, and strength, and the kingdom of our ELOHIM, and the power of his **MESHIAKH**: for the accuser of our brethren is cast down, which accused them before our ELOHIM day and night.

11 And they overcame him by the blood of the Lamb, and by the word of their testimony; and they loved not their lives unto the death.

12 עַל־כֵּן רָנּוּ שָׁמַיִם וְשֹׁכְנֵיהֶם אוֹי לָכֶם יֹשְׁבֵי אֶרֶץ וָיָם כִּי־יָרַד אֲלֵיכֶם הַמַּלְשִׁין בְּחֵמָה
גְדוֹלָה מִדַּעְתּוֹ כִּי תִקְצַר עִתּוֹ: 13 וַיְהִי כַּאֲשֶׁר רָאָה הַתַּנִּין כִּי הֻשְׁלַךְ אָרְצָה וַיִּרְדֹּף
אֶת־הָאִשָּׁה אֲשֶׁר יָלְדָה אֶת־הַזָּכָר: 14 וַיִּתְּנוּ לָאִשָּׁה שְׁתֵּי כַּנְפֵי הַנֶּשֶׁר הַגָּדוֹל לָעוּף
הַמִּדְבָּרָה אֶל־מְקוֹמָהּ אֲשֶׁר תְּכֻלְכַּל־שָׁם מוֹעֵד מוֹעֲדִים וָחֵצִי מִפְּנֵי הַנָּחָשׁ: 15 וַיְשַׁלַּח
הַנָּחָשׁ נְהַר־מַיִם מִפִּיו אַחֲרֵי הָאִשָּׁה לְשָׁטְפָהּ בַּנָּהָר: 16 וַתַּעֲזֹר הָאָרֶץ אֶת־הָאִשָּׁה
וַתִּפְתַּח הָאָרֶץ אֶת־פִּיהָ וַתִּבְלַע אֶת־הַנָּהָר אֲשֶׁר־שִׁלַּח הַתַּנִּין מִפִּיהוּ: 17 וַיִּקְצֹף הַתַּנִּין
עַל־הָאִשָּׁה וַיֵּלֶךְ לַעֲשׂוֹת מִלְחָמָה עִם־יֶתֶר זַרְעָהּ הַשֹּׁמְרִים פִּקּוּדֵי אֱלֹהִים וַאֲשֶׁר עֵדוּת
יָהוֹשֻׁעַ הַמָּשִׁיחַ בְּפִיהֶם:

THE FIRST BEAST

יג וָאֱהִי עֹמֵד עַל־חוֹל הַיָּם וָאֵרֶא חַיָּה עֹלָה מִן־הַיָּם וְלָהּ עֶשֶׂר קְרָנַיִם וְשִׁבְעָה
רָאשִׁים וּבְקַרְנֶיהָ עֲשָׂרָה כְתָרִים וּבְרָאשֶׁיהָ שְׁמוֹת גִּדּוּפִים: 2 וְהַחַיָּה אֲשֶׁר
רָאִיתִי מַרְאֶהָ כְּמַרְאֵה הַנָּמֵר וְרַגְלֶיהָ רַגְלֵי דֹב וּפִיהָ פִּי אַרְיֵה וַיִּתֶּן־לָהּ הַתַּנִּין אֶת־
כֹּחוֹ וְאֶת־כִּסְאוֹ וּמִמְשָׁל רָב: 3 וָאֵרֶא וְהִנֵּה אֶחָד מֵרָאשֶׁיהָ כְּפָצוּעַ פֶּצַע לָמוּת
וּמַכַּת מָוֶת אֲשֶׁר־לָהּ נִרְפָּאָה וַתִּשְׁתּוֹמֵם כָּל־הָאָרֶץ אַחֲרֵי הַחַיָּה: 4 וַיִּשְׁתַּחֲווּ לַתַּנִּין
אֲשֶׁר־נָתַן מֶמְשָׁלָה לַחַיָּה וַיִּשְׁתַּחֲווּ לַחַיָּה וַיֹּאמְרוּ מִי יִדְמֶה לַחַיָּה וּמִי יוּכַל לְהִלָּחֵם
אִתָּהּ: 5 וַיִּנָּתֶן לָהּ פֶּה מְמַלֵּל גְּדֹלוֹת וְנֶאָצוֹת וְשָׁלְטָן נִתַּן־לָהּ לַעֲשׂוֹת (מִלְחָמָה)
אַרְבָּעִים וּשְׁנַיִם חֳדָשִׁים: 6 וַתִּפְתַּח אֶת־פִּיהָ לְנַאֵץ אֶת־הָאֱלֹהִים וַתְּנַאֵץ אֶת־שְׁמוֹ
וְאֶת־מִשְׁכָּנוֹ וְאֶת־הַשֹּׁכְנִים בַּשָּׁמָיִם: 7 וַיִּנָּתֶן לָהּ לַעֲשׂוֹת מִלְחָמָה עִם־הַקְּדֹשִׁים
וּלְנַצְּחָם וַתִּנָּתֶן לָהּ מֶמְשָׁלָה עַל־כָּל־מִשְׁפָּחָה וָעָם וְלָשׁוֹן וָגוֹי: 8 וְיִשְׁתַּחֲווּ לָהּ כָּל־
יֹשְׁבֵי הָאָרֶץ אֲשֶׁר לֹא־נִכְתְּבוּ שְׁמוֹתָם בְּסֵפֶר הַחַיִּים אֲשֶׁר לַשֶּׂה הַטָּבוּחַ מִיּוֹם הִוָּסֵד
תֵּבֵל: 9 כָּל־אֲשֶׁר אֹזֶן לוֹ יִשְׁמָע: 10 הַמּוֹלִיךְ שְׁבִי יֵלֵךְ בַּשֶּׁבִי וְהַהֹרֵג בַּחֶרֶב הָרֹג
יֵהָרֵג בֶּחָרֶב בָּזֹאת סַבְלָנוּת וֶאֱמוּנַת הַקְּדֹשִׁים:

THE SECOND BEAST

11 וָאֵרֶא חַיָּה אַחֶרֶת עֹלָה מִן־הָאֲדָמָה וְלָהּ שְׁתֵּי קְרָנַיִם כְּקַרְנֵי הַשֶּׂה וּמְדַבֶּרֶת
כַּתַּנִּין: 12 וְהִיא עֹשָׂה כָּל־פִּקּוּדֵי הַחַיָּה הָרִאשֹׁנָה בְּפָנֶיהָ וּמְבִיאָה אֶת־הָאָרֶץ
וְיֹשְׁבֶיהָ לְהִשְׁתַּחֲוֹת לַחַיָּה הָרִאשֹׁנָה אֲשֶׁר־נִרְפְּאָה מַכַּת מָוֶת אֲשֶׁר־לָהּ: 13 וְנֹתֶנֶת
אוֹתוֹת גְּדֹלוֹת וְגַם־אֵשׁ מִן־הַשָּׁמַיִם תּוֹרִיד אַרְצָה לְעֵינֵי בְּנֵי אָדָם:

REVELATION

12 Therefore rejoice, ye heavens, and ye that dwell in them. Woe to the earth and to the sea! for the devil is come down unto you, having great wrath, because he knoweth that he hath but a short time.

13 And when the dragon saw that he was cast unto the earth, he persecuted the woman which brought forth the man child.

14 And to the woman were given two wings of a great eagle, that she might fly into the wilderness, into her place, where she is nourished for a time, and times, and half a time, from the face of the serpent.

15 And the serpent cast out of his mouth water as a flood after the woman, that he might cause her to be carried away of the flood.

16 And the earth helped the woman, and the earth opened her mouth, and swallowed up the flood which the dragon cast out of his mouth.

17 And the dragon was wroth with the woman, and went to make war with the remnant of her seed, which keep the commandments of ELOHIM, and have the testimony of **YAHOSHUA HA' MESHIAKH**.

THE FIRST BEAST

13 And I stood upon the sand of the sea, and saw a beast rise up out of the sea, having seven heads and ten horns, and upon his horns ten crowns, and upon his heads the name of blasphemy.

2 And the beast which I saw was like unto a leopard, and his feet were as the feet of a bear, and his mouth as the mouth of a lion: and the dragon gave him his power, and his seat, and great authority.

3 And I saw one of his heads as it were wounded to death; and his deadly wound was healed: and all the world wondered after the beast.

4 And they worshipped the dragon which gave power unto the beast: and they worshipped the beast, saying, Who is like unto the beast? who is able to make war with him?

5 And there was given unto him a mouth speaking great things and blasphemies; and power was given unto him to continue forty and two months.

6 And he opened his mouth in blasphemy against ELOHIM, to blaspheme his name, and his tabernacle, and them that dwell in heaven.

7 And it was given unto him to make war with the saints, and to overcome them: and power was given him over all kindreds, and tongues, and nations.

8 And all that dwell upon the earth shall worship him, whose names are not written in the book of life of the Lamb slain from the foundation of the world.

9 If any man have an ear, let him hear.

10 He that leadeth into captivity shall go into captivity: he that killeth with the sword must be killed with the sword. Here is the patience and the faith of the saints.

THE SECOND BEAST

11 And I beheld another beast coming up out of the earth; and he had two horns like a lamb, and he spake as a dragon.

12 And he exerciseth all the power of the first beast before him, and causeth the earth and them which dwell therein to worship the first beast, whose deadly wound was healed.

13 And he doeth great wonders, so that he maketh fire come down from heaven on the earth in the sight of men,

14 וּמַתְעֶה אֶת־יֹשְׁבֵי הָאָרֶץ בָּאוֹתוֹת אֲשֶׁר נִתַּן־לָהּ לַעֲשׂוֹת בִּפְנֵי הַחַיָּה בְּאָמְרָהּ
אֶל־יֹשְׁבֵי הָאָרֶץ לַעֲשׂוֹת צֶלֶם לַחַיָּה אֲשֶׁר־הֻכְּתָה מַכַּת־חֶרֶב וַתֶּחִי: 15 וַיִּנָּתֶן־לָהּ לָתֵת
רוּחַ בְּצֶלֶם הַחַיָּה עַד־כִּי יְדַבֵּר צֶלֶם הַחַיָּה וְכֹל אֲשֶׁר־לֹא יִשְׁתַּחֲווּ לְצֶלֶם הַחַיָּה תַּסְגִּירֵם
לַמָּוֶת: 16 וַתַּעַשׂ אֶת־אֲשֶׁר כֻּלָּם לְמִקָּטֹן וְעַד־גָּדוֹל אִם־אֶבְיוֹן וְאִם־עָשִׁיר גַּם־בְּנֵי הַחֹרִים
גַּם־הָעֲבָדִים יִתְווּ תָו עַל־יַד יְמִינָם אוֹ עַל־מִצְחֹתָם: 17 וְלֹא־יוּכַל אִישׁ לִקְנוֹת אוֹ לִמְכֹּר
כִּי אִם־בִּהְיוֹת עָלָיו תָּו הַחַיָּה אוֹ שְׁמָהּ אוֹ־מִסְפַּר שְׁמָהּ: 18 בָּזֹאת חָכְמָה מִי שֶׁבִּינָה לוֹ
יְחַשֵּׁב מִסְפַּר הַחַיָּה כִּי מִסְפַּר אָדָם הוּא וּמִסְפָּרוֹ שֵׁשׁ מֵאוֹת וְשִׁשִּׁים וָשֵׁשׁ:

THE LAMB AND THE 144,000

יד וָאֵרֶא וְהִנֵּה־שֶׂה עֹמֵד עַל־הַר צִיּוֹן וְעִמּוֹ מְאַת אֶלֶף וְאַרְבָּעִים וְאַרְבָּעָה אֲלָפִים
וּשְׁמוֹ וְשֵׁם אָבִיו כָּתוּב עַל־מִצְחוֹתָם: 2 וָאֶשְׁמַע קוֹל מִן־הַשָּׁמַיִם כְּקוֹל מַיִם
רַבִּים וּכְקוֹל רַעַם גָּדוֹל וְהַקּוֹל אֲשֶׁר־שָׁמַעְתִּי כְּקוֹל תֹּפְשֵׂי כִנּוֹר מְנַגְּנִים בְּכִנּוֹרוֹתֵיהֶם: 3
וַיָּשִׁירוּ שִׁיר חָדָשׁ לִפְנֵי הַכִּסֵּא וְלִפְנֵי אַרְבַּע הַחַיּוֹת וְלִפְנֵי הַזְּקֵנִים וְאֵין אִישׁ יָכֹל לִלְמֹד
אֶת־הַשִּׁיר זוּלָתִי מְאַת הָאֶלֶף וְאַרְבָּעִים וְאַרְבַּעַת הָאֲלָפִים הַנִּקְנִים מִן־הָאָרֶץ: 4 אֵלֶּה
הֵם אֲשֶׁר לֹא־נִגְאֲלוּ בַּנָּשִׁים כִּי־כִבְתוּלוֹת הֵמָּה אֵלֶּה הֵם הַהֹלְכִים אַחֲרֵי הַשֶּׂה אֶל־כָּל־
אֲשֶׁר יֵלֵךְ אֵלֶּה נִקְנוּ מִתּוֹךְ בְּנֵי הָאָדָם לְרֵאשִׁית בִּכּוּרִים לֵאלֹהִים וְלַשֶּׂה: 5 וְתַרְמִית
לֹא־נִמְצְאָה בְּפִיהֶם כִּי תְמִימִים הֵמָּה לִפְנֵי כִּסֵּא הָאֱלֹהִים:

THE MESSAGES OF THE THREE ANGELS

6 וָאֵרֶא מַלְאָךְ אַחֵר מְעוֹפֵף בַּחֲצִי הַשָּׁמַיִם וּבְפִיו בְּשׂוֹרַת עוֹלָם לְבַשֵּׂר אֶת־יֹשְׁבֵי
הָאָרֶץ וְאֶת־כָּל־גּוֹי וּמִשְׁפָּחָה וְלָשׁוֹן וָעָם: 7 וַיִּקְרָא בְּקוֹל גָּדוֹל יִרְאוּ אֶת־הָאֱלֹהִים וְהָבוּ־
לוֹ כָבוֹד כִּי בָאָה עֵת מִשְׁפָּטוֹ וְהִשְׁתַּחֲווּ לְעֹשֶׂה שָׁמַיִם וָאָרֶץ אֶת־הַיָּם וּמַעְיְנוֹת הַמָּיִם: 8
וּמַלְאָךְ אַחֵר בָּא אַחֲרָיו וַיֹּאמַר נָפְלָה נָפְלָה בָּבֶל הָעִיר הַגְּדוֹלָה כִּי הִשְׁקְתָה כָל־הַגּוֹיִם
מִיֵּין חֲמַת תַּזְנֻתָהּ: 9 וּמַלְאָךְ שְׁלִישִׁי בָּא אַחֲרֵיהֶם וַיִּקְרָא בְּקוֹל גָּדוֹל כָּל־אֲשֶׁר יִשְׁתַּחֲוֶה
לִפְנֵי הַחַיָּה וְלִפְנֵי צַלְמָהּ וְנָשָׂא אֶת־תָּוָהּ עַל־מִצְחוֹ אוֹ עַל־יָדוֹ: 10 גַּם־הוּא יִשְׁתֶּה
מִיֵּין חֲמַת אֱלֹהִים הַנִּמְסָךְ וְלֹא מָהוּל בְּכוֹס זַעְמוֹ וְעֻנָּה בְּאֵשׁ וְגָפְרִית לִפְנֵי הַמַּלְאָכִים
הַקְּדֹשִׁים וְלִפְנֵי הַשֶּׂה: 11 וְעָלָה עֲשַׁן עִנּוּיָם לְעוֹלְמֵי־עַד וְהַמִּשְׁתַּחֲוִים לַחַיָּה וּלְצַלְמָהּ
וַאֲשֶׁר יִשָּׂא אֶת־תָּו שְׁמָהּ לֹא יִמְצְאוּ מְנוּחָה יוֹמָם וָלָיְלָה: 12 בָּזֹאת סַבְלָנוּתָם שֶׁל־
הַקְּדֹשִׁים הַשֹּׁמְרִים אֶת־מִצְוֹת הָאֱלֹהִים וְאֶת־אֱמוּנַת **יָהוֹשֻׁעַ**:

REVELATION

14 And deceiveth them that dwell on the earth by the means of those miracles which he had power to do in the sight of the beast; saying to them that dwell on the earth, that they should make an image to the beast, which had the wound by a sword, and did live.

15 And he had power to give life unto the image of the beast, that the image of the beast should both speak, and cause that as many as would not worship the image of the beast should be killed.

16 And he causeth all, both small and great, rich and poor, free and bond, to receive a mark in their right hand, or in their foreheads:

17 And that no man might buy or sell, save he that had the mark, or the name of the beast, or the number of his name.

18 Here is wisdom. Let him that hath understanding count the number of the beast: for it is the number of a man; and his number is Six hundred threescore and six.

THE LAMB AND THE 144,000

14 And I looked, and, lo, a Lamb stood on the mount Tzion, and with him an hundred forty and four thousand, having his name and his Father's name written in their foreheads.

2 And I heard a voice from heaven, as the voice of many waters, and as the voice of a great thunder: and I heard the voice of harpers harping with their harps:

3 And they sung as it were a new song before the throne, and before the four beasts, and the elders: and no man could learn that song but the hundred and forty and four thousand, which were redeemed from the earth.

4 These are they which were not defiled with women; for they are virgins. These are they which follow the Lamb whithersoever he goeth. These were redeemed from among men, being the firstfruits unto ELOHIM and to the Lamb.

5 And in their mouth was found no guile: for they are without fault.

THE MESSAGES OF THE THREE ANGELS

6 And I saw another angel fly in the midst of heaven, having the everlasting gospel to preach unto them that dwell on the earth, and to every nation, and kindred, and tongue, and people,

7 Saying with a loud voice, Fear ELOHIM, and give glory to him; for the hour of his judgment is come: and worship him that made heaven, and earth, and the sea, and the fountains of waters.

8 And there followed another angel, saying, Babel is fallen, is fallen, that great city, because she made all nations drink of the wine of the wrath of her fornication.

9 And the third angel followed them, saying with a loud voice, If any man worship the beast and his image, and receive his mark in his forehead, or in his hand,

10 The same shall drink of the wine of the wrath of ELOHIM, which is poured out without mixture into the cup of his indignation; and he shall be tormented with fire and brimstone in the presence of the holy angels, and in the presence of the Lamb:

11 And the smoke of their torment ascendeth up for ever and ever: and they have no rest day nor night, who worship the beast and his image, and whosoever receiveth the mark of his name.

12 Here is the patience of the saints: here are they that keep the commandments of ELOHIM, and the faith of **YAHOSHUA**.

13 וָאֶשְׁמַע קוֹל מִן־הַשָּׁמַיִם מְדַבֵּר אֵלַי כְּתֹב אַשְׁרֵי הַמֵּתִים אֲשֶׁר־יָמוּתוּ בָּאָדוֹן מֵעַתָּה
אָמְנָם כֵּן אָמַר **הָרוּחַ** לְמַעַן יָנוּחוּ מֵעֲמָלָם כִּי מַעֲשֵׂיהֶם הֹלְכִים אַחֲרֵיהֶם׃

THE HARVEST OF THE EARTH

14 וָאֵרֶא וְהִנֵּה עָנָן בָּהִיר וְעַל־הֶעָנָן יֹשֵׁב כִּדְמוּת בֶּן־אָדָם וַעֲטֶרֶת זָהָב עַל־רֹאשׁוֹ וּבְיָדוֹ
מַגָּל מְלֻטָּשׁ׃ 15 וּמַלְאָךְ אַחֵר יָצָא מִן־הַהֵיכָל וַיִּזְעַק בְּקוֹל גָּדוֹל אֶל־הַיֹּשֵׁב עַל־הֶעָנָן
לֵאמֹר שְׁלַח מַגָּלְךָ וּקְצֹר כִּי בָאָה הָעֵת לִקְצֹר כִּי יָבֵשׁ קְצִיר הָאָרֶץ׃ 16 וַיִּשְׁלַח הַיֹּשֵׁב
בֶּעָנָן אֶת־מַגָּלוֹ בָּאָרֶץ וְהָאָרֶץ נִקְצָרָה׃ 17 וּמַלְאָךְ אַחֵר יָצָא מִן־הַהֵיכָל אֲשֶׁר בַּשָּׁמַיִם
וְגַם־לוֹ מַגָּל מְלֻטָּשׁ בְּיָדוֹ׃ 18 וַיֵּצֵא מַלְאָךְ אַחֵר מִן־הַמִּזְבֵּחַ וְלוֹ מֶמְשֶׁלֶת הָאֵשׁ וַיִּקְרָא
קוֹל גָּדוֹל אֶל־אֲשֶׁר בְּיָדוֹ הַמַּגָּל הַמְלֻטָּשׁ לֵאמֹר שְׁלַח מַגָּלְךָ הַמְלֻטָּשׁ וּבְצֹר אֶת־אַשְׁכְּלֹת
גֶּפֶן הָאָרֶץ כִּי־בָשְׁלוּ עֲנָבֶיהֶם׃ 19 וַיָּנֶף הַמַּלְאָךְ אֶת־מַגָּלוֹ עַל־הָאָרֶץ וַיִּבְצֹר אֶת־אַשְׁכְּלֹת
גֶּפֶן הָאָרֶץ וַיַּשְׁלִיכֵם בְּגַת־חֲמַת אֱלֹהִים הַגְּדוֹלָה׃ 20 וַתִּדָּרֵךְ הַגַּת מִחוּץ לָעִיר וַיֵּצֵא־דָם
מִן־הַגַּת וַיַּעַל עַד רִסְנֵי הַסּוּסִים דֶּרֶךְ־אֶלֶף וְשֵׁשׁ מֵאוֹת רִיס׃

THE SEVEN ANGELS WITH SEVEN PLAGUES

טו וָאֵרֶא אוֹת אַחֵר בַּשָּׁמַיִם גָּדוֹל וְנִפְלָא שִׁבְעָה מַלְאָכִים נֹשְׂאִים אֶת־שֶׁבַע
הַמַּכּוֹת הָאַחֲרֹנוֹת כִּי בָהֵן כָּלָה זַעַם אֱלֹהִים׃ 2 וָאֵרֶא כְּיָם זְכוֹכִית בָּלוּל בָּאֵשׁ
וְאֶת־הַמִּתְגַּבְּרִים עַל־הַחַיָּה וְעַל־צַלְמָהּ וְעַל־תָּוָהּ וְעַל־מִסְפַּר שְׁמָהּ עֹמְדִים עַל־יַם
הַזְּכוֹכִית וְכִנֹּרוֹת אֱלֹהִים בִּידֵיהֶם׃ 3 וַיָּשִׁירוּ אֶת־שִׁירַת מֹשֶׁה עֶבֶד אֱלֹהִים וְשִׁירַת הַשֶּׂה
לֵאמֹר גְּדוֹלִים מַעֲשֶׂיךָ וְנִפְלָאִים **יְהוָֹה** אֱלֹהִים צְבָאוֹת צֶדֶק וֶאֱמֶת דְּרָכֶיךָ מֶלֶךְ הַגּוֹיִם׃
4 מִי לֹא יִירָאֲךָ **יְהוָֹה** וְלֹא יִתֵּן כָּבוֹד לִשְׁמֶךָ כִּי־קָדוֹשׁ אַתָּה לְבַדֶּךָ כִּי כָל־הַגּוֹיִם יָבֹאוּ
וְיִשְׁתַּחֲווּ לְפָנֶיךָ כִּי־נִגְלוּ מִשְׁפְּטֵי צִדְקֶךָ׃ 5 וְאַחֲרֵי כֵן רָאִיתִי וְהִנֵּה נִפְתַּח הֵיכַל מִשְׁכַּן
הָעֵדוּת בַּשָּׁמָיִם׃ 6 וַיֵּצְאוּ מִן־הַהֵיכָל שִׁבְעָה הַמַּלְאָכִים הַנֹּשְׂאִים אֶת־שֶׁבַע הַמַּכּוֹת
וְהֵם מְלֻבָּשִׁים בַּד טָהוֹר וְצַח וַחֲגוּרִים אֵזוֹרֵי זָהָב עַל־חֲזוֹתֵיהֶם׃ 7 וְאַחַת מֵאַרְבַּע
הַחַיּוֹת נָתְנָה לְשִׁבְעַת הַמַּלְאָכִים שֶׁבַע קַעֲרֹת זָהָב מְלֵאוֹת חֲמַת הָאֱלֹהִים הַחַי לְעוֹלְמֵי
עוֹלָמִים׃ 8 וַיִּמָּלֵא הַהֵיכָל עָשָׁן מִכְּבוֹד אֱלֹהִים וְעֻזּוֹ וְלֹא־יָכֹל אִישׁ לָבוֹא אֶל־הַהֵיכָל עַד
אֲשֶׁר כָּלוּ שֶׁבַע הַמַּכּוֹת אֲשֶׁר בִּידֵי שִׁבְעָה הַמַּלְאָכִים׃

REVELATION

13 And I heard a voice from heaven saying unto me, Write, Blessed are the dead which die in ADONAI from henceforth: Yea, saith the **RUAKH**, that they may rest from their labours; and their works do follow them.

THE HARVEST OF THE EARTH

14 And I looked, and behold a white cloud, and upon the cloud one sat like unto the Son of man, having on his head a golden crown, and in his hand a sharp sickle.

15 And another angel came out of the temple, crying with a loud voice to him that sat on the cloud, Thrust in thy sickle, and reap: for the time is come for thee to reap; for the harvest of the earth is ripe.

16 And he that sat on the cloud thrust in his sickle on the earth; and the earth was reaped.

17 And another angel came out of the temple which is in heaven, he also having a sharp sickle.

18 And another angel came out from the altar, which had power over fire; and cried with a loud cry to him that had the sharp sickle, saying, Thrust in thy sharp sickle, and gather the clusters of the vine of the earth; for her grapes are fully ripe.

19 And the angel thrust in his sickle into the earth, and gathered the vine of the earth, and cast it into the great winepress of the wrath of ELOHIM.

20 And the winepress was trodden without the city, and blood came out of the winepress, even unto the horse bridles, by the space of a thousand and six hundred furlongs.

THE SEVEN ANGELS WITH SEVEN PLAGUES

15 And I saw another sign in heaven, great and marvellous, seven angels having the seven last plagues; for in them is filled up the wrath of ELOHIM.

2 And I saw as it were a sea of glass mingled with fire: and them that had gotten the victory over the beast, and over his image, and over the number of his name, stand on the sea of glass, having the harps of ELOHIM.

3 And they sing the song of Mosheh the servant of ELOHIM, and the song of the Lamb, saying, Great and marvellous are thy works, **YAHOWAH** ELOHIM Almighty; just and true are thy ways, thou King of saints.

4 Who shall not fear thee, O **YAHOWAH**, and glorify thy name? for thou only art holy: for all nations shall come and worship before thee; for thy judgments are made manifest.

5 And after that I looked, and, behold, the temple of the tabernacle of the testimony in heaven was opened:

6 And the seven angels came out of the temple, having the seven plagues, clothed in pure and white linen, and having their breasts girded with golden girdles.

7 And one of the four beasts gave unto the seven angels seven golden vials full of the wrath of ELOHIM, who liveth for ever and ever.

8 And the temple was filled with smoke from the glory of ELOHIM, and from his power; and no man was able to enter into the temple, till the seven plagues of the seven angels were fulfilled.

THE SEVEN BOWLS OF GOD'S WRATH

טז וָאֶשְׁמַע קוֹל גָּדוֹל מִן־הַהֵיכָל אֹמֵר אֶל־שִׁבְעַת הַמַּלְאָכִים לְכוּ הָרִיקוּ אֶת־שֶׁבַע
קַעֲרֹת חֲמַת הָאֱלֹהִים אָרְצָה׃ 2 וַיֵּלֶךְ הָרִאשׁוֹן וַיָּרֶק אֶת־קַעֲרָתוֹ עַל־הָאָרֶץ
וַיְהִי שְׁחִין רַע וּמַכְאִיב בָּאֲנָשִׁים אֲשֶׁר־עֲלֵיהֶם תָּו הַחַיָּה וּבַמִּשְׁתַּחֲוִים לְצַלְמָהּ׃ 3 וַיָּרֶק
הַשֵּׁנִי אֶת־קַעֲרָתוֹ עַל־הַיָּם וַיְהִי לְדָם כְּדַם חָלָל וַתָּמָת כָּל־נֶפֶשׁ חַיָּה אֲשֶׁר בַּיָּם׃ 4 וַיָּרֶק
הַשְּׁלִישִׁי אֶת־קַעֲרָתוֹ בַּנְּהָרוֹת וּבְמַעְיְנוֹת הַמָּיִם וַיִּהְיוּ לְדָם׃ 5 וָאֶשְׁמַע אֶת־מַלְאַךְ הַמַּיִם
אֹמֵר צַדִּיק אַתָּה הַהֹוֶה וְהָיָה וְהַקָּדוֹשׁ כִּי־כֵן שָׁפָטְתָּ׃ 6 כִּי דַּם קְדֹשִׁים וּנְבִיאִים שָׁפָכוּ
וְדָם הִשְׁקִיתָם כִּי־גְמוּל יָדָם הוּא׃ 7 וָאֶשְׁמַע אֶת־הַמִּזְבֵּחַ אֹמֵר אָמְנָם כֵּן **יְהוָה** אֱלֹהִים
צְבָאוֹת אֱמֶת וָצֶדֶק מִשְׁפָּטֶיךָ׃ 8 וַיָּרֶק הַמַּלְאָךְ הָרְבִיעִי אֶת־קַעֲרָתוֹ עַל־הַשָּׁמֶשׁ וַיִּנָּתֵן
לוֹ לְלַהֵט אֶת־בְּנֵי הָאָדָם בָּאֵשׁ׃ 9 וַיְלֹהֲטוּ בְנֵי־אָדָם בְּחֹם גָּדוֹל וַיְגַדְּפוּ אֶת־שֵׁם אֱלֹהִים
אֲשֶׁר־לוֹ מֶמְשֶׁלֶת הַמַּכּוֹת הָאֵלֶּה וְלֹא שָׁבוּ לָתֶת־לוֹ הַכָּבוֹד׃ 10 וַיָּרֶק הַחֲמִישִׁי אֶת־
קַעֲרָתוֹ עַל־כִּסֵּא הַחַיָּה וַתֶּחְשַׁךְ מַלְכוּתָהּ וַיְנַשְּׁכוּ אֶת־לְשׁוֹנָם מִכְּאֵב לֵב׃ 11 וַיְגַדְּפוּ אֶת־
אֱלֹהֵי הַשָּׁמַיִם מִמַּכְאֹבָם וּשְׁחִינָם וְלֹא שָׁבוּ מִמַּעֲשֵׂיהֶם׃ 12 וַיָּרֶק הַשִּׁשִּׁי אֶת־קַעֲרָתוֹ
עַל־הַנָּהָר הַגָּדוֹל נְהַר־פְּרָת וַיֶּחֶרְבוּ מֵימָיו לְיַשֵּׁר מְסִלָּה לַמְּלָכִים הַבָּאִים מִמִּזְרַח־שָׁמֶשׁ׃
13 וָאֵרֶא וְהִנֵּה מִפִּי הַתַּנִּין וּמִפִּי הַחַיָּה וּמִפִּי נְבִיא הַשֶּׁקֶר יֹצְאוֹת שָׁלֹשׁ רוּחוֹת טְמֵאוֹת
דֹּמוֹת לִצְפַרְדְּעִים׃ 14 כִּי רוּחוֹת הַשֵּׁדִים הֵנָּה וְהֵן עֹשׂוֹת אוֹתוֹת וְיֹצְאוֹת אֶל־מַלְכֵי
אֶרֶץ וְתֵבֵל כֻּלָּהּ לְאָסְפָם לְמִלְחֶמֶת הַיּוֹם הַהוּא הַגָּדוֹל יוֹם אֱלֹהֵי הַצְּבָאוֹת׃ 15 הִנְנִי בָא
כְּגַנָּב אַשְׁרֵי הַשֹּׁקֵד וְשֹׁמֵר אֶת־בְּגָדָיו פֶּן־יֵלֵךְ עָרֹם וְרָאוּ אֶת־עֶרְוָתוֹ׃ 16 וַיֶּאֱסֹף אֹתָם
אֶל־הַמָּקוֹם הַנִּקְרָא בְּעִבְרִית הַר מְגִדּוֹן׃

THE SEVENTH BOWL

17 וַיָּרֶק הַמַּלְאָךְ הַשְּׁבִיעִי אֶת־קַעֲרָתוֹ בָּאֲוִיר וַיֵּצֵא קוֹל גָּדוֹל מֵהֵיכַל הַשָּׁמַיִם מִן־
הַכִּסֵּא וַיֹּאמַר הָיָה נִהְיָתָה׃ 18 וַיִּהְיוּ קֹלוֹת וּרְעָמִים וּבְרָקִים וַיְהִי רַעַשׁ גָּדוֹל אֲשֶׁר
לֹא־הָיָה כָמֹהוּ לְמִן־הֱיוֹת אָדָם עַל־הָאָרֶץ כִּי גָדוֹל הָרַעַשׁ עַד־מְאֹד׃ 19 וְהָעִיר הַגְּדוֹלָה
נֶחֶלְקָה לִשְׁלֹשָׁה חֲלָקִים וַתִּפֹּלְנָה עָרֵי הַגּוֹיִם וַתִּזָּכֵר בָּבֶל הַגְּדוֹלָה לִפְנֵי אֱלֹהִים לָתֶת־לָהּ
כּוֹס יֵין חֲמַת אַפּוֹ׃ 20 וַיָּנָס כָּל־אִי וְהֶהָרִים לֹא נִמְצָאוּ׃ 21 וְאַבְנֵי בָרָד כַּכִּכָּר מִשְׁקָלָם
יָרְדוּ מִן הַשָּׁמַיִם עַל־בְּנֵי הָאָדָם וַיְגַדְּפוּ בְנֵי־הָאָדָם אֶת־הָאֱלֹהִים עַל־אֹדוֹת מַכַּת הַבָּרָד
כִּי־כְבֵדָה מַכָּתוֹ מְאֹד׃

REVELATION

THE SEVEN BOWLS OF GOD'S WRATH

16 And I heard a great voice out of the temple saying to the seven angels, Go your ways, and pour out the vials of the wrath of ELOHIM upon the earth.

2 And the first went, and poured out his vial upon the earth; and there fell a noisome and grievous sore upon the men which had the mark of the beast, and upon them which worshipped his image.

3 And the second angel poured out his vial upon the sea; and it became as the blood of a dead man: and every living soul died in the sea.

4 And the third angel poured out his vial upon the rivers and fountains of waters; and they became blood.

5 And I heard the angel of the waters say, Thou art righteous, O ADONAI, which art, and wast, and shalt be, because thou hast judged thus.

6 For they have shed the blood of saints and prophets, and thou hast given them blood to drink; for they are worthy.

7 And I heard the altar say, Even so, **YAHOWAH** ELOHIM Almighty, true and righteous are thy judgments.

8 And the fourth angel poured out his vial upon the sun; and power was

9 And men were scorched with great heat, and blasphemed the name of ELOHIM, which hath power over these plagues: and they repented not to give him glory.

10 And the fifth angel poured out his vial upon the seat of the beast; and his kingdom was full of darkness; and they gnawed their tongues for pain,

11 And blasphemed the ELOHIM of heaven because of their pains and their sores, and repented not of their deeds.

12 And the sixth angel poured out his vial upon the great river Perath; and the water thereof was dried up, that the way of the kings of the east might be prepared.

13 And I saw three unclean spirits like frogs come out of the mouth of the dragon, and out of the mouth of the beast, and out of the mouth of the false prophet.

14 For they are the spirits of devils, working miracles, which go forth unto the kings of the earth and of the whole world, to gather them to the battle of that great day of ELOHIM Almighty.

15 Behold, I come as a thief. Blessed is he that watcheth, and keepeth his garments, lest he walk naked, and they see his shame.

16 And he gathered them together into a place called in the Hebrew tongue Har-Megiddon.

THE SEVENTH BOWL

17 And the seventh angel poured out his vial into the air; and there came a great voice out of the temple of heaven, from the throne, saying, It is done.

18 And there were voices, and thunders, and lightnings; and there was a great earthquake, such as was not since men were upon the earth, so mighty an earthquake, and so great.

19 And the great city was divided into three parts, and the cities of the nations fell: and great Babel came in remembrance before ELOHIM, to give unto her the cup of the wine of the fierceness of his wrath.

20 And every island fled away, and the mountains were not found.

21 And there fell upon men a great hail out of heaven, every stone about the weight of a talent: and men blasphemed ELOHIM because of the plague of the hail; for the plague thereof was exceeding great.

THE GREAT PROSTITUTE AND THE BEAST

יז וַיָּבֹא אֶחָד מִן־שִׁבְעָה הַמַּלְאָכִים הַנֹּשְׂאִים שֶׁבַע הַקְּעָרוֹת וַיְדַבֵּר אֵלַי לֵאמֹר בֹּא
וְאַרְאֲךָ אֶת־מִשְׁפַּט הַזּוֹנָה הַגְּדוֹלָה הַיֹּשֶׁבֶת עַל־מַיִם רַבִּים: 2 אֲשֶׁר זָנוּ אַחֲרֶיהָ מַלְכֵי
הָאֲדָמָה וַיִּשְׁכְּרוּ שֹׁכְנֵי תֵבֵל מִיֵּין תַּזְנוּתָהּ: 3 וַיְבִיאֵנִי **בָּרוּחַ** הַמִּדְבָּרָה וָאֵרֶא וְהִנֵּה אִשָּׁה
יֹשֶׁבֶת עַל־חַיָּה אֲדֻמָּה כַתּוֹלָע מְלֵאַת שְׁמוֹת גִּדּוּפִים וְלָהּ שִׁבְעָה רָאשִׁים וְעֶשֶׂר קְרָנָיִם:
4 וְהָאִשָּׁה לְבוּשָׁהּ אַרְגָּמָן וְשָׁנִי וְהִיא מְכֻלָּלָה בַּזָּהָב וְאֶבֶן־יְקָרָה וּפְנִינִים וּבְיָדָהּ כּוֹס זָהָב
מְלֵאָה תוֹעֵבוֹת וְטֻמְאַת תַּזְנוּתָהּ: 5 וְעַל־מִצְחָהּ כָּתוּב שֵׁם בְּדֶרֶךְ סוֹד בָּבֶל הַגְּדוֹלָה אֵם
הַזֹּנוֹת וְתוֹעֲבוֹת הָאֲדָמָה: 6 וָאֵרֶא אֶת־הָאִשָּׁה שְׁכוּרָה מִדַּם הַקְּדֹשִׁים וּמִדַּם עֵדֵי **יָהוֹשֻׁעַ**
וָאֶשְׁתּוֹמֵם עַל־הַמַּרְאֶה שַׁמָּה גְדוֹלָה: 7 וַיֹּאמֶר אֵלַי הַמַּלְאָךְ לָמָּה זֶּה הִשְׁתּוֹמַמְתָּ אֲנִי
אַגִּיד לְךָ אֶת־סוֹד הָאִשָּׁה וְהַחַיָּה הַנֹּשֵׂאת אֹתָהּ בַּעֲלַת שִׁבְעַת הָרָאשִׁים וַעֲשֶׂרֶת הַקְּרָנָיִם:
8 הַחַיָּה אֲשֶׁר רָאִיתָ הִיא הָיְתָה וְאֵינֶנָּה וְהִיא תַעֲלֶה מִתְּהוֹם וְתֵרֵד לַאֲבַדּוֹן וְיֹשְׁבֵי הָאָרֶץ
אֲשֶׁר שְׁמָם אֵינֶנּוּ נִכְתָּב בְּסֵפֶר הַחַיִּים מִיּוֹם הִוָּסֵד תֵּבֵל יִשְׁתּוֹמֲמוּ בִּרְאֹתָם אֶת־הַחַיָּה אֲשֶׁר
הָיְתָה וְאֵינֶנָּה וְתָבוֹא: 9 זֶה הַמּוּבָן וּבוֹ חָכְמָה שִׁבְעַת הָרָאשִׁים שִׁבְעַת הָרִים הֵמָּה אֲשֶׁר
הָאִשָּׁה יֹשֶׁבֶת עֲלֵיהֶם: 10 וְשִׁבְעָה מְלָכִים הֵמָּה חֲמִשָּׁה מֵהֶם נָפְלוּ וְהָאֶחָד יֶשְׁנוֹ וְהָאַחֵר
עוֹד לֹא־בָא וְהָיָה כִּי יָבוֹא עָמֹד יַעֲמֹד לִזְמַן מְעָט: 11 וְהַחַיָּה אֲשֶׁר הָיְתָה וְאֵינֶנָּה וְהוּא
שְׁמִינִי וְהוּא מִן־הַשִּׁבְעָה וְיָרַד לַאֲבַדּוֹן: 12 וְעֶשֶׂר הַקְּרָנַיִם אֲשֶׁר רָאִיתָ עֲשָׂרָה מְלָכִים הֵם
אֲשֶׁר לֹא־קִבְּלוּ מַלְכוּת עַד־הֵנָּה רַק לְשָׁעָה אַחַת מֶמְשָׁלָה כַּמְּלָכִים יְקַבְּלוּ עִם־הַחַיָּה: 13
וְלָהֶם עֵצָה אֶחָת וְאֶת־כֹּחָם וְאֶת־מֶמְשַׁלְתָּם יִתְּנוּ לַחַיָּה: 14 הֵמָּה יִלָּחֲמוּ בַשֶּׂה וְהַשֶּׂה
יוּכַל לָהֶם כִּי הוּא אֲדֹנֵי הָאֲדֹנִים וּמֶלֶךְ הַמְּלָכִים וַאֲשֶׁר עִמּוֹ קְרוּאִים וּבְחִירִים וְנֶאֱמָנִים
הֵמָּה: 15 וַיֹּאמֶר אֵלַי הַמַּיִם הָהֵם אֲשֶׁר רָאִיתָ אֲשֶׁר הַזּוֹנָה יֹשֶׁבֶת עֲלֵיהֶם עַמִּים וַהֲמֹנִים
הֵמָּה וְגוֹיִם וּלְשֹׁנוֹת: 16 וְעֶשֶׂר הַקְּרָנַיִם אֲשֶׁר רָאִיתָ וְהַחַיָּה הֵמָּה יִשְׂנְאוּ אֶת־הַזּוֹנָה וְעָשׂוּהָ
גַּלְמוּדָה וַעֲרֻמָּה וְאָכְלוּ אֶת־בְּשָׂרָהּ וְאֹתָהּ יִשְׂרְפוּ בָאֵשׁ: 17 כִּי הָאֱלֹהִים נָתַן בְּלִבָּם לַעֲשׂוֹת
אֶת־עֲצָתוֹ וְלַעֲשׂוֹת עֵצָה אַחַת וְלָתֵת אֶת־מֶמְשַׁלְתָּם לַחַיָּה עַד כִּי־יִשְׁלְמוּ דִּבְרֵי הָאֱלֹהִים:
18 וְהָאִשָּׁה אֲשֶׁר רָאִיתָ הִיא הָעִיר הַגְּדוֹלָה אֲשֶׁר־הִיא גְּבֶרֶת מַמְלְכוֹת הָאָרֶץ:

THE FALL OF BABYLON

יח אַחֲרֵי־כֵן רָאִיתִי מַלְאָךְ אַחֵר יוֹרֵד מִן־הַשָּׁמַיִם וְהוּא כַבִּיר־כֹּחַ
וְהָאָרֶץ הֵאִירָה מִכְּבֹדוֹ:

REVELATION

THE GREAT PROSTITUTE AND THE BEAST

17 And there came one of the seven angels which had the seven vials, and talked with me, saying unto me, Come hither; I will shew unto thee the judgment of the great whore that sitteth upon many waters:

2 With whom the kings of the earth have committed fornication, and the inhabitants of the earth have been made drunk with the wine of her fornication.

3 So he carried me away in the **RUAKH** into the wilderness: and I saw a woman sit upon a scarlet coloured beast, full of names of blasphemy, having seven heads and ten horns.

4 And the woman was arrayed in purple and scarlet colour, and decked with gold and precious stones and pearls, having a golden cup in her hand full of abominations and filthiness of her fornication:

5 And upon her forehead was a name written, MYSTERY, BABYLON THE GREAT, THE MOTHER OF HARLOTS AND ABOMINATIONS OF THE EARTH.

6 And I saw the woman drunken with the blood of the saints, and with the blood of the martyrs of **YAHOSHUA**: and when I saw her, I wondered with great admiration.

7 And the angel said unto me, Wherefore didst thou marvel? I will tell thee the mystery of the woman, and of the beast that carrieth her, which hath the seven heads and ten horns.

8 The beast that thou sawest was, and is not; and shall ascend out of the bottomless pit, and go to Abaddon and they that dwell on the earth shall wonder, whose names were not written in the book of life from the foundation of the world, when they behold the beast that was, and is not, and draws near.

9 And here is the mind which hath wisdom. The seven heads are seven mountains, on which the woman sitteth.

10 And there are seven kings: five are fallen, and one is, and the other is not yet come; and when he cometh, he must continue a short space.

11 And the beast that was, and is not, even he is the eighth, and is of the seven, and goeth into Abaddon.

12 And the ten horns which thou sawest are ten kings, which have received no kingdom as yet; but receive power as kings one hour with the beast.

13 These have one mind, and shall give their power and strength unto the beast.

14 These shall make war with the Lamb, and the Lamb shall overcome them: for he is ADONAI of ADONIM, and King of kings: and they that are with him are called, and chosen, and faithful.

15 And he saith unto me, The waters which thou sawest, where the whore sitteth, are peoples, and multitudes, and nations, and tongues.

16 And the ten horns which thou sawest upon the beast, these shall hate the whore, and shall make her desolate and naked, and shall eat her flesh, and burn her with fire.

17 For ELOHIM hath put in their hearts to fulfil his will, and to agree, and give their kingdom unto the beast, until the words of ELOHIM shall be fulfilled.

18 And the woman which thou sawest is that great city, which reigneth over the kings of the earth.

THE FALL OF BABYLON

18 And after these things I saw another angel come down from heaven, having great power; and the earth was lightened with his glory.

2 וַיִּקְרָא בְּקוֹל עֹז לֵאמֹר נָפְלָה נָפְלָה בָּבֶל הַגְּדוֹלָה וַתְּהִי נְוֵה שְׂעִירִים
וּמִשְׁמָר לְכָל־רוּחַ טָמֵא וּמִשְׁמָר לְכָל־עוֹף טָמֵא וְנִמְאָס׃ 3 כִּי מִיֵּין חֲמַת
זְנוּתָהּ שָׁתוּ כָּל־הַגּוֹיִם וּמַלְכֵי אֶרֶץ זָנוּ אַחֲרֶיהָ וְסֹחֲרֵי אֶרֶץ מִשִּׁפְעַת תַּעֲנֻגֶיהָ
הֶעֱשִׁירוּ׃ 4 וָאֶשְׁמַע קוֹל אַחֵר מִן־הַשָּׁמַיִם אֹמֵר צְאוּ מִמֶּנָּה עַמִּי פֶּן־תִּתְחַבְּרוּ
אֶל־חַטֹּאתֶיהָ וּפֶן־תֻּכּוּ מִמַּכּוֹתֶיהָ׃ 5 כִּי־חַטֹּאתֶיהָ הִגִּיעוּ עַד־לַשָּׁמַיִם וַיִּזְכֹּר
אֱלֹהִים אֶת־עֲוֹנוֹתֶיהָ׃ 6 שַׁלְּמוּ־לָהּ גְּמוּלָהּ שֶׁגָּמְלָה לָכֶם וַעֲשׂוּ־לָהּ כִּפְלַיִם
כְּפָעֳלָהּ בַּכּוֹס אֲשֶׁר מָסְכָה מִסְכוּ־לָהּ כִּפְלָיִם׃ 7 כַּאֲשֶׁר הִתְרוֹמֲמָה וְהִתְעַנְּגָה
כֵּן תְּנוּ־לָהּ חֵבֶל וָאֵבֶל כִּי אָמְרָה בִלְבָבָהּ אֲנִי יָשַׁבְתִּי מַלְכָּה וְלֹא אֶהְיֶה אַלְמָנָה
וְאֵבֶל לֹא אֶרְאֶה׃ 8 עַל־כֵּן בְּיוֹם אֶחָד תָּבֹאנָה מַכּוֹתֶיהָ מָוֶת וְאֵבֶל וְרָעָב
וְנִשְׂרְפָה בְמוֹ־אֵשׁ כִּי חָזָק **יְהוָֹה** אֱלֹהִים הַשֹּׁפֵט אֹתָהּ׃ 9 וּבָכוּ וְסָפְדוּ עָלֶיהָ
מַלְכֵי־אֶרֶץ אֲשֶׁר זָנוּ וְהִתְעַנְּגוּ עִמָּהּ כִּי יִרְאוּ אֶת־עֲשַׁן שְׂרֵפָתָהּ׃ 10 וּמֵרָחוֹק
יַעַמְדוּ מִפְּנֵי אֵימַת עִנּוּיָהּ וְאָמְרוּ אוֹי אוֹי לָךְ בָּבֶל הָעִיר הַגְּדוֹלָה הָעִיר
הַחֲזָקָה כִּי־בְשָׁעָה אַחַת בָּא מִשְׁפָּטֵךְ׃ 11 וְסֹחֲרֵי הָאָרֶץ בֹּכִים וּמִתְאַבְּלִים
עָלֶיהָ כִּי עַתָּה לֹא־יִקְנֶה עוֹד אִישׁ אֶת־מַשָּׂא אֳנִיּוֹתָם׃ 12 אֶת־מַשָּׂא זָהָב
וָכֶסֶף וְאֶבֶן יְקָרָה וּפְנִינִים וּבוּץ וְאַרְגָּמָן וּמֶשִׁי וְשָׁנִי וְכָל־עֲצֵי בֹשֶׂם וְכָל־כְּלֵי
שֶׁנְהַבִּים וְכָל־כְּלֵי עֵץ יָקָר וּכְלֵי נְחֹשֶׁת וּבַרְזֶל וָשָׁיִשׁ׃ 13 וְקִנָּמוֹן וַאֲמוֹמוֹן
וּקְטֹרֶת סַמִּים וּמֹר וּלְבוֹנָה וְיַיִן וָשֶׁמֶן וְסֹלֶת וְחִטִּים וּמִקְנֶה וָצֹאן וְסוּסִים
וּמַרְכָּבוֹת וַעֲבָדִים וְנֶפֶשׁ אָדָם׃ 14 וְהַמְּגָדִים מַחְמַד נַפְשֵׁךְ אָזְלוּ מִמֵּךְ וְכָל־
שָׁמֵן וּמַצְהִיר אָבַד מִמֵּךְ וְלֹא תִמְצָא עוֹד׃ 15 וְרֹכְלֵיהֶם אֲשֶׁר הֶעֱשִׁירוּ מִמֶּנָּה
יַעַמְדוּ מֵרָחוֹק מִפְּנֵי אֵימַת עִנּוּיָהּ וּבָכוּ וְהִתְאַבָּלוּ׃ 16 וְאָמְרוּ אוֹי אוֹי הָעִיר
הַגְּדוֹלָה הַמְכֻסָּה שֵׁשׁ וְאַרְגָּמָן וְשָׁנִי וּמְכֻלָּלָה זָהָב וְאֶבֶן יְקָרָה וּפְנִינִים כִּי־
בְשָׁעָה אַחַת הָחֳרַב הָעֹשֶׁר הַגָּדוֹל הַזֶּה׃ 17 וְכָל־חֹבֵל וְכָל־בַּעַל־מַעְבֹּרֶת
וְהַמַּלָּחִים וְכָל־עֹשֵׂי מְלָאכָה בַּיָּם עָמְדוּ מֵרָחוֹק׃ 18 וַיִּצְעֲקוּ בִּרְאֹתָם עֲשַׁן
שְׂרֵפָתָהּ וַיֹּאמְרוּ מִי בֶעָרִים כָּעִיר הַגְּדוֹלָה׃ 19 וַיִּזְרְקוּ עָפָר עַל־רָאשֵׁיהֶם
וַיִּצְעֲקוּ בָּכֹה וְסָפוֹד לֵאמֹר אוֹי אוֹי הָעִיר הַגְּדוֹלָה אֲשֶׁר־בָּהּ הֶעֱשִׁירוּ מֵהוֹנָהּ
כֹּל אֲשֶׁר־לָהֶם אֳנִיּוֹת בַּיָּם כִּי־בְשָׁעָה אַחַת הָחֳרָבָה׃ 20 רָנּוּ עָלֶיהָ הַשָּׁמַיִם
וְהַשְּׁלִיחִים הַקְּדֹשִׁים וְהַנְּבִיאִים כִּי־שָׁפַט אֱלֹהִים אֶת־מִשְׁפַּטְכֶם מִמֶּנָּה׃

REVELATION

2 And he cried mightily with a strong voice, saying, Babel the great is fallen, is fallen, and is become the habitation of devils, and the hold of every foul ruakh, and a cage of every unclean and hateful bird.

3 For all nations have drunk of the wine of the wrath of her fornication, and the kings of the earth have committed fornication with her, and the merchants of the earth are waxed rich through the abundance of her delicacies.

4 And I heard another voice from heaven, saying, Come out of her, my people, that ye be not partakers of her sins, and that ye receive not of her plagues.

5 For her sins have reached unto heaven, and ELOHIM hath remembered her iniquities.

6 Reward her even as she rewarded you, and double unto her double according to her works: in the cup which she hath filled fill to her double.

7 How much she hath glorified herself, and lived deliciously, so much torment and sorrow give her: for she saith in her heart, I sit a queen, and am no widow, and shall see no sorrow.

8 Therefore shall her plagues come in one day, death, and mourning, and famine; and she shall be utterly burned with fire: for strong is **YAHOWAH** ELOHIM who judgeth her.

9 And the kings of the earth, who have committed fornication and lived deliciously with her, shall bewail her, and lament for her, when they shall see the smoke of her burning,

10 Standing afar off for the fear of her torment, saying, Alas, alas, that great city Babel, that mighty city! for in one hour is thy judgment come.

11 And the merchants of the earth shall weep and mourn over her; for no man buyeth their merchandise any more

12 The merchandise of gold, and silver, and precious stones, and of pearls, and fine linen, and purple, and silk, and scarlet, and all thyine wood, and all manner vessels of ivory, and all manner vessels of most precious wood, and of brass, and iron, and marble,

13 And cinnamon, and odours, and ointments, and frankincense, and wine, and oil, and fine flour, and wheat, and beasts, and sheep, and horses, and chariots, and slaves, and souls of men.

14 And the fruits that thy soul lusted after are departed from thee, and all things which were dainty and goodly are departed from thee, and thou shalt find them no more at all.

15 The merchants of these things, which were made rich by her, shall stand afar off for the fear of her torment, weeping and wailing,

16 And saying, Alas, alas, that great city, that was clothed in fine linen, and purple, and scarlet, and decked with gold, and precious stones, and pearls!

17 For in one hour so great riches is come to nought. And every shipmaster, and all the company in ships, and sailors, and as many as trade by sea, stood afar off,

18 And cried when they saw the smoke of her burning, saying, What city is like unto this great city!

19 And they cast dust on their heads, and cried, weeping and wailing, saying, Alas, alas, that great city, wherein were made rich all that had ships in the sea by reason of her costliness! for in one hour is she made desolate.

20 Rejoice over her, thou heaven, and ye holy apostles and prophets; for ELOHIM hath avenged you on her.

21 וַיִּשָּׂא מַלְאָךְ נוֹרָא אֶבֶן גְּדוֹלָה כְּפֶלַח רֶכֶב וַיַּשְׁלִיכֶהָ אֶל־תּוֹךְ הַיָּם וַיֹּאמַר
כָּכָה תֻּשְׁלַךְ בִּמְעֲרָצָה בָּבֶל הָעִיר הַגְּדוֹלָה וְלֹא תִמָּצֵא עוֹד: 22 וְקוֹל הַמְנַגְּנִים
בְּכִנּוֹר וְהַמְזַמְּרִים וּמְחַלְּלִים בַּחֲלִילִים וּמַחְצְרִים בַּחֲצֹצְרוֹת בַּל־יִשָּׁמַע עוֹד בְּתוֹכֵךְ וְכָל־
חָרָשׁ וְחֹשֵׁב בַּל־יִמָּצֵא בָךְ עוֹד וְקוֹל רֵחַיִם בַּל־יִשָּׁמַע עוֹד בְּקִרְבֵּךְ: 23 וְאוֹר נֵר לֹא־יָאִיר
לָךְ עוֹד וְקוֹל חָתָן וְקוֹל כַּלָּה לֹא־יִשָּׁמַע בָּךְ עוֹד כִּי כְנָעֲנַיִךְ הָיוּ נִכְבַּדֵּי אֶרֶץ וּבִכְשָׁפַיִךְ
נִדְּחוּ כָל־הַגּוֹיִם: 24 וּבָהּ נִמְצָא דַּם הַנְּבִיאִים וְהַקְּדֹשִׁים וְכָל־הֲרוּגֵי אָרֶץ:

REJOICING IN HEAVEN

יט

אַחֲרֵי־כֵן שָׁמַעְתִּי קוֹל גָּדוֹל כְּקוֹל הָמוֹן רַב בַּשָּׁמַיִם הָאֹמְרִים הַלְלוּיָהּ הַיְשׁוּעָה
וְהַכָּבוֹד וְהָעֹז לֵאלֹהֵינוּ: 2 כִּי־אֱמֶת וְיָשָׁר מִשְׁפָּטָיו כִּי־הֵשִׁיב גְּמוּל עַל־הַזּוֹנָה
הַגְּדוֹלָה אֲשֶׁר־הִשְׁחִיתָה אֶת־הָאָרֶץ בְּתַזְנֻתָהּ לִדְרֹשׁ מִיָּדָהּ אֶת־דַּם־עֲבָדָיו: 3 וַיֹּאמְרוּ
שֵׁנִית הַלְלוּיָהּ וַעֲשָׁנָהּ יַעֲלֶה לְעוֹלְמֵי עוֹלָמִים: 4 וְעֶשְׂרִים וְאַרְבָּעָה הַזְּקֵנִים וְאַרְבַּע
הַחַיּוֹת נָפְלוּ עַל־פְּנֵיהֶם וַיִּשְׁתַּחֲווּ לֵאלֹהִים הַיֹּשֵׁב עַל־הַכִּסֵּא וַיֹּאמְרוּ אָמֵן הַלְלוּיָהּ: 5
וְקוֹל יוֹצֵא מִן־הַכִּסֵּא וַיֹּאמַר הַלְלוּ אֶת־אֱלֹהֵינוּ כָּל־עֲבָדָיו וִירֵאָיו הַקְּטַנִּים עִם־הַגְּדֹלִים:

THE MARRIAGE SUPPER OF THE LAMB

6 וָאֶשְׁמַע קוֹל כְּקוֹל הָמוֹן רַב וּכְקוֹל מַיִם רַבִּים וּכְקוֹל רְעָמִים חֲזָקִים וַיֹּאמְרוּ הַלְלוּיָהּ
כִּי־מָלַךְ אֱלֹהֵינוּ **יָהֹוָה** צְבָאוֹת: 7 נִשְׂמְחָה וְנָגִילָה וְנִתְּנָה לוֹ הַכָּבוֹד כִּי בָאָה חֲתֻנַּת הַשֶּׂה
וְאִשְׁתּוֹ הִתְקַדָּשָׁה: 8 וַיִּנָּתֶן לָהּ לִלְבֹּשׁ בּוּץ טָהוֹר וָצַח כִּי הַבּוּץ הוּא צִדְקוֹת הַקְּדֹשִׁים:
9 וַיֹּאמֶר אֵלַי כְּתֹב אַשְׁרֵי הַקְּרוּאִים אֶל־מִשְׁתֵּה חֲתֻנַּת הַשֶּׂה וַיֹּאמֶר אֵלַי אֵלֶּה הַדְּבָרִים
אֱמֶת הֵם דִּבְרֵי אֱלֹהִים: 10 וָאֶפֹּל לְרַגְלָיו לְהִשְׁתַּחֲוֹת לוֹ וַיֹּאמֶר אֵלַי רְאֵה אַל־תַּעֲשֶׂה־
זֹּאת עֶבֶד אֲנִי כָּמוֹךָ וְחָבֵר לְךָ וּלְאַחֶיךָ אֲשֶׁר עֵדוּת **יָהוֹשֻׁעַ** בְּפִיהֶם הִשְׁתַּחֲוֵה לֵאלֹהִים כִּי
עֵדוּת **יָהוֹשֻׁעַ** הִיא **רוּחַ** הַנְּבוּאָה:

THE RIDER ON A WHITE HORSE

11 וָאֵרֶא אֶת־הַשָּׁמַיִם נִפְתָּחִים וְהִנֵּה־סוּס לָבָן וְהָרֹכֵב עָלָיו יִקָּרֵא לוֹ נֶאֱמָן
וַאֲמִתִּי וּבְצֶדֶק הוּא שֹׁפֵט וְלֹחֵם: 12 וְעֵינָיו כְּלַבַּת־אֵשׁ וַעֲטָרוֹת הַרְבֵּה בְּרֹאשׁוֹ
וְלוֹ שֵׁם כָּתוּב אֲשֶׁר לֹא־יָדַע אִישׁ כִּי אִם־הוּא לְבַדּוֹ: 13 וְהוּא לָבוּשׁ לְבוּשׁ מְאָדָּם
בַּדָּם וּשְׁמוֹ נִקְרָא דְּבַר הָאֱלֹהִים: 14 וְצִבְאוֹת הַשָּׁמַיִם יֹצְאִים אַחֲרָיו עַל־סוּסִים
לְבָנִים וְהֵם מְלֻבָּשִׁים בִּגְדֵי־בוּץ לָבָן וְטָהוֹר:

REVELATION

21 And a mighty angel took up a stone like a great millstone, and cast it into the sea, saying, Thus with violence shall that great city Babel be thrown down, and shall be found no more at all.

22 And the voice of harpers, and musicians, and of pipers, and trumpeters, shall be heard no more at all in thee; and no craftsman, of whatsoever craft he be, shall be found any more in thee; and the sound of a millstone shall be heard no more at all in thee;

23 And the light of a candle shall shine no more at all in thee; and the voice of the bridegroom and of the bride shall be heard no more at all in thee: for thy merchants were the great men of the earth; for by thy sorceries were all nations deceived.

24 And in her was found the blood of prophets, and of saints, and of all that were slain upon the earth.

REJOICING IN HEAVEN

19 And after these things I heard a great voice of much people in heaven, saying, HalleluYAH!; Salvation, and glory, and honour, and power, unto ADONAI our ELOHIM:

2 For true and righteous are his judgments: for he hath judged the great whore, which did corrupt the earth with her fornication, and hath avenged the blood of his servants at her hand.

3 And again they said, HalleluYAH! And her smoke rose up for ever and ever.

4 And the four and twenty elders and the four beasts fell down and worshipped ELOHIM that sat on the throne, saying, Amen; HalleluYAH!

5 And a voice came out of the throne, saying, Praise our ELOHIM, all ye his servants, and ye that fear him, both small and great.

THE MARRIAGE SUPPER OF THE LAMB

6 And I heard as it were the voice of a great multitude, and as the voice of many waters, and as the voice of mighty thunderings, saying, HalleluYAH!: for **YAHOWAH** ELOHIM omnipotent reigneth.

7 Let us be glad and rejoice, and give honour to him: for the marriage of the Lamb is come, and his wife hath made herself ready.

8 And to her was granted that she should be arrayed in fine linen, clean and white: for the fine linen is the righteousness of saints.

9 And he saith unto me, Write, Blessed are they which are called unto the marriage supper of the Lamb. And he saith unto me, These are the true sayings of ELOHIM.

10 And I fell at his feet to worship him. And he said unto me, See thou do it not: I am thy fellowservant, and of thy brethren that have the testimony of **YAHOSHUA**: worship ELOHIM: for the testimony of **YAHOSHUA** is the **RUAKH** of prophecy.

THE RIDER ON A WHITE HORSE

11 And I saw heaven opened, and behold a white horse; and he that sat upon him was called Faithful and True, and in righteousness he doth judge and make war.

12 His eyes were as a flame of fire, and on his head were many crowns; and he had a name written, and a name that no man knew, but he himself.

13 And he was clothed with a vesture dipped in blood: and his name is called DEBAR HA' ELOHIM.

14 And the armies which were in heaven followed him upon white horses, clothed in fine linen, white and clean.

15 וּמִפִּיו יֹצֵאת חֶרֶב חַדָּה לְהַכּוֹת אֶת־הַגּוֹיִם וְהוּא יִרְעֵם בְּשֵׁבֶט בַּרְזֶל וְהוּא דֹרֵךְ פּוּרַת
יֵין חֲמַת־אַף אֱלֹהֵי הַצְּבָאוֹת׃ 16 וְעַל־בִּגְדוֹ וְעַל־יְרֵכוֹ כָּתוּב שֵׁם מֶלֶךְ הַמְּלָכִים וַאֲדֹנֵי
הָאֲדֹנִים׃ 17 וָאֵרֶא מַלְאָךְ אֶחָד עֹמֵד בַּשֶּׁמֶשׁ וַיִּזְעַק קוֹל גָּדוֹל וַיֹּאמֶר אֶל־צִפּוֹר כָּל־כָּנָף
אֲשֶׁר־תָּעוּף בַּחֲצִי הַשָּׁמַיִם בֹּאוּ וְהֵאָסְפוּ עַל־זֶבַח הַגָּדוֹל אֲשֶׁר לֵאלֹהִים׃ 18 וַאֲכַלְתֶּם
בְּשַׂר מְלָכִים וּבְשַׂר שָׂרֵי אֲלָפִים וּבְשַׂר גִּבּוֹרִים וּבְשַׂר סוּסִים וְרֹכְבֵיהֶם וּבְשַׂר כָּל־בְּנֵי
חוֹרִים וַעֲבָדִים הַקְּטַנִּים עִם־הַגְּדוֹלִים׃ 19 וָאֵרֶא אֶת־הַחַיָּה וּמַלְכֵי הָאָרֶץ וַאֲגַפֵּיהֶם
נִקְהָלִים לַעֲשׂוֹת מִלְחָמָה עִם־הָרֹכֵב עַל־הַסּוּס וְעִם־צְבָאוֹ׃ 20 וַתִּתָּפֵשׂ הַחַיָּה וּנְבִיא
הַשֶּׁקֶר אִתָּהּ אֲשֶׁר־עָשָׂה הָאוֹתוֹת לְפָנֶיהָ וְהִדִּיחַ בָּהֶן אֶת־נֹשְׂאֵי תָּו־הַחַיָּה וְהַמִּשְׁתַּחֲוִים
לְצַלְמָהּ וּשְׁנֵיהֶם הֻשְׁלְכוּ חַיִּים בַּאֲגַם־הָאֵשׁ הַבֹּעֵר בְּגָפְרִית׃ 21 וְהַנִּשְׁאָרִים נֶהֶרְגוּ
בַּחֶרֶב הַיּוֹצֵאת מִפִּי־הָרֹכֵב עַל־הַסּוּס וְכָל־הָעוֹף שָׂבְעוּ מִבְּשָׂרָם׃

THE THOUSAND YEARS

כ וָאֵרֶא מַלְאָךְ יֹרֵד מִן־הַשָּׁמַיִם וּבְיָדוֹ מַפְתֵּחַ הַתְּהוֹם וְכֶבֶל גָּדוֹל׃ 2 וַיִּתְפֹּשׂ
אֶת־הַתַּנִּין אֶת־הַנָּחָשׁ הַקַּדְמוֹנִי הוּא הַמַּלְשִׁין וְהוּא הַשָּׂטָן וַיַּאַסְרֵהוּ אֶלֶף
שָׁנִים׃ 3 וַיַּשְׁלִיכֵהוּ אֶל־תְּהוֹם וַיִּסְגֹּר עָלָיו וַיַּחְתֹּם עָלָיו לְמַעַן אֲשֶׁר לֹא־יַדִּיחַ עוֹד
אֶת־הַגּוֹיִם עַד־מְלֹאת אֶלֶף הַשָּׁנִים וְאַחֲרֵי־כֵן יֻתַּר לִזְמַן מִצְעָר׃ 4 וָאֵרֶא כִּסְאוֹת
וַיֵּשְׁבוּ עֲלֵיהֶם וְהַמִּשְׁפָּט נִתַּן בְּיָדָם וְנַפְשׁוֹת הַהֲרוּגִים עַל־עֵדוּת **יָהוֹשֻׁעַ** וְעַל־דְּבַר
הָאֱלֹהִים וַאֲשֶׁר לֹא הִשְׁתַּחֲווּ לַחַיָּה וּלְצַלְמָהּ וְלֹא קִבְּלוּ אֶת־תָּוָהּ עַל־מִצְחוֹתָם וְעַל־
יָדָם וַיִּחְיוּ וַיִּמְלְכוּ עִם־**הַמָּשִׁיחַ** אֶלֶף שָׁנִים׃ 5 וְיֶתֶר הַמֵּתִים לֹא־חָיוּ עַד־מְלֹאת אֶלֶף
הַשָּׁנִים זֹאת הַתְּחִיָּה הָרִאשׁוֹנָה׃ 6 וּמִי שֶׁיֶּשׁ־לוֹ חֵלֶק בַּתְּחִיָּה הָרִאשׁוֹנָה אַשְׁרָיו
וְקָדוֹשׁ הוּא בָּהֶם לֹא־יִשְׁלֹט הַמָּוֶת הַשֵּׁנִי כִּי יִהְיוּ כֹּהֲנִים לֵאלֹהִים **וְלִמְשִׁיחוֹ** וּמָלְכוּ
אִתּוֹ אֶלֶף שָׁנִים׃

THE DEFEAT OF SATAN

7 וְאַחֲרֵי כְּלוֹת אֶלֶף הַשָּׁנִים יֻתַּר הַשָּׂטָן מִבֵּית מִשְׁמָרוֹ׃ 8 וְיָצָא לְהַדִּיחַ אֶת־הַגּוֹיִם
בְּאַרְבַּע כַּנְפוֹת הָאָרֶץ אֶת־גּוֹג וּמָגוֹג וּלְקַבְּצָם לַמִּלְחָמָה אֲשֶׁר מִסְפָּרָם כְּחוֹל הַיָּם׃
9 וַיַּעֲלוּ עַל־מֶרְחֲבֵי אֶרֶץ וַיָּסֹבּוּ אֶת־מַחֲנֵה הַקְּדֹשִׁים וְאֶת־הָעִיר הַחֲבִיבָה וַתֵּרֶד אֵשׁ
(מֵאֵת הָאֱלֹהִים) מִן־הַשָּׁמַיִם וַתֹּאכַל אֹתָם׃ 10 וְהַשָּׂטָן אֲשֶׁר הִדִּיחָם הֻשְׁלַךְ בַּאֲגַם־אֵשׁ
וְגָפְרִית אֲשֶׁר־שָׁם גַּם־הַחַיָּה וּנְבִיא הַשָּׁקֶר וְיֻסְּרוּ יוֹמָם וָלַיְלָה לְעוֹלְמֵי עוֹלָמִים׃

REVELATION

15 And out of his mouth goeth a sharp sword, that with it he should smite the nations: and he shall rule them with a rod of iron: and he treadeth the winepress of the fierceness and wrath of Almighty ELOHIM.

16 And he hath on his vesture and on his thigh a name written, MELEK HA' MELAKIM, AND ADONE HA' ADONIM.

17 And I saw an angel standing in the sun; and he cried with a loud voice, saying to all the fowls that fly in the midst of heaven, Come and gather yourselves together unto the supper of the great ELOHIM;

18 That ye may eat the flesh of kings, and the flesh of captains, and the flesh of mighty men, and the flesh of horses, and of them that sit on them, and the flesh of all men, both free and bond, both small and great.

19 And I saw the beast, and the kings of the earth, and their armies, gathered together to make war against him that sat on the horse, and against his army.

20 And the beast was taken, and with him the false prophet that wrought miracles before him, with which he deceived them that had received the mark of the beast, and them that worshipped his image. These both were cast alive into a lake of fire burning with brimstone.

21 And the remnant were slain with the sword of him that sat upon the horse, which sword proceeded out of his mouth: and all the fowls were filled with their flesh.

THE THOUSAND YEARS

20 And I saw an angel come down from heaven, having the key of the bottomless pit and a great chain in his hand.

2 And he laid hold on the dragon, that old serpent, which is the Devil, and Satan, and bound him a thousand years,

3 And cast him into the bottomless pit, and shut him up, and set a seal upon him, that he should deceive the nations no more, till the thousand years should be fulfilled: and after that he must be loosed a little season.

4 And I saw thrones, and they sat upon them, and judgment was given unto them: and I saw the souls of them that were beheaded for the witness of **YAHOSHUA**, and for the word of ELOHIM, and which had not worshipped the beast, neither his image, neither had received his mark upon their foreheads, or in their hands; and they lived and reigned with **MESHIAKH** a thousand years.

5 But the rest of the dead lived not again until the thousand years were finished. This is the first resurrection.

6 Blessed and holy is he that hath part in the first resurrection: on such the second death hath no power, but they shall be priests of ELOHIM and of his **MESHIAKH**, and shall reign with him a thousand years.

THE DEFEAT OF SATAN

7 And when the thousand years are expired, Satan shall be loosed out of his prison,

8 And shall go out to deceive the nations which are in the four quarters of the earth, Gog and Magog, to gather them together to battle: the number of whom is as the sand of the sea.

9 And they went up on the breadth of the earth, and compassed the camp of the saints about, and the beloved city: and fire came down from ELOHIM out of heaven, and devoured them.

10 And the devil that deceived them was cast into the lake of fire and brimstone, where the beast and the false prophet are, and shall be tormented day and night for ever and ever.

JUDGMENT BEFORE THE GREAT WHITE THRONE

11 וָאֵרֶא כִּסֵּא לָבָן וְגָדוֹל וְהַיֹּשֵׁב עָלָיו מִפָּנָיו נָסוּ אֶרֶץ וְשָׁמַיִם וְלֹא־נִמְצָא לָהֶם מָקוֹם:
12 וָאֵרֶא אֶת־הַמֵּתִים הַקְּטַנִּים עִם־הַגְּדֹלִים עֹמְדִים לִפְנֵי הַכִּסֵּא וּסְפָרִים נִפְתָּחִים וַיִּפָּתַח
סֵפֶר אַחֵר וְהוּא סֵפֶר הַחַיִּים וַיִּשָּׁפְטוּ הַמֵּתִים מִן־הַכָּתוּב בַּסְּפָרִים כְּמַעֲשֵׂיהֶם: 13 וַיָּשֶׁב
הַיָּם אֶת־מֵתָיו וְהַמָּוֶת וְהַשְּׁאוֹל הֵשִׁיבוּ אֶת־מֵתֵיהֶם וַיִּשָּׁפְטוּ אִישׁ אִישׁ כְּמַעֲשֵׂיהֶם: 14
וְהַמָּוֶת וְהַשְּׁאוֹל הָשְׁלְכוּ בַּאֲגַם־הָאֵשׁ וְהוּא הַמָּוֶת הַשֵּׁנִי: 15 וְכָל־אִישׁ אֲשֶׁר לֹא־נִמְצָא
כָּתוּב בְּסֵפֶר הַחַיִּים הָשְׁלַךְ בַּאֲגַם הָאֵשׁ:

THE NEW HEAVEN AND THE NEW EARTH

כא וָאֵרֶא שָׁמַיִם חֲדָשִׁים וְאֶרֶץ חֲדָשָׁה כִּי הַשָּׁמַיִם הָרִאשֹׁנִים וְהָאָרֶץ הָרִאשׁוֹנָה
עָבְרוּ וְהַיָּם אֵינֶנּוּ עוֹד: 2 וָאֵרֶא וְהִנֵּה הָעִיר הַקְּדוֹשָׁה יְרוּשָׁלַיִם הַחֲדָשָׁה
יֹרֶדֶת מֵאֵת הָאֱלֹהִים מִן־הַשָּׁמַיִם וְהִיא מְתֻקֶּנֶת כַּכַּלָּה הַמְקֻשֶּׁטֶת לְבַעְלָהּ: 3 וָאֶשְׁמַע
קוֹל גָּדוֹל מִן־הַכִּסֵּא לֵאמֹר הִנֵּה מִשְׁכַּן אֱלֹהִים עִם־בְּנֵי הָאָדָם וְשָׁכַן בְּתוֹכָם וְהֵמָּה יִהְיוּ־
לוֹ לְעָם וְהוּא הָאֱלֹהִים יִהְיֶה אִתָּם (אֱלֹהֵיהֶם): 4 וּמָחָה אֱלֹהִים כָּל־דִּמְעָה מֵעֵינֵיהֶם
וְהַמָּוֶת לֹא יִהְיֶה־עוֹד וְגַם־אֵבֶל וּזְעָקָה וּכְאֵב לֹא יִהְיֶה־עוֹד כִּי הָרִאשֹׁנוֹת עָבָרוּ: 5
וַיֹּאמֶר הַיֹּשֵׁב עַל־הַכִּסֵּא הִנְנִי עֹשֶׂה הַכֹּל חָדָשׁ וַיֹּאמֶר אֵלַי כְּתֹב אֲשֶׁר הַדְּבָרִים הָאֵלֶּה
אֲמִתִּים וְנֶאֱמָנִים הֵם: 6 וַיֹּאמֶר אֵלַי הָיָה נִהְיָתָה אֲנִי הָאָלֶף וְהַתָּו הָרֹאשׁ וְהַסּוֹף אֲנִי
אֶתֵּן לַצָּמֵא מִמַּעְיַן מַיִם חַיִּים חִנָּם: 7 הַמְנַצֵּחַ יִירַשׁ הַכֹּל וַאֲנִי אֶהְיֶה־לּוֹ לֵאלֹהִים וְהוּא
יִהְיֶה־לִּי לְבֵן: 8 אֲבָל רַכֵּי הַלֵּב וַאֲשֶׁר אֵינָם מַאֲמִינִים וְהַמְגֹאָלִים וְהַמְרַצְּחִים וְהַזֹּנִים
וְהַמְכַשְּׁפִים וְעֹבְדֵי הָאֱלִילִים וְכָל־הַמְשַׁקְּרִים חֶלְקָם הָאֲגַם הַבֹּעֵר בְּאֵשׁ וְגָפְרִית אֲשֶׁר־
הוּא הַמָּוֶת הַשֵּׁנִי:

THE NEW JERUSALEM

9 וַיָּבֹא אֵלַי אֶחָד מִשִּׁבְעַת הַמַּלְאָכִים הַנֹּשְׂאִים שֶׁבַע הַקְּעָרוֹת הַמְלֵאוֹת שֶׁבַע הַמַּכּוֹת
הָאַחֲרֹנוֹת וַיְדַבֵּר אֵלַי לֵאמֹר בֹּא וְאַרְאֶךָּ אֶת־הַכַּלָּה אֵשֶׁת הַשֶּׂה: 10 וַיִּקָּחֵנִי **בָּרוּחַ**
עַל־הַר גָּדוֹל וְגָבֹהַּ וַיַּרְאֵנִי הָעִיר הַקְּדוֹשָׁה יְרוּשָׁלַיִם הַגְּדוֹלָה יֹרֶדֶת מִן־הַשָּׁמַיִם מֵאֵת
הָאֱלֹהִים: 11 וְעָלֶיהָ כְּבוֹד אֱלֹהִים וְאוֹר נָגְהָהּ כְּאֶבֶן יְקָרָה מְאֹד כְּאֶבֶן יָשְׁפֵה הַמַּבְהֶקֶת
כְּעֵין הַקָּרַח: 12 וְלָהּ חוֹמָה גְּדוֹלָה וּגְבֹהָה וּשְׁנֵים עָשָׂר שְׁעָרִים לָהּ וְעַל־הַשְּׁעָרִים שְׁנֵים
עָשָׂר מַלְאָכִים וְשֵׁמוֹת כְּתוּבִים עֲלֵיהֶם וְהֵם שְׁמוֹת שְׁנֵים־עָשָׂר שִׁבְטֵי בְנֵי יִשְׂרָאֵל:

REVELATION

JUDGMENT BEFORE THE GREAT WHITE THRONE

11 And I saw a great white throne, and him that sat on it, from whose face the earth and the heaven fled away; and there was found no place for them.

12 And I saw the dead, small and great, stand before ELOHIM; and the books were opened: and another book was opened, which is the book of life: and the dead were judged out of those things which were written in the books, according to their works.

13 And the sea gave up the dead which were in it; and death and hell delivered up the dead which were in them: and they were judged every man according to their works.

14 And death and hell were cast into the lake of fire. This is the second death.

15 And whosoever was not found written in the book of life was cast into the lake of fire.

THE NEW HEAVEN AND THE NEW EARTH

21 And I saw a new heaven and a new earth: for the first heaven and the first earth were passed away; and there was no more sea.

2 And I Yokhanan saw the holy city, new Yerushalem, coming down from ELOHIM out of heaven, prepared as a bride adorned for her husband.

3 And I heard a great voice out of heaven saying, Behold, the tabernacle of ELOHIM is with men, and he will dwell with them, and they shall be his people, and ELOHIM himself shall be with them, and be their ELOHIM.

4 And ELOHIM shall wipe away all tears from their eyes; and there shall be no more death, neither sorrow, nor crying, neither shall there be any more pain: for the former things are passed away.

5 And he that sat upon the throne said, Behold, I make all things new. And he said unto me, Write: for these words are true and faithful.

6 And he said unto me, It is done. I am Aleph and Taw, the beginning and the end. I will give unto him that is athirst of the fountain of the water of life freely.

7 He that overcometh shall inherit all things; and I will be his ELOHIM, and he shall be my son.

8 But the fearful, and unbelieving, and the abominable, and murderers, and whoremongers, and sorcerers, and idolaters, and all liars, shall have their part in the lake which burneth with fire and brimstone: which is the second death.

THE NEW JERUSALEM

9 And there came unto me one of the seven angels which had the seven vials full of the seven last plagues, and talked with me, saying, Come hither, I will shew thee the bride, the Lamb's wife.

10 And he carried me away in the **RUAKH** to a great and high mountain, and shewed me that great city, the holy Yerushalem, descending out of heaven from ELOHIM,

11 Having the glory of ELOHIM: and her light was like unto a stone most precious, even like a jasper stone, clear as crystal;

12 And had a wall great and high, and had twelve gates, and at the gates twelve angels, and names written thereon, which are the names of the twelve tribes of the children of Yisra'EL:

13 שְׁעָרִים שְׁלֹשָׁה מִמִּזְרָח שְׁעָרִים שְׁלֹשָׁה מִצָּפוֹן שְׁעָרִים שְׁלֹשָׁה מִנֶּגֶב וּשְׁעָרִים
שְׁלֹשָׁה מִמַּעֲרָב׃ 14 וּלְחוֹמַת הָעִיר שְׁנֵים עָשָׂר מוֹסָדוֹת וַעֲלֵיהֶם שְׁנֵים עָשָׂר שֵׁמוֹת
לִשְׁנֵים עָשָׂר שְׁלִיחֵי הַשֶּׂה׃ 15 וּבְיַד הַמְדַבֵּר אֵלַי קְנֵה זָהָב לָמֹד אֶת־הָעִיר וְאֶת־
שְׁעָרֶיהָ וְאֵת חוֹמָתָהּ׃ 16 וּמוֹשַׁב הָעִיר מְרֻבָּע וְאָרְכָּהּ כְּרָחְבָּהּ וַיָּמָד אֶת־הָעִיר בִּקְנֵה
הַמִּדָּה שְׁנֵים עָשָׂר אֶלֶף רִיס אָרְכָּהּ וְרָחְבָּהּ וְקוֹמָתָהּ מִדָּה אַחַת לָהֶם׃ 17 וַיָּמָד אֶת־
חוֹמָתָהּ מֵאָה וְאַרְבָּעִים וְאַרְבַּע אַמּוֹת בְּמִדַּת אִישׁ אֲשֶׁר־הִיא מִדַּת הַמַּלְאָךְ׃ 18
וּבִנְיַן חוֹמַת הָעִיר אֶבֶן יָשְׁפֵה וְהָעִיר זָהָב מוּפָז דּוֹמֶה לִזְכוֹכִית זַכָּה׃ 19 וּמוֹסְדוֹת
חוֹמַת הָעִיר מְרֻבָּצוֹת בְּכָל־אַבְנֵי חֵפֶץ הַמּוֹסָד הָרִאשׁוֹן יָשְׁפֵה הַשֵּׁנִי סַפִּיר הַשְּׁלִישִׁי
שְׁבוֹ הָרְבִיעִי בָּרֶקֶת׃ 20 הַחֲמִישִׁי יַהֲלֹם הַשִּׁשִּׁי אֹדֶם הַשְּׁבִיעִי תַּרְשִׁישׁ הַשְּׁמִינִי
שֹׁהַם הַתְּשִׁיעִי פִּטְדָה הָעֲשִׂירִי נֹפֶךְ אַחַד הֶעָשָׂר לֶשֶׁם שְׁנֵים הֶעָשָׂר אַחְלָמָה׃ 21
וּשְׁנֵים עָשָׂר הַשְּׁעָרִים שְׁתֵּים עֶשְׂרֵה מַרְגָּלִיּוֹת כָּל־שַׁעַר וָשַׁעַר מַרְגָּלִית אֶחָת וּרְחוֹב
הָעִיר זָהָב מוּפָז כִּזְכוֹכִית בְּהִירָה׃ 22 וְהֵיכָל לֹא־רָאִיתִי בָהּ כִּי **יָהוָֹה** אֱלֹהִים צְבָאוֹת
הוּא וְהַשֶּׂה הֵיכָלָהּ׃ 23 וְהָעִיר אֵינֶנָּה צְרִיכָה לְאוֹר הַשֶּׁמֶשׁ וּלְנֹגַהּ הַיָּרֵחַ כִּי־כְבוֹד
אֱלֹהִים הֵאִיר לָהּ וְנֵרָהּ הוּא הַשֶּׂה׃ 24 וְהַגּוֹיִם יֵלְכוּ לְאוֹרָהּ וּמַלְכֵי־אֶרֶץ מְבִיאִים
כְּבוֹדָם וְתִפְאַרְתָּם אֵלֶיהָ׃ 25 וּשְׁעָרֶיהָ יוֹמָם לֹא־יִסָּגֵרוּ כִּי לַיְלָה לֹא־יִהְיֶה שָׁם׃ 26
וְהֵבִיאוּ בָהּ כְּבוֹד הַגּוֹיִם וְתִפְאַרְתָּם׃ 27 וְלֹא־יָבוֹא בָהּ כָּל־טָמֵא וְעֹשֵׂה תוֹעֵבָה
וָשָׁקֶר כִּי אִם־הַכְּתוּבִים בְּסֵפֶר הַחַיִּים שֶׁל־הַשֶּׂה׃

THE RIVER OF LIFE

כב וַיַּרְאֵנִי נַחַל שֶׁל־מַיִם חַיִּים (זַךְ) מַבְהִיק כְּעֵין הַקֶּרַח יֹצֵא מִכִּסֵּא הָאֱלֹהִים
וְהַשֶּׂה׃ 2 וּבְתוֹךְ רְחוֹב הָעִיר וְאֶל־שְׂפַת הַנַּחַל מִזֶּה וּמִזֶּה עֵץ חַיִּים עֹשֶׂה
פְּרִי שְׁתֵּים עֶשְׂרֵה כִּי מִדֵּי חֹדֶשׁ בְּחָדְשׁוֹ יִתֵּן אֶת־פִּרְיוֹ וַעֲלֵה הָעֵץ לִתְרוּפַת הַגּוֹיִם׃ 3
וְכָל־חֵרֶם לֹא יִהְיֶה־עוֹד וְכִסֵּא הָאֱלֹהִים וְהַשֶּׂה יִהְיֶה־בָּהּ וַעֲבָדָיו יְשָׁרְתֻהוּ׃ 4 וְהֵמָּה יִרְאוּ
אֶת־פָּנָיו וּשְׁמוֹ עַל־מִצְחוֹתָם׃ 5 וְלַיְלָה לֹא יִהְיֶה־עוֹד וְלֹא יִצְטָרְכוּ עוֹד לְאוֹר נֵר וּלְאוֹר
שֶׁמֶשׁ כִּי־**יָהוָֹה** אֱלֹהִים הוּא יָאִיר לָהֶם וּמָלְכוּ עַד־עוֹלְמֵי עוֹלָמִים׃

YAHOSHUA IS COMING

6 וַיֹּאמֶר אֵלַי הַדְּבָרִים הָאֵלֶּה אֲמִתִּים וְנֶאֱמָנִים **וַיהוָֹה** אֱלֹהֵי רוּחוֹת הַנְּבִיאִים שָׁלַח
אֶת־מַלְאָכוֹ לְהַרְאוֹת אֶת־עֲבָדָיו אֵת אֲשֶׁר־הָיֹה יִהְיֶה בִּמְהֵרָה׃

REVELATION

13 On the east three gates; on the north three gates; on the south three gates; and on the west three gates.

14 And the wall of the city had twelve foundations, and in them the names of the twelve apostles of the Lamb.

15 And he that talked with me had a golden reed to measure the city, and the gates thereof, and the wall thereof.

16 And the city lieth foursquare, and the length is as large as the breadth: and he measured the city with the reed, twelve thousand furlongs. The length and the breadth and the height of it are equal.

17 And he measured the wall thereof, an hundred and forty and four cubits, according to the measure of a man, that is, of the angel.

18 And the building of the wall of it was of jasper: and the city was pure gold, like unto clear glass.

19 And the foundations of the wall of the city were garnished with all manner of precious stones. The first foundation was jasper; the second, sapphire; the third, a chalcedony; the fourth, an emerald;

20 The fifth, sardonyx; the sixth, sardius; the seventh, chrysolite; the eighth, beryl; the ninth, a topaz; the tenth, a chrysoprasus; the eleventh, a jacinth; the twelfth, an amethyst.

21 And the twelve gates were twelve pearls; every several gate was of one pearl: and the street of the city was pure gold, as it were transparent glass.

22 And I saw no temple therein: for **YAHOWAH** ELOHIM Almighty and the Lamb are the temple of it.

23 And the city had no need of the sun, neither of the moon, to shine in it: for the glory of ELOHIM did lighten it, and the Lamb is the light thereof.

24 And the nations of them which are saved shall walk in the light of it: and the kings of the earth do bring their glory and honour into it.

25 And the gates of it shall not be shut at all by day: for there shall be no night there.

26 And they shall bring the glory and honour of the nations into it.

27 And there shall in no wise enter into it any thing that defileth, neither whatsoever worketh abomination, or maketh a lie: but they which are written in the Lamb's book of life.

THE RIVER OF LIFE

22 And he shewed me a pure river of water of life, clear as crystal, proceeding out of the throne of ELOHIM and of the Lamb.

2 In the midst of the street of it, and on either side of the river, was there the tree of life, which bare twelve manner of fruits, and yielded her fruit every month: and the leaves of the tree were for the healing of the nations.

3 And there shall be no more curse: but the throne of ELOHIM and of the Lamb shall be in it; and his servants shall serve him:

4 And they shall see his face; and his name shall be in their foreheads.

5 And there shall be no night there; and they need no candle, neither light of the sun; for **YAHOWAH** ELOHIM giveth them light: and they shall reign for ever and ever.

YAHOSHUA IS COMING

6 And he said unto me, These sayings are faithful and true: and **YAHOWAH** ELOHIM of the holy prophets sent his angel to shew unto his servants the things which must shortly be done.

7 הִנְנִי בָא מַהֵר אַשְׁרֵי הַשֹּׁמֵר אֶת־דִּבְרֵי נְבוּאַת הַסֵּפֶר הַזֶּה׃ 8 וַאֲנִי יוֹחָנָן
הוּא הָרֹאֶה אֵלֶּה וְשֹׁמְעָם וַיְהִי כְּשָׁמְעִי וְכִרְאוֹתִי וָאֶפֹּל לְרַגְלֵי הַמַּלְאָךְ אֲשֶׁר־
הֶרְאַנִי אֶת־אֵלֶּה לְהִשְׁתַּחֲוֹת לוֹ׃ 9 וַיֹּאמֶר אֵלַי רְאֵה אַל־תַּעֲשֶׂה־זֹּאת כִּי־
אָנֹכִי עֶבֶד כָּמוֹךָ וְחָבֵר לְךָ וּלְאַחֶיךָ הַנְּבִיאִים וְלַשֹּׁמְרִים אֶת־דִּבְרֵי הַסֵּפֶר הַזֶּה
לֵאלֹהִים הִשְׁתַּחֲוֵה׃ 10 וַיֹּאמֶר אֵלַי אַל־תַּחְתֹּם אֶת־דִּבְרֵי נְבוּאַת הַסֵּפֶר הַזֶּה כִּי
קָרוֹב הַמּוֹעֵד׃ 11 הַחוֹמֵס יוֹסִיף לַחְמֹס וְהַטָּמֵא יוֹסִיף לְהִטַּמֵּא וְהַצַּדִּיק יוֹסִיף
לְהִצָּדֵק וְהַקָּדוֹשׁ יוֹסִיף לְהִתְקַדֵּשׁ׃ 12 וְהִנְנִי בָא מַהֵר וּשְׂכָרִי אִתִּי לְשַׁלֵּם לְאִישׁ
כְּמַעֲשֵׂהוּ׃ 13 אֲנִי הָאָלֶף וְהַתָּו הָרֹאשׁ וְהַסּוֹף הָרִאשׁוֹן וְהָאַחֲרוֹן׃ 14 אַשְׁרֵי
הַמְכַבְּסִים אֶת־שַׂלְמֹתֵיהֶם לְמַעַן יִהְיֶה לָהֶם רִשְׁיוֹן בְּעֵץ הַחַיִּים וּבָאוּ הָעִירָה
דֶּרֶךְ הַשְּׁעָרִים׃ 15 וּמִחוּץ לָעִיר הַכְּלָבִים וְהַמְכַשְּׁפִים וְהַזֹּנִים וְהַמְרַצְּחִים וְעֹבְדֵי
הָאֱלִילִים וְכָל־אֹהֵב שֶׁקֶר וְעֹשֵׂהוּ׃ 16 אֲנִי **יָהוֹשֻׁעַ** שָׁלַחְתִּי אֶת־מַלְאָכִי לְהָעִיד
לָכֶם אֶת־אֵלֶּה בִּפְנֵי הַקְּהִלּוֹת אָנֹכִי שֹׁרֶשׁ דָּוִד וְתוֹלַדְתּוֹ כּוֹכַב נֹגַהּ הַשָּׁחַר׃ 17
וְהָרוּחַ וְהַכַּלָּה אֹמְרִים בֹּא וְהַשֹּׁמֵעַ יֹאמַר בֹּא וְהַצָּמֵא יָבוֹא וְהֶחָפֵץ יִקַּח מַיִם
חַיִּים חִנָּם׃ 18 מֵעִיד אֲנִי בְּכָל־הַשֹּׁמֵעַ דִּבְרֵי נְבוּאַת הַסֵּפֶר הַזֶּה אֲשֶׁר אִם־יוֹסִיף
אִישׁ עֲלֵיהֶם יוֹסִיף עָלָיו הָאֱלֹהִים אֶת־הַמַּכּוֹת הַכְּתוּבוֹת בַּסֵּפֶר הַזֶּה׃ 19 וַאֲשֶׁר
יִגְרַע מִדִּבְרֵי סֵפֶר הַנְּבוּאָה הַזֹּאת יִגְרַע הָאֱלֹהִים אֶת־חֶלְקוֹ מֵעֵץ הַחַיִּים וּמֵעִיר
הַקֹּדֶשׁ הַכְּתוּבִים בַּסֵּפֶר הַזֶּה׃ 20 הַמֵּעִיד הָעֵדוּת הַזֹּאת אֹמֵר אָמְנָם כֵּן אֲנִי בָא
מַהֵר אָמֵן בֹּאָה־נָּא הָאָדוֹן **יָהוֹשֻׁעַ**׃ 21 חֶסֶד אֲדֹנֵינוּ **יָהוֹשֻׁעַ הַמָּשִׁיחַ** עִם כָּל־
הַקְּדוֹשִׁים אָמֵן׃

REVELATION

7 Behold, I come quickly: blessed is he that keepeth the sayings of the prophecy of this book.

8 And I Yokhanan saw these things, and heard them. And when I had heard and seen, I fell down to worship before the feet of the angel which shewed me these things.

9 Then saith he unto me, See thou do it not: for I am thy fellowservant, and of thy brethren the prophets, and of them which keep the sayings of this book: worship ELOHIM.

10 And he saith unto me, Seal not the sayings of the prophecy of this book: for the time is at hand.

11 He that is unjust, let him be unjust still: and he which is filthy, let him be filthy still: and he that is righteous, let him be righteous still: and he that is holy, let him be holy still.

12 And, behold, I come quickly; and my reward is with me, to give every man according as his work shall be.

13 I am Aleph and Taw, the beginning and the end, the first and the last.

14 Blessed are they that do his commandments, that they may have right to the tree of life, and may enter in through the gates into the city.

15 For without are dogs, and sorcerers, and whoremongers, and murderers, and idolaters, and whosoever loveth and maketh a lie.

16 I **YAHOSHUA** have sent mine angel to testify unto you these things in the Assemblies. I am the root and the offspring of Dawid, and the bright and morning star.

17 And the **RUAKH** and the bride say, Come. And let him that heareth say, Come. And let him that is athirst come. And whosoever will, let him take the water of life freely.

18 For I testify unto every man that heareth the words of the prophecy of this book, If any man shall add unto these things, ELOHIM shall add unto him the plagues that are written in this book:

19 And if any man shall take away from the words of the book of this prophecy, ELOHIM shall take away his part out of the tree of life, and out of the holy city, and from the things which are written in this book.

20 He which testifieth these things saith, Surely I come quickly. Amen. Even so, come, ADONAI **YAHOSHUA**.

21 The grace of our ADONAI **YAHOSHUA HA' MESHIAKH** be with you. AMEN

NOTES

HEBREW/ENGLISH INDEX

Abniqi (Eunice)
Abraham
Adon/Adone (lord)
ADONAI (Lord)
Adoni (my lord)
AdoniYAH (Adonijah)
Aharon (Aaron)
Akhab (Ahab)
Akhash'werosh (Ahasuerus)
Akhaz (Ahaz)
AkhazYAH (Ahaziah)
Aksah'werosh (Ahasuerus)
Aleksandros (Alexander)
Amaleq (Amalek)
Amaleqim (Amalekites)
AmatzYAH (Amaziah)
Ammonim (Ammonites)
Amorah (Gomorrah)
Anaqim (Anakim)
Andre (Andrew)
Antyokya (Antioch)
Aramim (Syrian/Aramean)
Artakh'shasheth (Artaxerxes)
Asherim (Asherites)
Asshur (Assyria/Assyrian)
AthalYAH (Athaliah)
Athinas (Athens)
AzarYAH (Azariah)
Babel (Babylon)
Balaq (Balak)
Bar-Abba (Barabbas)
Bar-Nabi (Barnabas)
Bar-Talmai (Bartholomew)
Bar-Tamay (Bartimaeus)
Baruk (Baruch)
Batzrah (Bozrah)
Benyamin (Benjamin)
Benyaminim (Benjamites)
Berniqah (Bernice)
Beth-EL (Bethel)
Beth-Khasda (Bethesda)
Beth-Pagay (Bethphage)
Beth-Tzaidah (Beth-Saida)

Bethu'EL (Bethuel)
Bilam (Balaam)
Bithunya (Bithynia)
Dameseq (Damascus)
Danim (Danites)
Daryahwesh (Darius)
Dawid (David)
Ebhodiyah (Euodias)
Edomim (Edomites)
Eleazar (Lazarus)
EliYAHU (Elijah)
ELOHIM (God)
Emorim (Amorites)
Ephesos (Ephesus)
Ephratim (Ephramites)
Ephrayim (Ephraim)
Ereb (Arabia)
Eretz-Akhereth (Arsareth)
Esaw (Esau)
Esther
Ezra (Esdras)
Feast of Khanukkah (Feast of Dedication)
Feast of Matzot (Unleavened Bread)
Feast of Shebuot (Feast of Weeks)
Feast of Sukkot (Feast of Tabernacles)
Yom Teruah (Feast of Trumpets)
Feliqs (Felix)
Gadim (Gadites)
Gadriyim (Gadarenes)
Galatya (Galatia)
Galilah (Galilee)
Gath-Shemanay (Gethsemane)
Gershonim (Gershonites)
Gibah (Gibeah)
Gibon (Gibeon)
Gil'adim (Gileadites)
Ginesar (Gennesaret)
Girgashim (Girgashites)
Gulgoleth (Golgatha/Calvary)
Ha-Mepho'ar (Epiphanes)
HA' MESHIAKH (the Messiah)
Harmeh (Hermes)
Haylel (Lucifer)

HEBREW/ENGLISH INDEX

Hebel (Abel)
Hodu (India)
Hordos (Herod)
Horodyah (Herodias)
Ishqeriot (Iscariot)
Italya (Italy)
Itamar (Ithamar)
Iyob (Job)
Iyqanyos (Iconium)
Iyzebel (Jezebel)
Kaleb (Caleb)
Kasdim (Chaldeans)
Kasdimah (Chaldea)
Kena'an (Canaan)
Kena'anim (Canaanites)
Kepar-Nakhum (Capernaum)
Kepha (Peter)
Kerethim (Cherethites)
Kerub (Cherub)
Kerubim (Cherubim)
Khabaquq (Habakkuk)
Khaggai (Haggai)
Khagith (Haggith)
Kham (Ham)
Khanah (Hannah)
KhananYAH (Hananiah)
KhananYAHU (Ananias)
Khanok (Enoch)
Khawah (Eve)
Khaza'EL (Hazael)
Khebron (Hebron)
Khebronim (Hebronites)
Khephtzibah (Hephzibah)
Khermon (Hermon)
Khetzron (Hezron)
KhilqiYAHU (Hilkiah)
Khirom (Hiram)
Khittim (Hittites)
Khiwwim (Hivites)
Khoreb (Horeb)
Khuldah (Huldah)
Korazin (Chorazin)
Koresh (Cyrus)

Kush (Cush/Ethiopia)
Kushim (Ethiopians/Cushites)
Lacedemonians (Spartans)
Lewi (Levi)
Lewy'im (Levites)
Ludqeya (Laodicea)
Luqonya (Lycaonia)
Luqya (Lycia)
Madai (Media)
Magdal (Magdala)
Magdaliyth (Migdalah/Magdalene)
Makpelah (Machpelah)
Malaki (Malachi)
Manassheh (Manasseh)
Maqdon (Macedonia)
Maqqedah (Makkedah)
Marqos (Mark/Marcus)
MattitYAHU (Matthew/Mattathias)
Mazzaroth (Hebrew Zodiac/Constellations)
MESHIAKH (Messiah)
Messianics (Christians)
Midyan (Midian)
Midyanim (Midianites)
Mika'EL (Michael)
Miryam (Miriam/Mary)
Mitzraim (Egypt)
Mitzrim (Egyptian)
Mitzrim (Egyptians)
Moabim (Moabites)
Mordekai (Mordecai)
MoriYAH (Moriah)
Mosheh (Moses)
Nakhum (Nahum)
Naqdimon (Nicodemus)
Narqisos (Narcissus)
Nazirim (Nazarite)
Na'ami (Naomi)
Nebukad'netzar (Nebuchadnezzar/Nebuchadrezzar)
NekhemYAH (Nehemiah)
Nephilim (Fallen Ones/Giants)
NethanYAH (Nethaniah)
Netzareth (Nazareth)

HEBREW/ENGLISH INDEX

Ninweh (Ninevah)
Niqanor (Nikanor)
Niqolaos (Nicolas)
Noakh (Noah)
ObadYAH (Obadiah)
Paras (Persia)
Pargemos (Pergamos)
Pawlos (Paul)
Pelathim (Pelethites)
Perath (Euphrates)
Perizzim (Perizzites)
Perush (Pharisee)
Perushim (Pharisees)
Pesakh (Passover)
Phar'oh (Pharaoh)
Phelishtim (Philistines)
Philadelphiya (Philadelphia)
Philipos (Philip)
Phubi (Phebe)
Pilatos (Pilate)
Pinkhas (Phinehas)
Pinoqya (Phenice)
Porqios (Porcius)
Prisqelah (Priscilla)
Purim
Put (Libya)
Qanah (Cana)
Qandaq (Candace)
Qapod'qiyah (Cappadocia)
Qayapha (Caiaphas)
Qayin (Cain)
Qeasar (Caesar)
Qehath (Kohath)
Qelodah (Clauda)
Qereti (Crete)
Qerisiqim (Crescens)
Qerispos (Crispus)
Qesariyah (Caesara)
Qeturah (Keturah)
Qidron (Cedron)
Qilemes (Clement)
Qiliqya (Cilicia)
Qiphros (Cyprus)

Qirenios (Cyrenius)
Qish (Kish)
Qlio'patrah (Cleopatra)
Qlodios (Claudius)
Qorakh (Korah/Core)
Qorinthos (Corinth)
Qurini (Cyrene)
Rakhab (Rahab)
Rakhel (Rachel)
Rekhabam (Rehoboam)
Renewed Month
Reubenim (Reubenites)
Ribqah (Rebekah)
RUAKH (Spirit)
RUAKH HA' QODESH (The Holy Spirit)
RUKHOTH (Spirits)
Ruphos (Rufus)
Sedom (Sodom)
Shabbat (Sabbath)
Sha'ul (Saul/Shaul)
Shekem (Shechem)
Shelomith (Salome)
Shelomoh (Solomon)
ShemaYAH (Shemiah)
Shemu'EL (Samuel)
Sheth (Seth)
Shiloakh (Siloah/Siloam)
Shimon (Simeon)
Shimonim (Simeonites)
Shimshon (Samson)
Shomron (Samaria)
Shoshannah (Susanna)
Sikhon (Sihon)
Sila (Silas)
Sisra (Sisera)
Sqaywah (Sceva)
Stephanos (Stephen)
Talmay (Ptolomy)
Tamar
Tarsi (Tarsus)
Teberyah (Tiberias)
Terakh (Terah)
Thiatira (Thyatira)

HEBREW/ENGLISH INDEX

Tho'ma (Thomas)
Tibaryos (Tiberius)
Timai (Timaeus)
Timotheos (Timothy/Timotheus)
Tirtzah (Tirzah)
Titos (Titus)
TobiYAH (Tobit)
Torah (Laws)
Tzadoq (Zadok)
Tzaduqim (Sadducee)
TzedeqYAH (Zedekiah)
Tzelaphkhad (Zelophehad)
TzephanYAH (Zephaniah)
Tzeruah (Zeruah)
Tzibiyah (Tabitha/Dorcas)
Tzidon (Zidon)
Tzion (Zion)
Tzor (Tyre)
UriYAH (Uriah/Urijah)
UzziYAH (Uzziah)
Washti (Vashti)
Wophsi (Vophsi)
Yabboq (Jabbok)
Yahoakhaz (Jehoahaz)
Yahoash (Jehoash)
Yahokhanan (Jehohanan)
Yahonathan (Jonathan)
Yahoram (Jehoram/Joram)
Yahoshaphat (Jehoshaphat)
YAHOSHUA (Joshua/Jesus)
YAHOWAH (the LORD)
Yahoyada (Jehoiada)
Yahoyaqim (Jehoiakim)
Yahu (Jehu)
Yair (Jairus)
Yambris (Jambres)
Yanis (Jannes)
Yapheth (Japheth)
Yapho (Joppa)
Yarabam (Jeroboam)
Yarden (Jordan)
Yason (Jason)
Yawan (Greece)
Ya'aqob (Jacob)
Yebusim (Jebusites)
Yehudah (Judah/Judas/Jude/Judea)
Yehudi (Jew)
Yehudim (Jews)
Yekhezqel (Ezekiel)
Yerikho (Jericho)
Yerushalem (Jerusalem)
YeshaYAH (Isaiah)
Yeshua (Jeshua)
Yetur (Ituraea)
Yikhez'qiYAH (Hezekiah)
Yiphtakh (Jephthah)
YirmeYAHU (Jeremiah/Jeremy)
Yishai (Jesse)
Yishmaelim (Ishmaelites)
Yishma'EL (Ishmael)
Yisra'EL (Israel)
Yissaskar (Issachar)
Yitzkhaq (Isaac)
Yizre'EL (Jezreel)
Yoab (Joab)
Yobel (Jubile)
Yokhanan (John/Joanna)
Yom Kippur (Day of Atonement)
Yonyah (Junia/Junias)
Yoseph (Joseph)
YoshiYAH (Josiah)
Yulios (Julius)
Yulya (Julia)
Yustos (Justus)
Zakai (Zacchaeus)
Zebulon (Zebulun)
ZekarYAH (Zechariah/Zacharias)
Zemirna (Smyrna)

NOTES

NOTES

NOTES

NOTES

NOTES

The Khai Yashua Press Team

JediYAH Melek Ben Dani'EL

Khasidah KhaniYAH Melek

GadelYAH Ben Manassheh Ephraim

www.ingramcontent.com/pod-product-compliance
Lightning Source LLC
Chambersburg PA
CBHW060417010526
44118CB00017B/2255
* 9 7 8 0 9 9 9 6 3 1 4 7 8 *